黑龍江省高校哲學社會科學學術創新團隊「中國古代文學研究」
（明清文學與文獻研究）（TD201202）研究成果
國家社科基金重大委托項目《巴蜀全書》（10@ZH005）系列成果
宜賓學院四川思想家研究中心資助項目（SXJZX2014－001）
四川省哲學社會科學重點研究基地儒學研究中心委托項目（RX14Y09）系列成果

古典文學研究資料彙編

張問陶資料彙編

上册

許雋超
胡傳淮 編

中華書局

圖書在版編目(CIP)數據

張問陶資料彙編:全2册/許雋超,胡傳淮編.—北京:中華書局,2016.4
(古典文學研究資料彙編)
ISBN 978-7-101-11668-7

Ⅰ.張… Ⅱ.①許…②胡… Ⅲ.張問陶(1764~1814)-研究資料 Ⅳ.K825.6

中國版本圖書館CIP數據核字(2016)第062445號

責任編輯:許慶江

古典文學研究資料彙編
張問陶資料彙編
(全二册)
許雋超　胡傳淮 編
*
中 華 書 局 出 版 發 行
(北京市豐臺區太平橋西里38號　100073)
http://www.zhbc.com.cn
E-mail:zhbc@zhbc.com.cn
北京瑞古冠中印刷廠印刷
*
850×1168毫米 1/32 · 22¼印張 · 5插頁 · 480千字
2016年4月北京第1版　2016年4月北京第1次印刷
印數:1-2000册　定價:78.00元

ISBN 978-7-101-11668-7

同治十三年重刻本《船山詩草》卷首張問陶小像

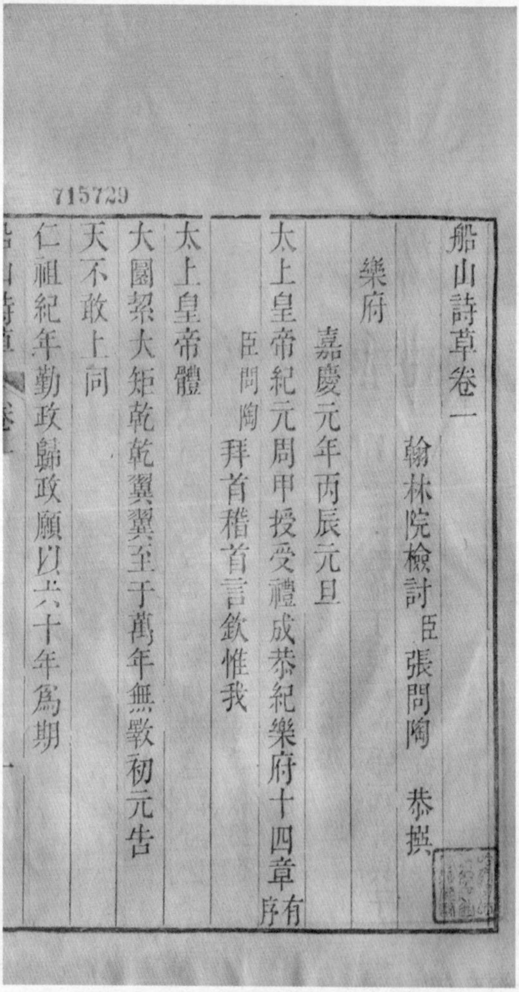

船山詩草卷一

翰林院檢討臣張問陶　恭撰

樂府

嘉慶元年丙辰元旦

太上皇帝紀元周甲授受禮成恭紀樂府十四章有序

臣問陶拜首稽首言欽惟我

太上皇帝體

大圜挈大矩乾乾翼翼至于萬年無斁初元告

天不敢上同

仁祖紀年勤政歸政願以六十年爲期

嘉慶二十年刻本《船山詩草》書影

目録

檔案史料

酬和追懷上

酬和追懷下

詩話雜記

前　言

張問陶（一七六四—一八一四），字仲冶，號船山，四川遂寧人。乾隆五十五年進士，由翰林院檢討，仕至山東萊州知府，辭官後病逝於蘇州。著有《船山詩草》。

張問陶爲遂寧張氏第十三世。始遷祖張萬，明初由湖北麻城遷遂寧。三世祖張贇，明景泰間進士，仕至雲南知府。九世祖張鵬翮，康熙間進士，仕至太子太傅，文華殿大學士兼吏部尚書，是爲張問陶高祖。曾祖張懋誠，康熙間舉人，仕至通政使；祖張勤望爲恩蔭生，父張顧鑑爲副貢，皆仕至知府。出身官宦世家的張問陶，幼遭顛沛，迨二十五歲中舉，二十七歲中進士，入翰林院，仕途上仍稱早達。兼之才藻出衆，家世清華，必凝結成一種内在的文化自信。他在監察御史任上遍劾諸大吏，在萊州知府任上訕笑上官，都是這種優越感的體現。其詩歌的成就，當然也是得益於此的。

作爲清代最傑出的天才詩人之一，張問陶在生前身後皆享大名。他的詩歌，「近體超妙清新，雅近義山，古體奔放奇横，頗近太白，卓然爲本朝一大名家，不止冠冕西蜀也。」（孫桐生語）張問陶是性靈派的後勁，時人多認爲他在有意學袁枚。但張問陶聲稱：「詩成何必問淵源，放筆剛如所欲言。漢魏晉唐猶不學，誰能有意學隨園？」其明言不學袁枚，恰爲「性靈」詩觀的體現。

張問陶不止雄於詩，其思想深邃，書法、繪畫也有極高造詣。「書法險勁，畫近徐青藤。詩沈鬱空靈，於從前諸名家外，又闢一境，有『青蓮再世』之目。」（竇鎮語）今人袁行雲先生稱張問陶「以『鄭虔三絶』名冠當時，百年來海内文人，亦沾沾言之不已。」今將張問陶相關資料彙爲一編，俾諸同好繼續深入探究，顯然是有意義的。

全書釐爲序跋提要、族譜傳記、檔案史料、酬和追懷、詩話雜記五類，舉凡酬唱、題贈、傷悼、序跋、追和、感懷之什，均予輯録，大致以民國前爲限。其中，第一類依作者立目，以刊行年代爲序；第二類依書名立目，先族譜後傳記；第三類依張問陶家族成員立目，自撰者在先，他人所撰者在後；第五類先詩話，後雜記。大致皆以時代先後爲序，作者生年未確考者，依其科第、交遊而位置之，并標明出處、卷數，俟使用者覆核。同一資料而晚出者，若無重要異文，不復出條。書尾所附徵引書目及版本，以引用先後爲序，數現之書，僅著録首次。因無緣目驗原本，個别資料未予闌入，以免傳譌。

全書前期録入之勞，由許雋超、胡傳淮各任其半。後期加工，由許雋超校覈、編排全稿，編製徵引書目。本書得以面世，蒙杜桂萍教授、舒大剛教授、楊永明教授立項資助。梓行之際，承中華書局俞國林先生及責編許慶江先生襄助，黑龍江大學杜萌若教授題簽，兹一併誌感。

編者

二〇一五年秋

序跋提要

釋道嶸

【船山詩草序】爾來作者，彫文織采，終朝點綴，文章殆同書抄。體裁綺密，便稱才子，但自然英旨，罕值其人。張公名家子，有殊才，仗氣愛奇，自致遠大，人實貧羸而文采高麗。推其文體，不避危仄，皆由直尋。善自發詩端，感蕩心靈，動無虚散。因物喻志，懷寄不淺，甚有悲涼之句。又巧構形似之言，無雕蟲之功，而韻入歌唱，是衆作之有滋味者也。至乎吟詠性情，羌無故實，言在耳目之内，寓目輒書，使人忘其鄙近。然奇章秀句，良有鑿裁，得景陽之諔詭，含茂先之靡漫，雖復千篇，猶一體耳。嘗謂余曰：「我詩有生氣，譬應變將略，詎出經史？縱有乖文體，亦能自迴出。」余謂文製，理過乎辭，精而難曉，此意鋭而才弱也。動輒用事，拘孿補衲，傷其真美，有蕪漫之累矣。所以詩不得奇，殆均博弈。夫屬詞比事，但令清濁通流，而鮮明緊健，斯爲足矣。陳思《贈弟》，阮籍《詠懷》，謝客《山泉》，王微《風月》，季鷹《黄華》之唱，陶公《咏貧》之製，亦何以加焉！嶸今所録，如流風迴雪，似落花依草，一句一字，賞心流亮。每觀其文，幽居靡悶，欣欣不倦，請寄知者爾。乾隆壬子

花朝，集鍾嶸《詩品序》，遂寧靈泉寺僧道嶸。（嘉慶二十年石韞玉刻本《船山詩草》卷首）

黄丕烈

《船山遺稿》二十卷，於嘉慶乙亥梓於吴中，一時爲之紙貴。迨後全集板已歸蜀，而購者日多，苦無以應人之求。適獨學老人有手録選本，分體編次，爲卷六，得詩五百餘首，因付梓以公同好云。時嘉慶丁丑秋，吴縣黄丕烈識。（嘉慶二十二年刻士禮居黄氏叢書本《船山詩草選》卷首）

顧翰

【船山詩草補遺序】余未及冠，居里門爲博士弟子，與二三同志學爲詩歌。客有自京師來者，盛稱翰林檢討張船山先生之詩，見示一二篇，余讀之，飄飄有仙氣，心竊愛慕之。又數年，有以先生《寶雞道中題壁詩》抄示者，余始駭然以驚，見其跋涉關河，崎嶇戎馬，欲歌欲泣，情見乎辭，以爲太白、少陵復出也。又數年而先生解組，僑寓吴門，余以南北奔馳，留京師者十年，恨未之見。及丁丑旋里，而先生歸道山矣。然所作詩，業已刊行，懸書林，不脛而走，余乃購得而盡讀之。則見其詩空靈縹緲，感慨跌蕩，脱盡古人窠臼，自成一家，如萬斛泉源，隨地湧出，洵乎天才亮特，非學力所能到也。然所刊詩，先生手自删定，而叙中所言，多至三千餘篇，存者僅千餘篇。余平日所見，如所作《分龍行》

七言古風，及《贈姚春木上舍》五言律數首，集中不載。意集外之詩，必有佳作，弗得見者焉。先生所自言，存有不應存，刪有不應刪者，其信然乎？余以虧累被劾，匏繫皖城，賴筆墨消遣，而陳君馭珊頻來視余，間與談藝，先生其鄉人也。因言先生之詩不主故常，空諸依傍，句句出人之意外，語語入人之意中，心靈筆妙，爲人所難及。尚有未刻之詩十五六卷，在其猶子張君立軒處，傳作尚多，可取以觀。余聞之不禁狂喜，翼日果偕立軒挾詩以來，請於余曰：「此先叔父刪賸之詩也，命藏於家，弗災棗梨。而吾鄉諸耆宿咸以爲可傳，願代爲決擇，序而傳之。」余惟先生之詩，如波斯寶藏，珊瑚、木難、明珠、翠羽，充牣於中，而富商大賈，往往不自寶重。及寒儉之家，得其一二，方且誇耀於人，詫爲希有，一旦委而棄之，不深可惜哉！爰擇其詞之名雋及有關風教者，復得四百餘篇，以授立軒，謂之《補遺》。余不足以序先生之詩，而有不能已於言者，以道其平日愛慕如此也。道光二十有九年，歲次己酉十月朔，梁溪後學顧翰蒹塘氏謹譔。（道光二十九年刻本《船山詩草補遺》卷首）

陳葆森

【跋】船山先生名噪海内，所刻《詩草》二十卷，久已家置一編矣。顧其詩乃先生手定，割愛頗多，往往有膾炙人口之作而集轉不載，讀者不能無遺珠之歎。余與先生皆蜀人，慕先生之風，竊欲搜其原稿，爲之補刊，而有志未逮。今年春，先生猶子立軒自蜀來皖，相遇於旅邸。啓其篋，得先生未刻遺稿，喜不自勝，因謀爲重梓。而同鄉官皖中者，時有毛丹雲、文鍾山、余方屏、李雨亭、周笏山、林辛柏諸君，復各出廉俸，以襄厥成。爰倩顧君蒹塘選爲六卷，弁以序言，付諸剞劂。其助爲校勘者，則又先生族人張君春衢與其弟仲昭也。道光己酉嘉平月，涪陵後學陳葆森謹跋。（道光二十九年刻本《船山詩草補遺》卷尾）

朱忞

右張船山先生未刻詩一卷，從先生手書《己庚雜記》中録出者。起己酉仲冬，迄庚戌二月上旬，即先生自蜀赴京會試日記也。長途所經，遇名勝古蹟，及近事之可欣可惜憎者，悉以詩紀之。光緒丙午涂月，修老借以示余，因披覈全集，選存者僅十之五，爰手自摘録其未刻者，別爲一集。其中坿載雜文數篇，因並録於後。先生生於乾隆甲申，下距己酉年，纔廿六耳。是歲先生舉於鄉，次年成進士，入詞館。惜此册自抵涿州已後手稿全佚，不復能再知其詳也。舊在先生門人姚伯昂侍郎處，侍郎手跋於後，今爲仁和張石府太守所藏。先生畫册傳世頗夥，字册已不易得，今此二巨帙，詩筆雄渾，字畫秀勁，古文亦簡老樸厚，直欲與汪苕峰、李秋錦抗手。先生未及中年，而所造已如此，誠哉古人之不可及，宜乎晚歲名震海内，群相斂手也。雪窗竣筆，因識卷末，以志欽仰。十二日，嘉興朱忞記并書。（南京圖書館藏《船山刪賸詩文鈔》後附跋）

姚元之

【己庚雜記跋】道光乙酉十一月六日，出弔於沙土園，歸塗小憩琉璃廠橋西孔氏雲林閣，主人方購得亂書半屋，率其徒理之。余略一檢視，得吾師船山先生《己庚雜記》一册，向主人索之，慨然持贈。師之爲此記也，小序引坡公詩云：「泥上偶然留指爪，鴻飛那復計東西？」余亦恐歲月易遷，浮踪難定，聊藉此以留之而已。師没十二年矣，手蹟零落，無復存者，所謂聊藉此以留者，亦雜銷於敗紙堆中。使余今日不過孔氏，或付惜字紙者一爇，或流落於不甚愛惜之手，拆以裹物，甚或作爲還魂之紙，俱未可知。後之好事者，往往求其人片紙隻字，絶不可得，而孰知當日飄零狼籍，一至如斯！古今來文人學士，湮没不彰，不知凡幾，蓋亦大抵如是矣。師愛余獨甚，此本今乃爲余得之，豈其中有神靈護持之耶？感而益喜，因記之。姚元之。（南京圖書館藏《船山删賸詩文鈔》後附）

江海清

【增注船山詩草序】詩待注乎？作者於人情物理，隨興所觸，抒寫性靈，必一一牽合而注之，固近拙。詩不待注乎？作者藉人情物理，運用群書，指與物化，不一一揭其從出之源，讀之未免於晦，抑又疏。所以《三百篇》轅固作傳，韓嬰雅説，毛公訓詁，當已。厥後，唐之李、杜，宋之歐、蘇，詩有箋注，俱數百家。即我朝王阮亭先生《精華集》出，而注釋亦不乏人。要必其詩膾炙人口，始樂爲之句梳字櫛，此自然之理，不容以强爲也。吾蜀遂寧張船山太史，爲文端相國後，曠代仙才，敷天之下，家有其詩，而樹定訓典，選有宏篇，未易窺其來歷。雖石殿撰録於江浙，張槎仙選刻成都，惜無注釋，相歎望洋，仍恨事也。吾邑李小山先生廣爲搜羅，始成此注。歲乙卯，於津城得晤先生，談及船山詩，同有刺句吞灰之癖，因謂愚曰：「我之注此，秋代更，寒暑無間，又數年於兹矣。今幸蕆就，率災棗梨，以公雅好，藉以質正高明。」竊思都昌説《禮》，疏陋雖譏；西河序《詩》，博精猶未。愚何人斯，才同襪線，見直甕言，致掠前人之美，而自以爲是乎？不過欲完小山先生未竟之局，兼欲省讀船山詩者翻揭之勞。謂爲有裨於詩人也可，無裨於詩人也可，即謂爲腐儒多事也亦可，知我罪我，直聽之尔。設有大雅起而裁定，使如滄柱杜箋，得進呈於黻座；德初蘇注，用昭布於衮繡。不又鯫生之幸矣夫！同治九年，歲次庚午孟夏月，几水江海清謹序。（同治九年席珍山館刻本《船山詩注》卷首）

【《船山詩注》凡例】一，此詩既非院體，原不必注，即先生平日論詩，亦雅不喜人箋注，曾有句云：「何苦顢頇書數語，不加箋注不分明？」其所作真情實境，獨寫性靈，更不待注。然取材宏富，包羅萬有，書隨筆化，心直天謀，非藉指南，不免向若。小山先生殫半生辛苦注此，於學者庶乎有所裨益。

一，是集倣王逸注《騷》，李善注《選》，思綺堂注《四六》之例，逐類引伸，分疏句下，意取閲者之便。其中近體詩句拆字引徵，雖未必恰如作者之意，但爲初學饋貧計爾。獺祭之譏，誠所不免。

一，四庫書浩若淵海，作者幾如老杜無一字無來歷，未讀萬卷之書，何能元元本本，洞悉靡遺？不過據案頭所見者録之而已。其他或係中朝掌故，或係外國方輿，或係古今人物，有不習見，無從考覈及考覈不確者，謹標待考存疑字樣，以俟淹博。倘海内詞宗，惠而好我，示以郵筒，當即附刻編末。

一，古今類書，尚難畫一。有同一事實而文詞彼此互異，注家亦隨事剪裁，參差殊致，贅疣駢拇，往往類然。故兹集所注，或詳於前，或略於後，前引其事，後第引其詩者，則以見前卷了之。又或别係暗用拆用者，復不憚覶縷，庶幾詩意始明。

一，註釋家有僞托古人，僞造故事，傅會前史，僞撰人名，改竄古書，顛倒事實，强釋文義，錯亂地理者，宋時閩人鄭昂僞撰蘇注杜詩，往往如是。兹集徵引均有確據，間有一二未標從出者，俱係習見，並非僞撰。祇其中有杜華母命華與王翰卜鄰，及王羲之守永嘉，庭列五馬等事，乃沿鄭昂僞注而誤引之，前未及檢，今特揭出，俾知誤所由來。

一，是詩字梳句櫛，幾於有典必徵，無義不引。間有前路遺箋，向後漸次俱已增入。至前路已注之典，以後或標見前字，或未標見前字，一視夫典之生熟，閲者總覽全集自明。

一，此詩增注甫脱稿即付剞劂，前半州縣等僅道得大概，以後始備注其詳。

一，凡事有創始者，即有踵成者。如工部詩注，始於前代之陳浩然，元明以來，不下數百家，無不斟酌原注，愈注愈精。是注也，不過爲陳浩然之先導耳，他日損益增詳，以俟君子。

一，凡梓書，讐校尤難，所謂如掃落葉是也。此詩未梓之前，業經再三較對，及梓後細閲，仍有被書傭前後倒置，及忘寫所從出並且增注遺脱者，亥豕銀根，亦復不少，尚祈高明鑒諒。

一，繙檢群書，小山先生之孫鶴田、德延，與及門中陳有銓、有容，小兒誦芬等，俱與有其力。

一，《船山詩草補遺》六卷，近已箋注未完，考成之日，即鋟板嗣出。楊溪居士甸澂氏謹識。（同治九年席珍山館刻本《船山詩注》卷首）

廖華林

【增注船山詩草序】竊惟士不得志於時，其奇崛鬱勃之氣無所宣洩，則必托於著述以發之。史稱虞卿窮愁著書，其不然耶？其信然也。余友甸澂江君，明經聯璧先生之孫，几水風雅士也，少習業吾叔真葊公門下，即務博覽。其族戚古楂司馬、陳方皋茂材家多藏書，縱其涉獵，雖雪牕螢几，陸馬江船，手不釋卷，因得泛濫百家，沉酣諸子。故其爲文洋洋灑灑，下筆輒數千言，覽者如觀滄海，浩瀚無涯，其中怪怪奇奇，靡不畢有，吾叔甚器重之，決其必能蜚聲翰苑，爲國家著作之材。迺四十年來，潦倒詞場，求青一衿而不得。今《船山詩草》之增注，固其奇崛鬱勃之氣無所宣洩，特於是託焉而發者也，又何足怪？夫船山詩之有待於注也，甚於他家詩，何者？發抒懷抱，非不驅使古今，特以筆入神化，雖取材宏富，而如自己出，不見徵引之痕。學者以管見讀之，遂謂其爲性靈之作，有何來歷。既以是讀，即以是學，則或失之薄，或失之俗，而詩乃墮魔道，轉若船山詩貽之害矣。余向者有見於此，謬欲字句爲之箋釋，適聞江州名宿小山李公，先得我心，稔知其學博藏富，必能爲役，因而擱筆。不謂星隕少微，遽等諸《漢書》未竟。不有甸瀓爲之繼起，不將令小山抱憾於九京，而船山之真，終於不出也哉！世弟陳子宣三勸付剞劂，以公同好，因寄稿本，求訂於余。亟取讀之，較小山初注更加詳備，誠所云字句之箋釋者。夫屑屑援據，在宏博者觀之，或且謂爲多事，而空疏之子，端可恃是爲饋貧之糧，又況因是知人之爲詩，雖抒寫性靈，而古今斷無杜撰之作者。使學船山者藉此而沉浸醲郁，含英咀華，不至墮於薄與俗之魔道焉，則之二人者，固大有功於船山，而其有功於詩學，又豈淺鮮哉！因書於簡端以表之。時今上龍飛八年，歲次己巳重九後，序於知困山房，巴川愚弟廖華林頓首拜撰。（同治九年席珍山館刻本《船山詩注》卷首）

卞澤官

【船山詩注序】李小山先生，余於友人筵間曾識半面，杯酒聚談，即悉其爲真讀書人，後遂不復晤。己巳夏，余世講江子甸瀓，以小山原注《船山詩集》增而梓之，藉以執贄於余。披覽之餘，見其博採旁搜，窮源竟委，不禁歎其費幾許心血，而更惜歲月之不小山假也。然有小山爲之前，而無甸瀓爲之後，終屬憾事。是小山固船山之知己，而甸瀓又小山之知己，愛才之深，嗜古之癖，良有同情。自今讀是詩者，徵文考義，殫見洽聞，即李春甫比部所謂爲學船山者藥空俚之病，其益於後學者，正復不淺。余甚喜甸瀓之真能讀書，而更嘉其卒能成人之美也，爰記其顛末，以弁簡端。至船山先生詩，

久已膾炙人口，爲僊才，爲鬼才，余不敢妄爲擬議，何容更贅一辭？雨侯卞澤官謹識。（同治九年席珍山館刻本《船山詩注》卷首）

瞿敬止

【船山詩注序】自古傳人多矣。傳其書，即有傳其注書者；傳其詩，即有傳其注詩者；二者相輔而行也。顧或謂，白香山詩雖老嫗能解，唐宋以後，大都皆流連光景，陶寫性靈之作，何以注爲？然不待解者，其神吻亟宜注者，其事辭或關地輿古蹟，或係人物出處，不有以縷晰詳證之，則開卷者茫然不知其何所指，而詩之意轉晦矣。吾友小山李君，几江淹雅士也，少秉夙慧，妙齡即擷青衿，數載旋食廩餼，由旬甫過，遂薦明經，識者咸以大器期之。而乃性甘恬退，不求聞達，課徒之暇，日以博覽群書，吟咏詩歌爲事。己酉冬，出其所注《船山詩草》見示。予觀其句箋字釋，幾於有典必徵，無義或剩，可見船山詩豪逸沖淡，包羅萬有，正如《南史》所稱沈隱侯用事能如其胸臆之所出，教人讀之，不知有典。卻又如昔人所謂韓文、杜詩，無一字没來歷。是船山之詩，人人讀之，人人知之，而讀之熟，知之深者，莫如小山。即起船山於今日，當亦許爲知己也。則船山傳，而小山之注船山詩，有不與之俱傳者乎？（同治九年席珍山館刻本《船山詩注》卷首）

李嗣元

【船山詩注序】吾宗有賢士曰小山，閉户著書，不干俗事，余久耳其名。今夏遇於邑城，出所注吾蜀張船山先生詩見示，倣李善注《文選》例，字梳而句櫛之，援古證今，至詳且悉。噫，可謂勤矣！夫船山之詩，專主性情，不屑屑以徵引爲事。世之讀者，喜其空靈夭矯，遽欲以枵腹步後塵，其弊也，非失之俚，即失之空。或遂疑船山詩天分優而學力稍薄，不知非船山之過，學船山者之過也。試繹其詩，醞釀深醇，幾於無一字無來歷，特深得沈隱侯三易法，故所用典，如水中著鹽，飲水不知鹽味。僅以清快目船山，失船山矣。嘗惜無有爲之注者，徵文考義，溯其從出之原，俾人知詩之佳處，胥由書卷中來，非白戰者所能及，庶足以藥空俚之弊。今得小山此編，搜羅繁富，證佐賅明，適有先獲我心者。是誠船山先生之功臣也，是誠學船山先生者之導師也，故不辭譾陋，而爲之序。（同治九年席珍山館刻本《船山詩注》卷首）

楊煟郁

【題小山兄《船山詩注》五古】李君我故交，卅餘年老友。文壇飛將軍，矍鑠哉此叟。小隱城市間，著書期不朽。衣鉢本平子，譽望尊北斗。癖非劉嗜痂，膾炙千人口。字句析其疑，歷歷珠璣剖。作賦左太沖，紙筆羅門牖。想君得意時，作述如一手。古今注疏人，嘉名存二酉。解《易》馬荀詳，説《詩》毛鄭首。溯委復窮源，立言皆可久。《吕覽》有遺篇，毋僅枕中守。請君壽棗梨，行將不脛走。（同治九年席珍山館刻本《船山詩注》卷首）

李岑

【李小山《船山詩注》原序】岑不能詩，而喜讀詩，尤喜讀船山先生詩。先生詩無注釋，課讀之暇，流覽他書，見有與詩合者，隨録於詩之空白處，積數年，已密無縫矣。然無先後次第，字跡亦多模糊。丁未夏，酷暑無聊，覓消遣計，因將全詩另寫一部，以前所録者分列各句之下，而於詩意不贅一詞，注釋云乎哉？不過爲先生鈔書胥耳！至詩中未見之典，及引證未確者，以待考存疑字别之，均望博雅君子補予不逮焉。嗟夫，岑今年五十有八矣，一老明經，久不作進取想。先生嘗贈子才先生詩云：「好詩堪下酒」；又贈吕岐封廣文云：「把君詩卷過朝昏」。岑於先生是集，亦如是云爾。（同治九年席珍山館刻本《船山詩注》卷首）

吴鴻恩

【船山詩注序】注詩難，注名大家詩尤難。杜少陵詩無一字無來歷，後人穿鑿附會，罕有當者。山谷嘗曰：「余欲隨欣然會意處，箋以數語，終汩没世俗，不暇甚矣。」箋注之難也，噫，豈特杜詩哉！任淵注宋子京、黄魯直、陳無己三家詩，頗詳贍，至於東坡詩，以援據閎博，竟不敢爲。厥後施德初及其子宿，與顧景蕃共注蘇詩，萃數十年心力，始克成編，猶不免有闕遺。若永嘉王氏本，則踳駁迭見。嗣宋漫堂中丞、查初白太史服膺蘇詩，盡抉王注之瑕疵，而補施注所未備，於是讀東坡詩者，迺無憾焉。東坡以後，吾鄉代有詩人，在國朝，如費滋蘅、傅濟菴、許水南、王樓山、李雨村諸公後，船山先生其最著者也。

先生天分學力，庶幾東坡，駸駸與梅村、漁洋兩公齊名。梅村詩注於靳介人，漁洋詩注於惠定宇。獨《船山詩草》二十卷，未聞有爲之注者。當時遺稿鐫畢，其同年生石琢堂題詞，有曰：「名世半千知己少，寓言十九解人難。」蓋傷之也。邇來讀先生詩者，輒以先生詩皆出性靈，無關學問，此不知先生，且不知詩者也。

夫詩有别才，固非鈍根人所能貌襲，而天姿卓越，微書卷不足以宣之。少陵詩聖也，所言「下筆有神」，必以讀書萬卷爲本。即先生舊句，亦云「丈夫破萬卷，寢饋千古事。譬彼鼎與盤，望之自興貴。」論詩之旨，直與少陵若合一契，則所以爲詩者，從可知矣。

同里廖真庵先生，以几江李小山明經輯有《船山詩注》，已附剞劂氏，問序於余。溯自道光庚戌入都，庭訓授以《船山詩集》，夙有此志而未之逮。今得小山注，實獲我心，並無注杜諸家穿鑿附會之弊，以視任淵之注三家，施、顧、宋、查之注東坡，靳介人、惠定宇之注梅村、漁洋，何多讓焉！且使人人讀船山詩，知船山之詩之工，亦資積學，而未可束書不讀也。小山此編，洵難能可貴已。同治辛未秋，銅梁吴鴻恩叙於京寓如不及齋。（光緒《銅梁縣志》卷十三《藝文志》）

平襟亞

【著者小史】張船山，名問陶，遂寧縣人。乾隆進士，以詩古文名家，書畫兼佳。書法剛勁，畫學徐青藤，詩尤絶佳，有青蓮再世之目。官山東萊州府知府，政聲卓著，爲一時冠。蓋張公雖喜閑情，而宗理學，且熟於歷代史事，凡古之所謂循吏、良吏者，無不熟諳其施行之方法。而採精擷英，以臨其民，宜其有神明之目，無冤抑之事也。且工於文詞，其所著判牘批詞，均斐然成章，爲後世稱誦，蓋循吏而兼儒林也。（《張船山判牘》卷首）

筱崎弼

【序】詩有大家，有名家。學詩者，宜師名家，何也？名家以詩爲業，苦心刻意，屬對必巧，篇章首尾必齊整，故學者有蹊逕之可尋也。大家，則大率昌黎所謂「餘事作詩人」者，學問該博，經史滿腹，詩乃議論文章之溢而發於韻語也。故其豪壯雄偉，雖變化無窮，而讀者有高嶽斷崖，可望而不可攀之歎矣，若西河、竹垞、隨園、甌北，不其然乎？頃者或人携舶來《張船山詩集》，問余曰：「是集噪稱於世焉，欲翻刻而行之，何如？」余攬而閲之，則字琢句鍊，諸體備具，無一章一解之或不調，不用僻典，衒人耳目，乃所謂名人之可師而學者也。余嘗謂大家之詩，猶鯨肉，味非不美，而時有筋骸之難齒決者，然其膏其骨，亦皆爲世用，不獨以肉稱焉。名家則河之鯉，九罭之鱒，天下莫不稱其美而嗜之。船山之詩，或人之欲刻也，宜矣。乃爲序授之曰：「刻成，則請致數部。」嘉永紀元四月，浪華筱崎弼撰并書。（日本嘉永元年刻本《船山詩草》卷首）

廣瀨淡窓

【題新刻張船山詩】予有眼疾，不多讀書，及得詩句，或與古人暗合，率清人也，元明以上則尠矣。蓋我之與清，時代相接，人情亦近，故發於言者，不期然而然也。夫詩道盛於唐，後世雖有作者，不能勝而上之，此猶百世不毁之祖廟也。過此而往，次第祧之，清詩猶禰也。清詩新於立意，巧於用事，讀之使人生趣向。故今人學詩，以唐爲堂奥，清爲楷梯，宋也、元也、明也，旁及而節取之，則庶幾矣。浪華書肆北墨香將刻張船山詩，而求題言，船山顯於乾隆、嘉慶之際，較其年齒，於我輩不過一二十年之差，予固兄事之。後生年少，乃將父之祖之，要皆得所攀援矣，善哉！己酉孟夏，廣瀨建。（日本嘉永二年刻本《船山詩草》卷首）

劉錦藻

【《船山詩草》二十卷，張問陶撰】問陶字柳門，號船山，四川遂寧人，乾隆庚戌進士，官至山東萊州府知府。臣謹案，問陶才思横溢，矯矯不群。始名其集曰《推袁》，蓋與袁枚相契最深，欲引以爲重。如左思《三都賦》之於皇甫士安，劉勰《文心雕龍》之於沈約，古今人情，大抵相同。及枚卒，而改易今名，豈不異哉！（劉錦藻纂《皇朝續文獻通考》卷二百七十九）

葉德輝

【《船山詩草》二十卷嘉慶戊辰家刻本】《船山詩草》二十卷，張問陶撰。王昶《湖海詩傳》：「張問陶，字樂祖，號船山，遂寧人，文端玄孫。乾隆五十五年進士，官檢討。」孫桐生《全蜀詩鈔》小傳：「張問陶，字船山，四川遂寧人，文端公玄孫。乾隆庚戌成進士，授翰林院檢討，改御史，官至山東萊州府知府。先生天姿英敏超悟，讀書有夙慧。十歲能詩，弱冠後壯遊南北，遍覽天下奇山水，才益豪，筆益肆。通籍直史館，名重一時，改御史，有直聲。顧性情恬淡，不屑與時俯仰，以故久滯不遷。以倖深，出守東萊，瀟灑無俗吏態，坐是不爲上官所喜，僅一載，引疾歸，行李蕭然。時同鄉廖復堂都轉以書招至揚州，小住年餘卒，年僅五十，都轉爲經紀其喪而歸之，卒無子。所爲詩，專主性靈，獨出新意，如神龍變化，不可端倪。近體超妙清新，雅近義山，古體奔放奇横，頗近太白。卓然爲本朝一大名家，不止冠冕西蜀也。」張維屏《聽松廬文鈔》：「庚申閏四月，奉敕選翰、詹三十人，各書扇五柄；五月，選十二人分書養心殿屏幅，先生皆與焉。庚午七月，部選萊州府知府，壬申二月辭郡，是年四十九歲。罷官後，僑寓吴門，自顔所居曰『樂天天隨鄰屋』。癸酉，仍寓虎邱，往來大江南北，未幾卒於客舍。卒之年月，不得其詳。」

按：孫、張兩説歧異，當以張爲得其實。先族祖調笙公廷瑄《鷗陂漁話》一云：「船山太守自萊州引疾，客游吴中，未及三載，以甲戌三月，卒於虎邱山塘寓館，即所謂『樂天天隨鄰屋』者。説者謂其《過常州艤舟亭》句：『回首大峨天萬里，此中曾是未歸人。』蓋詩讖也。」先生以宰相世家，少年科第，早登詞館，旋入諫垣。前輩如袁隨園、蔣苕生兩太史，皆傾倒其才名，爲之延譽。又英姿玉貌，濁世翩翩。曩在長沙，見李文恭後人家藏有乾嘉詩人畫像，始隨園，迄先生。先生清標鶴立，披大紅斗蓬褐，如王子晉、蕭史神仙一流人。《隨園詩話補遺》六云：「船山玉樹臨風，兼仲容之姣。蒙以詩稿見寄，曰《推袁集》，尤足感也。有秀水金筠泉孝繼、無錫馬雲題燦，俱願與來生作妾，船山有詩調之。」可見當時人傾慕之至。今集中詩，芳韶婉麗，如其爲人，而時多新穎之思，往往如人意中所欲出。晚年典郡，鬱鬱一官，迨退隱吴門，頗形顑頷。吾友龍陽易實甫觀察順鼎，藏有先生詩畫小册手蹟，上鈐「張靈後身」四字印，則其所託，亦可悲已！

余嘗言有清文治之盛，莫如乾嘉兩朝，詩人應運而生，色色形形，無奇不有。倉山如飛仙，苕生如劍俠，夢樓如佛，梧門如道，船山則天女杜蘭香、萼緑華之流，其一種芬芳豔冶之容，非人世間毛嬙、西施所能比其美麗。袁、蔣、王、法，已成廣大教主，先生幾欲於諸家之外，别闢一境，與之拔幟争雄。讀先生近體諸詩，恐有他人屐齒所未到者，余於先生，瓣香奉之已。（《郋園讀書志》卷十四）

葉啓勳

【《船山詩草》二十卷嘉慶乙亥刻本】國朝張問陶撰。問陶字樂祖，一字仲冶，號船山，四川遂寧人，相國文端公鵬翮玄孫也。乾隆五十五年進士，官至山東萊州府知府。問陶以宰相世家，少年科第，早登詞館，旋入諫垣，足跡遍南北，盡覽天下奇山水，故才情益高，詩筆益健，能化朽腐爲神奇。洪亮吉《北江詩話》稱其詩「如騏驥就道，顧視不凡。」王昶《蒲褐山房詩話》，稱其詩「專主性靈，獨出新意，如神龍變化，不可端倪。近體超妙清新，雅近義山，古體奔放奇横，頗近太白，卓然爲本朝一大名家。」李元度《國朝先正事略》稱其詩「生氣湧出，沉鬱空靈，其《寶雞題壁》十八首，指陳軍事，得老杜《諸將》之遺。」葉德輝《郋園讀書志》稱「袁隨園、蔣苕生兩太史皆傾倒其才，爲之延譽。而其詩如天女杜蘭香、萼緑華之流，其一種芬芳豔冶之容，非人世間毛嬙、西施所能比其美麗。袁、蔣已成廣大教主，先生幾欲於諸家之外，别闢一境，與之拔幟争雄。讀先生近體諸詩，恐有他人屐齒所未到者。」是問陶之爲諸家推重，早已膾炙詞林。而其軼事流傳，至今爲人稱道，由其才力足以籠罩一時，負其豪邁之筆，暢所欲言。其出守東萊謝病歸，倚馬吟詩，隨手揮洒，有「何止形骸容放浪，到無官日夢俱清」之句，可謂名士風流者矣。

是集編年而未分體，始于乾隆戊戌，終于嘉慶癸酉，凡三十六年之作。其詩之目，曰《樂府》，曰《戊丁集》，曰《戊己集》，曰《出山小草》，曰《松筠集》，曰《乞假還山集》，曰《扁舟集》，曰《羸車集》，曰《京朝集》，曰《奇零集》，曰《己庚集》，曰《辛亥集》，曰《依竹堂集》，曰《出守東萊集》，曰《藥庵退守集》，凡一十有五，蓋其晚年致仕居吴，手自訂定，彙爲兹帙。前有《自記》，云「自十五歲乾隆戊戌年始，至四十歲嘉慶癸亥年止，共二十六年，得詩三千五百五十二首，删存一千七百四十六首，分爲十五卷。其甲子四十以後詩，另卷附後」云。（《續修四庫全書提要·集部》）

【《船山詩草選》六卷嘉慶丁丑刊本】國朝張問陶撰。問陶曾手訂其詩，删存其半，得一千七百餘首，編爲二十卷，梓於吴門，一時坊肆風行，爲之紙貴。此爲石韞玉手録選本，分體編次，一卷五言古詩二十四首，二卷七言古詩四十三首，三卷五言律詩一百四十四首，四卷七言律詩一百零八首，五卷七言律詩一百零四首，六卷五七言絶句詩八十八首，共得五百餘首，黄丕烈刻於《士禮居叢書》中，蓋又汰其三分之二矣。惟韞玉爲理學名家，詩文非所擅長，故所録不必皆其菁英也。

特問陶之詩，芳韶婉麗，多新穎之思，其清才不食人間煙火，頗能風靡一時。梁紹壬《兩般秋雨盦隨筆》稱其「詩才超妙，性格風流，四海騷人，靡不傾仰」。秀水金筠泉孝繼忽告其所親，願化作絶代麗姝，爲船山執箕帚。又，無錫馬雲題燦贈詩云：「我願來生作君婦，只愁清不到梅花」，以船山夫人有「修到人間才子婦，不辭清瘦似梅花」之句也，可見問陶因詩之爲人傾慕至矣。蓋有清文治之盛，莫如乾嘉兩朝，詩人應運而生，色色形形，無奇不有，觀於《乾嘉詩壇點將録》中所載，皆一時俊雅之才。問陶乃能崛起其中，與袁枚、蔣士銓鼎立，風流跌宕，固亦一世之雄也。（《續修四庫全書提要·集部》）

族譜傳記

《遂寧張氏族譜》

【重修張氏族譜序】家之有譜，猶國之有史也。史所以紀一朝之實録，人品之臧否，而譜則專記一族之支派源流，先人之嘉言懿行也。吾族之譜，自清光緒癸未芥史公修纂後，迄今四十一年矣。其中丁口之增添，歷年之卒葬，子女之婚娶，暨宧商之流寓四方者，不知凡幾。使不及今修之，則聚會不常，每至慶吊弗聞，音問不通，日遠日疎。後雖有時相遇，亦覿面不識，幾何不視一本爲路人耶？清之末葉，族衆曾提議此事，公推容垓先生主任其事，後因國體改革，遂爾擱置。今民國又有十三年，歲歲干戈，咸屬兵燹餘生，再事遷延，恐煙殘風熄，稽考無由。他日抱守殘闕，無徵不信，後之子孫，其能數典不忘乎？今幸時局粒平，族衆復申前議，囑階董理其事。竊幸吾家之譜，自雍正以至光緒，凡經四修，分門別類，規模業已大備。今兹之役，亦惟循途守轍，廣爲搜羅，前譜之未備者增之，後所添之丁口益之。先正之典型其在，後人之依據有自，不敢妄參己見，别樹旂幟也。惟吾張自遷遂以來，已五百餘年矣，其雲礽之繁衍，人才之崛起，科第之蟬聯，皆祖宗積德累仁所致也。凡我子孫，披籍而溯前型，務當孝友傳家，詩書繼世，庶可上步祖武，不愧爲廉吏兒孫云。中華民國十三年，歲次甲子端午後一日，崇階級仙謹序。

【重修張氏族譜序】家譜與國史等重，《周禮》小史之法也。其義在收宗族，使人不忘本，要必執譜系以爲憑。眉山蘇氏曰：「族不合，欲親而無由；族不親，則竟忘其祖。」是家之有譜，蓋欲收而合之也。吾族自洪武由楚遷蜀，迄今歷五百餘年，以前之科名風節，匪惟家乘光，即國史所載亦夥，宜無慮其無徵矣。然不及今修之，則將來之抱殘守缺者，其遺憾詎可勝言！蓋吾族前譜作於明正德時，有黄簡肅、席文襄二公跋語，逆獻後蕩焉無存。先伯太高祖文端公撫浙時欲修家譜，奈兩殘煙燼，舊牒無稽，其先世之字諱、塋墓，僅得之於八世伯遠祖棟寰公口授，厥後告成，惟存大略。洎乾隆初葉，叔高祖謙一公繼加輯訂，亦僅肇定規模。嘉慶丙、丁間，先堂伯亥白先生重事倡修，而卒成於旂山、興甫兩世父之手。生丁漸衆，往帙無憑，其紀載間多舛略。今又七十餘稔矣，生齒尤繁，嫁娶益廣，不特族之棋布星羅於四方者，其居址莫詳，即婚嫁卒葬，或歷久而漫無所考。又況親盡則情盡，雖慶弔弗相通，幾何不視一本如途人乎？

今與堂弟西垣復事纂修，披本以遡原，分支而别派，書婚配以正其始，録卒葬以考其終，譌者正之，略者詳之，前未備而後復來者，則增之益之，雖才學識未擅其長，而考核必要於至確。惟冀族之人，咸思老泉氏之言：「吾所相與視如途人者，其初兄弟也；兄弟，其初一人之身也。」則披圖而念析薪，按籍而歌行葦，胥於譜乎繫之，修之役不重矣哉！兹吾張居遂，閱歷兩朝，要皆本忠孝傳家，詩書繼緒，所願後來之輩，豐種而厚獲，積和以致祥，上追步於明季之崛興，次繩武於國初之鼎盛，承承繼繼，綿世澤於無替焉，是則余之所厚望也夫。　光緒九年，歲次癸未仲秋，知雄芥史氏謹序，時年六十有三。（以上民國《遂寧張氏族譜》卷一《序》）

【原序】張於姓最蕃。自黄帝第五子揮爲弓正，賜姓張，此吾張姓始之矣。迨其後，顯於周，盛於漢唐，望於清河，蔓於晉楚間，其詳見於世系。而家於遂寧之慧雲山者，即黑柏溝。則自明初萬公（張萬）遷蜀始之矣。數傳後，子孫繁盛，科第蟬聯，德澤綿遠，稱世家焉。舊有族譜，毁於兵燹。今余老且病，率長子誠（張懋誠）共襄而集之，存此大略，使子孫知吾家之所自始，是尊祖敬宗，敦本合族之意也。此一本也，枝葉繁盛，自一世以至於世世，溯其始，一也。惟相勉於君子，相戒於小人焉，則可矣。蘇東坡曰：「讀是譜者，孝弟之心，油然而生。」存孝弟之心，行仁義之事，出爲忠臣，處爲端人，爲士者詩書，爲農者勤儉，使稱爲清白吏子孫，不亦美乎？伏牀口授，囑而筆之，用以書諸譜端，而爲之序。　雍正三年上元日，鵬翮運青氏書於懷冰雪堂。

【原序】張姓本自軒轅第五子揮，始造弦實，張網羅，世掌其職，後因氏焉。《風俗通》曰：「張，黄帝賜姓也。」有清河、南陽、吴郡、安定、燉煌、武威、范陽、犍爲、沛國、梁國、中山、汲郡、河内、高平十四望。《唐書·宰相世系表》：襄陽張氏，洛陽張氏，河東張氏，始興張氏，韶州張氏，馮翊張氏，吴郡張氏，清河東武城張氏，係出漢留侯良。河間張氏，爲漢常山景王耳之後，世居鄚縣。中山張氏，爲漢北平文侯蒼之後，世居中山義豐。若魏郡張氏，世居繁水；汲郡張氏，世居平原；與鄭州張氏，皆世系無考。吾宗實爲留侯裔，望出清河，自遷蜀以來，凡十有五世，子孫繁衍，散處鄉邑。先文端公撫浙時，嘗手訂族譜，其時子姓寥寥無幾。族祖謙一公繼加輯定，於生卒婚嫁，又多略而不詳。使不及今修之，更歷數十年，所謂「親盡則情盡，情盡則喜不慶，憂不弔，幾何不至於塗人也。」老泉氏之言曰：「吾所與相視如塗人者，其初兄弟也；兄弟，其初一人之身也。」分至於塗人者，勢也。勢，吾無如之何也；幸其未至於途人也，使其無至於忽忘焉可也。彼視兄弟如塗人，而執塗人以爲兄弟者，獨何人哉！此吾譜之所以作也。觀吾譜者，孝悌之心亦可油然而生矣。嘉慶十二年十二月十一日，張問安謹書於懷冰雪堂。（以上民國《遂寧張氏族譜》卷一《原序》）

〔第一世〕萬，行八，原籍湖北麻城縣孝感鄉白獺河之緑柳村。以洪武二年己酉遷蜀，卜居遂寧之黑柏溝，卒葬黑柏溝大樟樹灣。

〔第二世〕萬子永成，行一，貤封承德郎、禮部儀制清吏司主事。娶余氏，貤封宜人。子一，贊。公卒，與余太宜人俱葬土橋鋪之鷹嘴山。

〔第三世〕永成子贊，字邦翊，號靖翁。明景泰癸酉舉人，甲戌進士，授禮部主事，歷任員外郎、郎中，出守雲南姚安府知府。誥授中憲大夫，史官有《傳》。生永樂十三年乙未十一月十四日。娶王氏，誥封恭人。子二，猷，原名昌暌。福暌。女一，適華陽庠生施澤溥。公卒於宏治二年己酉三月，墓與王太恭人合葬土橋鋪之鳳凰窩。崇祀名宦祠，崇祀鄉賢祠，《縣志》暨《家乘》均有《傳》。按《舊譜》，公由姚安太守陞授河南左參政，致仕。《縣志》未載，故仍前牒。

〔第四世〕贊子猷，原名昌晙，字大升，行一。成化庚子舉人，武清訓導，表其門曰「科第世家」。生正統三年戊午六月二十五日。娶徐氏，成化戊戌進士、官監察御史綱公女。子二人，尚倫、尚緒。女三人，長適邑監生白玉蟾，次適射洪吴璜，三適邑人王賓。公卒葬箕頭寺。按，公爲土橋分文之祖，以後繁衍，兹不更載。

福晙，隱士。按，《土橋譜》係大升公行一，則公居次。而吾族嘉慶之譜列公居長，似有錯誤。考之《三多譜》，凡例有云：「明季兵燹之後，族譜失傳，一切世系，悉得之棟寰公（張燿）口授。」今細考之，福晙祖一代，尚有可疑。據此，則行列之倒置，已可概見，今釐正之。再按，四世祖以晙字爲派，《土橋譜》作揆字，吾《嘉慶譜》作琰字，而《三多譜》則又作晙字。以今考之，《三多譜》去古較近，似宜從之。

〔第五世〕福晙子尚威，隱士，娶吕氏。公卒葬黑柏溝。按，公以學行聞於鄉，鄉人方之陳太邱云，見韓慕廬《教菴公傳》。

尚儀，葬楊柳灣。

〔第六世〕尚威子惠，字教菴，行一。隱居不仕，積善好施，壽九十七，學者私謚三多先生。以曾孫鵬翮，誥贈光禄大夫，太子太保，兵部尚書兼都察院右都御史，總督河道，提督軍務，加三級；誥贈光禄大夫，户部尚書，加三級；晉贈光禄大夫，太子太傅，文華殿大學士兼吏部尚書。生明嘉靖十五年丙申二月初二日。配孟氏，誥贈一品夫人，誥贈一品夫人，晉贈正一品夫人。子五人，應仁、應禮、應智、應信、應燦。公卒崇禎五年壬申十二月十八日，葬兩河口，崇祀鄉賢祠。韓慕廬先生有

《傳》，史官有《傳》。孟太夫人卒葬北垻石柱田。

〔第七世〕惠子應禮，字和齋，行二。明季獻賊攻遂寧，公募民兵捍禦，城賴以完，拜懷遠將軍都司僉書。後援沔陽，師潰，抗節死之。以孫鵬翮，誥贈資政大夫，都察院左都御史；誥贈資政大夫，太子太保，兵部尚書兼都察院右都御史，總督河道，提督軍務；誥贈光禄大夫，户部尚書，加三級；晉贈光禄大夫，太子太傅，文華殿大學士兼吏部尚書。生明萬曆六年戊寅三月十六日。配周氏，誥贈夫人，誥贈夫人，誥贈一品夫人，晉贈一品夫人。子九人，炤、烜、煤、烺、灼、焯、燁、煥、燈。公卒崇禎十一年戊寅十一月十二日，與教菴公合葬兩河口。崇祀鄉賢祠。《縣志》有傳，《通志》有傳。周太夫人與孟太夫人，合葬北垻石柱田。

〔第八世〕應禮子烺，字沖寰，號松齡，行四。以子鵬翮，敕封徵仕郎，内宏文院庶吉士；誥封奉政大夫，刑部山西清吏司員外郎，加一級；誥封中憲大夫，山東兖州府知府；誥封中憲大夫，兵部督捕左理事官；誥封資政大夫，都察院左都御史；誥封資政大夫，兵部尚書兼都察院右都御史，總督河道，提督軍務；誥封光禄大夫，户部尚書，加三級；晉贈光禄大夫，太子太傅，文華殿大學士兼吏部尚書。生明天啓七年丁卯五月二十三日，著有《燼餘録》。配景氏，邑庠生運亨公女，敕封孺人，誥封宜人，誥贈恭人，誥贈恭人，誥贈夫人，誥贈夫人，誥贈一品夫人，晉贈一品夫人；側室季氏，以子鵬翥，誥贈恭人。子六人，鵬翮、鵬翼、鵬舉、鵬飛、鵬翥、鵬搏。女二人，長適邑庠生文之菁，次適江南長洲縣貢生蔣重光。公卒康熙五十四年乙未八月初二日，葬三滙場慶元山。御賜祭葬，入祀忠孝祠，崇祀鄉賢祠。《縣志》海寧陳詵有《傳》。景太夫人卒葬玉堂山，遷葬兩河口，熊賜履有《景太恭人墓誌銘》。季恭人卒葬成都清水河，遷葬德元寺側。

〔第九世〕烺子鵬翮，字運青，號寬宇，行一。康熙己酉、庚戌聯捷進士，内宏文院庶吉士。敕授徵仕郎。刑部福建司主事，充律例、會典纂修官。刑部山西清吏司員外郎，刑部江西清吏司員外郎，加一級。誥授奉政大夫，召對懋勤殿。乙卯科順天鄉試同考官，丙辰科文、武會試同考官，禮部祠祭清吏司郎中。己未科會試提調官，殿試執事官。特簡江南蘇州府知府，轉題山東兖州府知府。誥授中憲大夫。山東巡撫特薦甲子科武鄉試主考官。廷推天下清官第一，陞河東都轉鹽運使司運使，加敕管鹽法道。内陞通政使司左參議，兵部督捕右理事官，轉兵部督捕左理事官。誥授中憲大夫，出使俄羅斯國漢正使。戊辰科武殿試讀卷官，大理寺少卿。特命巡撫浙江等處地方，提督軍務，兼都察院右僉都御史。庚午、癸酉兩科文鄉試監臨，癸酉科武鄉試主考。兵部右侍郎，提督江南等處學政，都察院左都御史。誥授資政大夫。刑部尚書，兵部尚書兼都察院右都御史。總督江南、江西等處地方，提督軍務，兼理糧餉操江。太子太保，兵部尚書兼都察院右都御史。總督河道，提督軍務，加一級。誥授資政大夫。刑部尚書，户部尚書，加三級。誥授光禄大夫。己丑科文、武殿試讀卷官，又癸巳萬壽恩科順天鄉試正主考，文、武殿試讀卷官。吏部尚書，戊戌、辛丑兩科會試大總裁。太子太傅，文華殿大學士兼吏部尚書。誥授光禄大夫。生順治六年己丑十一月十七日。著有《河防奏議》、《河防志》、《四書大成信陽子卓録》、《冰雪堂詩》、《如意堂詩文集》、《年譜》、《家規》。配唐氏，邑處士君倫公女，敕封孺人，誥封宜人，誥封恭人，誥封恭人，誥封夫人，誥封夫人，誥封一品夫人，誥封一品夫人。子二人，懋誠、懋齡。女三人，長適江南提督夾江王紹緒，次適山東廩膳生員孔傳鉅，三適江南興化縣廩生吳槃。公卒雍正三年乙巳二月十九日，葬本邑中安仁里慶元山。贈少保，謚文端，御賜祭葬。奉旨入祀賢良祠、忠孝祠，崇祀鄉賢祠，入祀名宦祠。《國史》有傳，《滿漢名臣》有傳，《野史》有傳，《家乘》有傳，《縣志》有傳。唐太夫人卒葬山東曲阜縣之南官府馬鞍山。

〔第十世〕鵬翮子懋誠，字孟一，號存菴，行一。康熙丙寅拔貢，丁卯經元。安徽安慶府懷寧縣知縣，乙酉科江南鄉試同考官。行取二次，卓異一次，陞授奉天遼陽州知州，户部江西清吏司員外郎。特簡軍前效力軍功，議叙郎中。特授福建道監察御史，協理陝西道監察御史，協理山東道監察御史，協理河南道監察御史。癸卯恩科文鄉試，欽點内監試，武鄉試欽點外監試。禮科給事中，署工科掌印給事中。禮科掌印給事中，巡視東城。光禄寺少卿，順天府府丞，兼提督學政。通政使司右通政使司通政使，欽點從耕，署工部右侍郎。誥授通奉大夫。生康熙六年丁未十月二十日。配羅氏，山東青州府知府大美公女，誥封淑人，晉封夫人；側室朱氏。子五人，勤望、勤寵、勤保、勤河、勤復。女九人，長適江南含山縣監生王心榘，次適江南常熟縣貢生候選州同蔣楠，三字貢生戴光伫子，四字正白旗漢軍江南寧國府通判楊盛芳，五適浙江嘉興府廕生李宗信，六適江南上元縣候補知州沈銓，七適宜賓縣浙江乍浦海防通判胡世菁，八適江南徽州府候選郎中程家柟，九適蓬溪縣浙江錢唐縣縣丞尚文。公卒乾隆二年丁巳十一月十八日，葬樓山。治績載《縣志》。著有《通政詩集》一卷。羅夫人葬廣德山，側室朱妣葬月山。

〔第十一世〕懋誠子勤望，字孚嘉，號蓮洲，行一。萬壽恩蔭，順天府糧馬通判，兼署治中。敕授承德郎。聖駕籍田，恭捧青箱。癸卯恩科文鄉試供給官，武鄉試供給官。户部浙江清吏司員外郎，盛京户部錢糧司員外郎，陞郎中銜，仍留盛京户部員外郎任。户部陝西清吏司郎中，命往江南以道府用，署徽州府知府，補寧國府知府，調刑部廣西司員外郎。誥授朝議大夫。刑部奉天司郎中。辛未聖駕南巡，承辦差務，於興隆莊大營召見，詢問家世甚悉。特簡山東，以道府用，題署萊州府知府，補授登州府知府，署理登萊青海防兵備道。誥授中憲大夫。生康熙三十三年甲戌五月二十九日。配岳氏，翰林院檢討保寧府度公女，誥封安人，誥贈宜人，晉贈恭人；側室楊氏。子八人，顧鑑、顧霖、顧京、顧墀、顧鑾；顧瀛，出嗣河。顧普；顧振，出嗣保。女二人，長適杭州舉人趙輅，次適長壽縣監生李心朝。公卒乾隆二十二年丁丑四月十四日，與恭人合葬兩河口。《縣志》有傳。

〔第十二世〕勤望子顧鑑，字鏡千，號冰亭，一號耐舫，行一。乾隆辛酉順天副榜，景山官學教習。揀選河南，署遂平縣知縣，安陽縣知縣；補嵩縣知縣，山東館陶縣知縣。敕授文林郎。卓異，推陞湖北襄陽府均州知州，調荆門州知州。誥授奉直大夫。卓異記名，署黄州府通判，漢陽府同知，特授雲南開化府知府。誥授朝議大夫，京畿道監察御史。生康熙六十年辛丑四月十四日。娶李氏，江南彭澤縣知縣漢軍松泰公女，誥封宜人，晉贈恭人。繼娶周氏，山東即墨縣處士禧公女，誥封太恭人。

子三人，問安、問陶、問萊。女二人，長適浙江歸安監生潘本侃，次適鑲黄旗漢軍襲騎都尉高揚曾。

公卒嘉慶元年丙辰十二月十二日，與李恭人、周恭人均葬兩河口。

〔第十三世〕顧鑑子問安，字悦祖，一字季門，號亥白，行一。乾隆戊申恩科舉人，候選教諭，例授修職郎。生乾隆二十一年丙子十二月十四日，著有《亥白詩草》行世。娶陳氏，江西南安府同知海寧州億公女，例贈孺人，著有《香遠齋詩集》。繼娶王氏，邑監生梅公女；續娶文氏，再續娶吴氏，俱例封孺人。子二人，知浚、知稼，均早卒。嗣子知訓。兼嗣。女二人，長適三臺庠生李志遥，次適温江竹啓筠。卒嘉慶二十年乙亥正月初五日。公暨陳孺人、王孺人、文孺人、吴孺人，均葬兩河口。

問陶，字樂祖，一字柳門，號船山，行三。乾隆戊申恩科舉人，庚戌進士。翰林院庶吉士，翰林院檢討，江南道監察御史。庚申、辛酉兩科順天鄉試同考官，掌貴州道監察御史，欽命巡視南城。署浙江道監察御史，山西道監察御史，禮科給事中，吏科給事中。欽命京畿道監察御史，吏部驗封司郎中，山東萊州府知府。誥授朝議大夫。生乾隆二十九年甲申五月二十七日，著有《船山詩草》行世。娶周氏，都察院左都御史涪州興岱公女，誥封恭人；繼娶林氏，四川鹽茶道，陞授布政使司布政使大興儁公女，誥封恭人。嗣子知防。承嗣。女二人，長適刑部尚書浙江戴敦元四子鶴齡，次適直隸祁州知州李杰。卒嘉慶十九年甲戌三月初四日。公暨周恭人、林恭人，均葬兩河口。

問萊，字承祖，一字壽門，號旂山，行七。浙江候補主簿，署嵊縣典史，鄞縣典史，吉安縣縣丞，太平縣縣丞，餘杭縣縣丞。以子知訓，晉封奉直大夫。生乾隆四十年乙未正月十八日。娶楊氏，江蘇蘇州府同知廣元璽公女，晉封宜人。子一人，知訓。兼嗣問安。卒道光十八年戊戌七月初八日。與楊宜人均葬兩河口。

〔第十四世〕問安子知訓，萊子承嗣。字申彝，行一，候選布政司經歷。生嘉慶十六年辛未十二月二十四日。娶楊氏，廣元拔貢廷賢女。子一人，遇彛。

問陶子知防，仲子承嗣。字慎初，號慎齋，行十，候選從九。生嘉慶二十年乙亥六月初五日。娶林氏，嗣子遇繼承嗣。卒光緒二十五年己亥十一月十八日，葬塔院。林氏卒葬黑柏溝。

問萊子知訓，兼祧本支。

〔第十五世〕知訓子遇彛，萊子承嗣。按，公隨申彝公宦遊江蘇，未回籍，故生年卒月及妣氏無所考。知防公卒後，遇楷以争繼涉訟，前邑侯徐公季同詳查譜帖，謂船山公爲一代名人，固不可無後。而亥白公係六房大宗，尤不可闕如。因飭族議，以讀書明理者嗣之。衆議以崇階承嗣公，繼大宗，兼祧本支；以崇峇嗣船山，爲遇繼子。衆議允協，立案存查。

知防子遇繼，習子承嗣，行一。生道光三十年庚戌四月初十日。嗣子崇峇承嗣。卒光緒年，葬黑柏溝唐家壿。

知訓子遇彛，公原旂山所出，承繼大宗，則本支不可闕如。故族議以海子崇荷嗣旂山支，不使有後者無後也。（以上民國《遂寧張氏族譜》卷一《世傳》）

奉天承運，皇帝制曰：功隆贊化，頒爵賞於元寮；教始貽謀，遡思勤於大父。鴻猷益炳，寵渥仍加。

爾張應禮，乃太子太傅，文華殿大學士兼吏部尚書張鵬翮之祖父，文獻開先，詩書裕後。溯祥源於祖德，川瀆鍾奇；綿令緒於孫枝，棟樑篤慶。允資世美，實啓家聲，宜沛榮褒，載昭殊典。兹以覃恩，贈爾爲光禄大夫，太子太傅，文華殿大學士兼吏部尚書，錫之誥命。於戲！紫閣形綸，表箕裘之克紹；黄扉丹誥，映衮舄以增榮。涣號丕承，令名承劭。制曰：任秉鈞衡，溯徽音而有俶；慶流壼範，啓世澤於彌新。嘉猷允屬元臣，介福必歸大母。爾太子太傅，文華殿大學士兼吏部尚書張鵬翮之祖母周氏，幽閑成性，柔順凝祥。懿德丕聞，開有家之令緒；芳儀夙著，毓經國之良材。惠問下流，榮恩上逮，鸞函式賁，象服攸宜。兹以覃恩，贈爾爲一品夫人。於戲！蠶績辛勤，用裕絲綸之業；翟衣璀璨，爰昭琬琰之光。佑爾後人，襄予宏化。雍正元年四月二十日。

奉天承運，皇帝制曰：奮庸熙載，經綸闡報國之忱；錫類貽謀，詩禮識趨庭之教。象賢昭於堂構，巽命及乎台垣。爾張烺，乃太子太傅，文華殿大學士兼吏部尚書張鵬翮之父，令德夙聞，芳型早著。義方式穀，聿生隆棟之材；善慶流徽，用啓高門之祚。普休施於宏緒，表淳德以新綸，俾踐台階，允彰寵渥。兹以覃恩，贈爾爲光禄大夫，太子太傅，文華殿大學士兼吏部尚書，錫之誥命。於戲！資敬事君，實本一經之訓；推恩逮父，聿登三事之榮。祇服國章，光流家乘。制曰：大臣燮理之猷，端由母教；盛世褒崇之典，並重壼儀。彰惠問於閨闈，被寵光於綸綍。爾太子太傅，文華殿大學士兼吏部尚書張鵬翮之母景氏，毓自名門，歸於華閥。勞能將愛，和羹成鼎鼐之勛；貴不忘勤，補衮衍機絲之緒。宜邀殊渥，以播休聲，慶典欣承，恩施爰逮。兹以覃恩，贈爾爲一品夫人。於戲！大錫類於所生，酬庸黄閣；畀榮名於所自，沛澤紫泥。用佐宏庥，尚期克佑。雍正元年四月二十日。

奉天承運，皇帝制曰：翼亮天工，象協三臺之列；宏敷帝載，位居庶職之先。惟懋丕績以酬恩，迺沛新綸而錫爵。爾太子太傅，文華殿大學士兼吏部尚書張鵬翮，鳳閣清才，鸞臺雅望。典章練達，服勤匪懈於寅恭；器識淵凝，顧問時資於靖獻。屬在論思之地，參機務之殷繁；每抒欽翼之忱，佐經猷於密勿。崇階密陟，載晉公孤，宏奬申嘉，庸昭寵渥。兹以覃恩，特授爾階光禄大夫，錫之誥命。於戲！啓乃心以沃朕心，尚嘉謀之時告；慎厥位以風有位，期庶績之咸熙。永劭休聲，祗膺榮命。

制曰：職在鈞衡，元宰樹中朝之望；宜其家室，良臣資内助之賢。式播徽音，茂膺寵錫。爾太子太傅，文華殿大學士兼吏部尚書張鵬翮之妻唐氏，柔嘉維則，淑慎其儀。采蘋采蘩，主饋佐和羹之節；克勤克儉，相夫成補衮之勛。酌令德於台司，表休風於壼範，崇奬用逮，懿德斯揚。兹以覃恩，封爾爲一品夫人。於戲！象服是宜，聿著温恭之範；龍章載賁，宏敷雍肅之風。祗服榮恩，益光令善。雍正元年四月二十日。

奉天承運，皇帝制曰：誼篤靖共，入官必資於敬；功歸誨迪，能仕而教之忠。爰沛國恩，用揚庭訓。爾原任通政使司通政使張懋誠，乃刑部廣西司員外郎張勤望之父，躬修士行，代啓儒風。抱璞自珍，克毓圭璋之秀；析薪能荷，彌彰杞梓之良。兹以覃恩，晉封爾爲通議大夫，錫之誥命。於戲！貽令問於經籯，義方久著；佩徽章於策府，禮秩加優。茂典丕承，榮名益劭。制曰：移孝作忠，懋簡勞臣之績；推恩錫類，式揚賢母之名。載賁榮綸，用宣懿範。爾原任通政使司通政使張懋誠之妻羅氏，乃刑部廣西司員外郎張勤望之母，早嫻典則，夙著規型。敬以從夫宜室，聿徵其順德；勤於訓子備官，一本於慈祥。兹以覃恩，晉贈爾爲淑人。於戲！荷彩翟之天章，徽音益暢；披彤毫之仙藻，惠問常流。祗服寵光，永綏福履。乾隆二年三月初六日。

奉天承運，皇帝制曰：政先領郡，虎符寄千里之權；職重專城，熊軾表萬民之牧。爾山東登州府知府張勤望，才猷卓犖，資性寬和。易俗移風，廣德心而登治理；飭躬率屬，謹亮節以樹風聲。鉅典式逢，鴻章宜錫。兹以覃恩，特授爾階中憲大夫，錫之誥命。於戲！登御屏而紀績，永勵素絲；沛綸誥以推恩，式榮華衮。制曰：良臣宣力於外，効厥勤勞；賢媛襄職於中，膺兹寵錫。爾山東登州府知府張勤望之妻岳氏，終温且惠，既静而專。綦縞從夫，克贊素絲之節；蘋蘩主饋，爰流彤管之輝。兹以覃恩，贈爾爲恭人。於戲！敬爾有官，著肅雍而並美；職思其内，昭淑慎之遺徽。乾隆十六年十一月二十五日。

奉天承運，皇帝制曰：分符百里，必遴出宰之材；報最三年，爰重懋官之典。爾河南彰德府安陽縣知縣張顧鑑，雅擅才能，克宣慈惠。撫綏有要，常深疾痛在己之心；懷保無窮，不忘顧復斯民之責。兹以覃恩，授爾爲文林郎，錫之敕命。於戲！前勞已茂，用褒制錦之能；來軫方遒，益勵飲冰之操。制曰：良臣宣力於外，效厥勤勞；賢媛襄職於中，膺兹寵錫。爾河南彰德府安陽縣知縣張顧鑑之妻李氏，終温且惠，既静而專。綦縞從夫，克贊素絲之節；蘋蘩主饋，爰流彤管之輝。兹以覃恩，封爾爲孺人。於戲！敬爾有官，著肅雍而並美；職思其内，迪黽勉以同心。乾隆十六年十一月二十五日。

奉天承運，皇帝制曰：作牧重於專城，遂委一州之任；親民莫如長吏，遠逾百里之榮。爾湖北襄陽府均州知州張顧鑑，才識夙優，精勤尤著。釐剔吏胥之弊，人憚嚴明；勾稽案牘之煩，政無留滯。兹以覃恩，授爾爲奉直大夫，錫之誥命。於戲！飭乃官方，既効能以奏績；勞於王事，宜寵錫以酬庸。制曰：良臣宣力於外，效厥勤勞；賢媛襄職於中，膺兹寵錫。爾湖北襄陽府均州知州張顧鑑之妻李氏，終温且惠，既静而專。綦縞從夫，克贊素絲之節；蘋蘩主饋，爰流彤管之輝。兹以覃恩，封爾爲宜人。於戲！敬爾有官，著肅雍而並美；職思其内，迪黽勉以同心。乾隆三十六年十一月二十五日。

奉天承運，皇帝制曰：爵列於朝，已食教勞之報；寵綏及下，寧遺鞠育之仁？爾周氏，迺翰林院檢討加一級張問陶之生母，柔嘉成性，淑慎爲儀。身謝鉛華，贊素風於夙夜；動嫺規矩，著雅操於閨闈。兹以覃恩，封爾爲太孺人，錫之敕命。於戲！昭母因子貴之恩，表善則歸親之義，受兹譽命，勵爾芳型。嘉慶元年正月初一日。

奉天承運，皇帝制曰：委質策名，榮既膺夫簪紱；克家纘緒，功必溯乎箕裘。爾原任雲南開化府知府張顧鑑，乃前任京畿道監察御史，今補吏部驗封司郎中加二級張問陶之父，道足持躬，謀能裕後。經傳詩禮，青緗揚奕葉之輝；慶篤芝蘭，丹綍焕天衢之澤。前徽允懋，新典宜頒。兹以覃恩，贈爾爲朝議大夫，京畿道監察御史，加二級，錫之誥命。於戲！被章服以增榮，聿顯肯堂之緒；承絲綸而無忝，用昭積慶之風。制曰：教啓義方，慈母克襄夫嚴父；榮敷閨閫，君恩宜體乎子情。爾李氏，乃前任京畿道監察御史，今補吏部驗封司郎中加二級張問陶之母，貞淑性成，徽柔道協。夙宣慈訓，聿儲卓犖之材；載布徽音，用衍熾昌之祚。丕昭令緒，特沛温綸。兹以覃恩，贈爾爲恭人。於戲！龍章式賁，壼德著美於當時；象服欽承，遺範垂光夫來葉。制曰：論賞不遺於有位，闡德兼褒；推恩必逮於所生，母儀丕著。爾周氏，乃前任京畿道監察御史，今補吏部驗封司郎中加二級張問陶之生母，柔順居躬，幽貞秉質。葛藟纍於樛木，遂滋玉樹之祥；羽儀漸於雲逵，實衍鳳毛之慶。欽兹異數，表乃芳型。兹以覃恩，封爾爲太恭人。於戲！綸綍均沾，克慰顯揚之志；笄珈式賁，尚昭貞淑之休。嘉慶十四年正月初一日。（以上民國《遂寧張氏族譜》卷三《誥敕》）

【亥白先生傳李星根】亥白先生者，蜀詩人船山太史之兄也。先生姓張氏，名問安，字亥白，遂寧人。遂寧相國以經濟顯名於仁皇帝之朝，迄先生五世矣，而獨昌其詩，兄弟競爽，旗鼓相當。雖天才雄放，文采風流，照映四國，若稍稍遜乃弟一籌；至於橅山範水，刻畫杜陵，唐突康樂，真力彌滿，萬象在旁，殆有過之無不及焉。先生兄弟生長東南，既舉京兆，卒不得志，宜其倦於遊矣。故自粤遊以後，收拾山水入奚囊中，歸而奉母，博膝下之歡。雖授館時有鄰縣之役，而終非其志也。惟一室琴書，母妻静對，人生之樂，覺無以踰。而殊不偶，屢斷朱絃，雖歷聘名媛，有同聲之樂，究之彩雲易散，曇花變空，荀粲傷神，微之悲遺，又數數焉。以視船山閨詠，幾於頻見不鮮矣。至如宛若中論四聲，又似婦爲巨擘，倘亦亥白之所爲回首而慰藉者乎？李星根曰：「亥白、船山集既行海内矣，故於志存千百什一焉。至呂文肅父子，其傳浸微，故採得者即録之無遺。他登載者，悉依二先生例而不與者，亦非漫無斟酌也。屬作《亥白傳》，而偶論及之云。」

【受之先生傳李星根】受之先生名問彤，字受之，文端公弟定遠將軍（張鵬翼）之元孫，與亥白、船山爲三從兄弟，時有唱酬。然獨以少陵爲主，故自名其集曰《飲杜》，其精到處，雖起子美九京，亦無以易。而不專一長，又好爲古文詞，兼冥心理學。船山分校春闈，先生屢以迴避，不與試，歸與邑令涂琴舫、徐香坨談聲音文字之學，二公皆名翰林也。後以孝廉方正召廷試，入等，賜六品冠帶，補什邡教諭。人咸爲先生屈，以先生壬子發解，即應銓縣令也。顧不介意，日孳孳以講學爲事，其於古文言分合起伏之法特詳。生平不多作，作亦不多存，其深於詩古文者歟！晚授和順縣知縣，撫軍多其爲儒，恒留省垣以備訪問。久之赴任，而疾革矣。子五人，冢君知簡最知名。

李星根曰：「愚讀先生《音泭序》，而知先生於古學深也。竊以爲韻切之學，莫先審音，音既誤矣，而韻何由定乎？又以爲五方音各有得失，而必以吴音爲無誤者，殆失之，而先生之不以爲得，謙已！至從而矯變者，未必盡宜變也，惜不及論之耳。徐氏《音泭》之作，舉古人所習用之部居，而盡易以木部，而云以便後學，竊嘗思之，殆所謂闇以重闇者歟？」（以上民國《遂寧張氏族譜》卷二《傳》）

【通奉公（張懋誠）行述】嗚呼，痛哉！府君竟棄不孝勤望等而長逝耶，嗚呼，痛哉！不孝勤望方以銅觔被議，羈滯吴門，負咎倉皇，顛連困苦之日，而府君竟棄不孝勤望而長逝耶！子路曰：「生不能以爲養，死不能以爲葬，傷哉，貧也！」三復之下，聲淚悲號！念我府君秉性剛方，居心正直，敬蒙我世宗憲皇帝以忠直褒之，天語煌煌，榮於華衮。府君自通籍以迄於今，感念君恩罔極，事無巨細，總期不負主恩，日夜勤勤懇懇，盡瘁不遺餘力。不孝勤望以煢煢孑立之身，當搶地呼天之日，尚偷生人世者，祇以未安兩親之故，忍死靦面於光化間，蓋有待也。用是泣血和墨，敬述府君生平之萬一，上備國典，下垂家乘，伏冀大人先生賜覽焉。

府君諱懋誠，字孟一，號存菴，先大父文端公生子二人，府君居長。文端公督課甚嚴，期望甚大，而府君亦志不安於小成。年十四，文端公以蘇州守丁内艱，蹣跚奔蜀，留府君隨大母唐太夫人寄居漢陽。府君值清白之境，惟知鍵户讀書。年十七，娶吾母羅太夫人，是歲補博士弟子員。丁卯選拔，八月以春秋應本省鄉試，已爲房考所棄，江陵戴公縱檢搜敗卷中得之，大主考海寧許公大加賞識，拔以冠軍。副其事林公，以次藝隻字，置之第二。從此益肆力於詩古文詞、唐宋八大家、二十一史，孜孜不倦，如杜工部所云，語必驚人而後已。

文端公撫浙，視學大江南北，及簡任總河，蒙天眷而荷主知者，府君追隨侍奉，贊勷之力居多。當席豐履厚之時，人或不勝豔羨，而府君循規守矩，居易俟命，無一念一事之自欺，無一念一事之不可以告人，澹泊寧静，真有如武侯所云者。庚辰，以唐太夫人病血症，日侍湯藥，不敢遠離。迨後屢蹶公車，蹉跎歲月，青衫一領著破。十九年甲申，循例選授江南之懷寧令，引見之日，蒙聖祖仁皇帝垂問殷殷，而府君感恩圖報之心，愈奮而愈力，孤忠自矢，惟期以小民之疾苦，寒士之莫告任爲己事，即得罪於縉紳先達，所不恤也。乙酉，充鄉試同考官，得士上海華君謙，泰州杭君蕃，靖江朱君金山、劉君金章，通州夏君申書，建德李君仁齡，吴縣項君世榮，時稱極盛。方闈中得華卷，力薦定元，會有忌之者，置爲第七。填榜時，府君争之正力，副主司再三慰藉曰：「此卷雖不得元，余當以元評之。文章聲價自在，勿介意也。」府君曰：「今日屈其不冠於一鄉，寧必其不大魁於天下乎？」每與皖江人士試課論文，口授不孝勤望經義，耳提面命，嚴切諄諄。是冬，以未及俸，列爲副薦。丁亥春夏間，旱甚，民情皇皇，力請於上官，開倉平糶，百計圖爲，任勞任怨，而百姓以安。府君曰：「我之所爲，唯知窮百姓耳，唯問心無愧耳！」有安慶衛旗丁王賓臣女，將待吉，爲水手王三等夜劫，女即奮志投江，幸漁舟撈救。女復又投江，又經獲救，而夫家悔盟不娶。府君自書「貞白可風」匾額，旗傘迎導以團聚，獲王三等治以法。又收留無歸難女，擇士配之，種種婆心，士民咸頌。

庚寅，安撫葉公九思，以通省第一卓異。而制軍噶公禮，以先文端公（張鵬翮）審湘潭陳恪勤公案，不當其意，忿忿曰：「吾且殺之，姑從民望而寛之，尚望薦乎？」削其稿。皖城南濱大江，往來商賈，停泊堪虞。府君請於上官，因城東之五里廟舊有河形，爲挑濬深廣，至今檣帆畢集，永絶風濤。一夕，夢寐中見一老婦，哀懇若訴，及旦，巡役攜一女，稟稱夜半在江邊所獲。詢其姓氏，曰白月英；詢其鄉貫，曰廣陵；詢其父母，俱忘。究其形狀，與夢中如一，蓋爲乳母所誘，由長江直上也。而此女亦夢其母囑之曰：「爾逸於岸，自有清官救汝。」從其言，果爲巡役所獲，得見府君。府君擇役中老年夫婦暫爲安留，捐資養贍，旋關送江都，致其擇配。而江邑賢宰，擇士於公堂完聚。懷邑貧士陳學昆，舌耕爲業，遭鄰邑人所迫，勢急投繯，府君不畏豪强，力排衆論，他日即患生不測，不顧也。大抵府君之治懷也，每於窮民寒士，加意保全，而於富室蠹胥，法不少貸。其干犯，輕者罰修祠宇。數年來，琳宮梵室，煥然聿新，忠臣節孝之祠，炳炳煌煌於江皐之上。

壬辰行取，又以先文端公審儀封恭恪公案，波及九卿未保。及武進趙恭毅公出闈，同韓城張大司寇保舉，奉有「知道」之旨。癸巳冬，蒙制軍赫公壽，撫軍梁公世勳卓異。引見，爲少司寇李公華之，少司空崔公徵璧保舉，陞奉天府遼陽州知州。

乙未，大尹高安朱公特薦，格於部議。府君嘗曰：「余十年孤吏，六登薦剡，更大者上結主知，午夜起立，何以仰答高深也！」有積賊毛六兒，仗邪術，人不安枕，各邑不能治，府君獲之，置之重法，旗民大快。章京某爲横一州，民畏而旗怨，府君每以理折。在遼之日，不敢多事，旗民之困一甦。會以大臣子效力軍前，與趙恭毅公子侍讀熊詔公同往西陲。府君以世受國恩，正當圖報，欣聞恩旨，踴躍從戎。臨歧，文端公勖以公忠報國，並有「不遑將父白雲情」句。黄沙紫塞，竭力輓輸，四載況瘁，不以爲苦也。壬寅冬，廷議以郎中回部用，欣逢我世宗憲皇帝龍飛御極，欽授臺司，旋點恩科鄉、會監試。維時文端公請假省墓，府君以國事未遑，每西望而神馳也。

上御養心殿，召科、道數人，跪聆聖諭。府君奏曰：「天語不患無治法，而患無治人，得千古帝王精一執中之要訣，治國平天下之要道也。我皇上聖神天縱，而又如此之勵精圖治，用人行政，盡善盡美。臣唯願内外大小臣工，實體皇上之心以爲心，始終如一，唐虞三代之隆，直萬年有道之長矣。」天顔開霽，垂問爾多少年紀？府君奏曰：「臣年五十七歲，臣蒙恩如此，雖肝腦塗地，何能仰報天恩！」

上顧謂諸臣曰：「張懋誠忠直，接得張鵬翮之後。」府君感泣叩謝。蒙恩賜內府寶藍山海文花緞一，紅青素緞一，越日，又蒙賜荷葉形緑端石硯一方，御用墨一匣。府君紀恩詩有「臨池石起堅剛氣，濡墨風生姓字香」句。府君以聖主崇文重士，上《請欽命選刻恩科鄉墨頒行天下以正文體》摺子，奉旨嘉其奏，交部議行，令禮部會同翰林院揀選，有「務期秉公，莫負朕崇文之意」之旨。

甲辰春，特奉恩旨，轉工科給事中，旋轉禮科掌印。上勸農摺子，奉旨準行。蒙恩欽點殿試彌封官。府君每自署歸，喜讀名臣奏疏，嘗誦羅玘「畏死終不免於死，知恩而無以報其恩」句。在禮垣時，有吹索欲駁學冊者，府君持不可，對衆曰：「聖明不可欺，清議大可畏也。」同大學士、九卿會議弭盜一案，倡言未事嚴保甲，臨事嚴救護，既事嚴訪緝，全在州縣實力奉行，督撫秉公激勸，衆大人皆以爲然。府君曰：「老生常談也。」凡有會議，侃侃直言，從無避忌。每恭睹聖天子宵衣旰食，日夕不遑退食，公輾轉難已。自念此身皇上生之，不應得之官，皇上賜之，將何以釋聖主之憂勤？將何以報君恩之深重？徬徨淚下，坐卧靡寧。小子望備員京兆，或在大廷，或在邸寓，時時親見，至今不敢忘。

夏五月，文端公假滿回都，謂府君曰：「爾秉性忠直，可繼老人素履，已在聖明洞鑒之中，當清白一心，始終加勵，以報高深於萬一。」府君敬受維謹。冬十一月，文端公得患脾病，蒙恩遣御醫診治，府君侍疾榻前，形神交瘁。乙巳春二月十九日，詎意衰年痼疾，非藥餌所能治，端坐牀褥，永辭聖世矣。斯時也，府君囊橐蕭澀，四顧茫然，恭蒙聖主賜白金千兩，恩恤稠疊，妥措先靈，得以無憾。謂不孝勤望曰：「我倘不即填溝壑，有生之日，皆肝腦塗地之年也。」扶柩回籍，卜吉安葬先文端公於遂寧之月山。

丁未服滿，蒙恩坐補禮垣。向例巡城一差，由堂保引見，府君奉特旨巡視東城。黎明入署，書役尚未到，迨日出徐徐乃至。府君笑曰：「勿怖也，弗予責，余日日如斯，爾等何能及也？姑念天寒，又爾等積習一時難以驟改。余則雞鳴而起，正好看書，正好思維公事。若以後再不周不備，則不可也。」每巡所轄地方，飭捕甲等曰：「本院奉命巡視，不尚虚文，務在實心實力。爾等晝則嚴拿光棍豪强、奸宄缺主、詐贓賭博、强買强賣、招包剪綹、酗酒打架，夜則拿竊拿盗。京師之賊多在屋上，爾等撓勾長鎗，須要整齊，例應救護，而歷來人皆不敢者，恐賊盗報仇。本院定行奏請加倍重治，聖明在上，何畏哉？在爾輩，何以日夜巡查則不見，而歛錢謞詐則有爾輩也？本院執法如山，爾等力改前轍。」環觀居民，欣欣相告曰：「然。」有一故人子，誨之曰：「爾翁，余之年伯也，余敬其典試公。爾爲賢父之子，何不肖以至於此？昨閲爾狀，原可不準，爾自今日以後，須向爾翁靈前痛哭一回，改行讀書，棄此賤役，將此利息，半爲養母之資，半爲燈火之用。如再不成人，將來何所底止？余今誨爾，固以報年伯，亦以爲天下不肖子孫之戒。」故人子感泣而去。府君又奉旨清查八旗虧空案，恐吏人以不能兼顧，貽誤地方，隨時隨地查街，吏人皆在。府君曰：「爾知老察院不躲懶，故在此，彼此相見，不亦光乎？」奬之。居民咸曰：「甚暑正午，老察院何不憚勞耶？吾等安堵矣。」蒙恩陞光禄寺少卿。府君以此席上關祭祀郊廟，兼供御用，下關鋪户資本及外藩筵宴，每嚴飭官吏，仰遵御書「敬慎有節」四字匾額。並飭其毋剋扣小民，嘗娓娓數千言，日乘款段，途中口吟「長安風雪少卿來」，可以悉府君之清貧勞頓也。於乾清門奏本衙門月摺，適奉旨傳王大臣内閣九卿，亦令光禄寺同進至養心殿，恭聆上諭，賜坐賜茶，府君深爲榮幸。

原任總河趙世顯，波及先文端公，分賠銀十萬兩，川撫請將府君解任着追。蒙我世宗憲皇帝洞悉老臣之清介，垂憐先臣之窮苦，豁免八萬兩。其二萬兩，着親王大臣於乾清門，令府君將族中有因文端而得者開抵，隨以山東先叔父産業約一萬兩，四川産業約一萬兩呈奏。轉順天府府丞，大尹欲去大堂府丞公座，府君不可，蓋一生以禮自持，人亦憚之。未幾，轉通政使司右通政，陞通政使，欽點從耕。府君感知遇之深恩，每以不能報稱爲恨。時不孝勤望任盛京户部郎中，府君嘗手諭教訓，刻刻以仰答君恩爲念。復又蒙恩署理工部侍郎。嗚呼！府君久處沈淪，自我世宗憲皇帝御極以來，不數年而擢居九列，君臣相遇之際，蓋極隆歟！念冬卿爲工程錢糧重地，正思竭力圖報，忽於庚戌春，聞唐太夫人於二月二十三日仙逝。先是，府君扶柩回籍，大母唐太夫人往居曲阜先叔父處。今倉忙就道，號泣奔喪，遵太夫人遺命，奉安於彼。維時不孝勤望以三年俸滿，仍補户部陝西司郎中，府君無力回籍，相依京邸。

辛亥春，不孝勤望以本部堂官保舉，命往江南以道府用。府君送至國門，教之曰：「吾家世受國恩，未能圖報。爾爲人居官，上受主知，吾無慮矣。吾老矣，爾當努力，尚有相見之日也。」不孝勤望泣而志之，不敢忘。冬十月，奉制軍尹公檄，署徽州知府。方期勉力圖報，嗚呼，痛哉！吾母羅太夫人於十二月二十九日仙逝之凶聞至矣，人生之苦，至矣！極矣！制軍疏保留南守制，奉有「准假四月，回南委用」之旨。適值府君向以服已逾禫，因清河道胡公瀛固請爲子完娶，府君囑其勿動鼓樂，勿事虚文，荆布青輿而遣之。遂被望江御史王應佩，以服中嫁女爲劾，部議革職。吁！孤臣早知有此矣，不孝兼程入都，暫安吾母靈櫬於安化西廊，奉府君於南。

癸丑秋，蒙恩照署督魏公廷珍之請，補授寧國府知府。未幾，爲上官所劾，部議降調，蒙我世宗憲皇帝特加格外之恩，從寬留任。府君以山東、四川帑項未清，奉文催迫起程，不孝目送行舟，心傷神慘，不意此刻竟成終天之恨事矣。嗚呼，痛哉！府君行至高郵之清水潭，遭風，舟幾溺，爲同行友人韓浩然挽手登岸。及檢行笥中，府君有《辯仇疏稿》，毫無水痕，其殆天鑒孤忠歟？不孝旋奉委辦丙辰年上運銅觔，從此父子暌隔，唯望白雲而飲泣，音書稟問，分養廉以供菽水而已。府君在鄉，唯以教訓族人感念君恩，敬思祖德，化導鄰里鄉黨，相與安居樂業，共享太平。

老年猶好讀書，閉門握卷，晤對古人。居恒嘗曰：「吾欲相近祖塋，支茅屋以棲身，樹人不種之花爲園，偃息其中，作風月主人峨眉僧，足矣。」丙辰春，不孝勤望以内調部郎，秋補刑部廣西司員外郎。引見時，恭睹聖容，敬懷先帝，懽忭與思慕之微忱交相集也。蒙特恩，將先文端公分賠二萬兩寬免，不孝赴午門叩謝天恩畢，寄信府君，呈請當事代題恭謝天恩。不孝念銅觔未完，寢食不安，呈明本部大人，奏請給假赴蘇辦理。丁巳春，各商以洋船未能如期而至，在内地購買齊全通報。適府君差家人張玉來南，詢知平安，並悉精神强健，私心竊喜，欣慰良多。四月兼程回部，黽勉辦事，卯入酉出，日以爲常。恭遇世宗憲皇帝入廟大典，府君以不孝勤望現任職官，蒙覃恩貤封誥授通奉大夫，通政使司通政使，加一級；吾母誥贈夫人。不孝勤望質陋才庸，遭時竊位，恭奉三朝之寵錫，銘心刻骨，浹髓淪肌，感激之忱，生生世世矣。

秋七月，辦理朝審，仰體聖天子如天好生之仁，竭蹶從事，奔走於朝。忽聞安撫參以捏報，請革任發南，蒙堂官鑒其委曲，具摺欲留而未果。隨於八月，同派押官本部筆帖式英公赴南，審非捏報，題請開復。嗚呼，痛哉！

不孝勤望外患方寧，内憂忽至。戊午春二月十六日清晨，堂弟勤弼差老僕劉玉忠寄訃，云府君自接先帝哀詔，日夜號呼，死而復甦者數次。從此心神恍惚，志氣茫茫，延至丁巳年閏九月，染患氣虛浮腫之症。弟輩苦勸延醫調治，堅執不從，曰：「某萬里孤臣，受先帝格外殊恩，恨不即從龍馭，服藥何爲？」迨後遍身腫甚，至十一月十八日，端坐於榻，弟輩問安，猶命之坐。至戌時，連呼「先帝深恩未報」而逝，嗚呼，痛哉！不孝勤望驚聞之下，心神莫措，躃踴無從。隨報明元和縣，移知本籍，並申請江寧藩司，聞訃丁憂，以銅觔未完，羈留吴地，日夜悲泣，與死爲鄰。嗚呼，痛哉！

府君自幼讀書，即以立品爲先，尚氣節，絶奔競，勇於從義，力追古道，不隨世爲炎涼，不狥人爲可否，清白自堅，一塵不染，唯知上報主恩，下體民隱，孤蹤勁節，落落寡合。而同志相與披忱抒悃，肝膽相示，人與之交，如坐春風，如飲醇酒也。一生内不欺己，外不欺人，表裏直率，情意懇至。生平好友如少司農俞公兆晨，大廷尉吕公謙恒，館卿許公惟模，少宰伯令璜公，寥寥數人。而感師恩者，大學士尹公，大司農趙恭毅公，大宗伯海寧許公，皆一步一趨，皇然未逮者也。肫誠接物，並無私交，人亦不能干以私。服官三十年來，居無一椽，食無半畝，敝衣布被，家計蕭然。即退處林泉，借居者九叔父南門之屋，回首時，四壁空虛，一棺清冷，貧宦與老僧無異也。嗚呼，痛哉！不孝遭逢聖世，服官亦十有五年，守清貧之遺訓，值艱窘之窮途。遭兹大故，公事未完，奔喪未遂，抱終天之隱恨，爲天壤之罪人，清夜捫心，不堪自問矣，尚何言哉！尚何言哉！嗚呼，痛哉！

府君生於康熙六年丁未十月二十日子時，卒於乾隆二年丁巳十一月十八日戌時，享年七十一歲。配吾母羅太夫人，順治丁酉舉人，山東青州府知府素菴公女；初封孺人，晉封安人，誥贈夫人，先没。子五，長即不孝勤望，由蔭生原任刑部廣西司員外郎；娶岳氏，初封安人，誥贈宜人，康熙甲戌進士，翰林院檢討諱度公女。次勤寵，原任陝西直隸興安州知州；娶王氏，敕封安人，康熙辛卯舉人，四川成都府知府諱瞻公女。次勤保，太學生，娶繆氏，江南安慶府通判諱羽皇公女；皆吾母羅太夫人出。次勤河，太學生，娶費氏，康熙己卯舉人，候選知縣諱朱報公女。次勤復，太學生，娶勞氏，江南寧國府旌德縣知縣諱啓鑒公女。爲庶母朱孺人出。女十，長適原任山東兖州府運河同知王公諱濤子，太學生心棨；次適康熙己丑進士，現任太僕寺卿蔣公諱漣子，貢生楠；三未字。四許貢生戴公諱光佇子，五許現任陝西延綏道楊公諱文魁子，嘉興府通判盛芳；六許康熙癸未進士，原任兩淮巡鹽御史李公諱陳常子，蔭生宗信；七適康熙戊戌進士，現任浙江按察使胡公諱瀛子，海塘效力通判士菁；俱先没。八適候補知州沈銓，九適太學生程家柟，十未字。孫男八，顧鑒，太學生。聘李氏，原任江西瑞州府知府諱澐根公孫女，現任江西九江府彭澤縣知縣諱松泰公女。顧霖，太學生，未聘；顧京，尚幼；不孝勤望出。顧凱、顧環、顧祖、顧瀜，不孝勤寵出。顧元，不孝勤復出。孫女四，勤望出者一，勤寵出者一，勤保出者二。勤望等肝腸潰裂，神亂心迷，語無倫次，挂一漏萬。伏冀大人先生錫之誄章，以光琬琰，世世子孫，銜感大德，曷有涯際！不孝孤哀子張勤望等泣血稽顙謹述。（民國《遂寧張氏族譜》卷四《行述》）

【朝議公（張顧鑑）行述】府君諱顧鑑，字鏡千，號照齋，晚號耐舫。先世居湖廣麻城之孝感鄉，明洪武中遷蜀，著籍遂寧。高祖諱烺，隱於耕，以子貴，累贈光禄大夫。曾祖諱鵬翮，康熙庚戌進士，歷官至太子太傅，文華殿大學士兼吏部尚書，贈少保，謚文端，賜祀賢良祠，《國史》有傳。祖諱懋誠，康熙丁卯舉人，歷任安徽懷寧、奉天遼陽等州縣，内陞户部員外郎，以效力軍前，議叙郎中。時大臣子弟舉人出身者，例不列臺諫，世宗憲皇帝特授御史，歷官至通政使司通政使，署工部右侍郎。考諱勤望，以廕授順天府糧馬通判，歷官至山東登州府知府，署登萊青兵備道。妣岳太恭人，庶母顔孺人、楊孺人。登州公八子，長即府君，次顧霖，順天大城縣典吏；次顧京、顧高，太學生；次顧鑾，廪膳生員；次顧瀛、顧普，太學生，皆先殁；次顧振，太學生。

府君生於京師，時文端公方爲冢宰，喜初得曾孫，取張曲江「千秋金鑑」之義，以命是名。未成童，岳太恭人辭世，依庶母顔孺人成立。雍正癸丑，隨登州公之寧國府任，讀書北樓，受業於天都曹以南先生，時年甫十三，師生倡和，時譽斐然。乾隆丙辰，登州公内轉刑部員外郎，旋奉命往蘇州辦理銅勅，府君護眷屬之蘇。丁巳，侍登州公任刑部，居京師。戊午，國子監肄業，恭與臨雍盛典，是秋，初應順天鄉試。府君自志學之年，已督家政，虀鹽叢雜，猶力自攻苦不怠。辛酉，年二十一，中式順天鄉試副榜貢生。是科已中第四十二名舉人，因一字之誤而改，時論惜焉。座主爲内閣學士劉公藻，工部侍郎許公希孔，以《周易》卷出編修沈公慰祖之門。甲子重應京兆試，薦而未售。府君以登州公宦途多阻，困苦日甚，遂考職州同知，是歲十月，復考取教習。十一月赴江西，就婚於彭澤縣署。乙丑，娶李恭人。丙寅，與李恭人回京師，十月，補景山教習。時登州公復以刑部郎中，特簡山東，以道府用，未幾補登州府。府君居京師，借安化禪林棲止。己巳十二月，教習期滿，引見，以知縣用，庚午二月，揀發河南。三月，至登州省視，留半月，赴河南。恭逢聖駕時巡，大吏知府君賢能，委任總局，辦行宫陳設，復委署遂平，協辦中牟大營及道路差務。以辦理有法，不爲民累，題署安陽。安陽胥吏恒持縣官短長，素稱難治，府君甫下車，釐奸剔弊，積習一空。時蔡修撰以臺在京師，聞之，寓書於府君曰：「鄴都地介燕、晉，風俗勁悍，得吾子振濯其間，西門豹、梁彦光之風，忽復見於今日也。」是歲，周太孺人來歸。

府君任安陽時，年甫三十，性强直，不屑苟遇，與大吏持論，多齟齬不合。壬申，調嵩縣。嵩之爲邑，在少室、伊水間，適登州公罷郡，府君迎養於嵩，每集僚友，分題賦詩，奉觴上壽。僚友中有以繁簡之調爲府君介意者，府君不答，指伊水笑曰：「是可以名吾堂也。」因顔廨屋曰「聽伊」。乙亥，協辦澠池兵差。丙子，不孝問安生。丁丑四月，丁登州公憂，扶護由棧道歸遂寧。眷屬貧不能從，寄居於嵩，嵩之民歲時餽薪米不絕，曰：「民念縣官清苦，今遠歸，度廨中薪水不繼，故相佽助耳！」服闋赴京，己卯十一月揀發山東。庚辰二月，補館陶，兼署冠縣。兩邑當漳、衛合流，地稱沃壤，府君曰：「我家世守清白，敢飲漳流一勺水乎？」癸未，以囹圄空虛，卓異，注册回任。

甲申，不孝問陶生。乙酉，承辦鄭子花園行宮，蒙恩賞貂皮、荷包。歲己丑，在館陶任已十年矣，吏不爲奸，民不知訟，府君欣然曰：「古人居官，恒以久任方能奏效者，今身親閱歷，始知之矣。吾始來陶山，視一邑之民，林林然民也；閱數年，猶此民也，藹藹然如家人、父子焉。今十年矣，猶此民也，向之林林然，藹藹然者，今怡怡然如一身也。」是年六月，以十年俸滿，推陞湖北均州知州。去縣日，篋中不滿百金，闔縣村民聚錢來助，或數十錢，或百錢不等，辭之不得。行之日，焚香載酒，送者塞途，馬不能進，咸相向而泣，淹留三日乃出境。任均州年餘，時梁文定公撫楚，廉知府君決獄明敏，以荆門獄訟繁雜，清釐不易，辛卯五月，調繁荆門州。府君恒晨起坐堂皇剖決，漏下三鼓，未嘗生倦。盛暑患足創，血漬鞾襪，不知也。年餘，積案一清，民風丕變。荆門地當孔道，使車相望，府君於遵例供億外，無私餽，無妄干也。乙未，不孝問萊生。時不孝問安、問陶年已長成，府君於退食之暇，輒指示以居心爲政之道。嘗曰：「吾浮沈於牧令者，且三十年矣。而從容自得，絶無躁妄之心者，誠以牧令爲親民之官，凡民之疾苦好惡，皆痌瘝相通。盡心於一方，則一方之人安且樂也。人生百年，升沈榮落，與蟲魚草木等耳！境之通塞，天爲之；身之毁譽，人爲之。志不爲通塞變，心不爲毁譽摇，則我爲之我，惟盡其在我而已。」是年大計，以周悉民隱，辦理得宜卓異，引見，蒙皇上垂問家世，記名，回任候陞。丙申，署黃州府通判，未抵任，復署漢陽府同知。丁酉七月，陞授雲南開化府知府。滇池萬里，不能攜家之任，遂命不孝等奉母留漢陽。戊戌三月抵開化，九月，以荆門任内失出案被議離任，時年五十八矣。旋得軟腳病，留滇五年，不能赴部，因致仕。歲癸卯，始得返棹漢陽，李恭人已於庚子下世，不孝等又不能謀養，八口飢寒，至一日一粥且不繼。

丙午春，海豐吴侍郎垣撫楚，府君舊交也，歎府君老病不能歸，慨然代謀資裝，遂得於是年歸蜀。家有老屋數椽，人且滿，無可容，因借屋於城北，繼復賃屋於城西，又遷居城西北官廨，雖居故里，若流寓焉。戊申，不孝問安舉於鄉，不孝問陶舉於京兆。庚戌，不孝問陶成進士，入翰林；不孝問萊亦婚娶，解持家。周太孺人率子婦團聚鄉園，至此始稍享清貧之樂。府君自患足疾，將二十年，輾轉需人扶掖，然心氣和平，不以形骸爲累，静繙書史，間課兒童，偶命肩輿，周遊近郭，里中親友争相延致，宴飲爲歡。方謂從此優游，可臻上壽，乃丙辰十二月十二日，偶有倦容，遽爾長逝，彌留絶無一語。時不孝問安自都歸，府君已先一日易簀，僅視含斂，不孝問陶至明年正月始在都門聞訃，惟不孝問萊在側。變生意外，萬死莫贖，烏乎，痛哉！

猶記壬子十月，不孝問陶請假歸省，時不孝問安亦歸自粤東，全家聚首。甫及一月，府君促不孝問陶回京散館。不孝問陶窺府君精神雖尚清健，而久病可懼，心不敢言，傍徨失措，不忍遠離。府君教之曰：「我家世受國恩，汝既倖邀館選，正宜讀書中秘，努力功名，毋負朝廷培植至意。但能潔身奉職，不墜家聲，是即孝也，何必膝前戀戀作小兒女態邪？」不孝問陶勉强束裝，瀕行，府君晨起，啓西牕端坐，示不孝以康健，視不孝出中庭。不孝忍淚而出，神皇皇不能自主，豈意此時即爲永訣之期哉！不孝等荒迷之餘，無可自致，追憶府君生平出處大略，銜哀敬誌如右。至此外事蹟可誌者，尚自不一，謹條繫於後焉。

府君生數歲失恃，每遇家祭，奉岳太恭人遺像於堂，輒涕泣不能起。乾隆己未，赴蘇州舟次，夢太恭人面有斑痕，驚寤，啓匣展視，果有霉蹟。天都曹以南先生曰：「孝弟之至，通於神明，吾於張君見之矣。」庶祖母楊孺人歿後，遺叔父六人，皆稚弱，府君爲完娶，延師課讀，不幸皆早世，今在者，惟第十四叔父耳。府君每當家庭宴語，念手足凋傷，輒爲霣涕。鄉黨間每談友愛之行，皆以府君爲舉首。

府君宦游三十年，廉俸所入，輒寄歸修葺祠墓。懸車以後，貧愈甚，念通政公（張懋誠）墓在樓山，獨無祭田，爲生平未了事。乙卯之秋，命不孝問安、問萊多方典借，竟增置墓田數畝。府君慷慨好施與，而自奉極簡，易一衣恒數十年。夏日紗衣袖脱，不可復施鍼紉，戲以漿黏連之。或以爲太過，府君曰：「我非不知改爲之易，且儉亦不在此一衣，特惜其爲故物耳。」府君任荆門時，摒擋公事畢，喜秉燭露坐，手録先賢格言，積十餘卷。一夕，偶檢篋中，得券紙數十，呼不孝等前曰：「馮驩焚券市義，其權術良可喜。然義可市乎？事之有利於人者，宜爲之，則自爲之耳，不必其人知也。」因手自折券，就燈焚去。河南孟公爲楚令，府君同僚友也，既卒，妻孥爲公項所累，不能歸。府君代完其帑，且周恤之。一日宿鍾祥，夜半見孟公來，驟啓幃坐牀側，呼府君曰：「感君恩義，泉下人不敢忘。」府君驚起，孟忽影門而没，心神了了，實非夢也。戊戌，府君由楚赴滇，眷屬寄居漢上，無可託。瀕行，於李刺史筵上遇大興王先生廷璋，傾談移晷，先生慨然曰：「足下君子人也。宦而貧，貧何足慮？行矣，家有無及諸郎課讀，廷璋一人任之，無内顧也。」府君赴滇七年，先生典質相助。不數年，先生病歿，緜惙時，猶惓惓以府君爲念。嘗謂不孝等曰：「古所謂傾蓋如故者，吾與尊府君是已。」府君之真摯感人如此！

府君滇中罷郡後，寓五華山，困乏殊甚，然見義必爲。嘗訪得座主許公家茅屋一楹，僅存九十二歲之嫂，五十餘歲老妾，孫婦一，從孫女二，其孫以貧乏遠出不歸五年矣。府君命急足尋歸，教之貿易，並爲師置墳户，得資以養焉。嵩縣所取士王淑旦，護雲南大關同知，以事罷官，擬抵旦，又因前運京銅被誣，將抵流罪。府君訪得之，周其窮乏，暨在獄時，遣人存視。會某公到滇，雪其冤，府君移之同寓，復爲擘畫，使歸河南。又一日，於嵩明州李君座上，遇經歷張君，隨一童，衣敝甚，而眉目清秀，問之，則前太守孫也。其祖樊某任麗江，調昭通，因有心致死一人，身後不能歸里，家業蕩然。此童之父，亦庠生也。府君聞之惻然，因請於經歷，攜之歸。有葉氏，延師教子，許來學，府君資以脩脯，俾受業焉。

甲午，不孝問安入都，道出館陶，車覆，遇一人，乞其扶曳，其人問知爲府君子，忻然前去。少頃過邵村，有龐眉皓首八九人，拱立村口，車至，同聲曰：「幸公子至，歸達愚忱，言邑人甚思吾父母也。」是年王倫犯館陶，邑生員翟某與武生趙凱元集鄉人守禦，邑賴以安，二生皆府君所取士也。癸丑，不孝問安，問陶由川江北上，過荆門，休車逆旅，州人咸來問訊。有老役潘某曰：「邑侯之宜得壽，某十餘年前已卜之矣。當日給公府侍決獄，鵠立堂下，恒晝夜不得少息。每夜漏將盡，輒僵立假寐，恍惚復醒，苦不敢出廳事。然此時側窺堂上人，方據案對兩造，反覆研究，猶精神奕奕如夙興時也。」喜爲詩，曹以南先生比之香山、放翁，與史梧岡震林、袁簡齋枚、許檆亭瑗諸先生爲少年詩友。所著有《近花牕詩稿》、《耐舫近稿》。嗜飲酒，中年時，嘗兼數十人之量而不亂。弱冠以前，貌清癯，髮長過膝，十指如削竹。三十後，四體充腴，面目日豐厚。知嵩縣時，得何首烏如斗者甚多，常以佐酒。年六十後，須髮黑白屢變。自滇歸時，須微白；抵漢陽不數月，復黑；歸蜀，又微白，一歲後復黑。家居十年，鄉人望之，不知爲七十餘人也，咸以爲藥力所致。不知府君胸次光明，凡窮通得喪，久已了然，故能不爲形役，不爲境累。嘗舉先賢語勖不孝等曰：「無事時不教心空，有事時不教心亂。所以不空不亂者，心正也。養生，應事，此二語足矣。」

府君卒於嘉慶元年丙辰歲十二月十二日，距生於康熙六十年辛丑歲四月十四日，享壽七十六歲。誥授奉直大夫，例授朝議大夫。配李恭人，誥封宜人，例封恭人。不孝等生母周太孺人，嘉慶元年覃恩敕封太孺人。子三人，長不孝問安，乾隆戊申科舉人，娶陳氏，江西南安府同知諱億女；繼娶王氏，太學生名梅女。次不孝問陶，戊申科順天鄉試舉人，庚戌恩科進士，翰林院檢討。娶周氏，禮部右侍郎名興岱女；繼娶林氏，四川布政使名儁女。次不孝問萊，娶楊氏，江南安東縣知縣、蘇州府同知名璽女。女二，長適湖州太學生潘本侃，江西南安府同知諱汝誠子；次適漢軍高揚曾，四川石砫廳同知諱瑛子。孫女三，一字三臺李志遥。不孝等苫凷餘生，語無倫次，伏冀當代仁人君子俯垂憐恤，錫

以傳誄，用光幽壤，不孝等世世子孫感且不朽。不孝問安、問陶、問萊謹述。（民國《遂寧張氏族譜》卷四《行述》）

【朝議公（張顧鑒）家書】臘之十有九日，放舟洞庭東湖，天氣晴霽，湖光清曠，檢點圖書，洗滌筆硯，焚香啜茗，馳念漢皋旅館中，書寄安、陶兩兒，以當面言。凡子弟，總以讀書爲第一要事，況吾家子弟，更以讀書爲第一要事。且此時此際，吾家之子弟，尤以讀書爲第一件救急而修福遠害之切身要事也。子弟讀書，氣質自雅馴，而恭敬和平，知禮知義，事上處衆，取友親賢，即與泛泛人接，亦知愛衆也，聞見自廣。每日聆之師訓，皆古人嘉言懿行，事事體認，時時奉行，便向正道路上行。不得罪於人，正是不作罪於己也。

吾家祖宗積功積德深厚之至，子弟果能循正路行，作一謙恭和平之人，則承受其福，較他人獲福自易。若驕矜自大，漠然不理於人，則人又誰肯屈意順從理你？爾等須知待人接物，是學問中之一大事也。事尊長師友宜敬，處己宜恭，待人宜真，御下宜愛。要做一個真誠仁愛之人，不可做刻薄寡恩之像。和氣乃致祥，而乖氣多致戾也。至此時，爾等寄居漢上，外面觀之，以爲父爲滇守，爾等公子也，住爲公館，上而有七叔照應，内而有爾母等經理，又有家人奴僕使令，如此安閑之歲月，豈不稱安穩哉！不知父任萬里之外，身負萬金之債，新到滇省，事上寅誼，民情土俗，不知歷多少艱辛，費多少精神，刻刻在宦海中度日。言念館中囊無長物，糧無隔宿，又無至親好友可以接濟，所住漢邑入官之房，一要即應騰出，一騰即應露處。西顧家鄉，既難言歸；南盼宦所，勢難即到。爾等時時刻刻作如此之想，是吾家此時此際之子弟，讀書之事又較他人加倍要緊。兩兒當存卧薪嘗膽之心，勵沈舟破釜之志，作映雪囊螢之事，學孝弟忠厚之人。上承祖訓，自淑其身，萬勿自驕自吝，自暴自棄，悠悠忽忽混過時光，冷冷落落喫盌自在飯，大大樣樣得罪於人。少而壯，壯而老，老大無成，豈不可惜而可悲哉！何如雞鳴而起，限定課程，發憤讀書，謙和處世，恭敬待人。敬人人敬，愛人人愛。如此，人人稱贊云：「某人家好子孫！」這就是顯親揚名之實了。又何況實至名歸，享福無窮，多少榮耀也！二十一日出湖，林子口舟牕書。（民國《遂寧張氏族譜》卷四《家書》）

《涪陵周氏家譜》

【皇清誥授光禄大夫，都察院左都御史，顯考東屏府君行述】府君姓周氏，諱興岱，字冠三，號東屏。先世爲楚之營道縣人，明初自麻城遷蜀，居涪州。高祖考彝山公諱茹荼，湖南路總兵官；高祖妣吴太君。曾祖考墨潭公諱儼，康熙庚午舉人，敕贈文林郎，湖北巴東縣知縣；曾祖妣徐太君。祖考易亭公諱珙，康熙辛卯舉人，歷任湖北通城、江陵、巴東、天門、漢陽縣知縣，祖妣杜太君、任太君。考海山公諱煌，乾隆丙辰舉人，丁巳進士，翰林院編修。歷官兵部尚書，誥授光禄大夫，晉贈太子太傅，謚文恭。前妣文太君，誥贈一品夫人；妣方太君，誥封一品夫人。自彝山公以下，皆以文恭公官，累贈光禄大夫、工部尚書；吴太君以下，皆贈一品太夫人。文恭公生子七，長伯父宗岐，乾隆辛卯舉人，乙未進士，翰林院編修。次府君。次叔父興嶧，乾隆癸卯舉人，候選知縣。次如岡，乾隆甲寅舉人，湖南湘鄉縣知縣。次衡，乾隆甲寅舉人，直隸臨榆縣知縣。次宗崋，乾隆壬子舉人，山東德平縣知縣。次宗畬，太學生。

府君生而穎悟，體貌威嚴，性情豪邁，而存心以仁慈爲本。七歲入塾讀書，日數十行，一過目，輒能成誦，文恭公特鍾異之。嗣與伯父對巖公從錢塘陳星齋先生學，凡所爲詩文，皆就正於先生，先生輒許爲大器。先生爲文恭公會試房師，故爲府君口講指畫者，至爲精密，今府君所刊《制義體要》，即先生所傳習者也。

庚辰，由太學生應試京兆。壬午秋，吾母杜夫人來歸。戊子應試蜀闈，典試孫補山先生得府君卷，擬元，數日因索二三場卷不得，惋惜而止。庚寅夏，府君隨侍先祖妣方太夫人，自文恭公浙江學政署回涪。是秋復應本省鄉試，以《禮記》卷中式第十六名，房考爲西充縣知縣，長白常公理齋先生；座主爲編修海寧祝公芷塘先生，檢討湘鄉鄧公筆山先生。文恭公以乾隆丙辰、丁巳恩科聯捷，府君又恭遇孝聖憲皇后八旬慶榜，文恭公志喜詩，有「兩世承恩國慶偏」之句，蓋紀實也。

十一月，不孝廷授生。辛卯恩科會試，中式第十七名，房考爲禮部祠祭司員外郎，桐城姚公姬傳先生；座主爲大學士諸城劉文正公，左都御史長白觀公補亭先生，内閣學士武進莊公方耕先生。殿試二甲第七名，十卷進呈，改庶吉士，壬辰散館授編修。癸巳二月，府君以方太夫人在籍，請假歸省。十二月，不孝廷掄生。甲午夏，府君侍方太夫人來京，假滿補官，充國史館纂修官。丁酉八月，充順天鄉試同考官，得士王有年等十三人。府君初與文衡，榜發，有取士公明之譽。時文恭公官侍郎，伯父亦於乙未成進士，與府君同官編修，偕諸叔父一堂聚順，朝夕承歡，文恭公爲之色喜。

戊戌冬，方太夫人疾病，府君日侍湯藥，必誠必謹。迨己亥二月，方太夫人歿於京邸，府君哀毁之中，籌辦井井，人以爲難。是秋，與伯父奉方太夫人靈櫬，歸葬於涪。辛丑五月，服闋補官，充文淵閣校理，旋充武英殿四庫全書提調。癸卯秋，奉命副侍講莊龔堂先生典試山東，得士周垣等六十九人，文恭公曾典試山左，人咸以父子持衡東魯爲榮。冬差竣，赴山海關行在復命，蒙純皇帝垂問：「爾父身子好否？今年係伊七十，應給賞賜。」府君歸爲文恭公敬述之。迨期天恩賜壽，寵賚便蕃，綵服盈庭，一家頂感。甲辰，文恭公以足力漸衰，遂於乙巳正月引疾求退，蒙恩予告。四月，以疾卒於京寓，蒙純皇帝恩綸軫卹，備極哀榮。時伯父已去世，府君與諸叔父慎終之禮，盡誠盡孝，親友中咸以爲無忝君父之恩云。

文恭公清宦數十年，家無長物。秋八月，全家由水驛扶櫬回蜀，萬里長途，資斧不繼，至楚北典質衣物，於丙午四月始抵涪州。冬奉文恭公櫬，安厝於七賢岡，與文、方兩太夫人合葬。家居年餘，築茅屋數椽，杜門不與外事。丁未秋服闋，復攜眷赴京補官，僑寓宣武門西。時官閑務簡，惟與一二素交昕夕過從，樽酒論文，泊然無外慕焉。戊申十一月，引見右春坊右贊善，府君名列十三，蒙恩擢補，並諭：「汝是周煌之子。汝父正人，汝當學之。」府君免冠叩謝。

己酉三月，轉補左春坊左贊善，五月，擢司經局洗馬。六月，奉命副吏部考功司員外郎江公濬源典試陝西，得士張紹學等六十一人。十月復命，蒙純皇帝垂問家事，府君以文恭公蒙恩入祀鄉賢祠，免冠叩謝。諭云：「汝父人品端正，學問優長，原應入祀。」府君感激涕零，益以精白矢報。是月擢授右春坊右庶子，旋擢翰林院侍講學士，奉命視學粵東，並諭令：「速赴任，一切依汝父爲之。」是時粵東士習文風，頗須整飭，府君感知遇之恩，自矢冰淵，力除積弊。凡衡文訓士，策勵學官，以及整飭場規，懲辦鎗冒，悉以嚴明爲主。歲試畢，具摺陳奏情形，奉硃批：「好，一切勉爲之。欽此。」粵中知名士，今宋編修湘、劉吏部名戴、彭虞部鳳儀，皆府君在粵時所識拔者也。

辛亥二月，擢内閣學士兼禮部侍郎，仍留學政之任。癸丑正月，學政任滿回京，復命稱旨，旋奉派充會試知貢舉。二月，稽察中書科中書事務。十月，命充武會試總裁；翰林院侍讀學士，今副都御史胡公長齡爲副，得士卓麟圖等三十七人。甲寅六月，奉命典試湖北，偕内閣中書今刑部郎中齊衣園先生悉心校閲，得士王烜等四十七人，十月回京復命。時六叔父、九叔父已登賢書，是秋七叔父、八叔父亦舉於鄉，府君曰：「吾兄弟七人，登科者六人矣。」

乙卯四月，擢陞禮部右侍郎，府君具摺謝恩，仰承天顔温霽，訓勉再三。八月，充順天鄉試監臨。十月，命副吏部尚書劉文清公充武會試總裁，得士邸飛虎等三十四名。十一月十九日，奉旨著在南書房行走。是日，純皇帝諭軍機大臣：「朕前日召見周興岱，人甚明白，甲第甚高，可令其在内廷行走。」府君聞命之下，感涕交并，次日召見，命賦《水波》詩一首，詩成稱旨，從此供奉南齋，常承召對。府君感純皇帝拔擢之恩，數十年中，父、子相繼供奉内廷，凡有所知，無不輸忱入告。丙辰元日，恭逢授受禮成，恩詔加一級，並以覃恩，蔭一子入官。

五月，扈蹕避暑山莊，恭和聖製古今體詩四十首。丁巳二月，轉補禮部左侍郎，五月復扈蹕避暑山莊，恭和聖制詩二十首。十月，奉命考試咸安宮覺羅八旗教習，得士趙汝爲等三十餘人。戊午春，命專司御製詩本，凡恭遇壇廟大祀，皇上親詣齋宮，府君與侍從之班屢蒙召見，賜克食。退直之暇，凡發下筆墨事件，無不敬謹繕寫，從不假手於人。是年京察，奉派驗看四品京堂。惟時三省教匪未平，蒙純皇帝垂問三省軍務情形，府君謹據實敷陳，封章入奏，不敢稍存隱飾。八月，充順天鄉試監臨。己未正月，純皇帝龍馭上賓，蒙皇上召見於永思殿，府君感兩朝知遇之深，跪聆聖訓，泣數行下。旋命署理工部右侍郎，復調補吏部右侍郎。皇上奉大行皇帝遺服，頒諸臣爲遺念，府君承賜天青綿褂一件，珍珠皮褂一件，府君跪領，即製錦笥，敬謹珍藏。

惟時皇上親政之初，明詔徵言，府君屢具封章入奏，悉未嘗退告家人。至入直内廷時，蒙召封，尤非不孝等所得聞知，故不能略陳梗概。二月，命兼管樂部事務，不孝廷授以二品蔭生引見，蒙恩以主事用，府君諄諄以矢勤矢慎，報答君恩爲訓。三月，充經筵講官，十月轉補吏部左侍郎，署户部左侍郎。十二月，奉命祭告川、陝嶽瀆，當蒙召見，訓示一切，府君奏懇事竣，便道回籍省視先塋，蒙恩俞允。庚申正月，調補户部右侍郎，十八日甫出都門，接准廷寄，並奉上諭：「自川楚教匪滋事以來，所過地方，焚燒搶掠，迫脅萬狀，民人不得已而從賊，日以寖多。經朕節次降旨，令領兵大員剴切曉諭，如賊匪中果能有歸命投誠者，仍係朕之良民，令地方官妥爲收䘏。自降旨以後，據川、陝各督撫先後奏到，被脅之人，悔罪投誠者甚多，但伊等俱已早失生業，室家田土，蕩然一空，名曰回籍，仍受流離顛沛之苦，每一念及，朕心爲之惻然。雖撫恤之旨屢下，特恐地方官未能妥爲安置，而胥役人等，又不免因其曾經從賊，加以凌虐，任意索詐。是伊等雖脱身賊中，冀求生路，而仍不能各遂其生，所謂安撫者，皆有名無實。即實在傳授邪教之徒，若能去逆效順，即屬良民，皆當許其自新，一體收卹，斷不以其曾經入教，又復罪其既往。倘地方官經此次傳諭之後，不能仰體朕心，妥爲辦理，以致伊等稍有失所，或任胥役從中訛詐，一經查出，必當重治其罪，決不寬貸。現在户部侍郎周興岱赴川、陝祭告嶽瀆，著於所過川、陝曾經被賊處所，將此旨宣布謄黄，并面告地方官，遵照妥辦，以副朕矜恤愚氓，脅從罔治至意。欽此！」府君入陝境，即宣布諭旨，敬謹謄黄，懸貼各處，并向地方官敬傳聖諭，悉令遵旨妥協辦理。

三月，詣華陰、蒲城、中部、富平等處，恭祭華嶽、吴山並歷代帝王陵寢。禮成入棧，值邪氛初過，途間屢奉廷寄，府君一一察看情形，據實復奏，皆蒙睿鑒。迨路出梓潼，適賊衆遙至，居民咸欲走避，府君遂於馬上宣布皇上威德，現在剿撫兼施，爾等慎無播徙，致亂人心。父老聞諭，感泣慰留，故所過地方，皆得安堵不擾。四月抵成都，祭告江瀆，禮成，復奉旨會同川督勒審擬前督臣魁貽誤潼河一案。閏四月，由渝城回涪州，祭拜先塋，旬日内得與故鄉親族暫聚，鄉之人謂府君與文恭公，兩世承恩，皆得晝錦還鄉，傳爲異數云。

五月，自涪放舟，路經歸州。惟時楚氛未靖，州牧設關以防宵小，行之既久，胥役漸横，府君以此關未經奏明，且滋擾累，當即移咨該省大吏，立行撤去，行旅便之。六月旋京復命，蒙連日召對三省情形甚悉，旋命管理户部錢法堂事務。是秋，七叔父、九叔父、十叔父來京。辛酉，八叔父亦以公車來京，府君快敘天倫，雖圍爐情話，未嘗不勤訪民事，籌念軍儲，激烈之情，每見之於辭色。二月，奉派閲考試試差卷，命閲庶吉士散館卷，充殿試讀卷官，派閲新進士朝考卷。六月，命充江西正考官，刑部主事陳公廷桂爲副，得士李觀立等九十四人，十月回京復命。十一月，蒙恩旨：「周興岱著加恩賞給黑狐端罩一件，遇有祭祀朝期大典，准其服用。欽此。」

十二月，不孝廷授分掣工部行走。壬戌正月，扈蹕謁陵。初七日，以上年典試江西曾出告示等事，奉旨明白迴奏，府君謹據實覆奏，並請旨交部嚴議。部議革職，仰蒙天恩，以四品京堂用，遇缺即補。二十九日，即奉旨補授翰林院侍讀學士。府君感皇上逾格恩施，常謂不孝等曰：「我受恩深重，雖精力就衰，敢不竭忠圖報，以副高厚鴻慈。」適目疾頗劇，延至癸亥春月，尚未痊可。是年正值廷試翰、詹，府君即據實陳奏，並懇請休致，奉旨勒休。三月，復蒙恩賞給編修，著在實録館行走。府君重沐鴻恩，晨夕詣館，敬謹覆校黄綾本，不敢少怠。退食之暇，輒以流覽詩史，訓課諸孫爲事。

府君氣體素强，惟肺氣不寧，每至冬令，輒作痰嗽，已積有三十餘年。乙丑二月，忽以感冒風寒，致成喘疾，遇醫者治以金匱腎氣湯，每服即愈，然精力亦自此少虧矣。六月，不孝廷授以查出湖北堤工奏稿舛錯，奉恩旨儘先補用。府君諭廷授，疊荷推恩延賞，當勤慎行走，勉圖報效，不孝謹志之，不敢忘。九月，蒙恩超擢翰林院侍講，充文淵閣校理。丙寅九月，蒙超擢内閣學士兼禮部侍郎，府君具摺謝恩，仰蒙召問江西典試情形，並垂詢年齒、身體、子孫何如？府君不意重近天顏，恩隆再造，退居深念，益以報稱爲難。十月，充玉牒館副總裁。丁卯正月，署文淵閣直閣事。六月，杜夫人以疾卒於京邸，不孝廷授等一旦失恃，哀痛無措，府君詳爲區畫，命不孝廷授扶櫬歸里，不孝廷掄留京侍養。十月，以實録館議敘，蒙恩加一級。十二月，補授兵部右侍郎，奉派覆勘直省鄉試試卷。戊辰正月，派充會試知貢舉。四月，充殿試讀卷官，命閱新進士朝考卷。六月，署户部右侍郎。七月，兼管錢法堂，奉派查勘萬年吉地工程。十二月，擢授都察院左都御史。

己巳三月，署管理國子監事務。四月，命閱庶吉士散館卷，命閱新進士覆試卷，充殿試讀卷官。五月，派查通州倉厫。九月，充武會試總裁，刑部侍郎朱公理爲副，得士石寶慶等五十六人。十月，府君喘疾間作，二十二日召見，當將病狀奏陳，旋即具摺請假調理。時不孝廷授甫自涪州營辦杜夫人窀穸事畢，於八月旋京，方冀從此承顔侍奉，可至期頤。十一月初七日，值府君壽辰，親朋咸集，不孝等衣綵稱觥，冀年年歲歲，慶此良辰。詎意不孝等福薄災生，自天降割，於初九日酉刻遽遭大故，嗚呼，痛哉！回憶是日府君卯刻即起，飲食言語如常。至申刻，適醫者診脈畢，府君猶步行登牀，命不孝等移手爐於右，並諭云：「我氣不足，汝等毋擾。」默定少頃，並無一言及於家事，唯口授遺疏，端坐氣盡，精采不變，轉益温和。親串來赴者，見府君神明奕奕如生，幾不敢號泣，孰知府君竟自此長逝矣。嗚呼痛哉，嗚呼痛哉！

伏念府君通籍垂四十年，遭際聖明，受兩朝知遇。始蒙純皇帝拔擢鴻慈，繼蒙皇上隆恩任使，在府君唯冀知無不言，職無不盡，而温綸稠疊，前後所承渥澤，亦既有加而無已。總計生平所歷官階，屢蒙超擢，而復侍直禁近，疊掌文衡，位躋正卿，恩流後嗣，生成培養，備極榮施。至十餘年來所頒寵賚，尤不可勝紀，如每歲茶晏，則有古畫、舊硯、三清茶甌之賜，賡和則有玉玩、荷包、器皿之賜，端節則有香扇、紗葛之賜，年節則有御書福字、絹箋、筆墨、豐貂、方物、時食之賜。至御纂書籍、御製詩章、御刻石經、御筆手卷，皆得與在廷諸臣同霑聖澤。今珍賚具陳，龍光照耀，而府君音容已隔，攀遡無從，嗚呼痛哉！

府君持躬峻毅，胸無城府。與人交，必存直道，是非曲直，面言無隱，不計其人之怨否。然相處又必留餘地，從不爲苛刻之論，不訐人短，不念舊惡，故人亦未嘗不歎府君之直諒也。飲食不喜兼味，至交際宴禮，務使豐約得宜。性喜談論，每遇交好，輒考詢經世之務，以及民間衣食細故，娓娓至夜分不倦。處鄉黨間，厓岸自高，而復虚懷善受，惟聞非理之事，輒心中不平，怒形於色；及遇人有小善，輒爲之稱道不衰。仕宦三十九年，於國事據理直行，不計毁譽，不避嫌怨，雖至戚密友，不可干以私。每承召封，謀猷入告，不稍爲洩露。每謂不孝等曰：「我家世承寵遇，寸長寸善，難報君恩，一粒一絲，罔非君賜。惟持身清儉，可以寡過，可以養廉。汝等生於宦家，當以勤慎爲主。」蓋府君生平處事精詳，惡人苟且，雖細事，必再思而後行。又自知性情坦率，遇事必心存畏謹，故周旋進退間，安詳嚴重，從無輕率之容。童時，里中有熊君者，能見鬼神。一日，府君欲與語，焚書於土地神祠招之。少頃，熊於他所見土地神持府君所書紙，輒冒雨至。後熊爲魅擾，求府君坐其室，即無恙，今鄉里傳以爲異。蓋府君剛正之氣，岸如神明，自齠齔時已然也。

府君至性孝友，念文恭公與伯祖緒廬公友愛逾常，乾隆庚戌，恭逢純皇帝八旬萬壽，覃恩請將本身妻室封典，貤贈伯祖爲中憲大夫，伯祖妣陳贈恭人。復念伯父對巖公中年早逝，時抱脊令之痛，待伯父子廷揚、廷摺、廷承教訓嚴切，愛如己子。嘉慶辛酉，恭遇覃恩，請將本身妻室封典，貤贈伯父爲光禄大夫，伯母杜封一品夫人。庚申奉使請假回籍，遇親族舊交貧乏者，無不一一存問。平生不親會計，不問有無，内政悉屬杜夫人經理，相敬如賓，四十六年如一日。自杜夫人歿，府君悲悼之情，絶不忍與不孝等言，而黯然神傷，不孝等尤難爲子。不孝等今年九月甫釋杜夫人之服，未及兩月，又遭大故，顧此斬焉衰絰，何怙何恃，何以爲人耶！不孝等於府君生不能孝養，病不能醫治，當大事不能盡禮，於府君行事，又不能闡發萬一。椎心泣血，萬死無禆，瞻溯音容，終天罔極，嗚呼痛哉，尚何言哉！

府君生於乾隆九年甲子十一月初七日辰時，卒於嘉慶十四年己巳十一月初九日酉時，享壽六十有六。配杜夫人，誥封一品夫人，工部主事諱鶴翱公女。子二，長廷授，二品蔭生，工部屯田司主事；娶劉氏，貴州平遠州知州諱宗元公女；繼娶趙氏，山東青州府同知名懷玉公女。次廷掄，太學生；娶方氏，庠生諱載熙公女。女四，長適雲南開化府知府張諱顧鑒公子，吏部驗封司郎中問陶；次適四川布政使林諱儁公子，江西候補縣丞蕃；三字貴州古州同知程諱正坤公子，翰林院編修伯鑾，未嫁卒；四適翰林院檢討王諱汝嘉公子，嘉慶庚申科舉人賡。孫九，長克家，聘李氏，四川涪州知州名炘公女；次克恭，不孝廷掄出；次克寬，聘李氏，候選知縣名宗澍公女，不孝廷授出；次克信，不孝廷掄出；次克敏，次克惠，不孝廷授出；次克仁，次克讓，不孝廷掄出；次克勤，不孝廷授出。孫女三，不孝廷授出者二，不孝廷掄出者一，俱未字。不孝等苦次昏迷，語無倫次，伏冀大人先生撰錫銘誄，以光泉壤，府君歿且不朽，不孝等世世子孫感且不朽。不孝孤哀子周廷授、周廷掄泣血稽顙謹述。賜進士出身，誥授光禄大夫，經筵講官，吏部尚書兼管順天府府尹事務加三級，世侍生鄒炳泰頓首拜填諱。

（民國《涪陵周氏家譜》卷二《行述》）

《澄懷園文存》

【大學士謚文端張公傳】公諱鵬翮，字寬宇，四川遂寧人。其先居楚之麻城，明洪武時始遷蜀。公生時，封公有祥雲之夢。三歲授以《大學》，輒成誦。九歲能文，十六歲歷試州、縣、道，皆第一。康熙己酉舉於鄉，庚戌成進士，選弘文院庶吉士，改刑部福建司主事，轉本部員外郎。出知蘇州、兖州，用薦陞河東運使，擢通政司右參議，遷兵部督捕理事官，大理寺少卿。己巳扈從南巡，拜命巡撫浙江，陞兵部侍郎。隨命督學江南，任滿授左都御史，陞刑部尚書，總督兩江。既調總督河道，河工告成，晉太子太保。召入，管刑部事，轉户部尚書、吏部尚書。世宗登極，拜文華殿大學士，仍管吏部尚書事。乙巳二月薨於位，年七十有七，加太保，謚文端。

公居官五十餘年，一本正心誠意之學，以達其經事綜物之才，體立用宏，卓卓可紀。年十四五，即慨然有志聖賢。嘗讀書赤巖精舍，喟然歎曰：「『君子喻於義，小人喻於利』。義利之分，聖狂誠僞之辯在此矣。」通籍後，從魏環溪諸公講學，專事篤實之功，深嫉奔競浮夸之習，當時稱道學者，首推公。後之居官服政，上結主知，原本諸此。公司刑部時，辨冤獄，不避權貴，都下比之龍圖包老。守兗州，以六事率屬，一清吏治，二懲胥役，三察逃人，四釐保甲，五端士習，六靖盜源。遷河東，兗民遮道攀留，奔走泣送，直抵河東境乃已。瀕行，咸呼曰：「願公重來撫我。」去河東亦然。初，喀爾喀與倭羅斯者，漠北一部落也，公官兵部時，與給事中某介內大臣前往宣諭，道經喀爾喀地。額諾德不相能，額諾德乘喀爾喀旱荒，潛師以襲，喀爾喀敗，聲言王師來救。及是我師適至，額諾德直謂爲喀爾喀來也，執我先鋒某，一軍皆驚，帳下紛紛欲退。公曰：「我深入異地，我退，彼如躡我，我士卒本無鬬志，與之遇，必不支矣。不如固營壘，嚴卒伍，爲之備，而遣一使，諭以來意，彼當自解。」衆猶豫未決，公厲聲曰：「臣子奉使絕域，萬一變出意外，亦捐軀効命之秋也。堂堂天使，奈何捲旆返甲作遁逃狀，復何面目見至尊？公等畏事，我獨當之。」衆唯唯惟命，遣使往諭，額諾德果釋然，來麾下頓首謝罪，歸我先鋒。已而至倭羅斯，亦奉命惟謹，奏凱而還。

公撫浙，以教養爲先務，使人崇節儉，知禮義，雪冤枉，賑灾荒，修廢舉墜，各有條理，期月之間，風清弊絕。幕中無賓友，一切官文書及所上章奏，皆手自治之，案無留牘，府無廢事。立萬松書院，進士子，講性命之旨。黄宗羲，浙之耆儒也，年八十五矣，公與之往復辨論，要歸於切實近裏，詳見徐公潮、戴公紱《竹閣書院記》。竹閣者，浙人肖像祀公之所也。公之視學江南也，聖祖以江南人文甲天下，必擇清望最著者司之，故有是命。公所至，訓迪諸生，明義利，敦孝弟，謹言行，人人有所感發。至於絶苞苴，甄寒畯，大江南北，至今猶尸祝焉。

公歷中外多異績，而治河之功尤大。我聖祖天授神智，巡視河防，洞悉機要，授公方略，有曰：「黄河宜深，清水宜出。」公拜而識之。是時黄、淮並溢，清口閼淤，漕道梗塞，至有議改海運者。公冒暑雨，駕小舟，閲形勢，以河自開、歸至雲梯而下，淮溯洪湖至盱、泗而上，且與土人熟水道者參問，深契聖訓之旨。曰：「欲深黄，必開海口；欲出清，必塞六壩乎？」於是拆攔黄壩，大疏海口，旬日深至三丈，寬及百丈，河水滔滔東注。先時，聖祖命於清河縣之陶莊開支河，引黄北趨，過惠濟祠而後合淮。又於南岸御識標準，築壩逼溜，歸引河。司事者不力，公按舊跡，大加浚治，河壩始成。聖祖有「黄河曲處取直」之訓。公於徐州楊横莊，邳州戚字堡，桃源譚家口，安東汪家莊屈曲劇險處，濬河直下，而勢平。杜董安國誤開馬家港海口，及大河南、北决口，而倍其堤。安東縣時家馬頭潰處，前人數築數圮，公秉鼙鼓，督役夫，不踰時而塞。縣之陳家社，夙患黄河積水，數出水怪潰隄，公爲文祭之，水不坌涌，三日有物如牛徙去，月堤以築。吴家莊亦安東險汛，築隄增壩，勢乃不孤。於清河縣王家營，修減水壩，通鹽河以備宣洩，此皆遵黄河宜深之旨也。

前明洪湖暴漲，楊一魁於高堰之周家橋、高良澗、武家墩建牐減水，以治其標，日久傾圮汕刷，淮水南趍，不向清口。公至，祀淮湖之神，并力堵塞，六壩屹然。自武家墩至小黄莊、周橋一帶，隄工增卑倍薄，湖無滲漏。疏洪湖下流裴家塲、張家莊、帥家莊爛泥，淺三汊諸引河，引全湖之水濟運敵黄。

又於裴家塲之上張福口，更挑一河，别引湖水，於黄河出口相近處入運，使兩清合勢，敵黄有力。修前明潘季馴、江一麟所築歸仁隄，引睢水出黄河，減洪湖之浸，以固高堰。此皆遵清水宜出之旨也。經始康熙三十九年五月，至十二月淮、黄交會奏聞，聖祖嘉悦，十二月二十六日至次年正月六日，有河清之瑞。至於河北漕運，康熙二十六年，於駱馬湖旁鑿中河，至清河縣仲家莊出口，後以逼近黄河，改挑新中河，而淺狹特甚。公於三義壩上下，用新、舊中河各半，合爲一河，浚拓寬深，建牐啓閉，糧艘通行。又嫌仲家牐出清水，反滋黄流，改谿下游楊家莊御示牐出口。駱馬湖口竹絡壩，大水漫嚙二處，亟塞之，使黄水不入，中河不淤。而後楗中河頭壩，仍引湖水，由舊中河出黄，以助刷沙。塞中河堤岸缺口，於禹王臺建土、石兩堤，俾沭水循道歸壑，不軼於沂。白馬諸河爲郯、邳、沛、宿害，淮南則疏運河，建隄引清水，歸漕大暢。開蝦、鬚二溝，而射陽水通；濬涇、澗二河，而運河漲洩。疏人字、芒稻而湖水入江，治草堰、白駒而下河歸海。他如浚鳳皇橋，引河建劉老港、遥隄磯、心石壩，創高郵州護城隄，塞高郵九里決口，邵伯更樓決口，皆鉅工。其搶護險工，如尹、韓二莊洪流奪埽，萬夫束手，公督汛員晝夜防禦，創月堤八百餘丈，工以無虞。某日，桃源城西煙墩黄河驟漲，轟聲如雷，堤不没者尺許，役夫駭散。公聞馳至，立隄上，呼曰：「煙墩失守，淮揚皆巨浸矣。尺岸僅存，不亟援護，其若天子之命何！」於是員弁感奮，丁夫大集，河隄屹然。公清勤率下，固以恩信，帑無虚糜，歲省金錢萬億。治河之四年，大工次第告竣，癸未聖祖南巡，周視河工，歎爲二十餘年僅見，御製詩褒之。厥後，公又兩至河上，是時天旱，公至，求雨輒應。

凡工所經，公所閲視者，輒保固云。

公忠孝性成，自服官後，惓惓以勉竭股肱，報効國家爲念。每拜一官，輒歎君恩深重，感激涕零，然其心初不以位爲樂也。母景太夫人早逝，時抱慘愴。嘗迎養封公於兖於浙，後公奉差祭告西嶽，相見於家。封公來祝聖祖萬壽，又相見於京邸，孺慕依依，見者感動。及封公考終於家，公在吏部，值時方用兵，傅太宰出師，奉有「忍痛辦理」之旨。公凡五具疏陳情，俱格不得上，欲面陳又不果，乃悽然而退，有「一片傷心無處説，西風萬里獨歸遲」之句，其志亦可悲已！及世宗時，力請省墳墓，乃一歸以遂其志。

待諸弟極友愛。配唐夫人，相敬如賓。平生不苟言笑，雖燕私，正襟危坐，如對聖賢。及與人接，和氣藹然，貧交後進，提扶獎進，不遺餘力。性儉約，不問家人生産，浣濯之衣不去於體，蔬菜之味不離於口。没之日，田無負郭，室惟御書，樓數間而已。然以此受知兩朝，雖有讒言，不得間。晚年恩遇益隆，既老而病，憲廟猶惓惓冀其復起。考終之後，主上所以覃恩於公者，迥踰常格，此公純誠所感，固然哉！然明良相契，終始一心，亦臣子之榮遇也。公所著有《有卓録》、《士鏡録》、《身鏡録》，及自治官書、詩文集若干卷，行於世。公一典順天鄉試，戊戌、辛丑，兩爲會試總裁，所録士多公輔器，後登政府，位列卿者，指不勝屈，世咸服公有人倫之鑒。

玉，公視學江南所取士也，以諸生蒙國士之目。繼與公同朝，奉爲師表，用是悉公生平。然公之碩德偉望，四海皆知敬仰，況玉哉！公子懋誠以公行狀示玉，如見公也，乃掇其大概，敬爲立傳。（張廷

玉《澄懷園文存》卷十一）

《獨學廬二稿》

【祭張耐舫（顧鑑）太守文】嗚呼我公，斯人典型。風裁竹柏，政教冰衡。朝常志績，輿誦騰聲。百行是備，五福斯膺。何圖瞬息，遽反杳冥！騎箕北陸，乘鯉南溟。維公世家，韋平閥閱。枕葄六經，金貂七葉。家有官箴，門多儒術。圭臬州閭，羽儀王國。公之始生，文端在朝。祥符麟定，慶衍椒聊。嘉名肇錫，德音孔昭。孫謀既遠，祖武非遥。尊甫爲郎，公從於邸。循陔賦詩，趍庭問禮。鶚薦已榮，鵬飛又止。勵志桑蓬，縈情菽水。公之筮仕，發軔遂平。吏畏而服，民懷而寧。訟庭花落，圜扉草生。嵩山比峻，伊水同清。公在山東，課最齊魯。公在湖北，風移荆楚。薦剡書屏，專城開府。性廉而貧，道亨而阻。衆慶彈冠，我思解組。萬里奔馳，六年羈旅。公之居官，曰忠曰誠。不徼小效，不務近名。案無留牘，室有鳴琴。淵魚匪察，風草何争！公之居家，曰孝曰友。諸父諸兄，怡怡相守。蘭玉後先，壎篪左右。積厚流光，克昌其後。公之歸也，嘯傲林泉。讀書飲酒，以樂餘年。一門鼎貴，三鳳齊騫。次君尤傑，弁冕木天。蒙等都門，獲交仲子。世德餘慶，門才濟美。公之光儀，不遠伊邇。高山景行，今則已矣。公之令德，文翁有祠。公之惠政，羊公有碑。岷峨鍾毓，江漢謳思。銘旌著誄，靈兮有知！（石韞玉《獨學廬二稿》卷中）

《清史列傳》

【張問陶】張問陶，字仲冶，四川遂寧人，大學士鵬翮玄孫。乾隆五十五年進士，改翰林院庶吉士，散館授檢討。詔選翰、詹三十人，各書扇五柄，又選十二人分書養心殿屏，問陶皆與焉。嘉慶五年、六年，兩充順天鄉試同考官，遷御史，有直聲。尋改吏部郎中。十四年，充會試同考官，旋出爲山東萊州府知府，與上官牴牾，遂乞病遊吴越，時往來大江南北。十九年卒於蘇州，年五十一。問陶幼有異稟，讀書過目成誦，所爲古文辭，奇傑廉勁，同時名輩皆斂手下之。而於詩尤工，嘗作《寶雞題壁詩十八首》，指陳軍事，得老杜《諸將》之遺，一時傳誦焉。在都，與洪亮吉、羅聘相唱和無虚日。後往見袁枚，枚謂之曰：「所以老而不死者，以未見君詩耳！」其推重如此。書法險勁，畫近徐青藤，著有《船山詩文集》。論者謂國朝二百年來，蜀中詩人以問陶爲最。兄問安，字亥白，乾隆五十三年舉人。性孝友，澹於榮利，家居奉母，圖史自娱。詩才超逸，與問陶有「二難」之目，著有《小瑯環詩集》。（《清史列傳》卷七十二）

《清史稿》

張問陶，字仲冶，遂寧人，大學士鵬翮玄孫。以詩名，書畫亦俱勝。乾隆五十五年進士，由檢討改御史，復改吏部郎中。出知萊州府，忤上官意，遂乞病游吳越，未幾卒於蘇州。始見袁枚，枚曰：「所以老而不死者，以未讀君詩耳！」其欽挹之如此。著有《船山集》。兄問安，字亥白，舉人，家居奉母，淡於榮利。其詩才超逸，與問陶有「二難」之目。（《清史稿》卷四百八十五）

《四川通志》

【張問陶】字船山，鵬翮元孫，顧鑑次子。乾隆庚戌進士，翰林院檢討，改御史，有直聲。屢充鄉、會試同考官，所得多知名士。出爲山東萊州府知府，旋乞病遊吳越間，卒於蘇州。問陶生負異稟，讀書過目成誦，所爲詩古文詞，奇傑廉勁，一時名輩皆斂手下之。布政使楊揆嘗謂蜀中作者，自楊慎以後，惟問陶能繼之，非虛譽也。著有《船山詩文集》。（嘉慶《四川通志》卷一五四《人物》）

《蘇州府志》

張問陶，字仲冶，四川遂寧人，故大學士鵬翮之曾孫。乾隆庚戌進士，授翰林院檢討，嘉慶十年改御史，屢有建白。奏請甄别九卿之衰老戀棧者，上是之，見於施行。又奏九卿會議公事，輒模稜無所可否，請飭令各抒所見，不得仍蹈詭隨之習。又奏請省巡幸，皆蒙嘉納。既因外父周興岱爲臺長，迴避，改吏部員外郎。俸滿出知山東萊州府，綱紀整肅，屬邑有侵用倉庫錢糧者，劾之，爲上官所忌，引疾乞歸，僑居虎邱山塘陸魯望祠屋之左，病瘧失調卒。平生好爲詩，因事寓言，不避嫌怨。道光《志》。（同治《蘇州府志》卷一百十二《列傳·流寓》）

《國朝先正事略》

【張船山先生事略】船山先生張姓，問陶名，字仲冶，四川遂寧人，相國文端公鵬翮曾孫也。生於山東之館陶。幼有異稟，工詩，有青蓮再世之目。其存詩自十五歲始。乾隆五十五年庚戌成進士，尋授檢討。詔選翰、詹三十人，各書扇五柄；又選十二人，分書養心殿屏幅，先生皆與焉。庚申秋，分校順天鄉試，明年，教習庶吉士。乙丑改御史，巡視南城。己巳分校會試，未幾改吏部郎中。明年七月，授萊州知府，與上官齟齬，鬱鬱不自得，逾年病免歸，時年四十九。罷官後，僑寓吴門，顔所居曰「樂天天隨鄰屋」，時往來大江南北，未幾卒於客舍。

先生狀似猿，自號蜀山老猿，亦稱老船。其詩生氣湧出，沉鬱空靈，於從前諸名家外，又闢一境。其《寶雞題壁十八首》，指陳軍事，得老杜《諸將》之遺，傳誦殆遍。書法險勁，畫近徐青藤，不經意處，皆有天趣。其婦亦能詩，有句云：「修到人間才子婦，不辭清瘦似梅花」。先生和之，有「夜窗同夢筆生花」句，佳話也。著有《船山詩草》。國朝二百年來，蜀中詩人，以船山爲最。（李元度纂《國朝先正事略》卷四十四《文苑》）

《國朝四川儒林文苑傳》

【張問陶傳附張問安、張問彤】張先生問陶，爲遂寧相國文端公鵬翮元孫，生於山東之館陶縣。字船山，一字仲冶。先生十歲能詩，有青蓮再世之目。亦能書。乾隆庚戌成進士，官檢討。詔選翰、詹三十人，各書扇五柄；又選十二人，分書養心殿屏幅，先生皆與焉。嘗充順天鄉試及會試同考官。顧賦性淡定，不屑與時俯仰，以俸深改御史，選吏部郎中，出守東萊，瀟灑無俗吏態，坐是不爲上官所喜，僅一載，遽引疾退。行李蕭然，欲歸無計，因僑寓吳門，顔所居曰「樂天天隨鄰屋」，時往來大江南北。未幾卒於邗上，年五十，無子。先生狀似猿，自號蜀山老猿，亦稱老船。罷官後，又稱藥菴退守。性嗜酒，亦癖好香山蠔油。書法險勁，畫筆近徐青藤，不經意處，皆有天趣。詩感激豪宕，不主故常，其一種生氣妙悟，能令人意想不到，亦能如人胸臆所欲言，幾於從前諸名家外，又闢一境。著有《船山詩草》。自先生集出，才雋之士，多則傚之，而其《賨雞題壁十八首》，指陳軍事，當時已傳播宇內。朝鮮使人求其詩，至比之雞林紙價。先生固李太白、蘇東坡、虞伯生、楊升庵後之一人也，誠蜀中一大宗矣。

有問安字亥白者，爲先生兄，乾隆戊申舉人，著有《亥白詩草》、《小娜環書》數種。惟船山詩以性靈勝，亥白詩以學力勝，雖空靈不及船山，而筆致沈鬱，無船山叫囂之習，特名亞船山耳。先生父顧鑑太守，以被議歸，家無餘蓄，而子女皆教以聲律之學，故張氏一門，風雅稱盛，閨閣亦嫻吟咏。船山夫人林佩環，有「修到人間才子婦，不辭清瘦似梅花」詩，藝林傳爲佳話。湘箬女史姓陳氏，亥白室也，詩格亦高，蜀閨秀自馬韞雪後，無踰女史者。而其弟婦陳繼端古雪，及女兄弟女甥輩，傳箋染翰，其流傳正自不少也。

又有問彤字受之者，甫冠領壬子解首，舉孝廉方正，官什邡訓導，擢知縣，爲兩先生從弟。顧船山狂從人罵，受之則恂恂若處子，雖妻孥不見惰容。故其詩矩矱謹嚴，與船山異，而於亥白爲近。著有《飲杜詩文集》。嘗有句云：「詩酒無靈愧弟兄」，知天倫樂事，爲不減太白春宴風焉。（戴綸喆纂《國朝四川儒林文苑傳》）

王世芬《張船山先生年譜》

序

遂寧張船山太史，以詩鳴當代，歿後，石琢堂殿撰爲刊稿行世。其窮達始末，南北行蹤，京外宦蹟，皆可於集中細繹得之。癸丑秋，纂《年譜》一卷，藉收誦詩知人之益，揚州于去疾先生見而許之，代付剞劂。先生博雅君子也，能文工詩，乃於此戔戔之作，垂采取焉。東海流謙，纖鰌盡納，感荷虛衷，能勿顔汗！　民國十二年，歲在昭陽大淵獻玄月，王世芬識於古梓州之亦愛吾廬。

張船山先生年譜

三台王世芬潤蒼輯

乾隆二十九年甲申，先生是年生。先生四川遂寧人。父顧鑑時任山東館陶縣令，先生生於斯，故名問陶。先生《詠舊游》詩，有「陶山常恐是前身」句，自註：「余生於山東館陶。」《出守萊州》詩，有「生小齊人慣齊語」句，自註：「余生時，先大夫爲館陶縣令。」仲冶、柳門，皆其字也。船山，遂寧山名，因以爲號。

三十年乙酉，二歲。

三十一年丙戌，三歲。

三十二年丁亥，四歲。

三十三年戊子，五歲。

三十四年己丑，六歲。

三十五年庚寅，七歲。

三十六年辛卯，八歲。

三十七年壬辰，九歲。

三十八年癸巳，十歲。

三十九年甲午，十一歲。

四十年乙未，十二歲。

四十一年丙申，十三歲。

四十二年丁酉，十四歲。
四十三年戊戌，十五歲。先生存詩自是年起，時在漢陽。蓋其先德由山東移楚，曾任荆門州，署黄州府通判，升漢陽府同知，旋升開化府知府。因荆門州失出之案被議，留寓漢陽，故先生戊、己、庚、辛之年，皆在漢陽也。
四十四年己亥，十六歲。是年在漢上。存詩一首，有「微風起蘋末，遥辨鄂王城」句。
四十五年庚子，十七歲。是年在漢上。存詩二首。
四十六年辛丑，十八歲。是年有《漢上暮春》詩。
四十七年壬寅，十九歲。春游沔陽，秋往湖南。
四十八年癸卯，二十歲。是年《春感》詩有「春風旅食武昌魚」句，當由湖南仍返漢上也。
四十九年甲辰，二十一歲。三月，發漢陽，從河南道入都。
五十年乙巳，二十二歲。八月，出京南游，遍歷焦山、燕子磯、金陵諸名勝，皆有詩。
五十一年丙午，二十三歲。春游湖北，溯三峽還蜀，歸遂寧。秋赴成都鄉試。閏七月望，與彭田橋創借中秋酒會。是科下第。先生後五年《寄彭田橋》詩云：「一事至今成絶調，江橋門下借中秋。」前室周恭人，東屏侍郎之女也，是年卒於涪州。
五十二年丁未，二十四歲。夏游鹽亭、潼川。九月，入贅成都鹽茶道署，林西厓觀察，其外舅也。
五十三年戊申，二十五歲。三月，由棧道入都，秋應順天鄉試。《中式志喜》詩云：「自笑登科逢故實，和凝衣鉢十三名。」其兄問安，字亥白，亦於是年應本省鄉試中式。
五十四年己酉，二十六歲。是年應禮部試下第，還蜀，旋於十一月入都。
五十五年庚戌，二十七歲。成進士，點翰林院庶吉士。
五十六年辛亥，二十八歲。乞假還蜀。
五十七年壬子，二十九歲。是冬攜眷由成都買舟東下，出峽抵荆州。
五十八年癸丑，三十歲。正月，由樊城换車，走河南道入都。散館，授職檢討，有「買花舊藉芸香俸，署券今真院體書」之句。
五十九年甲寅，三十一歲。在京供職。
六十年乙卯，三十二歲。在京供職。
嘉慶元年丙辰，三十三歲。值乾隆周甲，授受禮成，進呈《樂府》十四首。
二年丁巳，三十四歲。秋出京，由秦棧還成都。
三年戊午，三十五歲。正月，發成都，由秦棧入京。是時白蓮教匪擾蜀，先生感喟時事，過寶雞縣，題七言律十八首於旅次壁上，膾炙人口。
四年己未，三十六歲。在京供職。
五年庚申，三十七歲。八月，分校順天鄉試，得句云：「風檐曾壓英雄氣，月地重修翰墨緣。」又云：「不信無人堪將帥，最難因我判升沈。」

六年辛酉，三十八歲。正月，兄問安奉母由浙至京避蜀亂。夏，奉派教習庶吉士，得句云：「商量芸館新詞賦，慚愧騷壇舊姓名。」
七年壬戌，三十九歲。在京供職，有《觀物》、《觀我》詩各四首，和者如雲。
八年癸亥，四十歲。先生删存詩稿，自十五歲乾隆戊戌年始，至是年止，共二十六年，得詩三千五百五十二首，删存詩一千七百四十六首，分爲十五卷。甲子四十以後詩，另附卷後，見先生《自序》。
九年甲子，四十一歲。在京供職。
十年乙丑，四十二歲。九月二十八日，改官江南道御史，《口占》有「改官人盡説遷官，回首蓬瀛頓渺漫」之句。
十一年丙寅，四十三歲。三月晦，御史院齋宿題樹，有詩一首。
十二年丁卯，四十四歲。四月初一日，巡視南城。《履任口占》詩云：「禁門赤棒遞傳呼，驄馬重過舊酒鑪。自笑書生寒乞相，也來小試執金吾。」
十三年戊辰，四十五歲。四月二十九日，南城得代，有《留别官吏》詩八首。
十四年己巳，四十六歲。三月，分校會試，得句云：「手除荆棘栽桃李，留取清陰待子孫。」七月，選吏部驗封司郎中，赴灤陽。
十五年庚午，四十七歲。七月，部選萊州府知府，二十七日重赴灤陽。九月二十日，自都出守。
十六年辛未，四十八歲。九月、十月，在萊州府任，考試各縣文童。

十七年壬申，四十九歲。二月九日，辭郡交印。三月，去東萊郡，就醫吴門，僑寓虎邱。是冬買妾，有「自分無才能罷郡，又因多事望生兒」之句。又《可中亭》詩云：「天孫卻被牽牛笑，已撤銀河露小星。」

十八年癸酉，五十歲。仍寓虎邱。三月，赴廖復堂都轉之約往揚州，旋歸虎邱。《詩集》編至是年止。按，石殿撰刻《船山詩草》，成於嘉慶乙亥十月，未審先生之殁，在嘉慶癸酉，抑在甲戌？其弟壽門名問萊者，敘伯兄《亥白詩集》，言「仲兄船山，五十一歲卒於吴中。」據此，當在甲戌也。世芬又識。

跋

自來編詩者，多主分體，而不主編年，余以爲過也。詩之有體自唐始，宋明以來，愈益紛歧，以是分詩，徒自擾耳！若夫編年之集，則其人之窮達始末，舟車行蹤，交遊人物，以及詩境之變遷，時事之治亂，胥可按年而繹之，蓋詩也而兼史矣。三台王先生潤蒼，稀齡博學，喜奬掖後進，余每從先生游，因得讀其所纂《船山年譜》一卷，云自《詩集》中尋繹探索而得者。然船山一生事蹟，言之已詳於此，益歎編年之功，而竊幸前言之當也。因丐同事鍾君紹瑗楷録一通付梓，並附數語，以質讀者。江都于鼎基去疾跋。三台陳治恒刻字。（王世芬輯《張船山先生年譜》）

蔡珅《張船山先生年譜》

【叙】先生才名震一時，幾欲掩蔣、趙而上之，而與洪北江齊驅並駕。惜僅分會房二次，所得士惟姚伯昂稍知名。守郡一年，亦未展其抱負。甫逾五十，客死吴門，且無子，良可傷已！而慈親猶在堂，未能侍養，兄亦遠離，亥白哭弟詩，真不堪卒讀也。今珅女爲作《年譜》，惜贈公守滇，莫考其地，而或爲乞病，或爲罷官，亦無顯證。兹《年譜》初稿寫成，爲題數語，簡勝老人識。

先生姓張氏，名問陶，字仲冶，一字柳門。見王家相《清秘述聞》内績同考類，又先生兄弟合集。又字樂祖。見吴錫麒《有正味齋文集》《城南雅遊寫像記》注「張樂祖檢討問陶」等。號船山。李元度《先正事略》先生（張問陶）事略云：「先生狀似猿，自號蜀山老猿，亦稱老船。」按船山，遂寧西山名，又名舟山，先生以爲號，猶蘇文忠之號東坡也。四川潼川府遂寧縣人。《先正事略》張文端公事略云：「四川遂寧籍，湖廣麻城人。」高祖鵬翮，字運青，康熙九年進士，累官至武英殿大學士，卒贈少保，謚文端。《先正事略》先生事略作曾祖，誤。曾祖懋誠，字□□，由舉人仕至通政使。見《文端事略》。祖勤望，字□□，仕至登州太守。見本集。父顧鑑，字□□，官至太守。見袁枚《隨園詩話補遺》卷六。兄問安，字亥白，一字季門。見《亥白詩集》。乾隆戊申舉人，就校官。弟問萊，字壽門，一字旂山。旂又作耆或岐。浙江主簿。見兄弟合集。又字蓬樵。見《有正味齋詩集》贈張蓬樵問萊詩。先生太守公次子也。

清高宗乾隆二十九年甲申，先生一歲。五月二十七日，先生生於山東館陶縣署，時先生父爲縣令。

乾隆三十年乙酉，先生二歲。

乾隆三十一年丙戌，先生三歲。

乾隆三十二年丁亥，先生四歲。

乾隆三十三年戊子，先生五歲。

是年先生在湖北，時贈公官荆門州。按，官荆門州不知何年。考亥白《永畢軒合稿》《癸卯悼亡詩》注：「余與内子結褵在甲午歲，時即在漢上也。」庚子《重過劉氏園林》詩有「重來正及梅花發，惆悵風光十載前」之句。甲辰《黄州三首》，有「重來似歷華嚴劫，回首江波十七年」之句。以十載十七年上推之，是戊子歲已在湖北矣。又先生庚戌《題同年洪稚存亮吉卷葹閣集》詩，有「我生齊楚間」之句。又先生兄弟癸丑過荆門州皆有詩，先生《重過荆門州並遊蒙惠諸泉》詩，有「趨庭曾過古蒙泉，歲月茫茫十七年」之句。亥白《荆門州》詩，有「老親昔領州，風雨懷蒸黎」；又「十七道旁兒，生我已去時」；又「旌輿赴江漢，復道去滇池」等句，乃指丁酉至癸丑，恰十七年也。甲午距丁酉僅四年，贈公既於丁酉始離荆門，則甲午在漢上，必即荆門也。贈公甲申年令館陶，先生生。惟甲申距戊子，僅四年，何以又官湖北？考州縣推升，例不論省分，觀先生生齊楚之語，或荆門即自館陶推升，亦不可知，但無確據，故不敢書，以前事不可考矣。又亥白詩雖不盡紀年，然與先生詩參看，並按詩中四時推之，蓋亦始于戊戌冬，即盡在漢上詩，其次序固甚明了，先生詩《補遺》六卷亦然。附識于此，以免此後援證費辭。

乾隆三十四年己丑，先生六歲。

乾隆三十五年庚寅，先生七歲。

乾隆三十六年辛卯，先生八歲。是歲與叔輩兄弟，皆從秀水馬杏里師□□課讀，先生受業凡八年。按，本集庚戌年詩，有《初冬得秀水馬杏初大鄰書，知杏里師于去夏辭世，感事述懷》詩云：「裂素傳來只淚痕，十年風雨黯離魂」；又「齊楚談經萬里從，八年文史勸三冬」等句，則知馬公自贈公官山東時，已館先生家，而先生受業凡八年。以馬公己酉歲逝世，合詩言十年八年計之，自己酉逆數至辛卯，正十八年。惟詩中紀年不能太鑿。課讀開始，完自何年，詩中別無可考，要不外此數年中，故繫于是歲。

乾隆三十七年壬辰，先生九歲。

乾隆三十八年癸巳，先生十歲。

乾隆三十九年甲午，先生十一歲。是年，兄亥白元配海寧陳湘箬慧殊來歸，見亥白《永畢軒合稿》悼亡詩注。亥白初應京兆試。按，亥白《癸酉集·雜詩四首》，有「十九試京兆」之句。又《丙辰集·十二月十四日生日宿青堤渡》詩云：「四十一年窮不死，剛教丙子作生辰」。又《壬申集·東坡生日》詩，有「今古論年同丙子」之句。《甲戌集》有《實天生日五月二十五日，余與實天同歲生，余生於十二月》，有「亦是堯時丙子生，明歲同君花甲同」等句，故知亥白生於丙子，長先生八歲，考諸詩皆符合。「十九試京兆」，是甲午科也。又亥白《輦下集癸亥》有《號舍對月》詩，注曰：「余六應鄉試」。戊申亥白捷于鄉，甲午至戊申，凡七科云。

乾隆四十年乙未，先生十二歲。《先正事略》云：「幼有異稟，工詩，有青蓮再世之目。」

乾隆四十一年丙申，先生十三歲。

乾隆四十二年丁酉，先生十四歲。是年亥白應京兆試。按，先生詩《補遺·甲辰入都，裕州道中懷亥白，即用亥白丁酉北上途次寄懷原韻》，故知是應北闈試也。贈公自荆門州寄居漢陽縣，數日即赴雲南□□府任，惟先生一叔一舅同往。按，亥白《永畢軒合稿·述懷》詩有「倉黄抵江漢，草草寄八口。是時華髮親，滇海赴官守。數日即開帆，臨歧執我手。爲言小弱弟，撫視仗慈母。吁嗟萬里行，扶持僅叔舅。」又云：「憶來始丁年，咄嗟歲已丑。萍踪五載間，白衣變蒼狗。」乃辛丑年詩，追叙也。又，《上計集·癸丑荆門州》詩，亦言由荆赴滇，暫寄漢陽。但贈公既官湖北，又改雲南，不悉其故。

乾隆四十三年戊戌，先生十五歲。仍僑寓湖北漢陽縣，寓後臨荷溪。自編詩集，存詩自是年始。

乾隆四十四年己亥，先生十六歲。是年，亥白應恩科北闈鄉試。按，亥白《永畢軒合稿·悼亡詩》注云「己亥在都」。又是年有《京華早發》「秋老石梁城」之句，故知是年應北闈試。

乾隆四十五年庚子，先生十七歲。是年亥白應京兆試。按，亥白《永畢軒合稿》有《上紀曉嵐閣學》詩。

乾隆四十六年辛丑，先生十八歲。仍居漢陽，有《喜李半亭舅氏煇瑛自滇來漢上》詩。按，本集《補遺·歲暮懷人論詩絶句》：「半亭，江南宿遷人。」又有《輓鄭母李安人》詩云：「運河風雨片帆遲，尚憶兒時拜母時。二十餘年如夢影，不堪重讀渭陽詩。」是李安人乃先生舅母也。又《懷鄭健堂表兄文明》詩，有「卻趁江湖挂帆去，蘋花春水孝廉船」之句，味諸詩，則先生父曾再娶，惟先生母爲元配，抑繼室，爲李氏，爲鄭氏，俱無可考。至亥白長先生八歲，生于丙子，相距八年，是否一母所出，亦不可考。九月，游沔陽。見《庚戌懷人詩》。按，亥白《永畢軒合稿·述懷》詩：「憶來始丁年，咄嗟歲已丑」，後有《半亭舅氏至自滇中》詩，與先生詩同。又有《九日即事分韻得黄字》詩，後有《送柳門之沔陽》詩，故知是九月也。

乾隆四十七年壬寅，先生十九歲。仍居漢陽，春遊沔陽縣。六月，畢展叔懷圖招先生陪秦岵齋朝釪、王奉齋廷璋二公登大別山拂雲樓。九月，客遊湖南。按，《留別秦岵齋》詩云：「長身飢鶴毛羽修，客心茫茫增百憂。破釜生魚哭無火，貸粟且謁監河侯」。是先生以貧故，往湖南謁鹽法道某公，鹽法道兼管水利，故曰監河侯耳。又「連朝風雨重陽節，醉插茱萸不忍別」，故知爲九月也。

乾隆四十八年癸卯，先生二十歲。仍寓漢陽。六月，兄亥白入都應京兆試，九月報罷，歸漢陽。是月望，先生嫂陳氏病歿。年二十九，有《丁酉初度》詩「二十有三年」之句。有《秀遠齋詩稿》，附刊于《亥白詩》後，即《永畢軒合稿》是也。以上均見《永畢軒合稿》。按，先生一門風雅，妹筠、問端皆能詩，弟壽門室楊古雪繼端亦能詩，與兩姒詩，俱見《國朝閨秀正始集》。秋九月，先生父歸自滇南，到漢陽府任。按，亥白《永畢軒合稿》有《奉到家大人書，將自滇歸沌陰，述懷二百八十字》五古，有「七年客荊衡」及「蒼梧翳雲氣，親舍隔煙靄」句。又《夏日江上望西南雲水，盼家大人消息不至，時將計北上，即事有詩》，有「側聞滇池駕，將返滄江流。胡爲遂延滯，尚令滋百憂？」又云「北極高崒屼，況當京華遊。及此倘一誤，荏苒將深秋」等句。先生是年《憶亥白兄》詩，有「六月黃塵匝地飛，騎驢遠作燕山客」及「南詔歸帆望白頭，長安飛札待高秋」等句。又有《郊居》詩「黃花補種一籬秋，蠻奴飛鞚學盤馬」之句，及《雲南娑羅木》詩。《甲辰三月入都紀別》詩，有「人生惟別苦，灑淚出庭闈」。又《補遺》詩《丙午元夜到漢陽，喜全家無恙，即約同返遂寧》。又《庚戌除夕懷人》詩作，《侍奴徐淩霄》云：「淩霄從家君在滇五載，甲辰卒于楚中。」按，自丁酉至癸卯，首尾凡七年，在滇五載者，言徐相從僅五年。統觀諸詩，先生父以是秋歸漢陽，明矣。又亥白《甲戌集·懷人詩·吴樹堂》云：「老父官漢陽，但飲漢江水。」袁子才《隨園詩話》記先生父官至太守，則自癸卯至丙午兩年餘，均在漢陽，丙午三月始歸里，其自滇至漢陽爲赴官明矣。惜藏書無多，不得志書證明耳。

乾隆四十九年甲辰，先生二十一歲。三月，由漢陽入都，閏三月抵都。是年，先生元配周孺人來歸，先生入贅於周氏青廠宅。孺人涪州人，故太傅文恭公煌孫女，東屏贊善興岱之女也。按，本集有《閏三月夜行》詩二律，《補遺》亦有此題一律，後有《真定道中》詩。真定距京九日程，故知到京在是月。又，《真定道中》詩後，《話故山》詩，有「新婦猶知羨鹿車」之句，考前後詩中四時，此詩乃秋日作。又，《客中春思》詩，有「齊贅冠纓已笑髡」之句，係在《話故山》詩後，乃乙巳春月作也。《補遺》並未紀年，然與自編集互觀，詩有同一題者，前後朗如列眉，詩中各有四時，故可按而知之。又，辛亥《過青廠舊宅》詩云：「花底重來異死生，八年風雨暗吞聲。天皇定例須恩愛，歷劫難磨是此情。」殆爲周孺人發也。以年數推之，辛亥距甲辰恰八年，統觀諸詩，故知周孺人於是年春夏間來歸，而先生入贅于周氏青廠宅也。又按，庚申《送外舅周東屏先生奉使川陝祭告嶽瀆》詩注：「己酉典試陝西。」考法式善《清秘述聞》，乾隆五十四年己酉科，陝西考官爲洗馬周興岱，字長五，四川涪州人，辛卯進士。又，《學政類》廣東省：「周興岱，字東屏，四川涪州人，乾隆辛卯進士，五十四年以侍讀學士任。」即先生外舅也。又按，同治五年《湖南同官録》周繼善，其家世載曾祖父興岱，乾隆庚寅、辛卯聯捷進士，翰林院編修；歷任司經局洗馬，侍講、侍講學士，禮、吏、户、兵諸部侍郎，左都御史，經筵講官，南書房供奉；癸卯山東，己酉陝西，甲寅湖北，嘉慶辛酉江西副、正考官，仕至廣東學政。曾祖妣氏杜，與先生詩均合。

乾隆五十年乙巳，先生二十二歲。春夏仍客京師。秋八月，與周孺人同出都，由潞河泛舟南下。行至山東，洎仲家淺，周孺人生一女，名阿梅。按，壬申詩題《嶧縣車中，憶乾隆乙巳，予方爲諸生，攜家歸蜀》云云。考定制，應北闈者，非監生不可，雖秀才亦須捐監，乃能入闈。先生舉於京兆，此云諸生，但先生少年未歸蜀，不知何年入泮，今不可考。

乾隆五十一年丙午，先生二十三歲。正月十四日，先生乘兩槳舟，三鼓經西塞山下，猝遇風起，有三盜破浪南追，幸爲大波捲去，先生與舟子王喜幾不免。十五日到漢陽，時先生全家均在是，即約同歸遂寧。太守公爲官廉，力不能歸，中丞吴樹堂助千金始成行。按，亥白《甲戌集·懷人詩·吴樹堂中丞》云：「老父官漢陽，但飲漢江水。中丞助千金，始得歸鄉里。解攬方開顔，先生竟亡矣。」三月初六日，登舟發漢上。按，亥白《入蜀集》有《花朝後三日登舟初辭漢上》詩五首。四月，行抵涪州，全家先歸遂寧。周孺人歸寧，先生亦留居外舅周東屏先生宅浹月。五月，先生始歸遂寧，時借居東門，復移北門。按，《補遺·歸遂寧即事有作》云：「自乙巳仲秋出都，至今年首夏，舟行八閲月，始抵涪州，居外舅周東屏先生宅浹月，復買小舟歸遂寧。」有「鄉閭已近强勾留，不信身如不繫舟。水滿巴渝歸較晚，亂山何處御書樓？」注：「樓爲遂寧故宅。」「離鸞一曲淚沾巾，齊贅生涯正苦貧。歎息鹿車難共挽，全家猶有未歸人。」先生以乙巳八月出都，次年正月抵漢陽，住兩月，三月始歸蜀，舟行正八閲月。閏七月，彭田橋丹蕙以先生兄弟將入闈，望日相邀作借中秋詩酒會于浣溪樓下。八月，與兄亥白同赴成都應鄉試，寓南門十方堂。九月下第歸遂寧，重陽後七日，暫往涪州。十月，周孺人歿於涪州，年二十，女阿梅繼殤。按，先生《悼亡》詩云：「世間甲子須臾過，半局殘棋已廿春。」又，辛亥《稠桑驛》詩注云：「時周孺人歿已六年矣。」他《悼亡》詩，亦屢及稠桑字意，孺人必曾停柩驛中也。

乾隆五十二年丁未，先生二十四歲。春，奠周孺人于遂寧北郭嘉禾橋。九月，先生繼配林孺人來歸，先生贅于成都鹽茶道署。孺人名佩環，善詩畫，宛平人，西崖觀察儁之女。觀察讀先生詩愛之，故以女妻之也。林孺人詩，見《國朝閨秀正始集》。林觀察後仕至陝西布政使，以疾乞解任，見《東華録》。十二月，歸遂寧，臘日到家。是年，先生四妹筠病歿於京師，時年二十，嫁漢軍高氏。按，《永平詩存》李卷山廣滋侍御題《尚拙詩集》詩注云：「夫人即船山先生之姊」。又按，《國朝閨秀正始集》卷七，有「張問端，字淑徵，四川遂寧人，知府問陶女弟，知州丁耦仙室。」則李所云「丁太夫人」，當即淑徵。但李云先生之姊，《正始集》謂先生之妹，二者必有一誤。至四妹筠，適漢軍高氏，且以年齡推算，當係另一人，容再詳考，兹附識於此。

乾隆五十三年戊申，先生二十五歲。三月，由棧道入都，發成都，五月抵京。按，己酉會試下第歸，《端陽相州道中》詩云：「馬蹄步步來時路，照眼榴花又一年。」故知於五月抵京也。八月，應恩科京兆試。考官爲禮部尚書德保，字定圃，滿州正白旗人，丁巳進士。內閣學士鄒奕孝，字念喬，江南無錫人，丁丑進士。工部侍郎管幹珍。字陽復，江南陽湖人，丙戌進士。題爲「子曰不曰」全章，「小德川流」二句，「堯舜之知遍物」，賦得「六藝道德本」得「行」字。均見《清秘述聞》。九月九日榜發，先生中式第十三名舉人。兄亥白舉於鄉。是歲在京外舅周學士宅度歲。

乾隆五十四年己酉，先生二十六歲。早春，與內兄林朴園芬陪劉將軍烜游涿州樓桑村諸名蹟。亥白至都，同寓外舅周學士宅。四月，與亥白同試禮部，下第同歸遂寧。是夏，先生受業師秀水馬杏里逝世。秋至成都，後歸遂寧，是時新移居西門洗馬池南。十一月七日，遂寧西門橋下別家人，往成都。

十二月，先生奉父母命，復與亥白計偕北上，初十日同發成都，在鳳縣度歲。除日，與亥白登豆積山，游張果洞，兄弟皆有詩。

乾隆五十五年庚戌，先生二十七歲。正月八日宿臨潼，十四日下峭陵。二月四日次涿州，晤林樸園，留十餘日。抵京，寓外舅周學士宅。三月會試，考官爲内閣大學士王杰，字偉人，陝西韓城人，辛巳進士。吏部侍郎朱珪，字石君，順天大興人，戊辰進士。内閣學士鄒奕孝，字念喬，江南無錫人，丁丑進士。均見《清秘述聞》。題爲「皆自明也」一句，「君命召不」二句，「使數人要　於朝」，賦得「老當益壯」得「方」字。四月初九日榜發，先生舉貢士，殿試第三甲五十五名進士，見《國朝進士題名録》。出范攡生先生之房。范名鏊，字叔良，順天大興人，庚子進士，時以御史降補主事分房，見《清秘述聞》。十八日，圓明園覆試、殿試，改庶吉士。是科狀元爲石韞玉，字琢堂，一字執如，江南吴縣人。榜眼洪亮吉，字君直，一字稚存，江南陽湖人。探花王宗誠，字中孚，江南青陽人。六月，亥白入周東屏興岱學使幕，偕赴粤。參見《清秘述聞》。先生《送别》詩有「炎風伏雨黯征愁」句，考《萬年曆》，是年五月初九日夏至，故知爲六月也。七月初三日，先生女枝秀生。初五日，與王椒畦、張莳堂，周補之、旗樵遊二閘。考《萬年曆》，是年六月小建，二十七日立秋，《遊二閘》詩題云「新秋五日」，故知爲七月初五日。是月，復往張家灣送莳堂歸吴縣。是夏，先生從弟受之問彤亦來京。按，受之一字飲杜，有《飲杜文》一卷，《詩集》兩卷，刊附先生兄弟集後。晚薦孝廉方正。

九月初三日，移居松筠庵。受之於重陽後歸蜀。

乾隆五十六年辛亥，先生二十八歲。二月初三日，乞假得請，二十九日出都。四月十八日，宿松林驛。

五月在成都，留二十日，歸遂寧。七月復往成都。辛亥詩《初秋客成都》，是年七月初九日立秋。九月初四日發成都，歸遂寧。是秋壽門授室。本集有「小弟迎新婦」之句。十月赴成都。有《初冬赴成都》詩，又《十月二十八日成都得稚存九日書》詩。是年十月十二日立冬。是年在成都度歲。

乾隆五十七年壬子，先生二十九歲。正月歸遂寧，十九日山泉道中有詩。二月十九日，與弟壽門詣慶元山，拜掃文端公祠墓。三月在遂寧，有《池南茅屋春日》詩。夏秋，先生均在成都。九月初四日，先生子知悦殤。先生初挈林孺人同歸遂寧。二十日發成都，二十五日抵家，二十七日亥白亦自粵歸。按，二十五日《還家》詩：「生兒忽已死」，注云：「時知悦殤才二十二日。」以日推之，知殤于初四日，但生于何時，詩中無可考。是秋，從弟受之舉鄉榜解首。十一月，先生挈眷與亥白同入都，二十八日，舟發成都。十二月除日，泊巫山縣，是夕與亥白祭詩于神女廟，在舟中度歲。

乾隆五十八年癸丑，先生三十歲。正月十三日，改陸行。二月，行次定州，先生有子，不育，見十二、十三《清風店記事》詩。二十日抵都，寓居官菜園上街。三月，亥白會試報罷。四月二十六日，赴海淀大考，次日散館，授職檢討。七月二十三日，自官菜園上街移居北半截胡同。八月二十一日，亥白出都歸蜀，見亥白《上計集》。二十二日，先生女枝秀病殤。

乾隆五十九年甲寅，先生三十一歲。二月初五日，先生舉一女。十二月，賞借半俸。是歲全年均在京。

乾隆六十年乙卯，先生三十二歲。正月十八日，朝鮮人朴檢書宗善，字菱洋。投詩于先生，並索先生詩。

與尹布衣仁泰，字由齋。攜之歸國。閏二月，亥白、受之均自蜀來，應恩科會試，皆不售。三月十二日，復舉一女。

仁宗嘉慶元年丙辰，先生三十三歲。正月元旦，授受禮成，先生撰《恭紀樂府十四章》，蓋其職也。四月恩科會試，亥白、受之復同報罷。先生弟壽門，是春以第一名入泮。俱見亥白《丙辰集》。先生詩亦有《送受之歸里門》「失意當春後」，及《四月二十三日得家書作》「功名不責籌身外，雁行消息慰離群，小弟居然冠一軍」等句。十月，亥白歸蜀。

嘉慶二年丁巳，先生三十四歲。春，先生父太守公卒于里。先生隻身奔喪歸蜀，眷屬留京，移居熊介茲觀察方受夢庵宅。按，戊午有「自去移居夢庵，已一年矣。」《萬里重來，慨然有作呈夢庵》詩，有「八口相依競一年，交情應並古人傳。干戈不死真奇絶，婦孺重逢尚儼然。握手無慚終始約。」及「戎馬歸來氣不雄，家人仰屋話高風。已拚我是拖腸鼠，翻累君如負版蟲」等句。是先生奔喪時，託眷屬，始移居于夢庵。又，海鹽吴思亭經歷修《昭代名人尺牘小傳》云：「熊方受，字介之，號夢庵，廣西永康人。乾隆庚戌進士，官山東兖沂曹道，有《夢庵詩鈔》。按，熊與先生同年交好，曾録先生《出山》等集去。此所云夢庵，當即熊也。

時川楚方亂，先生于九月下浣始抵家。按，《先正事略》先生之傳，不載丁憂事。是書皆採集各家傳志爲之，如袁子才、王夢樓之傳，即删節姚姬傳所作《墓誌》。余家專集無多，先生之事略，爲何人所作傳志，無從考之。然親憂大故，史傳皆書，此獨闕遺，可謂疏漏。又按，洪稚存《卷葹閣文乙集·送翰林院侍讀吴穀人先生乞養歸里序》云，「嘉慶二年三月上巳日」云云，至「乃今者西行數騎，險欲上天」，注曰：「時張船山以憂歸。」又，本集《丙辰仲冬得簡齋先生手書答詩代簡》，有「衰年父母尚精神」之句。亥白《丙辰集》，亥白十月出都，有《潼川府》及《十二月十四日生日宿青堤渡》詩，則丙辰冬至臘月半，太守公尚無恙。逾年丁巳，亥白是年無詩，先生則有《正月九日大風和田橋》詩。丁巳《春夜枕上慨然有作》，題中有「比者穀人侍讀亦將乞假歸杭州」之語，與洪序正合。是詩後，尚有《題吳子華就和軒小照》二律，均在《京朝集》内，是後春夏，遂無詩矣。按，自京至遂寧，計程兩月，先生既于上巳前已就道，當於五月初抵家，而本集及《補遺》，皆有《丁巳九月褒斜道中即事》詩。《補遺》是詩之前，有《平陽北郭高橋阻雨》詩，「關河影裏鄉心遠，猶有妻孥依輦轂」，及「全家兩地衣如雪，未表瀧崗淚已枯」等句。本集《即事》詩後，又有《九月十九日峽中遇警，三更發神宣驛，天明至朝天，由水驛趨昭化》詩，是詩後，丁巳年無詩。以諸詩考之，先生父卒必在是年正月。蓋是時尚無火車、郵電，驛遞專呈皆遲滯，遠道通信，動經月始達。先生以二三月歸，其訃至京，必在二月，太守公之卒在正月，明矣。且先生居憂詩，名《奇零集》，始于《丁巳九月褒斜道中即事》，迄於已未四月。四月下旬之詩，另編入《己庚集》，蓋起復後作，以四月服闋，恰爲二十七月。先生奔喪，必不他往，九月中旬始至朝天，意者是時值齊王氏之亂，路中多阻滯，故歸遲耳。

某月，先生兄弟葬太守公于兩河口祖塋。十一月二十日，先生元配周孺人亦歸葬焉。按，先生葬父，不見於詩，而戊午《重過青廠舊宅》詩注：「周孺人以丁未春，葬遂寧北郭嘉禾橋。墓濱涪江，恐厄於水，丁巳十一月二十日移櫬，歸葬兩河口祖塋。」至太守公葬期，雖不可知，然戊午《寄海客四兄常州代柬》詩，有「賸指青山相慰藉，松楸高下各平安」之句，故知太守公之葬，當在十一月廿日以前。是歲在里守制。

嘉慶三年戊午，先生三十五歲。正月在成都，人日有詩。十七日發成都，由棧道入都，三月抵京。四月初六日，自夢庵移居賈家胡同。是歲在京守制。

嘉慶四年己未，先生三十六歲。四月，先生服闋，仍官檢討。二十一日，自賈家胡同移居横街。按，先生丁憂及起復，詩中俱未明言，然細按詩集即知。先生詩爲石琢堂删存付刊，較先生四十五歲自定詩集，多二百八十三首，而始于十五歲，與四十歲後詩另編，且注明四十歲以後詩，則與先生自記語同。他如分集之名，似非他人所擬，石刊詩時，但有去取，於分集體例，必仍其舊。先生居喪時，名《奇零集》，起丁巳九月，迄己未四月。己未詩僅八首，《四月二十一日移居横街》詩，有「官冷原流寓」之句，則另編入《己庚集》，爲起復後之作。至《奇零集》末一首，亦四月作，但多傷感之語，殆起復時所作也。

八月，亥白繼配殁于遂寧。十一月，壽門弟偕從弟謙之自泰州來京。是月，亥白在遂寧奉太夫人移居成都，假寓林西崖觀察宅，避齊王氏之亂也。按，亥白《己未集·十一月二十四日奉母携女赴成都》詩，「此日兵戈憐父老」，又「草新暫假嚴公宅」等句。庚申，先生寄懷林公詩云：「蓬門花徑互逢迎，同賃新居倚少城。」又「夢繞七星橋畔月，塔光夕照兩家清。」注曰：「時亥白亦奉母居成都。」至先生兄弟詩，屢以嚴武方林公，故知以避亂同居也。

嘉慶五年庚申，先生三十七歲。正月，先生弟壽門以主簿分發浙江。閏四月，奉敕選翰、詹三十人，各書扇五柄，五月復選十二人，分書養心殿屏幅，先生皆與焉。八月初四日，先生第三女阿連生。是月，先生分校秋闈，得桐城姚元之、慶雲崔旭。按，姚字伯昂，仕至内閣學士，性嚴正不阿，有《竹葉亭雜記》八卷。崔字曉林，又字念堂，詩得先生傳，與天津梅成棟詩合刊，名《燕南二俊詩鈔》。十月，先生入史館。初六日，亥白在蜀奉太夫人，首途由水驛來京。是冬，壽門以主簿署嵊縣尉。

嘉慶六年辛酉，先生三十八歲。正月二十五日，先生兄亥白奉太夫人至京。三月，亥白應恩科會試不售，見亥白《輦下集》詩注。五月，先生奉派教習庶吉士，共教習十五人。九月，先生分校秋闈。是科以多雨後修葺試院，且重宗室考武例，故主司、房考皆以九月初三日入闈。是年在京度歲。

嘉慶七年壬戌，先生三十九歲。三月，亥白會試仍報罷。是歲先生仍在翰林。

嘉慶八年癸亥，先生四十歲。五月，亥白應考教習。按，亥白《輦下集·五月十九日號舍對月有作》注：「余六應鄉試，七應會試，每試凡六宿號舍。癸亥夏，初應考教習，復宿此。」自己酉至壬戌會試，凡八科。己未，亥白丁憂在家，餘七科亥白皆北上，此後亥白遂絶跡於場屋矣。是歲先生仍在翰林。

嘉慶九年甲子，先生四十一歲。是歲，先生仍在翰林史館。秋，亥白奉母仍由水路歸蜀。冬過杭州，壽門時在杭，遂留過年。昆山王學浩《亥白詩草序》曰：「甲子之冬，亥白還蜀，道經吴門。」按，亥白《輦下集》甲子《題王海村湖樓秋思圖》，有「深秋我泛西湖棹」之句，又有《由楊莊渡河下天妃三閘，過清江浦，舟中寄查小山比部》、《塘棲鎮》等作。又，《冬日湖上作》云：「繞堤處處接琳宫，六一泉邊一棹通。祠宇舊存遺像在，湖山影裏拜先公。」注：「先文端公遺像，旂山季弟親自照瞻台移奉於六一泉。又，金沙港遺愛堂，亦祀先公木主。」是詩後，有《黄州道上》詩：「一帶春林茅屋外，菜花黄處有青山。」是春日景，蓋次歲春日作也，故知是歲留杭。

嘉慶十年乙丑，先生四十二歲。是年春，亥白奉太夫人自杭州歸成都，卜居玉帶橋新宅。按，本集是年《送韓樹屏侍御省覲歸長壽》詩，有「歎我潘輿方送别」；又，《中秋寫懷》詩，有「心疾乍增因念母」；戊辰《李母王太宜人九十壽》詩，有「我母成都屢寄書」諸句。又，亥白《輦下集》甲子《冬日湖上作》後，有《黄州道上》詩、《微雨泝江即小孤山》諸詩，皆乙丑作也。各詩後，有《奉母移居玉帶橋新宅寄呈查小山比部》詩，有「北堂新奉浣溪頭」之句；此詩下有《四月廿四日新都道中》詩，故知太夫人以春夏間歸成都也。又按，亥白自是年歸，即未再出山，壽門序《亥白詩》，謂「以事母就校官」。亥白《庚午集·九日》詩，有「花時有酒到門生」句，則就校官必在庚午九日前矣。

九月二十八日，改官江南道御史。先生連上三疏，一劾六部九卿，一劾天下各督、撫，一劾河漕監政，惜稿竟失傳。海昌陳子莊太守其元《庸閑齋筆記》載：「遂寧張船山先生問陶，大學士文端公之孫也。性伉爽，無城府，書畫妙一時。與先大夫最善。由檢討遷御史，連上三疏，一劾六部九卿，一劾天下各督、撫，一劾河漕鹽政。先大夫問之曰：『子不慮叢怨中外乎？』先生笑曰：『我所責難，皆大臣、名臣事業。其思爲大臣、名臣者，方且感我爲達其意；無志于此者，將他身分抬得如此高，慚愧不暇，何暇怨我乎？』」先生嘗畫一鷹贈先大夫，上題云：「奇鷹瞥然來，掇身在高樹。風勁乍低頭，沈思擊何處？」可想見其風采矣。按，此詩本集未載，故具録之。又，鄞陳康祺《郎潛紀聞》所記，亦於此同，略云：「船山先生，世以詩人目之，官諫垣時，連上三疏。嘗畫一鷹贈人，自題云云，風采如此，詩人也歟哉！」十二月，先生奏下九卿會議。又，吴璥條陳河、漕不能並治，請添造剥船一事，未聞九卿確議。見嘉慶《東華録》。

嘉慶十一年丙寅，先生四十三歲。是歲，先生在都察院。

嘉慶十二年丁卯，先生四十四歲。四月，奉派巡視南城之命，初一日到任視事。

嘉慶十三年戊辰，先生四十五歲。四月二十九日，南城得代，仍官御史。按，本集《得代》詩後，有《題常蘭侍御爲人四箴》詩：「與君偶同歲，同官亦偶然」。故知仍官御史也。

嘉慶十四年己巳，先生四十六歲。四月，以候補郎中分校恩科春闈。按，王家相《清秘述聞·續同考官類》：「嘉慶十四年己巳恩科會試，同考官張問陶，字柳門。」是春，先生已改官，但詩中不見，其改官之故，亦不可考。七月，先生選吏部驗封司郎中，赴灤陽引見。按本集，先生選郎中，朱滄湄補户部，戴金溪補刑部，同赴灤陽途中作，有「微雨清鑾路」句。是時每夏，車駕率幸灤陽，駐避暑山莊，秋乃歸京，歲以爲常。八月旋京。見《補遺·八月四日歸次穆家峪，與滄湄、金溪飲酒作》。是年在京度歲。

嘉慶十五年庚午，先生四十七歲。七月，部選山東萊州府知府。二十七日，重赴灤陽引見。按，部選萊州，重赴灤陽，有詩。及《到郡默坐得句》：「塞上承天語，民刁默化難」等。九月二十日，先生挈眷出都，赴萊州任。先生弟旂山署嘉興尉，是秋交卸。按，亥白《庚午集》有《喜船山出守萊州二首》。又，《得旂山書卻寄》詩注：「時新遷先文端公遺像於六一泉右廡。旂山近罷署嘉興尉，送行者萬人。」

嘉慶十六年辛未，先生四十八歲。正月初八日，赴濟南，發郡城。三月，在本郡。有《花朝登彝勺亭》詩，亭在萊州府城外。閏三月，再赴濟南，留匝月。四月下旬，月夜獨泛明湖。七月初一日，復往濟南。時濟南有劇盜案，供屢翻，承審者均無如何，巡撫某公特以委先生。先生每日但訊盜里居、年歲、家人、執業外即罷，無一言涉正案。三日，盜供各異，乃以數語喻盜，盜叩首服，誓不復翻供，遂定讞。按，桐城許旭怦奉恩《蘭苕館外史》記此事甚詳，原篇極長，附見軼事。十二月，歸郡。《補遺》有《臘月二十三日立春，雪中歸次新河，題吕祖殿村塾》詩。是年在萊州度歲。有《歲除即事》詩。

嘉慶十七年壬申，先生四十九歲。正月十七日，手具辭郡文書。二月初九日，辭郡交卸。三月初四日，去郡。十八日，發齊河。二十二日，由兖州繞道曲阜，謁高祖母唐太夫人墓。昔文端公守兖日，以少子贅于孔氏。太夫人暮年依居曲阜，遺命不歸蜀，卜葬于縣南工阜馬鞍山下，留子孫一支守墓。四月初一日，换王家營，换船，過蘇州就醫，因暫留，僑居虎邱。寓右倚甫里祠，左距白公祠不遠，因顔所居曰「樂天天隨鄰屋。」是年納妾某氏，時年十六歲。按，《本集·壬申十一月二日闈人游虎邱即事》詩，有「天孫卻被牽牛笑，已徹銀河露小星」之句。又，梁紹壬《兩般秋雨庵筆記》載，先生嘗于吴門密蓄一妾，於于其夫人游虎邱時，故使相遇于可中亭畔，晤談許久，而夫人未之知也。先生賦詩云云，韻人韻事，足爲山塘生色。即此詩也。又，癸酉《感事》詩：「衹論年華已誤渠」，注：「去年年十六歸予。」則妾之來，當在後半歲。

嘉慶十八年癸酉，先生五十歲。正月十三日，應廖復堂都轉之約，暫赴揚州，十七日到揚。按，三月十二日，有致吴樹堂函。三月十七日，歸蘇州，舟發揚州。是年先生在蘇州度歲。

嘉慶十九年甲戌，先生五十一歲。春三月，先生病卒於吴門寓。無子，惟三女未嫁。林恭人以喪歸。按，姚元之《竹葉亭雜記》云：「船山先生守萊州，乞養歸蜀，過吴門，因暫留。歲甲戌春，遂卒于吴門。夫人以喪歸，零丁飄泊，惟三女依母存焉。」又按，亥白《甲戌集》，有《雨夜懷兩弟》詩，《上巳》詩，《五月廿五日□夫生日》詩，《大雨江漲藕》等。其下有《哭船山仲弟》詩，題下注云：「姚薦青編修以書來，南中消息未至。」詩有「驚心三月姑蘇耗，到眼京華一紙書」，及「怪底近來消息斷，可知魂早返鄉間。諸女多年遲許嫁」等句。又，《七月二十八日得旗山季弟書，知船山仲弟確耗》詩，有「細看月日分明是」，又「賸有春前音問在，一回展看一沾巾」等句。以各詩計之，先生之卒，在三月明矣，特日不可考耳。又按，《兩浙輶軒續録》，有海寧諸生王斯年字海村者，官長淮衛千總，師事先生，先生卒，繪《叙詩圖》以悼之。其《哭先生即題叙詩卷子》四律，真摯沈鬱，頗得先生家法，有「三女零丁依幕燕，一棺孤冷寄蘇台。道山有伴同兄逝，亥白丈亦歸道山。家業扶衰仗弟才」諸句。壽門丙子刊《亥白詩》序，謂「亥白殁於乙亥。」又云「余將乞養歸。」合觀王詩，則乙亥林恭人尚在吴，先生喪歸，意在丙子歲，姚記當在王詩後也。

按，先生著述，今所傳者惟《船山詩草》，嘉慶乙亥，先生同年石琢堂藴玉爲之選定二十卷，題詩刊行。石又有精選一單本，蓋其所喜者。前有先生四十五歲編集《自序》一篇，云「自十五歲乾隆戊戌年始，至四十歲嘉慶癸亥年止，共二十六年，得詩三千五百五十二首，删存一千七百四十六首，分爲十五卷。四十歲以後詩，另卷附後」云云。而今集自十五歲至四十歲，共十六卷，除卷一《乾隆嘉慶授受恭紀樂府十四章》不計外，自卷二始至十六卷止，亦十五卷，共詩二千零二十九首，較自編多二百八十三首。又，陳文述碧城題跋先生詩册，謂先生寓吴門時，曾勸先生自定詩稿，以放浪湖山，未暇計及身後名，致遺集未稱善本。今觀集中分集之名，似非他人所能擬，意石於刊詩時，但有去取，其分集體例，俱仍其舊，故以自記冠之，以存其真。若詩則决非自編原本矣。《補遺》陳跋，謂二十卷乃先生手定，自屬誤會，蓋未察詩之數與自記語迥不符耳。道光己酉，先生猶子立軒，顧序中稱先生爲叔父，姚記謂少君，豈後爲先生嗣耶？在皖出先生删賸詩十五六卷，屬梁溪顧翰兼塘氏爲選《補遺》，復得四百餘首，爲六卷。蜀人陳葆森，約同鄉毛丹雲、文鍾山、余方屏、李雨亭、周笏山、林辛柏諸人，醵資付刊，附前石刻二十卷後并行。亦有與《亥白詩草》及從弟受之《飲杜詩文集》同行者，然不多見。顧、陳各爲序跋，校勘者則先生族人張春衢與其弟仲昭也。

附録：

《蘭苕館外史》，桐城許奉恩旭怦著。

《里乘》卷八原文略删節

張船山先生問陶，以翰林出守萊州，恃才傲上，長官以先生才望素著，皆優容之。會長白某公巡撫山東，先生來謁，公謂其無禮，心甚嗛之，語方伯曰：「萊州張守，書生結習未除。太守爲一郡表率，渠能勝任耶？」方伯以張守雖係書生，聞尚不誤民事對。時有劇盜，桀驁狙詐，屢斷屢翻，承訊官皆無如何。公冷笑，謂方伯曰：「君謂張某不誤民事，如某盜，渠能定讞，當即令其旋任。否則予將登諸白簡，莫怪老夫無情也。」方伯出，問先生：「君能定此讞否？」先生笑曰：「有何不能？」方伯與廉訪商，延先生至臬署訊盜，僉問先生幾日可結？先生笑曰：「此細事耳，三日足矣。」問需何刑？先生笑曰：「刑具用時再議。所最要者，金華精脯一大盤，紹興佳醇一大甕，藉助舌鋒，斷不可少。」僉笑曰「諾。」

翌辰，先生至臬署廳事，箕坐炕上，一僮扇爐暖酒，一僮執壺侍側，一書吏在旁録供，呼盜跽膝前。先生左手把杯，右手翻閲案牘，惟問盜之里居、年歲、家人諸瑣事，無他語。時方伯、廉訪諸公，俱在屏後竊聽，以先生素工言語，必能摘奸發覆，詎所問皆瑣細事，與原案無涉，僉相視匿笑。又恐不能結案，難覆某公命，深以爲慮。越日，先生至臬署，又問盜如前，諸公以先生所問與昨無異，益匿笑。至第三日，先生至臬署，方伯與廉訪問曰：「君言三日了結，今三日矣，果能了結耶？」先生笑曰：

「下官向不打誑語，今日下午當可了結，公等請無慮。」因傳諭皂隸預備刑具，聽候結案。先生仍箕坐，以乾脯下酒，呼盜跽膝前，問如初，而盜供三日各異。諸公以先生所問三日無關語，謂如老嫗絮語，何能定讞？至日晡，先生乃命僮取巨觥，滿飲者三，命撤酒脯，傳隸備刑具。先生正色語盜曰：「今當問及正案矣。我觀案牘，前承訊各官，所讞一一屬實，汝何屢斷屢翻？」盜叩首曰：「小人實冤，尚求矜察。」先生拍案叱曰：「汝休矣！人謂汝桀驁狙詐，實屬不謬。前與汝絮語三日，皆家常瑣事，汝三日所答，前後迥不相符。瑣事尚如此反覆，況正案耶？汝果從直吐實，尚不愧爲好漢。如再飾言强辯，我即將三日所答瑣事，以證汝之反覆，雖嚴刑處死，亦不爲過。汝須自忖，毋自討苦吃也。」盜猶欲强辯，先生叱左右嚴爲用刑，甦命勿論，盜急叩頭乞命，情願吐實，誓不再翻。先生大喜，立命畫供，其案遂結。諸公聞之，嘆服不置。比復命某公，某公歎曰：「名下固無虚士，不謂張守有才如此！今而後，不敢輕量天下士矣。」一時歷下傳爲美談云。

附録：

紀事

嘉慶元年丙子。是秋，先生爲石琢堂殿撰作蜀黍根螽斯小幅，今藏于仁和錢亮臣錫寀刺史家。己亥歲在津曾假觀，老桔根三節，旁挺二芽，蚱蜢土色者四，緑而長者一，據其上，毫芒逼肖。題曰：「嘉慶丙辰秋日，爲琢堂年兄寫」。「船山」、「張問陶」印章二，陰文「張問陶」，陽文「船山」。珅一見即愛不忍釋，與家君每念之不置，珅以是始知先生名。後讀詩集，多所欲言，沉瀣之深，實基于是。甲辰在京復假觀，家君命摹之，紙色已晦，以玻璃鉤之，復摹于紙，僅存形勢，神采亡矣。按，先生書畫流布甚多，家中昔時頗有所藏，家君少時猶及見之。

嘉慶六年辛酉。是年小除夕，先本生曾祖浣霞公，招同人祭詩于聞貞守默之齋，船山先生爲作圖，題者甚衆。家君言幼時見浣霞公及珅先祖湘岩公，與先生及吴穀人、姚春木、汪竹海、竹素，劉芙初諸公詩社詩數十卷，皆分書己作，各極其妙。時長者以子弟幼，扃藏甚密，家君欲窺所藏，秘發其鑰，得一觀，並是時名流投贈書畫亦頗夥，惜均燬于劫火。又言嘗見先生爲先曾祖蔗田公畫扇，一人牽馬，馬作不肯行狀，背面書馬詩七律，並皆佳妙，爲許氏祖姑携歸許氏。前述《祭詩圖》，見劉芙初先生題詩始知之，意已久失，曩未之見也，惜哉！

附録：

《登州府志》，光緒七年登州府知府賈瑚重修。

文秩　知府

國朝乾隆　陳法，二年任。

鄭方坤，四年任。

永泰，六年任。

張勤望，四川遂寧人。拓修瀛書院，十六年落成，延名宿主講席，搜羅各屬少儁入院讀書。是年夏，淫雨爲災，躬赴福山等處，勸捐振濟。

陳琜。

趙瓚，三十二年任。

嘉慶《東華録》：嘉慶十年，調長齡爲山東巡撫。

附録：

《船山詩草》

卷一，樂府十四章。

卷二，二百零八首。

卷三，一百二十五首。

卷四，一百八十四首。

卷五，一百六十一首。

卷六，八十三首。

卷七，一百十八首。

卷八，一百三十三首。

卷九，七十四首。
卷十，一百十八首。
卷十一，一百七十六首。
卷十二，一百二十八首。
卷十三，一百四十八首。
卷十四，一百三十六首。
卷十五，二百零一首。
卷十六，一百三十六首。共十五卷，卷一不在内。得詩二千零二十九首。又，陳仲章舅氏福綬記各家詩集數目，張問陶二千一百七十二首。

附録：

書札先生致吴樹堂書三通，原函存錢亮臣内兄家，假閲後照録。蔡璐映臨。

萍泊江南，心境擾擾，未致一書通候，歉甚歉甚！頃來揚州，聞老前輩升華之春，不禁歡抃！綸扉重地，學士清銜，侍尤健羡不置。自顧墮落風塵，飄零湖海，更不覺翹企雲泥，心驚裀溷矣。侍一時無力西旋，已呈明就醫吴下。所有山東原咨，業由蘇撫咨川，達部查銷。刻將迎母南來，暫圖烏養，到此略爲打算。承右曾大兄格外相關，令人懸感無已，此皆仰賴老前輩慈雲遠覆，銘泐彌深。行旅匆匆，先此肅函申謝，容到蘇再當少陳筆墨之敬，以志不忘也。耑此，恭請台安，並賀新春！手硬不能作楷，恕不具柬。不一一。張問陶叩頓上樹堂前輩學士大人左右。京華故人，都爲道念！癸酉三月十二日揚州。沖。

嘉招斷不敢不到，實以小山所請之客，六安刺史宋公。只二人作陪。其一人已辭，刻下陪客只老船一枚，不便不到。伏求亮察，容日叩謝，順候不具。樹堂前輩如面。問陶頓首。

不拜壽，不送壽禮，轉得壽翁之酒肉，奇哉奇哉！今日有俗事，竟不登堂，近日必補祝面謝也。問陶頓首啓。樹堂前輩左右。

附録：

跋

珅妹温如，幼同家塾，勤學好問。稍長，讀書益進，文史詩詞皆所研習，丹青刺繡，亦由自學而成。特于古昔賢哲，尤多景仰。往歲偶見船山先生詩畫，於是吟誦臨摹，各盡其趣。先君自光緒庚子旋京後，驟膺風疾，遂解組家居，嘗以左手書字，妹侍疾十二年，衣不解帶。扶持餘暇，不廢筆墨，因爲船山先生撰著《年譜》，鉤稽詩篇，考證歲月，於政績、家事之紀述，尤爲致力。稿成，先君曾爲題記。原稿庋藏，已歷四十餘年，今夏多暇，輒爲參校另録，疏漏之處，尚恐不免。倘獲刊行，俾告世之知先生者，且以見珅妹景仰賢哲，致力撰述之勤也。壬寅夏至，端如璐跋。（蔡珅編《張船山先生年譜》）

檔案史料

張鵬翮

【奏爲蒙恩給假抵四川原籍日期，并賜御詩、如意等物謝恩事】太子太傅，文華殿大學士，兼吏部尚書加一級臣張鵬翮謹奏，爲恭謝天恩事。竊臣以譾陋忝列綸扉，疊荷殊恩，屢叨異數。近以烏鳥私情，籲請給假，蒙皇上隆恩，准假數月，馳驛回籍。特賜御詩，親灑宸翰，仰瞻睿藻之輝煌，奉爲世傳之至寶。又蒙賜如意冠服、人參果品、圖章硯石、火鐮荷包、鼻煙壺、玻璃等器，賚予駢蕃，紀述難盡。更荷聖慈，憐臣年老，准令臣次子懋齡護送，使父子之親，即安於旅次，非常眷遇，莫罄名言。臣叩辭後，於雍正元年九月十五日出京，由天津水路，歷山東、江南、江西、湖廣等省，於雍正二年正月十三日抵四川遂寧縣原籍。皓首餘年，得展先臣之丘壠，完生平之至願，存歿沾榮，感激泣下。臣闔家老幼人等，恭設香案，望闕叩頭謝恩訖。

伏思我皇上仁同乾坤，明並日月，憫臣耄老，終賜矜全。惟有世殫篤棐之誠，永矢捐糜之報，鞠躬盡瘁，幽獨無慚。臣自揣歲迫桑榆，分宜引退，惟念受恩深重，義不容辭。遵旨事畢回京外，謹具疏，差臣家人周復宗先行赴京，恭謝天恩。謹奏。雍正二年正月十五日。雍正帝硃批：「覽卿奏謝，深爲喜悦。知道了。」（中國第一歷史檔案館藏宫中硃批奏摺）

張懋誠

【奏爲文諭飭禮部挑選鄉、會試墨卷發刊，以昭文治】署掌山東道事，福建道監察御史臣張懋誠謹奏，爲文風首被之際，請即選布以示儒林，以昭文治事。欽惟我皇上道備參三，心傳精一。聰明天縱，巍乎盛德難名；學問日新，焕乎文章燦著。允文允武之聖，作君作師之能。治教用彰，文教丕振矣，臣復有何言歟！惟是敬體皇上作人之至意，而見斯文之盛，不揣固陋，謹以管見，爲我皇上陳之。

一，墨卷、行書、房書及各稿，請諭禮部，悉選訂頒行也。我皇上聖神文武，初登大寶，而又首舉恩科，而又慎簡試臣，普天士子踴躍功名，人文蔚起，各省鄉墨佳文，實難盡刻。伏乞皇上諭禮部，將文之尤佳者，殫心竭智，不拘一格，將理醇法密，博大昌明，精實風華，一遵傳注者入選。仍將所選之文，恭呈御覽裁定，然後頒發刊刻。其在直隸，則發府尹，給與歷來情願刊文發行之人，流布天下；其在江南，則發江蘇巡撫，給與歷來情願刊文發行之人，流布天下。務令悉照部頒原本，毋得增損。會墨亦然。其舉人、進士窗稿，必送禮部選訂。及行書、房書，亦照鄉、會墨卷之例頒行。如有敢於私作選手，及擅行自刻、發刻者，將諸色人等，一體嚴禁。庶文體克端，文風丰茂，以勷聖天子化成之雅治，而垂億萬國之弘規矣。以上臣恭逢光被之際，親炙詞章之美，不過一得之愚，伏候上裁，臣無任戰慄惶悚之至。謹奏。雍正帝硃批：「此奏甚好，該部斟着議行。文着禮部會同翰林院揀選，務期秉公，莫負朕崇文之意。特諭。」（《宮中檔雍正朝奏摺》第一輯）

【奏請飭督撫舉行勸農實政，以重民生事】工科給事中，署刑科印加一級臣張懋誠謹題，爲仰體聖心，請飭督、撫舉行勸農實政，以重民生事。欽惟我皇上自臨御以來，無一事不建古今之奇，無一夫不被堯舜之澤。頃又見我皇上躬行耤禮，上關宗廟粢盛之大，中切國家本務之隆，下係蒼生衣食之重，美哉盛舉，萬世瞻仰！臣見是日也，天清日朗，惠風和暢，天悦於上也；臣民快覩，誠懽誠忭，人悦於下也。臣以至愚極陋，蒙皇上天高地厚格外殊恩，感激歡欣之下，臣目覩盛典，心推皇仁，不揣冒昧而敬陳之。

一，請諭令督、撫及府州縣官，實心實力，廣行勸農大政也。竊思我皇上以聖人之德，居天子之位，萬幾宵旰憂勤，尚親行耕禮，職司民牧者，顧可忽視乎？臣請諭督、撫，舉行勸農，春則勸耕，秋則勸斂，首倡於省郭之外，郡守奉行於百里之中。牧令與民最親，更必尋阡度陌，單車匹馬，吠犬無驚。耕獲之際，酒肉以勞其勤，戒諭以儆其惰。倘有乏種薄收者，或捐己俸，或勸伊親，或理其債負，或後其徵徭。夫一民之來，即有一民之治寓於其身。在爲督、撫有司者，目擊則情關，誠求則計切，實心而任事。凡有便於農，有不便於農者，巡行之，自當一一舉行。臣請嗣後如有輕視民隱，不行勸農實政者，守令請照溺職處分，督、撫定行題參。庶荷蓑荷笠，不無賤也，勸之而人知貴矣；暑雨祁寒，不無苦也，勸之而民知甘矣。其於民生國計，似非淺鮮。以上臣不過仰體聖懷，不揣愚昧，伏乞睿鑒施行，臣無任戰慄惶悚之至。謹題。雍正帝硃批：「該部議奏。」（《宫中檔雍正朝奏摺》第二輯）

【奏陳考察吏胥之法摺】通政使司通政使加一級臣張懋誠謹奏，爲敬陳考察吏胥之法，仰祈睿鑒事。欽惟我皇上勵精圖治，制作盡善，萬福駢臻，千祥雲集，巍巍蕩蕩，甚盛德也，甚盛治也，臣復何言！今遵旨敷陳，臣再四思維，一得之愚，敬爲我皇上陳之。

一，在京之部院衙門書吏，宜立考察之法也。部院之案牘，所關非細，臣伏思三年有計典之行，夫計官似亦宜計吏。伏乞皇上於三年之内，欽點公直之大臣，將各部院衙門之書吏，無論已滿、未滿者，一一考察。如果勤慎辦事，聲名好者，題請即爲選用，以獎善良。其有平常無過者，照常考職。其舞文弄法，聲名不好者，遞解回籍，地方官嚴行收管。如仍來京生事，地方官予以處分，庶不肖者知儆矣。

一，缺主以及有罪之書吏，宜實力奉行，不許容留在京也。臣請飭令五城御史、順天府、直隸總督，嚴督五城司坊官，宛、大二縣，及良鄉、涿州附京州縣，不許容留。如失察一名至三五名者，交部議處；如能獲一名至三五名者，交部議叙。其有敢爲容留之家，嚴行處分，庶若輩無所容留矣。

一，考職臨選之時，年貌結狀宜謹也。臣請凡臨選之人，宜令實在之原籍州縣，將狀貌詳晰開載，取同鄉京官二員印結，然後許其掣籤，庶可無頂冒矣。

一，考職之品級，宜斟酌允當也。臣查歷來書辦考職職銜，有正八品、正九品、從九品、未入流之分。

但恐考授之時，或從九、未入流微末衙門之書辦，亦得授正八、正九之品級，或亦有與本官同其職銜，似皆於義有所未協。臣請嗣後將部院、督撫衙門書辦考授正八品，司道者考授正九品，府廳者考授從九品，州縣者考授未入流、巡檢、典史者，府縣給以扁額以獎之，庶名器可爲允協矣。以上臣以書辦雖微而實吏治所關，知久在我皇上洞鑒之中。臣受恩深重，不避嫌怨，伏乞皇上睿鑒，臣無任兢惕惶悚之至。謹奏。（《宫中檔雍正朝奏摺》第二十七輯）

【奏參原任通政司張懋誠丁母憂不回籍守制摺】協理陝西道事，浙江道試監察御史，加二級，記録二十次臣王應珮謹奏，爲大臣遺親，悖禮潛住京師，請勅處分，以重倫紀事。

欽惟皇上以孝治天下，大小臣工，理宜遵循禮制，以爲庶民表率。乃有原任通政使張懋誠，於雍正八年三月初三日在京聞訃，丁親母憂，竟不回籍守制，以盡子道，未經奉有諭旨，輒敢潛住京師，迄今兩載。與臣寓舍相近，見其朝夕出入，則頂帽吉服，車馬僕從，仍如現任，恬不爲怪。且於雍正八年十月三十日，九年十月二十九日，恭遇萬壽聖節，張懋誠俱穿朝服至乾清門，舉朝見之，訝其妄誕。又於雍正八年十二月內，張懋誠主婚，嫁女與今湖南按察使胡瀛之子；九年九月內，又嫁女與捐納知州沈銓。是日皆門庭結綵，鼓樂喧闐，違制居喪婚嫁，聞者爲之駭異。似此行止乖張，殊屬有虧大節，竊恐將來京官效尤，丁憂不回籍守制，忘親蔑禮，風化攸關。今臣蒙聖恩簡用御史，忝列言官，不敢不據實奏聞，伏乞皇上勅下部議，以爲違制妄行者戒。并請將内外大臣、官員聞訃丁憂，未奉在任守制之旨，而不回籍守制，潛住京師及逗遛任所者，作何處分，增入條例，永遠遵行。庶倫紀

克敦，而士行民風，益歸於厚矣。謹奏。雍正帝硃批：「該部察議具奏。」（《宫中檔雍正朝奏摺》第二十六輯）

張勤望

【呈户部陝西司郎中張勤望履歷并命往江南補授職官單】二十四日，吏部帶領引見，奉旨補授揚州府知府張勤望，四川潼川州遂寧縣人。由祖原任大學士張鵬翮户部尚書任内，於康熙五十二年所得正二品廕生，雍正元年二月内，選授順天府通判。四年六月内，陞授户部浙江司員外郎。五年四月内，調補盛京户部員外郎，本年十月内，以陞銜郎中仍留員外郎任。三年俸滿，於八年十月内，調補户部陝西司郎中。八年十二月内，大學士張廷玉、蔣廷錫等保舉道府，咨送吏部。九年正月二十四日，吏部帶領引見，奉旨命往江南，交與總督高其倬，或於辦理河工及清查錢糧之處委用，教導試看，遇有道府缺出，酌量題補。雍正帝於張勤望名旁硃批：「張鵬翮之孫，似有出息，試用看。中上。」（中國第一歷史檔案館藏硃批履歷單）

【奏請將張勤望改補部員事】江南江寧等處承宣布政使司布政使加一級臣李蘭謹奏，爲奏聞事。竊照寧國府知府張勤望，係原任通政司張懋誠之子。今懋誠依養在署，甚不安静，妄思干預公事，其子諫阻，輒生嗔怒，責打詈罵，殆無虚日。并與幕友時常争鬧，甚至鬧出宅門，親友央勸始回。且該府原有管門家人，懋誠又將自己信用之人添放二名，希圖招攬事件。經臣稟明督臣，并嚴飭禁逐在案。

嗣該府來省，臣即面詰，而該府含淚唯唯。及詰問再三，惟答以「萬不得已，只得告病」一語。臣觀情狀，似有不忍明言之隱。查知府爲一郡表率，關係匪輕，雖張勤望人尚明白，猶知諫阻其父，未至僨事。但伊父在署混行多事，日日打鬧不休，安能專心辦事？實於吏治民生，大有未便。臣思張勤望原係以部屬外用之員，凡部務具在公衙門辦理，或將勤望仍請改補部員，庶伊父無從干預，勤望得以安心效力，而地方亦免貽誤之患矣。臣不揣冒昧，謹據實密奏以聞。謹奏。雍正十二年三月□日。雍正帝硃批：「可笑可惡之極！張懋誠原似狂病之人。此奏是。」（《宮中檔雍正朝奏摺》第二十二輯）

【奏爲寧國府知府張勤望不能勝任，請旨簡員補授事】安慶巡撫臣趙國麟謹奏，竊臣涖任上江後，屬員賢否，留心訪察，其劣蹟昭著者，陸續題參外。有寧國府知府張勤望，臣見其辦事遲緩，不能彈壓地方。隨查上年徇庇屬員案內，經督臣趙丹恩將張勤望題參，蒙大行皇帝念大學士張鵬翮在日宣力多年，今子孫寥落，現爲職官者，只有張勤望一人，不忍令其廢棄，特沛殊恩，降級留任，令其勉爲良吏。臣仰體大行皇帝軫念大臣之後，加恩矜全造就之至意，屢加教訓，冀其努力向上。迄今日久，聽其言語，實在感激聖恩，欲圖報效。而觀其辦事，仍多因循悠忽，未能奮勉整頓。細察其故，實由才具中平，力不從心，是以不勝知府之任，若再令其久任寧郡，必致貽誤地方。但察其操守尚好，年力正壯，似可照甄別知府之例，以部屬改補。臣因文闈到省，面詢之督臣趙丹恩，意見相同，謹將張勤望不能勝任之處，據實奏聞，恭請聖裁。至寧國府知府員缺，安省一時未得其人，乞皇上恩簡一員補授，庶地方得有裨益，而臣亦收指臂之效，理合一併奏明，伏乞皇上睿鑒施行。謹奏。雍正拾

叁年拾月貳拾肆日。乾隆帝墨批：「有旨諭部。」（中國第一歷史檔案館藏宫中硃批奏摺）

【奏爲遵旨甄别登州府知府華栻庸劣不職，并請以張勤望補授該員缺事】山東巡撫兼提督銜臣準泰謹奏，爲甄别知府，以收表率之實效事。竊照知府一官，承上接下，爲州縣表率。如果知府精明，則所屬州縣無不奮勉，所謂形端表正，挈領提綱者是也。案，蒙我皇上於乾隆六年特降上諭，以「各省郡守中，未必無庸碌衰邁之員，著該督、撫秉公甄别，如有年老龍鍾者，即應勒令休致。或才具不勝知府方面之任，尚可内用部屬，外用同知、通判等官者，亦分别具奏等因。欽此。」欽遵在案。

臣蒙聖恩調任山東巡撫，自抵任以來，於各屬知府之内，留心訪察，親加體驗。除才堪勝任及到任未久者，容臣再加察看外，兹有登州府知府華栻，年雖四十一歲，並非衰邁，但賦性優柔，到任已逾二載，一切地方事務，毫無整頓，所屬之員，亦皆不能振作。登郡地處海疆，民貧俗悍，該知府惟事苟安，漫無調劑，殊非方面之才，實不宜知府之任。臣體察既確，不敢因其尚無劣迹，姑息因循，致滋貽誤。兹據陞任布政使唐綏祖，及新任布政使衛哲治，按察使定長等查核面禀，與臣察訪相符，所當遵旨甄别，以重吏治者也。再查該員爲人謹飭，此外並無蕩閑踰檢之處，若用以部屬或府佐之缺，尚可供職。可否仰請聖恩，准其赴部引見，量才酌用之處，伏候聖裁。

再，照登州府知府係沿海繁難員缺，例應部選，但查東省現有奉旨簡發，以道府補用之史奕昂等四員。除史奕昂已奉諭旨補授兖沂曹道，德文，臣已奏請管理臨清關税務外，尚有張勤望、赫達色二員，在東候補。查張勤望人才歷練，前曾任安省知府事務，今到東後，經臣委令暫署萊州府知府及登萊道事，俱能奮勉振刷。如蒙聖恩，即以張勤望補授登州府知府員缺，洵屬人地相宜。再，張勤望係奉旨以道府補用之員，今補登州府知府，係屬銜缺相當，毋庸送部引見。至赫達色一員，俟有相當缺出，容臣另行題補，合併陳明。臣以地方緊要，不揣冒昧，一併恭摺請旨，是否允協，伏乞皇上睿鑒施行。謹奏。乾隆十三年十一月十五日。乾隆帝硃批：「該部議奏。」（中國第一歷史檔案館藏宮中硃批奏摺）

【奏請以張勤望調補鹽運使并赫達色補授登州府知府事】山東巡撫兼提督銜臣準泰謹奏，爲欽奉上諭事。乾隆十四年正月二十九日，准吏部咨文，内開：乾隆十四年正月十四日，内閣奉上諭：「山西雁平道一缺，駐劄代州，路當孔道。現值川省用兵，軍務絡繹，必得幹練之員，方足資任使。著山東鹽運使明德調補。山東鹽運使員缺，著巡撫準泰於該省現任道員内，揀選一員調補。其原掣山西雁平道之汪漢倬，交與該撫準泰，將揀選所遺之缺題請補授。欽此。」行文到臣。

臣隨欽遵諭旨，轉行遵照外。該臣伏查東省現任各道，除鹽法道即係運使，運河道係專管河工，均毋庸議外，惟有糧道一缺，巡道三缺。内糧道吴士功，係甫於上年九月，由兖沂曹道調補是缺，經管通省漕糧，兼德州倉務，悉屬緊要，未便遽易生手。其濟東泰武道范時綬，及登萊青道沈廷芳，兖沂曹道史奕昂，均係初膺外任，各於上年冬令方始授事。所管之驛站，以及分巡地方，整飭事務，正須漸次熟習，與運使、鹽法、錢糧等事，尚未諳練。臣反覆詳籌，惟有現任登州府知府張勤望，原係吏部保舉，堪勝繁缺道府之員，奉旨命往山東，以道府委用。前因登州府知府缺員，經臣奏請將張勤望補授，欽奉俞允，欽遵在案。

今查該員雖係現任知府，但其原銜本係奉旨以道府委用，則與現任道員無異。況查該員從前曾久任安徽知府，辦事歷練。即其到東以來，凡有差委及承辦理登州府事，均能在在實心，事事妥協，洵屬才優於任。若將該員調補鹽運使缺，即與原奉諭旨相符，且與該員才具相稱。其所遺登州府知府，係偏僻繁難中缺，現有奉旨命往以道府委用之赫達色，爲人誠實，辦事實心，自到東省之後，節經差委，均能詳慎黽勉，以之補授登州府知府，亦屬人地相宜。至原掣山西雁平道之汪漢倬，俟其到東，遇有相當道員缺出，臣再另行題請補授。如此一轉移間，人缺咸當，與地方政事，均實有裨益。緣係欽奉上諭，命臣揀選調補事理，謹就臣愚昧之見，恭摺請旨，是否有當，臣未敢擅便，伏乞皇上聖鑒，訓示遵行。謹奏。乾隆十四年二月初二日。乾隆帝硃批：「該部議奏。」（中國第一歷史檔案館藏宮中硃批奏摺）

張顧鑑

【奏請以張顧鑑調補荆門州知州事】湖廣總督臣富明安，湖北巡撫臣梁國治謹奏，爲要缺需員，恭懇聖恩俯准調補，以裨地方事。竊照荆門州知州劉宗元患病遺缺，係衝繁疲難四項相兼，例應揀選調補。查該州幅員遼濶，政務殷繁，必須精明勤幹之員，方克勝任。臣等與兩司詳加遴選，通省知州內，實無合例堪調之員。

惟查有均州知州張顧鑑，年四十九歲，四川副榜，教習期滿引見，以知縣用，揀發河南，題署嵩縣知縣。丁憂服闋，揀發山東，題補館陶縣知縣，陞補今職，三十五年三月到任。該員才具明幹，辦事勤敏，以之調補荆門州知州，實能辦理裕如。但該員到任未滿三年，與調補之例未符，謹遵人地相需之例，專摺奏請。仰懇皇上天恩，俯念要缺需員，准其調補，於地方實有裨益。所遺均州簡缺，應歸部選。張顧鑑係現任知州調補知州，銜缺相當，毋庸送部引見。所有張顧鑑各任内參罰案件，另繕清單，恭呈御覽。臣等謹合詞恭摺具奏，伏乞皇上睿鑒，勅部議覆施行。謹奏。乾隆三十六年九月二十五日。乾隆帝硃批：「該部議奏。」（中國第一歷史檔案館藏宫中硃批奏摺）

周興岱

【奏爲山東鄉試辦竣，馳赴行在復命事】山東正考官臣莊承籛，副考官臣周興岱跪奏，爲恭復恩命事。竊臣等奉命典山東鄉試，當即循例入闈，於九月初五日揭曉。旋由濟南省城起程，馳赴行在宫門，恭復恩命，叩謝天恩。謹奏。（乾隆四十八年九月）。乾隆帝於周興岱名旁硃批：「遠省似可。周煌之子。」

（中國第一歷史檔案館藏奏摺）

【奏爲奉旨新授廣東學政謝恩事】新授廣東學政臣周興岱跪奏，爲恭謝天恩事。本月二十一日，奉上諭：「廣東學政，着周興岱去。欽此。」竊臣西蜀庸才，賦質謭陋，自臣父原任兵部尚書周煌，蒙皇上天恩，任使有年，始終榮遇。臣復以蕪詞末學，忝列詞垣，屢荷聖慈垂念。臣父不次遷擢，歷階學士，兩佐文衡，世受國恩，榮逾涯分，涓埃未效，感悚方深。茲復仰邀寵命，簡畀廣東學政。伏思學政有督率教官，訓導士子之責，臣初膺重任，實虞隕越。惟有凛遵皇上崇實黜華，遴才剔弊之訓諭，於士習文風，事事講求，實心實力，潔清自矢，夙夜冰兢，以期仰報高厚鴻慈於萬一。所有微臣感激下忱，謹繕摺恭謝天恩，伏乞睿鑒。謹奏。乾隆五十五年四月二十二日。乾隆帝於周興岱職名下硃批：「似可，較父或明白些。」（中國第一歷史檔案館藏宫中硃批奏摺）

【奏報學政任滿到京復命日期事】廣東學政，内閣學士臣周興岱跪奏，爲恭復恩命事。竊臣敬奉恩命，視學粤東，三年報滿。新任學臣戴衢亨，於上年十月十一日抵任，臣交代後即行起程。茲於十三日到京，理合趨赴宫門，恭復恩命，伏乞皇上睿鑒。謹奏。乾隆五十八年正月十四日。乾隆帝於周興岱職名下硃批：「似可，較父略明白。」（中國第一歷史檔案館藏宫中硃批奏摺）

【奏爲奉旨補授禮部右侍郎謝恩事】臣周興岱跪奏，爲恭謝天恩事。四月三十日，内閣奉旨：「禮部右侍郎員缺，著周興岱補授。欽此。」竊臣材質庸陋，學識蕪疎，廿年蒙豢養之恩，兩世沐生成之德，曾無塵露，少報高深。循職事而未諳，撫夙宵而多疚。西清珥筆，方隨綸閣之班；南省司儀，遽被春卿之命。惟聖主栽培之獨厚，非微臣夢寐所敢期。實由皇上垂念先臣，加恩後嗣，荷非常之榮寵，俾不次以擢升，感愧交併，捐糜莫報。臣惟有日加學習，矢慎矢勤，以冀仰報鴻慈於萬一。所有感激下忱，理合繕摺恭謝天恩，伏乞睿鑒。謹奏。乾隆六十年五月初一日。乾隆帝於周興岱名下硃批：「如

其父而已。」（中國第一歷史檔案館藏宫中硃批奏摺）

【奏報前抵江西主考情形，及懷取程儀，自請交部治罪事】臣（户部侍郎）周興岱跪奏，爲遵旨明白迴奏事。竊臣前抵江西時，與副主考陳廷桂同至接官亭，見地方官俱在彼跪請聖安，臣以向來正、副主考抵境，地方官員從無請安之事，殊爲詫異。出闈後，曾向該處鄉紳項家達詢問。據項家達稱，地方官員於主考將到時，曾向伊商酌，伊答以主考若係三品以上大員，自應照常請安。臣並未先遣巡捕知會，令伊等請安，亦無令副主考先進公館之事。至防弊告示，實因素聞江西房官多有舞弊，與副主考陳廷桂公同商酌，出示嚴防，現有稿底可以呈覽。臣於進闈後，見房官等閲卷草率，薦卷亦多朦混，因而加意防閑。遇薦卷中疵謬甚多者，屢加駁斥，詞語間不免過激，並未向説要查地方事件。至闈中閲卷，俱與陳廷桂細心校勘，實不敢蔑視副考、房官，現有陳廷桂可問。

至巡撫張誠基致送贐儀，臣曾再四堅卻，伊答以不過朋情贐儀；布政使邵洪本係同年，在京熟識；按察使衡齡送禮時，亦曾推辭，嗣伊以母命懇收；贛南道蔣攸銛，亦因向同翰林衙門，是以俱經收受。其餘各房官，臣亦推辭再三，伊等以致送主考，向無不收堅請，是以收受。惟馮履晉因同鄉同年，多送銀五十兩，并無不收另送之説。其張誠基名下所送，單内開銀三百兩，實只送銀二百兩。此外如糧道周璣，署南昌府何啓秀，因向不熟識，均未敢收。至江省虧空，係張誠基於見面時親自道及，臣問以如何辦法？伊答以隨事節儉，將浪費省出歸公等語，此外亦無多話。臣在内廷行走多年，該省官員，想亦共知，又何必自言，炫耀高興？惟因臣閲卷防弊認真，情詞不免過激，或房官中有不如意者，編布謡言，惑人聞聽，亦未可定。但臣受恩深重，乃於奉命衡文之際，該省官員致送程儀，未能概行力卻，實屬咎無可辭。今蒙垂詢之下，何敢稍有欺飾？惟有仰懇天恩，將臣交部治罪，以示懲戒，臣不勝悚懼愧悔之至。謹遵旨明白迴奏，伏乞睿鑒。謹奏。嘉慶七年正月初七日。（中國第一歷史檔案館藏録副摺）

【奏爲懇請休致事】臣周興岱跪奏，爲瀝陳下悃，籲懇聖恩，仰祈睿鑒事。竊臣猥以庸愚，荷蒙皇上天恩，至優極渥。去年正月，臣以吏議，候補四品京堂，旋奉恩旨，補授侍讀學士，涓埃未報，慚感交深。兹逢大考届期，臣備員學士，理合黽勉讀書，力圖上進。惟是臣服官三十餘年，仰蒙高宗純皇帝、皇上豢養深恩，疊加拔擢，計出芸署，已十有餘載，職有所司，不敢不竭誠經理。而於詞賦一藝，久已抛荒，今欲勉力追尋，無能記憶。加以年逾六十，去冬病目數旬，眼力昏花，不能繕寫長篇細字。今春重感風邪，肺氣失調，肝經受病，現在屢易醫藥，兩目尚未就痊。臣自慚朽植，豈敢濫竽？與其隕越於殿廷，不如直陳於君父。惟有仰懇皇上，曲賜矜全，恩予休致，俾臣疚稍釋，臣心稍安，出自聖主格外鴻慈。臣頂戴生成，倘未填於溝壑，終矢報夫雲天。爲此恭摺籲懇，伏祈聖明睿鑒，俯准下情，臣不勝感悚待命之至。謹奏。嘉慶八年閏二月二十七日。（中國第一歷史檔案館藏録副摺）

【奏爲知府張問陶例應回避事】臣周興岱跪奏，爲遵例奏聞請旨事。竊臣蒙恩補授左都御史。查左都御史與科道有考核之責，現任協理京畿道御史，俸滿截取記名繁缺知府張問陶，係臣女壻。查科道迴避，從前有父子、兄弟迴避之條，而女壻迴避，載於親族迴避例内。今張問陶係臣外姻親屬，例應

迴避，理合奏明請旨，伏乞皇上睿鑒訓示。謹奏。嘉慶十三年十二月十九日。（中國第一歷史檔案館藏録副摺）

【奏爲失察轎夫索錢，自請交部察議事】臣（左都御史）周興岱跪奏，爲自行檢舉，仰祈聖鑒事。竊臣職司風紀，凡有干例禁事，理宜嚴行查辦。五月内，風聞南城地方有聚衆賭博之事，彼時臣正協同巡視西城御史陳超曾監糶麥石，恐匪徒叢集，旗民拖累，即在麥廠飭西城正指揮曹攀華，傳知南城司坊官員，嚴密訪查。旋據該指揮曹攀華，將聚賭之孫祥等十數人並賭具拿獲，移送臣衙門。臣因係南城事件，改劄北城御史審辦，該城旋即咨送刑部辦理。日前票傳臣有轎夫張姓，曾向孫祥等索取錢文，臣以轎夫另行散居在外，未便令其遠颺，當即查出張姓，送交刑部收審。竊恐該轎夫知臣現在查拿賭博，轉得借此爲需索地步，亦不可知，應聽刑部從嚴究辦。惟臣究係疏於防範，未及先事覺察，實切悚惶，理合據實奏聞請旨，將臣交部察議，爲此恭摺具奏，伏乞皇上聖明睿鑒。謹奏。嘉慶十四年六月二十五日。（中國第一歷史檔案館藏録副摺）

【奏爲自陳病危事】左都御史臣周興岱跪奏，爲君恩未報，臣病垂危，伏枕哀鳴，仰祈恩鑒事。竊臣東川下士，世受國恩，始蒙純皇帝拔擢鴻慈，繼蒙我皇上成全至德，撫衷有愧，矢感無涯。方期報稱於桑榆，何意患生於旦夕，諄忱在抱，寸晷難延，瞻企彤墀，神魂飛越。伏念臣父周煌，行走内廷三十餘年，純皇帝念其質直，而恩極哀榮；我皇上念及凝丞，而恩延孫子。臣自翰林編修，洊升坊職，屢膺文炳，晉貳卿僚。南齋珥筆，羲軒之舊學難窺；北闕依光，海嶽之稠恩倍重。乃臣素無才術，曾蹈愆尤。自知寡過未能，方愧重泉於臣父；何意隆施疊沛，仍邀再造於君親。自嘉慶十年，蒙我皇上矜全晚節，重予華資。念臣父曾長夏官，俾襄司馬；念臣父曾階柏府，俾領蘭臺。凡茲世及之殊榮，皆出賞延之聖意。臣心非土木，報乏涓埃，白髮未彫，丹忱不泯。自請假以來，身雖纏綿於枕簟，心惟綣戀於觚稜。

不意本月初九日，喘息陡增，醫藥罔效，自維性靈難合，從茲答報無期。謹口授遺疏，命臣子工部主事廷授書忱上奏。祖孫父子，恩私已被於全家；文武聖神，頌禱更期於來世。所有銜結下情，謹伏枕哀鳴，恭謝天恩，伏祈皇上聖明睿鑒。謹奏。嘉慶十四年十一月初十日。（中國第一歷史檔案館藏録副摺）

【奏爲臣子周興岱恩科中式謝恩事】臣（浙江學政）周煌謹奏，爲恭謝天恩事。竊臣西蜀庸愚，洊歷卿貳，疊蒙簡任，未報涓埃。茲閲會試題名録，臣子周興岱中式第十七名。伏念臣恭逢皇上御極之歲開科盛典，聯捷成進士，侍從禁廷三十餘年。今臣子復遇萬壽恩科鄉、會中式，一門父子，世受國恩，報稱良難，兢惶彌切。臣惟有勉竭駑駘，仰答高厚於萬一。所有感激微忱，理合敬謹繕摺奏聞，伏祈睿鑒，臣無任依戀屏營之至！謹奏。乾隆三十六年四月十六日。乾隆帝硃批：「覽。」（中國第一歷史檔案館藏宫中硃批奏摺）

【奏爲查明廣東學政周興岱廣西學政費振勳本年考試無弊情形事】臣（兩廣總督）福康安跪奏，爲查明兩省學政考試無弊，恭摺彙奏事。竊照乾隆五十三年四月內接准部咨，欽奉上諭：「嗣後各督、撫惟當益勵廉隅，正己率屬。設遇學政有貪污實跡，即應指名糾參。若仍事徇隱，緘默不言，或別經發覺，除將該學政按例治罪外，必將該督、撫一例從重問擬，決不姑寬。並令督、撫於年終，將學政等有無劣跡，陳奏一次。欽此。」又，五十四年十一月内奉上諭：「嗣後，務須將學政考試實在有無弊竇，及士子輿論是否翕服之處，據實詳細奏聞，毋得稍有瞻徇。欽此。」欽遵。

臣查前任廣東學臣陳桂森到任後，因病未能按試，旋即出缺。現任學臣周興岱，於七月初九日抵粤，維時臣已赴京祝嘏。迨臣於十月内回任，學臣周興岱已考過肇慶、羅定、韶州、南雄、連州等五府州屬。臣密加諮訪，查得該學政所到考棚，俱恪遵定例，關防嚴密，校閲秉公，輿論翕然稱服。閲卷幕友，俱非本省之人，場規亦極整肅。所有查出頂名入場鎗手，飭發提調知府訊供通詳，批飭確審實情，照例辦理。又因按試連州，路經陽山縣地方，見有形跡可疑之人，乘船尾隨。當即盤詢，供出名唤朱常，並於身上搜獲童生名單一紙，訊有招摇撞騙情事，發交該州審辦，一面移咨到臣，業經行司提省究審，從重懲辦。是該學政於經過處所，隨時留心防範，尚屬謹飭自愛。

至廣西學臣費振勳，臣於春間因赴鎮南關，就近察訪，該學政甫經開考，聲名頗好。兹回任後，查得已經歲試過桂林、柳州、慶遠、思恩、南寧、泗城、鎮安、太平等府。該學政於考試事宜，極爲認真，取士公當，剔除諸弊，考棚内外，一切整齊嚴肅，與東省情形相仿。臣復密詢兩省考過之各道府，據禀亦屬符合。現仍欽遵諭旨，不時留心訪察，並諄飭各該司道府實力查訪，隨時密禀。如有劣蹟，即行據實陳奏，斷不敢代爲隱飾，稍涉瞻徇，以冀仰副我皇上釐剔弊端，諄諄訓誡之至意。所有訪察兩省學政考試安靜無弊緣由，理合恭摺奏聞，伏乞皇上睿鑒。謹奏。乾隆五十五年十二月初三日。
乾隆帝硃批：「知道了。」（中國第一歷史檔案館藏宫中硃批奏摺）

【奏爲查明廣東學政周興岱並無劣蹟，遵旨具奏事】廣東巡撫臣郭世勳跪奏，爲查明學政並無劣蹟，遵旨具奏事。竊照乾隆五十三年欽奉諭旨：「嗣後各督、撫遇有學政貪污實蹟，即指名糾參，並令於年終將有無劣蹟陳奏一次。欽此。」欽遵在案。

查廣東現任學政周興岱，自上年七月内抵任，臣接見其人，甚爲謹飭。本年接考潮州、惠州、廣州、嘉應等四府州，就近留心察訪，閲卷悉秉至公，士子悦服。其按試高、廉、雷、瓊各府屬，距省稍遠，臣恐聞見未周，經飭該管道府隨時查禀，所到考棚，關防俱極嚴肅。廉、瓊二府，已遵例歲、科並試，並於各棚查獲撞騙、雇倩之犯，當發提調，從嚴審辦，俾知儆畏。隨帶幕友，俱非本省人，教官、紳士，亦無干預私謁情事。

臣伏思學政衡文校閲，甄别人才，於士習、文風，均有關係。倘有貪污劣蹟，即難免物議沸騰，不能掩人耳目。兹各府科考，學臣周興岱尚須陸續按試，臣仍遵旨不時訪察。如有初終易轍，舞弊營私，自當立即指參，斷不敢狥情瞻顧，自取咎戾。所有學政並無劣蹟緣由，理合恭摺具奏，伏乞皇上睿鑒。至總督印務，係臣兼署，所有廣西學政費振勳考試有無劣蹟，臣已移咨廣西巡撫陳用敷查明具奏，合併聲明。謹奏。乾隆五十六年十一月初九日。乾隆帝硃批：「知道了。」（中國第一歷史檔案館藏宫中硃批奏摺）

林儁

【奏爲奉旨准予卓異加級，仍註册回任候陞謝恩事】現任四川鹽茶道臣林儁跪奏，爲恭謝天恩事。竊臣一介庸愚，至微極陋，仰蒙皇上天恩，由知縣洊陞知府，擢用道員，高厚難名，涓埃莫效。兹復恭逢計典，經督臣福康安保薦卓異，赴部引見，奉旨：「林儁准其卓異，加一級，仍註册，回任候陞。欽此。」鴻慈逾格，曲賜矜全，揣分捫心，感悚無地。臣惟有竭盡愚誠，益加奮勉，實心實力，勤慎辦公，以期仰報聖主隆恩於萬一。所有感激下忱，理合繕摺具奏，恭謝天恩，伏乞皇上睿鑒。謹奏。乾隆四十八年五月十八日。乾隆帝於林儁職名下硃批：「似明白。」（中國第一歷史檔案館藏宫中硃批奏摺）

【奏爲奉旨補授四川布政使謝恩事】新授四川布政使臣林儁跪奏，爲恭謝天恩，仰祈聖鑒事。竊臣接奉大學士貝子福康安，四川總督伯和琳行知，欽奉恩旨：「四川布政使員缺，着林儁補授等因。欽此。」臣跪讀之下，感激悚惶，伏地涕零，不能自已。當即望闕叩頭，恭謝聖恩。伏念臣庸駑下材，至微極陋，由舉人揀發四川知縣。因金川軍營辦理糧餉，稍效微勞，洊任同知、知府、道員，優渥鴻慈，淪於肌髓。嗣以從征西藏，轉運軍儲，更荷欽賜花翎，並賞給按察使職銜，旋即陞授四川臬司。凡此有加無已之殊恩，實爲夢想所不到。上年逆苗滋事，調辦軍需，勉竭駑駘，力圖自效。雖捐糜頂踵，尚不足以仰報高深，乃蒙逾格隆施，曲垂奬勵，加以布政使職銜，循省之餘，已覺叨榮溢分。

兹復仰承諭旨，陞授四川藩司，如此恩命便蕃，頂感之私，實與悚慚交集。臣惟有益勵血誠，倍加奮勉，凡轉輸糧餉等事，隨時實心調劑，力矢慎勤，不敢絲毫貽誤。並當此大功將蕆，務將秀山邊境，一切撫綏防範事宜，隨孫士毅悉心經理，以期稍報高厚洪恩於萬一。除俟軍務完竣，另摺恭請陛見外，所有臣感激無已下忱，理合專差賫摺，恭謝天恩，伏乞皇上睿鑒。謹奏。嘉慶元年正月二十四日。乾隆帝硃批：「覽。」（中國第一歷史檔案館藏宫中硃批奏摺）

【奏爲籌辦軍糧軍需各事宜事】四川布政使臣林儁跪奏，爲奏聞事。竊臣前於六月内，曾將籌辦軍需各事宜，附摺奏明聖鑒。兹查經略督臣勒保，督率各領兵大員分路剿補，現已將逆匪包正洪鎗斃，餘黨斬獲極多，各路官兵亦皆奮勇争先，分投剿擊。並探得夔州一帶逆匪夥内，被脅之民紛紛解散，賊勢益形窮蹙，當不難以次蕩平。所用軍糧，尤關緊要。查臣前經節次派撥之米，業已陸續起程，現在官兵乘勝前驅，師行迅速，必須源源接運，方可有備無虞。臣隨與臬司先福會同商酌，加派米五萬石，分飭各路臺站，加緊轉輸，並派委妥員，實力催儹，務期隨到隨行，俾得益資寬裕。

至龍安、松潘一帶，均與甘省毗連，前經派有文、武各員，督率兵勇，各於交界處所，分設隘卡，嚴密巡防。所需軍火、軍糧，亦皆隨時籌備運供，不致缺誤。目下現值大雨時行之際，軍營帳房易於損壞，調用較多，臣已會同營員，加緊製辦送營。其餘各項軍需，亦俱運供足用。再，前因達州一時餉銀不繼，曾在省城借解過銀六萬兩，昨蒙恩賞發軍餉到來，臣於兑收後，立即傳齊各鋪户，當堂如數逐一給領，均已一律清還，並不敢假手吏胥，致滋擾累。所有臣現在籌辦緣由，理合恭摺具奏，伏乞皇上睿鑒。謹奏。嘉慶四年七月初四日。嘉慶帝硃批：「即有旨。」（中國第一歷史檔案館藏宮中硃批奏摺）

【奏爲鹽茶道林儁等員，懇請將本身妻室應得封典分別貤贈事】四川總督臣文綬跪奏，爲據情奏請貤封事。乾隆四十五年，恭逢皇上七旬萬壽，欽奉恩詔，各官得照品級請封。茲據鹽茶道林儁，詳請將本身妻室應得封典，貤贈曾祖父孟卿，曾祖母沈氏。又據敘州府馬邊通判魏廷覲，詳請將本身妻室應得封典，貤贈胞叔蘭佩，嬸母梁氏、許氏。又據隆昌縣知縣朱雲駿，詳請將本身妻室應得封典，貤贈胞叔祖嘉誦，叔祖母李氏。又據署金堂縣事廣元縣知縣朱鑒昌，詳請將本身妻室應得封典，貤封親兄鏞昌，親嫂李氏各等情。臣查官員呈請貤封，例應奏明請旨，可否准其貤封之處，出自天恩。除照例取具册結，另行咨部外，謹據情具奏，伏乞皇上聖鑒。謹奏。乾隆四十五年九月二十一日。

乾隆帝硃批：「有旨諭部。」（中國第一歷史檔案館藏宮中硃批奏摺）

【寄諭四川總督福康安，嚴行申飭未面奏林儁家族源流事】領侍衛内大臣、尚書、忠勇公，領侍衛内大臣、尚書，字寄御前大臣四川總督：「乾隆四十七年九月二十八日奉上諭：『昨朕欲將林儁補授查禮之缺時，福隆安奏稱，現管理四川鹽務道員林儁，原爲伊之家奴，因林儁之父林國泰甚爲效力，將其一支放出爲民，林儁自微員漸至道員等語。福康安承恩優渥，伊此次前來陛見，惟保奏林儁賢良，卻未奏及此故，惟奏稱其善。伊從前年幼，未經歷其事，謂之不知猶可。然伊到四川總督任後，林儁閑時單獨面會，必陳其源流，告知福康安家奴身份。林儁若不如實相告，即是有昧天良，福康安豈可謂不知耶？倘若別事皆如是隱瞞不奏，豈又可乎？此事幸因伊兄福隆安奏明，朕才將其寬免不罪耳。若爲劉天成、錢鋒之類所參劾，朕雖有心回護，亦斷不免治罪也。寬免其罪，僅是此次，著寄信嚴行申飭之。並令其唯感戴朕恩，諸事唯期實心謹慎辦理，嗣後再有此類之事，朕必予治罪。欽此。』遵旨寄信前來。乾隆四十七年九月二十八日。」（中國第一歷史檔案館藏滿文寄信檔）

【奏爲鹽茶道林儁，川東道王啓焜才識優長，老成持重，現俱委署藩、臬篆務，已列入卓薦事】再，查鹽茶道林儁，才識優長，人品端謹，在川年久，歷署臬篆，辦事極爲詳密，率屬亦見整飭。川東道王啓焜，老成持重，守潔才優，在川年久，熟諳邊情，兩署藩篆，用人理財，均屬公慎。該道等年例久符，政績卓越，實爲各道中出色之員。本年計典，原擬列入卓薦，緣現俱委署藩、臬篆務，例應迴避，是以不敢薦舉，理合附片陳明。謹奏。乾隆帝硃批：「覽。」（中國第一歷史檔案館藏奎林附片）

【奏爲代奏林儁爲奉旨陞補四川按察使謝恩事】臣福康安、孫士毅、何琳、惠齡跪奏，爲據情代奏，恭謝天恩事。竊臣等欽奉上諭：「昨降諭旨，將林儁陞補四川按察使，符兆熊陞補鹽茶道等因。欽此。」當即傳知林儁，望闕叩頭謝恩。

茲據該司林儁稟稱：「林儁一介庸愚，毫無知識，由乾隆二十五年舉人，補用川省知縣。在川三十年，仰邀聖恩拔擢，洊歷監司，高厚難名，涓埃莫報。茲以隨營效用，承辦糧運軍需，駑鈍無能，時深惴懼。乃蒙皇上鴻慈逾格，賞戴花翎，並特加按察使銜，稠疊隆施，實爲夢想所不到。林儁雖捐糜頂踵，不足以仰答高深，循省難安，惶悚無地。今復欽承恩旨，陞補四川按察使，聞命之下，莫知所措，撫衷慚悚，感極涕零。林儁惟有益勵愚忱，倍加奮勉，於一切應辦事件，實心實力，矢慎矢勤，竭盡犬馬自效之私，以期仰報聖主隆恩於萬一。現在前藏奉委查辦各站銷算事宜，除專差賫摺，赴京叩謝聖恩外，所有感激下忱，先行禀懇代奏，恭謝天恩，曷勝感幸之至」等語，爲此據情代奏，伏乞皇上睿鑒。謹奏。乾隆五十八年二月初二日。乾隆帝硃批：「覽。」（中國第一歷史檔案館藏大將軍福康安、大學士孫士毅等奏摺）

（乾隆六十年十二月）二十日丁酉，内閣奉諭旨：「朕明歲元旦，舉行授受大典，自應躬率嗣皇帝，祗謁兩陵，虔申昭告。着於三月初間，嗣皇帝耕耤禮成後，諏吉啓鑾，各該衙門照例預備。」又奉諭旨：「西成着調補陝西布政使，其四川布政使員缺，着林儁補授。從前，因林儁之父係福康安家僕，門地卑微，曾降旨内用不過郎中，外用不過道員而止。嗣因林儁在後藏催運軍糧，屢有勞績，用人之際，不得不格外施恩，是以先賞給按察使銜，旋經擢補。此次進剿苗匪，林儁在川省秀山一帶，籌辦軍糧等事，井井有條，福康安、和琳以勤能得力，專摺保奏。復經降旨，賞給布政使職銜，遇有四川、湖廣等省藩司缺出，即行補授。兩司大員，表率全省，原應視其出身，酌爲限制。但當軍務需人，似此勤奮出力之員，豈可拘其家世，不加獎勵？况林儁現任臬司，若停其外擢，轉用京堂，則班次豈不更優？今將該員補授藩司，實因軍務需才起見，該員當倍加感奮，以副逾格施恩至意。所遺四川按察使員缺，楊揆亦係軍營得力之員，前經賞給按察使銜，即着加恩補授，以示獎勵。」（《乾隆帝起居注》卷四十二）

【奏爲四川藩司林儁患病，難以供職，請准解任調理事】臣魁倫跪奏，爲藩司患病難以供職，懇請恩准解任調理，並請旨簡員補放，迅速來川，以重地方事。竊照四川藩司林儁（嘉慶帝於林儁姓名旁硃批：可惜！），於本年八月間，曾經驟中風痰，不省人事，當即調治痊愈。自是以後，不時氣喘心忡，禀明前督臣勒保，懇請解任調理未准。臣抵達州後，該司復以病後體氣未能復原，恐致誤公具禀。臣於自省前來軍營人員，隨時察詢，均稱該司雖精神、飲食較前稍減，而一切公事，仍照常親自辦理，並不少懈。因疊札囑其善加調養，該司亦自以受恩深重，極力支持，不敢自諉。十月底，聞該司復感冒風寒病症，因復札囑其上緊醫治，以冀速痊。本月十四日，接該司來禀，稱自十月二十二日感冒風寒，心煩頭眩，飲食不進，熱結不解。本月初一日，服藥腹瀉後，頗覺清爽，略飲粥糜，乃旬日以來，飲食仍復不進，四肢痿軟，不能起牀。現當軍書萬緊，功屆垂成，如稍可遷延，斷不敢冒昧瀆禀。無如病勢日增，心神涣散，設或貽誤，上負聖恩高厚，實爲惶悚等語。同日接據臬司先福及成都府知府趙秉淵來禀，並稱藩司病勢沉重（嘉慶帝於「病勢沉重」旁硃批：可惜！），難望速痊。臣查該司林儁，由知縣洊陞今職，久任蜀中，臣前在川省時，已深悉其爲人謹慎，辦事幹練，現雖年近七旬，平日尚爲强健。此番因中風之後，氣體虚弱，力疾辦事，心氣愈虧，醫治實難即愈。該司爲通省錢糧總滙，政務殷繁，現復總理軍需局務，並代辦臣衙門題咨及一切日行事件，斷非病軀所能經理。臣當即札委臬司先福，就近署理藩篆，接收交代。所遺臬司印務，查各道員均在軍營辦事，惟候補道董教增，先經臣委其署理鹽茶道，派令赴省幫辦軍需局務，現即委令該員接署臬篆（嘉慶帝於接署二字旁硃批：好！）。其所遺鹽茶道員缺，查有候補道吴樹萱，現在達州，堪以委令前往署理。除分別檄飭遵照外，所有藩司林儁患病，不能供職，相應奏懇天恩，准其解任調理。該司有經手錢糧及節年承辦軍需事件，應須交代清楚，未便遽予回籍，仍令其即在省城延醫調治。所遺四川藩司員缺，現在最爲緊要，伏祈聖恩迅賜簡員，勅令馳驛速即來川，實於地方公事及軍需要務，均有裨益，爲此恭摺馳奏，伏乞皇上睿鑒。謹奏。嘉慶四年十一月十八日。嘉慶帝硃批：「即有旨。」（中國第一歷史檔案館藏署理四川總督魁倫奏摺）

【奏爲前任四川藩司林儁積勞成疾，難期痊愈，懇恩予以原品休致事】奴才勒保跪奏，爲請旨事。竊照前任四川布政使林儁，因於嘉慶四年八月猝中風痰，十月内復感時症，四肢痿軟，不能起床，恐致貽誤公事，禀請解任調理，經前督臣據情具奏，奉旨准其解任，即留川省調理。上年夏間，奴才欽奉上諭：「林儁在川年久，官民皆所信服。伊患病調理，尚未回籍，曾否就愈？如尚能任事，即據實奏聞，令其以原銜襄理該省軍需事務等因。欽此。」

適奴才順道進省，將一切軍務，地方各事，與之商酌，該司持議，均極老當。惟精力未能復元，兩腿虚腫，步履維艱，語言稍多，即形氣喘，難以力疾辦事，亦經奴才據實覆奏在案。嗣奴才遇有緊要事件，俱囑在省藩、臬兩司，親赴該司寓所，會商辦理，該司亦無不詳晰商辦，諸臻妥協。並以身受國恩，亟欲上緊調治就痊，以圖報稱。奴才復時囑其加意調養，務期早愈，俾得添一熟諳幫手。無如該司從前出兵金川、廓爾喀、苗疆，積受潮濕，兼之服官以來，事無鉅細，俱係親身經理，操勞過甚。以致久病之後，氣喘心冲，艱於步履，入春以來，益形衰頽，兩腿更加沉重。現據該司以經手苗疆軍需報銷各案，將次辦竣，稟懇奏請休致，回籍調理等情前來。並據藩司楊揆、臬司董教增稟同前情。奴才伏查林儁在川三十餘年，辦理地方事件，民情極爲愛戴，屬員亦俱敬服。且歷次承辦金川、廓爾喀、苗疆軍務，於籌備軍需各事，尤爲熟諳，實係川省大員中第一老成可靠之人。該司自因病解任以後，凡遇商辦事宜，仍在床褥間强扶起坐，盡心籌酌。并據藩、臬兩司稟稱，該司林儁病中尤時時關心軍務，每以不能勉圖報效爲恨，是其感戀主恩之忱，極爲殷切。如果病勢可望即痊，自應仍留在川，期於公事有益。今該司病已一載有餘，不但未能稍痊，而且精力更覺委頓。兼以年届七旬，氣血已衰，雖服藥調攝，亦難望其向愈。可否仰懇鴻慈，准將前任四川藩司林儁予以原品休致，俟其病軀稍可支持，即行給咨回籍之處，出自天恩，爲此繕摺具奏，伏乞皇上睿鑒。謹奏。嘉慶六年五月二十五日。嘉慶帝硃批：「另有旨。」（中國第一歷史檔案館藏署理四川總督勒保奏摺）

【奏爲藩司林儁因病請休，請懇恩加銜事】再，林儁由知縣洊任藩司，在川最久，官聲既好，且歷辦軍務，著有勞績。今因病請休，可否仰懇聖慈，量予加銜，以示優寵，俾得榮及餘年，出自皇上逾格天恩。奴才不揣冒昧，謹附片陳奏，伏候聖裁。謹奏。（嘉慶六年九月）。嘉慶帝硃批：「此可不必。」（中國第一歷史檔案館藏署理四川總督勒保附片）

張問陶

【奏爲法不宜輕變，請仍守舊規，料理海口事】江南道監察御史臣張問陶跪奏，爲敬陳管見事。臣竊見近來河道淤決，上廑睿慮，不惜帑金，多方修治。今年清口積淤，運道將阻，經倉塲侍郎吴璥請增修撥船，爲南北分運計。皇上敕下九卿會議，並准各陳所見。九卿未聞確議，惟以造船需時，恐於明年漕運無及，仍請交河臣商議。臣思河漕重務，内關國計，外切民生，皇上特遣大臣會同河臣籌辦一切，自已日有就緒。在京諸臣，多未經身親履勘，原不可輕抒意見，以分任事者之心。然亦不可就事敷衍，全無籌筭。

臣復思以黄濟運，其來已久，南北分運一事，前人悉未肯輕易舉行。故每逢淤阻，必修治清口，或兼治海口，如潘季馴、靳輔諸臣所定成法，皆有成效。今治人雖往，治法猶存，不得盡目爲紙上空談，與今日之河漕無補。臣未諳河務，惟據成法推尋，竊以目下淮、湖並淤，皆由於黄河倒灌；而黄河倒灌，自由於海口日高，則治清口固急，治海口尤急，不宜止疏清口，不疏海口。蓋疏清口，止能出淮、湖之水，不能强之竟入黄水。此時冬令，淮水下注，清江尚然被淹。倘明年伏秋盛漲，黄水不能暢通，海口挾沙倒灌，不但淮、湖漫溢，高堰可虞，有關淮揚一帶生民性命；且黄河上流，亦不能保無衝決之虞，即清口運道，亦愈難措手。臣亦深知大工不易興舉，疏清口尚費經營，況疏海口！特慮海口不修，清口之工或歸虛擲，尤爲可惜。凡事害小則逐段綢繆，害大則當通盤籌畫。與其貽悔於事至，何如早斷於幾先？特恐任事諸臣畏難畏罪，但急目前，未圖久遠。我皇上政無鉅細，宵旰勤求，近於東南漕運民生，尤爲廑念。復於任事諸臣，虛衷諮訪，知難圖易，叙功宥過，備極仁明。在任事諸臣，亦不肯推諉因循，有負任使。

今九卿既無成議，請皇上專飭江南河漕任事諸臣，據現在情形，並豫測明年伏、秋兩汛情形，可否應兼修海口，使河不倒灌，淮不日淤，湖不日溢。必令河水暢流入海，淮、湖暢流入河，則洪澤不漫，可衛民生；清口不淤，可通糧運之處，實心查勘，趁明年春季設法辦理，以防伏汛，務期有濟。至向來疏通海口，或堅束隄防，以水刷水；如積沙難刷，則另開引河。成法可求，原非易事。然及今不治，恐貽後患，必至更費不貲，亦終不能不大爲修治，方可免於倒灌。若舍此而行南北分運一事，是變法也。法不可輕變，亦不能驟變，似不如仍守舊規，料理海口爲是。臣爲明年伏、秋盛漲起見，未免過慮。敬念我皇上兼聽並觀，精詳圖治，用敢具陳管見，上瀆宸嚴。惟才識疏愚，勉籌重務，不勝悚仄，伏祈睿鑒。謹奏。（中國第一歷史檔案館藏江南道監察御史張問陶録副摺）

【奏爲本裕倉滿監督堆齊走失，請查訪事】江南道監察御史臣張問陶跪奏，竊臣於本年三月，奉命稽查本裕倉，按月稽查滿、漢監督收放甲米，均未遲誤。現届應放八月分甲米，經該監督已報於初九日開放，詎意滿監督、户部堂主事堆齊未經到倉，當令漢監督、國子監助教王之藩到堆齊家查問。據堆齊之子托克托布於初十日呈稱，伊父堆齊於八月初三日染患傷寒病症，初六日因搬家忙亂，不意信步出門，不知何往，尋至本日，尚未得蹤跡。臣恐其中情節未實，未敢遽行入奏。旋於十三日，據監督王之藩查明，堆齊走失未歸是實，並取具堆齊之子，正紅旗滿洲鍾寧佐領下馬甲托克托布，及族長孝德結報到臣。臣查堆齊身系職官，不應無故他出，今經尋覓數日，竟無蹤影，情跡可疑，非暫時藏匿可比，理合查實參奏。伏祈皇上飭下該旗及五城查訪務獲，並傳伊子托克托布及族長孝德，訊明辦理。至臣等現放八月分大季甲米，爲數較多，未便遲誤，臣督同漢監督王之藩，仍按期開放，恭候皇上另簡滿監督一員到倉，下月仍督同滿、漢監督二員，照舊辦理。又，此事十三日始經查實，當日發報，不及具摺，謹候本日發報之期據實陳奏，合併聲明，伏祈睿鑒。謹奏。嘉慶十一年八月十六日。（中國第一歷史檔案館藏録副奏摺）

【移會稽查房，巡視南城，給事中覺羅景慶，御史張問陶，奏爲崇文門外南藥王廟内失火，營坊官弁，是否交部議處】巡視南城，給事中覺羅景慶，御史張問陶謹奏，本月初二日寅刻，據南城總甲報，崇文門外南藥王廟内，於寅刻失火。臣等當即督同營坊官弁、兵捕人等，馳往撲救。因房間鱗次，火勢較猛，上緊搶護，仍燒燬廟内民房共十六間，戲樓一座，拆燬瓦房六間，並未延及官房，燒傷人口。除將火頭照例懲責外，謹遵例陳奏，可否將營坊官弁，交部議處之處，伏祈皇上睿鑒。謹奏。（臺北「中央研究院」歷史語言研究所藏嘉慶十二年六月巡視南城察院移會）

【題報現任翰林院檢討張問陶，有親父張顧鑒，係原任雲南開化府知府，在籍病故，張問陶係屬親子，並無過繼，例應丁憂】刑部右侍郎，代辦四川總督事務臣英善謹題，爲報明丁憂事。據暫攝四川布政使英善詳，案據代辦遂寧縣知縣事，試用府經歷黃登陛詳，據現任翰林院檢討張問陶家人史成呈稱：「竊身主張問陶，現年叁拾叁歲，係遂寧縣人。由監生，於乾隆伍拾叁年順天鄉試，中式舉人，伍拾伍年庚戌恩科會試，中式進士，欽點翰林院庶吉士，散館授爲檢討。今身主親父張顧鑒，係原任雲南開化府知府，於嘉慶元年拾貳月拾貳日，在籍病故。身主係屬親子，並無過繼，例應丁憂，呈乞轉報」等情到縣。該代辦縣隨查無異，理合取具該員族鄰甘結，加具印結，申請核轉等情到司。據此，本攝司覆查無異，理合據結具文，詳請察核具題等情到臣。

據此，該臣看得，現任官員，父母在籍病故，例應由地方官呈報具題。茲據暫攝布政使英善詳據代辦遂寧縣知縣事，試用府經歷黃登陛詳，據現任翰林院檢討張問陶家人史成呈稱：「竊身主張問陶，現年叁拾叁歲，係遂寧縣人。由監生，於乾隆伍拾叁年順天鄉試，中式舉人，伍拾伍年庚戌恩科會試，中式進士，欽點翰林院庶吉士，散館授爲檢討。今身主親父張顧鑒，係原任雲南開化府知府，於嘉慶元年拾貳月拾貳日，在籍病故。身主係屬親子，並無過繼，例應丁憂，呈乞轉報」等情前來。臣覆查無異。除結送部外，臣謹具題，伏祈皇上睿鑒，勅部施行。爲此具本，謹具題聞。批紅：「吏部知道。」（臺北「中央研究院」歷史語言研究所藏刑部右侍郎代辦四川總督事務英善嘉慶二年元月二十九日題本）

【奏爲遵旨查議御史張問陶條奏疏修海口事】臣戴均元，臣鐵保，臣徐端跪奏，爲查議海口情形，據實覆奏事。竊臣等承准廷寄，欽奉上諭：「據御史張問陶條奏黃河倒灌，由於海口日高，不宜止疏清口，不疏海口。海口不修，清口之工，或歸虛擲等語，所論不無可採。昨歲即屢諭吴璥等籌辦海口，總以不能辦理奏覆。但尾閭不能宣暢，僅於上游施工，究非經久之策。著戴均元會同鐵保、徐端，悉心籌度，應如何將海口設法疏濬，俾黄水去路通暢，再將高堰五壩各工經畫完固，庶清水蓄高，不致旁溢，可以儘力敵黄，永無倒灌之患。並此後重運經行，無庸借黄濟運，致滋流弊之處，詳議具奏等因。欽此。」臣等跪讀之下，仰見聖主博採群言，務求利濟之至意。

伏查海口爲黄河尾閭，如果下游通暢，則上游自必安。惟近年來黄河之底淤高，河口動輒倒灌，臣等目擊情形，廣諮博訪，倘有可以籌疏海口之法，安敢不竭盡心力，以期去路通暢？前年，臣徐端遵旨親至海口，逐細察看，黄水雖仍滔滔外出，而口外水中實有鐵板横沙，堅凝如石。該處潮汐往來，茫茫萬頃，人難駐足。遍稽前人成法，實無疏鑿之方。隨會同姜晟、陳大文詳細商議，並與前河臣吴璥分往南北兩岸，另籌去路。

查北岸祇有灌河、開山一帶可以出海，而挑土築堤，需費至數百萬兩。且康熙年間，前河臣董安國曾由此處改設海口，阻遏更甚。經張鵬翮仍改歸舊路，陳跡具在，歷歷可考。南岸則射陽湖一帶，出海稍近，但下河各州縣皆藉此湖宣洩。若黄水由此奪湖入海，各州縣水無去路，必致漫淹爲患，亦屬格礙難行。即經會同覆奏，欽奉諭旨，無可改道之處，自系實在情形，即可無庸議辦等因在案。

今臣等蒙諭悉心籌度，竊思黄河南岸，關係民田廬舍甚廣，自不便輕議更張；北岸灌河一路，如形勢稍順，或可撙節另籌。隨於查勘鹽河之便，同至雲梯關外二套等處，覆加履勘較量。查自現走黄河之佃湖，北至响水口，下注灌河，若由此引黄出海，似有就下之勢，但所費不貲，而去路未能寬展。

外灘又係膠泥，未敢輕蹈前人覆轍。伏查海口遼闊汪洋，從無濬法。臣等再四籌思，現擬照前人成規，在清口以下河身内，先設濬船，撥兵實力疏導。如果行之有效，再增船隻、兵夫，遞至下游疏濬。並俟經費稍裕，照臣徐端前奏，在雲梯關以下，接築遥堤，量爲收窄，使河流不致散漫停游，以收束水攻沙之益。仍力籌蓄清敵黄，以期漸復舊制。此後黄水不至倒灌，則漕運自臻暢順，河流可冀安恬。臣等固不敢因循貽誤，亦不敢輕議更張，所有臣等查議緣由，謹合詞恭摺覆奏，伏乞皇上睿鑒訓示。謹奏。正月廿四日。嘉慶十一年正月二十八日奉硃批：「另有旨。欽此。」（中國第一歷史檔案館藏吏部左侍郎戴均元等録副摺）

【呈山東省總兵司道府各員本年考語清單】萊州府知府張問陶。年四十八歲，四川遂寧縣進士，嘉慶十五年十月到任。才具明晰，辦事黽勉。（中國第一歷史檔案館藏山東巡撫同興嘉慶十六年所呈考語清單）

酬和追懷上

袁枚

【答張船山太史寄懷，即仿其體】我昔弱冠游幽燕，於今五十有九年。金蘭簿上三千客，回頭一顧如飛煙。忽然洪太史，稚存。誇我得奇士。西川張船山，槃槃大才子。我因猛記當年車笠盟，中有思曼年最輕。得毋與渠有瓜葛，寄聲相問心怦怦。蒙君答書禮甚恭，道是尊人太守公。我如吴通晉路得狐庯，又似宋家掘井忽得翁。始知文字因緣勝香火，不然兩家天南地北何由逢？太守聞之喜動色，萬里馳書道相憶。更問當年趙世家，可憐蕭瑟無從説。謂趙學齋總憲父子。船山養志求親悦，勸儂遠踏峨嵋雪。我道君言亦自佳，無如老身衰矣精力差，星飯水宿愁天涯。只望君持旌節江南走，定遣花輿迎太守。我當左扶笻，右執酒，遠迎故人到江口。故人見必驚且狂，縱談十日猶未央。南山風吹已作地，東海沙湧都栽桑。古强勸瞍莫答舜，孟岐摩足扶成王。此雖荒言杳渺無足據，後生聽者亦覺奇古非荒唐。但怕武夷君，高唱人間可哀曲。我願太守來，同爲劉阮相徵逐。我三到天台，但喫胡麻飯便回，桃花笑我非仙才。倘得髫年好友結伴去，或據華頂，或登瓊臺，定有群仙招手

相追陪。不許兩家兒子高揭零丁來尋覓，直待七世以後皤皤二叟各携玉女同歸來。（《小倉山房詩集》卷三十五）

洪稚存在史館，得一詩人，必通書相告。今春盛稱蜀中翰林張船山問陶之才。（《隨園詩話補遺》卷五）

余訪京中詩人於洪稚存，洪首薦四川張船山太史，爲遂寧相國之後，寄《二生歌》見示，余已愛而録之矣。追憶乾隆丙辰薦鴻博入都，在趙横山閣學處，見美少年張君名顧鑒者，彼此訂杵臼之交，疑與船山有瓜葛。寄信問之，不料即其尊人也。垂六十年，忽通芳訊，知故人官至太守，尚無恙，且有子不凡，爲之狂喜。蒙以詩稿見寄，名曰《推袁集》，尤覺感也。聞亦玉樹臨風，兼仲容之姣。有秀水金筠泉孝繼，無錫馬雲題燦，具願與來生作妾，船山調之曰：「飛來綺語太纏綿，不獨嫦娥愛少年。人盡願爲夫子妾，天教多結再生緣。累他名士皆求死，引我癡情欲放顛。爲告山妻須料理，典衣早蓄買花錢」；「名流争現女郎身，一笑殘冬四座春。擊壁此時無妒婦，傾城他日盡詩人。只愁隔世紅裙小，未免先生白髮新。宋玉年來傷積毁，登牆何事苦闚臣！」余聞而神王，亦戲調之曰：「夫妻喻友從蘇李，賢者憐才每過情。但學房星兼二體，心期何必待來生？」（《隨園詩話補遺》卷六）

前人弔張江陵相公云：「恩怨盡時方論定，封疆危日見才難。」張船山太史題其曾祖遂寧相國祠堂云：「功名立後田園盡，恩怨消時俎豆公。」余哭西林相公云：「邊疆功過青天在，將相榮華碧水沉。」三詩意境，不謀而合。（《隨園詩話補遺》卷九）

【答張船山太守】詩人洪稚存太史，曠代逸才，目無餘子，而屢次信來，頌執事之才爲長安第一。并寄兩人仿昌黎《二鳥》七古詩，奇趣横生，讀之蹲蹲欲舞，當即抄付梓人，刻入《隨園詩話》久矣。但聞執事已請假還蜀，未知何時得通芳訊，心尤拳拳。不料中秋前十日，於王葑亭給諫家，接到見懷二十八字，意思深長，有邢顒言少而理多之妙。更附名紙三版，表翰林銜門饌羊告朔之思，可謂古之人歟，古之人也。讀《推袁集》一册，命名先不敢當。雖大君子舍己從人，以謙虚爲坐薦，游戲標題，無所不可。而當今作者如雲，萬目騤騤，得毋咤執事之認符拔爲麒麟，拜票客爲大將乎？損執事之名，折野人之福，千萬以换去爲禱。然以執事倚天拔地之才，肯如此撝謙，亦是八十衰翁生平第一知己。更有不料者，來札道僕書法妍媚，務求的筆數行，以作玩本，噫，異矣！老人幼不習書，每握管，如稚子抛墒，全無紀律。故有所書寫，輒求人代，海内所共知也。忽足下好人所惡，然則齊桓公之悦支離，黄帝之聘嫫母，古今來其真有此事乎？孟子曰：「膾炙所同也，羊棗所獨也。」膾炙得知己易，羊棗得知己難。得其所難，而感之愈甚。待解凍時，老阿婆謹當胡粉飾貌，塗抹數行，以自呈於左右，何如？（《小倉山房尺牘》卷七）

【答張船山太史】接手書，方知五十年前所遇者，即尊大人；四十年前所遇者，即令叔祖也。爲聯通家之歡，竟忘挾長之戒，心殊不安。乃蒙閣下殷勤作答，執禮甚恭，且名所著詩集爲《推袁集》，何其嗜痂已甚耶！僕喜躍不止，屧爲之穿。但知尊公五馬歸來，親見膝下有人，將繩祖武；而令叔祖在陝西以後之官階、行止，俱尚茫然。還求再示數行，以在秦中候補時，彼此琴歌酒賦，備極綢繆故也。僕平生不喜佛法，而獨於「因緣」二字，信之最真，以爲能補聖經賢傳之缺。使當日無横山閣學，則長安人海，未必能交尊公；此時無稚存編修，則路隔關山，如何知有閣下？少陵云：「文章有神交有道」，信不誣也。惟是枚以丁年之唐進士，作亥字之魯靈光，朽株枯木，斷無北上之期；而太史則持節衡文，定有南來之日。但願造物有情，使我緩須臾毋死，則握手傾衿，望尚未絶。尤奇者，僕幼不工書，五六十年來，毛穎龍賓，絶交已久，近竟有人來索親筆者。僕以爲此如衛靈公之悦支離無脈，故意揶揄我耳！不料足下亦爲此言，不但索之急，而且譽之殷，嘻，過矣！今夫赤腳蓬頭，十年不字之女，一旦有佳公子賄而招之，媒而挑之，其敢信以爲真耶？然而見西子者，輸一金錢；悦楊妃者，玩其錦韈。此不過以耳爲目，非美人之真知己也。惟齊王之聘無鹽，孔明之娶黄家醜女，相賞於牝牡驪黄之外，乃醜人之真知己也。因人之愛其醜，而己亦忘其醜，則不得不掃眉整鬢，走充後房，非無自知之明也，所以報知己者，不敢不然也。荀子云：「墨以爲明，狐狸其蒼。」其斯之謂歟？小册端書，寄上一笑。（《小倉山房尺牘》卷九）

王昶

【靈石何太守蘭士，遂寧張檢討船山】匡廬遊罷更東還，如雪麻衣淚點斑。從此京華壇坫上，何人詩筆配船山？（《春融堂集》卷二十四《長夏懷人絶句》，其四十二）

伊朝棟

【和張船山檢討問陶飲酒】雕輪流水鞠塵浮，人海中間幾翠樓。飲酒自然多作達，著書豈止爲窮愁？池邊風細花光動，天外虹明雨氣收。日似小年堪一醉，十千休惜此間留。（《賜硯齋詩鈔》卷四）

朱珪

【庚申閏四月下浣，用船山太史韻送青墅年兄榮旋泌陽即政】巾扇登陴久鍊兵，五年辛苦活蒼生。論詩不廢琴三弄，折屐遥聞鶴幾聲。萬竈曉煙人保障，兩岐春秀麥縱横。南陽召父重來日，竹馬歡呀聽太平。（鄭大謨《青墅詩鈔》卷首《題詞》）

翁方綱

【送伊墨卿守惠州三首（其三）】同學詩心出畫圖，張船山太史、馬秋藥郎中皆爲作圖贈行。柳煙不是賦征塗。緑分春夕聯籤軸，墨湧城南宿醞酤。驛壁情懷仍北闕，使君襟袂有西湖。惠州豐湖，一名西湖。羅浮笈寫旗亭唱，依舊清冰貯玉壺。（《復初齋詩集》卷五十二）

【西郊僧舍看花之作呈味辛、穀人、定軒、梧門】誰將弔古代題襟，圖畫難傳别緒深。種稻溪聲交遠近，養花天氣半晴陰。九旬春到平分候，三十年前感舊心。一桁西峰青峭影，借君詩卷當登臨。是午同人步訪畏吾邨李茶陵墓，故有弔古之句，而船山作《春郊話別圖》以贈味辛。又諸君昨遊西山詩卷，適爲定軒題也。（《復初齋詩集》卷五十五）

韓是升

【題禮烈親王《克勒馬圖》長洲汪户部琬作《傳》，遂寧張檢討問陶補圖】高皇十五子，實籙禪太宗。餘皆佐命才，一一人中龍。維仲敦禮讓，至德欽高蹤。星精降房駟，駕馭資英雄。錦韉與玉勒，陷陣兼衝鋒。雖當大敵前，騰躍霜蹏鬆。功成受上賞，世守屏藩封。王薨馬不食，慘切鳴孤忠。敝帷殉園寢，駿骨藏幽宮。紀傳未湮没，賴有堯峰翁。時乏韓幹手，畫此擒虎驄。顛張肆騮姿，賦筆矜騰空。餘墨寫神驥，超軼殊群工。落紙得生氣，汗血桃花紅。勒諸廟祏間，石類昭陵礱。王靈倘式降，駿乘嘶英風。（《聽鐘樓詩稿》卷七）

李調元

【餞别少司農周東屏先生興岱奉命回川祭江瀆祠，即用其婿檢討張船山問陶在京送别原韻并序】先是，大司馬周文恭公於大兵剿金川時，曾以本省人奉命至蜀審案，蜀人比之相如奉檄，傳以爲榮。今先生又繼之，更屬希遇，四月二十六日禮畢，將由成都回涪陵省墓進京。先二日，偕姜爾常、張雲谷、潘東菴、黄淑尼及余五人，餞於小玲瓏山館，皆嵋峨周立厓座師門下士。座師出文恭公門，爲小門生故也。兩世天恩一轍同，又傳駟馬入川中。王褒遣祭黄龍見，語見漢祭金馬、碧雞文。班固家傳《白虎通》。最小門生髭半黑，無多酒友頰誰紅？嵋峨桃李今餘五，碩果雖存欲墮風。

漫言燭短引杯長，持節難逢是故鄉。威重群瞻今日貴，飛揚深悔昔年狂。褰帷竟駐皇華館，畫艦遥歸晝錦堂。羡煞益州諸父老，超宗争説鳳鳴岡。

左綿誰料兩番過，公甫至成都二月，仍馳至綿州辦公。正值涪江唱凱歌。入境蒙詢鴛鴦侶，膺門深怫犬豚多。過綿時，適萬卷樓灾，家詢兒子，教誨甚悉。絳雲一燼寧非劫，紅日高懸欲止戈。若到京華見余季，爲言里亦望鳴珂。時余弟鼎元亦奉使琉球未回。

小玲瓏館共攀留，聊當甘泉煮茗游。館主李姓，甘泉人。天使相如回故郡，人如杜牧在揚州。别來鬢帶三分白，醉裏眉攢萬姓愁。戎馬幾時能净掃，嘉謨入告即恩酬。（《童山詩集》卷四十）

桂馥

【醉後示船山】文字零星散，兒孫一半癡。誰憐雙鬢白，老淚爲君垂。（《未谷詩集》卷三）

【將官滇南，伊墨卿招同趙味辛、魏春松、張船山、吴穀人、何硯農、蘭士兄弟雨中小飲，分得賞字】長夏旱氣蒸，畏熱避炎晾。快雨連晨夜，頓使心寬廰。伊子折簡招，虚室得浄潄。同志三五人，入門牽書幌。促坐雲壓檐，隔簾雨聲響。有酒斟酌之，氣高三千丈。余應吏部銓，將爲蠻夷長。計程萬里餘，惜别空惘惘。請假理客裝，投牒借官帑。吾頭既已秃，吾項安能㼝？衝瘴牽扶留，陟巘騎大象。狂插兩鬢花，頹倚九節杖。遇景誰爲歡，發言誰爲賞？京華多故人，秋風動遐想。且開眼前尊，莫探夢中謊。天晴揮手去，壯心慨以慷。（《未谷詩集》卷三）

【與船山説鬼】有聲有勢卻無名，此是人間老物精。更有一般小兒鬼，偏多伎倆弄聰明。（《未谷詩集》卷三）

【戲題船山畫蘭】蘭花誤認作山茶，一葉驚看赴壑蛇。若使畫眉調黛色，遠山醉倒玉勾斜。（《未谷詩集》卷三）

【贈别船山】人逢暮齒倍傷離，記取同車共巷時。笑我猶爲百里宰，愛君何止數篇詩？流連酒德狂堪恕，消受才名福到遲。珍重故人頭已白，蠻煙瘴雨過滇池。（《未谷詩集》卷三）

馮培

【師竹齋集序（節録）】吾聞蜀中丹稜三彭者，文章有聲，而張船山太史詩名噪於都下。三彭已往，吾不獲與之接矣。船山識之而愛其詩，然未讀全詩，知船山不如知和叔之深也。蜀故多才，意必尚有未之識而未之知者乎？吾將就和叔問之。（李鼎元《師竹齋集》卷首）

范來宗

【滿江紅輓張船山】張緒當年，姿濯濯、靈和殿柳。免不了，頻年侍從，一麾出守。宦興偏如春夢短，詩腸又繞秋江走。聽蕭蕭、暮雨唱吴娘，澆杯酒。燕市月，猶挂口；峨嵋雪，時回首。訝人天頓隔，先生烏有！遠望白雲嗟萬里，尚歸碧落空雙手。溯芳塘、滿地緑蔭濃，悲風吼。（《洽園詩餘》卷三）

余集

【張船山硯緣圖張問陶編修有賜硯，久失去，及聘婦，奩贈即此硯也。硯有銘】因硯以得婦，宜琴瑟友。因婦以得硯，宜子孫守。硯兮硯兮，亦何慚於嘉耦！（《憶漫菴賸稿》）

李元滬

【張船山畫鷹歌】船山太史文章伯，酒酣餘事工潑墨。指端飛出蒼角鷹，獨立巑岏怪石側。劍翮孤攫精爽緊，金眸斜盼風雲黑。勇氣欲敵虎旅千，凡材壓盡鷙鳥百。想見霜嚴邊草枯，塞馬群嘶陰山北。此時疥癢神盤空，萬里平蕪快一擊。雨血風毛紛九天，草間狐兔走且匿。對之六合堪超騰，奮身只愁寰宇窄。云何絛鏇弛不施，軒然無儕挺高格。豈羞下韝争雷同，奇毛空餘粉墨色。太史出山時，貙貐方交馳。磨牙與吮血，嗜人甘如飴。遂令魚鳧國，日見梟鳶飛。乃知畫此非無意，擬遣一鶚殛百魅。風翻雹掣氣無前，指揮能事回天地。劍閣此日妖氛清，天威雨洗巴山兵。但喜鳳鸞集阿閣，那究鵶鵲巢空城？陽春煦燠遍九有，斯圖今乃落吾手。鷹乎詎使山林永永避，不若顧影思秋矯欲抖！（楊淮輯《國朝中州詩鈔》卷十八）

高雲

【僧寮看菊，林曉岑太守出觀張船山侍御雙樹軒看菊詩箋，即次其韻】詩人念契闊，望斷燕山雲。紈素初出袖，玉英散繽紛。逸句驚四座，相賞匪獨欣。持比秋花燦，清潔難與群。臨風一披拂，馥郁來清芬。因之助高談，不復知宵分。太守今韓范，胸富十萬軍。意氣傲千古，春風盈座醺。禪關月遲上，淡煙吹無氛。酬韻捷逾險，欲奪巧匠斤。昔余隱舊廬，灌植忘勞勤。客遊三重九，相看重憶君。

（《雲笈山房合集·蟾光詩鈔》）

陳庭學

【二弟書來，度歲積逋，船山張太史有「又書新券買明年」之句，感吟四首】索米長安今昔同，但憑赤手力撐空。漸看臘盡難酬歲，那便春來許送窮？活我虛言激西水，望人常似借東風。紛紛宿債渾閑事，更判新年寫券中。

買春片紙勿嫌輕，可是東君不世情。梅抱瓊蕤寒徹骨，柳藏金縷價連城。忍饑誰暇憐方朔，舉火人猶賴晏嬰。逋積囊慳償未了，追思幾閱歲華更。

貧辛生事拙於謀，逋重身輕那易酧！斷水水流無止息，如塗塗附儘添愁。夢中富貴來常晚，眼底瘡瘢療未休。一刻千金歲償值，春風賺我雪盈頭。

折券輕留彩筆痕，天寒日迫訴無門。輸心東道聊供乏，轉瞬西鄰便責言。駔儈亟圖償獲利，英雄最急相援。長淮春岸誰祠廟，千古同酬一飯恩。（《塞垣吟草》卷四）

潘奕雋

【二月上澣，趙甌北前輩探梅鄧尉，小住虎阜，同范芝巖、張船山、蔣于野、范葦舲集孫子祠】雨止命肩輿，循隄指山麓。園亭背崇邱，林木延初旭。有客探梅來，停橈此信宿。歡言招靜侶，相與展衷曲。同心紛聯袂，折簡不待速。清遊忘主賓，文飲謝絲竹。蘭亭緬古歡，斜川企前躅。從來達士懷，不受世網束。披豁怡沖襟，消摇恣遐矚。寒輕林吐紅，日暖洲迴緑。側想潭東西，香風滿崖谷。何當竟乘輿，並棹過光福？（《三松堂續集》卷二）

【甲戌臘月十九東坡生辰，復集延月舫，春樊舍人出示唱和卷題後（其二）】幾人身健又心閑，放棹重來叩竹關。展卷鴻泥同發慨，一枝好筆憶船山。萊州守張君問陶，四川遂寧人，今年卒於虎邱寓館。卷中詩，以船山爲最。（《三松堂續集》卷三）

鮑之鍾

【驛柳四首和張船山太史元韻】懊惱千絲雨復晴，長條解送短條迎。記來水驛山程路，過盡車雷馬雹聲。青眼看人銜鷺堠，白頭賺客向龍城。等閑排列無行次，若箇將軍細柳營？

拂遍天涯遊子衣，勞勞亭畔緑成圍。重來繫馬人皆老，幾度攀枝客未歸。翠縷欲停風更舞，紅塵不斷絮交飛。亂鴉棲盡行人少，疲隸寒螿作伴依。

柔條處處綰斜陽，對此何人不憶鄉？幾日泥需江店雨，數株秋老薊門霜。近城有路臨官道，蹠地誰家放牧場。最是柳泉投宿處，籠煙罩月兩三行。柳泉驛在徐州，昔使粤東經此。

酒邊橫笛起西州，未必陽關祇是愁。題柱客來乘駟馬，棄繻生去取通侯。當門絲映垂鞭影，傍水枝低濯足流。解道臨池杜公句，半天青好正宜秋。杜秦州詩：「臨池好驛亭，高柳半天青。」（《論山詩選》卷十五）

王友亮

【五月二日，偷兒入船山齋中盡卷書畫去戲作】王郎軟語賊顔泚，蔡侯奮呼盗魄褫。張君大度不謂然，引滿一斗惟高眠。齁聲遠聞招竊入，四顧齋中徒壁立。佳書佳畫渠豈知，卷取勝於無一持。家人追蹤不肯捨，君曰毋庸賞其雅。煙雲過眼本悠悠，楚弓楚得何多求？君雖賞之彼則惱，故紙争如阿堵好。賀君此後扉夜開，偷知誤矣不復來。（《雙佩齋詩集》卷八）

【生日，兩峰、蘭士、船山、肖生見過即事】悠悠半百又三年，深愧諸公擘彩牋。墮地便知憂患始，逢人且作喜歡緣。東方老去官如隱，南海參來畫即禪。時屬兩峰繪大士像。漫道經春稀雨澤，賣花聲已到門前。（《雙佩齋詩集》卷八）

【諸公醉後合作一畫】已去之日不可追，未來之日安可期？此身此日得現在，有酒便須斟酌之。酒星剛聚五，莫問誰賓主。既爲《猛虎吟》，又學商羊舞。酒酣起索筆一枝，豪氣勃然當作詩。不是作詩偏作畫，滿紙淋漓發光怪。松非松，山人磊砢傳心胸。兩峰作松。石非石，水部嶮崎寫顏色。蘭士作石。劍外張郎玉堂客，邗上陳君亦奇特。竹爲祛俗菊延齡，四美真堪百朋直。船山作菊，肖生作竹。我落京塵十五秋，夢中三徑徒悠悠。今朝此景教重見，雪壁鄉心懸一片。富貴命多違，長生古亦稀。男兒垂老胡不歸，師乎師乎韋表微！（《雙佩齋詩集》卷八）

【廿三日船山招同羅兩峰、吴穀人、劉澄齋、何蘭士、陳肖生飲於懷人書屋】病餘兀兀真無聊，强起卻赴鄰家招。七人雅契竹林數，一笑更賭蓮花驍。丁香正繁月亦媚，子夜已届風彌驕。安能噀酒作快雨，使我磊塊爲之消？（《雙佩齋詩集》卷八）

【馮魚山同年敏昌補官秋曹，一時人才之盛，甲於諸部，船山以詩賀之，余亦同作】我昔官比部，兀坐稀朋儔。公餘偶得句，笑爲小吏書扇頭。伊、查及祖、李，伊雲林光禄，查蘭圃員外，李雲莊太守，祖舫齋臬司。間亦賡清謳。文書堆前促署尾，敗興直與催租侔。自我遷烏臺，部中才更優。錢、許、馮、楊外，錢南園前輩澧，許秋岩先生，馮玉圃御史培，楊六士員外夢符。數可十指僂。江蘇孫淵如星衍，言皋雲朝標；安徽方茶山體，朱滄眉文翰；浙江魏春松成憲，馬秋岳履泰；江西胡果泉克家，福建伊墨卿秉綬，山西田鐵舟繖，李石農鑾宣。君今接踵去，望若登瀛洲。奇哉貫索星五點，文昌萬丈光争投。吾儕袖不律，鄭重如琳球。忍令鏌鋣，陰燐繞案聲啾啾。諸公天遣來，惠彼千百囚。手香花五色，目浄燭九幽。既爲迅電掃，兼作甘霖流。退食有餘閑，擘牋時復相倡酬。前明外翰林，白雲深處開層樓。此風尚可繼，地改名常留。作詩賀君還自歎，褰裳惜未同遨遊。（《雙佩齋詩集》卷八）

【夜坐懷穀人、船山】兩僕酣眠呼不醒，獨貪清景坐宵分。蛙聲四野聒明月，樹影一窻流碧雲。地静忽聞香鬱勃，天涼無藉扇殷勤。軟紅作客稀逢此，信筆題詩報與君。（《雙佩齋詩集》卷八）

【八月十二日偕穀人過船山寓齋小飲】病餘久不叩林扃，一笑人來小聚星。巨蟹登盤何磊落，瘦蟾窺户已娉婷。常閑且藉觴爲政，垂老休誇筆有靈。羨煞君家兄若弟，雄談使我醉還醒。（《雙佩齋詩集》卷八）

吴蔚光

【次韻遥和張船山秋日二首】不畏秋摇落，相期保歲寒。神交如款款，仙骨自珊珊。竹葉杯嘗把，《梅花引》獨彈。朝來西爽氣，拄頰幾回看。

逃虚吾豈敢，天性本清寒。難執金門戟，空求鐵網珊。松孤蘿倘施，蕉密竹應彈。縱隔三千里，中天月共看。（《素修堂詩後集》卷六）

秦瀛

【法時帆侍講招同吴穀人宫庶、張船山檢討、趙味辛舍人、汪劍潭司馬、姚春木上舍讌集詩龕，船山先有作，和韻紀事】落落詩龕内，乾坤得幾人？風騷屬吾輩，會合記前因。憶别衰顔改，邀懽勝事新。如何吴庶子，歸願作州民？穀人將假歸。

且勿論當局，棋枰著著難。惟愁菊花老，盆菊未殘。莫放酒杯寒。祖席重添卷，時帆將繪圖送别。論詩更築壇。明朝分手去，風雪逼征鞍。（《小峴山人詩集》卷十三）

【上巳前一日，偕張船山小飲吴雲海齋中，賞花遲法時帆不至，用船山韻】廿番風信送餘寒，寒食輕衫著未安。日下故交容易别，船山將出外。酒邊好事尚相干。堂堂春向塵中老，漠漠花從霧裏看。卻憶城中法宫庶，不來清話證蒲團。

故國鷗盟我久寒，可堪白髮滯長安。閑情詩酒還多戀，浮世勳名已不干。曲徑慣諳容客醉，淡霞輕抹泥人看。明年望益重修禊，泉上松風瀹小團。望益樓在惠山。（《小峴山人詩集》卷二十）

【都察院左都御史東屏周公墓志銘】都察院左都御史東屏周公，以嘉慶十四年十一月九日卒於京師邸第。閲明年二月，其孤廷授等將御匱歸葬涪州，先期乞余文其墓石。余嘗與公同官御史臺，意氣甚洽，知公爲深，其曷可以辭！公諱興岱，字長五，一字冠三，號東屏，先世爲楚之瞥道縣人，明初自麻城遷蜀，居涪州。高祖茹荼，湖南路總兵官。曾祖儼，康熙庚午舉人。祖珙，康熙辛卯舉人，湖北漢陽縣知縣。自高祖以下，並贈光禄大夫、工部尚書。父煌，乾隆丁巳進士，歷官兵部尚書，贈太子太傅，謚文恭。妣文氏、方氏，俱封贈一品夫人。公兄弟七人，行二，方太夫人出也。生而穎悟，七歲入塾讀書，過目成誦，體貌端嚴如成人。既長，從錢塘陳星齋先生學，先生雅重公。庚寅舉於鄉，辛卯成進士，改翰林院庶吉士，壬辰授編修。丁酉，充順天鄉試同考官。癸卯，充山東鄉試副考官。甲辰，文恭公薨於位，扶櫬回籍。丁未服闋，補原官。戊申，擢右春坊右贊善。己酉，轉左春坊左贊善，遷司經局洗馬，充陝西鄉試副考官。旋授右春坊右庶子，翰林院侍講學士，視廣東學政。辛亥，擢内閣學士，兼禮部侍郎。癸丑還京，充會試知貢舉，武會試總裁。甲寅，充湖北鄉試正考官。乙卯，遷禮部右侍郎，充順天鄉試監臨，武會試總裁，入直南書房。丁巳，轉禮部左侍郎，充順天鄉試監臨。己未，調吏部右侍郎，兼管樂部事務，轉吏部左侍郎，祭告川、陝嶽瀆。庚申，調户部右侍郎。辛酉，充江西鄉試正考官。壬戌，降補翰林院侍讀學士。癸亥，以病乞休，復授編修，在實録館行走。乙丑，擢翰林院侍講，旋授内閣學士，兼禮部侍郎，充玉牒館副總裁，擢兵部右侍郎。戊辰，充會試知貢舉，尋授都察院左都御史，充殿試讀卷官，武會試總裁。

方公在内廷，以詩文受知兩朝，賞賚優渥，逾於常等。其奉命祭告嶽瀆時，秦蜀賊方張，四出焚劫，脅從甚衆。上不忍概予殊死，命公宣布德意，貰某罪，慰諭父老，毋遽播遷失業，聞者皆感泣，民以安堵。過家上冢，一如文恭祭告故事，閭里以爲榮。所過州縣，見事有不便於民者，輒移文地方大吏，諗而撤之。蓋公居平勇於任事，以身在禁近，雖時有陳奏，無所施於政，而懃懃於奉使之日，留心民瘼，如是殆亦庶幾古大臣之風與！無何，以微眚降職，躓而復起，陟長風紀。或以爲文恭在尚書房久，上眷念舊學，推恩以及於公。不知公方正嚴毅，始終卒被知遇。

余交公最晚，公顧數數過余，且嘗同有事於通潞，相見即論及當世之利病，生民之休戚，人材之邪正，侃侃不阿。其造膝所陳，外人無從而知，而聽其議論，是是非非，較然不欺其志，亦可以知公之爲人矣。公卒時，年六十有六。娶杜氏，誥封一品夫人，工部主事鶴翺女，有賢德，先公一年没。子二，廷授，二品蔭生，工部屯田司主事；廷掄，太學生。女三，適吏部驗封司郎中，前監察御史張問陶；江西候補縣丞林蕃，舉人王賡。孫九人，克寬、克敏、克惠、克勤，廷授出；克家、克恭、克信、克讓、克仁，廷掄出。孫女三人。銘曰：「偉矣宫傅，拔起涪水。象賢有子，克趾厥美。蜀山巘巘，蜀江瀰瀰。靈旗歸來，幽宫在兹。公所表見，僅止於斯。我銘其藏，增余累欷！」（《小峴山人續文集》卷二）

莫瞻菉

【張船山過訪夜談，疊法石帆前韻以贈】看菊歸過我，索飲夜繼日。乞鄰有葡萄，下酒無棗栗。烽火愁鄉園，談兵氣粗率。人和志成城，同仇勿媢嫉。淮漢防賊入，秦楚防賊出。商盧爲樞機，間道關得失。白蓮即黄巾，聞香假蒭苾。計日荆舒懲，民樂貢春橘。劍閣重勒銘，題壁懷老筆。船山有《雲棧題壁》詩十八首。（《硯雨山房詩集》卷一）

【和張船山夜坐原韻】昨日書來灞上營，回軍遞遣驛車迎。千山日落嚴刁斗，萬丈雲屯接禁城。算少殊慚戎部職，寇稀差慰里人情。犒師疏待平明進，玉漏頻聽到幾更。（《硯雨山房詩集》卷二）

【和張船山秋味原韻】只是尋常味，秋添菊酒筒。晉醯醅柿白，秦飯配芁紅。雨豆新花後，霜菘老圃中。窮鄉懷肉食，盼到鯉魚風。（《硯雨山房詩集》卷二）

【次韻張船山《觀我》詩】妙蓮華界眼初開，隔世渾忘樂與哀。人鬼一朝分手去，佛仙再劫化身來。絲連藕斷三生果，香夢蘭徵十月胎。超悟此番資慧業，父天母地脱輪迴。其一生。

餘生慣説本無生，譬以長生獨動情。飲酒居先稱長長，看藹恨晚誤卿卿。壽筵仍作逢場戲，殘夜能毋聽漏驚。聞道僊家猶倚杖，不須飛舉腳先輕。其二老。

曾求仙藥與靈符，何事延醫又降巫？精氣神參生死半，貪嗔癡到枕衾孤。屢來瞰已徵諸鬼，未斷魂猶樂爾努。漫侈五禽經變化，瘦如豺是幻形無。其三病。

憑虛撒手戲終場，如夢如醒又一方。葉落歸根關造化，花開結果判陰陽。道山誰見生爲佛，柱國空聞死作王。詩讖水天仍此月，縱然有路亦茫茫。其四死。（《硯雨山房詩集》卷二）

【疊和辛酉小除夕張船山畫紫藤書屋原韻】邀君依舊敝車乘，六載書帷此一鐙。堂上御題榮緑野，寓齋有雍正年御筆題賜李紱匾額。畫中奇氣逼青籐。由寒入暖花兼雪，共醉忘懷炭與冰。惟盼春前梅驛信，金臺頻爲望雲登。（《硯雨山房詩集》卷三）

【疊和張船山辛酉除夕原韻】十載青門柏酒斟，慈幃含笑看朝簪。雲牽親舍還鄉夢，草戀春暉獻歲心。又見西征魔燄盡，偏遲北嚮雁聲沉。在原人寄高堂語，豈止家書抵萬金！（《硯雨山房詩集》卷三）

【題顧弢菴《秋霜驛柳圖》和張船山檢討侯字韻】關河萬里又驚秋，夾道依然老樹留。客舍從來鄰渭水，軍營豈盡遇條侯？共看入畫籠寒月，誰肯垂青到戍樓？烏夜啼增摇落感，霜林卻不住鵂鶹。（《硯雨山房詩集》卷三）

【秋意步張船山韻】西風吹送雨横斜，漏屋蛛絲罥畫叉。漫道徑荒秋色淡，臙脂薄暈水葓花。（《硯雨山房詩集》卷四）

李驥元

【題張船山檢討詩集後】人間不信有斯才，入地升天妙想來。倒瀉黄河爲筆漲，頻呼白酒作詩媒。别離兄弟真詞見，呵斥神僊慧眼開。夜半觀星還大駭，長庚今又下蓬萊。（《李中允集》卷五）

吴錫麒

【趙承旨畫馬同張船山問陶作】值得黄金買，留教名士看。燕臺逢日落，龍氣逼人寒。粉墨餘蕭瑟，風

塵接渺漫。王孫天上種，寫罷淚曾彈。（《有正味齋詩集》卷十）

【閏二月二十八日，孫淵如比部招同毛海客大瀛，張亥白問安、船山昆季，王鐵夫芑孫、徐心田明理、徐朗齋嵩集櫻桃傳舍，船山即席爲圖，并題詩其上，余次其韻】小院櫻桃記昔栽，地舊爲歌者陳郎所居。先生今日又尊開。颯空風雨驚飛弩，入畫江山付點苔。前事不堪因酒説，此花曾折下階來。一番春絮催離緒，莫認西天雪作堆。時聽海客談征廓爾喀事。（《有正味齋詩集》卷十一）

【題張亥白孝廉《海天秋泛圖》】甘藷龍眼將安求，海南學作東坡游。扶胥渡口挂帆去，射狼山下西風留。歸來乞圖向王子，椒畦。落筆已得胸中秋。茸茸有樹點有葉，簇簇者沙界者洲。其東傍岸船早泊，其西接海天俱浮。天將盡處畫不了，劃開海色當中流。潮來四面風助勢，蛟龍與客同清謳。笙鐘雜沓鱗甲動，日月晃漾羲娥愁。蓬萊一夢咫尺耳，笑視天地吾猶鷗。即今五年行萬里，寒青壓橐濕未收。霞梭欲换鮫女錦，雲幙尚認仙人樓。桄榔葉銘定能記，王子木杖誰當酬？長安風雨談不厭，夜起翦燈呼子由。謂船山。（《有正味齋詩集》卷十一）

【陳肖生嵩招同余秋室宫允集，家山尊孝廉焘，張亥白、船山昆季集筆華墨雪之軒】津門船到促持螯，同巷先教此席叨。冷宦光陰宜酒食，秋花情味在《離騷》。斜飛露腳宵方永，恣寫霜蹄氣亦豪。老筆但須閑點綴，楚天彌望碧雲高。船山於酒後畫馬，秋室畫蘭。（《有正味齋詩集》卷十一）

【九日同葑亭、蘭圃、亥白、船山、小山暨闗鶴舟甥世勳重集丁氏野圃，以「菊花須插滿頭歸」分韻得插字】登高例兹辰，謀野趣不乏。樹頂風乍生，草頭露方洽。微陰幕張油，薄冷衣换裌。去郭五里長，過橋一徑狹。蹇驢踵後塵，活水通前牐。溪黄被葉擁，岸白受蘆夾。拍拍羽揺鷗，呷呷聲過鴨。平生慕柴桑，此境逼苕霅。村居樂蓬茅，圃事利鍬鍤。其中抱甕人，能解蓺花法。取肥陳根因，芟冗細莖掐。辨種同辨苗，防蠹似防劫。開時入市擔，餘者繞籬匝。千箱足穀翁，萬户封侯業。蓑袂幸許交，塵腳不嫌插。霞圍面面當，苔坐團團恰。安用苛禮拘，最喜情話狎。輪囷蟹選螯，纖軟菜挑甲。饞舌笑徐咀，枯喉快先呷。轟飲大白浮，拇戰小敵怯。英就杯中餐，香取頭上壓。落帽故事徵，題糕險韻押。感今屧屨遷，訪古衣更扱。柳敗堂寂寥，鷹去臺嵲嶫。營成累蟻封，瞥過熟羊胛。涼蝶徒翩翾，吟蛩自鏗搕。《水調》無人歌，山肩向誰脅？幽夢繞江湖，閑身閲裘箑。斜陽澹半林，歸鳥催一霎。畫本急須摹，瘦影幾烏袷。（《有正味齋詩集》卷十一）

【《送窮圖》爲張船山作】柳車班班，可以登嶅嶆；草船拍拍，可以淩波濤。貧兒村裏久已送渠去，胡爲面目黧黑又在風塵遭？羅家老畫師，鬼趣胸中鏖。酒腸芒角不可耐，放汝暫出人世相嬉敖。但見蒙頭跂足，非四又非六，煙馳霧騁，亂舞風颾颾。可憐昌黎公，首低尻益高。殷勤致禱祝，絮絮還叨叨。張公子對之心鬱陶，攜來示我軸不韜，邀我題詩詑鬼抽霜毫。我張素壁上，黑夜慘淡長林號。顛倒逞技倆，謂我柄可操。我不能軟語媚爾曹，爾莫先笑終號咷。家無擔石蓄，意氣偏粗豪。書城餉我致百牢，酒國坐我麾雙旄。皎月代華燭，涼風戛仙璈。身披白也宫錦袍，珊瑚竿上釣六鼇。眼前廓廓天地小，笑俯爾輩真猿猱。不用斫度索桃，不用解龍伯絛。爾如跳梁作妖怪，但請試我封經抉史百鍊之神刀。不然捉卻好配新篘醪，爲糧便供黄父飽，作鮓可解鍾馗饕。鬼聞啾啾泣且嘷，書生作計真難撓，不如各擇東家西家逃。東家歌舞競絲竹，西家酒肉騰腥臊。銅山金穴有日埋蓬蒿，特許我輩結隊同翔翱。陰寒颯然過，白日明亭皋，畫中但賸墨迹如牛毛。招呼張公子，同過持霜螯。牆匡薜荔吹不盡，一卷醉讀騷人《騷》。（《有正味齋詩集》卷十一）

【除夕前一日，船山招集懷人書屋祭詩二首】一年祭汝一年非，且喜朋尊興不違。酒味半攙吟味入，燭花全雜墨花飛。鴉塗疊疊刪曾屢，筍束尖尖課豈稀？但肯皈心賈島佛，何妨今日乞傳衣？

墨汁淋漓幾斗俱，一生心血早愁枯。有神莫學頭相責，此會真成尾畢逋。慚愧歸田虛舊約，尋思摘句寫新圖。馨香只在齏鹽裏，五十年來一故吾。（《有正味齋詩集》卷十一）

【禮烈親王克勤馬圖歌并序】王爲太祖第二子，當國家開創時，凡征葉赫、烏拉諸部及薩爾滸之戰，王之功最著。所乘克勤馬，姿狀偉異，腹下有旋毛如鱗甲然，蓋龍種也。常時不受羈勒，聞鼓鼙聲，輒奮迅欲往，惟圉人命，王甚愛之，征伐多藉其力。及王薨，馬亦死，順治間，編修汪琬曾爲作《傳》。今王裔孫汲修主人復屬張船山檢討，仿宋摹唐本昭陵六馬中特勒驃者爲之圖，而命其客劉瑤來徵余詩，因作此歌。克勒馬者，猶漢言棗騮馬也。翻空蹴踏塵沙外，萬里風雲開際會。妙手傳摹骨相奇，全身收束精神大。本朝開國佐者王，披堅陷鋭勇莫當。威弧要指天狼落，樂府先歌臣馬良。簫雲不是人間覯，天降房精定諸部。千秋氣奪特勒驃，一戰功收薩爾滸。鐵蹄撒地聲如雷，二十萬兵同日摧。風生鱗甲誰爭捷，電捲蟲沙亦可哀。歸來戰血渾身浴，聽到鼓鼙還奮足。最愁都護絡頭絲，但熟蘭陵入陣曲。寒嘶暗激山頂松，夕陽聖水留遺蹤。草頭過影真如鳥，雲裏迴身定是龍。一心慷慨酬知己，與王成功殉王死。厩内凡材那足憐，古來烈士

多如此。我讀汪《傳》惜少圖，即今有圖馬則無。驅除狐兔須憑爾，莫但龍媒紙上呼！（《有正味齋詩集》卷十四）

【驛柳四首次張船山檢討韻】山郵陰過水郵晴，仗爾天涯管送迎。春色半江迷客夢，西風一路走邊聲。慣眠沙磧渾忘歲，纔傍人家已近城。推上梢頭舊明月，黄昏猶認漢時營。

記別江潭絮點衣，道旁今又碧成圍。長條似汝終防折，短髮如余尚未歸。揩痒儘教疲馬繫，投閑争得亂鴉飛。登樓最怕迷離甚，王粲於今孰可依？

篴聲何止感山陽，相對風流總異鄉。亭堠離披鶯坐雨，關河摇落鴈呼霜。玉蛾空自攢離恨，金縷何曾試舞場？春蚓秋蛇人不識，壁間題遍萬千行。

直自揚州接汴州，籠煙籠雨更籠愁。折腰情態羞津吏，過眼輪蹄認故侯。無限消魂緣曉色，不堪照影向河流。邊笳戍角干何事，譜入新詩一例秋。（《有正味齋詩集》卷十四）

【喜查小山移居來吴，把晤新居，劇談往事，賦詩奉贈，并寄張船山萊州二首】聞君暫爾謝朝珂，日下鵷鸞戀正多。忽報乘槎下銀漢，小山近得朱碧山銀槎，故又號槎客。居然泛宅到煙波。宦情豈便輸蓴菜，豪氣真能壓薜蘿。可惜山林吾負負，窮愁徒惹鬢絲皤。

觚棱回首絳霄邊，悵望張星不在天。一笏又傳棠樹下，船山自文端公以下，三世宦跡，多在山東。三山如擁馬蹄前。酬知合慰周公瑾，讓宅通財，小山與船山友誼尤摯。度世徒聞葛稚川。船山好《抱樸子》之言。多少蒼生須補救，莫將家火試凡鉛。（《有正味齋詩續集》卷四）

【哭張船山三首】清夜虚堂共一尊，謂去年三月在揚會合事。詩留壁上待招魂。蒼茫實有平生感，慘淡難尋獨往言。科第何情牽我輩，高曾有契逮諸孫。余高祖息山公在文端公幕中，後曾祖秋園公，亦與君曾祖同遊遼東，交誼至今五世，不可謂不久矣。卻思斟酌橋邊水，嗚咽還應到九原。君寓吴門斟酌橋。

卅載迴翔禁地寬，儘將詩酒去應官。一麾敢謂承明厭，小郡方知保障難。仙佛豈能逃劫數，君喜言仙佛事。文章此後歇波瀾。友朋畢竟關高義，何怪馮生鋏屢彈！君殁後，皆賴小山爲之經理。

將離花又繞欄開，那不離腸斷此回！盃裏奪將明月去，眼前捲過白雲來。一生書籍文姬付，君身後無子，惟有三女未嫁。萬里關山老母哀。如此驚才僅中壽，問天何苦更生才？（《有正味齋詩續集》卷七）

【山亭宴同王葑亭給諫友亮，張船山檢討坐秋花間小酌】夕陽慣畫秋來處。破疎紅，幾花新吐。宛似待吟朋，聽屐響、苔邊暗度。嫩涼今夕到尊前，早不是、尋常風露。相對訴幽情，只可惜、嬋娟暮。　酒人近可晨星數。料天涯，幾回能聚？欲勸碧筩杯，怕溜出、荷心更苦。偏教冷語替人吟，又催動、草蟲機杼。歸夢蝶，蘧蘧定繞芳叢去。（《有正味齋詞集》卷三）

【沁園春閨中用素紙簿收置零星絨線等物，杭俗謂之鍼線本。張船山檢討問陶以東野詩有「啓帖理鍼線，非獨學裁縫」之句，云當稱爲鍼線帖，作詩索和，余製此詞答之】粉本猜伊，乍合還開，工夫最勤。愛字無題處，色絲鬭艷，心能參到，花樣翻新。不語佯嗔，欠伸小倦，刀尺堆邊收拾頻。年頭近，共嬌兒放學，半月嬉春。　逡巡幾度黄昏。尚燈火和郎一卷親。慣刺來丁倒，迷藏鴛思，繡成辛苦，摺疊鸞紋。碧唾粘殘，紅尖蹴損，紙薄愁將情共論。渲精婢，也匳中依樣，偷學夫人。（《有正味齋詞集》卷五）

【法時帆祭酒存素堂詩集序(節録)】吾嘗於今之稱詩者,得二人焉。一爲遂寧張檢討船山,其一則時帆祭酒也。船山華實布濩,風雲並驅,濁酒助其新瀾,奇書屑其古涕。奏扶婁之技,變化若神;載姑蔑之旗,文采必霸。運智慧刃,樹精進幢,所謂師子吼也。時帆吐納因心,温柔在誦,緝耆英靈之集,掞張主客之圖。凉月來尋,資清於竹柏;鮮雲往被,輔潤於苔岑。傳無盡燈,宣廣長舌,所謂天樂聲也。二君者所詣各殊,所稟則一,又幸同官禁近,遭遇昌期,讀未見之書,進太平之頌。每當香煙袖出,蓮炬籠歸,時翫晚花,或摘新葉。梅炎藻夏,宜歌乎南風;玉壺買春,適來乎舊雨。鏘天得句,擲地成聲。余亦未嘗不莅二國之載書,通兩家之騎驛焉。(《有正味齋駢體文》卷四)

【張船山池南老屋圖記】船山檢討,踏雨敲門,催燈讀畫。喜故園之喬木,如换清輝;徵舊侶之吟毫,爲開生面。長安日近,蜀道天高。雙劍參差,青染夢中之影;數椽突兀,白描紙上之煙。蓋池南老屋者,乃其遂寧之僦宅也。拓基北郭,在水一方,龍龕之勝曾聞,銀碧之名未改。錢無十萬,亦許買鄰;地賸三分,恰宜種竹。間以紛敷之花藥,雜之豢擾之雞豚。小占生涯,全安户口,飛泉入牖,野樹交簷。雖無下濮之田,聊比中人之産。今夫甌甎作障,可設厨牀;莞葭爲牆,足蔽風雨。古人門稱歸厚,宅取安仁,豈必規月榭而重栖,度霞軒而累翼?然而牽船就岸,因樹爲家,茅龍之衣屢更,瓜牛之廬欲壞。此其人類皆遁奇不耀,滅跡在陰,故可高卻埽之風,峻餐霞之氣。闢柴門於栗里,三徑裁通;問破屋於玉川,數間而已。若夫守青箱之家學,世有通侯;推黄散之門風,系標宰相。賜書可讀,行馬曾施。即或分楊儀於上迴,别裴徽爲西眷。而醒酒割平泉之石,栽雲移緑野之松。

三沼五亭，略加點綴；九柯十匠，間有經營。安在孟室之見尤，必與莒城而同惡乎？而乃晏嬰近市，機杼連房；仲蔚閉門，蓬蒿没膝。告身在而雙鸞自舞，太守歸而一鶴不隨。緑受蕉迷，黄堆菜爛。蛩蛩絮壁，鴨鴨惱鄰。挂薑蒜於屏風，走烏蟾於卧榻。松爲幢而竹爲葆，蘭當佩而芰當衣。所謂以室則貧，論道則富者非歟？船山人海愁囂，冰銜苦冷，一官匏繫，萬念旌懸。所喜父母俱存，兄弟無故。竹信以平安相報，魚書每鄭重而開。雖循陔采蘭，未遂詩人之志；而望雲思舍，可知游子之心。於是度地棲毫，看天賦色；空苔撲晚，虚樹籠晴。商點綴於瓜壺，計安排於井竈。一硯伴丹鉛之席，埽葉飛凉；半房藏水墨之山，撫絃動響。寢門宛在，子舍如歸，則此圖者，固可代屺岵之攀躋，當燧觿之翼佩也。僕與船山，傾衿日下，投分尊前，世好踵乎高曾，鄉心證諸寤寐。白頭二老，同念晨昏；荆樹三株，相思顔色。他日稱觴鞠暱，翦燭對牀，各謀梓里之歡，共有吾廬之愛。苕岑或隔，鱗羽無差，此境此情，可欣可慕。前驅負弩，待君諭蜀之相如；後約登堂，記我歸吴之季子。（《有正味齋駢體文》卷十三）

【小除夕卷葹閣祭詩記】歲序行改，風日轉佳。煙姿結春，雪溜融冷。唐花媚於一室，爆竹喧於四鄰。司命朝天，潔黄羊之供；神荼執鬼，换桃符之書。仿春明之夢餘，補歲華之紀麗。流連故事，撥觸童心，亦其宜也。而乃窻紙新糊，梁塵盡掃，兩條明燭，一瓣真香。能教俗習之破除，獨許新篇之消受。則有卷葹閣者，乃洪子穉存之吟屋也。抽心之草，凌冬而更榮；生筆之花，終年而不褪。爰届小除之夕，用酬大好之詩。迎神送神，宫商有自然之應；去日來日，新舊當相代之期。牽率同人，贊襄斯典。禮成三獻，壽乞千秋，蓋援有唐詩人賈長江之例焉。

於是船山檢討奇摹冷相，瘦寫吟姿。踏葉疑來，騎驢憶往。煙霞獨浪，如逢太古之仙；衣鉢相傳，同誦今朝之佛。句不敲而自得，狀非鑄而已成。苔石旁添，梅花坐對。借尊前之供養，相伴殘年；論身後之科名，合呼先輩。此又足申尚友之志，表思古之情也已。

嗟嗟，風雨如晦，徒慨嘔心之辰；日月其慆，難留度隙之跡。即此一編之内，匝歲之中，悲歡雜來，都成昔夢；瞻望勿及，若過秋雲。而猶幸字不滅懷，集堪問世。闢風騷之世畍，結香火之因緣。則是舉也，亦望事之踵古人而行者，不使名之先古人而没也，斯爲盛爾。（《有正味齋駢體文》卷十四）

【謝張船山檢討惠高麗墨啓】承惠高麗墨一挺，上有「翰林風月」四字。昔李公擇贈東坡墨半枚，其印文曰「張力剛」，云得之高麗貢使。今則圭璋特達，抱全璧而無暇；風月常新，助條冰而亦豔。海雲滃起，迎到龍賓；島翠紛飛，結成螺子。足資博物，豈慮磨人？染俟楮毫，藉跋吾妻之鏡；《曝書亭集》有《跋吾妻鏡》云：「《吾妻鏡》五十二卷，亦名《東鑑》，撰人姓名未詳，蓋東國書也。」載同書畫，須招我友之舟。塗面何慚，東國中進士，皆用墨塗面。銘心曷既！（《有正味齋駢體文》卷十八）

【古雪詩鈔序】余在都下，與張船山侍御爲莫逆交。讀其詩，如龍跳虎卧，令人色然而駭。而船山特好獎其閨中人，每出己作，必鈐「船山夫婦同用印」以詑余，然余實未見其詩矣。後交其弟旂山，旂山來官於浙，余亦乞養還里，因得常常見之。既讀其詩，并讀其古雪夫人所爲詩，然後知閨門之中，風化所始，要必出之至性至情者爲足貴。若夫人者，其殆深於《三百篇》之旨者乎！夫《三百篇》中，二《南》之言女德者，備矣。即以《國風》論，如《泉水》、《竹竿》，皆思歸也。然望遠興懷，不過曲致其纏綿之意而止。獨《載馳》一篇，傷心家國，慨念存亡，望援手其何人，竊拊膺而自悼，其激昂慷慨，有非尋常閨閣所能言者，故其音哀以思也。乃夫人尊甫瑞亭先生佐郡於吴，以勤死職，囊空如瀉，幸江浙接壤，夫人往視含殮，親爲經紀其喪。當此之時，事孔棘矣，而卒能措置帖然，俾其孤扶櫬歸蜀，中間萬難解釋之處，唯自託之於詩。今集中所載《述德詩》、《偪仄行》、《陟屺吟》諸作，痛深思摯，實可與《載馳》一章相發明，見之者皆爲泣下。以是推之，凡倫紀之克盡者，固不待見之於言，而況言之已無乎不見也乎？

自古行修者名立，氣盛者語長，苟無所恃於中，而欲求諸外，勢必不能。若夫人詩，謂之香山婉約，老杜精强，人亦奚疑？而不知有操乎《風》、《雅》之本者在。君家船山，雄於詩者也，倘寄以質之，當必以余言爲然。或并其夫人所秘不欲宣者，且將欲就余而論定焉，未可知也。嘉慶戊辰秋七月，吴錫麒撰。（楊繼端《古雪詩鈔》卷首。亦載光緒《遂寧縣志》卷四《藝文志》，光緒《新修潼川府志》卷三十）

【蘇州府同知楊公墓誌銘】嘉慶十一年九月初八日，蘇州府督糧水利同知楊君，以疾卒於官，勤民事也。子繼昂嘗從余遊，以狀來乞銘，君既中銘法，余安容辭！按狀，君諱璽，字輯五，號瑞圖，晚號瑞亭，四川廣元縣人。家世業農，贈君彦彬生三子，君其季也。少聰異，出語能驚其長老，贈君奇之，始令就學。年十八，補校官弟子。家貧甚，寄讀僧舍，夜則燃桐子代燈，學益不倦。庚辰舉於鄉，壬辰大挑二等，以教職用，選納谿教諭。丁未，陞潼川教授。君雖居儒官，凡有關民生利害者，輒白當事獎成之，人稱其德。

癸丑，授江南安東縣知縣。安東地小而民瘠，當河下游，爲淮揚要害。丙午值大水，地池廬舍，悉受淹没。君相度形勢，力請於上游，開通民便河，以資宣洩，畚鍤萬計，咸自治辦，故功成而力匱，不恤也。及署泰州，彌自淬厲，凡剔弊除苛，興廢舉墜者，不可勝計。當調甘泉，父老擁道遮留，至不得已，上官聞之，遂從民請，復借一年。旋以卓異引見，不數年，特擢蘇州督糧同知。

君度理明而料事當，人之有吏才者，未嘗不機幹勝之，而欲求其平允精詳，恒不能及。故癸亥六月署太倉州事，十月又署松江府事，雖年當耄及，而精神充固，莫不游刃有餘。會丙寅淮揚水患，復委桃源、東臺諸處查灾，觸熱往來，坐舴艋中三十餘日，暑濕蒸鬱，殆不可支，力疾還蘇，竟以勞死，時年七十有二也。

君夙有至性。嘗父病，自塾夜歸，適與虎值，虎反吼而奔，若有神捍之者。家無恒産，惟置薄田數十畝，以奉春秋祭祀。教子弟以敬以誠，自顔其居曰「我知堂」，以明慎獨之學云。初娶於趙，繼娶於何，皆封孺人。子四人，長繼旦，次繼曙，早卒。次繼曉，捐職州同，以堵禦川匪死難，予祀昭忠祠。次繼昂，國學生。女一，適主簿張問萊。銘曰：潔於身，勤於民。是爲循吏，能以清白遺之子孫。

（道光《保寧府志》卷五十九《藝文》）

【東張船山】津門螃蟹已肥，頃買得十數輩，足供拍浮之興。專候賢昆玉來一醉，幸無袖此左手爲也。

（《有正味齋尺牘》卷上）

【簡張船山】園中荷花已大開矣。鬧紅堆裏，不少游魚之戲，惟葉多於花，渾不解辨其東西南北耳。倘能來，當雪藕絲，剥蓮蓬，儘有越中女兒酒，可以供君一醉。（《有正味齋尺牘》卷上）

【寄查小山】船山奉母北行，聞即日可至長安，出險入夷，爲之慰藉。但此間警報日至，未識風塵内，可無歌《蜀道難》否？一到幸有以慰我。（《有正味齋尺牘》卷上）

【寄張船山】昨歲一函奉寄，不識鯉魚風信，亦能吹到尊前否？閣下文名太高，文運太晦，大江南北，不得一動驛馬星，真不可解。小竹聯翩而去，往時閣下所得而復失者，今竟裝入他人藥籠中，那得不生妒忌？然聞詩懷酒量，興殊不淺，亦是天生意氣。若弟自前歲病後，竟與麴生下絶交書，往往累月不親杯杓，惟文字緣尚不能割捨。近來搜輯舊作，陸續付梓，冬間將送醜媳見公婆也。（《有正味齋尺牘》卷上）

【寄張船山】不得手書，又載餘矣，巍巍嶽嶽，一角獸竟飛上頭來。但當言則言，不可言則不必言，獬豸原有閉口時，切不可捉影捕風，鋪張奏牘，以作一時之麒麟楦耳，不識先生以爲何如？大集爲必傳之作，魁奇排奡，横絶古今，乃猶不付之梓人，韞匵深藏，真令人思之欲癭。小山近狀，或言其由奢及約，頗近儒者之爲，洵是有見識人，想亦先生之善於成全耳。（《有正味齋尺牘》卷上）

【寄張船山】渴企已極，正望行李之來，得以一握爲笑耳。乃往來俱左，豈不悵悵！然讀《留別》詩，已如見我老船踍跳而出也。聞在山左，意思都不見佳，固知熱鬧場中，要作成一慣家，良不容易。倒不如窮翰林，冷御史，任憑我臺閣生風，不致爲人牽掣耳。此番歸計，度亦無可如何，而小山雅意留賓，只好得住且住。幸太夫人在蜀，有令兄光白侍奉起居，正須稍定腳根，或徑返田園，或再圖出山之計。且看光景何如？否則，恐《歸田》一賦，亦非草草可以完篇也。（《有正味齋尺牘》卷下）

（乾隆五十九年元月）十日，王葑亭友亮招飲，晤張船山檢討問陶，蓋遂寧相國元孫也。酒間話舊，爲述其高、曾以來，皆與余家爲世好。蒙以詩見贈，有云：「七十年來幾廢興，兩姓元孫前後輩。」吁！可感也。

（乾隆五十九年二月）十七日，招趙味辛懷玉、汪雲壑、張船山、沈菊人小飲寓齋，爲射覆之戲。李義山詩：「隔座送鬮春酒暖，分曹射覆蠟燈紅。」誠酒人之樂事也！

（乾隆五十九年三月）二十三日，張船山招飲於繡佛齋，投壺。

（乾隆五十九年）四月二日，邀同人作詩會，曹定軒同年錫齡，王惕甫孝廉芑孫，劉澄齋編修錫五，李石農比部鑾宣，王蘭江編修祖武，雷筠軒工部維霈，熊夢庵編修方受，錢補之編修開士，王延庚編修蘇，張船山檢討問陶，李虛谷編修如筠；何硯農比部道沖，蘭士工部道生。晚同飲紫藤花下。

（乾隆五十九年五月）十二日，過張船山飛鴻延年之室，觀羅兩峰畫折枝花草，仿陳白陽，有散僧入聖意。

（乾隆五十九年七月）四日，孫淵如比部招集櫻桃傳舍，同會者，羅兩峰、法時帆、王葑亭、劉澄齋、張船山、田鐵舟畿、馮魚山、魏春松、方茶山體、伊墨卿秉綬、何蘭士、張水屋、宋芝山、胡黄海。是日炎蒸殊甚，飲難避暑，席不招涼，不能視釀國爲無熱邱也。

（乾隆五十九年七月）五日，葑町、船山過余談詩，留喫菊花酒，配以水果、魚菹，略取芳鮮，頗邀雋賞。

（乾隆五十九年七月）十日，過葑町給諫處，留同春松、船山小飲，歸已到鼓一，中大雨如怒潮，屋瓦皆震，擁燈危坐，如在江湖。

（乾隆五十九年八月）八日，招兩峰，張菊坡、令弟水屋，孫淵如、張船山、宋芝山飲夢煙舫，以水屋將之四川簡州任也。芝山携唐人雙鉤右軍六帖來觀。

（乾隆五十九年九月）九日，晴，葉琴柯招同費西墉錫章、張船山、趙味辛同游崇效寺，秋花甚濃，惜黃菊猶未放耳。僧房小憩，歸飲於琴柯寓齋。

（乾隆五十九年九月）十九日，邀羅兩峰、王葑亭、趙味辛、孫淵如、張船山、魏春松、葉琴柯作展重陽會。屠笏岩自山右來，歡聚至二更而散。

（乾隆五十九年九月）二十八日，姚秋農、家香竹、張船山、戴秋堂、倪米樓、劉芙初集有正味齋看菊。

（乾隆五十九年十月）七日，馮魚山比部、趙味辛舍人、劉澄齋舍人、張船山檢討、何蘭士水部醵金，爲余賀新居，同集夢煙舫。惟張船山先以詩來，蘭士亦相繼有作，餘皆未成。船山詩云：「竹杖擔詩車載酒，先生乘興便移居。神仙入世原無定，花月逢場自有餘。問字人多深巷熟，《送窮文》抄夜窗虛。天寒痛飲休遲客，正好頻來看著書。」蘭士詩云：「蘧廬但可著閑身，卜宅何須遠市塵？入座醇醪清者聖，當階疏竹矮於人。劬書合遺藜爲火，瘦句能將菊寫真。如此主賓如此地，拚教泥飲百千巡。」

（乾隆五十九年十月）二十一日，晴，王葑亭給諫、屠笏岩刺史、孫淵如比部、朱滄湄比部文翰、伊墨卿比部、張船山檢討、魏春松員外同集夢煙舫，合尊促席，行看錢之令。凡字所向者，飲酒若幕，則揭者請令，藏鬮壓指，鬪捷逞機。又王徵福拇戰，陣譜所未能悉載也。（以上《還京日記中》）

（乾隆六十年正月）十日，乙未同年團拜，觀萬和班演《長生殿》。酒半，復赴張船山檢討之招，重遇朝鮮尹由哉，并其友李喜經，字十三，亦布衣也。《楚亭詩鈔》内，有《仿漁洋歲暮懷人詩》，序云李喜經弟喜明，字維馨，喜英字秋餐，詩筆畫藝俱妙，伯歌季舞，前于後隅，可謂雞林佳話。

（乾隆六十年正月）十四日，晴，船山送《洌上四家詩》來索評。四家者，金箕慜字光瑞，號雲嶠；吳淵常字士默，號稷下，一號石癡；李光葵字奉杲，號倚樹、吟齋；李韶九字季成，號韶軒，一號淡默也。光瑞廣州府人，著有《雲嶠集》，其《嵐谷》云：「出谷纔分路，沿溪忽有隣。孤花濯曉露，幽鳥自春言。無事到官府，服田聽子孫。林中多耆老，社酒日相存。」士默漢城府人，著有《稷下集》，其《春夜步月池上懷李梧潭》云：「明月澹生輝，藹藹千林寂。前宵微度雨，春水恰容尺。芳園花意暖，潛逵草色碧。看君門前岫，映我池上石。相望不得語，覽景空自惜。南國溯歡悰，西湖念遊跡。笑把瓊琚好，擬贈故人宅。」奉杲漢城府人，著有《卐窗集》，其《田家》云：「飯牛與雞興，茅茨已繁霜。喚女汲清泉，謀婦餐黃粱。山廚煙始升，稚犬臥朝陽。日日在田野，肌膚生土光。農人但謀食，不知時菊芳。蠻椒懸破壁，胡燕語壞墻。八口能卒歲，債税又商量。兒童能識字，爲汝春學糧。真率供客子，棗栗雜一筐。我來愧遊食，新醪醉夕陽。」季成漢城府人，庚戌增廣科進士，著有《聽雪樓集》，其《仙舟巖俯海》云：「海氣常陰陰，東暾況西迫。巖島競拱揖，天水互主客。陰霞渾乾坤，烈風連昕夕。鷲峰若旁却，高鳥無外適。昏增舟子愕，晴解騷人慼。鯨鯢時出没，神龍定窟宅。鱗金蟄莫批，頷珠晦難摘。安得一片犀，照見毫釐析？」上與温嶠子千載較雄。觀數詩，皆具唐人風格。

（乾隆六十年二月）六日，晴，孫淵如、魏春松踵消寒之會，招同羅兩峰、屠笏巖、邵二雲、王葑亭、趙味辛、汪劍潭、伊墨卿、方茶山、朱滄湄、張船山、葉琴柯集於櫻桃傳舍。

（乾隆六十年二月）八日，晴，船山來談，以高麗墨惠余，印文有「翰林風月」四字。嘗閲陸友仁《墨史》，載李公擇贈蘇子瞻墨半枚，其印文曰「張力剛」，云得之高麗貢使。今則圭璋特達，抱全璧而無瑕；風月常新，助條冰而亦豔。海雲滃起，迎到龍賓；島翠紛飛，結成螺子。足資博物，豈慮磨人？珍重楮毫，待跋吾妻之鏡；載同書畫，須招我友之舟。塗面何慚，東國中進士，皆用墨塗面。銘心曷既！

（乾隆六十年二月）二十二日，晴，過訪船山，談及蜀中花事，則此日已遍山紅躑躅矣。

（乾隆六十年二月）二十八日，晴，皇上御門，以備班赴圓明園。歸途曉日初上，煙柳濛動，微逗黄意。近水處，草色亦約略回青，然春去已三分將半矣。晚邀葑亭、心田、船山小飲。

（乾隆六十年閏二月）十二日，曉雨。以閏花朝，擬遊陶然亭，方望雨止，而大雪陡作。同人各携饌來集余齋，分韻賦詩。船山有「桃李幾曾甘冷落，亭臺何意廢登臨」之句，最爲高雅。

（乾隆六十年閏二月）十五日，陰，船山來約明日遊釣魚臺，以明日清明節也。余以病不得應，無福看花，至受病魔作祟，亦大恨事。家人以柳枝插瓶，略爲裝點寒食。

（乾隆六十年閏二月）二十二日，徐心田招同毛海客瀛、王葑亭、孫淵如、張船山飲。海客談所過後藏事，山川人物，娓娓動聽。

（乾隆六十年閏二月）二十八日，孫淵如招同毛海客、王鐵甫、張亥白、船山、徐閬齋、徐心田小集櫻桃傳舍。

（乾隆六十年）三月一日，查小山招同方廷尉、張船山飲。

（乾隆六十年三月）四日，船山招看丁香，小飲。

（乾隆六十年三月）六日，船山、琴柯、米樓，暨玉聲甥、兒子清學過崇效、法源看花。時海棠半開，梨花亦娟娟如静女，相對如尹邢也。

（乾隆六十年）四月五日，招蒲快亭忭，張亥白、船山昆季，徐閬齋嵩、家退庵煊小集，分韻。

（乾隆六十年五月）九日，查蘭圃、小山昆季，邀遊金園，觀船山指畫竹石扇頭。

（乾隆六十年）六月十日，船山來談，余飲以菊花酒，明日遂以詩云：「硯屏低映小壺觴，問字人來入醉鄉。緑蟻乍浮千日酒，黄花猶醖去年香。奇文到眼頭風愈，午夢驚心宦海長。一世誰能逃酷暑，先生此席較清涼。」

（乾隆六十年七月）五日，陰，與葑亭給諫合筵宴客。集者羅兩峰、王椒畦學浩、陳肖生嵩、李虛谷、熊介兹、郭頻伽麐、朱少仙、張亥白、船山、受之昆季，查蘭圃、小山昆季十二人。不期而至者，法時帆祭酒也。驟雨忽至，花竹生涼，詩思詩懷，豁然自遠。

（乾隆六十年七月）二十二日，晴，邀葑亭、亥白、船山食蟹。適米樓亦至，持螯浮白，飲興甚豪。

（乾隆六十年七月）二十八日，晴，余五十生日，早往南城拜客。午至船山，留同早飯。晚歸，諸同人在寓者留飲，至初更始罷去。

（乾隆六十年八月）十四日，同蒓亭、蘭圃、小山、亥白、船山、琴柯出右安門，至草橋看秋荷，飲於種花人丁氏園中。碧花涼穗，時來媚人，以所攜壺觴，置席葡萄棚下，譚飲良久。問其地，爲芰兒舖蓋，皆豐臺之地也。

（乾隆六十年九月）九日，同王蒓町給諫，查蘭圃、小山昆季，張亥白、船山昆季，暨闞鶴舟甥載酒重游丁氏野圃。蒓亭有詩云：「挈榼驅車行五里，閑身都爲菊花忙。」又云：「好在泉聲山色裏，比隣都著賣花翁。」冷淡言情，猶足爲野人生色。

（乾隆六十年九月）十四日，家人買菊數十盆，紅黄相映，亦秋窗勝賞也。晚邀兩峰、米樓、芝山、墨卿、船山小集。船山携畫馬來觀。畫師如韓幹，畫肉而不畫骨，珠絡頭，夷官豐幹，短鬍，目炯炯如星，裝東古異，桂未谷辨爲唐人筆也。

（乾隆六十年十月）十一日，邀梁九山、李虚谷、王儕嶠、張船山、葉琴柯、何蘭士作詩會。

（乾隆六十年）十一月九日，晴，張船山約同桂未谷、趙味辛、王儕嶠，暨令兄亥白小飲，而顔運生適自山東至，桂未谷拉同劇飲。

（乾隆六十年十一月）十四日，船山、山尊、肖生同作消寒會，集於小瑯環館。

（乾隆六十年十二月）二十九日，微陰，船山以祭詩作會邀飲。（以上《還京日記下》）

（嘉慶元年六月）十三日，家香竹瑛、金手山學蓮冒雨來看荷花，候趙味辛懷玉、伊墨卿秉綬、張船山問陶不至，皆爲雨阻也。命廚人治具，覓魚不得，僅致佳蝦，雜以蔬果。玉壺清賞，松麈高談，信王無功言良醖可念，見何次道飲家釀欲傾，剪燭連牀，陶然已醉。

（嘉慶元年六月）二十九日，大雨竟日。桂未谷馥、法時帆、趙味辛、洪稚存亮吉、張船山同約於是日來觀荷，皆爲雨阻。迷茫一片，直接乎虛煙；窈窕千花，僅延乎孤眺。濕氣彌户，涼翠潑階，衣沾雨行，足滑苔踐，臨觴躑躅，不勝眷然。

（嘉慶元年七月）七日，桂未谷、法時帆、趙味辛、洪稚存、伊墨卿、張船山、何蘭士道生來園觀荷，雨復大作。賦高軒之過，泛泛若舟；識公子之來，翩翩如鷺。襟帶淋漉，各解於牀；童僕離披，尚戴乎葉。既釋勞苦，旋生歡娱。涼逼鬚眉，香逆口鼻。徙倚庚辛之檻，洞開了鳥之牕。莖捧千盤，花爲四壁。堆成艷錦，入煙光而亦波；瀉落明珠，雜簷榴而同響。於是據石選句，臨流作書。君子之風，先傳於箋；是日諸君爲未谷送行，皆題詩於箋。名士之酒，已設於尊。次公醒狂，鄱陽暴謔，引滿相罰，壹醉不知。老鬢忘羞，且簪花而飲；童心猶在，或踏浪而嬉。暝色既催，去留各半，雨聲未止，談諧轉深。感别緒於人間，念離情於天上。匏瓜無偶，銀漢常横，酒冷燈殘，言之蕭瑟。（以上《還京日記·澄懷園日記》）

張船山檢討問陶，詩國舊交，酒人知己，離樽合讌，靡不與偕。值其丁外艱將返，以硯爲贈。既手自鐫銘，並以札來云：「憂患紛冗中，萬念俱冷，惟於先生之别，怦怦時動於中。謹就案上硯手自鐫銘，用以誌別。硯質甚惡，僅可值三百錢，聊以爲別後相思之助耳。」其銘曰：「公還武林，我歸峨岷。銘硯贈行，曲水傷春。以記嘉慶丁巳之別，在永和修禊之辰。」（《還京日記·南歸記上》）

洪亮吉

【題張同年問陶詩卷】同輩二三子，詩各有所優。或優春夏氣，亦或優於秋。惟君一卷詩，盡把秋氣收。讀詩亦不同，候有昏與夙。或當暎疏星，或欲秉明燭。惟君一卷詩，宜剪秋燈讀。昨携君詩歸，氣候已迫冬。翛然一室居，四面皆秋蟲。又疑秋鳥鳴，嘐嘐滿寒空。此聲非出砌，此聲非出籠。有聲亦無聲，均出詩卷中。秋燈乍滅還乍明，時復朗誦時孤行。思君此意不可得，無乃造物賦爾偏多情。燕臺住十旬，蜀道遠千里。思親兼念友，悒悒何能已？我欲借春氣，生君十指間。方君作詩時，桃李皆開顔。迨余讀詩日，花色猶斑斕。然後登君堂，飲君酒。我狂可百樽，君捷亦千首。謫仙和仲二公皆蜀人，故云。並庶幾，若説今人已無偶。（《卷施閣詩集》卷十）

【長至前一夕，久坐待張同年不至，兼懷里中舊遊，拉雜書畢，不覺破曉】三更正懷人，一馬嘶過巷。失喜自啓門，正與馬鞭撞。馬鞭東指客面生，孟浪客前還致聲。入門無聊出門走，更向街西市春酒。歸來風葉隨打門，打門童驚欲詈人。僮癡貪眠客貪起，十二曲闌行不已。隨闌一曲酒一盃，靜若主客相追陪。青天淡淡雲如掃，月光畢竟江南好。金波樓閣紅闌橋，去年此月還此宵。相思不獨人如鶴，兼有野梅初破蕚。梅枝開落未一年，轉眼客路成三千。人燒銀燭朝天早，我典金貂猶醉倒。

坊南遠客期不來，不覺一窗先白曉。君不見，我居咫尺郊壇中，壇外雲氣升如龍。更殘烏鵲不敢東，天子今夜居齋宫。（《卷施閣詩集》卷十）

【十二月初三日雪霽，邀同年張問陶、顧王霖過飲，醉後作】牆東半畝園，雪積難置足。客來門亦鎖，護此一庭玉。高低枝上白萬條，愛惜不遣兒童摇。今宵卻初三，新月出牆腹。峨眉山下人，聞來訪庭竹。掃此枝上雪，迸作盃中春。泠飲亦可堪，胸次饒春温。閑中富貴誰能有，白玉黄金合成酒。屏除童僕不入門，行酒卻驅坐上賓。公榮不飲亦殊苦，罰作怪禽筵上舞。牆陰一尺掃不開，醉便埋此何須回？一層銀燭輝，一層新月影。樹頭屋角看更奇，倒射清光百餘頃。主人不送客亦行，脱略酒後皆呼名。來時衣上黄，去時衣上碧，來乘斜陽去月色。君不見，人奇馬亦清到骨，嚼我海棠枝上雪。（《卷施閣詩集》卷十）

【張同年將乞假歸蜀，醉後作兩生行送之】一生居坊南，一生住坊北。車聲馬聲不得停，十里路中常若織。我馬見君馬，鳴聲一何高！君僮與我僮，望著手即招。我來時多子來少，馬繫寺門僮醉倒。青天如磨旋不休，醉裏有時來打頭。心癡直欲走天外，下瞰日月方開眸。朝沽三升暮盈斗，吸盡東西兩坊酒。朝衣典盡百不憂，尚有身上青羔裘。一生皇然開笑口，那著酒錢街上走。一生無聊想更奇，酒盡伏舐壚邊泥。有時忽下牀，有時忽出門。人來雪裏衣盡白，疑是送酒柴桑人。幕天席地原無礙，十萬人中兩人醉。醉中分手亦不辭，淚墮黄公酒壚内。君不見，長安莫復輕酒人，酒人腹裏饒經綸。容卿百輩等閑事，爛醉尚復噓陽春。一篇我作臨行曲，馬帶離聲僮欲哭。從此長安少

一生，酒星只照南頭屋。（《卷施閣詩集》卷十）

【再送張同年一律】更從何處別，且復上高樓。一世真游戲，三旬偶滯留。已超生死劫，難破古今愁。何日青天外，同君一舉頭？（《卷施閣詩集》卷十）

【小除日，仿唐賈島例，與張同年問陶祭一歲所作詩，並屬王文學澤爲作圖，各係以詩】君詩四百篇，我詩六十首。君詩苦多我苦少，差喜流傳同不朽。我年二十登詞場，接詠已有橋西黄。仲則。晏公祠内祭詩處，一屋神鬼皆憎狂。生年三十尤奇肆，是日孫郎號同志。筆壓南山白額愁，挺鋒復把生龍試。燕秦楚趙遊何壯，所不能臻祇天上。風月千場酒萬場，醉中歲月偏奔放。爾來四十氣已降，筆陣敢詡今無雙。異才爾復出西蜀，百斛龍鼎邀同扛。前年同客龜山左，我不知君子知我。直待蓬山頂上行，相知一世方能果。我詩與君詩，識者不能別。雖然我自知，與爾陳一一。長江一萬里，先瀉君門前。若論飲水源，我較輸君先。一年三百日，日日有昏曉。若量日出時，我比君家早。君如吸盡江水源，使我門外朝夕無奔湍。我如繫住西馳日，令爾屋頭終古長如漆。我放白日西，爾蹴江水東。高高下下總無極，與爾分半填心胸。爾筆何處架，青城與蛾眉。我硯何所支，黄山與天台。天公夜半笑口開，餘子位置綦難哉！此時一瓣香，裊入九霄碧。惹得千家與萬家，如椽紅燭都無色。君不見，黄郎黄郎已前死，不及見君詩百紙。孫郎雖狂一字無，見爾亦作奇人呼。今宵約不來，苦説有官事。坊西令我走不休，欲拉閑人作陪祭。醉中一客爲作圖，更遣一客題分書。時朱同年文翰適至。君不見，門前車轍痛掃除，分付鬱壘同神荼，今夜俗客不許來催租。（《卷施閣詩集》卷十）

【送張同年問陶乞假歸蜀并序】乾隆五十六年，歲在辛亥，二月朔日，同歲生張君問陶乞假歸蜀，其友洪亮吉采玉田之蔬，挈山陰之尊，送之於國西門曰：足下家居遂寧，婦留成都，鼻子遠宦，已傷親心；纍臣贅秦，復悲身計。然則足下辭金門而南邁，並赤日以西馳，勞乎此行，蓋非能已。仍復迂道密洛，戒途雍梁，爰謀裹糧，並訪親舊。西嶽道士，留之而不能；東方細君，隨之而共反。百武之外，弱弟出迎；一門之中，密親咸萃。解笏金而貯案，被采服以娱親。雖嚴生告歸，相如乘傳，不是過也。又足下宰相四世孫也，葛侯冢畔，八百之株尚存；召公祠旁，一隅之宅能割。谿茶可采，則病婦攜筐；山筍欲抽，則衰年補徑。秋原半頃，税給於王官；春韭一畦，食供於家老。而且煮米作糭，舂麥爲麋，以資餘人，或給耕者。甫生之犢，等愛於孩提；頻來之燕，視同於親故。則亦物我均適，心形兩忘者焉。又況蠶經禽演，不乏奇書；蛤港羸田，別開精舍。臘頭宴客，社尾迎神。朝衫忽著，則鄰里詫觀；縣令偶來，則牛羊驚竄。南軒既闢，北牖時開，果落枕前，花開鏡裏。一林百樹，招鵲辭雅；雙澗疊波，留魴放鱧。若是者，采其吉語，娱我眉梨；懲彼殺機，戒兹子弟。播三田之種，閣上巡觀；賡《七月》之章，房中屬和。未嘗不集吉門之慶，極幽居之致焉。定省之暇，時而出遊，則峨眉當其前，青城出其後，大江流其左，資水徑其西。解角之鹿，可施鞍橋；浮鼻之牛，以當舟楫。餐雲欲曙之嶺，采藥斜陽之洲，團蕉數尺，非佞佛而可趺；危梯百層，不學仙而亦往。閑防疾厄，時覽方書，偶有篇題，緘之經藏。此則金門大隱，不止平原；玉笥真人，復來宏景。若夫僕與足下之交道，又可言焉。僕處鳩音之里，君居吠日之方。蛩距之合無由，牛馬之風不及。乃闕前一覩，忽若素知；飲中百篇，愛同前哲。顧性嗤釋氏，敢侈前因；亦鄙道流，詎云緣法？静言思之，迨即吾儒之所謂如舊相識乎？夫卅年成世，足下既近之，僕則又過半矣。俯仰一身，離合萬里，常恐百年交道不盡。然精氣不散，當成神明，風車電帷，來往不絶，則僕與足下又何慮哉，又何慮哉！自此之別，一日之内，僕眺朝陽，君眺夕采；一江之流，君飲水源，我飲波末。

則亦何嘗有須臾之間，遠近之殊哉！保嗇神理，時時讀書，簡牘不詳，悉之於夢。亮吉頓首頓首。城南初日照高樓，樓下勞勞僕馬愁。此日别君須握手，古人見爾尚低頭。交同北郭推三世，學許東方記十洲。竟欲上天留不住，夢魂隨過古安州。（《卷施閣詩集》卷十）

【下關逢驛使，卻寄張同年問陶時張方由蜀入都】君來蜀道如天上，我渡黔關入地中。今夜相思倘回首，各從北斗辨西東。（《卷施閣詩集》卷十二）

【張檢討問陶】西蜀奇人作冷官，青氈猶賸十分寒。何妨日住蓬萊頂，不改常餐苜蓿盤。子美數間吟舍窄，淳于一石酒腸寬。金釵典盡眉常斂，欲畫仍須拂鏡看。君篤於伉儷。（《卷施閣詩集》卷十五《歲暮懷人二十四首》，其十九）

【城南雅集圖】《城南雅集圖》凡八人，法祭酒式善，李編修如筠，張檢討問陶，劉舍人錫五，何户部元烺，水部道生兄弟；王廣文芑孫，徐孝廉嵩。圖成，屬亮吉跋之云爾。城南百萬家，屈指無幾人。匪緊果無人，下直常閉門。幾年我苦居天末，閑煞城南好風月。側聞我友興尚豪，把卷呼之齊欲出。法祭酒，王廣文，近來作詩稱雅馴。徐孝廉，張檢討，倔强自詡長句好。介休詩老偏改官，貧甚不厭居長安。稜稜弱冠才尤異，難得何家好兄弟。我交短李惜已遲，覿面卻值居憂時。八人所貴忘形久，不問圖中貌妍醜。昨日作一篇，今日作一篇。城南廛舍不數里，時有飛騎馳吟箋。流傳俗口殊難耐，只説群兒自相貴。豈知帝京景物本冠十七州，賴有數子晨夕成清遊。不然東西紅塵日如織，何以使春花生輝月饒色？一奴前行不著鞭，八騎矯首皆如仙。穿行古刹及荒墅，日永或借閑齋眠。數君才調皆經世，所喜昇平無一事。木天粉署官本閑，欲以琴尊消壯志。徐生忽然策蹇驢，時下第南歸。王子亦欲登牛車。時赴華亭教諭任。遂令七客忙不已，分日載酒延王徐。還君斯圖三太息，勝會如今亦難得。卷圖水竹自生涼，差信此中無熱客。（《卷施閣詩集》卷十七）

【酒半移酌池上，與張同年問陶皆失足墮水，戲作一篇並呈】西頭萬葉戰秋雨，東岸百花明夕陽。夕陽紅退逐花色，秋雨緑浄逾溪光。張郎酒行冠已側，笑道一年惟此夕。携觴約客臨北池，指點塘坳欲鋪席。影先入水身誤從，影没反訝身凌空。一花驚從足底紅，轉眼荷葉迷西東。誰云直下真無地，幸踏纖纖藕如臂。玩波一晌不出波，濃緑溪光若衣被。忽然一躍波已開，分手亂擘青莓苔。吾曹不死亦可咍，多謝花朵擎魂回。（《卷施閣詩集》卷十七）

【張同年問陶夢月卷子】我夢久已闌，君夢乃方兆。斜月照天西，迢迢石牛道。

此客支離極，隨人棄道旁。蓬蒿三五尺，中有竹匡牀。（《卷施閣詩集》卷十七）

【廿三日雪，邵進士葆祺餉酒，并約張同年問陶過卷施閣小飲，别後復獨酌池上，讀亡友黄景仁《悔存軒集》至二鼓作】酒人携酒來，賞我庭畔雪。我時方讀史，一卷粗已畢。掃兹盈尺地，相與坐林樾。風爐依土銼，隨意雜陳設。閑官兩移居，皆喜境孤絶。當時沉醉處，依約記庚戌。倏忽六七年，雲煙事生滅。橫街南北路，好友半夭折，謂邵學士、楊比部。如何不酣飲，坐待生白髮？君看空中花，真如電光掣。

淺醉不出門，送客竹籬畔。酒人從此去，蒼鼠亦隨竄。前車方越巷，後騎忽聲唤。俄頃人語希，來塗雪飄斷。移尊酙池上，看此冰欲泮。舊友陡上心，遂令爵無算。沉酣到中夜，空白忽欲暗。正好殘月來，光華與凌亂。（《卷施閣詩集》卷十七）

【小除日邀同吴侍讀錫麒，戴吉士殿泗，趙舍人懷玉，温舍人汝能，方比部體，劉舍人錫五，伊比部秉綬，葉舍人繼雯，張檢討問陶，彭明經蕙交，戴禮部敦元集卷施閣祭詩作】洪生除日築兩臺，餔糟避債人俱來。客來不來豈須速，先注滿堂銀蠟燭。歲聿云暮興轉高，分半債帥兼詩豪。卷施之門如鐵立，百輩申頭不容入。側聞門外客，暗數堂中人，九州仙客萃一門。休嫌坐上賓僚少，閩粤楚吴兼蜀趙。坐中十二人，凡四川、湖北、廣東、福建、山西、浙江、安徽、江蘇共八省。無端聚飲衆或嗤，轉假舊例稱祭詩。多逾二百篇，少乃十數首。吾曹自有傳世資，不藉詩篇成不朽。燭花分從肩上飛，蠟淚滿滿堆春衣。忽驚屋後雷聲墮，四面紙窻齊欲破。山雌水母并入肴，遠有吴客貽車螯。百壺不嫌多，一觴不言寡，夜半清談振檐瓦。肉拌貂，酒污茵，脱略極處無人嗔。明宵莫守庚申歲，後日早朝纔破醉。（《卷施閣詩集》卷十七）

人之一生，皆從忙裏過，卻試思百事悤忙，即富貴有何趣味？故富貴而能閑者上也，否則寧可不富貴，不可不閑。余在翰林日，冬仲大雪，忽同年張船山過訪，遂相與縱飲，興豪而酒少，因掃庭畔雪入酒足之，曾有句云：「閑中富貴誰能有，白玉黄金合成酒。」此閑中一重公案也。及自伊犂蒙恩赦歸，抵家日，偶賦一絶云：「病餘纔得卸橐鞬，桃李迎門恍欲言。從此卻營閑富貴，蝦蟆給稟鶴乘軒。」蓋散人之樂，實有形神並釋，魂夢俱恬者，此又閑中公案之一重也。此詩偶忘編入集，附記於

此。（《北江詩話》卷二）

馬履泰

【張舡山檢討觀余作畫，以詩見贈，次韻奉酬】把酒論心曲，平生最慕閑。胸中一丹鼎，眼底萬青山。煙墨吾投老，篇章爾抗顔。兩人狂近道，微尚極相關。（《秋藥庵詩集》卷四）

【題船山青棠客舍圖】白帝城高指遠鞭，青棠屋矮息吟肩。一衫兵氣撲不盡，半樹馬纓開轉鮮。歌雜巴歈多激楚，酒沽燕市共流連。老夫相訪不相直，且共朱游蹋野煙。（《秋藥庵詩集》卷五）

【贈張船山太史】眼中何物不生塵，愛爾疎狂愛爾真。書任自然蟲蝕木，詩多天籟鳥鳴春。人生有酒須當醉，世上無官可救貧。所恨維摩空結習，不容吹著一花新。（《秋藥庵詩集》卷五）

【張船山自題其齋云「金丹學黄老，玉壺買青春。」屬余書楹帖，因用爲韻得十詩】仙人藐姑射，綽約凌高岑。見之年穀豐，更無疵厲侵。我念冰雪膚，願致雙南金。所遇皆嫫母，焉能免疾淫？

昔有求仙者，扣師語悲酸。師授以木椎，教之鑽石盤。旁人笑其愚，此士不輟鑽。一朝竟仙去，盤穴得藏丹。

草生自有根，鷇生自有噣。但解養聖胎，長生豈勞學？燒金雖小技，於道亦妙斲。即外以喻内，信非虚影捉。

昔有求仙者，奉師如軒黄。師命拜枯樹，枯樹有仙方。旁人笑其愚，此士拜不遑。一朝竟仙去，枯樹出神漿。
大藥生神山，服之後天老。德薄安敢偷，幽有鬼神討。有客顔如嬰，從未即遠道。借問何能爾，身自足梨棗。
丈夫貴出世，焉能就羈束？擾擾螻蟻中，一舉如黄鵠。高秋宴太華，明月踏群玉。嚼芝脆如冰，毛髮日夜緑。
神仙好遊戲，間出驚頑愚。擘開橘叟橘，跳入壺公壺。有時坐一室，了不與衆殊。忽顧雞犬笑，公等溷天衢。
天上卓酒旗，開甕緑於海。手援北斗斞，不用一錢買。長風浩浩吹，醉履未能躧。洪厓拍手笑，何不扶一拐？
昔我登崆峒，元鶴正梳翎。自云帝問道，從旁頗竊聽。廣成語至簡，但言保精形。恨子來少晚，且看松氣青。
昔我遊華山，再拜禮玉真。玉女授我藥，使我顔色新。我願活一世，共享無涯春。至今一丸藥，包裹猶在巾。（《秋藥庵詩集》卷五）

王汝璧

【李載園出示張柳門編修詩鈔，漫題一首】我本巴嶽後生者，後生又見堂堂張。新詩一卷兩卷在人口，字字如出玉樓仙吏之錦囊。或如蓮花發玉井，或如劍氣凌大行。或如窮鬼在一搏，或如神女游三湘。想其下筆雷雨疾，滿空飛舞龍象夔羵羊。有時雙鳥鳴且鶱，三千年上高頡頏。有時作兩鬼，眼珠黝活騰精光。我愛其人不得見，長蛇生馬神飛揚。安得將子置我傍，酌以葡萄金巵之酒同評量。從來蛟螭容易雜螻蚓，蛉窮偏喜來昌陽。神仙足官府，何必僧道裝？丈夫苟一心，奚事箕帚同帷房？詩中有題如此。我不得已删其題目留詞章，乃令不類俳優倡。然後盧同走，馬異僵，任華拜，劉叉降。左揖韓子嬰，右請毛公萇。彈琴鼓瑟吹笙簧，屈宋揚馬皆循牆。我言戲耳君休狂，既和且平婉以莊，進乎技矣真堂堂！（《銅梁山人詩集》卷二十）

蔡曾源

【題張問陶《南臺寺飲酒圖》】人生行樂當及時，浮雲一片將何之？所以古人終日醉，直須荷插常相隨。船山太史曾朝闕，丹棱公子豪情發。對酌忘形朝復昏，一聲清磬斜陽没。南臺不到幾經春，我佛天涯亦比鄰。萬里西來展圖笑，拈花欲問醉鄉人。峨眉積雪錦江水，畫意詩情有如此。白也仙乎誰後身，陶然卧向前窗裏。田橋老詞伯自蜀來冀，出南臺寺同船山太史飲酒圖命題，用李供奉把酒問月韻□正。吕橋侄源。（江玉祥《讀張問陶〈南臺寺飲酒圖〉》文）

蔡曾沂

【題張問陶《南臺寺飲酒圖》】潞公臺上高歌時，塊壘借酒一澆之。别來停雲意何恨，那知異地還追隨。君行萬里赴丹闕，助以江山清興發。飄然對酌有詞人，酒衝愁陣出復没。狂來且倒甕頭春，醉眼菩提好結鄰。一拳一脚在何處，依然無我亦無人。試看行雲與流水，大千世界都如此。唤起劉伶與杜康，可入先生圖畫裏。用青蓮先生韻奉題《南臺飲酒圖》，魯泉侄蔡曾沂。（江玉祥《讀張問陶〈南臺寺飲酒圖〉》文）

吴樹萱

【題張船山問陶詩稿四川潼川府遂寧人】一官愁煞苦吟身，下筆真能泣鬼神。豈假安排成間架，翻從刻劃肖天真。山靈笑我來非分，詩史如君替有人。死矣鉛山蔣心餘前輩簡齋老，後來端合喻樵薪。暫許還山似白雲，傷離歎逝太紛紛。閨中字結同心印，卷中有賢伉儷合刻小印，刻「張問陶林韻徵夫婦小印」十字。海外書傳貝葉文。哲兄亥白從廣州貽貝樹葉，名菩提紗，余曩見之家孟篋中。裝成小幀，可書細楷，薄如

蟬翼然。眼已破空生使獨，性惟躭酒張吾軍。當筵一笑皆千古，無奈匆匆去住分。時挈眷還朝。（《霽春堂集》卷二）

【題張船山玉符寶硯硯故張氏物，後鬻於林。船山贅於林，見之曰：「是吾家舊物也。」告諸婦。婦請諸翁，仍以還船山，距鬻硯時垂二十年矣。船山作《還硯詩》，端委未詳，余作歌以紀其事，並送北行】我讀船山《還硯詩》，片石流傳亦大奇。昆吾寶刀琢成玉，一珪深碧蕉陰垂。硯蕉葉白。珍賜由來出上方，石渠寶笈生輝光。世守河東三篋藏，流轉人間幾十霜。翰林家世重台斗，閨中覓句如新友。畫眉筆格凌雲詞，詠絮風華織機手。誰知兩姓㲋雁通，祖澤得之自婦翁。玉符深刻四十字，庚庚骨理横當中。家風孝友揚餘芬，君家之物還贈君。墨磨萬鋌頗可使，筆端飄忽生煙雲。芙蓉小院芙蓉褥，相如文君再生蜀。一炷爐薰許捧觀，何幸小人今拜辱！我知此産非端州，岷山英珉江濮浮。廿年前締絲蘿好，合浦珠還事略侔。待漏朝天車轉輠，鏡奩墨匣共纏裹。羈旅何人是賞音，杜鵑聲裏愁孤坐。我當挈取甕頭春，與君澆洗鸜鵒睛。留別七言試更續，慰我繞朝無限情。船山留別七言一章，鄙意苦其未足也。（《霽春堂集》卷二）

【張船山檢討見贈五言一律，和答】一餞真好我，珍重比兼金。客到五千里，詩吟三載心。酒痕衣不浣，門逕雪俱深。最是移情者，茫茫大海音。（《霽春堂集》卷七）

【偶與船山飲，輒聯長句】不道燕臺見面稀，船山。酒痕今日滿春衣。身憐蟬蛻從人捕，壽庭。船山新年來酒食之緣，不俟簡招，出門偶信所之，輒爲熟識者掖之而去，不異捕蟬。此語可爲絶倒。心怯鵑啼勸客歸。文字緣深偏落落，船山。余校蜀三年，自題號曰鵑客，船山頗叱之。木天路隔尚依依。賞音仿佛游魚聽，壽庭。珍重湘絃一再揮。船山。（《霽春堂集》卷七）

【船山留飲，即席有詩，蓋花朝前一日也，次韻答之】書來促我治壺觴，雪後燈前漏正長。有酒酹花先作壽，無詩驚座不能狂。交游漫許聯温郭，文字真看敵馬揚。憶否海棠香國裏，魚梟煙水渺江鄉。共醉郫筒十萬觴，短簫横笛醉歌長。三年多媿校官長，一笑争看御史狂。三年前，會飲於成都使院，始與船山訂契。絲竹繁亂之音，今猶在耳也。顧我已憐髀肉倦，怪君翻悔姓名揚。來詩有「一無知己身方貴，聽到詩名媿不才」之句，可云傲睨千古。匡山詩談能千古，不羡儇都與帝鄉。（《霽春堂集》卷七）

【題陳遠雯箑頭張船山畫】生涯爛醉長安酒，夢裏家山聽雨時。船山有《武連聽雨圖》。我亦騎驢行劍閣，憑君圖畫寫相思。（《霽春堂集》卷八）

【又題張船山畫箑】浪湧雲奔萬巘開，槿籬松屋碧溪隈。畫家眼底無餘子，不許塵鞅曳杖來。橋脣宛轉水添紋，鴨腳平波一隊分。欲試瓜皮小艇子，安排牀竈檥江濆。（《霽春堂集》卷八）

【孟秋之朔，石琢堂翰撰邀集寓齋，晚飯憫忠寺，張船山檢討有詩索和，久而未報，琢堂喬梓以和作見示，促迫成之，一報琢堂，一報船山】有子奴隸蔡少霞，羅浮仙人鹿幘斜。揮灑傾盡大地墨，布施珍積恒河沙。行廚啖客藜莧飽，故山招隱猿鶴詩。晨鐘夕唄慣清聽，隔牆拂拂交枝花。琢堂寓齋與寺毗連，有「聽鐘山房」額。詩人醉眼頳暈霞，是日船山後至，已面有酣色矣。長庚熒熒向日斜。神仙不信還乞丐，曩游蜀中，船山來問云：「京朝官況味，神仙、乞丐兼而有之」。此語可爲絶倒絶倒！　富貴自古同塵沙。談禪要學無生好，弔鬼成吟七字詩。船山原唱「鬼雄何代不塵沙」，奇横極矣，余意頗訾其感激太甚耳。佛心本是多情者，丈室看來現鉢花。（《霽春堂集》卷八）

【題張船山畫《賈仙祭詩圖》】無端幻出生花管，刻劃當時瘦損人。洗盡皮毛留骨髓，一千年後見精神。

流光激箭催人去，無計安排身後名。羡煞滿堂詩弟子，瓣香同奉一先生。繪圖展祀，歲在丙辰，同日祭詩共十二人。（《霽春堂集》卷九）

【小除夕，洪稚存同年齋中祭詩，題庚戌歲船山、稚存兩人祭詩圖】閬仙再生吴與蜀，繡佛齋中燒蠟燭。時船山寓松筠僧舍之繡佛齋，稚存寓近在巷左。有唐故事垂千年，詩燄熒熒照古屋。船山家住江水源，一口吸盡江波緑。稚存家住東海濱，長繩手繫扶桑旭。兩家詩筆各千秋，不許才名生使獨。長安風雪比屋居，刻燭詩成走孱僕。芳華既晏歲既闌，萬户雷聲喧爆竹。有詩一首酹一樽，一年奚止三百六！　筵前肴果錯雜陳，長跪致詞虔且肅。門前那有催租人，天上會有詩仙録。此是松筠第一圖，年年例得詩成束。我今亦作祭詩人，欲摹瘦影慚食肉。酒星炯炯當頭懸，只許淋漓醉糟麴。（《霽春堂集》卷九）

【巾篋中偶攜張船山寫贈《劍門圖》，輒題三絶】一幅浮嵐大劍溪，誌公禪刹此幽棲。堠旁莫道行人少，昔我曾來蹴馬蹄。

萬壑秋聲不可聞，武連山驛雨紛紛。君家兄弟聯床夢，寫出梁山半嶺雲。船山與哲兄亥白有《武連聽雨圖》。

孤帆千里碧湘深，平子愁心在桂林。又向春官覓桃李，漫擕廚畫想秋砧。（《霽春堂集》卷十二）

【陳遠雯招飲，同萬廉山大尹、張船山檢討作】智珠瑩似寶沙明，遠雯寓齋名寶沙堂。眉宇還如春景晴。芸蠹藏書研詰屈，松花注研寫真行。漏痕破屋杜陵歎，漁市沽錢張翰情。遠雯舊隸吳江。雨後池蛙鳴閣閣，攪人睡夢到三更。

坐來風入葛衣涼，簷角秋河照井床。障壁千尋瀉廬瀑，廉山作畫。當筵一闋醉郫觴。船山作歌。燕巢欲去真如客，蝶夢將闌忍更狂。怕向人前説腰綬，男兒只自愛文章。（《霽春堂集》卷十三）

【重題張船山《劍門圖》】鳥道縈蟠萬仞山，屹然重阻此梯關。詩人細雨騎驢思，指點蒼崖落木間。無多着筆自雄渾，墜石獰如虎豹蹲。試與畫禪參色相，只憑會意卻忘言。（《霽春堂集》卷十三）

【周東屏少農祭告江瀆，次張船山翰林京師贈别原韻賦呈】申禋載命職司同，卿月欣瞻井絡中。黑水華陽明德遠，青天蜀道使符通。枌榆社繞春江緑，旌節花迎畫錦紅。竊喜師門捧衣鉢，殷勤重話舊儒風。

發源江脈溯靈長，詔遣軒車入梓鄉。清節世傳韋相貴，故交分許阮生狂。文章不數題橋筆，裙屐重尋背郭堂。李雨村前輩邀同里諸公讌於浣花草堂。緑篠紅蕖卅載别，釣遊溪水與山岡。

秦棧西來蜀棧過，花如含笑鳥聞歌。欃槍星向巴江殞，餔米恩叨比户多。時奏請賑恤川中州邑。問俗有心勤載筆，請纓無力任揮戈。長安直北容回首，何日隨班聽珮珂？

鴻泥惝怳跡曾留，重到魚鳧憶舊游。萬里身原輕季子，一官緣復繫梁州。鬢邊白髮堪羞老，江上蒼生未解愁。珍重臨歧送公語，儒冠無計主恩酬。（《霽春堂集》卷十四）

趙懷玉

【伍堯庶子法式善四十生子，先期夢人折桂授之，名曰桂馨。張檢討問陶夫人林頎寫圖紀瑞，檢討賦詩，王孝廉芑孫作記，其配曹貞秀書，葉吉士紹楏與配陳長生聯句綴其後，爲書三絕句】燕山先茁一枝芳，占夢懸知男子祥。特爲徵蘭破陳例，國香應不及天香。

風味空憐薑性殊，生兒我更後商瞿。不知他日蒼筤竹，兒子名阿震。得附仙岩圭木無？

渲染精能波礫妍，緑窗佳話一時傳。山妻但解齏鹽事，也羨閨中翰墨緣。（《亦有生齋集·詩》卷十二）

【十月九日，招同羅山人聘、桂大令馥、邵侍讀晉涵、吴贊善錫麒，周有聲、李鼎元兩舍人，李驥元、葉紹楏兩編修，熊方受、張問陶兩檢討，魏成憲、伊秉綬兩比部集敦經悦史之堂舉展重陽會，時王給事友亮不至，以「塵世難逢開口笑，鞠花須插滿頭歸」分韻得世字】八月號端午，名亦維人繫。重陽古佳節，展之況成例。彼徒十日近，此乃三旬計。良朋悵久踈，高會庶兹繼。數擬倍竹林，交初締叢桂。謂大令。如何醉鄉人，託疾不肯詣？花晚鞠猶香，囊空酒堪貰。飛觥捫戰捷，鬬韻心兵鋭。客方勇可賈，主

反倦思憩。莫言晷影促，斜月又西逝。送客出柴門，支檠小窗閉。夜闌夢易醒，坐想疑隔世。（《亦有生齋集·詩》卷十四）

【立春日，招吴贊善錫麒、李舍人鼎元、張問陶、王蘇兩翰林，吴孝廉鼒、陳上舍嵩集亦有生齋，分得看字】條風纔應節，玉河冰已泮。折簡招故人，荒齋列杯案。消寒興漸闌，買春此爲冠。數典舉竹林，論交比松幹。燈殘促添燭，爐近思減炭。人生忽五十，簪勝亦可歎。且拌無量飲，莫學大衍算。酒罷舞不辭，遠聽雞聲唤。斗柄果東迴，送客出門看。（《亦有生齋集·詩》卷十四）

【次韻題張檢討問陶青棠客舍】歷盡山巔與水涯，青棠樹底又爲家。客能放達多如晉，詩帶悲涼每詠巴。閑傍緑陰書可讀，悶消白日酒頻賒。炎風看到秋風裏，難得長開是此花。（《亦有生齋集·詩》卷十六）

【八月十四日，招戴吉士殿泗、方員外體、薛舍人玉堂、童孝廉賡陽、張檢討問陶、邵進士葆祺爲度秋初集】闔闔風前酒瀉甌，是日秋分。居然人繼竹林遊。當頭恰喜初圓月，僂指還驚過半秋。苛禮盡刪容爾汝，醉鄉自大失公侯。請從隗始成佳會，拌到銷寒更典裘。（《亦有生齋集·詩》卷十六）

【爲張大令若采題張檢討問陶所畫橐駝】寫出明駝兆遠蹤，僧繇畫别有心胸。子卿臺畔人懷古，取酒還應發一封。

也共鹽車嗟久困，看馱石炭不曾閑。輸他千里塵高處，風腳長驅過玉關。（《亦有生齋集·詩》卷十七）

【銷寒第三集，吴庶子錫麒席上，詠張檢討問陶所藏方泰交《葛稚川移家圖》】稚川先生百無競，不羨封侯願求令。非欲爲榮以有丹，丹成老可祈長命。遂將子姪赴廣州，廣州刺史遮道留。洞天第七眼前是，著書暇即容優游。移家當屬此時事，誰寫丹青傳後世？曾聞盛懋作兩圖，一往一行都匠意。兹圖筆力亦秀娟，月泉款署康熙年。幾簏琴書雜雞犬，一門眷屬皆神仙。羽蓋飄揚風㚟㚟，鹿車人共征塗杳。漫誇照乘有明珠，玉樹丹光争月皎。男兒性命枉末流，宏農術懿山宗謀。先生獨超埃壒外，下視豺虎同蚍蜉。張君學道愛《抱朴》，尺幅高懸見私淑。嗟予坐受八口累，索米飢常效臣朔。雲煙富貴有若無，但未脱屣輕妻孥。羅浮地遠苦難縮，大滌華陽商卜築。（《亦有生齋集·詩》卷十八）

【題張太守問陶遺詩】痛飲常同燕市歌，驚心元伯遽鸞吪。性靈自是超流輩，終卷惟嫌近體多。後先宦轍與君鄰，予歷官青、登，君守萊郡。乞養曾輸勇退身。到底望雲迷蜀道，虎邱花月送詩人。（《亦有生齋集·詩》卷三十二）

【長亭怨慢送張檢討歸蜀】漸開到、將離時節，銷盡殘魂，又逢君别。萬里關山，杜鵑一路正啼血。餘寒珍重，怕易透，衣如雪。辛苦賊中歸須早，慰高堂情切。曲折望青天，蜀道何處、是君棲歇？蒼黄去也，莫忘卻、故人書札。恐異日、再過春明，我先把、江湖身乞。且努力行藏，後會茫茫難説。（《亦有生齋集·詞》卷三）

【減蘭爲楊米人題張仲冶畫蘭便面】寫蘭爲贈，兩兩素心持作證。泛遍光風，是處春歸一握中。久疎芳訊，孤負儂家陽羡近。别有關情，聽到琴傳空谷聲。（《亦有生齋集·詞》卷三）

【貂裘换酒爲張仲治題《雪中狂飲圖》】醉亦尋常有。怪寥寥、古今數子，獨傳人口。西蜀東吴天萬里，忽共尊前奮袖。卻正是，長安雪後。僵卧碎瓊呼不起，看繁星、歷亂如棋走。此樂也，世能否？丹青早入長康手。歎圖中、幾番離合，未堪回首。遷客夜郎今已返，謂稚存。君尚顛狂依舊。更笑我，病還强酒。寧可荒墳澆一盞，勝向它、丞相車茵嘔。身外事，盡芻狗。（《亦有生齋集·詞》卷三）

楊倫

【題張船山太史詩集，即用見題拙集韻】妙解都由慧悟生，近來詞苑最知名。幽奇楚岫蒸雲色，奔放巴江出峽聲。吟興終年常對酒，才人從古是多情。窮愁莫被工詩祟，《清廟》猗那詠太平。（《九柏山房詩》卷十一）

【甲寅上元日，法時帆宫庶招集吴穀人、羅兩峰、馮魚山、趙億孫、劉澄齋、汪劍潭、孫淵如、李介夫、言皋雲、張船山、何蘭士、王鐵夫、徐朗齋會飲詩龕，分韻得月字】令節數傳柑，足使清興發。況此帝城中，鰲山隱宫闕。庶子風雅宗，愛詩真到骨。結廬傍城闉，高齋裁十笏。滿壁羅瑶章，雲霞湧蓬浡。大書詩龕字，題榜鬱高揭。折柬招吾徒，春山正肥蕨。縱横綺席陳，瀲灔金尊凸。座客盡豪俊，意合無楚越。著書窺嫏嬛，説史究《檮杌》。苔岑有同契，初不論官閥。賤子田間來，肅衣始脩謁。雖無次公狂，妄庸笑魏勃。喜此值高會，如澠酒不竭。捫戰互角勝，拳勇學霜鶻。初覘壁壘嚴，未免驊騮蹶。酩酊亟登車，斜陽映林樾。恍乘吳船行，静坐聽搖兀。醉歸忘道遠，到門已飄忽。闤市上燈初，更踏天街月。（《九柏山房詩》卷十一）

【歲暮懷人絶句五十首（其十八）】西蜀奇人楊子雲，金貂换酒氣氛氲。千詩百賦揮毫就，蛟蚓於中可要分？張太史船山。（《九柏山房詩》卷十一）

劉大紳

【讀張船山詩集】寄菴八十鬢如絲，弔石哭梅埋鶴時。也似隨園留不死，南風煮酒讀君詩。（《寄菴詩鈔續附》卷十二）

【題即園詩集（其二）】浪説雲泥隔幾重，詩人自古作雲龍。去年死抱《船山集》，輸與蓬萊占一峰。（《寄菴詩鈔續附》卷十二）

【讀《韋廬詩集》】不死空山福有餘，船山讀罷讀韋廬。仙家懶授長生訣，負盡人間未見書。（《寄菴詩鈔續附》卷十二）

王復

【張船山太史過訪，以詩見投，次韻奉答，即送其還蜀】燕臺風雪飲芳醇，河朔重逢又暮春。對酒休嫌

樺燭跋，循陔最羡綵衣新。花甎視影才名重，柳岸攀條別思頻。後會還教期隔歲，相思珍重寄雙鱗。（《晚晴軒稿》卷六）

【二月六日，與屠笏巖刺史訂姻，招同羅兩峰山人、吴穀人編修、汪雲壑修撰、張船山檢討、趙味辛舍人，殷芥舟、楊西河、馬葦舟三明府集孫淵如比部寓齋，分韻得吟字】軟紅塵裏快招尋，小院東風賦盍簪。絲繫百年偕永好，箋分十客竝長吟。燭花送喜春争發，弓月流輝夜未深。笑口同開真不易，一卮還擬醉芳陰。船山、雲壑俱約再集。（《晚晴軒稿》卷八）

【雲壑招集葆沖書屋詠朱碧山銀槎聯句】客到乘春醉，江陰屠紳笏巖。杯行爍夜光。製從元代擅，錢塘吴錫麒穀人。款認碧山詳。鑿落精繆重，陽湖孫星衍淵如。玲瓏巧斲良。肖形疑博望，復。刳腹即空桑。雲漢天邊想，遂寧張問陶船山。神仙世外裝。槎枒芒角出，秀水汪如洋雲壑。觱沸濫泉藏。口窄同瓶守，紳。胸寬漫勺量。拍浮宜右手，錫麒。飛渡或中央。沈錫名先著，星衍。巢匏器可方。何年能貫月，復。始作記躋堂。虞揭交酬酢，問陶。孫朱漸表彰。流傳須有數，如洋。聲價遂殊常。不脛來燕市，紳。從頭溯魏塘。蓮舟摹太乙，錫麒。柳鍛學嵇康。慘淡因心搆，星衍。瑰奇識氣忙。于今幾兵燹，復。得此倍琳瑯。急灌醍醐頂，問陶。平澆磊磈腸。卷嫌蕉葉淺，如洋。剜比竹根强。换骨金三品，紳。騰輝錦七襄。味如傾曉瀣，錫麒。勢欲挽秋潢。小謫憐星使，星衍。相逢詫酒狂。未教隨羽化，復。耐且閲塵揚。浩渺東溟漾，問陶。淋漓北斗漿。佳辰逢曲水，如洋。捧劍更傳觴。紳。

（《晚晴軒稿》卷八）

汪端光

【讀亡友黄仲則《客中聞雁》詩，棖觸久之，感賦一首，即索船山和韻】絶徼荒厓好自休，未應辛苦到神州。身家那有無窮累，眠食翻多不解愁。海國菰蒲連夜雨，江鄉雲水隔年秋。只今南下書空斷，字字飄零杜若洲。（黄景仁《兩當軒全集》附録四）

【船山素愛余詩，秋來倡和之作甚夥。乃過蒙獎許，殊益慚惶，詞以答謝，即步遺悶詩原韻】莫將新詠比高低，峽裏哀猿各自啼。萬派詩當從我住，一時名愧與君齊。煙波釣艇興亡話，風雪旗亭醒醉題。留與後人思不盡，碧山青冢吊棠梨。（黄錫麒輯《蔗根集》卷一）

【驛柳和張船山檢討】金城書斷杳難尋，眼盼郵筒直到今。百樣飄零還作雪，萬般攀折豈成陰？關河繫馬東風大，亭堠棲鴉落日沉。千古行人都見慣，更無離别可憐心。（黄錫麒輯《蔗根集》卷一）

【半園詩録序】詩者，時也，所謂無失其時也。日月晦明，詩之正也；風雲雷雨，詩之變也。《三百篇》，雅頌而外，貞淫參半，正變所從分焉。漢魏去古未遠，至唐以詩試士，非前所爲詩矣。宋以詞擅長，故長公失之粗暴，劍南失之卑俚，大家尚且如此，況其他哉！迨元，遺山、雁門輩稍可自振，明七子出，一洗猥瑣之習，皆非若我朝之盛，真可跨越宋唐，追蹤漢魏矣。王、查、施、朱實創厥初，後之詩人接踵而起，簡齋、苕生、雲菘三前輩，執大江南北牛耳者垂數十年，譽者固多，毁者亦復不少，然均有所至。船山太史綜三家之長，子通受業船山，以故清麗排奡，不名一家，如出一手，子通可謂不負師資矣。

記嘉慶癸酉、甲戌間，船山往來平山、虎阜，贈子通詩有「一夕清尊結古歡，天涯少長共盤桓」及「五千里外真同調，爭不相逢另眼看」等句，其時子通甫十二三也，高軒過能專美於前耶？子通就試南北闈，均未發，而病幾殆，家復中落，客乃歸咎於所爲詩，此真以耳食繩人者也。憶余幼時爲詩，喜用死字，一時有汪生不長壽之讕語。今之視昔，頭其童矣。他日子通著作等身，年學並進，吾故曰毋失其時也。區區科名，豈足爲子通惜哉？船山有知，請質斯言。道光甲申春孟，儀徵磵曇老人汪端光序。（經濟《半園詩録》卷首）

王祖昌

【題張船山太史《寶雞縣題壁詩》後】忍讀新詩淚滿纓，當朝詩史屬先生。直將一管董狐筆，寫盡西川顛沛情。

杜宇聲聲不忍聞，夔巫山外哭黎民。從今國史添清議，工部千秋有替人。（《秋水亭詩草》卷四）

陳燮

【張船山太史行次盂縣，郵寄見懷之作，即次元韻】歌哭無端別後情，不緣標榜博時名。河當曲處常千

里，山以英呼是再成。秦樹迷離春後長，棧雲重疊馬頭生。遥知雞黍留賓日，定爲羈人感宿酲。（《憶園詩鈔》卷四）

汪學金

【六月初九爲李西涯先生生日，法時帆祭酒招同鮑雅堂郎中、謝薌泉侍御、趙味辛舍人、張船山檢討、周西麇明經集詩龕作禮，分韻得意字】詩龕無定相，圖者各以意。出示《詩龕圖》十餘幀。詩龕無常住，居者隨所寄。龕中老祭酒，尚友重風義。聞君有舊廬，云是西涯地。曠世忽相感，風雅託深誼。維兹覽揆辰，明水潔芳饎。陳迹一俛仰，巢痕掃難記。誰知敦好懷，苔岑罕同異。招要堅夙約，嚮往聚朋類。入室薦荷馨，當簷舞槐翠。油雲貯午凉，清緣信天畀。讀畫獲創覯，評史覈遺事。前明武宗朝，國是等兒戲。閹豎竊魁柄，跛扈覬神器。惜哉三輔臣，一朝去其二。相送出都門，茶陵徒掩淚。心跡嫌疑間，時論遂軒輊。甚乃詆黨附，豈副文正謚？君獨曰否否，留者大不易。委蛇濟時變，心苦力彌摯。嚮使慕高蹈，匡扶更誰冀？煌煌發鴻文，表章匪阿比。要之平情論，殊塗實一致。李公亦清流，劉謝未可議。悠悠思古情，切切景行志。宿草動秋風，驅車訪幽隧。同人有修復遺墓之議。（《静厓詩續稿》卷一）

【驛柳四首和遂寧張船山韻】癡煞行人愛晚晴，長郵累汝費將迎。道旁閲盡勞生跡，塞外傳來戍别聲。慘緑梳風明蘸水，昏黄籠月暗窺城。只緣一夕聽笳淚，摇落征南萬馬營。

昔日風光記染衣，而今憔悴減腰圍。笑渠也爲膺官苦，祝爾還須送我歸。陌上纏綿絲密綰，天涯飄泊絮狂飛。何如移向門前種，栗里先生老可依。

當門殘卒卧斜陽，生小何曾識故鄉。此樹婆娑同歲月，幾人攀折隔星霜。草驢蓆帽傷千里，寶馬香車鬧一塲。正是關河凝睇處，雁書遮斷不成行。

經年烽火接巴州，回首家山一段愁。送客眼青看擁傳，誤人頭白覓封侯。淒涼影亂聞雞舞，蕭瑟聲添飲馬流。試向勞勞亭畔望，煙條雨葉不勝秋。（《静厓詩續稿》卷一）

【七夕招鮑雅堂、吴穀人、法時帆、謝薌泉、張船山、趙味辛小集寓齋】故人京國每相期，秋雨門前著接羅。客裏也酬瓜果節，老來難賦女牛詩。鵲因尾濕頻捎榭，蛩爲聲寒漸偪墀。今夕天涯莫辭醉，微雲河漢捲簾時。（《静厓詩續稿》卷一）

【蓮士、少農招同吴穀人侍讀、張船山檢討、姚春木上舍集雙樹軒賞菊，分韻得書字】寒花不媚秋，意態各蕭疏。誰知耐久情，乃出澹寂餘。客從西山來，霜風吹滿袪。登堂酌美酒，五斗一軒渠。座有焦尾琴，聞者相欷歔。時春木失解。琴酒忽俱罷，花前夢蘧蘧。晚香韓相圃，真意陶公廬。解人得花趣，出處境一如。惜我故園徑，荒蕪誰與耡？花時不歸去，數寄山中書。（《静厓詩續稿》卷二）

周有聲

【新鄉旅次見張船山問陶太史壁間題字，漫書二截】年少聲名奈爾何，量才今古較誰多？一從太白騎鯨去，重見仙人出大峨。

塵漬紗籠亦偶然，欹斜題字興尤顛。誰知蓮燭歸來日，醉倒長安市上眠。船山在京師，曾一日醉卧市中，遇友人，掖之而去。（《東岡詩賸》卷九）

黄鉞

【次韻《驛柳》四首】繅煙織霧幾番晴，鞍背船脣到處迎。消遣驪駒多少恨，招來黄鳥兩三聲。怕聽羌笛秋横月，愛趁餳簫曉入城。翠掃戍樓題字滅，頹垣不辨是何營。

憶看新緑染春衣，卧水枯槎倐十圍。叵耐風波維艇住，寧甘攀折贈人歸。濃陰日午便休喝，狂絮天空得暢飛。移種靈和應不願，魚標酒望儘依依。

灞橋回首隔殘陽，萬樹迷離失故鄉。向夕頻驚邊堠火，未秋已隕塞門霜。搴條歌送新婚别，繫馬人來古戰場。枝葉可憐髠欲盡，翠顰雨淚不成行。

婀娜何須説鳳州，亭長亭短總含愁。門前蕭灑慚陶令，江上羈棲憶柳侯。爲閲人多常畜眼，自憐影瘦每臨流。書堂亦有陰深護，摇落西風又九秋。（《壹齋集》卷十五）

【再飲篔坡前輩直舍次前韻（其一）】風翻翠蓋翩翩舞，露學歌喉纍纍圓。一任狂言驚滿座，兩行紅粉總當筵。船山以引對御史至園，適與斯會。（《壹齋集》卷十九）

李鼎元

【十月九日，趙舍人懷玉舉續重陽會，招同邵侍讀晉涵、吴中允錫麒、葉編修紹楏、張檢討問陶、熊檢討方受、王給諫友亮、魏秋部成憲、伊秋部秉綬、周舍人有聲、桂明府馥、羅山人聘、家弟編修驥元，以「人世難逢開口笑，菊花須插滿頭歸」分韻得花字】十月號陽月，寒風散輕霞。重陽隔三旬，菊酒猶堪賒。平原發高興，愛客如愛花。清晨走長鬚，峨冠待日斜。製題出新巧，探韻何分拏！坐客十三人，好奇盡侯芭。如何陽春曲，而雜下里巴？酒酣脱吾帽，亦足傲孟嘉。何月無九日，何日無酒家？雅會出詩人，頓覺香齒牙。豈必佩萸囊，但願逢麴車。八月有端午，味辛句。詞客到今誇。（《師竹齋集》卷九）

【懷人三十首（其二十八）】船山阮籍流，天才自雄放。脱略同輩中，别具清狂狀。洛下有幾雲，名公斂手讓。麻衣匹馬歸，嗒然我心喪。檢討張船山暨孝廉張亥白。（《師竹齋集》卷九）

【王述菴少司寇昶因張船山索余詩集卻呈】生不識要津，居貧樂自足。文章況小技，敢用驚世俗。船山朝入門，目光動流燭。翻篋搜我詩，入手不暇讀。歡言侍郎至，文壇老頗牧。百戰少降壘，只爲此翁伏。千里奔國喪，十年淡榮禄。聲光爲景星，足音是空谷。藉藉道君詩，得隴復望蜀。知己獨斯人，我輩當痛哭！聞言心暗驚，信否轉難卜。回憶數載前，謁翁青厰曲。五至艱一遇，龍門峻如築。廢食自思過，羞將隻字瀆。昔何拒之嚴，今何問之淑？整冠試往探，閽怒又屢觸。怳然悟前疑，掃門非古獨。嗟予有兩膝，私室未曾促。今甘床下拜，祇候不嫌辱。愛名情最癡，多言謗仍速。豈不投時好，思之已爛熟。（《師竹齋集》卷十一）

汪廷楷

【輓張船山問陶太守】蓬萊作宦傲神仙，小住紅塵五十年。吹篴浮家姜白石，舉杯醉月李青蓮。政成渤海甿謳在，家住嵋山客夢傳。茂苑落花春意盡，魂歸蜀道泣啼鵑。（《節安堂遺詩》卷五）

師範

【遂寧張船山檢討船山《寶雞題壁》十八律，傳滿天下。《佇月圖》亦曾辱有題句】題壁詩成字字超，杜陵樂府左徒騷。筆端氣自摇山嶽，《佇月圖》空辱撫描。（《前後懷人詩》後附《二餘堂癸亥除夕紀懷詩四十八首》，其十七）

李長庚

【讀張船山太史詩，寄此奉懷】華國文章迥出塵，行空天馬有誰倫？眉山遠紹風徽古，鼇禁争傳結構

新。好句環生清到骨，筆花怒發艷於春。閑來屈指諸名士，才望如君得幾人？（《李忠毅公遺詩》，亦載乾隆《馬巷廳志》附録中）

【船山太史四十初度，見示新詩，次韻奉和】西川才子正芳年，緑鬢風流意灑然。學海文章瀛海客，詩家□□（原缺）酒家仙。錦袍燦爛承恩重，萊舞婆娑受福偏。何日相逢重贈句，頻將良晤卜金錢。（《李忠毅公遺詩》）

馬宗璉

【晚行山村懷王椒畦，兼寄張船山檢討】秋氣蕭然至，疏林落葉黄。山風偏料峭，夜月轉蒼茫。雁到傳書少，雞鳴引路長。誰堪同唱答，劍外有張郎。船山有「劍外張郎」印。（《校經堂詩鈔》卷一）

徐書受

【潼川張船山庶常至洛，偕令弟受之明經、柴雪橋、董超然、張愚亭及予遊櫻桃溝即事】錫市初看賭拔河，禁煙還各戲飛堶。争如萬樹隋珠底，日日紅裙細馬馱。

伊洛園亭近已空，賣花聲過太忩忩。姚黄歐碧無人問，賸有荆花十里紅。

内翰才名下水船，斑騅入洛望如仙。堪追上巳雙珠宴，合讓潘車得果先。

衛玠應愁看煞無，暫求禪榻寄須臾。垂枝莫認相思豆，當作牟尼百八珠。調受之。

星馳電掣急難收，鄉里多慚馬少游。特與詩人添故事，籃輿換得穩如舟。是日超然墮馬，遂易肩輿。

金丸逐彈燦成堆，猿臂弓能一石開。謂愚亭。若待聽琴山月出，更擔家醞滿瓶來。

難逢縠雨恰新晴，絶勝攜柑去聽鶯。遇酒便沽逢樹歇，好遊能得幾狂生。

兩年酒漬香山墓，八節灘頭傍夕曛。賈勇尚堪探少室，盪胸三十六峰雲。

虛將遊記壓歸囊，三月成都負海棠。日下更輸洪玉父，時得稚存貽札。大官應賜玉盤嘗。

梁州馬乳不須驕，到口能令絳雪消。何處思君最惆悵，錦江風物路迢迢。（《教經堂詩集》卷十二）

【駱駝灣見船山、亥白、受之題壁聯句，爲賦二絶句】遥遥西蜀幾千里，安有異才人不知？二蘇已去七百載，復見眼中三士奇。

籠紗愛惜古來難，滿壁蝸涎字不完。壓倒彌明與侯喜，好從《花萼集》中看。（《教經堂詩集》卷十二）

【舡山檢討，愚亭、受之兩孝廉】萬里蠶叢侍玉除，磨丹漬墨信非虛。探春洛社曾聯騎，待詔金門屢寄書。酒力尚添寒雪夜，詩情未減落花餘。贊皇爾日籌邊地，八百株桑有故廬。舡山爲文端公曾孫，故云。（《教經堂詩集》卷十四《懷人七律三十首》詩，其二十五）

王灼

【吴山尊置酒陳肖生寓齋，招同洪稚存、方道昆、朱習之、張船山小集】曲院延秋爽，虛簾散夕霏。荷風

吹澮宕，桂露墜依微。甕瀉松醪碧，盤燒筍脯肥。京華冠蓋滿，如此會應稀。（《悔生詩鈔》卷三）

蔣廷恩

【克勒馬有序】國初禮烈親王所乘良馬也，吾吴汪編修琬嘗爲作《傳》。今禮王子汲修主人屬張檢討問陶、高處士玉階補圖，命棠題之，謹作《克勒馬》樂府一章歌其事。克勒馬，産自黑江濱，來從白山下。身强七尺高籠嵸，竹耳蘭筋鐵作踝。旋毛露腹鱗甲動，肉角雙峰汗流赭。當年帝業開關東，房精降地騰紫虹。烈王英武佐撻伐，上馬下馬如游龍。薩爾滸戰奮蹴踏，二十萬衆驅沙蟲。魚皮烏拉暨葉赫，揮戈笪卻横追衝。披堅陷陣當者踣，仰天一嘯開風鬉。紀功檔子推第一，烏虖馬亦真英雄。王騎箕尾躡雲去，馬也悲鳴淚如雨。昂藏骨幹更向誰，蹢躅空槽委霜露。戀棧忘恩馬深恥，七日不食馬竟死。烏虖馬也真烈士，烈士英雄世所稀，馬乎馬乎兼備之！文章有神畫圖肖，想像營門顧盼時。克勒馬，快遭際。驊騮騄耳何時無，伯樂不逢歎憔悴。此馬從王立大功，毅魄長留在天地。不然老死櫪下同駑駘，無人驅策飛黄材，焉能蹀躞千里萬里馳風雷？即今秦蜀鼠妖尚憑社，安得駕爾霜蹄刷九野。犁埽邊塵命拚捨，駿骨重教後人寫。我所思，克勒馬。（《晚晴軒詩鈔》卷三）

錢栻

【己未秋七月招槑溪同張太史問陶、汪吉士如淵、舍弟枚寓廬小集，槑溪即席作詩，次韻奉酬】新秋天氣雁初回，恰喜清風入座來。治績爭傳畿輔地，詩名合上柏梁臺。感懷雲樹友朋契，裕後菑畬子弟才。十載相逢重話舊，多君厚誼美如醅。（杜群玉輯《如見所思集》）

法式善

【八月八日，同羅兩峰、趙味辛、張船山、何蘭士集洪稚存編修菤葹閣】疎影動林樾，淺涼生夕陰。冷花紅不得，誰與識秋心？

主人是詩佛，七客皆詩仙。落葉一庭滿，孤蛩殊可憐。（《存素堂詩初集録存》卷三）

【四月十三日，洪稚存、趙味辛、張船山集古籐書屋看藤花】言尋竹垞宅，曲巷深而窈。海波寺遺址，寒煙没翠篠。惟有古藤花，千枝萬枝繞。挫折幾風霜，凌空猶矯矯。百年曝書地，曾此集朋僚。詩成某也佳，花神必諳曉。賞花如諸君，不同俗客嬲。酒氣與天碧，春星吐林小。此花更百年，人與花同杳。佛樓聽暝鐘，斜陽數歸鳥。（《存素堂詩集録存》卷四）

【柬張船山問陶】玉堂散直瓦燈欹，雪緊風凄酒滿巵。零落梅花全不管，閉門偷寫畫眉詩。（《存素堂詩初集録存》卷四）

【題隨園梅花册用張船山檢討韻】風雪夜來多，攜酒向何處？山空不見人，梅花七百樹。（《存素堂詩初集録存》卷六）

【七月七日，吴穀人前輩招同桂未谷、洪稚存、趙味辛、伊墨卿秉綬、張船山、何蘭士集澄懷園清涼界，時未谷將之永昌】閉門就竹居，深怕接俗客。秋風颯然至，墮階梧葉碧。神仙展芳讌，瓊館敞瑶席。丹曦匿樓角，凉霧覆山脊。繞屋紅蓮花，不辨人行迹。一縷茶煙飛，精廬望猶隔。槐陰破窗補，草香空院積。開軒納衆賓，掃苔坐蒼石。酒氣忽騰雲，墨華洒滿宅。未谷酒酣作書。人生嘉會難，胡爲悲遠適？百年祇須臾，萬里亦咫尺。身苟與物忘，心不爲形役。蟬噪鷗自閑，烏黑鵠仍白。富貴不可求，歲月要當惜。舉杯問青天，今夕是何夕？（《存素堂詩初集録存》卷六）

【趙偉堂帥大令過訪不值，適將餞余秋室學士、洪稚存編修、趙味辛舍人，兼約張船山檢討、何蘭士郎中爲詩酒之會，並邀大令，先之以詩】憶我科舉時，即聆君姓名。及今三十載，望重官猶輕。長安號人海，比户多公卿。君獨愛詩龕，停車叩柴荆。貽我舊著述，金石淵淵聲。李白水西句，曠代無人賡。君乃其流亞，敢與雄長争。高建大將壘，吾欲韜旗鉦。行當就松下，斟酌桃花觥。梧竹黯然緑，夕陽陰復明。尚有數狂客，酣飲君無驚。千古事文章，四海皆弟兄。（《存素堂詩初集録存》卷六）

【竹醉日訪船山太史不值，遇雨話朱野雲鶴年齋中】余性不能飲，而好交酒人。酒人亦難得，結契惟蒼筠。今日竹醉日，出門詣所親。太史酒樓去，門外空車塵。驟雨驅午熱，清風來比鄰。揖我坐蓬廬，意款詞尤真。中腴外弗澤，道富躬甘貧。摇動一枝筆，天地爲之春。維摩畫中禪，證以彌勒因。何以藉詩龕，寫出羼提身。碧梧要孤直，怪石須嶙峋。三間藏書樓，半面捕魚津。水凉夜深至，天緑林風振。參差萬竹中，一客垂煙綸。倚石對此君，勝飲醇酒醇。隔牆忽大笑，秋影留吾皴。謂船山。（《存素堂詩初集録存》卷八）

【張檢討問陶】君於詩獨工，作畫本勉强。不過借酒力，一釋胸中痒。然我微窺之，時有出塵想。（《存素堂詩初集録存》卷八《詩龕論畫詩》，其十五）

【六月九日李西涯誕辰，鮑雅堂、汪杏江、謝薌泉、趙味辛、張船山、周西麋宗杭集詩龕】詩龕雖移居，繞居仍清溪。暑雨積三日，溪水時平隄。紅蓮高兩丈，挺身出青泥。年年六月初，賞花西涯西。釃酒壽李公，蒲笥雜黍雞。今歲禪侣來，入門故事稽。謂静厓侍讀。論事每平心，未肯輕訶詆。諸客感前會，零落增慘悽。生者煙樹隔，曹儷生、洪稚存、石琢堂、章石樓、顏運生、何蘭士、王惕甫、宋梅生、吴蘭雪、金手山諸君。死者秋墳迷。羅兩峰、王葑亭、姚春漪。我還語諸公，物我焉能齊？日暮散群雅，各就林間棲。李公墓已剗，麓堂詠重題。照人西涯花，潭影深鳧鷖。（《存素堂詩初集録存》卷九）

【立秋前二日，同鮑雅堂、吴穀人、汪杏江、趙味辛、張船山集謝薌泉知耻齋迎秋】西涯修禊記前期，戊午立秋前二日，約同人於西涯賦詩。又到西涯折藕時。出郭風光閑始覺，欲凉天氣病先知。井梧不肯傷摇落，驛柳無端賦别離。穀人、船山時賦《驛柳》詩甚工。更約斜陽衰草外，秋墳掃罷詠新詩。薌泉撰《募修西涯墓引》。（《存素堂詩初集録存》卷九）

【驛柳詩四首次張船山檢討韻】山邊陰自水邊晴，此柳何心綰送迎？旅客流鶯徒伴語，衰年去馬怕留聲。月昏寒色黄無路，雨歇春煙緑在城。憔悴可憐猶古道，生平不識亞夫營。

當年感爾染宫衣，老樹婆娑已十圍。石室日高雅不睡，茅亭花暖燕仍歸。絛曾繫馬休輕折，絮倘沾泥莫更飛。詎少閑村耕釣侣，柴門沙瀨鎮相依。

濯從秋雨晒秋陽，那辨他鄉與故鄉？身世百年多過客，關河千里況飛霜。小橋流水思前渡，明歲春風是後場。草長鶯飛感興廢，煙絲露葉一行行。

貔貅十萬下荆州，鐵騎金風漫寫愁。老卒有人思報國，將軍一輩又封侯。斜陽孤館偏疎雨，衰草長隄未斷流。我不天涯感摇落，紙窻竹屋自吟秋。（《存素堂詩初集録存》卷九）

【七夕汪杏江招同吴穀人、鮑雅堂、謝薌泉、趙味辛、張船山芥室小集，分賦洗車雨】洗車雨，天上來。眼中淚，心裏灰。長橋宛宛雲門開，爾車不行胡爲哉？安得祝風吹雨行，銀河倒瀉玉壘城，洗車不如還洗兵。長安春雨貴如油，秋霖過多農夫愁。車上之塵盍少留，君不見，郎牽牛。（《存素堂詩初集録存》卷十）

【立冬日，趙味辛約同吴穀人、鮑雅堂、汪杏江、謝薌泉、張船山、戴金溪敦元亦有生齋消寒，即席次味辛韻】霜氣遠林肅，寒葩色孤展。柳巷積潦衝，蘿軒荒蘚踐。遂覺溪上風，到此吹亦善。刻燭償宿逋，追呼終不免。境險造道深，心平出語淺。光景取現在，何事徵故典？遊興託北邙，嗟誰糗糧辦？味辛約遊北山。鐘聲斷春水，幡影指秋巘。塵俗釋無術，坐待山靈遣。在在有衡泌，勿笑漁翁湎。蒲芳更鯉肥，草堂濁醪餞。薄買陽羨田，清夢梅花蕆。（《存素堂詩初集録存》卷十）

【夜間雨雪甚大，晨起胡蕙麓大令邀遊極樂寺，候翁覃溪先生及吴穀人、趙味辛、張船山皆不至，禪榻話舊，抵暮始歸】雪聲續雨聲，山風隔夜送。林葉催鴉起，朋柬促驢鞚。出郭投荒寺，初日松梢凍。老僧鐘磬廢，清晝杞菊弄。客久困塵鞅，暫來懷抱空。城頭雁飛滅，石根蟲語閧。寒緊萬竹凄，煙

瞑一鈴動。宛坐江蓬底，翦燭話詩夢。（《存素堂詩初集録存》卷十）

【偕吴穀人、汪杏江、謝薌泉、趙味辛、張船山、姚春木於鮑雅堂齋中消寒，分賦飲中八仙，拈得汝陽王璡】居高身益危，處熱心獨冷。迢迢花萼樓，大被承恩永。友朋結緒賀，山水愛箕潁。黄塵抗烏帽，古月抱秋影。香螘浮樽遲，渴虹投澗猛。恨我非酒人，客中坐如癭。猶得稱頑仙，《霓裳》詠俄頃。（《存素堂詩初集録存》卷十）

【張船山爲趙穆亭承杰畫木石秋色】君家世工詩，山水氣獨厚。長安住幾年，江村自梅柳。縮地苦無術，光景胸中有。張顛足奇趣，使墨如使酒。頃刻西湖煙，紛紛落顛手。日暮霜氣清，林葉寒日久。松石少亦佳，老態不嫌醜。作畫與作詩，總難脱窠臼。此境極荒寒，身疑在田畝。人是柴桑翁，路是輞川口。畫耶亦詩耶，展卷君自剖。（《存素堂詩初集録存》卷十二）

【臘月十九日，石士齋中同蓉裳、船山、玉方、鍾溪希曾拜東坡生辰，船山畫公像，石士更乞爲山谷畫像，因論及二公詩】大雪隔斷城南路，晨起雅聲噪晴樹。故人畏寒方掩廬，飲酒有時還讀書。爐香隱隱沉虚閣，我卻登堂踐幽約。三杯手酌酹東坡，七百年華彈指過。峨眉秀色鍾吾友，謂船山。詩畫當今無對手。潑墨偶寫坡仙圖，坡仙飄洒隨吾徒。西江詩派定誰續，欲畫涪翁配玉局。學使新渡瞿塘來，極言蜀地多清才。張顛仰天忽大笑，坡谷吾皆識其妙。君等慎勿誤皮毛，謬之千里差釐毫！心境由來即詩境，世上紛紛賞形影。楊侯學詩三折肱，一聞此語深服膺。勸我歸家且高卧，下筆先須萬卷破。請看蘇州與柳州，不着一字得風流。胸中要自有依傍，匪是從人乞花樣。酒殘

帳底梅花香，竹簾暮捲春雲光。（《存素堂詩初集録存》卷十二）

【題張船山畫梅送銀槎回里】梅花在江南，家家許飽看。君自江南來，别梅揖野岸。春明住幾時，夢輒到梅畔。今歸鄧尉去，暗香浮酒幔。船山清曠人，詩筆夙精悍。近復愛寫生，百怪隱攝腕。借梅抒君意，槎枒出枝榦。平生冰雪心，莫爲榮枯换。（《存素堂詩初集録存》卷十三）

【宿接葉亭，得詩三首呈衣園，并索載軒、墨莊、薌泉、廉堂、船山、山尊同作】殘雲歸徑阻，淡月高林上。酒杯偶到手，詩情遂孤往。好官或勉致，良朋實難强。年年此佳會，不獲得三兩。青山隨在有，黄葉接時響。孤枕落遠夢，一亭天地廣。

孤亭已百年，萬葉争一緑。當年初白翁，襆被曾此宿。秋懷我不淺，醉眼逢寒菊。主人愛我詩，留我住詩屋。搜句愁枯腸，數典愧枵腹。淡語自深至，庶幾免塵俗。

一時座上賓，各各天下才。當年朱竹垞與湯西厓，曾幾芳筵開。詩成取怡悦，今昔休輕猜。雲影冷不動，夜氣生酒杯。老樹勢突兀，白月中徘徊。吾當跨一驢，日踏秋陰來。（《存素堂詩初集録存》卷十五）

【張船山檢討】峨眉山月清茫茫，巴江流水秋浪浪，鬱結奇氣成文章。太白仙去東坡死，大筆淋漓屬吾子，玉堂人物那有此？病媪持扇求題詩，老顛高卧忘朝飢，東鄰饋酒吁何遲！（《存素堂詩初集録存》卷十七《樂游詩》，其七）

【張船山畫山水】顛張每作詩，思必超物外。畫從詩中生，那復着塵壒？畫山不畫峰，畫水不畫瀨。

峰瀨豈不好，落筆防其太。但取己胸臆，坐與萬象會。謝盡皮與毛，手筆所以大。我敢託畫禪，衹自抒詩籟。把臂峨眉顛，舉酒蒼雪酹。（《存素堂詩初集録存》卷十九）

【題船山畫】客從青山來，青山不知處。秋猿只一聲，萬里踏雲去。（《存素堂詩初集録存》卷二十）

【菊既未花，朱埜雲欲即景作圖，張船山以無酒爲悵，再賦此章】秋陰一片下城來，竹樹蕭疎菊未開。天許此花矜晚節，世推吾輩擅清才。樓臺有分成圖畫，風雨無緣入酒盃。煨筍燒猪余不辦，暫時閑暇遠塵埃。（《存素堂詩初集録存》卷二十一）

【正月十七日，張船山招同人集蜚鴻延壽草堂爲余作生日，賦詩各以其字爲韻】月前拜東坡，未和蘇齋詩。强韻拈幾回，空自勞心脾。看燈紫陌歸，短札城南遺。知好釀金錢，戒旦春酒治。我年五十三，顔髮蒼白滋。及今不行樂，行樂將何時？凍梅伏瓦盆，新放三兩枝。溷迹風塵中，猶勝桃李姿。

幽齋絶管絃，曲院迴松杉。一桁西山青，風送層簷嵌。坐客皆詩流，佳句煩鐫鑱。我衰百不能，大嚼娱貪饞。殘葉響空壁，濁酒污朝衫。登車望林月，已在城頭銜。摩挲故人書，星斗翻雲函。杏花計日紅，細雨迷江帆。時以查梅史詩示坐客。（《存素堂詩集録存》卷二十一）

【張船山爲王竹嶼鳳生畫《江聲帆影之閣圖》，吴蘭雪賦詩，感而有作】北人不作南人夢，江上輕帆任風送。船山之畫豁余眸，蘭雪之詩益余慟。秋水閣只大如斗，我與阿翁初執手。二十年前積水潭，余與葑亭及船山、蘭雪遊積水潭，今二十年矣。荷花如舊人何有？玉樹交柯一枝折，謂香圃。七字吟成句

幽咽。至今遺集比《斜川》，當日抗行軾與轍。白下風光抛不得，青山仍作六朝色。有魚可釣酒可沽，如何容易去鄉國？手翦竹燈照窗紙，紙上秋煙吹欲起。筆墨化爲明月光，感人瀉入肝脾裏。我避炎歊如避仇，看荷日上河邊樓。江是白雲帆是樹，野人只似沙汀鷗。（《存素堂詩初集録存》卷二十二）

【張船山侍御】君試大廷我收卷，看君掣筆如掣電。新詩萬首投詩龕，西川復見楊升菴。柏臺一入交遊少，冷落朱門絶飛鳥。小箋重疊酒痕多，挑燈坐待春山曉。（《存素堂詩二集》卷四《題交遊尺牘後現在之人》詩，其二十一）

【佇月樓三疊張船山韻，君時出守萊州】盟寒十載比官寒，君自住聽雨樓，後十年不與人往來。聽雨樓中一枕安。掉臂君何愧龔遂，補唇我敢侣方干。時余乞病。袖中東海臨風起，島外西山拄笏看。露氣定知庭下滿，詩成分饋菊花團。（《存素堂詩二集》卷五）

【病中雜憶（其七）】清狂一代張公子。船山。飲酒歌詩有别才。閉户十年成巧宦，果然歸去拜庭前。（《存素堂詩二集》卷五）

船山，遂寧相國之玄孫也，廷試時，余以受卷識之。其詩如「野白春無色，雲黄夜有聲」；「沙光明遠戍，水氣暗孤城」；「人開野色耕秦時，鷹背斜陽下茂陵」；「閑官無分酬初政，舊硯重磨補少年」；「吴楚秋容都淡遠，江湖清夢即仙靈」；「飲水也叨明主賜，題橋曾笑古人狂」；洵未易才也。（《梧門詩話合校》卷三）

劉大觀

【答船山歲暮之作】寄得魚牋附以詩，蕭疎情性獨余知。居官味取榮枯外，見客眉舒醒醉時。牙笏上朝猶苦重，繡輿迎母卻憂遲。撑腸幾萬牢騷事，吐作瓊琚玉佩詞。

揚風扢雅爲餘事，誰識賈生胸有書？秦嶺蠻煙猶突兀，劍南毒草未芟除。雄心欲藉長戈荷，怒髮空勞慧婦梳。一語慰君君記取，洗兵即在暮春初。

酌量冷暖因人品，裝點糊塗藉酒杯。簑笠無緣身欲老，風雲有路志難灰。牆根筆帽堆成塚，巷口車聲響似雷。大雪連朝門緊閉，催詩符至偶然開。

黑夜長街哭二雲，妓樓茶館盡聽聞。如何引出傷心淚，衹以能爲絶世文。衣到看花隨處典，金非諛墓有人分。風情如此真瀟灑，我買湖絲欲繡君。（《玉磬山房詩集》卷三）

【寄張船山】頻招吟侣躡青巒，又督篙師刺碧瀾。渚柳依人成舊識，畦菘挾露入朝餐。風中梵語愁都盡，笛裏秋聲夢亦寒。聞得故人持繡斧，定應披腹獻琅玕。（《玉磬山房詩集》卷五）

【題張船山灤陽紀行詩後】劍外何人接大蘇，遂寧胸次走驪珠。筆如泉湧神先到，語不雷同趣自殊。名士改官仍磊落，奇峰出塞轉縈紆。一鞭秋色吟疆索，何待倪黄作畫圖？（《玉磬山房詩集》卷六）

【寄張船山四首船山守萊州，不數月引疾辭官，客游吴下】寄我猶存日下詩，秋來難遣暮雲思。非關鎩羽生惆悵，每到看花念別離。組解黄堂身退勇，歌聞《白苧》櫓摇遲。一帆風送梅多處，時索幽香到劍池。

元墓已尋香裏雪，大勞猶夢雨中山。襟懷自昔高於衆，猿鶴從今愛爾閑。塔院危厓摩屼屼，僧寮短榻聽潺潺。珠回性水澄清後，即是蓬門亦畏還。

形非鐵石不禁磨，林下幽棲倦鳥多。潘榕皋范芝巖收書貽子弟，吴穀人孫淵如買宅入煙蘿。千秋史醉三蕉葉，半日碁銷一斧柯。君試靈巖峰頂望，野王城北有漁蓑。

殊鄉棲泊草廬新，手種篔簹漸吐筠。瘦馬著鞍無健僕，荒厨檢麥有恭人。質衣猶買河陽畫，掃地非嫌庾亮塵。一事想來真有憾，兩家都少石麒麟。（《玉磬山房詩集》卷八）

【書船山詩集後】秋夜燈牕有好詩，夢回還復起吟之。編年欲試功深淺，感事爲書境險夷。大率窮愁磨傲骨，頻緣跋涉搆精思。一麾支郡無多久，天不憐才更可疑！

生自遂寧宰相家，夢中毛穎夜開花。厄桐留尾調宫徵，繡虎臨風弄爪牙。棲泊武昌衣有淚，迴翔文苑出無車。窮通盡是攢憂地，秀句中含怨與嗟。

驛壁揮毫月影沈，悲傷心是少陵心。督師無勇兵先潰，糜餉多年賊未擒。棧道寒潭凝怨血，關門殺氣釀秋陰。歸途時下蒼生淚，故遣牢騷托苦吟。

人緣困苦鍊聰明，别有乖厓古性情。齷齪何堪垂秀目，昂藏始許戰奇兵。一腔芒刺生前酒，萬斛珠璣死後名。埋骨無兒歸未得，招魂惟有杜鵑聲。（《玉磬山房詩集》卷十一）

【莫青友少司空詩序（節録）】曩初識青友先生，在朱章甫侍御座間，談未深，匆匆别去。越數年，予作牧遼左，先生以少司空奉使留都，始與先生欵洽，所言皆經世要務，無客氣，無庸語。或言及於詩，瀾翻舌本，遂滔滔不窮，蓋有真性情者，不覺其天機之流露也。又越數年，予詣都下，先生讌客於紫藤書屋，來赴約者，法祭酒時帆、張太史船山、楊户曹蓉裳、滿洲布衣英夢禪及予爲五人也。時帆、蓉裳性恬静，言寡而意深；船山疎放，或終日不言，言必排今抗古，聳聞舉座；夢禪生於閥閱，其祖、父、昆弟，高軒駿馬，炫耀於九衢而已，獨隱於畫，工於皴染，得麓臺、煙客、且園、南阜之三昧，視簪纓若贅物也。數君子無一熱人，率不合於時宜，而主人契洽之，其性情可知矣。知其性情，而詩之發於性情者可知矣。（《玉磬山房文集》卷一）

殳慶源

【書《船山詩鈔》後四首】絶世仙才絶妙詞，銅琶鐵撥寫哀思。胸無蒂芥吞雲夢，客有飢寒感别離。行役蹇驢多不偶，命宫磨蝎悵何之？誰知漂母千秋後，漢水還逢一餅師。先生未遇時，寄居漢陽八年，時時斷炊，賣餅者日貽數餅充飢，集中有詩紀其事。

烏衣子弟相門來，奇曠襟懷鬱不開。枉説驚人時有句，誰憐避債竟無臺？雙鸞舞鏡遊仍倦，五馬班春志已灰。試問清華諸侍從，可曾幾見謫仙才？

吟情畫意兩無聊，望重詞林冰一條。述德范喬能執硯，罷官吴市尚吹簫。山川萬里供詩寫，魂壘平生借酒澆。更有胸中邱壑在，興來潑墨上生綃。

緑楊城郭畫船開，桐帽棕鞵拍手來。放論狂歌原達者，讀《騷》飲酒本奇才。半生宦迹貧無補，一曲《家山》念可哀。回首青天巴蜀遠，至今魂魄尚蘇臺。先生歸道山後，即葬吴門。（《小栗山房詩鈔二集》卷一）

【再題《船山詩鈔》後】羨魚何必定臨淵，閑散仙曹各有緣。末路英雄儘魔障，東坡老去亦逃禪。（《小栗山房詩鈔二集》卷一）

謝振定

【送允二娱令雲南次船山韻】迢遞南雲惜此行，酒樽詩版帶離聲。論心正有千秋業，對面偏多萬里情。騎象班春新長吏，裁花作句老經生。滇池不斷雙魚信，惟盼來歸政早成。（《知恥齋詩集》卷四）

【庚申六月九日，與汪杏江、趙味辛、鮑雅堂、張船山集詩龕爲李西涯生日，即用西涯「秋風吹芰荷，西塘涼意早」之句，分韻得芰字】造物忌盛名，嗷名乃爲累。如何終古人，擾擾爲姓字？西涯富文采，不辱身全善類。才本斗山齊，望可韓歐嗣。塋葬待醵金，清節良不愧。伴食詠子規，綺語工蜚刺。不知寬一分，民受一分賜。台輔尚肥遯，匡時復何冀？吾輩申公評，薦馨暢遐寄。所嗟土一邱，未有窮碑誌。豐前而嗇後，勤理互相值。臨風懷鄉型，忽下千秋淚。禁煙綿上寒，角黍湘中饋。古來直道行，所争匪名位。成齋門下士，一散如煙穗。豈意後來者，復有瓣香致！此日詩龕中，將詩換一醉。焉知後視今，不薦楚狂芰。（《知恥齋詩集》卷四）

【六月既望，鮑雅堂、吴穀人、汪杏江、法時帆、趙味辛、張船山同集作迎秋之會，分韻】誰共探秋信，詩豪並酒豪。好風送殘暑，終日醉醇醪。抱蕋蜂兒茁，將雛燕子高。清光來斗室，消受獨吾曹。面面疎櫺敞，容身一小舠。豆花新雨足，蟬響夕陽高。近市塵心遠，敲詩險韻牢。更當崇晚節，佳會訂題糕。（《知恥齋詩集》卷四）

【驛柳四首和船山韻】千樹垂垂雨又晴，南舟北馬費將迎。蛾眉乍展春旗色，軒舞翻隨堠鼓聲。幾許閑愁牽灞岸，無端長涕隕金城。憐渠宛轉風塵裏，儘送征人萬里營。

當年九烈染春衣，指點郵亭翠幾圍。風笛自來悽欲斷，星軺曾此送將歸。山村過雨煙無那，酒店吹香花亂飛。畫角一聲人去遠，啼鶯鎮日尚相依。

絲絛低欲挽斜陽，綰我浮蹤在異鄉。記得荑生融湛露，那堪髡後飽嚴霜！誰家幽夢千山路，終日銷魂萬馬場。安得風流似張緒，靈和殿裏一行行。

烽煙計日靖秦州，送客關門動遠愁。旖旎風姿懷孝伯，嶄新壁壘憶條侯。輪蹄冉冉浮雲掣，歲月堂堂逝水流。青眼看人忙未了，得知潘鬢易驚秋。（《知恥齋詩集》卷四）

【題張船山爲陸某畫《寄梅圖》】姑射仙人不染塵，幾生修到此花身。陸郎句共張郎筆，寫出江南一段春。（《知恥齋詩集》卷五）

孫星衍

【次韻答船山翰林見慰墜車之作】慚媿犇車自墜車，翻勞賓客到門閭。求醫幸得千金術，便廢應成一代書。物有危機因力盡，命多磨蝎悔名虚。八騶縱有前頭路，何似江湖戴笠初？（《芳茂山人詩録》卷三）

【又答船山翰林】十丈塵中觸熱馳，何人博得畫兼詩？前車好作登車鑒，不在平常醉墜時。（《芳茂山人詩録》卷三）

【張太守問陶爲予題半身小影，次韻答之】江湖差喜一尊同，懶聽高軒接鉅公。曾子不妨生蜀國，步兵原可號江東。頻來放櫂非緣雪，自欲收帆不問風。後世相知儻相識，莫因名位薄楊雄。（《芳茂山人詩録》卷六）

【次韻贈張船山】避俗君能戒獨清，浮家我亦學逃名。但令人愛陶元亮，未必途窮阮步兵。中酒好忘經世志，著書聊遣暮年情。長安令僕多才俊，不用牛衣問仲卿。（《芳茂山人詩録》卷八）

【慶方伯以其尊甫尹文端公遺象及袁簡齋、王夢樓象合裝成册，又自寫小象，并寫張船山及予象，彙爲一册，屬詩紀之】傳衣箇箇喜聞詩，繡佛人人願買絲。雅集西園曾作記，風流東閣許重窺。三朝共寫耆英會，半面真成曠世知。鍾鼎山林各千古，後人須恨不同時。（《冶城遺集》）

唐仲冕

【弔張船山太守】斯才不世出，醉筆列仙儔。古柏含春氣，長江蕩濁流。童烏音竟杳，老鶴志難疇。幾日楓橋泊，披圖墨瀋留。（《陶山詩録》卷十五）

方元鵾

【酒星贈張船山太史】常疑天上無詩星，惟有酒星勸我酌流霞。二星若缺一，玉清雖貴不足誇。天寶年間有太白，始以金星謫世爲詩家。長爪郎君嘔心鬼，秋墳獨唱無箏琶。天公篡取何太速，恐是二十八宿牛與蛇。邇來千餘年，地上蟲豸紛如麻。酒肉腹腸煙火味，讀驚人語憎聱齖。拘聲縛律果何物，白雪樓吟井坎蛙。糞壤髑髏遑姿首，山鬼見之亦揄揶。天公乃大悲，此穢不可爬。臣白臣賀昧死上，臣有鐵一寸，乃是古鏌鋣。願爲撐天拔地一枝筆，上以書元化，下以紀幽遐。天上星官不敢舉，唯有酒星旁睨頤呀呀。不知何年偷得走下界，虛空簸弄紛天葩。手縛悶鈍牛，一一施鞭檛。誰容蚯蚓竅，更作蒼蠅譁。左盧仝，右任藩，中間攫金之老又高吟冰柱與雪車。清入心腑，寒生齒牙。搥壁大叫，狂風捲沙。世人但詫老船好詩句，不知是酒星十指沸沸蒸出青蓮花。是時伍喬一星久謫在人世，窮廬抱影長吁嗟。既不學女郎簪花炫風格，又不爲群兒潑墨塗老鴉。鑪錘鍊得萬古鐵，補天手欲追皇媧。道中逢酒星，舉手相邀遮。我船山，君船鐵，二船比並肩相差。拍浮復拍浮，人海無津涯。東瀛一甌不供作，醽醁俯吸如就罇罍窪。醉來盤礴解衣立，毛孔各有百千萬億詩仙詩佛詩妖詩鬼來與下土祛淫哇。（《鐵船詩鈔》卷九）

楊芳燦

【積雨柬張船山檢討】積陰塞宇宙，西山失崔嵬。盲風浩呼洶，白雨爭喧豗。中間更作氣，鼓以雌雄雷。岌然海水立，巨浪排空迴。朝愁朽柱折，夜聽隼牆頹。參軍屋漏中，愁顏苦低摧。兩日幸小休，料理叢書堆。詩逋積盈案，紙背生莓苔。最憶張景陽，愁霖句新裁。溼薪然爆竹，破竈昏煙煤。屠沽有酒食，吾輩甘蒿萊。君昨示我詩，曠代驚奇才。猛炬出犀燄，寒星迸驪胎。我如獲至寶，摩挲日千回。近忽秘之篋，扃鐍不敢開。恐此發光怪，拏攫蛟龍來。（《芙蓉山館詩鈔》卷七）

【禮烈親王克勒馬圖歌克勒馬者，王所乘良馬也，汪太史琬爲作《傳》，見《堯峰文集》。王裔孫汲修主人屬張檢討問陶補圖，同人賦之】乘黃茲白世希見，渥洼大澤虯龍變。午夜天門裂帛聲，房星墜地光如電。肉騣突角何權奇，奮迅不受黃金羈。長鳴矯首望八極，恍如擇主心然疑。一自風雲從帝子，馬心甘爲英雄死。辛苦沙場百戰身，桃花血濺旋毛紫。角聲吹動蒼山根，二十萬衆連營屯。蘭陵入陣勇無敵，馬是天馬人天人。銜枚飛度薩爾滸，定鼎奇功成一鼓。霜蹄蹴踏萬里空，人是人龍馬真虎。悲嘶蹢地地湧泉，金瘡洗合形神全。鉦鐃凱樂沸官驛，平沙怒步歕長煙。百年部曲同聲哭，殉主空槽絶芻粟。王蕘，馬聞哭聲，不食而斃。作歌長憶望雲騅，刻石偏遺忽雷駁。雄姿此日重追摹，猛氣猶足吞羆貙。想見横戈斫堅壘，陰風慘澹群靈趨。賢王選馬如選將，制勝百中能用壯。當代寧無出世材，會看太乙昭神貺。（《芙蓉山館詩鈔》卷八）

【百字令十四夜月，吴穀人先生、張船山檢討招飲，八疊前韻】詞壇鉅手，數叔庠淹雅，景陽遒上。緑酒分曹邀客醉，逸興一時飛颺。隔座藏鉤，交竿舞蔗，鼓擿銅丸響。狂歌痛飲，九分圓月堪賞。漫道磨盾飛書，横戈入陣，萬里風雲想。縱使功名垂竹帛，不抵一杯新釀。釣渚波平，漁舟夢穩，懶破長風浪。黄雞白日，玲瓏且慢催唱。（《芙蓉山館詞鈔》卷二）

嚴學淦

【張船山太守畫册爲楊子堅題】劍戍群山插天紫，一峭奇峰八百里。長江東瀉下瞿塘，剪斷三峨兩眉翠。翰林仙人載酒來，東坡太白皆天才。後先起，張公子。相見京華二十年，揖别東諸侯去矣。零亂桃花數點鷗，船山句。錦袍烏帽江南遊。雛鬟澹寫虎兒筆，頗似江横北固樓。我家潤州爲蜀客，蜀中客寓天隨宅。畫是江南粉本傳，人留劍外飛鴻蹟。君詩下筆如青蓮，張公作宦同坡仙。雲龍相逐亦佳話，畫中踐約真前緣。江山風月還如故，電火流光失烏兔。千年白鶴倘飛來，一抹寒煙六朝樹。時船山已下世。披圖我見故鄉山，故鄉山裏人初還，與君薢逅開心顔。不知低眉折腰何自苦，洗滌塵襟不盡三十六折湘波灣。幽蘭香，白蘋渚。九疑山下多紅雨，又遣飛花賺漁父。余試令楚南，奉家大人諱還京口，始晤子堅。不及君藏鷴突圖，幽姿媚爾潛虬舞。燕燕尾涎涎，張公子，時相見。不相見，心凄然。觸我蓉城走馬海棠顛，一路桃竹橦花妍。陴筒酒滴珍珠泉，醉倒東坡藥玉船，匡山居士不見歸來年。余客蜀最久，船山家於蜀，罷官後寓吳門，遂不歸。讀畫與君同憶舊，過眼雲煙猶在手，人生安得如汝壽？（《海雲堂詩鈔》卷十二）

楊瑛昶

【寄懷張船山問陶檢討】不作温忠武，居然第一流。才能賤科第，學可讀墳邱。骨重非關傲，心空肯貯愁。頭銜天爵貴，自署醉鄉侯。君有小印曰「醉鄉侯」。

詞人多在蜀，況復謝公孫。船山爲遂寧相公元孫。載得西川月，來開北海尊。問奇無熱客，分韻有諸昆。真覺山林氣，車聲不到門。「門外車聲漸掃除，春寒頗覺故人疎。京朝官有山林氣，日辦虀鹽夜讀書。」船山近句也。

十丈紅塵裏，終朝静掩關。身禁千日酒，天借半生閑。竈不因人熱，詩多倩婦删。配林韻徵工詩。君家有京兆，只解畫眉山。

索詩兼索債，辛苦歲寒心。緣覺相逢晚，交從别後深。天心齊順逆，人事判升沈。努力千秋業，茫茫任古今。（《燕南趙北詩鈔》卷二）

【題石甫游藝山房詩（節録）】軟紅人海驚望洋，詩名競數汪與張。謂劍潭、船山。愛忘其醜於我厚，逢人指説桐城楊。（《燕南趙北詩鈔》卷三）

【己未初冬六日，同張船山、汪劍潭、潘石甫崇效寺看菊，遂登陶然亭（其一）】城西古寺得幽尋，朋輩招邀共入林。白社難尋千日酒，戲謂船山。黄花辜負九秋心。寺中餘殘菊數本。何妨小步成高會，轉爲偷閑惜寸陰。我亦軟紅塵裏客，十年浪迹到而今。（《燕南趙北詩鈔》卷四）

【題船山爲徐心田作畫，即次船山韻】船山作畫非人間，胸中雲氣時往還。十指得酒出奇境，令人忽見峨眉山。（《燕南趙北詩鈔》卷四）

【潞河旅次與劍潭夜話，有懷船山，時船山分校北闈】清話思君夜漏移，好求方叔慰相知。驚心天上吴剛斧，恨事人間搏浪椎。添燭應憐門外客，搜奇定駐手中巵。青衫白紵三千士，可有詩名替左司？（《燕南趙北詩鈔》卷四）

鄭大謨

【次韻和張船山太史同年《即事》二絶】船山詩酒舊知名，十載重逢訝不情。酒竟無緣詩亦吝，拚將心事計蒼生。原作有「醉鄉回首忽無情。」
潛窺寶笈露精光，十笏書齋墨一床。宣室不徒前席問，彩毫應爲謝恩忙。（《青墅詩鈔》卷九）

伊秉綬

【同桂未谷進士馥，張船山檢討問陶夜訪陳笠帆曹長預小酌】晚凉同盼雨，疏磬落生煙。忽報月初上，因知人未眠。燈光深竹裏，夜氣小山前。洗盞留斟酌，閑論《種樹篇》。（《留春草堂詩鈔》卷二）

【七夕雨中，同洪稚存編脩，趙味辛舍人懷玉，張船山檢討宿吳穀人侍讀錫麒澄懷園直廬三首】五人七夕澄懷宿，別緒秋心落水雲。薄醉未成慵就枕，亂蟬聲雜雨聲聞。

蔚藍天映濯龍低，霽入黄昏晼晚迷。未必魚知莊叟樂，攀荷争戲葉東西。稚存、船山醉後失足落池。

萬荷花氣透牕紗，卧看銀河一道斜。雨歇蟲聲鳴到曉，地鄰禁籞夢山家。（《留春草堂詩鈔》卷二）

【查小山郎中有圻招同張亥白孝廉問安，船山檢討兄弟遊金氏廢園四首】羸驂不識翹材館，尺五荒園屢往還。猶記鶯花迷杜曲，依然水竹似江關。鷗飛白點横塘外，蟬噪凉生暮靄間。迴首右安門入畫，女牆低處一痕山。

池臺休問故尚書，不見門填七寶車。畫本倪家最蕭瑟，吏情嵇氏也麄疏。粉垣繡錯滋苔古，紅檻欹斜漾水虚。鐘漏欲殘歌舞散，泥人風月尚徐徐。

秋筠戛玉幾聲寒，移榻當軒鎮日看。賴有故人來醉客，那堪走馬去應官。眠溪老樹枝猶健，聽雨枯荷葉未殘。白鷺似知睎客意，相隨閑立釣漁灘。

囊遊如夢午陰晴，留得西風萬木生。竹葉乍濃人酩酊，蘆花初白月空明。每當塞北盤鷹候，輒動淮南訪桂情。堪笑年年叨廩禄，買山賒望幾時成？（《留春草堂詩鈔》卷二）

【重陽前一日，同楊蓉裳農部芳燦，法時帆、張船山、何蘭士遊棗花寺訪菊】未落蕭蕭木，猶疑簇簇花。禪心除酒定，菊信待霜葩。讀畫王朱對，寺藏紅杏青松卷，有漁洋、竹垞題句。題名歲月賒。仍招二三子，歸去醉鄰家。（《留春草堂詩鈔》卷四）

【張萊州船山】峨嵋山上僊，謫爲宰相系。綵筆星斗芒，寶劍春坊字。可否半沉冥，滑稽本遊戲。謝病遽鞭鸞，猶疑甕頭醉。（《留春草堂詩鈔》卷六《歎逝四首》，其四）

李符清

【六月十五日喜晤張船山太史】豈是今初見，常於夢裏尋。畫圖先識面，曾以小照索題。杯酒乍論心。才望邱山重，交情潭水深。却忘刀筆吏，還自托知音。（《海門詩鈔》卷十一）

沈長春

【和張船山太史《寶雞驛題壁詠懷》十八首】憂國詞臣憤不平，關心民命一時輕。奇才昔早推蘇軾，痛哭今纔信賈生。想到黃巾皆赤子，忍看村落忽軍營。濡毫無限蒼茫思，也許逢人説壯行。

敢説明時殺氣粗，逡巡未果下兵符。滿堂雀處皆風漢，片語鴟張即腐儒。制勝策憑安坐定，《流民圖》肯上聞無？有人真博封侯賞，萬骨甘從一將枯。

釁起文官只愛錢，算緡編伍動騷然。甫聞賊近軍先墨，但遇兵過社不煙。百里旌旗閑戰馬，萬家砧杵賸嘑鵑。最憐慷慨悲歌後，又見興戎兩易年。

曾記軍聲陋棘門，平苗坐費萬雲屯。秉鈞首揆争歸獄，推轂元戎實負恩。枯骨猶叢群怨府，殊封枉冠百僚尊。輿尸長子真堪唾，結伴泉臺作赧魂。

幾人感激主恩寬，轉向危途乞便安。帷幄并無功罪案，封疆忍作越秦觀。書名幕府三遷易，效死偏裨一面難。欲問總戎瀝肝膈，奇謀何以釋疑團？

裘帶風流雅好文，衛身各擁羽林軍。一籌據勝惟工諱，萬里徵師亦創聞。生作逃官無死法，賊留餘燼讓兵焚。懸知奔命蒼黃日，也有轟天壓陣雲。

刁斗無聲靖八荒，等閑激變啓戎場。豈關禁旅非貔虎，畢竟游魂盡犬羊。決策行間原鄭重，談兵局外總飛揚。天威震疊由神武，敢謂朝廷劍不鉎。

消息郵聞覆轍同，草間狐兔也偁戎。寇寧真入無人境，帥欲全收不殺功。竟夕傳熢營屢徙，萬夫扼險路仍通。憐他鶴唳風聲裏，錯認青山盡八公。

姓氏凌煙媿畫麟，忍於瘠國爲肥身。金繒糞土兵猶餓，杼軸艱難將不貧。畏死翻成亡命寇，聊生都是服田民。綸扉白髮空顚頷，極意憂危一杞人。

蹂踐居然任去留，虛傳驃騎冠軍侯。屠沽跨遍揚州鶴，蟣蝨流爲即墨牛。斧鉞餘生庸有媿，心肝不死得無愁。敢言癬疥需和緩，卻爲瘡痍結隱憂。

書生記事久藏珠，勦撫奇勳探討無。坐待兵臨商畫地，正如旱備議焚巫。孤軍埽敵謀何壯，衆志成城膽自粗。兒戲軍聲殊異昔，殘墟多少古名都！

憶昔冰山未肯消，低頭九列敢誰驕？巍峨天掌孤擎處，宛轉君門萬里遥。例備副封呈點竄，時聞急遞竟焚燒。恨他奕葉貂蟬客，秖認終南路一條。

密畫神謀絶禍胎，迅霆驚電自天來。風雲足爲蛟龍肚，要害今誰虎豹猜？哀痛詔從諸閫下，芻蕘路向九重開。從兹有肘無人掣，何不騰驤管樂才？

新添犀甲復龍渠，破浪乘風或太徐。正急天誅稱善後，爲誰地步苦留餘？頗聞敗將環頻賜，空惹文人筆欲嘘。聖主焦勞宵旰切，鯨鯢何日果驅除？

范韓勳略究奚施，賊逸兵勞不易持。上策莫過團練密，當幾每誤指揮遲。舍諸牧令無能役，得百循良便可爲。寄語牙幢專鉞吏，吴公治行九閽知。

歸騎如飛指益州，短衣獨步錦江樓。上書名恥陳東列，詠古詩傳杜甫愁。劍外一家存骨肉，秦中萬死出戈矛。山川險塞應談掌，欲請長纓在此游。

生涯我久似寒灰，世事何勞日往回？坐井觀天原齒冷，縛雞如虎費人猜。敢將紈絝評華胄，或許窮荒出將才。多少渠魁殲不盡，坐看燕去又鴻來。

密勿憂勤聽漏長，肯容星苑挂天狼。封章未許談桑孔，王政新聞議遂鄉。已報銷兵先漢沔，暫煩轉粟漕敖倉。木天珥筆行歌凱，不復悤悤賦戰場。（《古香樓遺稿》卷五）

【贈張船山三首】十八章詩刻意成，毫端鬱勃匣中鳴。一雙簇錦團花手，百萬金戈鐵馬聲。豈有鉅卿能誤國，郤憐詞客獨談兵。懸知翦燭旗亭壁，照出心花欲怒生。

斫地呼天太激昂，忍將忠愛認清狂。三升淡墨今詩史，萬點青燐古戰場。盛世本來無忌諱，此才豈合老詞章？幾回欲作《離騷》讀，一字浮他白一觴。

買絲正繡壁間詩，又讀先生《驛柳》詞。如此青山紅燭夜，奈他殘月曉風時！繪聲妙不争頭角，絶世神全在合離。郤似《蘭亭》初寫後，宓妃神韻藐姑肌。（《古香樓遺稿》卷五）

朱人鳳

【贈張船山太史問陶】吾聞五百年後神仙死，重向人間作才子。仙才鬼才天不知，但教磊落成奇士。奇才間出胡爲乎，天驚石破海水枯。歌呼謾駡掩耳走，世人欲殺原非誣。前生君是騎鯨客，小駐長安飲春色。俸錢都作買酒錢，馬蹄踏遍春風陌。淋漓倒着宫錦袍，不獨入市稱酒豪。興來下筆氣如虹，江湖一瀉聲滔滔。山川佳麗才如繪，吟魂十載遥相會。雲璈之樂九天聞，作詩愧我如曹鄶。

竭來同醉玉壺春，眼底惟君意氣真。軟紅十丈塵遮面，誰識青衫潦倒人？翻雲覆雨看成敗，縛虎批蛟安足怪？攜將斗酒君莫辭，繡作平原我當拜。明珠在掌月在天，拍手人盡呼青蓮。借君咳唾成雲煙，大笑世上愚懵仙。（《祖硯堂集》卷五）

【春日，法時帆學士、楊蓉裳農部芳燦、伊墨卿太守秉綬、張船山太史同集寓齋，即席賦呈，兼送墨卿之袁江】裙屐春風座上留，憐才許我訂交遊。文姚倪范奇蘇軾，陳董王曹友鄴侯。金錯書成張畫壁，墨卿爲予書「總解禪室」匾額。玉缸酒滿聚吟儔。花前惆悵將行客，夢逐袁江水共流。（《祖硯堂集》卷五）

【陸心蘭侍御、潘紅茶編修、徐星伯庶常松、家茱堂樞部爲弼同過寓齋，賦此誌感，兼柬張船山太史、楊桂山比部振麟】北寺南冠暗自傷，一塲噩夢費思量。恩仇未報空吞淚，患難無端況異鄉。小劫脱身離虎口，機心平地走羊腸。憐才幸有諸公在，欲殺青蓮已諱狂。（《祖硯堂集》卷六）

【查小山京卿招集默堂，席間與張船山太守話舊，兼懷潘紅茶侍御、馬秋藥太常】畫壁留題興已殊，記曾旅館共歌呼。君原鄴下真才子，客盡高陽舊酒徒。潘岳工愁雙鬢改，馬卿善病一身孤。眼看又過清秋候，楓落吴江夢到無？（《祖硯堂集》卷十）

【哭張船山太守二首】騎鯨忽返大羅天，藜火曾勞太乙燃。無命定追明月去，有才只許美人憐。情深春水三生夢，有《春水》詩四首，中多讖語。露冷秋蓮半世緣。謂姬人蓮緣。本是蓬萊舊仙吏，仍歸香案玉皇前。曾官萊州太守。

山塘從此比西州，君自罷官後，僑居山塘。每過黄罏感舊游。買醉金貂狂客市，雄譚玉麈庾公樓。錦袍人去仙才少，楓葉魂歸蜀道秋。杜詩：「魂來楓葉青。」堪嘆伏生惟有女，遺編還藉故人收。時石琢堂先生刊其遺集將成。（《祖硯堂集》卷十）

【張船山太守殁纔兩月餘，又得陳默齋總戎凶耗，詩以悼之】旅魂難返悵迢迢，逝者如斯不可招。明月騎鯨還太白，將星墮地痛嫖姚。身憐吴苑三春夢，淚作錢江兩度潮。屈指故人多落落，何須天半羨金貂？（《祖硯堂集》卷十）

【水龍吟夏日同張船山太守、查槎客京卿小集琴舫，聽蕉園方伯彈《瀟湘水雲曲》，查丙塘通守鼓《平沙落雁》、《梧葉秋風》諸曲，李生澄宇以瑟和之，古調清商，頓忘炎暑。方伯命予作圖，并譜此解】楚江夢斷煙波，拂床古調誰同御？閑庭月上，瑣牕風裊，雁鴻相語。目送行雲，響隨流水，和他銀柱。聽冰絃五十，融成一片，便疑是、瀟湘雨。休説西風尚早，怪梧桐、先秋飛舞。長空瑟瑟，半天涼意，儘由人助。偶爾揮絃，果然解愠，襟期堪數。笑知音，似我無聲詩句、水雲深處。（《畫舫齋詞》卷二）

王學浩

【得萊州張船山太守書】一雁南飛又北回，尺書迢遞自蓬萊。情長翻覺無多語，只説明年訪戴來。朱輪何事便輕抛，欲趁歸帆款草茅。且待來秋菊花節，爲君埽徑更治庖。（《易畫軒詩録》卷三）

【簡張船山】一夜龍光動斗墟，謫仙今特下南徐。蒓羹久入季鷹夢，蒿徑新開仲蔚廬。載酒客來常問

字，看花人過鏡求書。門前繫得鈞船在，五馬朱輪定不如。（《易畫軒詩録》卷四）

【和張船山見贈韻】暫住吴門作寓侯，人人争欲識萊州。酒杯寛向鶯湖落，詩卷高從虎阜留。一代才名雄出蜀，廿年官況冷如秋。江東最是鱸魚好，怎得封筒付遠郵？（《易畫軒詩録》卷四）

【過張船山舊寓有感】天地本傳舍，寓形無幾時。疇能戴蝸廬，去住隨所之。昔時善居室，今日他人嬉。門巷既改舊，來往或滋疑。偶聞賣花過，時見停舟維。露櫬猶寄宿，親戚遽分離。情隨事即遠，交與年俱衰。生存有零落，高明多凌夷。斯理難達觀，輾轉使人悲。去去復勿顧，逝波日東馳。（《易畫軒詩録》卷四）

【題船山畫次原韻】不見船山已八年，依依山景酒園邊。披圖今日重相見，酒意詩情尚儼然。（《易畫軒詩録》卷六）

【題張船山《銷寒聯句圖》】銷寒不待畫梅花，聯句争烹石鼎茶。流落老船一幅紙，圖中人已渺天涯。（《易畫軒詩録》卷八）

【亥白詩稿叙】余與亥白交三十年矣。余不能詩，自辛亥、壬子之間，與亥白同客粤東，見三楓五嶺諸勝，遂學作古體詩，亥白見而許可，篷牕之暇，此倡彼和。余既積成卷帙，亥白則合從前所作，遂裒然大集矣。無事輒借讀，讀之但覺其語淡而味腴，節短而韻長，蓋將於韋、孟之外另闢一徑，以與唐人争席也。自亥白奉母入都，與仲弟船山太史同居宣武之南，余適以折足，不上金馬門，音問遂隔。甲子之冬，亥白還蜀，道經吴門，匆遽握别，亦未暇索其詩而讀之也。壬申四月，船山太史罷守東萊，養痾吴下，酒杯談讌，得暢讀船山詩，又以未得讀亥白詩爲恨。前年九月，亥白季弟旂山主簿自浙還蜀，去秋復來，知亥白已歸道山矣。今年二月，余游武林，旂山出亥白詩稿索叙，始得讀其全集。嗚呼，亥白其有憂歟？何其詩之抑鬱而不自勝也。壬子以前之作，境多平遠；甲子以後之作，境都迫促。人生幾何，而能長以抑鬱終邪？船山自罷守之後，頹唐於杯酒之間，率意成詩，不自檢束，相見無幾，化爲異物。亥白以家庭之事，憂愁抑鬱，見之於詩，詩亦不多，遂成絶筆，天之於詩人何如也！船山詩稿已付梓。旂山主簿不忍亥白之死，遂并其詩稿而刻之。後之讀其詩者，未知於亥白、船山，能想見其伯仲之間否也。是爲叙。嘉慶二十一年，歲次丙子三月，崑山王學浩拜撰。（《亥白詩草》卷首）

李賡芸

【同年張船山吉士問陶贈詩，依韻奉答】琴鶴風清乏宦囊，尊甫太守公由邑令起家，累官滇中，家貧甚。人間難覓點金方。《四愁》漫欲追平子，一石偏能守贊皇。相國文端公之封公，曾受先朝賜硯，久而失之，近復歸於君。不諂貴人非獨懶，肯交吾輩便爲狂。禪房揮麈天晴煖，且喜時光近小陽。時寓松筠禪院。欲把交情訂柳韓，每從詩酒接餘歡。三秋人比黄花瘦，萬里家憐蜀道難。荷插劉伶相伯仲，揮毫宋玉可衙官。出山詩好挑燈讀，君入都近什。離緒纏緜仔細看。（《稻香吟館詩稿》卷二）

【秋日過張船山庶常問陶寓】日日尋君繡佛齋，每聽譚往重徘徊。家貧不惜爲秦贅，詩好端因號蜀才。五世達官清節在，君自高祖相國而下，曾祖通政使，祖、父皆太守。數枝老圃晚香開。只憐秋漏初添永，鄉夢寒衾夜幾回？（《稻香吟館詩稿》卷二）

【十一月十九日出都，阮編修元、張吉士問陶、陳户部登泰、張大令時霖、朱公子錫經、洪明經坤烜、王明經澤相送廣寧門外】再留留不得，相送國門西。栖酒更番餞，詩章次第攜。百年存縞紵，千里判雲泥。腸斷河梁詠，遥山日漸低。（《稻香吟館詩稿》卷二）

【張萊州問陶僑蘇州，而居停查郎中有圻遘難，作此詢之】不獨詩仙又酒仙，韋房未敢傲時賢。錦帆弦管三更月，繡甸鶯花二月天。渲染王維工粉本，謂王孝廉椒畦。推敲張籍和吟箋。謂張明府蒔塘。邱成分宅情真厚，短簿祠邊寄一廛。謂查郎中小山。

莫問彈冠與挂冠，衰年宦興定闌珊。詩同渴驥奔泉水，官似鮎魚上竹竿。鶴唳風前真可駭，燕巢幕上那能安？袖中東海知存否，袖破留將一勺難。（《稻香吟館詩稿》卷六）

【舟中讀張亥白孝廉問安、船山太守問陶昆弟詩集感賦】西蜀古多才，於今不數見。二張生相門，遂寧文端公元孫。詩名起弱冠。仲子我齊年，雲龍金利斷。伯也蹤跡疏，鴛湖才一面。二君交不同，臭味實無間。伯子困公車，其罪不在戰。匹如魯之縞，能拒綦衛箭。多年奉母歸，馬卿久遊倦。仲子早通籍，疏狂成拙宦。改官非遷官，但見銜門换。君以檢討爲御史，又以回避改吏部郎中，出爲郡守。换銜，都中俗語。拂衣去東萊，貧守資人爨。兩君少年時，足跡天下半。伯也更南征，朱厓遊汗漫。歸僑浣花溪，蘐草種庭院。仲子飲大户，被人稱醉漢。斗酒詩百篇，世人白眼看。仕隱雖相殊，軒輊未可判。吴蜀數千里，緘書託雲雁。望遠不聞聲，奮飛乏羽翰。人生無百年，泡影石火電。驚心徹琴瑟，兄後而弟先。無子尚有母，春暉迫日旰。仲今攢虎阜，秋墳鼪鼯竄。歸殯未有期，何人澆麥飯？浮名數卷詩，魂兮必戀戀。幸得登梨棗，天壤好布散。大山與小山，花鄂而錦段。有此身後名，長夜可旦旦。所欠無行狀，丐人作合傳。季子識余言，了此一公案。（《稻香吟館詩稿》卷六）

【題船山詩集後】一別不相見，浮雲十五年。酒無賢聖別，詩尚性靈偏。好色難成佛，多才定謫仙。剖符吹劍首，蛇足劇堪憐。（《稻香吟館詩稿》卷六）

【船山詩集中有題《桃花扇傳奇》詩，頗不愜鄙意，爲作八絶句】欲向南都譜舊聞，偶然刻畫李香君。女兒熱血能多少，灑去模糊點不分。

人皆欲殺黨人魁，翻案幾然未死灰。只有傾城悦名士，青樓一女勝姦回。

欲把新詞續《玉臺》，俄看東海忽飛埃。天荒地老桃花死，此曲人間劇可哀。

板橋流水碧粼粼，橋畔桃花歲歲春。齧臂有盟甘玉碎，九原羞煞息夫人。

誰歟作者孔東塘，詞意分明寓抑揚。好比東京孟元老，《夢華》一録感興亡。

匆匆殘劫閲紅羊，又踏槐花進舉場。南部煙花消息斷，金梁橋上月如霜。

畫師田叔忒多情，血當胭脂爲寫生。從此白門香扇墜，薛濤蘇小共傳名。

夷門公子最翩翩，裘馬風流望若仙。賴有佳人作知己，雕蟲小伎壯夫傳。（《稻香吟館詩稿》卷六）

陳慧殊

【漫興五首和柳門弟韻】秋風起關塞，蕭索不勝愁。明月照千里，流光水上樓。酒人能免俗，名士幾忘憂。瀟灑翻成羨，江干數點鷗。

搖落深秋意，園亭卉木淒。天高霜雁唳，市静竹雞啼。山雨催黄橘，茅檐壓紫梨。一林雲影合，風冷白蘋溪。

寒雁初經過，衡陽第幾峰？輕陰迷野馬，疏漏滴銅龍。遠岫煙中没，層雲嶺外封。瀟湘寒雨夜，何處動霜鐘？

日暮空江冷，蕭疎野岸楓。寒鴉三匝意，歷亂夕陽中。極目浩無際，臨風思不窮。芙蓉隔秋水，搖曳一枝紅。

秋色蒼然至，桐陰一逕鋪。巖花任開落，雲樹望模糊。林際月初上，風前鳥自呼。蕭蕭木葉下，目斷洞庭湖。（《亥白詩草》卷一後附陳慧殊《香遠齋稿》，亦載孫桐生輯《國朝全蜀詩鈔》卷六十二）

【送柳門弟之沔陽】念子乍爲客，扁舟下武昌。幾朝風日好，一棹荇花香。去路江濤濶，山城落日黄。莫緣暫離別，俯首對斜陽。（《亥白詩草》卷一後附陳慧殊《香遠齋稿》。亦載孫桐生輯《國朝全蜀詩鈔》卷六十

二，張沅輯《國朝蜀詩略》卷十一，光緒《遂寧縣志》卷五《藝文下》）

王芑孫

【送同年張船山庶常問陶還蜀，即用見題拙稿詩韻】奕奕文章自有神，時從爛漫得天真。書如章草縱横極，詩似江花淺澹春。太尉家兒大門第，秀才官職列仙人。錦衣歸詠峨眉雪，珍重青雲未了身。（《淵雅堂編年詩稿》卷八）

【題洪稚存亮吉、張船山問陶《祭詩圖》】我昔甫編初集竟，銘櫝藏之醉司命。生平不酒又不肉，祭之莫薦寒江淥。君作此圖先一年，攜圖歸卧船山巔。今來示我要題句，三伏火雲燒暮天。兩君詩力雄且厚，官職聲名俱入手。祭之獲報直如此，謂詩無靈豈其理？我詩日拙心日勞，窮鬼跳擲錢神嘲。便從兩君乞利市，歲晚亦與投棗糕。（《淵雅堂編年詩稿》卷十一）

【張船山問陶見示《乞假》、《還山》諸集，輒作二詩奉柬】未能爲蜀遊，頗好見蜀客。同年張檢討，詩才世莫敵。毅然洗萬古，破空出奇特。孫吴所著書，不到韓彭臆。我法自孤起，神鬼困膊磔。天龍戰天魔，遺卻梵天敕。怒雷入其手，倉卒下一擊。瞿唐天下險，厓嶔獻刻畫。淋漓墨數行，紙上見崩砉。所恐腕力强，捩轉北斗極。海内孫淵如星衍與洪稚存亮吉，覩子尚辟易。吾今妄譏訶，一笑不自測。

奇於唐者韓，所貴不因循。奇於漢者馬，所戒不雅馴。馴者果何説，擇義歸精醇。飛黄氣騰達，馭之九方歎。然而必己出，在古不相因。天於物最古，自無昨日雲。長此青一握，風月時斬新。不爾逞辯聰，窮力追飈輪。翻新乍驚愚，久而遂陳陳。吾儕一邱貉，勇進獨有君。摩君壁壘熟，復此錞于申。吾終避三舍，君必張一軍。（《淵雅堂編年詩稿》卷十一）

【酬張亥白問安】淵雲自古非一姓，今者蜀士稱二張。世無歐梅有軾轍，處姊未嫁誠何傷！乃弟才情最奇崛，君絶無奇轉恬謐。卻看近句學杜甫，驊騮不驕真駿逸。贈詩繚繞翻譽我，嗟我自觀無一可。温温德度不如君，半世略同惟坎坷。可憐貢直不知幾，輒爲論文召是非。天下何人識王弼，讀君詩罷一歔欷！（《淵雅堂編年詩稿》卷十一）

【題張亥白《過海圖》】我生海濱不識海，騎駝夜獵朔塞秋。君家江水發源處，南極大海窮炎陬。樓船踏浪一長嘯，天海空明但清照。雲陰解駮日星出，九州塵土此不到。身纏坎坷遊逍遥，歸來筆底生風濤。人生饑寒亦有味，能使萬里如堂坳。我欲攜琴入煙霧，乘桴直借蓬萊住。金銀宫闕仙所家，惜君匆匆早還渡。（《淵雅堂編年詩稿》卷十一）

【次韻答船山邀同硯農、蘭士小飲之作】何山大小袖常攜，恰又詩人到瀼西。連巷步穿莎徑曲，短僮身比菊花低。晝叉舊例錢論塊，官印新沽甕破泥。吾輩有情真學佛，不須著相問輪臍。（《淵雅堂編年詩稿》卷十一）

【十月五日，何硯農户部道沖，家延庚編修蘇，張船山檢討問陶，李介夫編修如筠，何蘭士工部道生結課作試帖詩集方雪齋，予齒最先，述事抒懷，感成二首】玉堂天上那能登，卻此追飛感鶚鵬。舉世功名争夏課，吾人情味在秋燈。鴻辭題自前賢備，準格文須後輩憑。莫使嗤他聲律事，科場原未没歐曾。

碧桃花落夢如煙，壇坫銷沉十幾年。黄土青雲餘感慨，擘橙鬬酒亦因緣。諸君正似追風驥，如我真同上水船。今日公然成首坐，坐中慘緑又蒼然。十年前家居，與張青城、沈芷生、石琢堂諸君共結碧桃詩課，最後乃得延庚，今延庚在翰林又稱前輩矣。（《淵雅堂編年詩稿》卷十一）

【張亥白孝廉問安，船山檢討問陶】自古奇才必生蜀，船山在今麟一角。侍郎近葺《湖海詩》，寫君少作都付之。時余方録船山庚戌以前之作，入蘭泉先生所編《湖海詩傳》。阿兄句法學老杜，五言海内亦有數。望中烽火劇三川，短札斜行讀黯然。得船山三月出京書，言家口以三川烽火不能歸，且往葬父，並迎母來京。（《淵雅堂編年詩稿》卷十四《歲暮懷人六十四首》，其二十二）

【時帆又出船山所畫《續西涯十二詩意册》并題】船山初學畫，潑墨快乘酒。醉中時過我，裂紙到牕牖。不意别三年，筆勢進之陡。此作《西涯圖》，何如石田叟？並聞酒德增，益見詩力厚。惟我轉衰殘，卻似西涯柳。（《淵雅堂編年詩稿》卷十六）

【四月十八日，時帆、蘭士、稚存、船山、味辛邀同家述菴先生、金手山茂才學蓮、謝薌泉侍御振定話別國花堂四十韻】雨別三年久，雲浮一世孤。重來會京闕，此去渺江湖。老大從科舉，艱難歷道塗。憑誰占進退，所嚮動枝梧。佽助煩朋輩，辛勤媿僕夫。贈金教買爵，時諸故人爲余入貲，求換職太學。撥悶勸提壺。慷慨平生在，縱橫意氣俱。諸君咸肺腑，吾道豈菰蘆？擾擾卑棲處，飄飄大海隅。撫襟餘涕淚，引鏡念頭顱。披豁瞻新政，謳歌遍近都。賊中聞縞素，馬上掃萑苻。賢俊將登擢，奸諛快伏誅。煩苛删格令，貢獻斷錙銖。昨者開言路，輝然啓睿圖。人人爲鐵漢，旦旦叩金鋪。康濟逢英主，經綸待衆儒。璠璵稀世得，鵰鶚擊秋霄。孰不驚雷奮，而甘戴雪枯？自嗤身鹵莽，無奈識顢頇。坦率供嘲誚，冬烘昧走趨。清譚夷甫妙，新學半山殊。已分終溝壑，殘生傍路衢。臨歧猶繾綣，留訣且須臾。勝選經郊墅，離筵借佛厨。同朝皆鸞鷟，我輩各鷗鳧。有客方青鬢，謂手山茂才。如公況白鬚。謂述菴先生。偕歸尋笠屐，差喜足蓴鱸。迴睇觚稜角，深持翕闢樞。當官休碌碌，矢報肯區區。願保冰霜節，同將日月扶。升沉交黽勉，埋没佇昭蘇。第一懲貪墨，當千勵卒徒。周詩大常武，漢策痛均輸。埃壒驅天障，脂膏刮地膚。公卿誠稷卨，草竊僅穿窬。霜色看抽劍，星芒早直弧。悉敷幽室悃，陳作泰階符。憂樂關微賤，蒐揚敢覬覦？時時傳盛美，削札到東吴。（《淵雅堂編年詩稿》卷十六）

【致王蘇札】前月接手復，具審一切。襁褓泡影，來固欣然，去亦可喜。況天慳已破，玉苗怒生，安知不耨其兄而長其弟，但勤力耕之而已。聞淵如亦與公同時得第二子，並聞後房有孕，三四月間，尚當有産，世固有收之桑榆如是者。況公亦苦命人，未必獨免於多男之累也。船山久瘧，變爲噤口痢，不食數日，於此月初四日申時化去。其弟老七，於是日半夜自杭州趕到，僅及小殮。僕於初六往視其喪，然自葑門舟抵虎邱，則業已蓋棺矣。懸厓撒手，萬事茫然，善後事宜，若何區處？不患無財用，一切具有查恃。獨困於悍妻之倔强，不肯歸喪於蜀，又不肯併孥於老七處。三女皆長，不肯許人。既已吼死其夫，猶復如是！查小山但任出財，如何安頓之法，則不敢主也。現在往請琢堂回蘇，未知能回不能回。即定期月内開弔，未審公亦能來否？然來亦無法可治，無力可施。天下惟無財之患，他人可救，而船山所患，轉不在此。公亦有何神化，幸一籌之。如想有别法，一來處之。

僕一春安健，卻爲船山不懌者累日，昔賢所謂「既傷逝者，行自念也。」在同年中，僕比船山、蘭士少中一進士，多活十餘年。船山無子，蘭士亦不及見其子之有成，僕爲較幸矣。二兒尚未卸事，三兒未得食餼。聞學使言，長洲之王嘉禄，吴縣之孫義均，本欲置之第一，因其筆意老潔，不似少年，疑非自運，遂爾抑置，及至松江訪於衆，而甚悔之。大約學使不告病，則明年科試，兩人皆食餼矣。僕困甚，昨賣去田四十餘畝，得錢七百千，彌補兩年積空。衰年短計如此，皆以船山自譬，亦不戚戚也。會試信尚未至，捐例聞六月初一開卯。有蜀客至，知川北達州一帶，又有不靖。此與江南甚遠，撤兵之檄，已於閏月十六發下，二兒似可在四月中卸事。李亭特逮問，聞東境漕舟竟不能出也。晨起信筆報船山之喪，草草不盡，芑孫頓首儕嶠閣下萬安。三月十四日。（《楞伽山人尺牘》卷下之一）

【致王蘇函（節録）】琢堂來赴船山之喪，於廿一日趕到，先來我處一話大略。琢堂甫去，而王丙以手札至，具審一切。船山之事，若我能處之，亦無須琢堂來；若琢堂能處，亦無需公來。今既無法可治，即來不來，皆無繫也。琢堂之意，悍妻歸蜀，老大不能養；歸杭，老七不能養；不如葬船山於蘇州，以其三女嫁蘇人。目前仍倚小山爲家。日後或女婿中有可依者，或此婦竟死，則大吉大利！此仍以小山爲長城也。此等僕年六十，難以與聞，不敢勸，亦不敢阻矣。其遺妾，幸小山甚有斷制，即於船山氣絶之際，一面市棺，一面先將此女發還其父母領去，未爲獅吼，小山亦未始無才者也。頃聞小山賞六品職，不復進京，此與船山家事大有益。老同年在目前者，無過我三人，而一切皆倚小山爲辦，甚矣我等之無用，可嗤亦可涕也！公雖不能來，不宜不聞其略，故此繼及。石世兄連舉兩雄，琢堂遂有三孫；淵如之生子，亦進而未已。公年甫五十，努力藍田發珠，三鳳固可必也，殊未足以多少爲意，唯出山則無其路矣。……芑孫頓首儕嶠先生閣下。廿三日。（《楞伽山人尺牘》卷下之二）

温汝适

【冬夜小集泛香吟舫，同趙味辛、張船山、童春厓、謙山兄、旋矩弟分韻得溪字】十分瀲灩酒痕齊，遥夜風高月尚低。有客狂吟思刻燭，幾人清論正揮犀。寒消歲晏霏香雪，詩到情深愛玉溪。自笑髩絲緣底事，欲從莊叟問天倪。（《攜雪齋詩鈔》卷四）

【十二月十九日雪後，洪稚存招同趙味辛、方茶山、張船山、伊墨卿、謙山兄集卷施閣祀東坡先生，晚飲懽甚，即成長句紀事】詩人好事今無比，閉閤蕭然心似水。瓣香何處祝詩仙，獨有眉山子蘇子。翩然眉宇識天人，是日船山重繪公笠屐圖像。似省前生非偶爾。倒流三峽想詞源，怪底光芒騰萬紙。平生星命困磨蝎，少達多窮固其理。拈來詩筆獨如神，浩浩長江霞散綺。莫疑介甫偏相厄，晚歲心降終撫几。人物由來一代豪，更幾百年能有此？只今猶記鶴南飛，下界年年笛聲起。等閑誰溯和陶年，七百春秋一彈指。公集《和陶詩》，作於紹聖丙子，時公年六十一，距今七百年矣。文章不朽壽無量，始信名賢元不死。卷施閣下面方池，唤作雪堂真絶似。連朝雪片大如席，入夜竹風喧不已。紅燭三更酒一卮，主客相忘紛色喜。此時獨立如有悟，印可憑誰答如是？何當高唱續清虚，詩思分明風雪裏？（《攜雪齋詩鈔》卷四）

【人日立春，童春厓、二厓昆仲招同洪稚存、張船山、趙味辛，暨謙山兄、旋矩弟同集吾心書屋，以「流水今日，明月前身」分韻得明字】臘殘風送雪，肩聳夜寒生。一朝春色來，綺陌開新晴。東窗耀初日，照眼花枝明。只疑數點雪，幻作千瓊英。佳辰當痛飲，觴詠懷嚶鳴。逢君開春盤，果得詩人情。四座雜諧笑，金波浩已盈。吐詞霏似屑，馳辨敵皆勍。我從嶺表來，旅食偕弟兄。游君伯仲間，歡笑逾班荆。此會不易得，此酒爲君傾。何殊桃李園，樂事天倫并。因懷謫仙人，滄海長掣鯨。寓言仙隱雜，壯思風雲驚。百年猶崇晨，此語差解醒。何言曠世士，而與分陰争？春來今幾日，高唱諧韶韺。堂堂三萬六，去若浮雲征。炳燭豈辭晚，丹砂非所營。莫違金谷令，且遣一詩成。（《攜雪齋詩鈔》卷四）

吴鼒

【西園十一詠（其十一）】誦詩感差池，佇立淚如雨。速化復一雙，近得兩鶴，又化去。棲神竟何所？乃知稻粱謀，止可羈凡羽。待鶴徑。額爲船山前輩書，跋云：「山尊有鶴，攜之南北者十餘年，一旦颺去，屬題此識懷。」（《吴學士詩集》卷一）

【船山寓吴中病瘧，詠以詩，戲仿其體】詩名太大鬼都嗔，杜老韓公有替人。二公集中，病瘧詩屢見。解組盛年真爲病，驅邪奇筆竟無神。濫求醫藥何如酒，飽閲炎涼忽在身。大好湖山須强起，今年多得卅朝春。（《吴學士詩集》卷四，亦載《抑庵遺詩》卷七）

【書船山詩集後次琢堂前輩韻，兼寄鮑樹堂太僕】日南朋舊半凋殘，作者何人竟不刊。文社讒彈容我直，集中詩，有余改易數字者，君皆從之。相門風雅似君難。盛名遲早三春過，君少余十二年，余四十始應禮部試，君已巍然在翰林，詩名蓋代。宦況榮枯一例看。君以不得志於上官，遂請休。君卒而上官皆因事鐫職。身後更傳元伯夢，石交肯讓古人完？君卒後，見夢於樹堂父子，許以千金歸君櫬。（《吴學士詩集》卷四，亦載《抑庵遺詩》卷八）

【有問船山論定當何如者，疊前韻答之】森森玉樹竟摧殘，句裏精華不可刊。當日自知千載有，此才直恐再生難。盛名祇益無年憾，生氣終如現在看。獨惜集成知己逝，倉山心事不曾完。（《吴學士詩集》卷四，亦載《抑庵遺詩》卷八）

【題禮烈親王克勒馬圖】禮烈親王，太祖第二子，開國時，以親賢立功最偉，事具《國史》。克勒者，華言棗騮也，從王軍中久，王薨，馬不食死。王之孫屬張檢討問陶爲圖，余題七言一首，時嘉慶六年七月也。真人應天起遼陽，天馬瑞聖歸天潢。一統一百八十載，紙上天骨猶軒昂。薩爾滸戰如牧野，明二十萬非無馬。龍種騎龍天上來，龍馬一嘶萬群啞。禮王養馬如養士，馬亦感知共生死。張君畫馬如畫人，肥瘦遺貌存其神。讀畫作詩賦同澤，西南萬騎方于役。蹴踏寧忘豢養恩，肯使域中留一賊！（《抑庵遺詩》卷二）

【後觀物四首同張船山前輩作】蓬蓬特室即雲棲，何處層城竟有梯？早慧未能芟狡獪，夜心差可藥低迷。海中童丱頭先白，世上功名日易西。苦學蜷㲋後雞犬，丹經充棟只筌蹄。仙。

雲裏之而定不同，文心到此恥雕蟲。但希麟鳳人能畜，偶失江湖地亦窮。脱手三珠難自飽，埋頭雙劍孰爲雄？絶憐好我非知我，老向泥塗避葉公。龍。

可傍江湖續浪游，曾因文字避冥搜。得人志墓誰千古，隔代論詩共一邱。往事好花兼好夢，閑身長夜復長秋。八街擾擾雞聲早，瞯遍車中半白頭。鬼。

花叢回首易茫茫，浪説仙鄉是夢鄉。惜我飄零爲金粉，累人輕薄是文章。便呼小鳳誰嫌膩，卻避流鶯不敢狂。微雨冷煙消受盡，錦厨玉屑太淒涼。蝶。（《抑庵遺詩》卷二）

【京邸雜詩（其四）】一春斷酒張仲治，五載喫齋陳古華。我有江南好茶筍，累他觸熱到寒家。（《抑庵遺詩》卷二）

石韞玉

【簡船山吉士】風雅西川士，沖懷萬物函。苦吟花共瘦，慧性佛同龕。妙墨中郎並，清才小宋參。近來詩益富，投贈滿東南。（《獨學廬初稿·詩》卷五）

【船山以詩見遺，奉答四絶】遂寧太史以詩鳴，小草何嫌換舊名？試看峨嵋山下水，出山不減在山清。

船山釋褐後詩曰《出山小草》。

靜掩荆關鎮日眠，偏能踏月去朝天。醉中騎馬長安市，錯被人呼李謫仙。

冰雪聰明鐵石心，詩名遠播到雞林。太平黼黻將誰屬，司馬高文冠古今。

言佛言仙不礙儒，眼中人物似君無。更聞一語堪千古，科第功名是兩塗。船山有「不知科第是功名」之句。

（《獨學廬初稿·詩》卷五）

【送同年張船山吉士乞假歸蜀】懷賢惜别不勝情，草草離筵餞子行。拔幟同登真幸事，著書自樂豈求名？文章命達千人見，君父恩深一第榮。報答聖明從此始，莫將詩酒誤平生。（《獨學廬初稿·詩》卷五）

【燈下讀同年張檢討《船山詩集》書後】一番開卷一番新，活色生香十指春。天地有情成世界，山川間氣得才人。蚤知青史歸遷手，願聚黄金鑄島身。風雅性靈忠孝旨，由來狂簡道能親。（《獨學廬初稿·詩》卷七）

【題張船山《補梅書屋畫卷》】張郎示我《補梅圖》，水墨蕭疏近世無。誰可與花作知己，孟襄陽外只林逋。（《獨學廬二稿·詩》卷一）

【初夏偕壽庭、船山同遊法源寺】閑携蔬筍煮煙霞，坐久松寮墖影斜。我室喜鄰彌勒院，衆生摶盡女媧沙。一燈傳道今誰是，萬甲同仇古亦誇。解得《華嚴》頌中意，飄茵墮溷總空花。（《獨學廬二稿·詩》卷一）

【船山見和，疊前韻答之】劍南詩筆健淩霞，尺一銀箋醉墨斜。事到彼家皆嚼蠟，道存我相尚蒸沙。僧

非粲可談鋒懶，客是羊何藻思誇。誰説維摩忘結習，偶然微笑也拈花。（《獨學廬二稿·詩》卷一）

【九日酬張船山檢討】城中風雨爲催詩，欲醉茱萸已後期。流水年華松並老，傲霜心事菊先知。結廬可惜陶公遠，落木仍同宋玉悲。臨水登山歸去晚，蕭蕭短髪不勝吹。（《獨學廬二稿·詩》卷一）

【癸酉上巳，廖復堂轉運招集題襟館脩禊，與吴穀人、洪桐生、江易堂、貴中孚、張船山諸君子分韻得聊字】舊日題襟地，重開景物饒。花邊設尊俎，竹下集賓寮。館並翹材闢，人因禊事邀。畫圖商粉本，言論聚儒梟。飣坐筵初列，和羹鼎自調。瑞占紅藥蘂，芳動緑楊梢。衙鼓應官晚，雲林遠市囂。山梅留夕秀，庭草發春韶。歸燕尋巢至，流鶯出谷嬌。開軒霏絳雪，題壁護丹綃。良會徵詩紀，餘寒藉酒消。燃燈時卜夜，分韻字拈聊。促膝忘年輩，盟心訂久要。光陰一百五，令節正今朝。（《獨學廬三稿·詩》卷四）

【喜同年張船山太守卜居吴門】釋褐升朝二十春，與君衆裏最相親。蹔游吴市花驚目，並坐蕭齋酒入脣。醉對雞豚呼佛子，狂將奴僕命騷人。夢中忽有神來告，決計辭官作逸民。（《獨學廬三稿·詩》卷四）

【悼船山同年三首】靈運生天竟我先，空傳詩卷五千篇。世間緣盡應分手，地下才多孰比肩？肆志英雄都縱酒，慧心文字總通禪。清談從此無人會，每拊流波輒泫然。

才似張衡信絶倫，即論爲政亦超塵。幽蘭竟作當門草，老桂終成抱火薪。直道不容寧悔拙，急流能退已如神。君恩祖德皆難負，何苦脂韋誤四民？

與君離合太無端，坐看榮枯到蓋棺。八口零丁歸未得，一官落拓棄非難。中郎有女終誰適，伯道無兒死更安。今日寢門將卒哭，此生何地再追歡？（《獨學廬三稿・詩》卷五）

【題船山遺墨】劍外張郎絶世才，一朝御辨出塵埃。即看鼠嚙枯藤意，想見懸崖撒手來。（《獨學廬三稿・詩》卷五）

【翌日同往祭船山太守，賦詩述事和紹武韻】入春常苦雨，新霽到雲房。令節逢花誕，禪機問石霜。尋詩同倚杖，待月更巡廊。明日重移棹，情因感舊傷。（《獨學廬三稿・詩》卷六）

【刻《船山詩鈔》畢，題詩於後】茂陵遺稿歎叢殘，手爲删存次第刊。名世半千知己少，寓言十九解人難。留侯慕道辭官早，賈島能詩當佛看。料理一編親告奠，百年心事此時完。（《獨學廬三稿・詩》卷六）

【追和船山太守自題《惜馬圖》詩】朱門不許千金市，青海曾經百戰來。敢以識塗矜老大，空教伏櫪歎虺隤。韓盧亦有神仙分，黔衛都成令僕才。嗟爾權奇空自負，無人收骨到燕臺。（《獨學廬三稿・詩》卷六）

【牆邊獨樹】槎枒古木老無枝，獨立天寒日暮時。卻憶萊陽張太守，畫中寫盡雪霜姿。船山曾爲風公寫《獨樹圖》，今歸黃復翁。（《獨學廬四稿・詩》卷三《山居十詠寄題吾與庵》詩，其七）

【黃復翁家藏船山太守《寒山獨樹圖》，偶題一絶句】孤幹槎枒棄草萊，滿身鱗甲長莓苔。若逢匠石加斤削，還是人間有用材。（《獨學廬四稿・詩》卷三）

【管生蘭滋以其舅船山太守畫梅屬題，漫成一絶句】故人久返蓬山路，一紙空留醉墨痕。老榦疎花不

經意，乾坤清氣此中存。（《獨學廬四稿·詩》卷四）

【彭瑶圃侍御詩序（節録）】往予與張子船山宴坐，客有問詩法於船山者，船山曰：「且讀佛書。」客茫然不解，即予亦不能解也。因請其説。船山曰：「讀佛書，則識解自超。天下未有識解不超，而能以詩鳴者。」（《獨學廬四稿·文》卷三）

【尤生扇頭見故友張船山遺墨，感而有作】黄鶴乘雲逝不還，空餘煙墨落人間。飲仙自愛酒泉郡，詩客相逢飯顆山。壽世長留才子業，生天應入列仙班。鍾期知我今安在，西望峨嵋涕淚潸！（《獨學廬五稿·詩》卷二）

【題張船山畫《鍾馗送子圖》】終南進士名鍾馗，腰間長劍光陸離。平生報國志不遂，死作鬼雄亦振奇。魚須文竹手中持，所願朝覲登天墀。掃除魑魅清六合，務令百族無瘡痍。萊州太守神仙姿，作詩上與青蓮期。出其餘技託繪事，神妙直以造化師。偶成此圖自游戲，英姿奕奕生須眉。吞魔食鬼是素願，背負嬰婗將何之？於戲！積善人家有餘慶，代天付與麒麟兒。（《獨學廬五稿·詩》卷四）

【大滌山房詩録序】往予於乾隆己酉之歲，計偕下第，留京夏課，寄居宣武門外松筠精舍，與張子迪民近在比鄰，晨夕過從，修苔岑之好。維時江西劉君金門，西蜀張君船山，皆以公車在京，意氣相投無間也。其後二十年中，宦轍分馳，忽離忽合，金門嘗謂人曰：「予測交吴人甚夥，所至死不變者，惟張迪民與石執如兩人耳。」嘉慶中，予與迪民先後歸田，結社吟詩，無旬日不相見，見必清譚移晷。

迪民好佛書，精通禪理，嘗云：「世人沈溺於名利之場，皆因我相存於心耳。」予曰：「公止此一語，已得《金剛》三昧。」又述蓮池大師之言曰：「世人官興濃，則去官時難過；生趣濃，則去世時難過。故常以放下二字懸於座右。」旨哉斯言，其平生所存可知矣。往有人問船山作詩法，船山曰：「且讀佛書。」或徵其說，曰：「讀佛書，則識解自超。人未有識解不超，而能詩者也。」以此語印證迪民之詩，乃得其髓矣。今二三故人皆歸道山，惟予一老頽然尚存，收拾茂陵遺書，此後死者之責也。船山之詩，予久授諸梓行世矣。頃編校金門之集甫竣事，適迪民之令子光熊持其遺集，屬予校定，因爲删繁就簡，裒成一編，而題數語於卷尾以歸之。道光癸巳春三月，吴縣石韞玉撰，時年七十有八。（張吉安《大滌山房詩録》卷首）

尤興詩

【酬張船山編修問陶】運古如己出，奚須生面開？絶無斧鑿迹，疑有鬼神來。逸氣雲中鶴，清言嶺上梅。君身仙骨在，惹我妒仙才。（《延月舫初集》卷八）

【夜坐遣懷示船山】土偶形如贅，野哉百不如。宦情同水淡，人意比花疏。守拙宜循分，養慵借讀書。詩癡無忌諱，鮑叔儻知余。（《延月舫初集》卷八）

宋湘

【見張船山歸田詩卷，因次其韻】京華詩侶近應稀，蘭雪吴博士嵩梁船山次第歸。蘭雪脆如跳雨鼓，船山警似著風旂。若論才力渠都健，倘問腰肢我稍肥。出處相望忽南北，焉知誰是與誰非？也知頭腦讓時賢，逐宦何如逐種田？牛馬尚餘奔走債，江湖不斷夢魂緣。詩關何事猶消福，酒更傷人可學仙。重續韓公題二鳥，啾啾一向隔山傳。

記説當年掣海鯨，看君揮手上層城。世無李杜千秋業，人有江河萬古情。少壯不來成草草，旌麾初出竟行行。多應到海波瀾盡，纔信留山泉水清。

萬事都須付醉鄉，詩豪贏得一錢囊。但逢山水家應住，得少行藏道已光。我正不眠愁燭短，詩來相對喜箋長。何人爲奏南飛鶴，慰汝支離老酒狂？（《紅杏山房詩鈔·燕臺賸瀋》）

【送張船山前輩出守萊州，即次留别元韻】九月霜橋馬首東，蘆溝帽影側西風。西山不識人離别，照舊斜陽紅樹中。

等身著作幾曾貧，蝸角功名泰岱塵。當日改官先已錯，而今何鐵鑄詩人？先生由翰林改御史時，余力阻之，故云。

莫更支離歧路間，相看都已半衰顔。文章政事皆千古，一雪蓬壺是畫山。

東萊立馬爛生光，猶勝馮唐老署郎。定把詩書銷霜氣，不妨海水舊蒼茫。惟有英雄智勇沉，蓬萊甚淺酒杯深。詩人自有詩家法，得失千秋一片心。忘年十載此長安，閱盡榮華耐盡寒。我是何人須是我，真詩莫與外人看。年來不甚作詩，即有之，亦隨手散去，不留稿或半不起稿，漫興而已。此付何崑孝廉侄孫收之，亦無甚得意之作也。庚午八月，芷灣記。（《侯過詩選》附録所輯《紅杏山房集外集》）

程同文

【題張船山《江聲帆影閣圖》送王竹嶼通守鳳生之官杭州】君家閣子高入冥，朱簾翠檻臨江城。城中浩浩十萬户，市聲隔斷聞江聲。江流滚滚日東下，八代興亡入悲吒。酒酣風雨助淋漓，詩成冰雪從傾瀉。千帆閣下如雲飛，一帆度君塵滿衣。丈夫生世各有意，如此江山君不歸！天人老船非畫史，醉中入聖醒不爾。何時縱筆爲君圖，尺幅翦來半江水？一官自是天所縛，以珪易邦亦不惡。君不見，吴山南畔八月潮，何似君家江上閣？（《密齋詩存》卷四）

王寧焯

【法時帆舉男，名之桂馨，請張船山檢討問陶夫人林畫桂一枝。家鐵夫孝廉作《名説》，夫人曹書之。

葉琴柯舍人紹楏復與夫人陳聯句爲長篇以贈，合裝作卷，一時諸君子各有題咏，因書卷末】文人苦好事，騁情作百變。舉男恒事耳，張皇供娛玩。畫説書並詩，陸離珠脱串。徵異遍群豪，摛妙及王粲。有德必有後，常語久已爛。奈此群腕工，偃師善呈幻。八尺卷軸上，宛睹寧馨胖。頌禱我不嫺，況有觀止歎。聊附登一章，如樂此爲亂。（《直菴詩稿·考功集》）

【雪曉寄懷船山同年】淅瀝牕聲静，開扉觸曉寒。閑庭纔皓皓，凍宇正漫漫。遥想幽人砌，應攲疎竹竿。街西方病眼，樽酒阻同歡。（《直菴詩稿·考功集》）

三年之詩，得百餘首，不爲不多。所删狂放諧戲之作，後請少爲之，何如？醉字嫌太多，即貧字亦不必屢見，是否？

三年中頗覺與年俱進，亟願更觀其後也。

所存詩，尚多瑕瑜互見，能耐煩一改耶？辛酉五月二十四日，寧焯卒業，並識數語。（上海圖書館藏稿本《船山詩稿·京朝集》卷首王寧焯硃筆題識）

張道渥

【題《水屋吟秋圖》座中係張船山、法時帆、劉澄齋、曹受之、王葑亭諸君，兩峰作圖，余竹西補竹（其一）】浮生何地不它鄉，逆旅光陰信可傷。且喜畫同賓客看，强如書爲子孫藏。時因剥棗邀朋集，月偶烹鷄忍獨

嘗。愧我栝盤真草野，群公个个不尋常。（《水屋賸稿》上卷）

【出都日，穀人、時帆、船山祖餞於春明門外，畏齋、兩峰、竹西送過盧溝，離情黯然，兩峰、竹西更揮淚不止，蓋一傷其老，一傷其病也。賦此誌感】天仙被謫落人間，我今被謫上青天。妻孥可携書可載，何異拔宅而登仙！登仙也知無此理，托言聊使行人喜。古來唯有蜀道難，崎嶇險阻從今起。謫官半是苦吟身，天公認我爲詩人。得經李杜蘇陸流連地，或有未見之詩尚可尋。命當涉險安能罷，腳根立定隨高下。但使官卑行不卑，一事也可千秋話。看破升沉何所愁，讀書當作萬里遊。況多山川奇境送奇句，準備詩囊到處一一收。燕臺一住九年久，臨去那能不回首？最難分手是良朋，詩情畫意濃於酒。齊來踏歌送遠行，送過盧溝不勝情。蘆花已似人頭白，再見唯願是今生。噫吁兮，再見唯願是今生！（《水屋賸稿》上卷）

【接舡山編修書，索我畫《劍門圖》慰其鄉思，詩以答之】好風送客日邊返，尺書袖出蓬萊館。病裏喜得一函來，手戰眼昏拆不開。知君縱飲樂未足，樂足除是不思蜀。要我畫去劍門山，蒼茫雲樹認鄉關。故人那知病欲死，千里殷殷索一紙。多恐再親繪事難，使我心鼻兩爭酸。回憶前年出都日，詩朋畫侶齊弄筆。君詩一出衆無詩，畢竟山家親見之。合將奇畫酬奇句，可奈病魔不知趣。卧床已是百日多，紙借塵封墨省磨。君才罵鬼鬼必愧，奚不寄詩以驅祟？我死僅失一狂夫，千秋事業望君圖。要知此身病所起，詩酒陶情樂不已。宰相本是君家風，努力豈在酒栝中？未能將畫報舊雨，且進一言君采取。（《水屋賸稿》上卷）

張問安

【馬逢伯樂歌爲柳門弟賦】風鬃霧鬣神磊落，霜蹄蹴踏開沙漠。天生神駿必有用，肯使塵埃終落寞。冀北風高苜蓿肥，紛紛舉世無相索。一朝相遇釋鹽車，逸氣行空謝羈絡。我聞相馬如相士，騏驥無煩中繩削。詎止驍騰籋雲影，要令生死真堪託。霜寒野曠塞草深，風雨嘶鳴動林壑。雄姿血汗自矜寵，試問真知誰伯樂？伏櫪常懷千里心，縱横好使無空廓。君看天馬渥洼來，猶有聲名同衛霍。（《亥白詩草》卷一）

【送柳門之沔陽】惜别不在久，暫時傷遠心。開頭趁估船，清怨滿疎林。水淀易風雨，江波今淺深。鄰舟無謝尚，莫漫詡高吟。（《亥白詩草》卷一）

【送柳門仲弟入都】袴褶黄驄趁急裝，塵沙北地轉蒼茫。大河九折迴銀漢，落日千山阻太行。才氣自方劉僕射，功名人擬馬賓王。秋風健翮騰騫日，飛札紅箋報草堂。時約候來科即應京兆試。（《亥白詩草》卷一）

【漫興五首和柳門弟韻】（詩略）（《亥白詩草》卷一）

【送柳門弟之沔陽】念子乍爲客，扁舟下武昌。幾朝風日好，一棹荇花香。去路江濤濶，山城落日黄。莫緣暫離别，俯首對斜陽。（《亥白詩草》卷一）

【遊葱嶺同船山作旁即龍洞背】龍洞背奇絶，高坦如層障。洞敞傲黄樓，下建五丈旗。白日聞風霆，石燕驚翻飛。神龍何衙衙，作勢驕躨跜。葱嶺踞其旁，懸絶無鈎梯。蒼秀入霄漢，濃翠沾人衣。同遊獲求點，直上窮攀躋。晻靄辨微逕，陰晦蒙朝曦。巨石交玲瓏，透漏紛傾欹。何必笠澤湖，始爲天下希？軒然得石屋，鍾乳森四垂。往往積龍蜕，久立寒侵肌。造物祕靈秀，不爲塵世怡。向來談名山，所相猶其皮。曠達思古人，搜剔必險巇。何時雙行纏，大索寰中奇？（《亥白詩草》卷二）

【武連驛雨和船山，兼懷彭田橋】武連驛裏連宵雨，挂壁燈檠恰對床。他日相思念湖海，定憐白日去堂堂。

彭郎磊落真名士，苦向衡門賦索居。猶有韋公佳句在，對床風雨總愁予。（《亥白詩草》卷二）

【古蹟四首武連驛阻雨兩日，頗極悶損，搜剔古遺蹟，得題凡四，同船山賦之】武侯出師地，坡頂迷荒草。征人拾敗鏃，月黑聞烏鳥。耿耿大星明，閃爍見城堡。武侯坡。

城郭半已改，尚有逍遥樓。峨峨魯公書，意氣横九州。劍拔弩復張，寶此應千秋。逍遥樓。

滿院功德香，清絶山中寺。僧雛懷敕牒，剥落元豐字。盧雝亦可人，八分竟能事。覺苑寺。

黛色高參天，白日匿光景。沈沈生晝寒，鬱鬱蔽諸嶺。鱗甲怒欲飛，風雷夜方警。種松鄉。（《亥白詩草》卷二）

【寄船山，時將同赴都門】年時款段出鄉關，解舍分頭劇往還。袁郭夢符居斗下，和凝衣鉢黜人間。閑尋繡陌迴春騎，醉折花枝破酒顔。過眼流光一彈指，坐看風雪到溪山。（《亥白詩草》卷二）

【鍾陽旅夜讀田橋寄船山書】漏寒聲静夜茫茫，太息音書遠寄將。身世百年誰便得，才華終古命相妨。

病殊示疾維摩詰，憂恐傷人盛孝章。夢醒猶疑照顏色，淒清落月滿空梁。（《亥白詩草》卷二）

【同船山遊元山寺】鍾子驛上元山寺，日色蒼涼少人至。卧鐘粗記搆楹年，古殿都無題牓字。何來戶外雙狐裘，蒙茸直上荒山頭。村童鼓噪出林虎，山僧黧黑盤巢鳩。殿後軒窻亦楚楚，堆案殘經頁可數。黄楊兩樹最憐人，翠影團欒自今古。（《亥白詩草》卷二）

【除日同船山登豆積山遊張果祠豆積，一名嘉陵山】春流繞郭略彴橫，嘉陵江石何庚庚！沙頭欲渡礙芒履，支離傴仄危疑傾。更撥荒煙望祠宇，白日蒼涼竄鼪鼠。懸崖陡徑太愁人，踵出將無二分許。枯荆野棘憎蒙茸，褰衣掖腕勞奚童。到門一笑似相識，朱顏白髮真吾宗。軒楯欹斜罥榛梗，山中那解供佳茗？巾角彈碁得暫閑，世間好事餘坡潁。題名誰泐丹崖傍，姓氏惟辨孫與張。筆勢勁挺雜疎散，意者辨此惟蘇黄。細剔蒼苔洗青嶂，紀年猶在知非妄。名士未必徒欺人，看我眼光牛背上。石壁有記，僅存孫楫、張延祖等名，書法的是宋人。余以語船山，細辨歲月，果有紹字，惟以下剥落，熙、聖之際，不可辨耳。古今代謝良不誣，淪碑峴水胡爲乎？吁嗟剥落到金石，坐看蝙蝠藏空株。歸路淵淵喧鼉鼓，天涯羸糲愁羈旅。道人煮石爐火紅，獨共仙靈夜深語。（《亥白詩草》卷二）

【東河橋二絶調船山。船山去夏過東河橋，有詩云：「以骨誓青山，不隱非英雄。」丹稜彭田橋因有「只有英雄可真隱，看君以骨誓青山」之句，風致固不凡也。庚戌正月二日重過之，谷雪巖風，冷侵肌骨，相與沽飲茅屋下。船山大有寒色，因戲成二絶句，且將以寄示田橋也】清晨忍凍常彝甫，斜挂偏提據曉鞍。呵手微吟一惆悵，四山風雪竹林來。

東河橋下青山句，巖谷淒清太不支。只恐巢由便真隱，待君重勒出山詞。船山近詩爲一編，曰《出山小草》。（《亥白詩草》卷二。按，來疑當作寒）

【洛陽道上同船山作】繞縣看花逸興便，軒車輕碾豔陽天。機雲入洛猶前事，慚愧當年最少年。（《亥白詩草》卷二）

【宿固節驛寄船山三首】人生逐飄蓬，豈必功與名？悠悠萬里道，去子以遐征。會面亦有期，所嗟離別輕。遥遥浮雲舍，徒傷遊子情。

相望若有待，忽已臨路歧。道長意苦促，心戚有餘悲。居者慎自愛，去者從此辭。執手不能語，淚落如綆縻。

佇立郊西隅，送者猶未返。車輪動飈塵，高城望已遠。村雞鳴向晨，客子中夜飯。三復春暉吟，寤歌難獨遣。（《亥白詩草》卷三）

【烏石門至德安縣寄懷船山】蒼蒼煙樹接孤城，人拂山光傍水行。仿佛簡州西去路，北厓秋柳晚江清。（《亥白詩草》卷三）

【寒夜不寐，懷舍弟船山、壽門】炎荒四序常蘊隆，蕭然一雨方成冬。高齋枯坐轉索寞，茶煙冷澹孤檠紅。掩關滅燭失萬象，四大落落惟吾躬。布衾無稜益熨帖，身之所附交相融。輾轉稍欣着膚膩，寬宕更愛加綿豐。卧聞庭院耿餘滴，寒氣已透衰蘭叢。以定得静静生幻，意所偶觸旋相逢。無見之見百其見，收視返聽嗟無功。峨眉高高翠掃空，長安雨雪驚飛蓬。南北萬里縮方寸，足不能越心爲通。小弟持家亦可喜，老親念遠知愁容。團圞促坐雜尊幼，樂事輸彼多牛翁。是時人聲四壁静，草根寂寂無寒蟲。濃陰壓簷想昏黑，但聞獵獵來長風。蒲團竹几吟何工，戒鉤落手操毋庸。此間道路我亦熟，悠然徑躡無何蹤。（《亥白詩草》卷三）

【感興八首和船山韻】豐肌芍藥要人醫，瘦到梅花感别離。漸減衣圍同沈約，未妨夢錦逮邱遲。遺書空擬搜三篋，挾策何能振一奇？三十六年駒過隙，頭顱如許已堪知。

孤高原自不言貧，祇恐浮名亦累真。共道亡羊輸得鹿，可知紙繒從，去聲配芻銀。撑腸枉説容千卷，浮面終難浄四塵。等是天涯苦留滯，雜居未厭白番人。

松菊荒蕪半草萊，蕭疎門逕近城開。杜鵑勸我且歸去，王式當年本不來。詩到曹公猶下品，人言李蔡是中才。飄零至竟成何事，遠信空煩驛使梅。

萬里晴空卷片雲，鶯花滿眼悵離群。乍教才士推丁椽，盡付時人議卯君。挂壁孤檠青焰焰，穿林皓月白紛紛。蠅鑽故紙真堪笑，俯首猶攻合格文。

栖遲嶺嶠動三年，八尺寧邀衆目憐。看劍囊中羞陸賈，攜琴海上得成連。已知覓火燈能爇，誰道求魚木可緣？直以歸心誓江水，遨頭終及浣花前。

春風取次上京遊，賃廡成都亦暫留。下策似聞檠擲面，高堂難慰雪盈頭。花前好句南中雁，夢裏鄉心劍外州。犀首祇堪無事飲，緑醽瀲灩一尊浮。

赤電光摇海欲然，驚雷破柱響闐闐。作書不輟知能定，對客無言已是禪。驛路頓懷風雨夜，人間合有弟兄仙。連江波浪平階水，常記東坡過嶺年。

通道何須説遠由，桄榔春雨暗蠻州。《齊諧志》好翻從遍，燕燭書成誤每投。食邑聊隨管城子，監軍新拜石鄉侯。瘴江風景多淫霧，真憶平生馬少游。（《亥白詩草》卷三）

【寄船山】平生骨肉情，恩愛苦不至。別離歲已久，即事少真意。與子爲弟兄，踪跡每乖異。相聚多道路，何以別儔類？前年辭鄉園，翩翩隨計吏。射策明光宫，驍騰見騏驥。快子得高騫，馬空展鵬翅。公卿争吐握，天子念門第。翰林官自達，祕府足文字。科名咤故老，感嘆繼先志。先文端公爲庚戌翰林，今船山亦以庚戌入詞館。草草一囊書，捆載付僧寺。晨鐘破旅夢，蕭然整歸騎。秋深武連驛，並馬連錢轡。同來君獨歸，念子感予涕。還山酒初熟，環繞聚昆季。學《易》家有師，忘憂更何累！似聞小嬌女，畏容面深避。勢將勞同叔，保抱共嬉戲。我獨滯天南，萍踪遠仍寄。海上尋老符，牛欄舞童穉。飢蚊紛繞鬌，擾擾逐成隊。所志亦一飽，久處竟安利？蠻江白雨繁，瘴嶺黄茅厲。一燈影幢幢，思君耿無寐。書來動深感，念往但沈醉。子由君誠如，坡公吾所媿。（《亥白詩草》卷三）

【李馭之齋中見船山近詩有作】一卷新詩入手真，低頭如與話傷神。誰知洛下聯車意，猶是彭城聽雨身。對客自矜吾有弟，憐才可竟世無人。似聞病酒多牢落，中道縈懷念老親。（《亥白詩草》卷三）

【和船山青神舟中不得見峨眉山飲酒排悶之作】我遊五嶽得其四，更從嶺外看羅浮。名山相待若有素，今年復買峨眉舟。青神江遥颯高爽，八十四盤浩坱莽。長老坪亞猢猻梯，預擬冰巖三萬丈。陰雲濃鬱鬱不開，眼底培塿俱庸才。峨眉三日匿不出，空中何處金銀臺？把盞船窗豁奇悶，使酒何妨意難近。如逢障面褚淵來，寒士由來多不遂。江風吹酒酒氣寒，回頭林麓雲漫漫。華嚴解避況餘子，奇絶人間大小山。酒罷停舟郡城郭，嘉定。好醜摩肩具邱壑。人人面上是峨眉，何必排雲識崀崿？相看大笑眠疎篷，夜迥落落聞林鐘。夢中古佛變真相，雲雪巉嵒十萬峰。（《亥白詩草》卷四）

【與船山載酒遊凌雲絶頂懷田橋】坡公思凌雲，託意傳於詩。我來真載酒，意外偶得之。絶頂盤空試一上，女蘿山木何蒼莽！足底嘉州十萬家，高幖樓閣尤蕭爽。雅江灝瀚來奔流，直注佛脚欺行舟。遊人雙屐躡佛頂，厓空如隱蛟龍愁。海公猶留遊息地，剜目當時殊快意。獨開心眼照空山，誰似安磐老居士？坡公祠宇今千春，識公年少真丰神。哦詩不復道姓字，恐更傳聞誤後人。鐘磬莊嚴戒壇夕，醉卧縱横寺門側。傍人莫漫疑仙靈，只有田橋好相識。（《亥白詩草》卷四）

【峽夜與船山二首】古人俱寂寞，吾弟獨能賢。視我益瀟洒，餘情空簡編。氣深依歲改，詩好藉人傳。軼事懷風雨，聯床記武連。

峽雲寒不雨，釀雪凍春姿。此日足尊酒，長年多遠離。姓名隨後輩，詩卷看他時。磊落同疏節，天風任意吹。（《亥白詩草》卷四）

【壬子除夕與船山神女廟祭詩作】摩刓故紙無角芒，中有萬丈熊熊光。鬼神夜守真宰泣，文字彪炳天之祥。我昨南歸弟居蜀，遍舟復共來瞿唐。倒推山嶽出方寸，巨編同擲聲琅琅。弟詩百五我百九，窮年嘔血充奚囊。明德不報帝無色，千秋何處勞馨香？雲華夫人帝少女，驂鸞駕鶴高翱翔。驅使風姨戒河伯，挽舟直泊巫山陽。舉首雲旗出山半，芰除棒莽容褰裳。大宗師座妙端麗，静披翠羽垂明璫。左陳詩卷右酒漿，雜列殽核椒蘭芳。詩人賈島例能定，何須日吉歌時良？燭盡懷詩藉春草，傾壺一醉應千觴。名字世賤神所鑒，山靈明歲徵詩忙。（《亥白詩草》卷四）

【巫山舟中守歲同船山作】五載異鄉國，殘更每自憐。今宵況兄弟，往事一雲煙。酬勸期終夕，鶯花想隔年。春城競簫鼓，不是獨無眠。風雪蕭騷集，年華逐次侵。深尊倚紅燭，遠漏隔青岑。田舍平生意，衰遲父母心。明年萬花發，轉欲計升沉。風味燒春甕，流光赴壑蛇。真成繫狗尾，直擬掣鯨牙。詩筆愁能健，鄰舟笑漸譁。山川鴻跡在，展卷得雄誇。雲氣宵仍暗，江聲夜轉孤。敝裘勞卒歲，客路免催租。寒重拖篷葉，風微敵雪鑪。東亭念裴十，得辦酒錢無？謂田橋。（《亥白詩草》卷四）

【過三遊洞懷田橋同船山作】樂天西去忠州日，長史如聞赴虢州。意外忽逢江上棹，酒邊同覓洞中秋。山川過後疎游屐，兄弟重來恰共舟。最好夷陵風景地，因君不至轉含愁。（《亥白詩草》卷四）

【船山六峰詩】癸丑正月六日，船山從枝江焦厓子江中得奇石六，峰巒、洞壑、泉池之勝無不具，位置研南，名曰船山六峰。第一衆妙峰，第二池峰，第三朵雲峰，第四鼻觀峰，第五師子峰，第六石門峰，峰各有詩。千百年後，蘇之仇池，米之研山，不是過也，復爲題之。衆妙瓏瓏巖壑具，弟視石鍾兄灩澦。池峰大沼何潭潭，蟠蛟欲起愁孤嵐。朵雲端凝稍後輩，迴翔弄姿殊靉靆。鼻觀隆起態逼真，將無坡公玉鼻騂。師子駐足戲掀齒，雖猛而和前其耳。石門一線樵徑通，隔嶺疑有霜林紅。天公縷雲試一割，巧不能偷豪可奪。逢人莫問海獄菴，六峰萬古晴窗南。（《亥白詩草》卷四）

【武連聽雨圖椒畦作】我生亦苦朋儔少，四海平生一子由。本事最憐山館夕，武連縣裏雨聲秋。

右丞下筆能瀟灑，落紙蕭蕭風雨寒。寫出人間好兄弟，不妨留並古人看。（《亥白詩草》卷四）

【船山生日】使爾多財那可得，斗麪磨礱具晨食。吁嗟三十我久過，時序悤悤君始及。翰林官閑可屏跡，顛倒壺觴任朝夕。弟兄壽骨人共知，蠅蚊中年免相厄。黄子木杖海南質，印香篆盤致無術。先生不爲世所醺，無愧惟應篋中筆。庭幃遥遥聚鄉井，話遠團團剥榛栗。眼前尊酒莫罷斟，但願年年作生日。（《亥白詩草》卷四）

【八月十一日出都别船山】欲歸弟誰語，不歸親倚門。躊躇不自得，仰視天邊雲。有酒且斟酌，及此晨與昏。明日即天涯，揮手難具陳。我昨下第時，弟泣不可住。豈伊得失愁，謂我復當去。荏冉遂三月，期定畏及曙。有淚莫更灑，行子多所慮。文章有性命，薄俗空錢刀。鑽核持牙籌，録録非吾曹。一二素心人，意氣凌風飆。詩酒可往還，餘者真牛毛。入世若有縛，盛年慎自防。小人計細行，吾道如粃糠。莫惜緇塵緇，起視蒼天蒼。荆棘礙驥足，艱難蹉已嘗。秋花燦籬落，秋葉盈階除。知我嗜蟹癖，日日煩庖厨。非樂置酒勤，爲惜會面疎。後此臨高臺，應共憐茱萸。卅載爲弟兄，相聚無幾歲。同此奔走勞，悠悠百年内。結茅無寸業，奉身苦難退。何時營薄田，桑麻看蓊薈？我苦眼光短，伸臂乃覩手。不見明日事，遑知百年後？惟此骨肉恩，欲默常在口。寄聲煩他時，毋寧一回首。驪駒已在門，僕夫聲何喧！舉酒不能酌，相望無一言。隴棧高入雲，秋風吹武連。歸夢倘趁余，對榻愁空懸。（《亥白詩草》卷四）

【集方雪齋，同淵如、惕甫、容堂、硯農、蘭士、船山分韻得有字】萬里赴岷峨，計行此其首。離筵盡名

士，此樂古或有。重來恐離群，覿面且尊酒。夜氣秋堂深，悠悠人別後。（《亥白詩草》卷四）

【自興平投宿武功寄船山】籃輿朝渡犬邱水，秋草宵迷狳次山。繞柱舊題無覓處，卻教傳唱遍人間。（《亥白詩草》卷四）

【九月廿九日宿武連驛懷船山】人間何限銷魂地，觸撥離愁此獨難。重到驛庭尋舊約，四山風色太高寒。

逍遥樓下霜侵柝，夢裏君來踏砌行。騷屑錯驚深夜雨，蕭蕭風葉打窗聲。（《亥白詩草》卷四）

【正月廿九日重宿武連驛懷船山】一年不見蘇同叔，古驛重來損客顔。應是京華塵土裏，披圖高枕對青山。（《亥白詩草》卷五）

【春日，孫淵如刑部招同吴穀人編修、毛海客大令，王愓甫、徐閬齋兩孝廉，徐心田布衣，家弟船山集櫻桃轉舍，舍爲歌者舊居，即事賦詩，同和穀人韻】櫻桃去後丁香結，如寫春愁向雨開。名士多情眷雲樹，故人隨意坐莓苔。深尊似海量難盡，幻影如花期不來。篋裏紅綾餘幾束，堦前蠟淚自成堆。（《亥白詩草》卷五）

【邵嶼春攜酒過懷人書屋，即席分韻得逢字，同船山、受之作】名場終古銷魂地，知己三年剩一逢。萬里縱歸仍似客，殘宵無夢獨聞鐘。多君興到能攜酒，明日沙清欲杖筇。猶有西山堪歇夏，出城無際好雲峰。（《亥白詩草》卷五）

【《騍駼馬圖》爲船山題馬前二足腕間，各有小枝蹄，絹色極古，不著欵，當是唐人筆】枝蹄之馬不可見，騊駼漢監空其名。是誰下筆忽寫此，傲兀不顧凡眼驚。頭高臆濶肉龍嵸，開圖蕭蕭神色動。汗血曾傳天馬歌，騰驤遠異流沙種。我聞北海之國名陶塗，蹄趼陸龎有此驪龍駒。世人但解辨牝牡，嗚呼渥洼今已無蠻奴。虎頭好裝飾，意氣揚揚萬金直。入市應添俗士疑，按圖已自無人識。世問少見多怪何足驚，嗤以畫蛇詩眼明。舉策不知馬幾足，謹願何者非公卿？此馬四腕具六蹄，人世負奇之士未必無汝奇。孫陽不作皮相多，騠駼騠駼奈爾何！（《亥白詩草》卷五）

【八月廿一日，王香圃攜酒過飛鴻延年之室，即席同金霽坪、王文雨、船山、受之分韻得一字】薄寒初中人，秋氣入庭室。高會亦復佳，欲出不可必。王郎致瀟灑，小飲意真率。午食期三肴，偶坐成六逸。窗虛草花明，棚卸高樹出。野蔌課園丁，水鮮剖魚乙。諸君發高唱，妙論助奇筆。我如南郭竽，坐愧聽一一。輸芒蟹膏足，倘來及明日。老饕如何供，敝袍徑須質。（《亥白詩草》卷五）

【陳肖生招同余秋室中允、縠人編修、吴山尊孝廉、家弟船山集筆華墨雪之軒，酒後秋室畫蘭見贈，率成三絶句，即呈肖生】平生苦愛陶家瓻，日對空罇作酒愁。失喜到門尋好約，眼明先見一籬秋。

中允聲華絶代才，酒酣潑墨畫圖開。十年夢想騷人筆，真見崇蘭入手來。

海棠猶作故園秋，石罅嬌紅淡不收。輕點胭脂濃埽葉，憑君更與寫鄉愁。（《亥白詩草》卷五）

【九日復同葑町給諫、縠人贊善、關鶴舟上舍，蘭圃、小山昆仲，家弟船山集丁氏花圃，席地小飲，分韻得歸字】百年小住都成夢，十日重來事已非。老圃無花容載酒，人生多計不如歸。肩秋盡作朱門供，落日空明白版扉。誰解城中三五客，苔痕不惜涴裳衣。（《亥白詩草》卷五）

【集有正味齋餞别葑町給諫，酒後復集，同趙味辛、李墨莊兩舍人，葉琴柯太史、伊墨卿比部、家弟船山分韻得雲字，即呈穀人宮贊】大雅久不作，傾懷方爲君。求依北海座，願作昌黎雲。被酒遂疎節，開筵重夜分。遼天有鴻雁，多是惜離群。（《亥白詩草》卷五）

【人日同船山、受之飲酒得花字】流水匣琴在，屏風金勝斜。晴宜人日酒，暖憶故園花。蓬鬢各中歲，柳條空遠涯。詩情草堂側，煎餅自京華。（《亥白詩草》卷六）

【雪後集顧亭王丈齋，同壽民、船山、東林、香圃分韻得星字七律一首王丈一號蔬香老人】踠地重簾護曲櫺，紅泥爐火小圍屏。掌中醇酒三蕉緑，夢裏家山一髮青。風急牆陰輝夜雪，月明林杪問春星。深樽座上蔬香老，頭白風流見典型。（《亥白詩草》卷六）

【集穀人贊善有正味齋，同顧亭王丈、東林、香圃、船山分得眠字】晴窗風日清且妍，遊絲欲放春風顛。城南花柳尚寂寞，晝静無事惟高眠。詩酒猶堪作驅使，華裾織翠無由緣。强隨小兒誇解事，仰面一笑風中鳶。先生玉堂富清暇，擎樽往往看青天。揭來折簡許相過，明燈髹几羅芳鮮。滄州美酒碧玉色，蚨母瀉貫誰能穿？月光灔灔忽墮席，冰紋巨椀玻璃圓。京塵染衣二十載，緑鬢已换非少年。眼中車馬浩流水，世上未有如公賢。蔬香老人致清妙，烏衣子弟俱翩翩。流鶯唤住且須住，不須徑買煙中船。紞如街鼓耿深夜，堂堂歲序如奔川。小桃轉眼破紅萼，火急唯應辦酒錢。（《亥白詩草》卷六）

【集飛鴻延年之室，同顧亭王丈、介玆、東林、香圃、船山分韻得山字】庭草不能緑，悠悠車馬間。風塵

此觴詠，花柳自江山。紅燭期深夜，青春改舊顏。百年渾是醉，漏盡未須還。（《亥白詩草》卷六）

【顧亭王丈招同吴穀人贊善、洪稚存編修、邵壽民孝廉、家弟船山小集寓齋作】春愁亂人忽如夢，酒尊到眼還乍醒。惟餘芳草足遐想，屐齒不見庭中青。蔬香老人髮如鶴，長身玉立何亭亭！不多飲酒愛客醉，初筵已戒杯虚停。座中吴公致豪絶，百杯不辭意軒豁。吟髯笑拍洪厓肩，觴政争飛粲花舌。洪君使節來黔中，齊名一代誰與同？岱雲迢遞望齊魯，令人卻憶孫興公。謂淵如。我苦窮年事奔走，較量身世夫何有？閣筆停書祇廢才，百年知己惟犀首。吴公玉堂天上仙，暫留此會猶人間。蔬香老人亦將去，蓴鱸思發春風前。春林茫茫雲漠漠，春草極天莽寥濶。花發城南憶故人，提壺徑上卷施閣。（《亥白詩草》卷六）

【二月十七日移居小山齋中，簡船山兼寄受之三首】行李看將發，心情似遠離。望衡知可見，授轡總如疑。趁曉安吟榻，挑燈把酒巵。徘徊今夜雨，不是對床時。

入夜傾樽共，侵宵繞砌頻。經時同兩弟，異處忽三人。夢醒驚殘雨，饑驅任此身。城中猶小別，那得更風塵？

滅燭紛多慮，披裘耿夜初。心長更漏短，身賤友朋疏。庭密今春雪，家通隔歲書。誅茅何處所，故里未寧居。（《亥白詩草》卷六）

【雨夜同查蘭圃小集飛鴻延年之室，船山作《望衡醉雨圖》，分題得天字】凉棚灑飛雨，淅瀝草堂偏。巵酒引深話，微光明夜天。還思抱琴去，共作對床眠。何似看圖畫，燈摇曲巷煙！（《亥白詩草》卷六）

【簡田橋二首丙午閏七月十五日，與田橋、船山在成都曾集蔡崑厓家借中秋，時椒畦爲補圖】去日真堪念，離愁愴客神。艱難一杯酒，容易十年人。入世籌身誤，挑燈話夜頻。相看雙鬢改，同是負青春。

君業猶堪立，吾歸計轉安。關河憐遠道，四十尚無官。歲月供愁盡，文章托命難。飛揚前日事，三歎畫中看。（《亥白詩草》卷六）

【集修竹吾廬，雷雨驟至，同蘭圃、小山、船山分韻得動字】七箸不復設，滿堂顏色動。驟雨驅屏翳，深簷飛蠛蠓。天宇何泬寥，江湖想澒洞。龍應夜出遊，濃雲看鬱蓊。（《亥白詩草》卷六）

【借中秋歌】丙午舊作，時與船山就試成都，彭田橋約於閏七月十五日集蔡崑厓家借中秋，醉後各成七古一首，偶失載。今椒畦爲補圖，因追憶，復録於此。萬古晶瑩一輪月，誰創中秋作佳節？千年成例破不能，坐對清光歎奇絶。十年好景匆匆過，風簷更奈今年何？姮娥一笑粲萬瓦，世間措大何其多！明月清風正無價，預惜良宵耿遥夜。仰天搔首無一錢，舉酒能邀徑須借。寺樓窗黑雲氣陰，一月不散成秋霖。翻疑好事祇虚語，買春浪説千黄金。雨歇街平天欲暮，凉意層層在高樹。四鄰蕭寂無管弦，望斷浮雲最深處。開筵列坐愁舉觴，殘雲猶自隨風翔。當頭明鏡忽飛出，事如我輩真能狂。清影徘徊過牛斗，窈窕歌終重回首。東坡去後五百年，此景今宵落吾手。尊罍顛倒還共傾，未須醉卧愁參横。天不能慳任人妒，酒酣喝月月應住。（《亥白詩草》卷六）

【九月廿六日同伯雨、船山集繡佛齋，是日田橋未至，分韻得花字】淋漓襟袖酒痕斜，潦倒京塵念歲華。明鏡朝難寬緑鬢，鄉園夢又冷黄花。已傷荏苒疏歸計，同是飄零感故家。咫尺橋東不相見，更須何

處説天涯？（《亥白詩草》卷六）

【九月廿七日，伯雨招同田橋、船山小集如意堂，分得雪字五古一首】秋雨生緑苔，短巷謝塵轍。非無酒肉招，愛兹衣履潔。王郎發奇興，隔宿簡先折。會飲徑期卯，意不待巾幯。出門車犇轟，衝泥贏鱉蹩。觸耳何紛如，入肆轉清絶。酒殽未及半，筆硯粲陳列。豪情誇長風，勁氣積寸鐵。弁側苦尋味，卷掩慮剽竊。窺窗僮僕哂，此事無乃譎。索句還累時，得意快一瞥。投筆更命酒，天空氣寥泬。小住亦復佳，萬里行將别。故人念壺觴，遊子歌雨雪。（《亥白詩草》卷六）

【將出都門，石琢堂、伊墨卿、洪稚存、方茶山、趙味辛、言皋雲、陳笠颿、遠雯昆仲，邵壽民、查小山、王春波、王伯雨累日飲餞。十五日，彭田橋、林雨亭、陳曉峰、周旗樵同船山復送出廣寧門，與船山灑淚作别，即事有述寄船山，兼呈諸君】中庭落木氣蕭森，節序勞勞百感侵。市上擔秋霜菊過，燈前話雨酒杯深。更無作賦逢楊意，差許論交向季心。檢點欲歸歸竟得，蜀山西望歎崎嶔。

車輪不礙巷西東，蠟炬深宵照影紅。後日征塵思賤子，一時高讌仗群公。人才畢竟京華盛，去住無端别緒叢。臺省旌幢中外事，重來未必此筵同。

年餘兄弟暫相親，每爲將離暗愴神。食指經營逾八口，酒鄉料理復何人？逢場已減中年趣，執手真憐别後身。君自一官親萬里，臨歧那得不沾巾！

三更明月五更斜，沙雨霜風即次加。陌柳年年工送客，柴車日日歎移家。寒威聊卻尊中酒，心力難回鬢上華。縱是殘山消易盡，縣西門外尚天涯。（《亥白詩草》卷六）

【朝食南中鋪，見己酉年與船山壁上題名，口占二絶句寄船山】新晴沙路南中驛，下馬郵亭繞柱行。根觸八年前舊事，黄泥屋壁見題名。

村雞唱午去遲遲，酒盞因君欲罷持。更拂蛛絲寫離恨，滿林晴雪獨來時。（《亥白詩草》卷六）

【十月六日發成都，寄船山京師，壽門杭州】去路連群嶂，全家共一舟。支床臨水檻，洗盞對沙鷗。榿木千林合，岷江萬里流。更無田宅戀，回首爲松楸。

生計無多日，歸來十五年。開頭辭蜀水，買櫂上吴船。鄉國三更月，風花小雪天。先期慰諸弟，書札仗分傳。（《亥白詩草》卷六）

【大風泊蘆溪口，有懷船山、壽門】大風西北來，江水東南流。長波浩泱漭，滯此萬里舟。景物乍淒厲，雨雪盈田疇。中夜多繁聲，浩浩無時休。酌酒不能寐，起坐還披裘。嗟哉遠行人，何以慰煩憂？我昔鄉園居，常作成都客。蹤跡或近遠，時序每乖隔。今來江上船，即事慰晨夕。客路如家居，歡乃勝疇昔。稚女滌茶具，姬人理刀尺。同爲老母歡，寧須感行役？兩弟久離居，南北各一官。附書抵蜀郡，戚戚常少歡。俸錢不自給，望遠空漫漫。寧知歲晏情，馳驅正爾難。人生苟自立，那免饑與寒？如我更飄蓬，留滯良足歎！（《亥白詩草》卷六）

【五月二十日雨，吴穀人祭酒、吴山尊編修、戴金溪刑部、郭厚菴明經、家弟船山集胡夢湘户部蘭薰玉潔之堂，同賦分龍行】龍性夭矯不可馴，屈蟠厚澤凌高旻。風雲勝踔合變化，詎有勤惰能區分？白日昭昭麗天宇，觸石崇朝起何許？跋浪潛依渤海波，乘時便作蒼生雨。上天號令寧或乖，神靈作使無凡才。人心咀祝匪細故，患切水旱滋嫌猜。禾黍油油滿郊野，擊鼓村村集田社。巧能搏土貌龍公，卻擬吹笙迎健者。今年雨候喜及期，雷車風馬交相馳。蜿蜒空際露鱗甲，雲龍上下欣追隨。憑藉苟無尺寸水，曉日蒼涼幽澗底。南陽高卧亦有時，苦道懶龍鞭不起。（《亥白詩草》卷六）

【七月廿八日，朴園招同船山登黑窑廠，歸集禪寄食蟹】幽興不在遠，城隅勝可尋。樓陰行處好，樹色望來深。羸馬依荒塹，饑鷹念舊林。平臺見山翠，清絶此登臨。

僧院霜鐘寂，行厨晚飯香。緣堦看聚螘，支几倚頹牆。蟹味秋逾足，詩情定轉忘。歸途杳人跡，星斗夜蒼涼。（《亥白詩草》卷六）

【重陽日雨，時船山分校京闈，壽門在杭州，偶讀邵壽民《橋東詩草》，率題二絶句時以雨後修理貢院，九月方舉行鄉試】無復蒼苔破屐痕，籬花寂寞酒盈樽。城南多少登高約，風雨重陽獨閉門。

校士秋闈最後時，寄書南雁更遲遲。故人好在如相對，還是橋東邵五詩。（《亥白詩草》卷六）

【喜船山出守萊州先文端公曾守兖州，先祖曾守登州，先府君曾宰館陶，今船山復守萊，蓋四世宦遊山左矣】泰岱雲開露遠村，雙旌五馬出都門。廿年臺省聲華好，四世金章宦轍存。兖水尚留賢相廟，衛河常有使君恩。似聞夾道看新守，原是登州舊守孫。（《亥白詩草》卷七）

【喜旂山得子卻寄，兼示船山】封題開處眼偏青，老母含飴一笑聽。最是中年多樂事，連枝連歲賦添丁。

三冬準擬返煙蘿，共奏塤篪笑語和。正好教他小兄弟，相看老輩是如何。

吾家叔子最風流，應得生兒似仲謀。肯構他年同着力，須防各要撞煙樓。（《亥白詩草》卷七）

【李馭之所藏達摩像是船山筆，戲題一絶句，兼呈午橋先生】船山下筆能成佛，亥白如僧只在家。等是傳心同面壁，旃檀香裏奉袈裟。（《亥白詩草》卷七）

【寄船山】音書何事滯江干，應是躊躇下筆難。苦爲周旋緣似續，更無遺行致譏彈。鴒原道遠增愁思，萱草春深要慰安。眠食近來多少事，雙魚期爾勸加餐。（《亥白詩草》卷七）

【白雲謡寄兩弟】白雲常在天，遊子將何之？越鳥凄晨風，相望巢南枝。南枝在何許，相望江南頭。江南萍梗多，隨處有輕舟。庭柯已改葉，葉落依根滿。鴻雁驚秋風，歸飛未爲晚。手中尺素書，欲寄知奈何！思君如繰絲，宛轉頭緒多。宛轉復宛轉，轆轤水深淺。日影薄崦嵫，奄忽時光短。白馬下黄牛，水遠山復長。思君如流水，一夕下瞿塘。江橋連下市，相望出頭關。一歌《白雲謡》，徒傷遊子顔。（《亥白詩草》卷七）

【懷人詩十四首（其十四）】仲弟羈吴門，季弟官浙西。九載不相見，望遠空悽悽。何當復來還，花底同招携？船山、旂山兩弟。（《亥白詩草》卷八）

【雨夜懷兩弟】江南江北多春草，千里萍花感慨同。意否城南蕭寺雨，對床静聽一樓鐘？（《亥白詩草》卷八）

【哭船山仲弟姚鷹青編修以書來，南中消息未至】驚心三月姑蘇耗，到眼京華一紙書。天縱忌才胡至此，人真無命待何如！一官久已浮雲似，十載難忘判袂初。怪底近來消息斷，可知魂早返鄉閭。

蜀江楚水隔吴雲，目盼音書坐夜分。白髮慈親猶悵望，黄泉惡耗恐知聞。風懷漸減常虞我，雪涕無端竟到君。更是傷情同伯道，衹今誰爲守遺文？

翰苑群欽彩筆揮，東萊出守未全非。忽傳解綬回應早，何意投人事轉違？諸女多年遲許嫁，一家無計遂言歸。挂帆徑擬來迎汝，老母晨昏卻倚誰？

回首音塵尚儼然，有才誰料竟無年！對床常憶分箋日，聽雨還疑共被眠。揮淚自今成永别，傷心尚冀是訛傳。從君病後分明計，抑鬱心情倍可憐。

雁行中斷黯傷神，展轉思量現在身。小弟官仍棲浙水，大家兒況是清貧。詩名自足傳千載，佳節真看少一人。此後艱難多少事，書堂無語獨沾巾。（《亥白詩草》卷八）

【七月廿八日得旂山季弟書，知船山仲弟確耗】浙水傳來信不訛，驚開淚眼更摩挲。細看月日分明是，遠阻關山可奈何！衰絰未除諸女遠，衣冠會葬故人多。山邱華屋須臾變，忍聽風前《薤露》歌。

連年蹤跡苦依人，誰識清貧太守身？到死倍傷離别久，關懷終是弟兄真。最憐旅殯留元墓，何以高堂慰老親？猶有春前音問在，一回展看一沾巾。（《亥白詩草》卷八）

【九日】又是題糕節，茫茫感百憂。山川千里夢，風雨滿城秋。對酒情何極，持螯興未酬。弟兄渺天末，誰與共登樓？

更有鴒原痛，臨風涕淚横。飄零到妻子，辛苦誤功名。我久傷離别，誰能一死生？茱萸空好在，望遠倍關情。（《亥白詩草》卷八）

顔檢

【答張船山侍御，即和依竹堂原韻】冷面常如鐵，冲懷總若春。相期敦古道，未肯薄今人。踪跡回頭憶，風光轉眼新。隨他時樣好，故轍自持循。

小池荷影静，高樹鳥聲繁。看雨山當户，披襟月在軒。賞心隨所遇，真契默無言。獨有西歸夢，時時到故園。

端人對端石，隨意寫來禽。正筆呈封事，微吟託遠心。冷官殊可耐，幽徑亦時尋。壁上紗籠處，餘聲尚擲金。

向往非今日，論交自悔遲。兒曹欣立雪，我輩且吟詩。藏室餘書簏，呼童載酒鴟。澹懷容易愜，脈脈兩心知。（《衍慶堂詩稿》卷三）

【余答船山侍御詩，有「風光入眼新」句，少海易一轉字，通體骨節皆靈，賦此謝之】入眼何如轉眼奇，轉關妙義耐尋思。從來我不因人轉，今轉心傾一字師。（《衍慶堂詩稿》卷三）

方于穀

【稻花齋坐雨，偶讀漁洋《論詩絶句》，爲題一絶於後。意有未盡，倣其體，續至四十首，明以前不論，就近代前賢及交游中所熟知者，其人多故物，第據鄙意而表彰之。至人世之後先，品論之當否，皆所未審也。丁亥閏七月望日，拳莊并記（其三十五）】一唱黄雞夢已空，虎邱山下落花風。爲君揀出嘔心句，多在連雲棧道中。張問陶詩，以前、後入棧詩爲最。（《稻花齋詩續鈔》卷十一）

沈在廷

【馬魯臣席上贈張亥白、船山、印度暨王椒畦】奇境依巴蜀，詩壇奉杜陵。江山供健筆，兄弟得良朋。不遇張平子，誰延王右丞？千秋書畫意，都藉酒如澠。（《經餘書屋詩鈔》卷二）

方維甸

【題王錬師照次張船山韻】遥山映水水浮空，尺幅圖成遠勢工。縮地能容壺大小，倚天如矗劍雌雄。巖前芝草春應長，閣上松聲月正中。多事燒鉛還錬汞，絳宫自養火珠紅。（《勤襄公詩稿遺存》卷一）

【船山以道意詩見寄，有「我心妙處即天心」之句，賦此答之】我心豈易天心合，道意元如我意真。漸近自然絲竹肉，交相贈答影形神。冥鴻天外聲尤遠，屈蠖泥中志未伸。底事逃虚還守寂，且須料理苦吟身。

一意能通萬法前，箇中非道亦非禪。證明賢劫千尊佛，超越楞嚴十種仙。夙業尚餘兒女累，孤懷肯受

世人憐。賃舂廡下携家住，未了平生粥飯緣。（《勤襄公詩稿遺存》卷一）

【寄贈船山】京國論交舊，而今剩幾人？ 較量千古事，珍重百年身。 混俗天機活，忘懷醉語真。 胸襟湖海濶，萬里浩無垠。

獨開詩世界，筆力破溟濛。 奇險才無敵，窮愁語倍工。 難全三不朽，自具六神通。 表聖麒麟閣，誰標第一功？（《勤襄公詩稿遺存》卷一）

【寄張船山】横塘春漲接江波，一舸凌風可暫過。 郭外好山如有待，座中名士恨無多。 閑邀遊客尋松菊，並載佳人出苧蘿。 相約莫愁湖上去，扣舷同和竹枝歌。（《勤襄公詩稿遺存》卷一）

徐鑅慶

【贈張檢討問陶】君之高祖大學士，與我高祖尚書公，康熙庚戌兩進士，各有勳業留煙虹。 我祖立朝二十載，欲以文字開群蒙。 滿門襤褸盡白屋，攜載墳籍撑其胸。 交游不過湯趙陸，湯文正斌、趙恭毅申喬、陸清獻隴其。 秉性剛直遭人攻。 洞庭書局垂死筆，上達閶闔迴堯聰。 身後無田又無宅，書樓嶔岏長江東。 聖祖南巡賜題額，其貧可以知其忠。 愛清景字出御翰，九原下燭光熊熊。 迄今五世失饘鬻，子孫散處如飛鴻。 京師見君叙世譜，意料不到驩相同。 君才猛健壓巴蜀，口吐大句齊華嵩。 官銜高貴餓欲死，且博爛醉朝暾紅。 不才三戰復三北，擾擾得失爭雞蟲。 勉旃駿烈各珍重，樹此喬木

參蒼穹。（《玉山閣詩選》卷五）

【正月十五日，法庶子式善詩龕分賦。讌集者，錢塘吴穀人錫麒、揚州羅兩峰聘、江都汪劍潭端光，四川李鳧塘驥元、張水屋道渥，陽湖楊西禾倫、孫淵如星衍，長洲王惕甫芑孫，山西劉澄齋錫五、李石農鑾宣，湖州張蘭渚師誠、大庾李介夫如筠、靈石何蘭士道生。不至者，江寧王葑亭友諒、陽湖趙味辛懷玉、安徽洪桐生梧、靈石何硯農道沖、常熟言皋雲朝標、吴江王蘭江祖武、江陰王延庚蘇。先去者，遂寧張船山問陶。得開字】東風楊柳緑瀛臺，學士瓊筵樹下開。四海詞人同日到，一龕春酒隔花催。青袍處處逢新草，官閣年年詠早梅。歸路蹋鐙明月起，錦韉殘醉寄蓬萊。（《玉山閣詩選》卷五）

吴文照

【陳蔭山舍人席上題張船山檢討指頭山水卷】船山工吟詩，不必定杜李。船山耽飲酒，不藉澆磈壘。盤盤五岳胸，未可斗石擬。奇氣偶觸之，萬怪逞譎詭。詩酒消不盡，拂拂出十指。傾此一池墨，灑向雪色紙。風落樹疎疎，煙澄石齒齒。板屋三兩家，堠亭十五里。中有樵斧聲，應在白雲裏。轉側具神力，屈伸湊骨理。筆所不能到，天然仗指使。山水有窮盡，煙雲無終始。君言此游戲，聊作鴻爪視。我謂張壁間，千里在咫尺。花前布芳筵，傳觀遍諸子。浮以三百觴，吟情各怒起。險韻鬪奇崛，諧聲嚼宮徵。片雲送雨來，催詩正藉耳。吾愧無以報，詞不稱畫耳。（《在山草堂詩稿》卷四）

曾焕

【題《城南雅游圖》《城南雅游》，蓋法時帆、王惕甫、劉澄齋、張船山、徐閬齋、李介夫、何硯農、蘭士諸君同居都下樂事，而寫像紀之者也。頃蘭士赴任九江太守，過揚州，以此索題】身在江湖漫九年，每瞻魏闕寸心懸。展君聯轡看花卷，認我騎驢索句邊。便欲乘風歸玉宇，相將買墅傍藍田。故人卻似晨星少，況又參商各一天。（《賞雨茅屋詩集》卷四）

【傳來都下詩篇，多和張船山翰林《驛柳》之作，賦此寄懷】誰吟《驛柳》怨春風，蜀客鄉心有萬重。雨雪霏霏還卒少，關山處處羽書逢。攀條幾歲悲司馬，籌筆何時起卧龍？想爲煙塵憔悴極，已非張緒舊姿容。（《賞雨茅屋詩集》卷五）

【蓮裳在京師，倩張船山作《青芝山館圖》，以予與萬廉山皆有卜鄰之約，賦詩見寄，奉答三首】溶溶太湖月，冷浸千梅花。花間有草堂，此是吾鄰家。吾廬復何似，幽致略同此。袖出青芝山，一笑皆畫耳。

士逢太平世，隨處皆可安。何必去鄉里，始能樂邱園？魚鳥恣翔泳，當知天地恩。不然太湖濱，豈是桃花源？

昔人嘗有言，桃源即栗里。淵明嫌折腰，浩蕩入煙水。君儻師其意，慎毋從禄仕。曾生與萬生，刺促

今如此。（《賞雨茅屋詩集》卷七）

錢泳

【題楊子堅所藏張船山太守《載酒前緣圖》】謫仙一去千餘年，江山過眼空雲煙。狂吟百篇酒十斗，衣鉢遥傳張太守。錦袍倒著出幽燕，興酣走上蓬萊巔。欲扣天關訴懷抱，無端飛落滄江邊。歌樓畫舫醉不起，眼底子堅舊知己。相持大笑證前緣，北固山雲錦江水。江水悠悠路渺茫，山雲黯黯天蒼涼。三峽悲歌避兵警，船山太守有《寶雞縣題壁詩十八首》，出峽時作也。至今讀者爲心傷。詩人遭際盡如此，蜀國鵑啼蛟龍死。青蓮衣鉢竟誰傳，京江又有楊風子。（《梅花溪續草》卷一）

曹三選

【偕胡城東、張船山、陸平泉、朱少仙集陳蔭山借樹山房分韻】借樹山房乍移竹，我輩來看差不俗。渴腸芒角怒欲生，急呼大瓢瀉醽醁。登堂一笑羅盤飧，誰主誰賓冠者六。胡曾新自灤江迴，袖裏煙波江半幅。城東出《灤陽游草》示座中。絶倒張衡不識愁，錦江直下青天蜀。孟公卷舌恐驚座，時聽齗齗辨朱陸。笑余蕉葉先隤然，但有骯髒無往復。是時爽氣來西山，虚庭戢戢動寒緑。人生快意借杯酒，肯脱疎狂就拘束。座中爛醉唤不譍，門外飛塵霾馬腹。（《吹雲閣詩稿》卷一，載師範輯《小停雲館芝

言》第二册）

【吴穀人太史招同羅兩峰山人、王葑亭給諫、趙味辛舍人、張船山檢討、汪劍潭助教，吴山尊、劉芙初、吴香竺三孝廉，倪米樓秀才有正味齋消寒小集，即席分韻】奮衣座上欲忘形，燒燭重教進醁醽。太史詩聞陳五岳，老人躔喜聚諸星。座中以山人之齒爲最尊。護花深院兼寒煖，拓戟高歌雜醉醒。飲罷無歸愁獨立，可能含意向沈冥。（《吹雲閣詩稿》卷一，載師範輯《小停雲館芝言》第二册）

胡長庚

【載酒前緣册子次張船山太守問陶韻爲楊子堅作】卷中不少驚人句，日下能傾曠世才。遮莫青州賢太守，辭官得得爲君來？（《木雁齋詩》卷一）

【寄張船山檢討問陶】駑馬征衫出塞來，炎雲如火罥山隈。依人王粲偏多病，斷肉何曾尚舉杯。卷軸可還防鈍賊，清狂或恐累儇才。醉眠高館忘煩暑，更把吟懷對雨開。（《木雁齋詩》卷二）

【張船山問陶】門第金甌舊，才華玉署清。閑愁芟碧草，鄉夢繞青城。痛飲曾何故，佯狂亦累名。論詩應辟席，吾覺負平生。（《木雁齋詩》卷二《懷人六首》，其三）

【偷詩行爲張檢討問陶作】蒼龍攝提格，十月辰乙卯。客來徵我詩，遂寧張檢討。謂言前三日，夜有偷兒入其室。僮僕酣眠主人醉，青鐙熒熒犬空吠。床下雖無錢，廄有駒可牽。餘糧不滿斗，朝衣堪貫酒。如何有此竟不顧，盡取室中詩卷去？我聞此語笑且疑，焉有若輩解愛詩？摽向豪門賺粱肉，可免旁人笑枵腹。白晝向君取，知君必不與。昏夜來君前，畏人言乞憐。莫如暫爲梁上客，來無人知去無迹。（《木雁齋詩》卷三）

王澤

【爲張船山吉士問陶畫《天半懷人圖》】層雲生處盪胸時，咳唾風中珠玉隨。怪我筆端奇氣少，畫來畢竟不如詩。（《觀齋集》卷一）

【送馬雲題上舍燦南歸】去歲識君初，秋清慧山碧。瀹茗第二泉，挽袖留不得。放手失流光，一載彈丸擲。何當長安道，幸與故人逆！惜哉居則離，苦無車可借。鹿鹿軟紅間，旬日始一適。翻嫌聚首難，何忽歸思迫！君才清且華，摇筆星斗摘。新編豔於雪，君有《豔雪樓集》。字字沁肝膈。會看三年鳴，快展鳳皇翮。縹緲金銀臺，洪厓肩可拍。嗟予服轅駒，局促不堪策。投契君所許，輕別我所惜。明朝班馬鳴，從此懷愫積。歌詩勉率成，語短心則劇。君毋憎筆弱，扛鼎有張籍。謂船山。（《觀齋集》卷一）

【次韻船山編修《驛柳》四首】别馬驕嘶野館晴，青青原不解逢迎。澄溪顧盼憐眉影，落月悲涼動角聲。慣有帆來收細雨，懶隨花舞入春城。縱無攀折垂依舊，寥落江湖籍寄營。

條條無那拂征衣，官舍欹斜碧四圍。《行路難》應惟爾解，閲人多可盼予歸。横江浪激樁能繫，深棧雲沉絮不飛。一種風流憔悴盡，老兵三兩暮相依。

鴉巢幾點帶殘陽，欲半天高總隔鄉。長短亭排題近遠，隻雙堠數閲風霜。可憐邊地無春處，都作離人灑淚場。多少輪蹄南北去，銷魂賸有緑千行。

天上星垣地上州，神僊那識世間愁！永豐盡日伊誰屬，關塞傷心竟不侯。古戍荒寒同客少，渡江摇落怨波流。横栽倒插猶能活，且耐空林雁叫秋。（《觀齋集》卷三）

【丁亥端四日，丹徒楊子堅鑄泊舟江上，秉燭過訪，獲觀《自春堂詩》二卷，並出船山前輩圖册，率題一絶】峨眉客已作飛僊，此筆於今在子堅。磊落奇才休抑塞，會看雲鶴上摩天。（《觀齋集》卷十五）

張吉安

【喜張亥白、船山兩孝廉至】兄弟科名美，江湖姓字香。固應推二陸，竊喜附三張。奇氣風雲合，雄文霄漢光。佇看賡雅頌，何必陋班、楊？（《大滌山房詩録》卷一）

【題船山庶常《出山小草》，即以留别】不將科第了功名，遠志何須苦辨争？水自岷江來萬里，出山仍是在山清。

英雄兒女儘多情，併作人間激楚聲。掩口不譚恩怨事，少年愁殺玉谿生。

姓字幾曾通狗監，文章早已播雞林。眼中落落輕餘子，海外何妨足賞音！近稿爲朝鮮使臣購去。門外車聲熱客過，而君清夢入煙蘿。朦朧睡足三竿日，卻惱青蠅秋後多。交情合共詩情澹，宦興何如酒興濃？劇喜對牀風雨夜，悄無人語聽寒蛩。贈我詩篇字字真，年來龍性已能馴。殷勤一片長安月，流照江南失意人。（《大滌山房詩録》卷一）

【八月廿八日，艤舟張灣遲船山，後二日至，椒畦寫圖留别，屬予題句】臨水依依别淚潸，潞河煙柳不堪攀。他時苦憶吴中客，夢繞江南畫裏山。（《大滌山房詩鈔》卷一）

【將出都門，亥白、船山屬題《連移聽雨圖》，即以留别】緜渺關河百感生，天教名輩總多情。我今獨聽彭城雨，愁殺蘇家兩弟兄。（《大滌山房詩鈔》卷一）

【題張船山太守虎邱詩稿】一麾出守戲逢場，雙槳飛來七里塘。燕市酒徒多落拓，虎邱月色也蒼涼。千詩至竟蟠君腹，百怪何當入我腸。劇喜勝人留勝地，把杯先合酹真孃。（《大滌山房詩録》卷四）

【宿船山寓齋，夜半爲蝨所苦，呼酒劇譚】心空太白牛，力挽九青兕。何來虎邱山，終夜飽蝨子？（《大滌山房詩録》卷四）

【次船山貧字韻】文章太守例清貧，誰鑄紅鑪卅萬銀？足穀多牛生計好，此中儘有可憐人。窮更工詩我賀貧，不貪太守雪花銀。「三年貧太守，十萬雪花銀」，吴諺也。要知西抹東塗者，灑墨猶能活萬人。（《大滌山房詩録》卷四）

【又次船山韻】閑吟還倚一枝藤，無際光明無盡鐙。漫説禪宗參五味，即論詩品證三乘。打鐘埽地緣

應了，擔水搬柴力未能。我欲飯僧僧飯我，年來已作在家僧。（《大滌山房詩録》卷四）

【管谷香秀才以其舅氏船山太守墨梅索題，次竹翁韻】一度凝眸一斷魂，圈圈點點總愁痕。神清骨冷懷冰雪，想見當年風概存。

八表已空雲鶴影，一枝猶賸雪鴻痕。江城長笛吹難落，終古羊曇涕淚存。（《大滌山房詩鈔》卷八）

蔡鑾揚

【船山先生屬和《驛柳》詩】瑯琊秋老問誰裁，低唱旗亭曲亦哀。笳鼓心傷西去路，風塵眼老北征才。邊頭馳馬傳書到，城上啼烏帶月來。蒼莽十圍人不識，尋常櫟社半掄材。

飛花飛絮不知愁，譜罷黄驄送遠遊。萬樹霜連山堞冷，四圍風入塞門秋。那禁摇落餘荒壁，曾記逢迎幾故侯。他日江關傷老大，肯移别種傍朱樓。（《證嚮齋詩集》卷六）

郭續汾

【屬友人購張船山太守詩集説】萊州，東邦之望，人文之藪也。諸山襟帶，勢如星拱，海濤出没，島嶼浩瀚，望之無有涯涘，宇宙清淑之氣，於是焉鍾。其文人鉅儒，接踵而出者，自明迄兹，靡可屈指。山左工詩者，濟南而外，以萊州爲最。官斯土者，或以韻事不嫻，或以案牘勞形，不暇寄情於文字，比比然也。吾則謂必非真能詩者。真能詩者，縱處荒寒寂歷之區，猶將對酒酬天，抒寫胸臆，如子瞻之寓儋耳，退之之在潮州，詩篇盈篋，況其在山川明媚之鄉哉？張公船山，當代詩伯也，策名南宫後，輒棄帖括，從事風騷。僚胥故舊，沾其散墨遺馥，卓然規模可觀。前從京邸，得其詩四十餘首讀之，駘蕩飄逸之中，兼有蒼雄渾穆之氣，和平淵雅之音，乃終以未見全稿爲恨。

庚午夏，公以侍御出守東萊。方其未至，余於邸鈔覩其姓名，不禁躍然喜曰：「吾郡何幸而有此風雅守，天殆大興吾郡之詩學哉！」古者太史陳詩觀風，公以佩實含華之學，使率所屬人民雍容揄揚，和其聲以鳴國家之盛，不惟萊之踞山環海者，資其潤澤，將浸浸乎遍二東而爲詩藪矣，豈不懿哉！至若公之萎枯以膏，燠暍以醒，坦之廠之，必絶其徑；波之澄之，使安其泳。德業之被諸生民，爲國柱石者，久已顯爍赫奕，舉之且恐貽罣漏之譏。因友人某赴郡，凂其購公詩集，故綴以此言。（《槐蔭書屋集》卷六）

查奕照

【漢陽江氏園喜遇遂寧張船山問陶】象勺相逢日，欣邀俞仲寬。卻憐一輪月，有此兩人看。門業青箱重，胸懷白璞完。他時射鵰手，好據錦川壇。

華屋誰青眼，紅塵此白衣。練裳原有好，紈綺定誰非。書愛蘭亭瘦，詩求玉局肥。何年同擊檝，江上

測鳶飛？（《東望望閣詩鈔・湘颿集》）

【辛未中秋後三日，山尊置酒九峰園爲余祖餞，招同孫淵如觀察星衍、張船山、屠琴鄔遍覽邗江諸勝，即席成咏】廣陵城北秋濤急，一葉輕颿赴征驛。萬山如馬渡江來，江上主人送行客。城隅曲折清波通，樓船半捲征旗紅。亭臺倒影高樹暗，緑雲亂繞秋花濃。九峰園好積水中，松杉蒙密排天風。枯藤根纏日月黑，瘦石骨立蛟龍宮。是日新晴秋稧節，滿目青山翠螺疊。煙細風斜眉黛横，殘荷葉冷霑衣濕。主人留客張錦筵，湖水緑漲玻璃天。渡江名士各分手，長揖下船放腳眠。（《東望望閣詩鈔・獵繩集》）

【吴門喜遇張船山，三十年故交也】天涯老兄弟，一别竟如雲。識我尚疑我，羨君翻悼君。三齊方得路，五馬忽離群。君由侍御史出守萊陽，不合於上官，乃引疾歸。只合拈詞賦，鶯花筆底分。

聞道歸裝減，難謀去住身。吴宫留採釣，蜀道阻關津。白髮花前影，紅雲夢裏春。結鄰期此日，同作懶殘民。（《東望望閣詩鈔・獵繩集》）

【壽船山五十】待共榴花醉一場，遲來三日阻稱觴。君誕辰，余適返里。未簪華髮辭官早，能住青山領趣長。鸜鵒才高添福慧，雲璈品逸邁宫商。天涯是處堪行樂，不羨黄堂與玉堂。

記聯裙屐漢江邊，三十年前兩少年。索句共抽徐掾筆，嬉春同策祖生鞭。升沈已隔前途夢，風雨重連此日緣。笑撥流蘇進君酒，宫絃理罷又么絃。時方新納姬人。

君來官閣每酣沈，我過山塘興亦深。才士文章豪士酒，今人顔色古人心。政聲海上三山頌，詩句吴中

萬口吟。卻媿梯榮蘇季子，尚貪殘粒學文禽。（《東望望閣詩鈔·獵繩集》）

【次日船山復招集懷杜閣】新煙初散透晴光，佳侶無多趁野航。兩月花因鳩雨挽，一城人爲虎邱忙。儘多酒索當罏醉，可少衣添近座香。簫鼓未終鐙影亂，又催畫槳入金閶。（《東望望閣詩鈔·獵繩集》）

【張船山輓詩】蜀水迢遥歸骨遲，傷心伯道竟無兒。生難一飽人誰信，死縱千秋爾不知。瘦盡皮毛留食息，拋殘書卷繫相思。從今忍聽花奴鼓，紅粉猶吟黄絹詞。

屢傳封事達天閽，相業方期得令孫。君爲遂寧相國曾孫，官御史，有敢言之目。不信一官終五馬，永辭雙屐倒千樽。吴山是處銷詩骨，蜀水何時奠旅魂？ 想到童年攜手地，楚天遼闊總聲吞。（《東望望閣詩鈔·獵繩集》）

【三月晦日，琴柯方伯招飲，歸不成寐，讀船山遺集盡四卷，而日色已升（其二）】一鐙如豆妬殘星，酒不酕醄轉獨醒。萬里錦江沈遠夢，三吴紅袖斷浮萍。如君死合稱才鬼，舉世人猶惜壯齡。漫擁寒衾吟好句，分明枕畔誦《騷》經。（《東望望閣詩鈔·灘江集》）

詹應甲

【王竹嶼觀察自河朔乞歸，泊游鄂渚，别逾三十年，不得一見。瀕行，馳書於余，以所貌畫幀四幅屬題，賦此四章奉柬《江聲帆影閣》】江潮不挾黄流走，葉葉帆收上河口。此時天際望歸舟，閣見主人便招手。平生忠信涉波濤，曾向滄溟策六鼇。草堂猿鶴舊相識，爲君起舞江天高。牙檣南下風光早，枕上江聲先聽飽。六代名山百尺樓，使君氣量同傾倒。船山當日寫此圖，圖爲張船山太史所繪。酒酣潑墨雲模糊。放開眼界闊不孤，知君宦成樂此歸來乎。嗟余居無立錐地，卅年身世浮漚寄。借君畫本託比鄰，乞與帆風作歸計。來書相訂買山結鄰。（《賜綺堂集》卷二十）

顧王霖

【雪夜，洪稚存編修同年亮吉招同張船山吉士同年問陶小飲】門外雪花飛不住，洪君招我東城去。蹇驢泥滑不敢騎，仲卿車小如雞棲。東城迢迢六七里，天寒日莫風清淒。西蜀張君先我在，未飲已作狂奴態。三百青銅酒一斗，强索主人把車載。主人自誇酒中仙，日飲三斗方朝天。糟牀新注酒一斛，不醉罰令重出錢。而我聞之心矍然，今宵醉倒雪地眠。張君酒量稱大户，請與主人建旂鼓。千萬玉龍天際盤，鱗甲紛紛廣庭舞。墮落酒盃酒味清，滕六下窺入肺腑。兩人皆醉我獨醒，歸途雪霽東方明。道旁人有占天術，昨夜文星犯酒星。（《五是堂詩集》卷三）

【何蘭士水部道生招同孫淵如比部、張船山檢討、何研農農部元烺、王惕甫孝廉芑孫餞張亥白孝廉問安歸蜀，亥白出《武連聽雨圖》索題，分韻得兄字】讀畫誰知又送行，武連聽雨感題名。無多筆墨皆離恨，依約雲山是旅程。客未登高先載酒，弟因得第轉憐兄。亥白，船山兄也。明知後會能先約，此別

難爲去者情。（《五是堂詩集》卷三）

孫原湘

【題張船山太史問陶勾漏山房】手抱峨眉月，來從玉署眠。縱横詩世界，遊戲酒神仙。青眼空人海，丹砂覓稚川。鏡臺雙笑日，懶步八花磚。（《天真閣集》卷十四）

【謝薌泉侍御振定、楊蓉裳農部、張船山檢討、潘紅茶編修恭辰、蔡浣霞儀曹鑾揚約同志四十人，於三月十八日陶然亭燕集。予以風雨不克與，因成兩詩報謝，竝簡座中諸君子】風雨雞鳴感索居，六街泥滑水成渠。盟鷗儘許忘年契，走馬空傳隔日書。客數公榮宜不飲，人疑方朔出無車。平生幾兩游春屐，已是花間一度虛。

煙樹亭林悵淼漫，諸公高會捧珠盤。道關風雅天應忌，人判雲泥合本難。曲蘗定傳爲故事，後期誰續此清歡？西窗一硯梨花雨，翦燭題詩只自看。（《天真閣集》卷十七）

【喜晤張船山前輩，時辭萊州守，僑居虎邱山塘】鳳尾紅雲海上開，脱籠仙鶴下蓬萊。天閑此客非無意，我愛其人不獨才。事到去留徵定力，宦分巧拙看歸來。一雙生就清風手，擲卻銅符把酒杯。

揮手浮雲笑謝之，飜憑託鉢療朝飢。儒能通佛才方大，人肯歸田福便奇。風月卻愁分我料，湖山久已待公詩。玉臺商略看花譜，好在無官未有兒。（《天真閣集》卷二十）

【湖舫席上看船山醉，即用惠書扇頭韻】樂飲何知聖與賢，碧筩荷葉已田田。萬花照水原無染，一蜨縈衣亦有緣。相約不言天下事，自稱本是酒中仙。接䍦倒著車茵污，人到傳時醉盡傳。（《天真閣集》卷二十）

【李小雲山塘寓齋，船山故居也，杏花一株，穠豔特甚，曾與船山酌酒其下。今春過之，花繁如故，不能無詩】一枝又見雨中春，罨水濛煙別有神。豈識盛衰經易主，尚含顰笑對詩人。驚心歲月難相假，過眼繁華莫認真。重倚舊時闌幾曲，風前自惜看花身。（《天真閣集》卷二十三）

【張船山題鎮江楊子堅鑄詩後云「短句長篇無不好，舉杯驚歎此全才。請君準備今宵夢，我欲南飛載酒來。」子堅裝册屬題。前有伯淵兄篆書「載酒前緣」四字】船山化去淵如死，海内知交餘幾子。故人遺我尺素書，攜錢梅溪書來。特薦詩人楊萬里。相逢一笑虞山邊，松巔老鶴窺神仙。南山雲與北山樹，秋風吹合寧非緣？緣不可常留且止，與爾一杯定交始。醉來招手九天魂，兩兩星芒墮杯底。明年攜酒妙高臺，江山一覽心顔開。詩人茆屋隔江住，好風日日吹君來。（《天真閣集》卷二十六）

【偶閲張船山、彭甘亭兩家集，船山字字性靈而不耐顛撲，甘亭高華典實而未脱斧鑿痕。兩君皆予友也，非敢爲瑯琊之毁，千秋公論，固如斯爾】張侯俊逸脱絛鷹，彭老蕭閑退院僧。風月湖山同跌宕，文章意氣各飛騰。芙蓉出水清如許，果實懸秋落未曾。安得九原齊喚起，一尊重翦陸祠燈？甫里先生祠，船山寓居，嘗偕甘亭遊宴處。（《天真閣集》卷二十八）

辛從益

【辛未除夕前八日，宿留智廟，見張船山同年題壁，借韻寫懷】已見燕南換歲符，帝城遥指意踟躕。依然殘雪盧溝池，可似星軺徑度無？戊午闈中返役，亦殘臘過盧溝橋。
壯年挾策上金門，也擬心肝奉至尊。今日頭顱成老大，文章何地足酬恩？
將母陳情十載遥，匆匆又别舊山樵。卻思元日鵷班近，多少同年集早朝！
畫眉曾學事堪憐，炊臼竟成歎逝川。羡殺雙雙看海市，何殊柳毅泛仙船！原詩有「妻女思親瘦可憐」句，時船山赴登州任。（《寄思齋藏稿》卷八）

朱渌

【驛柳四首和張船山同年韻】踠地長條綰雨晴，幾程送别幾程迎。揭來嘒嘒鳴蟬路，慣聽蕭蕭班馬聲。閑抱酒旗眠野店，暗傳畫角下江城。道旁認得將軍樹，露滿沙河夜駐營。
東風吹緑上征衣，古岸遥堤樹樹圍。一騎紅塵看馬射，幾年青眼望人歸。常將歧路和煙接，欲捲愁心作雪飛。亭短亭長閑管領，道旁回首總依依。
瘦腰人比沈東陽，怕聽鶯聲似故鄉。渭水春歌三疊雨，灞橋秋卧萬條霜。澹紅時露新亭堠，慘緑遥連古戰場。一角戍樓高聳處，曉風殘月儘成行。天邊星宿地邊州，牽引征夫萬里愁。夢裏送人曾及第，閨中爲爾怨封侯。飄零關塞風初劇，摇落江潭水自流。曾是材官旁午地，雨絲煙絮又經秋。（潘衍桐輯《兩浙輶軒續録》卷二十）

郭堃

【張船山檢討出示庚戌除夕同洪稚存松筠庵祭詩圖索題】讀君一詩必再拜，不識君面心懷慚。春風泱漭踏何處，摇鞭直入遊仙龕。船山齋名。龕中吟卷高一尺，祭詩每歲傳佳談。兹圖庚戌小除夕，數椽彷佛松筠庵。同時更得好吟伴，汪洋才思滄瀛涵。身前齊作香案吏，朝罷競擁鑾坡驂。精神强悍耐盤錯，經史枕葄供研覃。孤燈半夜泣神鬼，青天萬仞開魚蠶。文章崛奇交磊落，彼此俱覺酸鹽諳。送窮恥效退之筆，列炬且盍杜甫簪。或偃而立或拱揖，寒泉一酌清且甘。如雷爆竹不到耳，香煙裊屋雲曇曇。舉杯忽訝王宰至，是圖王子卿作。不須呼月剛成三。戲拈秃管寫尺幅，酒後頗覺筆力酣。憶余揚州醉東閣，苦吟聊復資仙蟫。乞靈坡老虔設祀，十二月十九爲坡公生日設祀。奎光如月耀斗南。峨嵋山翠今未改，非君仰止其誰堪？（《種蕉館詩集》卷四）

【驛柳二首和張船山太史】黄驄一曲出郊坰，和雨和煙入杳冥。十里緑殘還五里，水亭陰過又山亭。鐸聲似促林鴉起，春色頻催客夢醒。記得攀條江店外，不堪回望酒旗青。

玉關又見雁横雲，憔悴如今到幾分。五夜邊聲催落葉，一鞭人影趁斜曛。路旁青眼誰憐我，襟上黄塵不讓君。猶聽戍樓諸老卒，飄零閑話故將軍。（《種蕉館詩集》卷四）

陳基

【訪張船山太史不值，詩以寄之】法曲雲璈幾度聽，居然問字到元亭。客皆向我稱才子，天特生公應酒星。感事詩成雙鬢白，照人眼對萬山青。撫琴别具知音賞，不數孫陽《相馬經》。

簪筆蓬萊晝日紅，騷壇領袖仗宗工。目無餘子渾身膽，胸有千秋一代雄。豪氣真教凌北海，心香久已奉南豐。何當再拜藜床下，樗散愁難貯葯籠。（《味清堂詩鈔》卷上）

朱文治

【張船山檢討見和畫蘭詞，作此奉酬，來簡有「近日同夢人，病心頗不樂」語，因爲遣之】一闋新填楚客詞，春風齊着畫蘭枝。筆隨意轉君無匹，話到情真我亦癡。臨鏡雙鸞相向處，隔花雛鳳欲飛時。山齋有客無聊甚，何日攜尊共論詩？（《繞竹山房詩稿》卷二）

【題船山《乞假還山集》後】恢恢心力破鴻蒙，上下千年一氣通。笑殺人人稱伯樂，不教天馬獨行空。（《繞竹山房詩稿》卷二）

【五月二日夜，船山寓齋失去壁上書畫，以東索詩，率成二首】隔幔金蓮燭影青，夜深誰與换黄庭？詩中自得三偷訣，天上因多六賊星。子敬舊氈須特置，愷之妙畫忽通靈。勝他寒具油污染，攫去臨摹手不停。

沽酒無錢數舉栖，鸞釵早拔出粧臺。主人長到醉鄉住，君子偏從梁上來。發匱探囊何足惜，燒琴焚硯不爲災。入門未辨金銀氣，如此偷兒定首推。（《繞竹山房詩稿》卷二）

【雨中懷船山】到門無剥啄，一雨絶交遊。行潦平堦級，飛泉落瓦溝。樹多容易晚，簟滑早知秋。隔巷逢君慣，連宵夢不休。（《繞竹山房詩稿》卷二）

【八月廿五日，蔭山招同船山、扶谷、城東、平泉集於借樹山房，分體韻得曹字五絶一首】木葉下庭皋，涼風萬籟號。征鴻盡南去，栖酒話閑曹。（《繞竹山房詩稿》卷二）

【題船山檢討指畫山水】船山萬事眼不挂，酒病詩魔何日瘥？昨宵忽夢長爪郎，嘔血數升塗作畫。醒來畫腹有心得，以臂使指如布卦。燈前咄咄笑毛錐，縮頭不出觀成敗。潑墨横堆石一拳，米老見之忙下拜。勞人隨地動歸心，尺幅何分萬里界？劍外諸峰觸手來，力能透紙紙不壞。披麻皴出勢玲瓏，劈斧痕消吐光怪。一聲石破天欲驚，雲亂瞿塘迷險隘。乃知小技試才人，如讀新詩喉痛快。虎頭老死阿堵中，染指而嘗開别派。但恐長安賞鑒多，日日叩門來一介。攜箋索畫甚追呼，另築一臺難避債。（《繞竹山房詩稿》卷四）

【書船山紀年詩後】滿紙飛騰墨彩新，誰知作者性情真？尋常字亦饒生氣，忠孝詩難索解人。一代風

騷多寄託，十分沈實見精神。隨園畢竟耽游戲，不及東川老史臣。（《繞竹山房詩稿》卷四）

【秋日訪船山，飲於夜思蚤作之齋，醉歸得七律四首】朔風連日拂征袍，萬里秋陰著眼高。仗劍撥雲知棘手，典衣沽酒且持螯。繞回煙篆重簾静，話到鄉關萬籟號。異地交遊同骨肉，茫茫人海幾賢豪？

蜀錦遥張傀儡棚，冷官漂泊一椽横。長安乞米談何易，中歲無兒累尚輕。但覺詩篇增閲歷，不關憂樂早公卿。君家門對青棠樹，寧肯捫心獨太平？

紛紛名士上金臺，誰許分君八斗才？詩意不隨風氣轉，酒腸流出性靈來。緣衣捫蝨如王猛，拍案談兵笑郭隗。珍重神仙兼福慧，謫居猶得住蓬萊。

顧我年來刺懶投，殘衫破帽避鳴騶。此身未老中難熱，得酒爲懽醒復愁。見面不嫌長爾汝，同心幾輩伴松楸。謂葑亭通政。思歸更比征鴻急，豈爲名場久滯留？（《繞竹山房詩稿》卷四）

【秋花和船山】秋來何事覺炎涼，隨意尋芳野趣長。新酒熟時風漸厲，好花開後客思鄉。征鴻到處傳霜信，癡蝶依然弄夕陽。隔浦歌聲聽早歇，雙橈誰問舊横塘？

滿地惟聞蟋蟀吟，蕭齋占得幾重陰。榮枯不碍遲開性，雨露何關養定心？但對高人終日醉，最宜華髮一枝簪。生香活色尋常見，風信吹殘直到今。

花經翻遍考天工，不信今番眼界空。四野商聲驚鷩栗，一年知己仗梧桐。獨教舊圃留清白，小傍疏籬試淺紅。耐冷自然成晚節，笑他窨裏作冬烘。

歷盡山坳與水隈，晚風吹落獨低徊。魂銷鐙影動摇後，愁自霜痕添出來。花瘦料難支夜永，天寒誰復

送春回？閑吟畢竟勝枯樹，不數蘭成作賦才。（《繞竹山房詩稿》卷四）

【船山寓齋晤戴金谿比部，謂癸丑北上時，有同陳花農宮詹和余杏花詞一闋，書新城道中店壁，此詞余未留稿，金谿手鈔一紙尚存，次日索觀，作小詩代柬】紅杏詞從壁上填，雪泥鴻爪記難全。感君到處殷勤問，一面因緣費六年。

奚囊和我有清詞，寫上鑾牋獨恨遲。借與春風吹凍筆，梅花時節慰相思。

蹣跚不及祖生鞭，布韈青鞵喜自然。昨夜雪深思訪戴，一篙難得剡谿船。（《繞竹山房詩稿》卷四）

【題張船山所畫小幀二首】北風吹動葉聲乾，半畝迴塘淺水寒。不是冷官誰耐冷，尋常世界作花看。

《水墨荷花》。

東川才子墨花酣，寫出瞿塘路熟諳。我願四山無白骨，滿船載米下江南。《天寒上峽圖》。（《繞竹山房詩稿》卷五）

【船山自京師寄四十初度詩索和，疊韻答之，並以寄懷】幾見長生到百年，生前何不樂陶然？空明眼界真如佛，瀟脱風懷即是仙。貧耐一官人未老，詩傳萬口愛無偏。舉觴與竹同謀醉，沽酒應支鶴俸錢。

題襟忽忽十餘年，儻論交情各自然。花裏逢君曾作主，飲中向我亦呼仙。屢經離別心如舊，可達音書地不偏。一事横胸宜早計，何時同辦買山錢？（《繞竹山房詩稿》卷六）

【張船山侍御問陶】一掃庸凡氣，新詩字字靈。憑空能下筆，伊古未曾經。劍外多才子，長安著酒星。

吟牋書諫草，翦燭坐槐廳。（《繞竹山房詩稿》卷七《懷人詩五十首》，其十）

【寄船山太守】聞君出守東萊間，大珠小珠常往還。群仙亦復向風化，頌聲應滿三神山。（《繞竹山房詩稿》卷八）

【張船山太守】詩人如好山，各具真面目。誰知華嶽峰，平視到幽谷。狂吟初入編，大半君所録。酒失或時有，抑戒互勸讀。伯道傷無兒，西向劍門哭。（《繞竹山房詩稿》卷九《感恩知己詩》，其十七）

【題船山所畫《江聲帆影圖》爲王竹嶼通守作】東川才子一枝筆，帆影江聲都寫出。讀畫因思畫裏人，閣中坐卧何超絶！神仙富貴何能兼，一官幾載西泠淹。江南風景入歸夢，轉覺家鄉氣寬縱。（《繞竹山房詩稿》卷十）

【途遇張旗山主簿重到杭州需次，作此以贈】紅塵野鶴獨徘徊，戴笠乘車笑口開。如在冷泉亭上看，看山飛去又飛來。

話舊匆匆感慨多，卅年前事疾於梭。船山莫漫嗟無後，才子詩名久不磨。（《繞竹山房續詩稿》卷七）

【題洪稚存《卷施閣詩集》後（其五）】論詩秋氣屬船山，君在船山伯仲間。幸是一腔存血性，天教生入玉門關。（《繞竹山房續詩稿》卷八）

何元烺

【送張船山歸蜀】灑盡窮途淚，傷心去住難。西風吹古道，一夕理歸鞍。有友孥堪寄，謂熊夢庵太史。臨歧語倍酸。故園何日達，雲棧路漫漫。《送張船山歸蜀》一首，録呈時帆大前輩大人削正。館後學何元烺初稿。（中國嘉德國際拍賣有限公司二〇一三年秋季拍賣會圖録）

趙睿榮

【題張船山指頭墨蓮】底事尋香山下客，慣從冰雪門生涯。擘殘泰華無多秀，併作齋頭十丈花。自喜空花信手拈，風光冷暖爲誰占？攜將六月西湖去，定有寒聲到十尖。老船自謂凍窗作此，仿佛爪甲間聞冰雪聲。（《悔木山房詩稿》卷四）

【張子白作選人來京，屬船山檢討畫《明駝塞草圖》，後得甘涼之鎮番令，似有預兆者】貌得犎牛兆遠行，平沙秋草動邊聲。不緣絶塞黄雲迥，風脚誰覘萬里程？（《悔木山房詩稿》卷四）

【船山書排悶詩遺子白，圖一猨册首】春衫不耐酒痕侵，船山止酒一月矣。又聽悲笳出塞音。愁煞小游仙館客，船山自署其齋曰小游仙館。聲聲都作斷腸吟。（《悔木山房詩稿》卷四）

張瓊英

【驛柳和張船山太史問陶原韻】孤亭隻堠趁陰晴，多謝長條短縷迎。萬古誰無離别恨，三秋最有雨風聲。螿啼衰草寒生戍，鴉閃斜陽淡入城。蕭散故園思卧月，幾株清影掃塵甍。

黏天翠黛滴春衣，霜老長堤又十圍。寒食東風須且住，登山臨水送將歸。關心萬里斑騅逝，入夢雙聲紫燕飛。聞道西南簡書亟，彌將昔往記依依。

誰謂俠少起高陽，醉拗横枝指異鄉。百步札看風掣箭，亞夫營想月如霜。白雲咽笛黄河渡，殘葉堆沙斷磧場。無那高樓望摇落，隻鴻書寄不成行。

浪跡輪蹄走九州，曉風殘月幾回愁。抗塵便愧先生宅，論醉徒堪大户侯。客館長安頻絮語，吾家思曼獨風流。誰將大士瓶中露，遍潤枯堤斷岸秋？（《采馨堂詩集》卷九）

【書船山侍御詩鈔後】平生以詩贏白頭，詩人略已交九州。獨恨不與船山游，得詩拍掌讀一週。翩如有態來入眸，非精非鬼非神儔。仙之人本驂鸞虬。嘲雲叱月嬉不休。簸弄真宰群靈愁，帝復哀塵叫啾啾。要令大空詩國囚，六丁推墮白玉樓。醉醒氣帶天酒浮，雜嚏沉瀣爛不收，脱真擲稿天門留。侍御詩有「擲筆天門爲留稿」句。太白應怪偷兒偷，要關大巧非纖鎪。有時亦如吾語遒，人面不接天機侔，且讀且快轟千甌。旁人聞説轉摇頭，請問天機定何求？吾亦不知其所由，空山花開水自流，身外身能窺得不？（《白水堂詩集》卷十二）

【再讀船山全集書後】不世奇才欲角難，隨園無此骨姿寒。蘇黄出入參同調，仙佛空靈助湧瀾。萬里鄉關思骨肉，幾年邊檄嘔心肝。教人讀罷淒流淚，莫作餔醨學杜看。（《白水堂詩集》卷二十二）

【題船山侍御詩後一絶】蜀國山川才子地，文安世胄謫仙姿。此人風調世無二，能使張思光不奇。（《白水堂詩集》卷二十五）

陳赫

【題張船山太史詩集并引】太史於四年前寓虎邱，余訪之，值其病，留新刊詩六卷就正。近聞客死吴中，余復遠出，竟不一面悼之。天地生奇人，必享以奇福。以窮愁鍊之，火酷金色足。少年走風雨，含怒到童僕。中年盛疑謗，寒餓校書閣。晚乃乞骸骨，何必死鄉曲？一堆虎邱山，骨使金精伏。皆以昌其詩，圖成不死藥。憶昔訪寓居，呈詩藉商確。病魔特下令，佳客例亦逐。我詩君見否，君詩今始讀。空山杜鵑魂，天陰鬼車哭。懷歸雲有心，作操琴聲肉。言言孝弟慚，日日肝腸蹙。君之作詩年，始於十五六。余亦始是歲，語句忌甜熟。君小我三年，在谷聲滿谷。我老今無聞，徒供俗人目。悠悠一千古，此文將誰屬？浣花草色蕪，山塘水空緑。（《小瓊海詩三集》卷六）

【觀物四首和張船山太史，同韻而不次】地居天即地行仙，何物丹成不老年？雞犬無能故遐舉，綺黄有用總塵緣。引人蓬閬寂難守，閲世蟲沙空自憐。曳杖消摇煙水外，鼎爐卻只在心田。仙。

雲龍變化最神奇，一雨能教萬物滋。寂處空潭貪睡美，静聽佛偈亦吟癡。難馴此性居林日，合配成頭割席時。縱有仙鞭鞭不起，耕煙一任海風吹。龍。

人鬼關頭即此身，拖泥帶水萬回輪。世無死法心先死，我問真形影即真。火宅嬉游無間獄，夜叉面目六根塵。何勞更作阮瞻論，任爾揶揄總不嗔。鬼。

夢中化蝶化莊生，栩栩爲生生太輕。太上本來無我相，仙家不礙有癡情。一身棲露憐花草，半世迎風侶燕鶯。只此凡心難擺脱，羅浮五色總淒清。蝶。（《小瓊海詩四集》卷三）

【觀我四首和張船山太史，同韻而不次】靈運生天特費才，紅塵插腳仗靈臺。古今世每參常住，渾沌誰能不鑿開？一室瀰漫春氣滿，萬花飛舞法王胎。三生石上精魂舊，圓澤何嘗悔此來？生。

日當今昨死而生，能到斜陽總戀晴。馬勒臨淵行躑躅，鬼留點簿怕分明。每攜竹杖看花折，屢試芒鞋踏月更。萬事無常存一我，可容齊物論殤彭？老。

藥爐兒女一燈孤，托命匡牀起怕扶。心血元黃龍戰野，紙錢窸窣鬼催符。將離四大和難合，欲走三尸有若無。豎起念頭中不亂，此時幾箇不凡夫！病。

長生願勿東坡學，善死樂於南面王。富貴早知貧賤好，文章不朽姓名香。千秋史傳陳人耳，一朵蓮花古佛旁。跳出地天人不識，可憐只認臭皮囊。死。（《小瓊海詩四集》卷三）

【選張船山太史詩竟題詞】言愁愁殺人，言樂樂殺人。移情直是成連子，奇才拜倒賀季真。大呼太白爲前輩，真意得酒遂如神。一官落拓蓬山下，頭雖長低性偏野。紛紛裘馬願結交，不愛公憐愛公罵。干戈叢裏抽身出，劫外惟同老妻説。一年了卻萊州守，萬金保得青山骨。可憐茂苑非家山，老入花叢事本難。其中最愛傳心印，勘破《楞嚴》十種仙。有人還珠而買櫝，峨眉山下珠光縮。踢倒昭明文選樓，駑駘卻代騏驎哭。（《小瓊海詩四集》卷三）

劉嗣綰

【過張船山】海天誰賞伯牙音，世味從君辨淺深。結習盡除名士氣，論交須見古人心。友爭索稿思焚硯，僮亦知書勝典琴。卻笑張顛顛不了，朝朝醉墨滿衣襟。（《尚絅堂集》卷十九）

【苦雨三首答張船山】天風吹海墮空濶，遍地青蕪化成國。夜來小屋如畫船，夢落江南剪江色。江南家住蓉湖隈，昨宵一紙湖邊來。爲言春雨兩匝月，柴門緑到三山苔。天公行雨無南北，來向人間作潮汐。潮生潮落日夜忙，何不與潮歸故鄉？下階笑折青竹尾，鞭起癡龍走千里。蠹魚夜半空箱哭，科斗三千遶牀足。枕函剖得一編書，字字浮來江鯉腹。當年曝書七夕過，今年秋時不見河。天河下天忽倒走，我欲乘槎到星斗。電光閃入窗中明，玉女一笑千盆傾。披衣聽雨不知曙，水底白鼉吟六更。漏聲欲斷不斷處，天上仙人淚如注。東家竈没生井蛙，西家牆倒走壑蛇。廣文破氊漂出屋，翰林濕薪堆滿街。商羊戲作小兒跳，樹底連朝鵓鴣叫。鵓鴣唤雨不唤晴，馬啼滑滑何處行？牆邊略彴半已朽，咫尺便有煙波生。思君累月結成想，蠟屐衝泥不曾訪。一條帶水到門前，明日拏舟倘來往。（《尚絅堂集》卷二十一）

【吴穀人先生招同王葑亭、汪劍潭、趙味辛、伊墨卿、陳梅垞、劉澄齋、何蘭士、張船山、吴香竹、戴春塘集壺菴】紙閣團圞初夜，油窗補去年。花光能上月，酒影欲摇天。日下難爲客，壺中易得仙。未妨吟

興歇，移枕足高眠。（《尚絅堂集》卷二十三）

【飲酒詩四章同張船山作】空囊不救客遊貧，悔到人間是此身。入世任從遭白眼，逢場只辦買青春。忘憂自古無他物，作達於今有幾人？可要糟邱同卜築，朝朝荷鍤結比鄰。天放花風特地狂，看花又到散花場。千愁在眼真成海，一醉埋頭便是鄉。齊贅風光交履舃，楚臣薌澤滿衣裳。東鄰絲竹匆匆甚，比較清宵有短長。君齋不厭百回過，眼底名場只刹那。老輩風流今剩幾，少年意氣日亡何。虛尋舊會龍華劫，倦唱新聲雀石歌。笑覓市中屠狗去，街心明月共婆娑。降得愁城萬事甘，得甘也要苦中諳。世間似僕原多恨，場上何人肯半酣？蜀國壚頭曾滌器，吴淞船裏好攜柑。夜來顛倒尋鄉夢，君到江南我劍南。（《尚絅堂集》卷二十三）

【張船山移居，賦此貽之】春别春明去，移家興未闌。住原隨地好，歸比上天難。借樹窻都緑，留雲枕亦寒。君家雞犬在，可識舊劉安？

便作還鄉看，圖開説瀼西。囊無一錢在，書有五車攜。減酒分佳客，添香伴病妻。未須身約束，蓬島向來栖。

野步已成癖，經年不置車。略參禪況味，小隱畫生涯。醉日閑分竹，清宵補看花。愛君詩格好，懶散不名家。（《尚絅堂集》卷二十六）

【小除夕，蔡浣霞招同人祭詩於聞貞守默之齋，船山繪圖，余賦長句】風吹酒星走下天，今夕何夕開豪筵。一千年來無浪仙，圖成拍手誇張顛。以圖召詩恐詩惱，以酒祭詩詩絶倒。送窮纔罷賣癡來，主客詩城一時掃。座中有客興最頑，驢背日日馱詩還。遺書欲索宛委室，退筆已立祁連山。饑寒入骨句争峭，詩許忘形影還弔。周旋與我三十年，冷諷閑吟幾同調。一編爲爾嗚咽多，我詩能泣兼能歌。一杯慰爾嘔心苦，我詩能歌亦能舞。煙騷魂魄去已遥，百怪入室相招要。一絲清氣動肌髮，斗柄倒指空堂摇。紅燈隔花照成海，不照詩仙照詩鬼。鮑家秋冢謝家山，泉路何人識光采？（《尚絅堂集》卷三十二）

【船山爲蓮裳寫《青芝山館圖》，即用蓮裳自題元韻五首】少小思結廬，老無一椽宅。豈其山栖勝，未許死前擇？青芝咫尺耳，石髓正寒碧。不知山古今，且問圖主客。

西江我舊遊，挂席名山旁。麻姑擁緑鬟，日笑五老蒼。不如君南來，圖中買草堂。草堂亦何有，百萬須鄰償。

南城曾大夫，擬卜吴山居。萬生廉山抱山癖，亦有《山人圖》。招隱豈所難，山人方簿書。兩得願未必，一失時何如！

寫山不在似，胸中有邱壑。山人失真面，相對山亦怍。張顛謂船山倘能來，仙骨如野鶴。蜀中安可居，不如此間樂！

蘇州奉韋公，靈山有遺廟。我行擬占夢，再拜託同調。所恐風吹醒，翻被畫圖笑。後夜仍屋梁，思君月流照。韋公廟亦祈夢。（《尚絅堂集》卷三十九）

尤維熊

【題洪稚存、張船山《雪中狂飲圖》】豈是管公明，亦非禰正平。劉蕡乃風漢，賈誼本狂生。有此杯中物，焉知身後名？不聞古賢達，沈飲以韜精。（《二娯小廬詩鈔》卷三）

【張船山太史醉後爲張子白畫二橐駝，戲題其上】不羈不絡左右嚼，亦疥亦羸蹣跚行。未妨肉眼人多怪，但覺空山物有情。

筆下神通原是戲，酒邊眼界本來寬。長風落日荒原裏，也作麒麟在藪看。（《二娯小廬詩鈔》卷三）

【張檢討問陶】飲自能一石，心常雄萬夫。詩名走京洛，寇警念夔巫。北阮貧如故，東方飢欲枯。年來羈薄俸，還有酒錢無？（《二娯小廬詩鈔》卷三《後懷人詩十二首》，其十）

【貂裘换酒洪稚存、張船山兩太史松筠龕祭詩圖，作於乾隆庚戌除夕。嘉慶庚申春正月，船山屬余題詞，時稚存已遣戍塞上矣。松筠龕在宣武門外炸子橋，楊椒山先生故居也】琴碎長安市。渺愁予、紙窻燈火，青熒如此。此是前朝忠愍宅，破屋數間而已。要詩卷、常留天地。嘔血頻年雕肝腎，怕心神、辭去今還未。代膢臘，饗而祭。亡於禮者之爲禮。也須知、從來祀典，都緣義起。神既醉兮同飲福，蕩滌詩腸如洗。將餘瀝，普霑餘子。南部甘陵兩君在，剩乾坤、一點清雄氣。又銷鑠，十年矣。（《二娯小廬詞鈔》卷二）

王賡言

【題張船山問陶詩集後】當代論才子，如公是古狂。西川詩一卷，公《題寶雞店壁詩》最佳。北海酒千場。官職條冰潔，家聲賜研香。賜研，見公詩。斯人能五十，已覺壽年長！（《簣山堂詩鈔》卷十四）

【蟬用張船山太史韻】高槐古柳晚風遲，一片聲嘶日暮時。有限光陰當自惜，無窮心事告誰知？高枝久占愁難穩，貂珥虛叨媿不宜。强約秋蟲作吟伴，故山何日是歸期？（《簣山堂詩鈔》卷十八）

徐熊飛

【禮烈親王克勒馬歌法時帆夫子屬賦】王所乘良馬名克勒，猶漢言棗騮也，翹駿倍常，所向無不如志。王薨，馬亦尋斃，汪堯峰先生爲作《克勒馬傳》。嘉慶辛酉年，王裔孫汲修主人屬張船山太史補圖，楊蓉裳員外、吴蘭雪博士皆賦詩述之，予亦繼和此篇。賢王開國統六師，駿馬亦具英雄姿。風前屹若堵牆立，四蹄未動神先馳。渥窪池中夜雷電，龍種千年復一見。汗毛蒸作五花紋，腹底龍鱗猶片片。魚皮烏拉礮火紅，王昔與馬同戰功。欃槍迅掃飛霹靂，一騎騰出戈矛中。長驅亂踏星斗碎，呼吸直與天門通。身經百戰無一蹶，大野漠漠穹廬風。惟王勳名照寰宇，此馬與之共千古。蘭筋突怒雙瞳方，十萬群中壯旗鼓。人間芻秣不足食，玉轡珠鞍氣無敵。沙場跑土洗金瘡，細草蘼蕪春一碧。自從仙馭朝青天，馬亦殉主餘百年。張公放筆貌絶足，驊騮奮躍瓊池煙。當時神駿世無兩，鞚勒不施意蕭爽。想見秋山怒突圍，耳邊但聽弓刀響。乾坤靈氣産天骨，報國雄心倍倜儻。三千腰裹敢求群，十二天閑空列仗。馬高八尺雄絶倫，昂頭顧盼開風塵。元功不隨竹帛朽，猛勢猶映霜縑新。安得良工按圖畫，黄金鑄式旌麒麟？（《白鵠山房詩選》卷三）

【將至廣陵，王竹嶼通守鳳生方攝平湖縣事，餞予於弄珠樓，出《江聲帆影閣圖》屬題。圖爲張船山太史所作，其年乙丑，予以公車入都，與船山朝夕過從，親見其布勢落墨。今船山墓草已宿，通守服官兩浙，亦歷有年所，酒闌話舊，感逝傷離，蓋長言之不能盡也】青山如龍忽昂首，閣外長江白虹走。仙人逸興凌紫霞，手酌天漿持北斗。晴闌畫檻浮空青，羽衣吹笛花冥冥。片帆飛度碧空影，緑波平遠江無聲。繁華六代空消歇，萬古乾坤此奇絶。英雄鬭戰幾興亡，有酒惟澆碧天月。怒潮日夜東西流，此閣亦與同千秋。燈前説劍白猿尾，醉中談藝珊瑚鉤。虎坊橋南梵王院，此圖未出吾先見。煙嵐浮空江曳練，張公落筆開生面。掉頭不作五湖長，薄宦聊同三語掾。蓬蓬白雲閣上生，出山掩映江空明。讀書萬卷期大用，浙中到處壺漿迎。人生聚散那可道，作畫之人已宿草。相逢海上逾十載，感我風塵尚潦倒。東湖緑漲蒲桃醅，雪消無數梅花開。來朝便鼓京口楫，帆影江聲入溯洄。（《白鵠山房詩續選》卷一）

張若采

【張船山問陶《天半懷人圖》】摇落秋心不可裁，蒼厓立馬重徘徊。客懷夢逐蝯聲斷，詩境天教力士開。人世豈無知己淚，吾家猶有勒銘才。何年買醉三泉月，三泉在雲棧最高處。共爾題名埽石苔。（《梅屋詩鈔》卷一）

【酬家船山檢討同年】半條殘燭一聲鐘，又十年餘落葉風。依舊西山青到眼，不能無負看花筇。爛醉狂吟兩牧之，鐙花影墮菊花卮。長安酒價高如許，難忘僧樓揾淚時。緑雨山房乍接懽，余昨來京師，方茶山比部招集同年止薖園而觴之，共十八人。衆情雙笑客情單。爲誰數遍黄梧葉，如此清陰較耐看。（《梅屋詩鈔》卷四）

【李墨莊舍人鼎元奉命充册封琉球副使，張船山繪圖送行，題贈四首】瀛海長風入壯懷，帆開九葉使星偕。球陽侯服虔共最，及卺皇威到笋厓。

女牛光裏拜王人，華胄天孫衍派親。中山王始祖天孫氏。金册奎章頒海岳，太平嘉慶五年春。

姑米山西安里東，九秋種稻即田功。雨暘第一關心問，可似中朝慶屢豐？

公到龍潭及瑞泉，瑞泉與刻漏門相近。定逢若秀乞傳箋。中山貴戚子弟供奉王宮者，謂之若秀。吟成我欲臨風和，一髮中原萬七千。（《梅屋詩鈔》卷四）

【趙味辛舍人呼船山檢討爲唐伯虎一流人，朱野雲布衣遂摹六如小像贈之。而查蘭坡又稱之爲清朝李太白，蓋仿周必大呼放翁爲小太白之例。豈不以清雄越俗之概，感激豪蕩之才，仙乎仙乎，有過於吴趨生者。一日茗飲小游仙館，老船謂余曰：「君能通兩家之驛騎乎？」余曰唯唯否否，乃作贊曰】玉堂風采，錦袍卧遊。芙蓉叢佩，冰壺貯秋。胸鬱星斗，喙演鳥蛇。手役天巧，是珠是花。以鑑取形，鑑空影匿。自明轢唐，鷙鳥累百。不夷不惠，亦莊亦諧。門風式鬯，庶亞乖厓。（《梅屋詩鈔》卷四）

【庚申三月三日，胡硯農員外招同趙味辛、邵壽民兩舍人，汪劍潭助教，家船山檢討、許鶴汀孝廉修褉於豐宜門外草橋僧舍，歸飲夢鶴軒，分得七古限緑字一首】新鶯啼破花陰曲，冶色三分二分足。農曹詩客緬古懽，酒榼春風招近局。先期柬折如操券，測午竿争候晴旭。聯騎春尋韋杜家，小車我倚蒹葭玉。余與船山同乘。鳳城嵲嵲明濠穿，鴨水粼粼翻掌浴。杏嫁低含粉頰紅，柳夭濃借春衫緑。潑眼韶光到此都，六街始信塵容俗。延緣葦岸過僧寮，半榻茶煙香火續。倒冠落佩縱談諧，巳已支干辨往復。共舒青眼惜濃春，各有鄉愁寄岩谷。我獨將爲窮塞行，裙腰草倦傷心矚。須臾風起摶羊角，銜尾歸驢行篤速。羅綺門闌掩上春，畫廊匼匝圍銀燭。秉蕳采勺唱銅鞮，戀此青陽譜瑤牘。幾輩旄頭星罕材，上雍五柞方齋沐。味辛。冷宦汪郎冰雪容，來朝且料陳倉粟。劍潭方巡視通漕。座中邵五興飛揚，逃席歸遺細君肉。壽民。風人一會可千秋，雨散他時憐轉轂。何處華林馬埒荒，斯文曲水騷懷促。一段煙波杜若洲，回首禪房戀三宿。詩成火急寄農曹，夢華好續《春明録》。（《梅

屋詩鈔》卷四）

【寒食日，邵五舍人招同家船山、戴金溪、胡硯農餞余橋東書屋，分得風字】笛裏《凉州》塞上鴻，近寒食雨別怱怱。東西溝水原多故，百五春光且一中。上苑有無傳燭火，落花悽緊紙鳶風。粥香餳白梨雲館，倦枕琵琶賦《惱公》。

邊愁冷節感飄蓬，下馬當階氣不虹。人惜離筵邀漢月，天教薄宦采秦風。大都鸞鳳分飛易，此後關山要夢通。抗手六街休惘惘，玉門從古老英雄。（《梅屋詩鈔》卷四）

【清明日，胡硯農招集味辛、船山、金溪、壽民諸同人飲餞於夢鶴軒，分得月字七古一首】東風吹瘦勞人骨，盡日離筵醉兀兀。酒徒三五復招邀，燈影觥心看又凸。我索長安米，半載何超忽！我飲農曹酒，千觴並百罰。登堂不復辨主賓，闖户無須問典謁。白駒無那嘶空谷，促踏焉支山下闕。拋得吴帆剡曲雲，聽歌樂府秦時月。金溪別意多，騷怨風泉發。即席贈七言長句五章。壽民古慨慷，相視憐蛩蹷。獨有船山贈別奇，手寫青蝯現身法。題云：「子白不忍別，余因寫青蝯以贈」。我曹心性作達宜，俗吏風塵一官滑。今方請急領官符，川路長兮不可越。此堂今夜燈燭光，思君他日五雲嵲。嗚呼，儒生事業在千秋，九遷且莫論官伐。（《梅屋詩鈔》卷四）

【宿雄縣，書船山題壁詩後孤燈一穗夢迢遥，棖觸離愁便寂寥。何處雞聲催早起，一鈎眉月落林梢】離愁棖觸偏多事，覓句風塵我亦哀。村酒獨斟吟獨賞，紗籠誰護謫仙才？

月酣香瘦不成眠，畫壁新詩一例傳。醉拂繩床温舊夢，枕瓷小小學遊仙。（《梅屋詩鈔》卷四）

葉煒（慈溪人）

【同張太史船山問陶、王太史子卿澤食蟹，子卿爲余便面作山水，口占一絶】橘緑橙黄蟹正肥，故鄉風景久相違。扇頭休作江南畫，荒盡菱租尚未歸。（《鶴麓山房詩稿》卷二）

陳廣寧

【寄和張船山太史寫懷】神仙不易求，擾擾墜塵境。養才任其愚，守氣妙於静。蠖屈占平生，鵬運息俄頃。雲山氣泱漭，孤懷祇自領。懷哉古君子，窮覽得奇景。結習笑未除，束縛在名利。超心入沉曠，免爲流俗累。東海浮圓幀，宰官借初地。老蜃幻樓閣，軒敞絶塵翳。茫茫何所求，大塊同一氣。儒生從贏官，豈能謝喧冗？汲古綆未深，靈源涸心孔。慷慨各有期，聞雞意爲聳。文字多新知，匠顧到臃腫。將作樓船遊，觀海賈餘勇。之子健詞翰，朗誦每三復。部略窮搜羅，清秘少案牘。得失鏡前古，滄波渺一粟。燕臺荷深交，詩畫許再讀。别後寄所懷，螢燿儗龍燭。（《壽雪山房詩稿》卷十）

潘際雲

【題張船山前輩問陶詩集二首】文端家世有詩人，遂寧張文端公曾孫。一片清光不染塵。祇許梅花堪對影，定知明月是前身。北扉日近詞臣重，東郡風清太守貧。由翰林改侍御，出守萊州。我愧槐廳未相識，殘編空嘆墨痕新。

楚粤飢驅歷萬端，廿年文望滿長安。辭官漫説江南好，辭官後寓姑蘇。歸去應憐蜀道難。畢世宦情多冷落，空前詩格獨清寒。從來磨蝎才人命，不獨先生淚未乾。（《清芬堂續集》卷三）

【再題船山詩集】皇天蓄勢久，乃生一才人。如景星慶雲，氣象爲一新。如烏有鳳獸有麟，覿面視之若等倫。當其欲見不可得，吉光片羽珍千緡。堂堂張船山，生長涪江濱。使筆如使劍，飛舞千由旬。仙佛并一手，沆瀣清無塵。美人遺世欲獨立，梅花細嚼寒通神。江山忽見真面目，爽如雨洗秋無痕。自從先生入詞館，洗滌俗豔還天真。蜀江水濯蜀江錦，涪翁坡老疑前身。一麾出守東海去，嗟彼龍性安能馴？兩年辭官若敝屣，戴笠來看吴山雲。胸中得酒吐芒角，旗亭驛館詩篇存。芙蓉城中忽徵召，攜此綵筆乘飈輪。毋乃仙籍難久謫，真靈位業歸蒼冥。不然此才能有幾，胡不俾壽同靈椿。文人無福古所嘆，詩魂黯黯歸峨岷。我於先生爲後輩，一通名刺天涯分。重題此卷三太息，相期隔世同論文。（《清芬堂續集》卷三）

王蘇

【冬日集方雪齋作試帖，和王鐵夫芑孫同年韻是日會者，李介夫、張船山、何研農、蘭士，鐵夫與余，凡六人】西爽岧嶤未一登，扶揺還讓北溟鵬。逢人都作宣明面，結社誰參智慧燈？刻楮辭華寧有益，縣匏身世轉無憑。同年老去如兄弟，指鐵夫。競爽依然羨二曾。指二何昆仲。

橐筆同吟柳墅煙，蕭疎潘鬢又中年。風花過眼都成幻，香火隨時且訂緣。入夜夢魂穿塞雁，先春心事過江船。寒窗一例填行卷，銀海光揺意惘然。（《試畯堂詩集》卷二）

【濤園歌爲許畫山作屏同年作濤園一名石林，畫山高祖甌香先生别業也，在榕城烏石山南。朱竹垞分書題額，漁洋山人贈詩，有「甌香真擅八閩風」之句。嘉慶庚申，畫山屬張船山問陶爲圖】老榕千尋到天緑，緑陰下覆詩人屋。詩人疊石作飛濤，烏石山南種花竹。當時煮茗吟興長，詩成紙尾題甌香。竹垞來閩訪兩汪，汪薇、汪楫。爲書八分懸石廊。一生愛好新城王，贈言手探古錦囊，八閩壇坫推擅場。里傳萬歲比叔重，門有月旦繼子將。元孫誦芬來日下，重乞圖畫摹青蒼。蕉紅荔紫佛手黄，榴花洞閉蓉山荒。書留萬卷樹十抱，斯園直接松風堂。百餘年來詩境變，檢討尚書難再見。錦秋湖上攀柳條，傾脂河畔流花片。古蹟誰尋庾信居，時人争購元章硯。《歸耕圖》與《載書圖》，塵中流落臨摹遍。豈若濤園處海濱，一家堂構有傳人？果多橄欖回餘味，塢有蟠桃占好春。園亭亦寄滄桑慨，平泉片石今何

在？江南紅豆花滿枝，蘼蕪脉脉長相思。（《試畯堂詩集》卷四）

【張船山畫《張灣別意》送何蘭士道生出守江州，率題二絶】昨夜張灣雨，平添水一篙。何如江岸上，司馬送功曹。

秋淡屋山晴，風欹柁樓暮。回望春明門，夕陽幾行樹。（《試畯堂詩集》卷四）

【虎邱訪張船山問陶同年】難得張帆遇順風，乘流直到畫橋東。波光繞郭秋還緑，花氣連山晚更紅。酒病終朝澆苦茗，蟲聲昨夜逼疏桐。誰憐西蜀東吴客，淪落今成兩塞翁！（《試畯堂詩集》卷八）

宋鳴琦

【題《城南雅遊圖》爲何硯農民部、蘭士水部昆季同年作】祭酒我兄之齊年，皋比坐擁衡鑑懸。論交來往城南偏，奬借後起皆聯翩。詩龕三昧容參禪，中外咸識先生賢。梧門祭酒。舍人雄辯如沸泉，豐頤廣額鬚眉妍。紫薇紅藥花光連，下筆藻采紛新鮮。劉誠齋中書。鐵夫鐵硯精磨研，月旦往往持微權。華亭落拓寒無氈，一生喜共鷗波眠。王惕甫學博。徐君未識名爭傳，從戎投筆辭幽燕，或者倚馬多長篇。徐朗齋孝廉。船山蜀人今謫仙，酒酣白眼窺青天，醉中自誦神猶顛。麻衣鳥道誰爲憐，狂兮狷兮然不然。張船山檢討。介夫欲語先涕漣，修眉長爪差比肩，奇才苦厄相後先。微命難乞鸞膠延，遺文散佚空雲煙。李介夫編修。雛鴉寡鵠章江邊，哀流終古鳴濺濺。君家昆仲才騰騫，丁年聯袂真前緣。長公意氣静以專，腹中經笥殊便便，吐屬舌本生青蓮。次公玉立風骨堅，清詞麗句吟萬千。九九爲敂梅花筵，開圖索我揮雲箋。枯腸自笑難烹煎，當時恨不從游鞭。看君拍手歌蹁躚，歌成佐以朱絲絃。（《心鐵石齋存稿》卷五）

周孝壎

【遂寧張太守問陶船山】客座追陪日，聞君話雲泥。避兵秦嶺北，負母劍門西。一笑辭雄郡，選授萊州，不二載即休官去。千金護古隄。捐俸修隄，以障海水。壁間詩即史，感慨獨留題。蜀中白蓮教滋事，船山於寶雞作題壁詩十六首，一時傳誦。（《還讀廬詩鈔》卷七《感懷詩十二首》，其五）

鮑桂星

【次張船山前輩問陶韻題陳生受笙均出塞詩】短衣匹馬氣縱横，寫出霜笳出塞聲。萬里山川增筆健，一函冰雪入琴清。聽雞月夜方秦嶺，射虎秋原又北平。老我金門壯心已，看君題柱擅高名。（《覺生詩鈔》卷八）

張晉

【讀張船山問陶太史詩集題後】手攜飛幟上騷壇，詩筆文心兩屈盤。才並長卿工賦易，人同平子遣愁

難。豈徒飲酒稱名士，只合高歌配冷官。我亦千金珍敝帚，幾回拂拭待君看。（《豔雪堂詩集》卷一）

鮑文逵

【呈張船山先生二首】太守人傳是謫仙，東來文采動星躔。一泓海水摇波緑，九點齊州落筆煙。金馬琳琅懸麗日，寶雞風雨徹霜天。當時誤讀黄花句，只解風流五百年。公有《寶雞題壁》若干首，傳誦海内。

小草難攀百尺樓，萋萋日暮戀山邱。功名海上雙蓬鬢，身世江干一釣舟。青鳥無情消息斷，《白華》有詠夢魂愁。可堪一病無歸計，傲骨支離獨怨秋。（《野雲詩鈔》卷七）

【張船山太守自東萊辭郡南游，見寄道中《詠水田》一律，次韻奉答】泉石膏肓未可鍼，壟頭甘寄一犁深。肥磽不擇山間壤，暮夜難辭雨後金。夢裏明湖思往日，昆明湖畔近多水田。畫中陽羨又而今。幾人解道烏犍穩，終愧登盤粒粒心。（《野雲詩鈔》卷八）

【和船山太守道士谷留壁元韻原序：「嘉慶壬申，辭郡還山。春仲二日，馮旭林明府、楊燮亭孝廉餞别於道士谷，醉後留鐵如意而去，題詩誌壁」】太守頽然谷中醉，一笑江湖歸竟易。百戰功名勒馬還，沙蟲亦訝斯人異。二勞千尋照東海，一花一石皆靈氣。也聞岩谷有飛仙，誰知來往成游戲！萬里橋邊水有情，三山亭外雲無際。昔年濫署嵎夷長，遥望仙山等陪隸。拂衣忽入萬重雲，先生視我真成例。劉寵

終爲一錢累，頑鐵何勞壓歸騎？笑斂空囊别衆仙，世間此物原非器。揮鞭漫給路旁人，野雲早識先生意。（《野雲詩鈔》卷八）

【讀張船山先生遺稿題後】無端感慨性情真，語直尋常意絶倫。袁簡齋蔣心餘趙雲松黄仲則諸作手，天懷超曠是何人？

無才只合卧山溪，去就分明愧品題。先生見贈詩有「東方冠蓋如雲集，去就分明只此人」之句。賸得先生歸興動，孤雲忽與太山齊。（《野雲詩鈔》卷十二）

【讀張船山先生集，追悼一首】莫問齊東宦，山寒草不春。先生貧似我，早退勇於人。海闊盃堪貯，胸狂句最真。一棺羈萬里，劍閣畏嶙峋。（《野雲詩鈔》卷十二）

吴嵰

【張船山問陶檢討】戰地争鈔題壁句，故應一字幾回吟。少陵《諸將》此伯仲，小杜《罪言》同古今。豁達儘忘傳世想，滑稽猶露濟時心。朝廷近事真無闕，詩史還教屬翰林。（《紅雪山房詩鈔》卷五《將爲北行，案頭檢故人枉書，率成懷人詩十二首》，其三）

【送别張亥白問安廣文歸蜀中，并簡令弟船山檢討】浮名葬客長安道，局局促促令人老。相公之孫名孝廉，得天獨厚亦潦倒。樂工詩丐太無聊，狗屠菜傭争見招。瀟灑何曾立崖岸，使人見之意自銷。

百不如意思一得，莽莽黃沙慘行色。方干屢罷進士第，鄭虔仍官秀才職。蜀道青天行路難，家山去後好重看。驪珠久漏珊瑚網，雞肋同餐苜蓿盤。嘉陵曾唱《公毋渡》，悠悠往事憑誰訴？空林尚有鷹嘯風，深谷寧無豹隱霧。劍牛易佩昔嘗聞，簿書期會徒紛紛。要令風俗更淳厚，必使振起先斯文。本朝家法儒臣重，度支不減經師俸。未妨博士老頭銜，差勝衙官悲屈宋。當時我識謫仙人，二難兄弟各相親。設醴每逢虛左席，學步原難接後塵。聚如浮雲別如雨，再來祇道相思苦。題襟纔與話前游，又聽江流響簫鼓。奉母潘郎髩欲皤，題橋司馬竟蹉跎。季方他日同杯酒，其奈銷魂獨客何！（《紅雪山房詩鈔》卷六）

許會昌

【讀劍潭先生、船山太史《仲秋閑居倡和集》書後，即用集中《秋陰》一首韻】萬里清秋興轉濃，不將健筆困春慵。天才到我應無分，國手醫人未肯庸。煙水有家樓主易，桑麻無地戰雲封。茫茫身世悲歌裏，一代詞壇敵鼎鍾。（《醉二白齋遺稿》卷上）

【病目二首步船山大使韻】紙閣蕭騷背短檠，障風遮霧不分明。花如待看頭將白，人到難知心亦盲。但有清光迴蝶夢，更無歧路把珠傾。茫茫今古沉思裏，一寸靈臺暗轉睛。

炯炯寒光未肯疎，本來張宿自如如。輿薪不見塵先起，射蟣能神力轉舒。月下幾回同脈望，燈前一似

對刑書。翻教留得精靈在，雨暗煙昏暫埽除。（《醉二白齋遺稿》卷上）

【庚申清明日，研農招同味辛、船山、金溪、壽民、南薌餞子白於夢鶴軒，即席分得三字】一曲陽關酒半酣，尋花無復徑三三。帝城春盡馬蹄疾，玉塞秋高人影參。擬於秋間到官。才子功名同壯士，河西景物異江南。鄉愁莫望天山月，笳鼓聲中皎鏡涵。（《醉二白齋遺稿》卷下）

【三月十七日，偕船山太史、研農農曹、壽民舍人天橋晚眺，復於酒樓劇飲，戴月歸寓】聯轡城南春，天橋縱晚眺。遠望集雁鳧，近觀競垂釣。釣絲與柳絲，千竿萬竿繞。車聲雜市聲，群動生靜妙。文藻漾澄瀾，緑煙凝采燿。坎形流三渠，衺延卧夕照。醴泉詎有源，鏡平無激漂。輦路净塵氣，壇場映窈窱。葳蕤颺春旗，周迴達夜醮。停雲倒景涵，繁花插波笑。藹兹尺五天，踏青得同調。誰自擅文章，或更推廊廟？太史今子雲，詩情號萬竅。舍人家杜陵，英多年獨少。郎官志尚元，金門偶外耀。處士老吟身，濩落自幽峭。節高作鸞吟，響短成絶叫。澹然久忘歸，見者頭頻掉。幽興未能已，市樓還共釂。清風簷除吹，皓月杯中摇。上天如有梯，下界聞長嘯。所喜宴坐間，面目各自肖。一回曲江遊，千載詩人料。問是誰某某，張胡并許邵。（《醉二白齋遺稿》卷下）

【四月二日，偕船山、夢湘、壽民崇效寺看海棠，歸飲夢湘之夢鶴軒，分韻得如字】十日四駕短轅車，爲探海棠花有無。前三次並汪竹海昺弟。初看蓓蕾尚斂艷，霎已環珮裝輕裾。中間七日斷消息，神功一夜爲展舒。萬枝團簇成錦幄，密無縫隙千萼跗。含香合與作屏幛，丁香花極盛。裳華卻立鋪紅毹。郁李花亦頗艷。嬌怯臨風雪無骨，艷欲燒雲霞凝膚。我疑鶴林仙子集，剪落片片衣五銖。徘徊不敢近逼視，黄蜂紫蝶胡爲乎？明朝更復遊其下，倦倚高簷無人扶。飄飄勢盡欲飛去，振袖傾鬟意態殊。一日朱顔美無度，幾日塵夢迴清虚。蕊宫淪謫歸應早，柔骨俠腸樓墜珠。古殿牟尼纓絡垂，對花無語容槁枯。忉利有天竟不返，人間貪戀黄金軀。我來看花不拜佛，花有仙心佛不如。時方修理佛殿。（《醉二白齋遺稿》卷下）

王仲湝

【驛柳和張船山檢討韻四首】驛路蕭蕭趁晚晴，兩行衰柳又相迎。渡頭霜落秋無色，驢背風高夜有聲。月底何人吹鐵笛，年來行客感金城。株株摇曳青山外，欲問將軍舊日營。

慘緑還思汁染衣，短長亭畔減腰圍。紅塵老矣憐渠瘦，青眼依然送我歸。樊圃蔭連雙堠遠，灞橋折當一鞭飛。鶯花舊夢空回首，寂寞孤村客暫依。

歸雅幾點帶斜陽，立馬荒原感異鄉。春到江南飄舊雨，秋深冀北染新霜。千言枉賦忘憂館，百步難爭校射場。林外聲聲羌管急，驚殘寒雁不成行。

客路幽州到豫州，短條疏葉伴吟愁。五株幾見人辭令，萬里誰教婿覓侯？敢向道旁嗟雨雪，不栽殿角也風流。行囊添得詩千首，并作江潭一片秋。（《天繪閣詩稿》卷二）

宋世犖

【陳蔭山舍人慶槐移居，偕張船山問陶、朱少仙文治兩同年往訪，即題其壁】僦得城居東復東，連朝曲巷馬嘶風。花分市上春千朵，居近花兒市。樹借鄰家地一弓。鄰有高樹，蔭山自署曰借樹山房。退食人歸青鎖裏，敲門客立緑陰中。打頭屋小簾垂地，錯認山陰繫雪篷。

聞君新到四鄰喧，書與妻孥共一轅。醬瓿酒瓢驚磊塊，竹牀紙帳費温存。高軒客過愁旋馬，乞米奴歸笑打門。恰有三人來不速，累君掃榻倒清尊。（《紅杏軒詩鈔》卷二）

【雪中周東屏閣學興岱招同張船山問陶太史，姜芝圃志望、戴春塘聰一孝廉，莫寶齋晉明經小集，時閣學有得孫之喜，出詩見示，即席賦呈】戀闕星軺返，閣學自廣東學政任回。當階寶樹鮮。生孫羅繡褓，好客啓瓊筵。馬逐錦盃到，湯浮玉餅圓。圍鑪添柏火，暖閣颺茶煙。履跡尚書接，冰銜學士聯。梅舒因臘近，桐茁報春先。舞絮庭如畫，飛觥酒似泉。試唬開笑口，覓句聳吟肩。跋見猶呼燭，詩長更擘箋。花看呈六出，會比集群仙。投轄叨今夕，提戈話隔年。雞聲催送客，車馬便朝天。（《紅杏軒詩鈔》卷二）

【敝裘和張船山太史問陶韻】已報黃金盡，羈棲喚奈何！人情分暖少，天意苦寒多。脱去難賖酒，披來誤短蓑。誰能憐敗絮，閉户自高歌？

切勿誚蒙茸，卅年仗禦風。無簾窗半掩，有火銚初紅。破帽籠頭恰，寒氈抱膝同。争堪拋撇汝，小别又春融。（《紅杏軒詩鈔》卷三）

【張船山太史問陶呵神罵鬼詩册題詞】秋墳夜嘯，詩唱誰家？春社晨喧，酒澆此輩。問天不語，任汝面目模糊；有客能譚，令我髮毛豎立。付泥坏於一撿，到人間便耐香煙；落沙屑於三更，問空中經誰棒喝？船山太史，官依冷署，家近酆都，筆下如神，腕藏有鬼。日日敝車羸馬，忍餓高歌；年年臘盡春回，送窮不去。奈揶揄之良苦，兼笑罵以疾書。當其寸管如飛，一燈似豆。繞牀瑟瑟，摇筆總若罔聞；隔壁嗚嗚，破膽無非險語。固知九幽諸老，久無奈此狂生；三界群魔，且共驚爲老吏也。或謂泥犁有獄，事未可知；傀儡無心，機還自觸。然則衆目睒睒，君方人海藏身；獨腳跂跂，我亦家山有鬼。杜甫《憶台州鄭司户》詩，有「山鬼獨一腳」之句。如果聞而欲泣，請誦杜工部「髑髏」之篇；倘只畫以爲符，請付揚子雲瓶瓿之覆。（《确山駢體文》卷一）

延君壽

【讀張船山詩刻題後】昔在長安日，曾一謁君門。閽者拒不納，分覺御史尊。此豈出君意，人奴何足論！不學李松溪，走見王芑孫。便謂廣長舌，遠勝老生言。松溪去年訪王鐵夫，不得見，遊靈巖，有句云：「即使謁名流，未必解炎熱。何況老生談，遠愧廣長舌。」今日讀君詩，君身已九原。佳者八十首，手録而腹存。佛教重神通，吾儒實行敦。稍嫌鷹隼翮，愛作蹋空翻。倘汰十之八，生氣自軒軒。惜哉生不逢，告此坐病根。七尺已黄土，何處招君魂？後人讀我詩，定笑我仇君。文章有定價，百中無一冤。松溪遊輦下，布衣詩名喧。乃與吴藹人，不許爲弟昆。松溪寄藹人有句云：「尚憶座客預人事，不許與君爲弟昆。」吁嗟文字緣，乃以勢位分。安怪我昔日，難接片語温。蓋棺然後定，知君聞不聞？（《六硯草堂詩集》卷三）

稍知自愛者，向朋友借貸，原是萬不得已事。若以悠悠行路之人，而望以慷慨好義之舉，所謂立談之下，豈能使人痛哭也哉！張船山有句云：「飲酒也消名士福，通財漸拂故人心。」誦之爲之慨然。去年在濟南，聞船山物故，海内文人，又弱一個矣。（《老生常談》）

周鶴立

【張船山太史問陶以新詩爲予書素册，次韻贈之】詩人例飲酒，得句即傾巵。掣筆驚風疾，銜杯喝月遲。果然三絶妙，時復一中之。懷古復長嘯，蒼茫自詠詩。原詩云：「有口莫辭酒，無弦亦撫琴。綿綿供獨醉，杳杳待知音。」其灑落之致，可想見也。

天風吹海立，會意在瑶琴。試探囊中句，如聞弦外音。興飛得仙趣，語俠見雄心。嚼取枝頭雪，梅花伴我吟。（《匏葉龕詩存》卷三）

【讀船山懷古詩，漫次其韻】乘風擬作逍遥想，出世思爲汗漫遊。天遠張騫猶奉使，數奇李廣不封侯。

苦從哀壑尋虛牝，枉向微波怨蹇修。擾擾塵寰何處好，聽他海客話瀛洲。

天上奇蹤夷羿配，古來幻説楚襄王。人誇巫峽朝行雨，誰伴姮娥夜搗霜？臣朔苦飢愁欲死，次公善罵醒尤狂。百年三萬六千日，何以解憂惟杜康。

騎牛書著五千言，司馬文垂百卅篇。敢以辭繁誇理富，所師昔聖與今賢。雕龍炙輠談何補，貫蝨如輪射不偏。要向岱宗高處望，齊州九點下如煙。

人生何苦噉浮名，矯矯才無赫赫聲。事業會須乘少壯，經猷難得顯承平。治安策豈干文帝，《封禪書》猶惜馬卿。未有將軍真武庫，談兵説劍可憐生。（《匏葉龕詩存》卷十）

【虞美人題張船山檢討畫芍葯扇】詩人參破華嚴界，香色了無挂。抽豪偶憶謝元暉，貌出鳳池紅藥態依稀。　五年踏盡東華土，惆悵豐臺阻。卻從團扇認穠妝，可似二分明月一叢香。（《匏葉龕詩存》後附《匏葉龕詩餘》）

樂鈞

【四月十七日，宗室裕公瑞、思元主人招同法時帆學士、瑛夢禪處士、楊蓉裳農部、張船山太史、吴蘭雪孝廉集樊學齋，次主人韻，兼呈諸公】花裏金壺次第傳，平臺風暖麥秋天。客如野鶴閑相對，酒入詩腸醉欲仙。檻外尚留栽竹地，雲間曾墾種芝田。獨慚才藻非袁淑，一傚陳思《白馬篇》。（《青芝山館詩集》卷十三）

【冬窗雜詩和芙初四十四首(其二十七)】近代歌詩推老船，張船山太史。醉吟不減李青蓮。前年記飲岐王宅，獨立西風自放顛。(《青芝山館詩集》卷十六)

【張船山太史爲寫《青芝山館圖》，以詩爲謝，兼寄賓谷都轉、廉山大令五首二公曾有青芝卜鄰之約】買山尚無錢，移居詎有宅？縱心遊八荒，佳處聊一擇。夢過金閶門，遠見煙嵐碧。有人拍手招，云是此山客。

此山在何許，秀出靈巖旁。雖無接天勢，雲氣常青蒼。故侶有遥約，林間開草堂。漁樵非素業，虚願誰先償？

中區少閑土，亦少閑人居。詩仙師造物，船山有小印，曰「師造物。」爲寫《閑居圖》。種竹復種花，飲酒還讀書。卧遊即如此，真境終何如？

三君已禄仕，雅意在林壑。布衣遊京師，相較寧不怍。故山留敝廬，飢冷到猨鶴。生值唐虞世，乃無巢許樂。

吴中有三高，千載共祠廟。信美非此都，庶幾感同調。死生雲水間，變淚成歡笑。古人豈予欺，山月遥相照。(《青芝山館詩集》卷十七)

【吴穀人祭酒招同繼蓮龕觀察，張船山、汪劍潭兩太守集安定書院，郎君小穀與焉，分得人字】物外無窮達，尊前忘主賓。文章皆巨手，風雨此閑身。花落春猶壯，燈深夜轉新。酒人難便得，況是素心人。(《青芝山館詩集》卷二十二)

顧鶴慶

【驛柳四首次張船山太史韻選二】碧霧黏天作嫩晴，長亭終古事將迎。春愁無那非花樹，離緒難忘是笛聲。十里垂絲空板渚，幾人親夢到邊城？此生未擬蓬蒿住，風雨前途好共營。

緑遍河陽與漢陽，關山遥接水雲鄉。飛來白雁千峰月，度盡明駝一夜霜。種樹未謀棲息地，攀枝端戀少年場。多情今古勞人意，目斷西風第幾行。（張學仁輯《京江七子詩鈔》之《弢庵詩集》）

陳慶槐

【五月初二夜，賊入張船山檢討寓齋，盡卷壁上書畫去，作歌賀之】船山嗜古早成癖，船山食貧如食蘗。顔帖空將米乞來，阮囊不辦錢充積。冷官清俸能幾何，盡買圖書懸屋壁。圖書作祟勝狐鬼，錢神鼠竄臟神厄。主人興酣手自摹，醉墨淋漓潑几席。有臂但與古人交，有耳寧聞室人謫。謫聲夜半達天閶，帝遣狼星降其宅。焚硯燒琴事或同，雷馳風掃去無迹。詰朝執簡報同人，蔭山居士喜盈色。古來失火必書災，我輩長貧亦何益？賀貧羊舌賀火柳，畢竟强詞費口給。何如割愛付偷兒，勝作《送窮文》幾册。偷兒替送船山窮，擲入五都輕一擲。從教墨氣化金銀，得意莫忘前夜賊。（《借樹山房詩鈔》卷三）

【二十五日，張船山、朱少仙、曹扶谷、胡城東、陸平泉集借樹山房，各以姓分韻得胡字】秋雨秋風到敝廬，重陽節近怕催租。裁箋雅集耽詩客，把琖甘爲勸酒胡。閑散身宜千日醉，團圞人坐一燈孤。來朝新句流傳遍，好補《山房夜讌圖》。（《借樹山房詩鈔》卷三）

【張船山檢討聞父喪歸里，賦此唁之，兼以志別】白日欲墮陰風寒，遊子雪壓麻衣單。仰天一慟淚流血，素旐西指峨嵋山。嗟君才氣俯一切，酒中豪客詩中仙。舉頭天宇嫌逼窄，放眼世界空三千。許我訂交稱莫逆，如我與我相周旋。大鵬甘爲鶯鳩屈，蒼蠅謬附騏驥傳。同餐雞肋作微宦，獨執牛耳盟騷壇。弄月嘲風逞豪逸，一聲霹靂驚青天。靈椿樹倒客心碎，《蓼莪》詩廢吟腸酸。老母倚門兄在道，令兄亥白抵家僅遲數日。一官冰冷囊無錢。典琴鬻硯作歸計，窀穸未卜誰能安？唁君別君意殊苦，雙淚迸落春風前。古禮聞喪必致賻，古交臨別多贈言。我貧禮不及財貨，欲語氣結聲爲吞。羽書昨夜過秦隴，壯士迸力防西川。列陣如雲矢如雨，森立旗幟張戈鋋。關山不可以飛度，蜀道十倍登天難。努力憑誰勸餐飯，戒心代爾兢冰淵。巴江之水流不極，入峽出峽聲濺濺。三十六鱗隨處有，到家報我雙魚箋。（《借樹山房詩鈔》卷五）

【張船山檢討至自遂寧，感而賦此】秦蜀道方梗，去來君獨行。眼空名士氣，詩雜戰場聲。力竭難將母，身閑且論兵。食貧吾輩事，誰爲掃欃槍？

憶昨飛章入，渠魁計日擒。貂蟬諸將夢，宵旰至尊心。報國身誰許，同仇恨頗深。學書須學劍，悔極一沾襟。（《借樹山房詩鈔》卷六）

【題船山指畫荷花，即次其韻】不看花鏡向空栽，是處煙霞許脱胎。天遣巨靈隨手擘，蓮華十丈忽飛來。（《借樹山房詩鈔》卷六）

【與船山、少仙同飲，醉後放歌】年年三伏長苦熱，我輩一生長苦别。得如今日事非偶，徑須觸熱盡杯酒。酒人若教一處死，腐爛成團鬼亦喜。君不見，蜀棧秦川接楚氛，沙場鬼哭無人聞。髑髏不堪爲飲器，萬死安能抵一醉？（《借樹山房詩鈔》卷六）

【張船山四十初度，寄詩爲壽】千尋劍外一張郎，生小封侯願醉鄉。獨得神仙爲眷屬，偶然笑罵有文章。宦情總帶山林逸，道力兼成四十强。可怪壽君詩脱手，因風飛入海雲長。（《借樹山房遺稿》卷上）

【張船山檢討問陶仿楊廉夫老鐵之例，自號老船】駡人人亦喜，只有老船詩。才大官猶小，心平語卻奇。妻繙韻書熟，客贈酒錢私。近日新桃李，門牆蔭幾枝。（《借樹山房遺稿》卷下《懷人詩》，其五）

古典文學研究資料彙編

張問陶資料彙編

下册

許雋超
胡傳淮 編

中華書局

酬和追懷下

何道生

【題張船山檢討問陶詩卷】船山之詩無不有，筆大如椽膽如斗。腕底千篇萬篇走，笙磬鐘鏞一齊吼。峨岷秀插五嶽外，攫入胸懷出諸手。憶昔交君賓初筵，我困拇戰君醉眠。承明忽厭玉堂值，翻然歸卧船山顛。此時君詩我未讀，驟接言論何軒然。朅來倒篋肯相示，舌橋不敢加丹鉛。想當下筆風雨快，豪端倒注三峽泉。前追元亮後青蓮，乖崖和仲肘相先。此曹魂魄竟不死，招之一一争來前。指撝各令吐胸臆，借手揮出鄉後賢，頃刻滿紙騰雲煙。孰唐孰宋孰漢魏，非鬼非佛非神仙。開口要令鬼神哭，落筆便與風霆纏。才人奇横有如此，人不至此疑自天。天生傳人不容易，自古詩人例憔悴。君今巨刃摩天揚，無太倡狂觸天忌。况君弱冠早登壇，宫錦袍新香案吏。太尉家門世忠孝，有兒墮地皆騏驥。豈惟風雅照東南，他日功名塞天地。我讀君詩侵五更，一鐙微哦悄無聲。忽逢佳處叫奇絶，不覺屋瓦都震驚。作詩贈君用君法，月斜斗落天漢横。（《雙藤書屋詩集》卷六）

【《祭詩圖》爲船山題】物各祖所始，祭以報其功。惟詩則無主，天籟爲之宗。賈島不作佛，磊塊塞一胸。祭詩自禳賽，言愁謝觀空。領官丞簿下，不在招提中。千秋渺誰嗣，翰林張與洪。稺存。翻借選佛地，以爲集靈宫。陳詩儼像設，奉饌引鞠躬。祈佛不若詩，理以精神通。求神不若詩，詩不盲與聾。惟詩久周旋，歷春夏秋冬。與人共憂患，與人貫達窮。口所不能言，聲之何隆隆！行所不能至，光之而熊熊。悲以代琴筑，樂以宣笙鏞。欲言心萬端，一一探喉嚨。八蜡有索饗，貓虎兼坊庸。如此而不祭，吾不如老農。媚竈夸王孫，醉飽及鍘童。寧不如老婦，瓦盆潔巾幪？假以事千古，勞以歲一終。二君癖風雅，嘏報良已豐。吾詩但浮艷，草夭花輕穠。略無一臠享，聽彼歸鴻濛。何當陪駿奔，貳簋歌有饛？（《雙藤書屋詩集》卷六）

【《雪中狂飲圖》爲船山題】蓬萊仙人騎白鳳，手摘酒星發奇哢。帝旁玉女詠其狂，謫向人間作供奉。塵中不合有斯人，因之以詩氣愈縱。偶乘玉戲酌天漿，倒傾河漢入春甕。洪厓稚存拍肩舊徒侣，歷歷同將白榆種。便教彭蠡變醽醁，吸取當杯未爲痛。朝來萬樹皆梅花，雪糝花磚密無縫。飲時傞舞醉時眠，春在玉樓寒不凍。是時庭院四無人，雪月交光照清夢。夢中磊塊一齊消，珠咳歎空作雺霧。二豪與世直游戲，不顧天驚爲此弄。人生三萬六千日，千石酒勝萬鍾俸。飲醇哺醨無不可，醉鄉有徑非鑿空。陶潛誤作《止酒》詩，劉伶翻起《酒德頌》。自非周公大聖人，防口寧忘戒川壅？剛制雖云藥石言，翻案何妨鄒魯閧？彼此各執一是非，愚者有時幸而中。讕言此亦醉後作，深杯恨不當時共！（《雙藤書屋詩集》卷六）

【以便面索船山書近詩，乃並畫雁來紅一叢，作詩報謝】船山有真手，詩畫兩藴釀。因心自得師，超然若天放。乞漿還得酒，一笑非所望。清詩戛佩環，天風墮高唱。寫此一叢秋，落筆甚蕭曠。嗟我拙無似，葫蘆昧依樣。感君意勤重，憑空出佳貺。滿握君子風，敢作元規障。餘技了十人，君胡太不讓！挑戰用短歌，瓊瑶冀重餉。（《雙藤書屋詩集》卷六）

【同船山、淵如過棗花寺】待訪詩人罷早衙，便聯游騎到僧家。四圍野色争延客，一院秋光併在花。古德談經餘幻景，才人題字等曇華。是日觀拙公《紅杏青松圖》。忽看法雨從空墮，此段因緣亦大嘉。（《雙藤書屋詩集》卷六）

【次韻船山招同惕甫小飲飛鴻延年之室】青錢日日杖頭攜，隔巷招邀趁日西。酒以户論君最大，詩如棋著我終低。瓶餘殘菊饒風趣，室署飛鴻悟雪泥。相對尊前須大嚼，莫嫌瑣碎擘霜臍。（《雙藤書屋詩集》卷六）

【送船山奉諱歸蜀三首】積雨鳴連旬，陰霾倏清霽。病葉何飄蕭，寒蛩遂凄厲。念我同心人，如君才不世。英聲蜚遠聞，綺歲掇高第。曳裾直深嚴，操翰製瓌麗。五載居京洛，一官守清祕。跌宕信不羈，結交得深契。過從家人游，唱酬曩哲繼。忽焉噩夢驚，所怙痛長逝。慘慘泣麻衣，相見但揮涕。揮涕欲何語，未語氣先掣。寸心去住商，有若亂絲繫。山川既阻修，妻孥復弱細。況聞楚氛惡，漸滋入蜀勢。小醜偶陸梁，通衢動成滯。曷由掃欃槍，莫能御屏翳。行期遂蹉跎，悲懷徒侘傺。割宅賴良朋，讀《禮》窮往制。星奔固有經，垂堂戒堪例。胡爲忽心動，幡然決歸計。

君歸亦何及，繐帳悲晨昏。至性觸深痛，此境胡忍言？所願眠食慎，復虞霜露繁。烽煙尚未靖，殺氣迴川原。劍閣何巀嵲，潼川何潺湲！游子萬血淚，獨和三峽猿。知君抱忠孝，耿耿君父恩。職業雖不係，痛憤何能諼？我欲贈雄劍，往揖大將門。墨衰佐帷幄，飛捷紅旗翻。（《雙藤書屋詩集》卷八）

吴嵩梁

【禮烈親王克勒馬歌二首國初，禮烈親王有良馬曰克勒，猶漢言棗騮也。順治朝，汪編修琬爲作《傳》。今禮王汲修主人屬張檢討問陶爲補圖。馬高七尺，長丈有咫，耳際肉角寸許，腹下旋毛若鱗甲。然在軍中，每聞鼓聲，奮迅欲出。嘗乘至安平，適病蹄，自跑土出泉，洗其創而愈。今有聖水泉。王薨，馬聞哭聲，哀鳴不已，未幾遂斃。比奉天歲取馬至，王猶問孰爲克勒馬種，必善飼之。嵩梁嘉其有古烈士之風，因作是詩，附書圖後】長白山高江水黑，天遺神駒歸貝勒。諸將逡巡不敢騎，渾身血汗桃花色。頭角嶄然鱗甲動，始信天龍有真種。生立功名死報恩，畫中見汝猶神勇。吉林岡連薩爾滸，巨礮驚雷箭如雨。霜蹄奮蹴陣雲飛，二十萬兵殲一鼓。辛苦身經百戰場，自跑泉水洗金瘡。路人今日尋靈蹟，一掬春波映夕陽。

烈王勳德史有傳，天馬今從畫中見。百戰歸來汗血流，論功馬亦當封侯。王師破陣如破竹，王來騎馬如騎龍。四蹄雷電雙耳風，但聞戰鼓先騰空。跨山蓦磵若平地，豈知身在重圍中？箭傷刀斫不能死，得意騰驤日千里。王歸天上馬人間，矯首蒼雲淚如水。功成身殞爲酬恩，刻石昭陵未足論。遼海年年千騎出，王孫猶問舊龍孫。（《香蘇山館古體詩鈔》卷四）

【夏至日，同法梧門侍講式善，吴穀人祭酒錫麒，謝香泉禮部振定，戴金溪刑部敦元，張船山檢討問陶，楊蓉裳員外芳燦，吳玉松編修雲，吳山尊編修鼒，蔡浣霞禮部鑾揚，李虎觀户部邦燮，譚蘭楣禮部光祥，陳石士庶常用光，陳玉方刑部希祖，李春湖學士宗瀚，蔣師退大令知讓，胡香海大令森，黄賁生大令郁章，陳雲伯孝廉文述，郭厚庵明經堃，姚春木上舍椿集春雲書屋，分韻得爲字】深院不知午，青藤陰四垂。蟬聲一何新，風過鄰樹枝。盍簪及清暇，林館洵所宜。停尊竚涼雨，天末雲漸移。兩君詠《皇華》，使節已先持。黔山湘水間，嘉會懷初離。是日命典試官，玉松得貴州，蘭楣湖南。我非經世才，百事無可爲。寄託在文翰，醉墨供酣嬉。幸諧素心人，愛我容不羈。一卷抱冰雪，願與平生期。（《香蘇山館古體詩鈔》卷四）

【餞秋日再集陶然亭，歸飲蓉裳寓齋，兼懷船山】去日即千載，何必古與今。重陽前度賞秋地，紅葉漸少青苔深。縱使歡悰尚如昨，繞亭屐齒誰能尋？暫别即千里，何必天一涯？秋光如此不成醉，瘦殺枝枝黄菊花。縱使夜遊燭堪秉，故人明日風中沙。故人難聚秋可惜，今日送秋如送客。蘆花盡處只斜陽，遥山一帶傷心碧。長安車馬塵漲天，此地曠觀殊可憐。座中酒客何傌傌，前多老蒼今少年。少年跌宕百不憂，日日題詩遍寺樓。高才自合致身早，痛飲肯負今年秋。壯遊我亦青春客，四度看花踏陳跡。黯黯秋心二十年，青山依舊頭初白。感君意氣爲君歌，海内知己今無多。清狂卻憶船山老，不共花前金叵羅。時船山分校鄉闈。（《香蘇山館古體詩鈔》卷四）

【黄賁生由庶常改官彭水令，屬船山畫册贈行】我乞老船畫，爲贈賁生行。賁生復乞我題句，我先讀畫難爲情。怒濤出峽蒼厓裂，中有啼鵑古來血。君行未抵劍門關，已見千山萬山雪。君本謫仙人，簪筆白玉堂。一官忽墮百蠻裏，文采争憐孤鳳皇。君我同歲生，先我已通籍。板輿迎養亦風流，何事看花感淪謫？縣令況是親民官，讀書用世宜心殫。能令赤子輸誠早，豈畏青天行路難？涪陵風土古稱厚，頗習詩書安井臼。山城前歲賊經過，戰地重耕田苦瘦。君出作吏憂未嫺，杖藜那得窮幽攀？先除積弊養元氣，訟庭兀坐如名山。我求進士不得進，霜雪蹉跎生旅鬢。天寒愁煞倚閭人，白雁南來少鄉信。暮雲慘慘風蕭蕭，送君更上蘆溝橋。交君十年别萬里，去住蒼凉乃如此。君行復向故鄉過，爲問衰親病若何？平生空負凌雲氣，今日相看淚最多。（《香蘇山館古體詩鈔》卷四）

【三月十八日陶然亭雨集自法學士式善以下，客凡四十人。主人則謝禮部振定、楊户部芳燦、李兵部鼎元、程兵部同文、蔡禮部鑾揚、張檢討問陶、伊知府秉綬、陳編修用光、陳刑部希祖、謝吉士學崇也】騎驢千里入盧溝，風檐橐筆苦未休。故人招我城南遊，窮魚縱壑鷹脱韝。江亭一雨成深秋，雲水曠然銷百憂。亭前新柳嫩黄色，亭外西山青欲滴。煙雨濛濛畫不得，車聲如雷喧九陌。衝泥肯踏看山屐，我是當年餞秋客。一竿歸釣南湖煙，白鷗夢亦隨秋船。谿山俯仰三十年，聚散如此殊可憐。痛飲且爲春風顛，明日落花吹作田。（《香蘇山館古體詩鈔》卷六）

【再答梧門，兼示謝薌泉、楊蓉裳、張船山諸子】我詩不工君獨愛，我性雖僻君不憎。贈言游戲亦沉痛，一笑翻遺淚濕膺。十丈蓮花秋月色，此語妙絶吾未能。但以疎狂極詆斥，哀哉下士聲蒼蠅。吾儕樹立要千載，紛紛毁譽安足憑？韓蘇命坐磨蝎宫，甚至蜚語來廬陵。何況文章特小技，主奴出入徒相淩。眼前同調不數子，謝公鷙若霜天鷹。老船跌宕才叔雅，謗書亦與名相乘。君才所著定不朽，即論文獻尤可徵。翰林五入進復黜，一官冷於退院僧。我生四十百無就，即至蓋棺何足稱？才華中歲并刊落，憂患早年多創懲。連日空齋坐雷雨，西山隔牆喚不應。感君真氣發狂詠，積憤一銷如解癥。盤空硬語頗自喜，崖松偃雪纏枯藤。温厚由來本《詩》教，風骨豈在多氣矜？願除肝肺槎枒盡，只養襟懷空水澄。匡廬佳處世稀有，松翠作濤潭瀑冰。一庵暝坐萬事足，浮生富貴風中燈。（《香蘇山館古體詩鈔》卷六）

【船山爲王竹嶼通守畫《江聲帆影之閣》，屬余作歌】鍾山五色雲，秦淮六朝月。誰放江天如此寬，蘆花萬頃吹成雪。雪外空煙無限青，嵐氣漠漠天冥冥。千峰盡頭一帆去，恐是故人别君處。故人與君别十年，舊遊飄若江上煙。一閣依然俯江水，不見當年供奉船。君家才名擅昆仲，紀群交誼吾尤重。梅花開時酒千甕，醉墨潑雲天欲凍。謫仙一去騎長鯨，君又孤飛作飢鳳。葛帔相逢岐路間，萬古青山酹一慟。京師六月無怒雷，車聲日夜揚風埃。水亭一角已足詫名勝，安得寒濤萬里滚滚從天來？吾儕胸中百無有，雲夢尚能吞八九。風帆沙鳥忽飛迴，一剪江光落君手。船山之畫蘭雪詩，動摇一筆千山移。願君讀詩兼讀畫，雲龍上下常相隨。何必徑歸卧江閣，翻令故人感離索？君不見，山中宰相隨園翁，聲華在日傾王公。名山寂寞身後事，何況富貴如飄蓬？小倉山與君家近，頗聞猿鶴哀秋風。卜鄰有約未能踐，千載相思圖畫中。（《香蘇山館古體詩鈔》卷六）

【懷人詩（其十七）】館閣儲材地，清時有用身。官閑仍課士，俸薄且娱親。道味回中歲，詩名似古人。莫耽連夕飲，醉語亦傷神。張船山檢討。（《香蘇山館今體詩鈔》卷四）

【思元上公招同英夢禪布衣、法時帆學士、張船山檢討、楊蓉裳員外集樊學齋，即席次韻應教】竹裏金尊取次傳，俊游剛及餞春天。王維澹坐成詩佛，李白狂呼是酒仙。楊柳青旗村店雨，菜花黄蝶水鄉田。風光如此宜招隱，來誦《淮南》第一篇。（《香蘇山館今體詩鈔》卷四）

【題船山《秋閨士女圖》】桃李人間艶，雲霞世外姿。矜嚴猶惜影，粧束肯隨時。日暮衣仍薄，秋凉扇早知。生愁謡諑衆，未敢畫長眉。（《香蘇山館今體詩鈔》卷四）

【送柳門歸香雪山莊】千樹寒香自掩關，白雲深處近黄山。故人約我經年負，新雨送君明日還。沽酒倘逢天一雪，就花容借屋三間。騎驢諳盡風沙味，守著家園夢亦閑。稚存約遊黄山不果。（《香蘇山館今體詩鈔》卷五）

【家玉松編修、張船山檢討過余小飲，船山爲余及石士畫叢蘭野菊，甚有逸致，輒題一詩，兼寄梧門】迎門一笑落烏紗，喚酒俄看醉筆斜。風日人間宜午樹，性情吾輩近秋花。天真爛漫書三昧，野色蕭疏畫一家。合就枯禪參妙理，水雲空處是西涯。（《香蘇山館今體詩鈔》卷五）

【再用前韻題老船畫，兼柬玉松、蓉裳】何處香來透碧紗，風枝露葉自欹斜。胸中清妙無成竹，腕裏頹唐有醉花。病得蕭閑偏近道，詩除依傍敢名家。追凉更選江亭勝，蘆葦青青水一涯。（《香蘇山館今體詩鈔》卷五）

【題齊梅麓大令詩卷，即用張船山太守韻】小謫仍邀聖主慈，九峰新翠入仙詩。豈無巧宦能安拙，縱有雄才願守雌。椽燭修書曾雪夜，板輿迎養及花時。一編自訂千秋業，把臂名山計未遲。（《香蘇山館

今體詩鈔》卷九）

【書船山詩後】千巖萬壑鬥風雷，虎豹叢中往復回。除夕狂邀神女醉，戰場親唁鬼雄來。高歌拔劍心原壯，冷眼觀棋事可哀。一佩郡符奇句少，江山祇助謫仙才。（《香蘇山館今體詩鈔》卷九）

【吴玉松太守以虎邱雜詠見寄，感舊述懷，即次其韻（其九）】歸心萬里白雲馳，投老看花醉不辭。生作寓公死才鬼，秋墳争唱鮑家詩。張船山寓治芳砯最久，雪中别余曰：「得一覲老母，即埋骨於此，亦無憾矣。」（《香蘇山館今體詩鈔》卷十五）

【張問陶】字樂祖，號船山，遂寧人，文端公元孫。船山一字仲冶，其人與詩皆有奇氣，以七古擅名一時。舊與洪稚存太史同官京師，觴詠最密，詩才酒量各不相下。嘗縱飲至醉，着道士衣，卧雪下，自歌所作，其聲遏雲，或相對痛哭，咸以爲狂。然君蒞事，固精明有識，豈有所託而逃耶？予嘗規以詩曰：「館閣儲才地，清時有用身。官閑仍課士，俸薄且娱親。道味回中歲，詩名似古人。莫躭通夜飲，醉語亦傷神！」君頗爲之節飲。稚存既以言事出塞，君又浮沈于京宦十餘年，由翰林改御史，由御史改吏部郎中，出爲萊州太守，故有「官如詩草何妨改」之句。

予與君及稚存先後定交，每論七言古體詩，前人尚有未盡發之秘。稚存善用法，五花八門，繁而不亂；船山善用筆，千巖萬壑，轉而益奇。其超脱靈敏，有稚存所不到處；鎚幽鑿險之力，稍遜一籌。予謂其七律尤妙，述懷叙事，沈透能到十分，吐屬生新，音節悲壯。忽如猛將斫陣，忽如高士參禪，忽如舞女簪花，忽如仙人吹笛，别有一種悟境。所傳《寶雞道中題壁八首》，尚非壓卷。五律亦多名句可采。爲予書扇《秋齋雜詠》云「有情難作佛，無用且温經」，「所學參諸子，無疑廢六壬」等句，皆不拾人牙後慧也。（《香蘇山館詩話》卷二）

張琛

【和張船山太史《駟柳》元韻】輕裝半月趁新晴，短堠長亭是處迎。旗矮不藏沽酒影，牆高難隔搗衣聲。一番春信通荒墩，十里煙籠繞故城。幾度綰君君不住，笑他飛絮日營營。

曾傍朱門着舞衣，移來早減舊腰圍。千門曉色人將去，一角荒園妓不歸。鶯攪客魂沿堠語，蟬驚鞭影曳聲飛。計偕三月行程早，緑汁盈袍鳥正依。

細雨溟濛接渭陽，青青都記舊家鄉。睡鴉驟起天將曉，走馬頻嘶夜墮霜。眉黛似憐行邁客，眼波還憶少年場。蜀山金線絲絲好，願向靈和種幾行。

天上明星耀九州，四方亂插使人愁。永豐有曲宜移土，彭澤無官豈事侯？竟取黄金隨路擲，常看碧水繞堤流。六朝煙雨年年好，夾道螢飛又素秋。（《日鋤齋詩集》卷二）

【卸留壩撫民同知任留別，用張船山太史陳倉題壁十八首原韻】雲棧崎嶇路不平，我來琴鶴一肩輕。十年兵燹孤城在，萬死瘡痍幾個生？古道狼封留舊蹟，空梁燕壘是新營。蕭條極目飛鴻雁，休息吾民在此行。之任。

着着争先計不贏，孫吴也要讀《陰符》。成功畢竟宜清野，定策端須問老儒。龔海峰太守首上《堅壁清野議》。壁上堅城藏粟好，阱中餓虎嚼人無。可憐舊日藩籬少，一陣腥風樹盡枯。築寨。

度支億萬發金錢，保護君恩實湛然。千里河山還舊日，一城井竈有新煙。稻香水滿時來雁，血滴林深夜有鵑。瓦缶聲清秦調好，農歌早唱太平年。撫息。

樹通秦蜀早開門，尚有雄兵幾處屯。弩末依然持利器，刖餘安肯市私恩？網寬早縱鯨鯢活，林老休言虎豹尊。頃刻歸來還可贖，肯教釜底走遊魂。搜捕。

聖主深仁下詔寬，爰書頒至衆心安。日明山魅天中現，水活梁魚濠上觀。且喜拔茅連進易，誰言滋蔓欲圖難？只緣一線矜全路，倒刃都將義勇團。宥罪。

高談信口屬斯文，幾個從戎見此軍。飄忽難追都切齒，從容縱寇是傳聞。十年赤地農無耒，千里青燐鬼自焚。轉瞬捷成誰底定，盈盈比户已如雲。紀實。

萬山耒耜已開荒，去歲今朝瓦礫場。敢信歸田須執券，何曾服罪且牽羊？每輕邑宰頭銜小，見慣朝官意氣揚。習俗已成須轉石，常教收劍閉光芒。新民。

猛將嫖姚個個同，欽除經略拜元戎。纛前節度皆迎拜，樹下將軍早讓功。小醜逸魂岐路雜，中權運臂八方通。班師秦蜀旌旗過，老幼如逢郭令公。經略。

是誰功業上麒麟，驍勇鄉兵不顧身？家散黄金能赴死，野餘焦土不言貧。九重命將先酬爵，三輔賢侯已募民。何地無才堪報國，首先超拔已多人。鄉勇。

秦蜀山連起鳳州，軍糈難給累蕭侯。指囷魯肅先輸粟，遮道弦高早犒牛。節節有儲資供頓，陳陳相積幾春秋。止戈還有餘糧在，賑濟仍分聖主憂。運糧。

瞥見當年記事珠，治安有策尚存無。株連空飽鷹鸇食，愚魯休誅大小巫。劫數萬千收始盡，餘殃一二膽還麤。我心苑結非朝夕，人物如今近彼都。憶昔。

八載空山少燕胎，香泥春早看重來。天心人事都相應，鶴唳風聲莫浪猜。各道撫民官再設，十營衛士府新開。誰籌善後非常策，分陝中丞是俊才。善後。

一夜西風霧氣消，凱旋將士玉驄驕。尚餘宿忿抽戈速，幸得生還覺路遥。幾處孑遺猶供役，萬山板屋又重燒。連年火盡槎枒木，金線惟餘嫩柳條。凱旋。

遠近新開百丈渠，山坳水曲樂徐徐。差徭悉免招來易，骨肉重逢鋒鏑餘。大澤利民須久遠，小仁扶病且呵噓。而今求治須從實，先使沽名習盡除。有司。

勦撫由來貴並施，新降傲卒怎維持？饑鷹就縛防須密，野馬收繮撻且遲。調度有方隨我用，寬柔以教在人爲。如今更議屯田法，豢養深仁衆可知。新兵。

作吏留河近益州，雄關新起見城樓。千家石窟雲煙亂，百雉山尖上下愁。就食饑民頻築版，守埤壯士尚操矛。蠶叢形勢今聯絡，倉卒逃生憶舊遊。築城。

細雨濛濛爉炬灰，深山寒盡復春回。侈談往事軍中樂，暢叙同人夢裏猜。死去豈無從祀典，生還都是出群才。笑余未脱書生氣，也向戎行破陣來。話舊。

十月分符鳥道長，童山濯濯少豺狼。劇憐依我如求乳，翻使將行戀此鄉。劍戟不須應鑄器，橐囊無用可還倉。吟成留贈巖巖石，豈謂詞名欲擅場？留别。（《日鋤齋詩集》卷七）

戴敦元

【陳碩士《瘦石圖》題以贈行石二，一側卧古梅下，一拔地特起，船山作】兀傲太古心，幽獨空林迹。何來滄浪天，寄此壘塊石。峥嶸淩鬼工，浩蕩動地脈。片雲停不飛，百草怒初坼。饑蛟舞脩鱗，快隼墮健翮。迴環法鏡參，奇閟寶藏積。預愁豪家奪，或恐造物惜。遍搜諸有相，復歸虚無宅。目巧尚經營，意匠乃擘畫。苔岑標面目，水墨浴精魄。冬花互因依，解語似莫逆。靈根疑恍惚，真幻孰主客？尚嫌冰鐵腸，欲損脂粉格。榛蕪忽斗拔，壁立露千尺。骨重忘孤寒，形完謝膏澤。結侶偶同塵，避俗非小謫。氣含滄溟寬，境豈人寰隔？馮生何有鄉，位置各相適。得一兩可函，贈影神爲釋。異彼管中窺，安識象外易？舉肥相士嗤，貴瘦評書癖。吹毛牙慧矜，刻舟眼界窄。藴輝世匙顧，領趣賞斯劇。習静觀其生，愛玩託無斁。周旋吾與吾，陳緣實新獲。拂拭絹素痕，排比琳琅册。坐卧名山攜，懷柚東海擲。衆妙列樽俎，萬籟走襟舄。邱壑匪他求，機杼自我闢。一日幾摩挲，千秋看只亦。諧聲辨文字，寓義匪假借。過從壺天游，想像落星摘。梯霞指初桃，攻璞締三益。言趨東郡庭，卻獻金門策。佳讖兆羹梅，良因酬芥珀。玉堂郭熙畫，相對話疇昔。（《戴簡恪公遺集》卷四）

【張船山畫松鼠，其舊僕方升請賦】鬱鬱長松淪澗底，寓居馮生猶倜詭。枯藤挂樹參無句，黠鼠銜蕫喻非指。不求形似竟神似，張顛醉墨今餘幾？爲感青猨乞護持，愛才尚憶蕭夫子。（《戴簡恪公遺集》卷五）

【辛巳六月廿七日高吴橋和船山題壁韻】任心早悟我非真，真我還同物與民。莫爲泥塗惜辛苦，眼中去住總勞人。（《戴簡恪公遺集》卷五）

邵葆醇

【送張船山太史乞假還蜀】到處狂歌擊鉢催，吟壇人競豔鄒枚。宦情閑似隨孤鶴，歸思濃於釀舊醅。嶽色河聲連蜀道，酒痕塵影憶燕臺。他時重話春明雨，喜有新詩滿篋回。（陶樑輯《國朝畿輔詩傳》卷五十二）

郭麐

【客中飲酒和張船山太史同穀人祭酒飲酒詩元韻四首】本無才氣説功名，潦倒龘疏衆所輕。世有醉鄉容小住，天於吾輩亦多情。徐公方許論清濁，李白真堪託死生。試築糟邱高百尺，齊盟牛耳有誰爭？

條刁窗紙響西風，懊惱牀頭宿醞空。身世不諧偏獨醒，飢寒而外有奇窮。三生杜牧言皆罪，四壁相如論最崇。已謝門前乞文者，待儂得酒不忽忽。

謝絶交遊説采真，酒徒豈與鬼爲鄰？久知世上元無事，漸覺年來愛此身。對客周旋寧作我，與時俛仰不如人。小兒女共嬋嫣話，鐙火宵分一倍親。

歲暮難營避債臺，旅懷且仗酒盈杯。室中婦已連年病，案上書應一寸埃。長定臨風增悵望，誰知至日不歸來。金釵未贖鷫裘典，要問將何作酒材？（《靈芬館詩二集》卷八）

【次韻船山太史四十初度】僂指京華近十年，江湖相望各蒼然。故山老我休招隱，平地看君已若仙。四十頭顱今日是，文章卓犖此人偏。謝靈運云：「劉楨卓犖偏人，而文最有氣」。也應差勝淮陽董，縣吏催租更索錢。（《靈芬館詩二集》卷九）

【病起懷人詩三十首（其二十一）】尻高首下叩頭蟲，談藝依然氣若虹。旗蓋三分吾豈敢，不官不死不英雄。蔣伯生少府。伯生常言平生服膺三人，黄仲則、張船山及余耳。（《靈芬館詩三集》卷一）

【蓮裳愛吾吴青芝山之勝，與賓谷都轉、廉山大令有卜居之約，船山侍御爲作《青芝山館圖》以寄意，蓮裳自題五詩其上，爲次其韻】書生足可笑，往往詩相宅。名山滿天下，豈惜爲爾擇？故鄉亦復佳，煙蘿日以碧。惆悵買山人，棲棲遠行客。

遠遊亦無定，相逢酒壚傍。癯然野鶴姿，已逐風塵蒼。手指一幅紙，是中有草堂。賢哉張侍御，無貲爲君償。

神清歐陽記，海山樂天居。我希文徵仲，嘗作《神廬圖》。鄉從亡何老，銘摘桄榔書。有山尚有待，此段恐不如。余有《神廬圖記》。

人言謝幼輿，身合置邱壑。吟嘯對王公，此面了無怍。從來脱鞲鷹，不羨乘軒鶴。何時把茆團，作園名獨樂？

男兒生無家，死或能食廟。蒼茫七歌堂，異世感同調。紛紛甲第高，朽者過之笑。期君千秋心，仰屋且埋照。（《靈芬館詩三集》卷二）

金宗邵

【和舡山太史《驛柳》】消磨歲月幾陰晴，來往征車苦送迎。摇落尚思垂手舞，雨風偏作斷腸聲。須知無語臨荒店，不解含愁傍禁城。記取長條休盡折，東君一例費經營。

顧影誰憐舊布衣，昔年手植又成圍。矚花已過愁難遣，雨雪漸多胡不歸？古戍盤鴉濃似墨，長堤走馬去如飛。感君爲我回青眼，臨水三椽約共依。

一尊曾與餞斜陽，惹我征愁入醉鄉。斷夢不隨天外月，柔絲欲傲鬢邊霜。迎秋已見婆娑影，閲世真如傀儡場。觸起十年離索感，曉星零亂不成行。

頻年商調按《伊州》，攀折無端起暮愁。枉把關山憐過客，忍將泉石换封侯。春歸梁苑誰先賦，影入隋

堤各自流。畢竟耆卿能顧曲，曉風殘月十分秋。（郭麐《靈芬館續詩話》卷一）

崔旭

【寄船山師】春花幾度又秋花，志士凄凉只在家。説劍頻年逢俠客，論詩有夢到京華。棣城雨積歌聲苦，柏府霜清樹影斜。四海共知避驄馬，應將寂寞歎侯芭。（《念堂詩草》卷一）

【題張船山夫子集後】夫子何爲者，京華二十年。壯懷消筆札，真氣失仙禪。酒好千場醉，詩聽萬口傳。王朱施宋後，大雅更誰先？

呼我崔黄葉，旭初以詩謁見，題曰：「此老船之崔不雕也。」幽居似直塘。新詩説情味，雅量愛疏狂。此意堪千古，斯人愧一莊。蘇門諸友在，努力繼秦黄。（《念堂詩草》卷一）

【題船山夫子畫蘭蘭出石巔，題云：「蘭之品高，吾謹於高處位置之」】夫子作詩如飲酒，酣嬉淋漓無不有。夫子作畫如作詩，筆猶未落思先奇。爲我寫蘭危石巔，意欲置我清風前。次第開遍桃與李，似惜幽芳尚在此。（《念堂詩草》卷一）

【聞船山師自萊州移病歸】一麾出守向東萊，五馬風流尚愛才。詩酒勝遊容我在，山川生面自今開。循良料有三年住，疏懶偏當百念灰。纔欲束裝公已去，不能待得跨驢來。（《念堂詩草》卷一）

【聞船山師凶問】忽得江東信，流傳倘未真。天如有此事，吾竟仰何人！詩酒難償債，功名未了因。

峨嵋山上月，萬古爲傳神。

半世誰相賞，猖狂只自吟。時人多俗目，夫子是知音。乖隔五年別，悲凉千古心。成連終不至，慟哭欲燒琴。（《念堂詩草》卷一）

【過船山師故居】此是頻遊處，重經步爲遲。過門非舊主，傳世只遺詩。恍惚仙山約，悲凉國士知。孤寒猶故我，忍淚立多時。（《念堂詩草》卷二）

【讀《船山詩草》見贈和諸作有感】此卷長天地，騎鯨竟不歸。删詩留我在，詳註惜人微。姓字生前説，音容别後違。披編感知遇，只有淚頻揮。（《念堂詩草》卷二）

查世官

【雪後，藹庭招同張亥白、船山、陳晴巖、吴和村、家丹禾再集借緑陰齋和晴巖】雪意閣梅花，前村酒可賒。寒風沉夜柝，孤客夢春華。月色更無賴，鄉愁詎有涯？飛騰慚暮景，重過阿戎家。宵深宜説餅，寒重且銜杯。蜀錦熏籠護，唐花羯鼓催。紅塵遮短日，白戰鍊奇才。我愛陳驚座，能偕舊雨來。（《南廬詩鈔》卷三）

【寄張船山吴門】劍關西望鬱嵯峨，游戲聊尋安樂窩。一鶴一琴家具足，某山某水勝游多。弈棋回首長安道，擊筑傷心壯士歌。袖有劉生《嘉話録》，敝車羸馬日經過。

買得桑田不可耕，布帆無恙送歸程。酒酣念我無家别，詩好憐君太瘦生。東海揚塵成故事，西牕翦燭話深情。最憐七里山塘路，衹有閑花管送迎。

北鴻將信太參差，感舊懷新并一時。知己樽前無淺語，故人别後定長思。室家累重張堪在，貧賤交深鮑叔知。落葉哀蟬秋水濶，菊天有酒不堪持。

騎鶴曾爲汗漫游，當時置驛亦淹留。無魚客自彈長鋏，食肉誰能與遠謀？病矣夏畦仍故態，悲哉秋氣得新愁。山中何限懷人夢，卻繞東吴范蠡舟。夏畦，鹽畦也，在今山西安邑縣。鹽以夏日得南風而成，故曰夏畦。帝舜《南薰之歌》「解愠阜財」，即指此。今其地有虞氏琴臺。（《南廬詩鈔》卷五）

史善長

【題張船山詩草】志士羞名没，才人薄宦成。一空唐宋格，暢達古今情。狂舞天爲笑，悲歌劍欲鳴。妙蓮花供奉，低首拜先生。（《味根山房詩鈔》卷九）

蔣詩

【張檢討船山出示所作論文八絶，并索觀論詩舊句，作論唐宋文絶句三十首】盤謨訓詁泝商周，詰屈聱牙三古留。文繼尚書能載道，史公而後孰千秋？

異曲同工景典型，争疆老子《太元經》。昌黎好比桓譚篤，披百家編手不停。

千載惟聞揚子雲，東京頽靡復何云？可之生已侯芭後，近學昌黎遠學君。

八代駢詞詎足云，初唐文即六朝文。王楊盧駱當時體，徐庾相同尚莫分。

訓詁艱難考訂忙，用船山句。德明潁達有專長。工夫原與文章異，古解鈎沉經學昌。

力挽狂瀾障百川，上規姚姒下雄遷。不施鞚勒騎生馬，肆外閎中千百年。

韓氏於詞必己出，下筆務去惟陳言。更無一字無來處，景文持以紬宗元。

李唐文自昌黎始，渾浩江河詎有涯？抗顔爲師收後學，文昌東野亦名家。

孔思周情百世師，英華沉浸作文辭。後來一脉誰傳得？孫可之偕李習之。

李翺家貧業易卒，張籍年長其庶幾？韓公時復發憤道，稍一稱意人已非。

韓文公後李文公，師弟傳薪一派同。别有河東柳子厚，亦堪並駕振衰風。

可之得訣來無擇，來有師承皇甫公。湜籍汗流同受業，淵源出自一堂中。

艱澀爲文樊紹述，本來遺集有千篇。如何《絳守居園記》，只並綿州詩序傳？

臺閣文章繫職司，三十六體噪當時。段家儷句齊温李，燕許辭宏亦若斯。

憂時奏議陸宣公，丹扆陳箴旨亦同。更有載之文中法，集存咸是効臣忠。

循政能文元次山，浯溪巨碣孰躋攀？衡州並駕推和叔，遞頌凌煙動舊班。

八代頽風莫攙回，振衰救弊要霆雷。唐惟韓柳誰爲繼，寂寂年逾二百來。

仲塗柳氏學韓文，遥振宗風亦不群。私淑心傳香一瓣，尹河南與穆參軍。

有唐作者推韓柳，文到昌黎蔑以加。泊宋歐曾王遞起，三蘇氏又各成家。

千變萬化誌銘文，韓與歐陽在此分。韓氏無心生變化，歐陽有意變紛紜。

韓修實録繼班揚，六一昌黎可並方。讀到《唐書》《五代史》，史才畢竟數歐陽。

廬陵位已宰臣躋，介甫居窮未品題。要識南豐異公著，文人最盛是江西。

氣節文章一世高，臨川偏得考亭褒。如飛動筆争墩性，不讓前人韓獨豪。

議論精純本六經，翦裁鼓鑄合前型。直教字字追西漢，沾溉燃藜舊日靈。

奏上二十二篇文，後學争傳遍士群。書輯太常因革禮，洞中繩度郢人斤。

出人頭地契歐公，蘇海韓潮氣本同。除卻《南華》更何嗜？賈長沙外陸宣公。

對床兄弟自相師，文亦汪洋澹泊姿。家學毗陵研《易》後，東坡書傳子由詩。

豫章詩刱西江派，魯直爲文古法存。濟北宛邱陳正字，韓門遺矩在蘇門。

要辨誠明又致知，更誰用力典謨辭？豈知考異朱元晦，文字拳拳學退之。

道墜斯文八代亡，天生韓氏出中唐。宋元明又旁門啓，一髮千鈞久益彰。（《榆西僊館初稿》卷二十七）

【八冰詩張檢討船山以舊作五律邀賦七言】凍合河堅練一軍，嚴冬凜冽習彌勤。衝寒遊戲馳藤甲，背水酣嬉捲陣雲。可識兵家常事例，但嫻武庫舊儀文。層冰皓皓看無際，卒士飛揚要奏動。冰嬉。

揭跣而來不喚航，恰羅十八九居牀。澤堅用汝作舟楫，步拽隨人共頡頏。卧對三竿黄褉影，坐醒一覺黑甜鄉。刹那天上乘春水，凍解東風底事忙？冰牀。

夏頒秋刷歲相仍，窨築嚴冬要納冰。鑿出早傳二之日，藏來定亦三其凌。暑行北陸天心肅，深入坤維地氣凝。自譜豳詩圖畫後，宣陽寒井到今稱。冰窨。

焚膏新樣要冰籠，滿眼炎涼取次融。文史工夫長夜裏，寒天消息一燈中。囊螢宛似光非借，鑿壁無勞隙易通。從此琉璃嫌滯礙，直教照徹水晶宫。冰燈。

巧到天工詎有涯，纔飛六出又生葩。流澌暫結稀疏影，肖象如開頃刻花。春氣濛濛波底幻，風光暗暗凍邊加。色空空色皆禪理，比作優曇亦未差。冰花。

詩角韓門軼等儕，非郊誰識老叉懷？冬寒溜水隨條結，雪晛凝冰是處皆。成對垂來簷底挂，幾行分出砌前排？合教飯甕從他置，霧凇如何替玉釵？冰箸。

冰裏儵魚宛水中，空明一片玉玲瓏。遊鱗正合凝寒瀨，澤屬原殊語夏蟲。網具映將灘雪白，罟師叉共蠏燈紅。冰魚，以燈俟之。我非魚恰知魚樂，治若烹鮮擾亦同。冰鮮。

須知咬到菜根難，要共冰心禦歲寒。備歷風霜奇士骨，獨甘齏礪腐儒餐。斷齏自覺充盤便，茹蘗還同啓甕看。堅凍易消滋潤在，荒蔬滿野幾曾乾？冰齏。（《榆西僊館初稿》卷二十七）

【八詩題有未盡，又益二律】冰室藏凌是季冬，桶盛聊仿叚家蹤。禦温古已傳春鑑，逭暑今還到夏供。酷烈何堪三伏熱，清涼如聽五更鐘。相沿未改豳風舊，作作寒芒到處逢。冰桶。

夏果堆盤興儘豪，水晶酒琖泛松醪。寒冰正好沉朱李，露井先宜洗玉桃。何必臨洮堪服食，相期姑射

共翔翶。蘭枻桂棹餐霞客，剡雪同應問楚騷。冰果。（《榆西僊館初稿》卷二十七）

【蟬張侍御船山前輩同作，即次其韻】風棲露飽可憐生，只有螳螂心不平。多少工夫天地費，借君綏又與君聲。

喬樹微風韻自生，午牌直到夕陽平。縱非下第青山隱，總是酸吟哀怨聲。（《榆西僊館初稿》卷三十二）

徐步雲

【送張旂山之官武林】入洛才名動帝閽，畫橈旋指越江村。官爲南國神仙尉，人是西川宰相孫。雲路飛騰從變化，湖天觴詠正清温。景陽昆季皆名士，謂亥白孝廉、船山太史。列戟家聲子細論。（《爨餘詩鈔》卷二）

許宗彦

【題張太守船山問陶《詩草》】光芒煜爚騰户庭，靈風肅肅几上生。一編突兀《船山草》，使我夜半心魂驚。船山吾未識，船山論詩吾不憑。誦到船山佳絶處，廿年惆悵空聞名。一代詩才指可屈，黎黄孫洪皆傑出。筆底尋常迴萬牛，眼中往往無前哲，如君真足與之敵。丈夫磊落寫胸臆，那屑旁人説詩律。寶玉何須苦琢磨，明珠自是生圓潔。可中亭事亦足傳，暗鬥蛾眉意奇絶。可憐詩人就黄壤，花草三春氣紆鬱。萬里神光何處尋，要離冢畔團團月。太守客閶門，密蓄一妾，於其夫人遊武邱時，故使相遇，夫人弗覺也。太守紀以詩云：「秋菊春蘭不是萍，故教相遇可中亭。明修雲棧通秦蜀，暗畫峨眉門尹邢。梅子含酸都有味，倉庚療妒恐無靈。天孫冷被牽牛笑，已向銀河露小星。」（《鑑止水齋集》卷八）

陳用光

【張船山前輩得令弟壽門書，作詩云：「特書思蜀否，大義責萊衣。君擬此間樂，我愁何日歸。」蓋其時以乞假未能故也。愛其情詞婉摯，因用頷聯十字作詩十首，寄家中諸昆季，兼示內子及姪蘭祥】

午窗淡無事，掩卷日遂曛。離懷政多感，秋聲況復聞。小園茂水竹，鄉夢生幽雲。歲晚孰華予，盟心惟此君。

孰侍老親養，粲粲有門子。我非温太真，去家輒千里。悦親亦有道，軒冕詎足喜！北山誰解嘲，《移文》能自擬。

兩弟頗聰秀，四兒亦可喜。幼者習句讀，長者授經史。養蒙有聖功，俗儒寧辨此！朝來散帙罷，心逐秋風起。

登高一樽酒，坐看九日山。微雨城外來，不見雲中鬟。勝遊一攬結，夢落泉石間。塵慮無須浣，熱念天所慳。

人生無知己，雖貴亦不樂。西山昨避面，此謔亦殊惡。文章有内心，微尚知所託。豈有黃金籠，能拳青田鶴？

單棲生綺懷，乃得隨清娱。能燒心字香，不索十斛珠。朝來一攬鏡，笑問誰如吾？持此慰蘇蕙，迴文寄得無？

黄金擲虚牝，束錦供纏頭。雖縱杜牧懷，而非宋玉愁。國士有貧賤，美人無蹇修。此中覓知己，政爾難爲酬。

一别千里外，三年歸夢多。自君之出矣，卿懷良若何！恩義期永久，深情無蹉跎。莫信扊扅語，聽取蔽珮歌。

仲容負奇姿，讀書愛永日。如何秋風淚，又洒生花筆？前修渺莫攀，人事難於出。斟酌言行間，自得有真實。

坐石水一灣，倚檻山四圍。故園有佳處，鄉雲招我歸。秋風有成約，桐陰堪息機。來年蓮花渚，定浣緇塵衣。（《太乙舟詩集》卷一）

【自題瘦石圖有引】余行十四，故叶音字曰石士。其曰碩士者，先舅氏所以相勖也。祇類珉賤，敢云玉韞，渾璞爲期，素心斯在。昨以此意索人寫照，嫌其未合，旋棄去之。午窗無事，偶玩船山太史所贈畫扇，石一拳，梅數枝而已，忽悟曰：「此其我相也。即石即我，是何啻無人我相焉？」亟裝爲一軸，而題之曰《瘦石圖》。觀石士者，觀此石焉可爾。因自題長句一首，並乞太史題之。我非燕頷非鳶肩，畫史紛紛神莫傳。眼底忽墮石一拳，疑璞疑玉形塊然。玩之浹月廢食眠，一旦悟罷喜欲顛。此乃吾與吾周旋，其質雖頑性則堅，與我字協義益全。倘使恒幹可棄捐，貼身入紙爲延緣，漠漠者古悠悠天。氣核一結千千年，隨風隨露隨雲煙。星辰日月相新鮮，其樂何啻逾彭籛？胡爲六識相糾纏，如馬首絡牛鼻穿？匠石日日施雕鐫，造次不得迴星躔，支機誰復詢張騫？偶然静坐呼恕先，把扇熟視涕欲漣。有梅數枝芳且妍，霜葩雪骨相鈎連。石但癡立花笑嫣，花氣石氣清無邊。急裝古錦標蠻箋，拜君嘉惠梅花前。君餘事亦筆如椽，詩法畫法交相宣，遣興數語吾拳拳。倘能更惠詩一篇，譬生公法感幽元。豈獨頑石知參禪，定有花雨飄經筵。他時繪事吾能研，趙昌顧愷思兼焉。定當爲圖華頂蓮，坐君玉井十丈船。（《太乙舟詩集》卷三）

【贈張船山太史問陶】古人今人才一耳，恒幹代謝神不死。房太尉即永禪師，蔡中郎是張平子。東風年年吹開花，春色歲歲來無涯。銅梁奇氣落公手，遂令泚筆流雲霞。儋州老翁常州住，公友孫洪生長處。分得眉山八斗才，鼎立三家俱跋扈。洪都成都同一江，岷山廬山雄兩邦。拾遺不作山谷死，藏園健筆公能扛。異時曾作隨園客，清容淵如我俱識。題襟焚硯平生心，繡像鑄像情尤極。昨者車過趙州橋，石甃如輪扶衝飈。眼前有句不敢作，公詩壁上森瓊瑶。西江宗派誰人續，我意居仁殊碌碌。求友四海幾班荆，覓句十年徒仰屋。忽憶去秋梁苑行，傳來好句人皆驚。謂見君咏古數詩。我見決知是公作，世無袁蔣誰縱横？十載聞名不識面，紗籠露盥抄吟遍。一日長安挾刺投，無異洪君眼中見。結交願結清松枝，著録願録黄絹辭。后山一下文潛拜，主客雲龍千載期。（《太乙舟詩集》卷三）

【東坡生日，法梧門侍講過訪，因邀同楊蓉裳農部，張船山、吴山尊兩前輩，暨從子希祖、希曾小集太乙舟爲東坡壽。山尊未來，船山以所摹宋本東坡象見示，用光欲船山爲更摹一幅，並摹山谷像見惠，遂作長句一首乞之】梧門丈人昨書至，云於翌日來相訪。索居正苦意少悰，積雪揭喜晴始放。寒威稍斂薑芽舒，朝旭初升藻井漾。宿昔豪翰枉過從，此日招邀足吟唱。儋州老翁誕降辰，七百年來遥相望。懸弧慶尚沿人間，騎箕位自留天上。後人孰任傳衣責，我輩未肯當仁讓。禮神脯果設虚堂，留客虀盤供法釀。乍惜吴鈎軒未過，卻許楊憑手許抗。張融入門興更豪，素幀一幅持相向。云從北宋流傳本，摹得東坡真實相。長帽應傳椰子製，豐髭不襲畫史妄。憂國心勞面略癯，著書才大神猶王。百年文史盛風流，千載岷峨自鬱壯。珊綱敢誇小阮收，時希曾自蜀中學使初旋。蜀材早接詩壇將。即從繪事見襟懷，想得風神共蕭曠。暉暉凍日漸移階，艷艷寒花欲摇帳。深杯泛波乍卷白，宿爐升焰如濯絳。今年三雅快題襟，酒龍詩虎互跌宕。昔從叔庠拜山谷，猶記坳堂留淺漲。山尊以山谷生日作詩會，時夏雨未霽，水上留堂坳。海立初歌河伯驚，玉戲又賦天公晛。若教坡谷今猶生，定許宋人師郢匠。從來絶業貴專精，平生古處敦夙尚。各有鄉思記瓣香，肯辭粉墨爲依傍。絹素如從兩幅酬，濁酒猶能百壺餉。作詩聊記今日歡，緩頰更煩丈人行。（《太乙舟詩集》卷四）

【夜坐懷船山太史】浹月不相見，襟期誰與論？秋聲新意緒，書味舊精魂。天闊雲常静，庭空樹亦尊。遥知散帙者，深夜月侵門。（《太乙舟詩集》卷六）

【早過船山，歸後寫意】一見消煩慮，如何不命車？鶴情空處得，仙夢别來疎。催客天邊雨，論心枕後

書。張南與周北，會買近君廬。（《太乙舟詩集》卷六）

【喜晤張船山前輩】春江一棹放船來，仙吏三山撒手迴。磁枕已拋聊説夢，糟邱可築且銜杯。畫爲寫意高人筆，詩是登壇大將才。天遣遊踪補吴越，湖雲海月爲公開。

苔岑十載傍瀛洲，師友之間刺許投。樽酒燕雲成昨夢，芒鞵吴苑此扁舟。羨君已作抽帆計，愧我方添索米愁。談笑兩心相印處，吟懷早晚證盟鷗。（《太乙舟詩集》卷九）

【船山、玉松兩前輩同過太乙舟，船山爲畫蘭菊於便面，次蘭雪韻題詩並柬】只畫溪籐不畫紗，春枝秋葉帶風斜。能來細酌消閑酒，誰分狂吟得氣花？詩謝鉛華同入格，人隨天性各成家。孤芳信有岑苔契，願化雲根託水涯。

到門一樣岸巾紗，洗硯看成醉墨斜。妙悟拈來誰佛偈，塵緣消處幾唐花。畦荒籬老空千古，石瘦雲寒自一家。恰喜過從無熱客，各將冷淡作生涯。（《太乙舟詩集》卷九）

【題船山集】棧雲峽雨破空來，一卷蒼茫黯不開。奇氣欲掣碧鯨浪，深情且付紅螺杯。解齊物我何妨醉，能聽箴規轉是才。集中如「交緣筆墨情猶淺，聽到箴規意始真」，及「低頭謏我作名士，不如巽言策我爲君子」等句，尤爲用光所嘆服不置。誰信清狂嵇阮似，更饒名理句中該。（《太乙舟詩集》卷九）

【頃爲人題畫册，步船山韻誌感船山曾爲余畫梅花帳額】老我低回讀畫身，憐他紅雪已成塵。卅年帳額今猶在，難覓詩人賦莫春。（《太乙舟詩集》卷十二）

【鑑湖詩集跋】吴梅梁侍御以其族祖《鑑湖詩集》屬題，余讀數過，於鮑覺生侍講所作序之言，深有取焉。謂鑑湖之詩，足當其言，不媿也。余舉京兆，出陳春淑夫子門，夫子期許過厚，用光嘗呈少作一帙，夫子輒綴籤，校其字之誤，其循循善誘蓋如此。夫子歿十餘年，余嘗欲訪葺夫子遺詩，而未能。夫子平湖人也，鑑湖以贅壻家於平湖，今乃得侍御爲表章之，則余於師門，其爲媿寧有既乎？侍御今督學蜀中，蜀中詩人，近年以張船山太守爲最。船山詩格，與覺生殊途，然其才固不可及也。侍御校士，能得如船山之才而拔擢之，俾有所成立乎？能知船山、覺生之所以爲異，而無害於其爲同者，吾知蜀中之俊才，自是彬彬然出矣。（《太乙舟文集》卷六）

船山不耐追摹之煩，故作此解。其實集中可存之作，仍皆合於古人者也。船山不耐追摹，此詩絶似簡齋先生，蓋簡齋亦係不耐追摹者，俗語所謂狹路相逢也。蓉裳注。（上海圖書館藏稿本《船山詩稿·京朝集》卷中《冬夜飲酒偶然作》詩葉眉陳用光硃筆批語，小字爲楊芳燦墨筆注）

盧擇元

【送張旂山河軍問萊歸養遂寧】與君爲兄弟，三載居武林。文酒相過從，意氣日以深。豈無同心者，其利非斷金。今言別我去，歸卧東山岑。君馬方彭彭，我憂益欽欽。秋風解人意，日日吹愁霖。君家三青鸞，長養丹山穴。其二羽毛豐，其一翎翮鎩。豐者翔高岡，鎩者隱外秩。同抱流芳心，各負爲儀質。竊意宰相孫，繼起得三傑。如何遇順風，中道遽摧折！長公賦遊仙，仲子悲撤瑟。苦矣人琴痛，連年生在室。回首堂上花，春長方愛日。忍見掌中珠，羽化忽雙失！勉旃奉晨昏，所恃唯汝一。努力加餐飯，静學養生訣。更招揚馬徒，商確千秋筆。讀君《花萼集》，二陸難專美。誦君歸田詩，三張妙無比。依依孝子情，侃侃才臣理。舊澤斯勿墜，同輩孰能擬？求之眉山蘇，父子且畏葸。遥知《文苑傳》，他日記兄弟。送君有千言，留君無一策。坐使兩雲龍，遠被山河隔。我約拜魚鱗，君誓祝鴻翼。寸書不達意，聊且慰孤寂。宦轍或能至，此事天所職。惟期兩同心，壽考如金石。有日雙白頭，抗言談在昔。（《蘭韻山房詩鈔》卷下）

陳珄

【題張船山侍御畫】點綴山花襯岸容，心猿不繫亦機鋒。莫驚下筆聲俱繪，曾放輕舟歷萬重。（《賜錦堂詩鈔》卷二）

彭兆蓀

【去歲春中晤張船山太守問陶於吴門，見語云：「神交廿年矣」。比聞其殂謝，以二詩輓之】分明星月負衣裳，峨嶺仙人謫大荒。百態新詩珠欬唾，兩間清氣雪肝腸。窮逃酒國原無賴，病買花枝轉自妨。時新納姬。一曲當筵人一世，燭痕和淚共淋浪。

相門詞伯乍抽簪，萬里沙曾五馬臨。瘠郡轉添貧宦累，官錢難稱活人心。君守萊州，適值歉歲。救糍法賸安禪好，畫餅名勞榜道尋。此日絃歌慚赴節，可能遥賞蓋山音。（《小謨觴館詩續集》卷二）

丁履恒

【驛柳四首和張船山檢討】千條飛雪萬條霜，送盡征塵大道旁。是處流鶯催細雨，有人駐馬立斜陽。青旗遞轉春消息，紫塞難期路短長。回首鳳城寒食過，豈宜還問永豐坊？

謾應星辰説玉京，橋邊陌上亂縱横。絮飛狼籍隨溝水，騎放驕憨出禁城。緩帶風流空自好，登樓閨思亦堪驚。閲人多矣誰青眼，賸舞招腰管送迎。

短調新翻曲未終，數聲羌笛落梅中。玉關老去將軍樹，金埒迎來御史驄。何處營開思落日，每從衙散想薰風。漢南節物驚秋早，司馬悲懷訝許同。

少年曾控繡連乾，故里青蕪紫陌煙。倚馬春濃班掾筆，聞雞月落祖生鞭。漫添中婦流黄怨，可有仙人染緑緣？惆悵經年離别意，綰將歸夢到江邊。（《思賢閣詩集》卷三）

朱琦

【贈丹徒楊子堅文學鑄，即題《生公石上論詩圖》，圖爲感張船山太守問陶而作二首】突兀元龍百尺樓，詩篇到處姓名留。雅材世共知椽笛，羈跡人偏住釣舟。落落高僧聯結侶，茫茫大地欲埋愁。何時與坐松寥閣，夜聽江聲澒洞秋。

山塘韻事憶張顛，縹緲流雲忽上天。倚磴芳尊開白社，探囊彩筆接青蓮。胸羅萬古狂差敵，話證三生夢不圓。今日杖藜容我過，點頭應可問前緣。（《小萬卷齋詩續稿》卷十一）

李福

【題張船山侍御畫松鼠時侍御方歿】船山晚逃禪，筆墨弄神巧。幻作蒼鼠相，跳躑恣獪狡。古籐百丈懸，一足挂枯槁。翻身向空闊，慧眼覷天表。此去大自在，斷絕煙花繞。觀君寫此圖，厭被塵事攪。短夢五十年，霜鐘一聲早。仙昇委蟬蜕，雪静留鴻爪。嗟彼嚇腐鼠，昏昏不知曉。（《花嶼讀書堂詩鈔》卷六）

張禮

【張船山集中有《觀物》、《觀我》詩八首，戲效其體】金丹能煉寸心堅，一覺深山五百年。物外煙霞容我傲，世間忠孝看人傳。蠹魚有味頻餐字，鷄犬無心亦上天。朗月清風自閑散，任他呼作小遊仙。仙。

幽閑村落古山川，白愛溪光緑愛煙。半塢碧雲修竹裏，一犂紅雨落花邊。粗完兒輩婚婣債，早辦官家課税錢。我亦硯田饒半畝，筆耕墨耒自年年。農。

揶揄底事笑人忙，咫尺關頭墮渺茫。嗤汝黄泉終隔世，看他白晝又登塲。墜來朽索枯株畔，嘯向荒山古井傍。莫更酆都摹變相，吹燈無處覓行藏。鬼。

栩栩蘧蘧兩不分，亂紅深處宿氤氳。夢回莊子三更月，飛上麻姑五色裙。滿地梨花迷艷雪，漫天柳絮逐行雲。六朝金粉繁華地，芳草迷離幾夕曛。蝶。

墮地何曾累此身，靈臺一點認吾真。通眉枉自呼才子，落魄憑誰惜此人？深喜有懷慕風雅，獨慚無補答君親。大千世界中華地，老署頭銜作逸民。生。

黄金難買少年春，白髮頻看滿鏡新。種樹久蟠龍歲月，搴芝閑養鶴精神。眼前事易忘今日，心上書猶熟古人。祇覺羲皇是知己，晝眠時與北窻親。老。

牛鳴蟻鬥事如何，無念無生養太和。枕上吟成新句少，集中編滿古方多。三尸守我神常定，二豎憑他夢屢過。一炷名香數聲磬，祇須丈室學維摩。病。

肯作拖泥帶水行，半空擲下一囊輕。不因蟬蜕遺塵世，那得雞鳴入化城？自古茫茫皆有死，幾人了了悟無生？前程黑漆君休問，頂有靈光一點明。死。（《謙菴詩鈔》卷十一）

【前詩誤以龍作農，復作一首易之】春雷驚起蟄龍眠，三月桃花鼓浪鮮。六合興雲能致雨，一聲平地便登天。漫誇雷澤梭穿壁，曾見延平劍躍淵。自笑泥蟠猶屈蠖，不知燒尾自何年？（《謙菴詩鈔》卷

十一）

宋之睿

【跋張船山先生《寶雞題壁十八首》詩後】陳倉親見走軍書，報國無權賊未除。罵座灌夫辭太激，憂時賈誼哭非虛。胸横哀怨離家後，字挾光芒落筆初。赢得旗亭傳誦遍，紗籠滿壁累抄胥。欃槍下蜀起妖塵，目擊沙場暗愴神。時事紀來無隱筆，雄詞抛去總驚人。少陵巫峽詩多感，庾信《江南賦》絶倫。終爲才高折官爵，清班廿載尚沉淪。客中題壁墨痕鮮，慷慨悲歌意惘然。眼底早輕程不識，毫端直接李青蓮。生逢盛代詩無禍，價重雞林句遠傳。今日靈和看緑柳，依依猶自想當年。（《慷泉書屋詩稿》卷九）

【張船山先生詩，近已刻成，偶於友人處借觀，其卷中《排悶》有「未能免俗心情雜，無以爲家去住難」之句，予《乙亥除夕》亦有此二句，中微有一二字不同，喜其先得我心，蹲蹲欲舞。既念予與船山位望懸殊，人見予詩，必以爲剿襲來也，因將前詩抹去，作此解嘲】公詩先我吟，我詩後公作。前後不相謀，造句兩相若。公今已生天，詩名振蓬閣。人見我雷同，定自相嘲謔。謂拾餘唾來，剽美將名託。人既愛吟哦，各自有邱壑。依傍尚羞爲，安肯事剽剟？句既偶相同，詩亦幸非惡。此後倘推敲，不敢自菲薄。割愛一揮毫，連篇盡删卻。（《慷泉書屋詩稿》卷十一）

【書張船山先生詩集後】先生所著詩，無筆不超邁。境在人意中，句出人意外。盎然滋味長，有如餐沆瀣。玉壺比其清，并剪無此快。大雅得正聲，卻殊長吉怪。天馬行空中，不落時流派。遠有雞林求，近可長門賣。先生不再生，此筆誰堪代？我欲鑄黄金，日向騷壇拜。（《憹泉書屋詩稿》卷十六）

楊炳奎

【題張船山先生贈伊銘谷明府畫幀】縱毫畫樹如畫龍，夭矯不群狀心胸。臺省胡爲宦海國，徒令木天懷舊蹤。忠愛性生真抱負，陳倉題壁歷年久。共説詩標李杜名，那知畫掩倪黄手！爲瞻白傅楓橋傍，虎邱自渡時徜徉。生枯雙管寫秋色，枝柯屈鐵葉凌霜。斜陽半林煙水闊，怪石巉巉赭青抹。懸崖紅樹獨離奇，老態彌添生趣活。自言此筆頗入妙，吾年老矣韋偃少。盤根錯節貽後生，還是先生自寫照。君已珍藏四十載，精神團結仍不改。并徵古貌與古心，如見韓宣嘉樹在。獅山宰已换冰銜，畫出梅花筆不凡。昔日後生今老輩，相期年大寫松杉。題詩品畫不忘我，對此如侍春風坐。先生墨妙自堪傳，似勝畫水與畫火。慚余樗櫟留山隈，接壤時有郵筒來。披圖爲擬丹青意，老幹何妨藏異材？（《太緩生詩稿》）

邵葆祺

【醉後戲簡張亥白孝廉、船山太史兄弟】城南有二妙，高致足平生。遠客夢山水，一家詩弟兄。酒酣塵世忘，風軟雨聲清。不識煙霞癖，從來怕俗名。（《橋東詩草》卷五）

【途中憶張船山卻寄】單車東去一鞭遲，萬樹殘陽遡雁時。懷友每繙西晉傳，悲秋似讀晚唐詩。相看癖性俱耽冷，除卻狂吟百不宜。更羨張郎多慧福，潄金花下畫雙眉。君夫婦俱工繪事，夫人猶善畫桂云。（《橋東詩草》卷五）

【張船山自畫墨梅一枝見贈，口占奉謝並題】斜陽幾度悵回車，也是林逋處士家。今日天風吹鶴下，數行落葉一梅花。時並以《黃葉詩》二首見示。

高冷還從紙上題，空山何處雪低迷？拚余修過三生後，喚下堂來當逸妻。宋詩：「梅花當逸妻。」（《橋東詩草》卷五）

【黃葉二首和船山韻】消受西風薄倖名，露條已是可憐生。蒼然詩格看初變，紅到斜陽尚有情。故國霜前歸雁影，誰家燈外讀書聲？柳隄記染鵝黃小，潑眼仍看萬點明。

遮斷前峰五色霞，羨他整整復斜斜。曾經擡舉招威鳳，不道飄零逐暮鴉。素女有情教脱化，青陽無分悵年華。小窗槭槭昏黃月，又費盧仝七椀茶。（《橋東詩草》卷五）

【題賈太傅像金陵羅兩峰爲張船山作】服鳥公然解愛才，石床冰井有餘哀。當年絳灌紛如許，誰禁先生痛哭來？

羅公下筆招千鬼，兩峰善畫鬼。生面重開古漢臣。紙上猶聞長太息，黄頭風貌是何人？（《橋東詩草》卷五）

【題張船山檢討《扁舟》、《羸車》二集】闢開詩境入谽谺，白馬黄牛道路賒。任是鷓鴣留不得，萬山飛渡一船花。

江水浤浤緑酒缸，三峨替畫黛眉長。西來詩帶兵戈氣，卻豔簪花一兩行。是集皆夫人林韻徵女史手自評點也。右《扁舟集》。

到此無詩記水程，雙輪幻作怒濤聲。他年負弩臨邛去，先要尋舟陸地行。

漫言家具少於車，左對孺人右讀書。留得千秋詩料好，山靈曾笑蔣心餘。鉛山蔣士銓太史携婦登山，有句曰：「卻被山靈識細君」。船山與夫人同車，故戲及之。右《羸車集》。（《橋東詩草》卷五）

【生日書懷（其三）】樺燭耿深堂，嬌兒笑負床。鳥曾名意怠，花亦辨憂忘。有客高軒過，開簾酒甕香。夾朝編樂府，二妙記張王。是日張船山太史、王芷塘禮部過飲。（《橋東詩草》卷六）

【船山檢討人日飲某公家，醉後失足破額，作詩悔過，戲爲長歌解之】北風獵獵寒霾作，誰家簾幕燒紅燭？錦段貂褕四座賓，賀春不管詩情俗。酒人大笑戴頭來，滿堂賓客頭爭回。聯吟懶下尋常筆，浪飲須拚三百盃。昨宵應夢監其腦，玉山竟向酒泉倒。醉後多成落帽狂，跌來似學斑衣老。怪哉啄木頭敲鏗，擲地應同金石聲。七尺之身一尺面，笑君風骨何峥嶸！不知誰負入輕輿，車茵染透紅模糊。翩然忽墮倦如鳥，軟塵認作香氍毹。奚僮驚覓圉人訝，燭之乃在車輪下。仲孺宜逢丞相嗔，杜康甘受夫人罵。五更伏枕不勝羞，難愈頭風一檄投。徑欲袪除麴道士，更思引退醉鄉侯。折腰齲齒真奇絶，彈指聲聲飛出血。前身應住壽陽宫，故借梅花妝滿額。願君善保千金軀，爲君惜此好頭顱。吁嗟乎，叩頭乞榮面甘唾，不如日向糟邱臺下破！（《橋東詩草》卷六）

【二月初五日船山生女，作歌賀之】人生快意多難致，不獨神仙與富貴。試看張郎望子心，欲寢之牀偏寢地。傳來莫問雄與雌，啼聲疑是麒麟兒。阿母預裁錦繡段，阿耶早寫弄璋詩。擲詩悵惘俄成笑，他年定卜門楣耀。劉裕一喝未成盧，鄭鮮亦爲繞床叫。恰喜香綳繡得成，無多日是百花生。試聽花下雛鶯囀，也似雲中老鳳清。君不見，袴褶靴刀誇作健，蹣跚那及雙行纏？進士多傳不櫛名，侍中半屬紅妝面。娘御史，女尚書。蕭娘及吕姥，神情非丈夫。舉止羞澀爲婢，叩頭乞憐爲奴。咄嗟令公諸子皆是奴材耳，不若陶公所云有女慰情差勝無。向公歌，令公喜，自古詩人之後必有才女子。左家紈素偕蕙芳，青蓮有句寄平陽。杜陵嬌女學母施新妝，白氏金鑾能摹紫石書瑶章。在天爲雌霓，在地爲婿鄉。他年有弟應輪姊，此日非男恰伴娘。張郎張郎何爲心不快，擊之不中無妨再。疊紙重賡弄瓦詞，换酒且開湯餅會。我有讕言非好怪，諸天許我將身賣，但願生生常現女郎身世界。（《橋東詩草》卷六）

【三月二十一日，張柳門太史招同吴寄廬、孫少迂、徐心田、陳肖生小集飛鴻延年之室，率成二律】餓瘦斜陽柳半腰，一春無雨夢蕭蕭。看人身作東西燕，耐我愁如上下潮。悟到天心詩亦幻，除將俗物鬼能招。風流誰似張平子，卻爲鯫生典漢貂。

相逢落落氣縱横，澹語狂呼見性情。四角天垂雲影重，半簾花送午風輕。主賓醉後都忘死，筆墨奇來竟寫生。時觀肖生作畫。抱卷出門向空笑，酒星一簇望中明。（《橋東詩草》卷六）

【張船山爲予畫扇，並寫《論詩絶句十二首》相贈，作此奉答】漫掣長鯨踏巨鼇，箇中元箸自超超。憑君乞與丹青筆，一樣功夫愛白描。（《橋東詩草》卷六）

【船山太史家夜有偷兒入旁舍，取壁上山水障子數幅而去，作歌嘲之】尋芳莫問閑園花，作賊莫到閑官家。閑園花老少人過，閑官冷落無奇貨。盗裘之客翩然來，妙手仿佛空空兒。不識金銀竊圖畫，咄咄銀盃成羽化。是時月黑花茫茫，直開東閣窺中堂。主人鼾睡客乾笑，笑君四壁無千箱。人皆愛泉布，爾能重毫素，圓幀不倩紗籠護。豈有神龍破壁飛，公然夜半持山去。君不見，八百斛胡椒，千百萬紫標。銅山可以挾而超，寶玉可以竊而逃。吁嗟乎，書畫之家饒不得，此人真是難當賊！

（《橋東詩草》卷六）

【張船山太史同夫人林韻徵女史合寫一扇，畫蘭一枝，船山爲補拳石於上見貽，賦詩志謝】生花妙筆浣花牋，閨閣而今有鄭虔。比似仙郎更清絶，瘦蘭斜吐一枝煙。

寫韻軒中黛墨新，雙仙有意住紅塵。從今摇扇看花鬬，我是劉綱傳裏人。（《橋東詩草》卷六）

【秋日招張船山詣都一處飲酒】銀河夜洗長空潔，酒旗拂拂翻雲出。酒人此際不勝秋，招要同作城南遊。城南酒肆紛無數，遥指長安第一處。上客如逢衛巨山，老傭似喚丁都護。琉璃光合真珠圓，玫瑰露滴薔薇鮮。携來杜甫錢三百，壓倒新豐斗十千。君不見，千步廊前萬人走，車如游龍馬如狗。馬聲蹀躞人聲遥，塵沙不入酒徒口。張郎醉後興狂逸，舉杯徑向乞兒揖。我醉只求甕底眠，不知倒載羸車還。月茫茫，花冥冥，天風吹人人亦醒。卷幃更共山妻飲，秋蟲滿地燈花冷。（《橋東詩草》卷六）

【錢硯歌并序】遂寧張船山贈予錢硯，形圜質潤，中凹，上刻「申」字，下刻一猴，情狀逼肖。蓋船山以申年生，且生時有夢猿之異，自疑是老猿化身，戲製此硯，嘻！誕矣。予素不能書，捉筆即如塗，塗附船山，將欲教猱升木乎？然大錢有贈，而狙公多愚，第恐朝三暮四，守硯不如守錢也。乃爲之歌，而誌之曰：猿公雖通臂，不能成一字。鑄入大錢中，錢神爲之避。一片石，五銖錢。其肉倍好周四邊，上銘申字方如田。下鐫猿一箇，神情抖擻疑飛仙。贈我者誰，東川張老船。人多稱太史爲「老船」，亦猶楊廉夫之稱「老鐵」也。歲在攝提格，是爲乾隆五十有九年。拜而受之，焚香告天。香姜瓦，紹泰甎。人磨煞，墨磨穿。研兮研兮，置汝於前。如與我友，天長地久日日相周旋。（《橋東詩草》卷六）

【夏日移樽就張亥白問安、船山問陶、飲杜問彤昆仲飲於夜思早作之齋，即席分韻得花字】自笑顢頇緣底事，懶吟空負一春花。喜逢舊雨皆詩侣，肯放深杯到日斜。結習要除才士氣，狂夫多趁酒人家。請看世上浮雲幻，失馬亡羊亦可嗟。（《橋東詩草》卷七）

【鍼線貼詩和船山作孟郊詩：「啓貼理針線，匪獨學裁縫。」即今之針線本也】漸覺秋聲入畫簾，自繙繡譜手纖纖。風光細膩誰能寫，氣味清寒卻不嫌。古佛也曾留梵夾，才人偏喜賦香奩。女紅餘志分明在，又把閨房韻事添。

羅幃初捲卸頭忙，開卷剛宜鏡匣傍。撿出花枝仍熨貼，分來綵綫費商量。驚他塞外寒衣晚，伴我燈前夜讀長。筆好畫眉詩織錦，一般風趣女兒箱。（《橋東詩草》卷七）

【秋夜同船山小集香甫齋中，即席分韻得栗字】斜月破煙暝，乘醉到君室。感君多酌我，圓槃飣新栗。鐙寒人影清，酒盡肝膽出。縱談忘夜漏，分題變詩律。笑我氣粗豪，悲秋意蕭瑟。耽吟苦未工，好酒恐多失。人笑灌將軍，我罵程不識。自謂狂非狂，狂名乃相及。知君閱歷多，舊事聽君說。一首《鳳齡詞》，令我柔腸絶。鳳齡事見《隨園詩話》，香甫幼時嘗見其人。惋彼紅蘭花，生生被霜折。凄然二十年，魂走罡風黑。妬婦氣猶生，美人仇未雪。我欲揕其胸，惜哉無劍術！從來絶代姿，亦似才人筆。相忌不相憐，名場例如一。我輩締交情，如以膠投漆。快友兩三人，高歌千萬日。煙霞氣味同，文字因緣結。何用避狂名，眼前多俗物。（《橋東詩草》卷七）

【騉駼馬圖歌爲船山太史作】古人畫馬窮殊態，馬有枝蹄誠足怪。不熟元公《尒疋》篇，那知世有騉駼在？畫師畫肉兼畫神，宋元筆妙追唐人。蹄高臆闊雄姿竦，屹立如山不可動。白帽蠻奴結束奇，訝渠亦是騉駼種。君不見，七尺爲騋兮八尺龍，倨牙爲駮兮有力駥。房星墮紙上，萬古光熊熊，遂令世間凡馬爲之空。漆城蕩蕩不能上，一躍橫過數千丈。矯然直欲飛上天，下視驊騮騄駬局促皆堪憐。乃知畫工極意爲添足，如使萬里之才飛食肉。瑰奇不讓犀三角，神異還同人四目。漢舍人，居犍爲，考訂群馬非傳疑。今之畫圖乃宛合，可惜茫茫燕市無人知。張公馬癖如支遁，常拈禿筆抒情性。能畫方知畫手難，顧兹能不誇神駿？我昔鳴鞭塞上過，十年壯志未消磨。試將曹霸《丹青引》，更譜天山《勅勒歌》。（《橋東詩草》卷七）

【題張亥白《渡海圖》】我亦有志欲觀海，蓬萊恍惚停橈待。萬頃波濤一葉舟，此中大有奇人在。忽從人海披斯圖，頓覺煙雲世上無。危檣歷歷矗空際，連波欲動天模糊。鷓鴣喚起扁舟夢，直挂雲帆天外送。揮毫可似木元虚，放歌應類蘇和仲。海中白浪高崔嵬，回首江鄉灩澦堆。船從蔚葎嶺邊轉，人到芙蓉山下來。生綃潑盡三升墨，携向城中看不得。君不見，十丈紅塵九陌車，飛騰能使青山黑。洪濤氣與晴沙逼，天吴紫鳳無顔色。真宰公然上訴天，只恐元氣淋漓化無迹。吁嗟乎，當今四海一子由，我亦狂吟如少游。安得同持佛面杖，與君海上尋羅浮。（《橋東詩草》卷七）

【以紫霞杯贈船山，系之以詩】紫霞鑄作雲罍小，卻似東坡藥玉船。醉後試將奇氣吐，定爲麗采亘長天。（《橋東詩草》卷七）

【題張亥白《紅蕉花館雜録》後】蜀山不信奇如此，又覺東坡有替人。一卷《志林》誇博雅，幾年京邸感沈淪。詩才搜盡還留品，妙論傳來總入神。更著朝鮮風俗補，海天照耀錦囊新。卷中載高麗國事頗詳。（《橋東詩草》卷七）

【述懷呈亥白孝廉、柳門太史昆仲文端相國元孫】居然相應有同聲，只恐前生是弟兄。閲世幾人稱快友，因君使我得狂名。胸無肝膽才難聚，交到文章味更清。何況纏綿經五世，較他孔李倍多情。先高祖乙卯鄉闈出文端公門下，先祖與太翁辛酉同榜，三兄與太史昆仲鄉會同年。太史戊申鄉試出王正亭門下，王乃先君辛卯門生也。

孤寒氣韻性靈詩，各有凌雲筆一枝。奇絶屢逢新婦笑，狂來不顧俗儒知。自憐嘔血非長吉，轉累分頭説項斯。他日大峨山下去，可能容我夢相隨？（《橋東詩草》卷七）

【暮秋感興，即呈張亥白孝廉，時將歸蜀】漸覺顢頇百不成，唾壺敲碎有餘聲。祇疑秋氣添兵氣，卻恐詩名掩酒名。失馬亡羊惆悵事，看雲步月別離情。家母、弟妹皆在三兄滋陽署内，且將南行。故人掉首東川去，驕我能爲萬里行。（《橋東詩草》卷八）

【十月二十三日始雪，招張船山同過洪稚存寓圃，雪中飲酒，醉後作歌】一夜同雲催雪墮，一天飛雪穿雲破。乍覺推衾曉夢寒，忽驚照眼梅花大。此時冥飲太無聊，酒伴無妨折簡招。誰家亭子高宜雪，忽望橋西清興發。驅車古巷路盤斜，叩扉驚墮林間鴉。亭前老樹尤清矯，可惜虬枝擎雪少。良醖須教遠市沽，瓊花莫遣奚僮埽。酒人笑披鶴氅來，自言獨上孤亭回。船山詣陶然亭，獨飲方歸。三人露坐廣庭悄，頗似納涼同藉青莓苔。杯埋雪裏作牛飲，雪入詩腸詩亦冷。卧雪人高咽雪清，何似醉中游戲非沽名！燈光上燭彤雲暖，影落筵前白玉琖。舉琖還呼天上人，何不使一冬之雪常壓街頭塵，令我日向此中酣吐如車茵？又願萬里寒光莫向鐵衣照，郢歌處處回陽春。洪厓酒半氣忽怒，鬚眉磔張肝膽露，何事干卿話不住？張顛沈飲無朝昏，雪中長跽如乞恩，摳衣蹴碎梨花痕。我獨軒眉笑無語，光摇銀海風前絮。不用籠燈借冷輝，夜深送我橋東去。盧玉川，李青蓮，詩魂今夜與我相周旋。來朝雪霽忍高眠，更向西家乞酒錢。（《橋東詩草》卷八）

【論交一首簡船山】快諭無端著孝標，淡然那用漆投膠？詩朋不爲名心締，酒伴從他俗口嘲。吴季生前曾有意，灌夫死後未相抛。向來齒冷惟餘耳，何事誇人刎頸交？（《橋東詩草》卷八）

【寒夜同王伯雨、彭田橋、張船山飲酒，分韻賦物得罏字】風雪漫天樹影枯，試燒榾柮共圍罏。下帷未肯因人熱，煨芋何妨似佛癯？烈燄要防垂滅際，冷灰可許復然無？莫將閟字閑書遍，正好留髭倒玉壺。（《橋東詩草》卷八）

【送張船山太史歸蜀時聞訃】愁來真覺天難問，何苦銷磨血性人！已遣詩窮寒到骨，更禁哀毁淚沾巾。關河迢遞孤兒夢，雨雪羈遲異地身。我亦十年風木恨，向君慰藉倍酸辛。高歌恰許兩心同，蹤跡迴環舊雨中。爲汝曾將黄祖駡，幾人真諒阮生窮？故鄉此去情尤苦，快友將離氣不雄。聞道西川戎馬急，麻衣珍重萬山風。（《橋東詩草》卷九）

【船山將歸蜀，因秦警不果行，作此慰之，並呈送行諸公戴東珊、趙味辛、汪劍潭、伊墨卿、彭田橋、郎蕆溪、方茶山、譚子受、金溪、吴玉厵、查蘭圃、熊夢庵、小山】《驪駒》聲裏乍迴環，不許單車指萬山。歸夢連宵依蜀棧，亂雲幾處塞秦關。枉煩名士侵晨送，卻念高堂計日還。遠道兵戈知未了，爲君惆悵夕陽間。（《橋東詩草》卷九）

【秋夜寄懷張船山太史】冷燭無光秋雨急，空廊落葉打窗溼，此時送君出都邑。平沙西走千里黄，雁聲墮地天茫茫，此時知君過太行。秦關百二重，重重雲影亂。一騎草中來，時防奇鬼瞰。蜀山萬點氣空蒼，戰血殘陽紅一半。到家拭目驚復悲，鄰人聚看爭嗟咨。干戈影裏孤兒瘦，涕淚聲中杜宇知。

上堂拜母神凄楚，兄弟相看無一語。昏夜長號風木聲，嘔血數升阮步兵。回思五載相徵逐，馬稍清談意超卓。天下幾人學杜甫，世人不識東方朔。詩成君急報吾聞，點竄吾詩總待君。要憑肝膽論文字，各向騷壇張一軍。低徊應剩京華夢，清羸漫作窮途慟。今日詞場放膽人，争憐失卻丹山鳳。把君詩，憶君顔。舉杯向空問明月，不知清光此際可照峨眉山？峨眉山高不可望，君家如在青天上。俯視塵寰太可憐，煙霞暫住應無恙。君不見，儂家小兒心孔開，有時索畫尚欲呼公來。待來竟不來，霜逕埋幽苔。淚亦爲君墮，心亦爲君哀。（《橋東詩草》卷九）

【三月中旬喜船山太史來自川中，兼誦近稿有贈】不識蠶叢路，相思夢亦難。人驚千里至，書憶隔年看。詩卷疑尸氣，危言稱史官。舉杯向君酌，夜雨草堂寒。

涕淚相如檄，風霜杜甫詩。關河猶轉戰，身世漫支離。歸夢三刀遠，雄心一劍知。祇應偕鄭谷，剪燭話來時。時寓熊介兹比部家。（《橋東詩草》卷十）

【題張船山《青棠客舍圖》，即次原韻】蹤跡雲龍詎有涯，又從古巷認君家。仍如作客來京雒，未敢逢人説漢巴。兵甲氣濃詩境險，房帷影好畫情賒。堦前誰種宜男草，天遣消愁尚此花。（《橋東詩草》卷十）

【題張船山《奇零詩草》後】驛壁題殘墨萬行，《奇零》小卷思蒼涼。客心似水渾無競，詩筆如刀卻善藏。故國有書傳白雁，斜陽無語對青棠。知君别具牢騷意，擺落名場説戰場。（《橋東詩草》卷十）

【秋花四首和船山韻】冷眼西風莫問花，瘦枝零落幾人家？難憑垂暮遮霜影，賸有敲詩度歲華。壞檻紅留香一角，寒溪碧繞恨無涯。金閨未識秋容老，猶自濃梳兩鬢鴉。

休倩芳菲解鬱陶，詩無秋氣不能高。香銷也似名心死，夢懶空憐醉態豪。一笛斜陽增闇淡，半林疏葉助蕭騷。誰從閑冷編花史，點筆還應讓我曹。

鞭絲寥落杏園荒，曾界朱闌寫研光。零露誰憐萎綺砌，尋春我憶扣沙棠。菊因氣傲偏宜晚，蘭已心枯尚忌芳。手把金錢買秋色，惜花人轉幾迴腸！

蜀鵑嗁罷萬枝紅，幾許殘莖耐曉風。步障自饒金谷富，剪羅難補畫堂空。有情淡月仍斜影，無語蒼山似老翁。宋玉悲秋漫顑頷，回春祇可仗天工。（《橋東詩草》卷十）

【十月二十三日招船山、淇谿小集睡魚軒，即席分賦豔體詩四首】繡幄輕颸翠閣虛，拈花人是女相如。神疑入夢雲飛後，佛替傳名月上初。維摩有女名月上。欲畫春衫憐百蝶，待鐫紅玉憶雙魚。心情夫壻猶難解，自剔金鐙勘道書。

竟以專房掩下陳，雜花天放一時春。因工嫵媚威能假，不解風華妒始真。宮內頭銜袁學士大捨，人間涕淚孟才人。憑誰喚起紅窗夢，蠟炬無灰斗帳塵。

蘼蕪老去萬蜂狂，徑采餘紅上畫梁。雨後飛香原是劫，花中作鬧不成王。沈吟枉自煩眉史，捉搦誰能仗膽娘？簾幙愔愔閨閫泣，已闌春事費商量。

漸指遥天散綵雲，淚花浮動碧苔紋。曾窺半面應憐我，未結同心倍感君。幾夜罡風吹月暗，十洲仙路悵星分。冬郎別有含愁思，鳳脛凝香手自熏。（《橋東詩草》卷十）

【甲寅長至，船山寫墨梅一枝作消寒圖見贈，始填以脂，逾年復以黃色填之，今冬復加以綠色，戲題一

絶】紅妝半面額黃遮，仙品終推萼緑華。綵筆年年青鬢改，三生修到一枝花。（《橋東詩草》卷十）

【臘月六日大雪，招張船山太史、趙味辛舍人，方茶山、戴金溪兩比部，戴東山、顔麗堂、郎洪溪三同年小集橋東書屋，即席分題咏雪窗】砌雪積如許，小窗寒意侵。淡疑殘月在，紅愛一鐙深。刀尺閑中影，蒲團定後心。似聞聲細碎，紙閣正微吟。

寒倚帽簷斜，敲冰自煮茶。眼前仍故紙，世外任空花。塞向農家屋，迴帆釣客槎。誰憐氈幙底，戰血冷蟲沙。（《橋東詩草》卷十）

【二十九日，方茶山招同戴東山、金溪、趙味辛、伊墨卿、張船山小集薖園，分題賈島《祭詩圖》】一卷煙雲認有無，千年猶擬《祭詩圖》。試拈綵筆神偏王，不鑄黃金貌自殊。佛性仙才人髣髴，墨光鐙影夜糢糊。方干醉後仍三拜，欲起吟魂向酒徒。（《橋東詩草》卷十）

【十月初八日，家母六十壽辰，諸君子賦詩爲祝，敬紀一章作詩者十一人，趙味辛、汪劍潭、李墨莊、方茶山、戴金溪、東山、張子白、船山、熊介兹、吴山尊、袁蘭村】年來慈竹頌平安，春酒融融此日歡。梅信始占花甲遠，雲痕長護草堂寒。屢聞慎獄頻加飯，卻喜耽吟勝得官。多謝詩人争上壽，不徒家慶影團欒。（《橋東詩草》卷十一）

【臘月二十九日大雪入直，戲祭詩於典籍廳】枯吟不得意，驅車笑何事。無端春色逐人來，攔街萬樹梨花開。衝寒襆被依清禁，寂寂閑廳方鎖印。鳥雀聲喑胥吏歸，文書堆案高於寸。一年祗一日，一日祗一詩。年年祭詩憶何處，空齋舊雨悲卷葹。稚存齋名。謫去洪厓望天表，張衡不樂亦潦倒。船山。

獨把屠蘇一盞澆，短檠自剪寒燈小。殘詩檢點百首餘，半皆咄咄空中書。獺祭幸未解，或免嘲蟫魚。宮漏迢迢筆花冷，不知詩魂今夜將何如？司命神，杖藜叟，空際啞然開笑口。爲語狂生歌莫狂，百年身世同芻狗。君不見，窗外雪花大如席，來朝風捲無何有，飄忽之名真在否？吁嗟乎，莫問浮名真在否，瞢騰且醉官廚酒。他日誰爲鳳閣祭詩人，應記取今宵二十九。鳳閣仙班，典籍廳中題額也，相傳爲明嚴介溪書。（《橋東詩草》卷十一）

【題船山《雪中狂飲圖》庚戌年同洪稚存飲酒作】過眼風花易十年，酒人往事各纏綿。荒沙争憶長流客，古雪曾埋兩謫仙。同日聲華香案侶，暫時游戲凍雲天。醉鄉賸有張顛在，此際披圖倍惘然。（《橋東詩草》卷十二）

【題張壽門問萊《湖山宦興圖》，即送其分發浙江船山季弟也，試用主簿】指點風櫺水面亭，一船花影數峰青。君家兄弟詩名好，卻讓湖山養性靈。

行程小駐認江湄，載酒先過短簿祠。莫道粗官無韻士，千秋温李盡傳詩。

棧雲莽莽接秦關，海外長鯨去亦難。兩地烽煙如浄埽，願君安穩夢家山。

耐我頻年踏軟紅，煙霞回首意何窮！化身不若圖中隸，持繖相隨入剡中。（《橋東詩草》卷十二）

【聞張亥白孝廉自遂寧奉母移居成都，作此寄懷，時賊初渡嘉陵江，擾及遂寧東岸】竟掣防江鐵鏁開，黑山風雨渡江來。久驚雲棧横戈數，忽訝春城暮角哀。人少復殘寧是劫，兵奇猶險況無才！鄭公去後誰持節，空報軍符日夕催。

苦憶詩人住錦城，飄零杜老自吞聲。高堂有母宜加飯，故里無家恐被兵。盡室何妨來聞道，遠山幾處避連營。天涯各瘦憐君弟，偶話巴渝百感生。（《橋東詩草》卷十二）

【驛柳二首和船山韻】煙絲猶映暮山晴，樹外偏傳戍鼓迎。一騎塵飛荒驛路，萬枝風擁戰場聲。客來遠道休橫笛，人指斜陽欲下城。寄語昏鴉棲莫穩，關河到處是連營。

離情繚繞尚春衣，賸有天涯緑幾圍？絮影懶隨官馬去，鶯聲甘送酒人歸。壞橋路滑柔波捲，古堞旗殷細雨飛。記否數行茅店外，五更殘夢最依依。（《橋東詩草》卷十二）

【再詠驛柳二首和老船韻】瘦影毿毿似漢陽，可能到此不思鄉。半生風雪千夫淚，一簇旌麾萬縷霜。宛轉歌難留客舍，蕭騷人易感名場。江潭摇落鞭絲遠，又拂凉雲雁幾行。

乍吹蘆管向邊州，短堠長亭處處愁。似此將軍曾倚樹，看人夫壻儘封侯。誰傳篳篥詩能和，只恐攀條涕欲流。幾度西來征戍客，灞陵橋外不禁秋。（《橋東詩草》卷十二）

【觀我四首同船山作】世網無端累此身，回頭何處認前塵？偶然墮地誇英物，幾許生天證夙因。寂寞靈均感初度，凄凉桑户歎猶人。金仙下視渾遊戲，踏破河車笑一巡。生。

曾見榑桑照海紅，幾多愁緒夕陽中。名心到此仍難滅，世態於今倘未工。遭際偶推黄髮老，頹唐猶羨黑頭公。青娥枉奏開元曲，舊譜當年調不同。老。

落葉迎風草拒霜，摧殘何計託巫陽？衹嫌身在無逃處，尚望人傳不死方。氣盡功名留疏稿，情深兒女繞匡床。枕刀也下英雄淚，卧對金天泣數行。病。

漏盡鐘鳴太可憐，行屍幾輩向重泉？曹蜍久已無生氣，賈誼空教損少年。陌上簪裾青史夢，雨中邱壠白楊天。鼓琴編曲君休訝，早爲傷心未死前。死。（《橋東詩草》卷十四）

【冬夜邀言皋雲太守、朱滄湄農部、張船山吏部、戴金溪比部小集橋東書屋】不道煙霞侶，仍同苜蓿盤。風波撼廉吏，星象聚郎官。舊夢尋猶在，名流會已難。牆頭故人字，被酒幾回看。年來彭田橋、洪稚存、尤二娱，具先後下世矣。（《橋東詩草》卷二十一）

【送張船山太守之官萊州】一麾仍許住蓬萊，海日曈曨曉霧開。兩漢功名推太守，三山管領仗奇才。新吟欲叱金鼇聽，舊夢曾騎竹馬來。見説仁風經四世，豐碑幾處剔荒苔。君生於館陶縣署，留別詩云：「一門四世宦山東。」

交聯孔李最纏綿，秋雨離亭各黯然。琴鶴蕭疏向東海，板輿安穩迓西川。太夫人在蜀。醉鄉賸我搜詩境，冷宦思君饋俸錢。若見友于煩寄語，高堂貧病是衰年。時三兄攝府事。（《橋東詩草》卷二十二）

【望船山書不至戲占】別語纏綿夢欲真，海天東望意逡巡。弟兄厚禄書猶少，卻爲豬肝念故人。（《橋東詩草》卷二十二）

【聞張船山太守引疾去官，作此奉懷，即簡熊介兹觀察】黄堂草草賦歸歟，猶記離觴醉别初。宦局關心春夢短，詩人叉手吏才疏。枉求一片韓陵石，不寄數行京雒書。我是窮交最相憶，憑君問訊近何如？介兹時爲兖沂曹觀察。（《橋東詩草》卷二十四）

英和

【疊衷白先生韻贈張舡山前輩】兩代知交契已深，上世有交。戊申北闈，前輩出先公門下。棘闈攜手又同臨。畫眉争羡張京兆，傲骨誰憐李翰林？佳句换鰲原惝恍，蘇詩有「以詩换鰲」之句，監臨莫青友少空曾向前輩索詩，終未踐惠鰲之約。比鄰乞酒且酣沉。驪龍頷下珠餘幾，可慰先生望蜀心。（《恩福堂詩鈔》卷四）

【張船山前輩出守萊州，詩以送之】廿年隱於酒，無事且銜盃。人共推詩老，余知有吏才。此行見施措，小試近蓬萊。倘得絃歌暇，吟箋爲寄來。（《恩福堂詩鈔》卷九）

王麟生

【九月十九日，偕張船山太史訪徐大壽徵，留飲賦贈】多君隨意住京華，仿佛山林處士家。三徑夕陽人對酒，一籬秋色菊初花。風懷北海差同調，香瓣南豐謹拜嘉。此後莫嫌來往熱，比鄰張藉許同車。

【蓮花寺訪友和張船山太史韻】古寺秋光净，來遊興正酣。新寒宜薄醉，小坐愛清談。疎磬沉高閣，青燈淡一龕。出門天已暮，明月伴歸驂。

【乙卯閏花朝，張船山太史約遊陶然亭，遇雪不果，集有正味齋，分韻得曾字】今歲花朝節又仍，春光滿擬二分增。尋芳好約天偏阻，拈韻高齋興且乘。書幌白含千樹雪，酒波紅簇一窻燈。可堪佳會思前度，軟翠繁香記已曾。

【清明日偕查蘭圃比部昆仲、張船山太史、徐石溪孝廉攜酒遊釣魚臺】他鄉容易又清明，挈榼提壺且出城。同伴五人如蝶聚，芳郊十里踏莎行。冥濛柳色含朝霧，淡泊桃花作午晴。恰有江南風景在，賣餳簫學早鶯聲。

今年雨足草初勻，且喜平堤絕點塵。曠野夕陽霏滿樹，高臺春色淡於人。山光照檻留殘雪，波影含風轉細蘋。擬賦新詩酬雅集，歸韉卻累苦吟身。

醉餘把袂問東風，各有閑愁未擬同。春比少年還迅速，人如流水易西東。暫憑走馬尋遺翠，偶借簪花唱小紅。他日故園懷舊友，定因泥爪望飛鴻。

苦憶江南是此朝，杏花楊柳總魂銷。春潮畫舫尋桃渡，淺草斜陽認板橋。蝶影舞成金縷袖，鳥聲吹作玉樓簫。鄉心如夢渾難忘，都藉樽前一醉消。

【正月二十七日，船山太史留飲，同人分韻得菴字】春冷梅枝瘦，泥新草意酣。琴樽依硯北，花柳憶江南。浪跡因萍水，高懷寄笑談。人間好風味，同向醉中參。

綠酒香山舍，春燈老學菴。窗虛人坐六，院小徑開三。險韻搜詩苦，新蔬入饌甘。夜深猶勸酌，街鼓促歸驂。

【丁巳正月九日，施北山參軍小集聽雨軒，有懷吴縠人先生、張船山太史、邵嶼春進士】金燈緑酒影婆娑，佳節重思安樂窩。戈舞魯陽嗟蟻磨，星聯史柱祝雞窠。去年今日，家大伯父赴千叟宴罷，同人集於京師寓齋，以「壽星見於丙方」分韻。寒窓爐火春心淺，明月梅花别夢多。妙有嘉賓能遣興，當筵歡笑定如何！（以上王友亮《雙佩齋詩集》後附王麟生《補梅書屋詩草》）

陳文述

【雨夜讀雲間姚春木公子椿《萬里集》，並題張船山太史《寶雞驛題壁詩》後】萬卷之書吾未讀，萬里之路亦未行。一燈兀兀坐秋雨，吟詩都作寒蟲聲。何來一卷浣花紙，彷彿開天舊詩史。蜀道秦關尺幅中，萬里之行始於此。騷壇旗鼓真英雄，雲間才子姚武功。白雲在天親舍遠，短衣匹馬來軍中。赤眉青犢頻年擾，節度行師環幾道。形勝江山此地多，戎馬書生古來少。清夜琅嬛酒一觴，白蓮花謝話天狼。金戈鐵馬悲《諸將》，白骨青燐弔《國殤》。戍壘蕭條陣雲黑，知君悲憤填胸臆。别有花明雪豔辭，旗亭傳唱弓衣織。繹絡星霜事遠征，男兒此際重功名。錦江滌筆勞飛檄，誰挽天河洗甲兵？劍南太史今詞伯，更讀新詩《寶雞驛》。一樣蒼茫萬古心，雨聲漸止東方白。（《頤道堂詩選》卷二）

【張船山太史問陶】應是中原獨角麟，毫端奇氣出輪囷。天教西蜀生才子，我向東華識酒人。《主客圖》中别涇渭，《英雄記》裏感沉淪。錦江玉壘家山夢，秋雨何年洗戰塵？（《頤道堂詩選》卷四《都門

五君詩》，其五）

【和張船山太史問陶《寶雞驛題壁詩十八首》用原韻】蜀棧秦關久太平，羽書飛鳥決雲輕。穴潛青犢妖氛起，峽束黄牛駭浪生。壯士隴頭争保砦，將軍霸上久連營。偶因驛壁傳鈔句，諸將論功憶此行。

孫武兵鈴膽氣粗，又看銅虎下軍符。早聞新息膺殊賞，見説當陽本宿儒。節相官階當代重，書生遭際古來無。如何鳳嶺登高日，將未成功骨已枯！

軍需屢耗水衡錢，鐃吹歌聲尚杳然。笛裏荆榛千帳月，夢中砧杵萬家煙。舊從雪嶺收香象，老向雲安聽杜鵑。誰似司空操勝算，兩川烽火又經年。

當年美諾奠花門，又向荆襄擁列屯。都統便思持漢節，指揮未肯聽朝恩。風雲論戰投棋局，雨雪談兵罷酒尊。聞道禁中數頗牧，天南一望總消魂。

太息中原此鳳麟，勞臣辛苦肯謀身。遍團義勇增兵力，勸佐軍儲濟國貧。循吏聲名能卻賊，卑官心事在安民。傅修期與劉公幹，已覺同時少替人。

叔子高名鎮一州，輕裘緩帶識君侯。平蠻空憶銘銅柱，破敵何當縱火牛。絲竹謝安閑别墅，琴尊庾亮讌高秋。幕中多少清流在，漆室頻年結隱憂。

指揮如意落明珠，威被華戎世所無。唐代功臣此褒鄂，商家宰相有伊巫。東溟掃穴魚龍伏，西域安邊士馬粗。異姓真王空拜爵，淒涼丹旐返皇都。

炙手薰天焰不消，一門雙節相公驕。綸扉位冠三公上，驃騎軍行萬里遥。奏牘每從私室定，軍書頻就夜燈燒。早朝正報平安火，輭繡天街路一條。
楚江西接蜀江寬，白帝城高憶永安。但使防邊諸將在，不須憑軾兩軍觀。板輿督戰談何易，羽扇臨戎事本難。可惜材官好身手，軍鋒虛選十營團。
勒石誰傳詛楚文，將門畢竟解行軍。金川忠節前勛重，玉壘聲名海内聞。青弋江波終古險，陸渾山火幾回焚。弟兄許國同威望，劍氣摩天掃陣雲。
漢家龍頷出龍荒，親歷夔巫百戰場。唱罷普黎收虎豹，歌中《勑勒》見牛羊。索倫馬射軍鋒健，蒙古駝裝戰氣揚。參贊威名亦人傑，欃槍夜夜看星鋩。
朝局紛紜有異同，爰書反覆兩元戎。共提龍武營中士，誰建麒麟閣上功？魚復陣奇兵早撤，蠶叢路險賊能通。閩中舊記鋤奸吏，應有遺民惜此公。
報仇吕姥禍初胎，趯雪燕支一騎來。善戰囊仙同詭譎，從軍么妹費疑猜。風花捲地金戈壯，雲雨掀天玉帳開。太息白蓮花絶世，可憐蛾賊盡庸才。
帝命詞臣出石渠，文章人説似陳徐。甘羅乃祖名原重，王翦孤孫志有餘。白馬羽林空跳跋，紅羊劫火任吹噓。皇仁默輓天心轉，蟣蝨遊魂易掃除。
從來剿撫要兼施，全局辛勞賴總持。北極屢聞恩詔下，西征何事捷書遲？親賢次第從人論，功罪分明在自爲。最是中朝王相國，憂勤心事九重知。
形勢東南重此州，烽煙紅照岳陽樓。雲龍變態偏裨喜，風鶴驚心士女愁。處處帆檣艱餉運，家家壁壘見戈矛。黄初吴質原名士，鄂渚江山作壯遊。

昆明漸漸息寒灰，禁旅更番奏凱回。天漢洗兵真浩蕩，山林伏莽尚驚猜。所期秦蜀無軍壘，應識甘涼出將才。朱序花卿都死國，昭忠祠裏幾人來？

官柳迢迢驛路長，天戈計日掃封狼。賈生太息思長策，杜老悲歌憶故鄉。但選賢良清吏治，兼期飛輓富神倉。更憐一掬憂時淚，封事洪遵最擅場。（《頤道堂詩選》卷五）

【吴石雲侍御榮光自浙江典試還朝，道出吴門，餞別山塘，兼寄船山京師】天風吹浮雲，會合良有期。與君昔相別，春明搴柳絲。經年不相見，明月同相思。君今奉使還，手折珊瑚枝。片帆過吴會，握手河之麋。未暇吐肝膈，一笑軒須眉。念昔客琅嬛，蹤蹟同京師。筠館秋説劍，雲園夜譚詩。已堅金石交，兼惜鸞鶴姿。君才既踔躒，君志尤權奇。昨聞淀津疏，一再鋪丹墀。孤患與遠慮，天子心知之。我友張船山，離憂託遨嬉。與君有同志，奏議騰英辭。賢臣遇聖主，肯以頌易規。丹穴兩鳴鳳，爲國作羽儀。遇君長洲苑，別君短簿祠。畫舫與玉簫，爲君勸一巵。願君厲名節，勿使冬心移。斜日照關樹，津吏候解維。仰視閶闔雲，又逐天風馳。（《頤道堂詩選》卷八）

【聞張船山侍御出守萊州奉寄，竝寄淵如觀察】峨嵋山月照蓬萊，東酹扶桑酒一杯。潮汐欲浮高閣去，雲山如待謫仙來。文章自昔多籌策，經濟於今要逸才。欲寄魚書譚海運，孫登長嘯共登臺。（《頤道堂詩選》卷十）

【張船山太守自萊州乞病，僑寓吴門】太白覽蘇臺，東坡登虎邱。古來蜀中彥，例作吴門遊。先生生劍外，劍氣森純鉤。早年官中朝，才筆淩王侯。一麾去東海，浩浩蓬萊秋。訪舊述祖德，海緑摇瀛洲。豈知世道險，詰屈如盤虯。涇渭不可淆，松柏焉可揉？通人與巧宦，枘鑿分恩仇。辭官託微疾，中道遲蘭舟。故人誼更深，割宅殷勤留。謂查客。此間山水好，花月真清幽。居士范石湖，長官韋蘇州。才人例有詩，矧君邁曹劉。清尊倘佇興，君唱吾能酬。（《頤道堂詩選》卷十一）

【同趙北嵐招同王愓甫典簿，伊墨卿、張船山兩太守，陸古愚主簿湖舫小集，即送墨卿入都】亂蟬嘶斷續幽禽，海湧峰前話緑陰。日下交遊重握手，中年出處本同心。眼前流水知陳蹟，天外行雲戀故岑。君向燕臺定迴首，江南秋夢寫青琴。（《頤道堂詩選》卷十一）

【題船山《藥庵退守集》】當代大名垂日下，頻年長句壓山東。高情澹到辭官後，豪氣消於失意中。宦海波瀾終古在，騷壇旗鼓幾人雄？近來我亦蕭閑甚，獨夜長吟翦燭紅。（《頤道堂詩選》卷十一）

【輓張船山太守】十年京洛問騷壇，第一才人壓建安。自有詩名齊李杜，即論文望亦蘇韓。際天星斗懷中落，絶代風雲筆底蟠。讀到《寶雞題壁》句，長虹落紙夜光寒。

一麾出守誤延年，管領蓬萊署謫仙。渤海新篇人所誦，淀津一疏世猶傳。東方大隱期諧俗，北海高情祇任天。笑解朝簪便歸去，浣花溪隔草堂煙。

片帆煙月五湖西，蹔向吴門理釣磯。招隱有心家尚遠，買山無力願相違。鴻因避弋頗留蹟，鷗到忘機亦懶飛。跌宕江湖醉花月，淚痕清露各沾衣。

敬通五厄事難知，消渴文園病不支。春水偶然渡桃葉，香山畢竟遺楊枝。安仁有母終天恨，伯道無兒

後世悲。太息精靈歸死友，蓉城殘墨護遺詩。（《頤道堂詩選》卷十二）

【書汪劍潭司馬詩後，有感船山太守之亡】疲驢踏遍落花泥，明月樊川又竹西。落魄青衫重有感，銷魂紅袖半無題。不教徐樂依金馬，終遣王褒訪碧雞。愁絶齊名説張祜，山塘斜日暮雲低。（《頤道堂詩選》卷十四）

【灤河行館秋夜懷都門友人（其二）】船山大隱流，金門偶遊戲。放誕文園令，嘯傲漆園吏。餘事作詩人，筆端劍鋒利。張船山太史問陶。（《頤道堂詩外集》卷三）

【重九日，蕉園方伯招同張船山太守、屠琴隖大令，本空、鐵舟兩方外，竝幕府諸子雅集箴白堂】已上高樓望玉京，方伯先至彌羅閣登高。更開仙館會群英。燈前酒味參禪味，花裏琴聲佇雨聲。東閣才人詞賦盛，西園雅集畫圖成。是日方伯、船山、椒畦、琴隖、鐵舟、馬丹崖、查丙塘、梅隖皆作畫。主人別有勤民意，愛説三冬遇戊晴。農諺「重陽戊遇一冬晴」，是日戊寅。（《頤道堂詩外集》卷三）

【十四夜，蕉園方伯招同箴白堂雅集，有懷船山揚州】九華燈影照參差，苦勸深杯未許辭。金戟香凝環畫壁，玉簫風細和琴絲。梅花東閣騷人意，明月西園公讌詩。恰憶靈和張散騎，緑楊城郭暮帆遲。（《頤道堂詩外集》卷三）

【秦淮訪李香故居，題《桃花扇樂府》後（其一）】烏絲小字寫吳綾，璧月詞工狎客能。劍外張郎有題句，干戈影裏唱春燈。船山題《桃花扇》句。（《頤道堂詩外集》卷九）

【張船山】名問陶，遂寧人。由翰林官萊州太守，謝郡後流寓吳中以殁。工詩善書，以意寫人物花鳥，皆奕奕有神。前在都門，見其畫馬及鷹，最得神俊之氣。老船畫筆如詩筆，驛壁留題句最工。落葉長安一樽酒，奇鷹惡馬狀英雄。船山有《寶雞驛題壁詩十八首》，膾炙人口，少陵《諸將》之遺也。（《畫林新詠》卷一）

裕瑞

【和張船山鴻門之作】雄兵席捲暴秦亡，此地軍屯百萬强。不斬沛公非托大，能容樊噲見豪腸。錦衣謡誤長城墮，玉斗拋殘霸業凉。叵奈卯金本天授，鴻門一宴辨真王。（《瀋居集詠》）

汪世泰

【摸魚兒吴山尊侍讀鼒招同陳荔峰學士嵩慶，張船山問陶、花曉亭杰兩檢討，錢謝葊吏部枚、袁蘭邨參軍集京師寓齋，聽雲郎度曲，即事偶賦】繞閑齋、高梧叢竹，蕭疏便似巖岫。招邀喜遂尋秋約，浣去俗塵三斗。清話久，漸幾片殘霞，紅染斜陽瘦。此中宜酒。問醒戀朱軒，夢窺青瑣，何似伴紅友？團圞坐，一笑螯持左手。黄花香染衣袖。當筵況有櫻桃鄭，軟語可舒眉皺？沈醉後，念此段清歡，略似江南否？別懷僝僽。又累我今宵，蝶魂孤趁，遠覓白門柳。（《碧梧山館詞》卷一）

【八聲甘州船山太史删定拙詩，過蒙稱譽，倚此奉謝】嘆十年、結客少年場，贏得一囊詩。幾詞誇黄絹，才矜白戰，闌寫烏絲。只有愁紅怨緑，付與斷縑知。零落何堪惜，飽蠹應宜。爲感多愁平子，肯披沙刮膜，筆露秋垂。把羚羊挂角消息告詅癡。愧不是、豐城劍氣，枉勞君、稱説遍京師。南歸矣，問阿蒙今日，何似當時？（《碧梧山館詞》卷一）

斌良

【周家店雨舟感懷，仿張船山詩意】垂楊摇翠葉翻風，急雨跳珠訝許同。雪浪遥噴一條白，船窗深掩四圍紅。家書欲寄偏多梗，遠宦初歸轉諱窮。樂石祥金盈箧衍，解嘲箕踞足豪雄。（《抱沖齋詩集》卷九）

【寄懷軒消寒信筆（其四）】愛讀船山入蜀詩，峨眉埽翠盪胸奇。十年作吏頭如雪，肯入槃阿尚未遲。（《抱沖齋詩集》卷十一）

【張船山太史問陶病中詩，有「上賓惟債主，清課是醫書」之句，戲和其韻】侈口今多悔，虚名好識除。蟻浮官法酒，蚓屈上清書。金盡奴争去，身閑客浸疏。草堂還可讀，莫負竹鐙初。（《抱沖齋詩集》卷十二）

【曉步采蘭橋和張船山韻】足健何須榔栗攜，提壺聲唤畫橋西。挈華卿秩無妨散，寄興詩名不厭低。慣傍野鷗温釣石，怕騎官馬没街泥。鳴蟬聲裏商飆襲，暖鬲頻澆酒到臍。（《抱沖齋詩集》卷十二）

【海懷軒雜興步張船山舊韻】釀雪同雲浄，蕭齋暖勝春。升沈憑衆口，海雪感畸人。茗椀飄香密，盆梅破臘新。翦鐙閑讀史，緒論忌因循。

凍雀風簷噪，鉤輈語太繁。竹篠香作海，榆蓋翠當軒。世治無籌策，心虛學寡言。天倪原活潑，何事懶窺園？

唐碑氈蠟舊，名帖集來禽。翰墨增文福，林泉有會心。苔岑研黛和，梅雪跨驢尋。壯歲堂堂去，頻看屋角金。

四十猶如是，功名惜已遲。喜聞前輩政，懶和近人詩。狂語追千駟，奇書借一瓻。天隨真樂具，兒輩莫教知。（《抱沖齋詩集》卷十六）

【仍疊前韻】京宦宜疏放，名園報謁遲。雄譚推信史，勇改是新詩。醉斫蟹八跪，游攜酒一瓻。地鑪寒煨芋，心事老僧知。

奇石綴雲葉，高枝棲雪禽。纖蘿得風趣，瘦柏抱冬心。妙境憑空悟，孤懷耐澹尋。家山青可挹，買不費兼金。

几列尊彝貴，庭涵竹樹繁。起樓愁少地，懷海偶顏軒。宦久防隨俗，交疏漫放言。予客歲自青海歸，取太白「懷海淩滄洲」詩意，顏予軒曰懷海。參軍詞雋逸，善病憶文園。鮑宮詹桂星，昨因病乞假。

墐户同蠶縮，融融暖窨春。披裘疑釣叟，刻燭愧詞人。得火唐花麗，掀泥凍筍新。飯餘詩幾律，鎮似例堪循。（《抱沖齋詩集》卷十六）

【新秋和張船山舊韻】涼生暑初退，竹院靄秋陰。牆古蟠蘿薜，亭幽得桂林。簡青開遠志，蓮白趁孤斟。檐雀何喧聒，休撓静者心。（《抱沖齋詩集》卷十八）

【題《船山詩草》】奇才健筆兩縱横，感憤憂時涕漫傾。險與豺狼争道路，念縈烏鳥薄功名。是時蜀中教匪猖獗，船山匹馬往來於兵戈擾攘之間。聲聲杜宇嘑南國，字字珍珠賦《北征》。集中《寶雞驛題壁詩》最著名。落拓襟期燕市醉，次公狂態藉詩鳴。銀黄罷綰海鷗輕，畫舫春人倚玉笙。雋語偶希楊萬里，仙姝晚遇董雙成。逢花寫照原風漢，投老逃禪亦矯情。雨院注香持細較，《奇零》一集最峥嶸。（《抱沖齋詩集》卷二十）

【題張船山太守《詩草》後】天馬行空迥絶塵，筆玲瓏處愈精神。超群酒户原無量，第一詩情妙逼真。畫擬白描看活見，味同紅友但清醇。瓣香南宋諸賢後，獨有誠齋合比倫。（《抱沖齋詩集》卷二十三）

【出金牛峽和張船山太守韻】金牛溪峽外，豁目遠灘平。稻隴谿坳闢，藤條古驛横。心懸憩竹碥，目眩雜花坪。稍喜聞根静，溪聲雜鳥聲。（《抱沖齋詩集》卷三十六）

陸耀遹

【高陽臺題張船山侍御《擔菊圖》】雁字陰疏，蛩籬豔冷，幾枝開趁重陽。佳種移來，爲他擘翠分黄。經年芳譜辛勤甚，倚斜風、花笑人忙。是誰行、管領秋容，擔荷秋光。　陶家杖筱應相識，記隨肩初月、點鬢新霜。似上籃輿，任教舁過柴桑。松箋莫更題南菊，料鴉鋤、解憶蓴鄉。謝�筐、閑伴清尊，采擷升堂。（《雙白燕齋詩集》卷五）

【臨汾行館次張船山侍御丁巳仲秋題壁韻】題壁陳倉快馬徂，籠紗又見斷箋糊。廿年入蜀魂何在，一曲橫汾和豈孤！夔府宵烽閑戍卒，堯祠春社走村巫。急觴遥酹張平子，萬里橋邊宿草枯。（《雙白燕齋詩集》卷五）

查有新

【張船山太史】偶然謫世東方朔，再世狂吟李謫仙。報國文章輝史館，持躬清白重家傳。先生爲相國文端公元孫。（《春園吟稿》卷一《懷人詩》，其四）

【秋花四首和張船山侍御原韻】須知春暖遜秋涼，只把名花較短長。冷豔絶殊桃李色，幽姿多在水雲鄉。探時不厭披朝露，開處還能澹夕陽。一片迷離誰渲染，園林清景接橫塘。

惜芬幾度費沈吟，轉喜秋來日易陰。惟恐寂寥成暮景，更番點綴見天心。細評名士能相賞，小摘佳人欲自簪。饒有清香堪獻佛，空花悟徹去來今。

潤色秋容是化工，能令老圃未全空。欲籠月色留疎柳，爲放花光落翠桐。臨水幾枝矜綽約，經霜萬樹鬥嫣紅。引觴共酌芳叢裏，似有雲霞四面烘。

疎花亂插翠屏隈，引得遊人盡遲徊。涼雨淒風蟬欲去，幽香淡豔蝶還來。莫嫌晚景多難駐，少待陽春便復回。月姊風姨裁翦巧，慣將新樣助詩才。（《春園吟稿》卷二）

【和張船山銓部贈家慧海京卿之作】欲買青山只欠資，此情除是白雲知。金繩覺路開何易，宦海抽帆

歸未遲。塵世儘教千劫轉，靈臺自有一珠持。頓通禪悦原非佞，試看清空呈佛詩。（《春園吟稿》卷四）

【家又山民部招同張船山吏部，家查客京卿、藹亭參軍雅集，次船山先生即席韻】朔風動地客愁生，卻喜澆愁酒數行。慧眼由來空世界，神仙何必住蓬瀛？羨公宦海傳衣缽，船山先生爲又山家弟庚申房師。慰我殊鄉有弟兄。九九消寒寒易盡，六街竚聽賣花聲。（《春園吟稿》卷四）

【小除夕，家查客京卿招同張船山吏部，賀小雅明經光祚，王海邨文學斯年，屠怡泉大使岡，家也白孝廉叔、藹亭參軍集緺雲館，分得錦字】客裏度殘冬，撲牖風淒緊。攤書一室中，逸思無由騁。賴有主人賢，相約同酣飲。角酒盡詩人，聯吟鬥新穎。雅令況更番，情豪忘夜永。景物憶家山，凍雷欲驚笋。梅花千萬樹，夜遊燭可秉。茲園亦足娱，積雪巒光冏。臘前見三白，豫卜明年稔。春從元日來，轉瞬花如錦。（《春園吟稿》卷四）

【上巳後自淶水回都，頗萌故山之思，和張船山銓部春寒韻】嶺雲遮日易生寒，驢背行吟句未安。草色波光延郭外，雨絲風片憶江干。何時畫舫西湖去，如笑青山四面看？萬斛紅塵全洗卻，蓬牕自瀹小龍團。（《春園吟稿》卷四）

【賀張船山太守納姬】爲欲添丁慰北堂，明珠十斛聘紅妝。天教絡秀傳人種，五馬真能共載將。四朝門第重公卿，晏子藏書況滿楹。豫卜傳經心事遂，明年雛鳳聽聲清。（《春園吟稿》卷六）

【船山先生五十】岷峨秀氣絶人寰，又見坡翁出世間。詩卷一官成一集，政聲三月重三山。已忘封事

名垂史，但看《楞嚴》學閉關。半百年過能稱意，桃花隖畔暫時閑。（《春園吟稿》卷七）

【哭船山太守】宦情中歲已闌珊，不定萍踪心自安。先生座右常供一牌，上書「我與汝安心竟」六字。鄧老無兒天莫測，謝家有女影猶單。客魂寂寞吴江冷，旅櫬間關蜀道難。最是高堂違萬里，從今老淚不能乾。

文章雄絶冠西川，萬丈靈光萬古傳。白傅前身元是佛，葛翁雖死亦稱仙。先生精通禪悦，又熟讀《抱朴子》，講修鍊法。小詩曾借褒揚重，永訣那禁涕淚漣！還望交深才鉅者，編公大集授雕鐫。（《春園吟稿》卷七）

陸繼輅

【古意戲邀張侍御問陶同作】預擬春遊願總乖，踏青自惜鳳頭鞋。秋深久分忘紈扇，嫁早翻教典玉釵。一任小姑橅寫韻，未妨鄰女笑持齋。新來休更防鸚武，果得卿言亦復佳。（《崇百藥齋文集》卷五）

【椒堂席上晤鎮江王别駕，好譚星禄之術。云所見佳造，無過鄂文端、張船山，其年月日時，正得官印財身四禄。文端貴極人臣，而船山終身湮菀，以爲才名折福之驗。於時一座憮然，以文采爲戒。余意不然。文端勳名豈反後於船山耶？船山不工詩便當作宰相耶？舟行無俚，聊抒所見，以自警焉】造物曷忌名，忌者虚名耳。船山名不虚，然已過實矣。嗟余少孤露，弱冠出負米。諸公方求才，偶自郭隗始。因之竊盛譽，豈徒負知己？忽忽三十年，困頓抑至此。船山誠侘傺，顧我何敢擬？乍聞星家言，怵惕頗有泚。越哉老莊徒，其説異孔子。没世無可稱，先師以爲恥。副名自有道，一息及未死。非云謝春華，即已具實理。蒲柳望秋零，何如作桃李？（《崇百藥齋三集》卷三）

【船山楹帖（節録）】張船山問陶齋中楹帖云：「相見又無話，不來還憶君。」（薛）畫水最賞之。（《合肥學舍札記》卷二）

【船山詩】張船山棧道題壁七言律詩十八首，傳誦幾遍海内。然其中「尚留嚴武在成都」句，余頗不喜之，嘗作一詩，有「渾瑊功業誰能及，麾下争看渤海王」之句。今此稿失去，全首不復能記矣。（《合肥學舍札記》卷五）

譚光祜

【熊檢討方受招同吴編修雲、戴吉士殿泗、張檢討問陶、戴儀部敦元，陳比部希祖、編修希曾飲於大樹之下，醉中贈主人及座客】此樹如主人，突兀復瀟灑。長夏枝葉濃，主人卧其下。主人與我忘形交，如刀斷水漆著膠。酒酣往往發狂嘯，睥睨俗豎如斗筲。僕婢驚疑四鄰怪，如此官人太無賴。入門不揖出不冠，偃蹇婆娑自相愛。今朝飲我大樹東，到門好雨生微風。大樹當風向客揖，俯仰真似東家翁。東家酒政幸不虐，飲者自飲嚼者嚼。解衣鼓腹吹鐵簫，暫滌煩囂謝羈縛。酒邊才語可不須，但取快意去膚廓。主人已醉客未行，倚樹望天天未晴。濕翠侵衣不肯澣，要使白葛痕留青。吁嗟乎，大樹將軍渺何處，錦衣誰挂錢塘樹？大才有用終峥嶸，咫尺風雷化虬去。方今梁棟須邊材，盤根錯節珍奇瑰。勁氣參天萬千尺，乘風一埽空陰霾。諸君勿羨不材福，留取松身架華屋。樹前一醉三摩挲，雨後枯條又新緑。（《鐵簫詩稿》卷一）

【立秋後五日，章京縣學濂招同祭酒先生法式善，水部何先生道生，羅山人聘、曹御史錫齡、馬比部履泰、洪編修亮吉、趙舍人懷玉、汪博士端光、葉編修紹楏、馮司務宬、伊比部秉綬、熊檢討方受、張檢討問陶、孔廣文傳薪、金上舍學蓮、周編修厚轅、宋儀部鳴琦諸人，於李西涯舊宅泛舟觀荷。馮司務手持司業王叟世芳百十三歲所書扇，羅山人即於扇後寫王叟小像，同人各題句。馬比部詩曰：「清波門裏逢翁話，積水潭邊又畫翁。三十年來彈指過，始知身住電光中。」祭酒先生法式善以此詩二十八字分韻，余得翁字。是日同人要余吹鐵簫，酒酣各題余白袷衫，詩畫幾滿，醉墨淋漓，洵可樂也】二十五人同一醉，瓣香拜百十三翁。蓮花萬柄團秋色，潭水四圍吹緒風。弄罷鐵簫招太乙，書殘裙練吸荷筩。長安九載第一會，那讓西湖六月中。（《鐵簫詩稿》卷一）

【送張檢討問陶歸四川】吴髯錫麒歸去羅叟聘老，長安市中酒人少。洪亮吉周厚轅吴樹萱戴敦元、殿泗趙懷玉與張問陶，每飲猶能百盃倒。數子才大氣絶奇，篋中各有千首詩。我來最後年最少，亦復同醉紅玻璃。張子相見恨獨晚，一見再見張白眼。曼倩詼諧灌夫罵，鄒衍談天恣其辯。衆中怪君獨不倫，自言龍性誰能馴？胸中有書破萬卷，怪底豪氣當千軍。今年慟君老翁死，麻衣不得返鄉里。八口寄寓城東熊方受，可憐血淚如川水。我時代友治母喪，閏六月，吾友孫巡檢暹母柴太孺人卒於京師。

柴故錢塘閨秀，能詩，曾授余女弟《詩經》，訪勝至都，遂卒。時暹方從軍貴州，不能解官，余爲理其殯祭，以待暹來而歸之。炎風吹面不可當。招君夜話值新雨，雨氣鬼氣生陰涼。解憂對飲碧篇酒，陳子希祖坐左熊子方受右。奇門遁甲驅六丁，陳子受之熊子授。張子設想奇不奇，以博決勝如兒嬉。謂我持此可以戰，其他占驗空支離。我媿鈍根鈍不死，仰天大笑笑不止。封侯食肉自有人，世間何地著我爾！昨宵西望揚天兵，將軍奏捷么麽平。蠶叢鳥道通一綫，及此歸葬青山青。長安酒人走相送，我來把酒一聲慟。西風吹君天盡頭，萬丈峨眉隔秋夢。旗亭殘柳黄可憐，舉頭雁字横長天。上有長天下流水，買醉那惜青銅錢！饑驅我亦將行役，堂上老親髮絲白。諸公斫地歌莫哀，眼底何人不爲客？（《鐵簫詩稿》卷二）

陳本直

【題張船山詩後】臘月四日，友人邀同買舟赴溧陽徵逋，戒行甚促，筆囊臥具外，一無所攜。比至，泊南門外之倉滸數日，友人勾當事未即了，會大風甚寒，河港盡沍。溧城地陿且陋，無可散步，日塊坐舟中，如新婦閉置帷車，一無聽覩。悶不可耐，因至坊肆，冀覓一二小品書排遣，而坊無多蓄，遍閲標記，大抵皆家所素有，嘗寓目者。最後檢得船山先生《詩草》，大喜，若獲珙璧購歸，攜至篷窗，朝夕展誦。比冰泮，促解維返，坐臥手一卷不暫離，耳若爲之增聰，目若爲之增明，快然不知日之久，歲之暮也。先生詩名動海内，余少即傾慕甚切，思一覩其風采，而先生方服官京輦。迨嘉慶壬申、癸酉，始自萊郡解組，來寓吴門，又輒以事相左，不遑晉謁。俄知遽返道山，竊自歎其緣之慳矣。

今乃於窮冬異壤，孤舟岑寂時，得盡讀先生之詩，不啻先生之惠然肯來，日與我促膝水窗，談藝論心，以破其抑鬱牢騷之致，豈得謂非緣哉！爰綴八絶句，以志景仰，并叙得詩之由若此，見先生之眖我甚多也。二十一日，錫山舟次。

徂徠太守本詩仙，仙去詩留墨瀋鮮。來與孤舟伴清寂，挑鐙那計夜如年！

古棧雄關境窈冥，輪蹏一歲幾回經。蠶叢又闢新詩派，天遣山靈輔性靈。

頻年燕趙復襄樊，北馬南船未憚煩。奪得錦袍人盡識，詩名久已播中原。

干戈萬里阻鄉音，弟妹天涯思不禁。比似杜陵詩境苦，草堂添得望雲心。

憂時憂國涕縱横，回首山川未洗兵。讀罷《寶雞題壁》句，卻憐將略屬儒生。

木天柏署任優游，旅食京華二十秋。贏得旗亭傳絶唱，雙鬟儘自説風流。

抽身宦海早投簪，來駐金閶柳外驂。吴水吴山憑繪寫，何曾一語負江南！先生詩有「重檢紀游詩幾帙，尚慚此筆負江南」之句。

歲晏征帆各自忙，獨持一卷誦琅琅。鄰舟來往窺窗笑，笑我書生老更狂。（《覆瓿詩草》卷六）

湯金釗

【題禮烈親王克勒馬圖】真人龍飛黑水鄉，駕熊馭虎鞭群羊。雄姿偉幹鍾天潢，天産神駿佐英王。王之蹻勇人莫當，汗馬百戰先戎行。魚皮烏拉葉赫疆，大纛奕奕夜生光。薩爾滸山吉林岡，明兵號二十萬强。翦滅此食五日糧，馬首所向皆披攘。有如駿駮吞虎狼，鼓鼙之聲讙雷硠。火牛燧象走且僵，騰槽躍櫪獨奮揚。鬣尾森豎目裂眶，横突鐵騎衝刀槍，凌躐厓碉猶康莊。跑土出泉湔愈創，安平聖水流如漿，是真月駟星精房。王騎箕尾歸雲閶，馬聞蹢躅神沮傷，絶餐紅粟枵酸腸。王生馬喜逢孫陽，王死馬願從秦良。嗚呼節烈士不常，何乃馬也思斯臧！昔無畫者今畫裝，圖成高玉階張問陶傳以汪琬。按圖讀傳言能詳，身高七尺丈咫長。腹毛螺旋耳角芒，海棗之色浮丹蒼。黄金鞍鐙紫絲繮，屹立紙上猶軒昂。自昔騏驥呈符祥，堯候赤文軒飛黄。降及漢魏嗟志荒，侈陳上黨飾燉煌。昭陵片石摹初唐，迄今讀畫珍琳瑯。我朝受命天溥將，負圖告期運會昌，彪鴻翊衛都一堂。人既雄耿蛟螭翔，物復倜儻風雲驤。白山莽莽江泱泱，靈氣所蟠不可量。薦之郊廟歌宫商，遠邁《吉日》《車攻》章。（《寸心知室存稿》卷二）

查元偁

【奉和船山夫子見示原韻】草元亭下舊諸生，許舁籃輿自在行。立雪十年常載酒，探梅一醉勝登瀛。求仙癖欲餐雲母，領郡狂寧拜石兄。倘得揚州騎鶴去，後堂容聽玉簫聲。時揚州守缺，夫子可外擢，故云。（《竒齋詩存》）

馮春暉

【寄贈張船山先生】滄桑閱遍禮瞿曇，宦跡禪心子細探。醒世文章歸大雅，容人懷抱總淵涵。尊鱸早憶風中味，士庶難留丩下驂。繡陌花開春正好，計程今已到江南。

木天迢遞隔重重，何幸東萊得景從！半世功名悲伏馬，一生知遇快登龍。罡風怪逼雲間鶴，化雨能沾澗底松。畢竟蓬壺煙島近，瓣香方許仰高蹤。臨歧攜手，誦「多虧一陣黑罡風，火輪下，抽身快」詞一通。

桃源景物最幽奇，司馬纔歸太守隨。禪界無方偏困我，函關有訓更貽誰？雲飛南浦春深後，月上東山夢覺時。望眼枯腸兩凝結，那堪重補送行詩！時景司馬方告歸。别時以「柔下」二字相勖。

一載追隨結契親，鵲山潍水寄書頻。空餘尺素尋前約，自分麄官累此身。絳帳曾容彈鋏客，青山衹待脱簪人。他年白鶴峰頭過，細與坡翁話夙因。去後已兩奉手書矣。戒以箋素往來，勿用手版。（《椿影集》之《泉石山房遺詩》卷上）

【送張船山先生歸蜀序】嘉慶壬申春三月，船山張先生引疾去東萊，於是賓客若而人，屬吏若而人，公餞先生於城南道士谷。道士谷去城不二十里，徑極幽僻，環視之，高巖迴互，既陟復降，乃入谷，谷豁然，杏花百餘株，爛如裝粉。公徘徊其間，顧而樂之，曰：「天之位置人，必有深意。余幼年時運不齊，骨肉離析，飢驅奔走，日間關於戎馬間，憊矣。然而未出山以前之詩半可存，其所謂窮而後工者乎？迨歷清班，珥筆春殿，覩揚、馬高文典册之詞，心竊愧之。旋奉天子命守萊州，日下人咸爲我惜，曰：『以君之才，而不獲翱翔翰墨之林，馳騁文藝之圃，顧逐逐風塵中邪？』乃履任以來，視其人則淳厚有古風，採其俗則朴略存古意，覽其地則襟帶山海，登蠡勺之亭，望芙蓉、小石諸島，覺蓬萊、方丈，未必不在人間也。而且賓客之盛，半鄒、枚之選；僚屬之賢，又嚴、終之亞。得政簡民淳之地，時偕二三相知，觴詠其間，斯亦極人生樂事矣。今之歸，非恝也，高堂有老親，諸君子勿用拳拳也，各行其志而已。余老病，不能酬清時之知，余所望於諸君子者大且遠，勉之哉！予行矣，天梯石棧，猿嘯鵑啼間，仍當有奇句寄諸君子也。」言次，連進十數巨觥，遂劇醉，因鼓掌曰：「天之位置人，其意不概可知乎！」呼從者走馬入城，取所藏趙高邑鐵如意，付道士慎守之，曰：「東坡解玉帶，永鎮金山，竊效其意。」於是即席以詩獻者十一人，先有作出懷袖中以獻先生者四人，春暉與焉。先生閱畢，各加月旦，復召春暉曰：「今日高會，他時之可再難必也，子當記之。」春暉謭陋不文，承先生命，不獲辭，因並識之如右。

【又】船山先生，春暉學詩師也。春暉少嗜詩，或出一二語，爲鄉先生所稱，輒自喜。及博得科名，益自負。後由濟陽縣令調繁掖縣令，得與蜀張船山太守交，乃漸知詩之所以爲詩者。先生曰：「世之人作詩，吾不敢作詩。詩者持也，無所持，不可以詩。世之人多作詩，吾不作詩。詩者之也，無所之，不以詩。」或難之曰：『子作詩，子何之乎？』應之曰：『吾有之。』曰：『子何之？』『吾之掖縣。』及之掖縣不作詩，繼而乃作詩。或曰：『子何之？』應之曰：『吾之蜀。』及將之蜀，曰：『我將終不作詩』。」春暉聞而得其解，慨然曰：「先生教我以詩矣。然而先生將去矣，是不許窺其閫奧也，春暉豈能强乎？」與春暉同學詩者如干人，皆曰：「先生不留，豈能强乎？」

先生好遊道士谷，其餞先生於道士谷，遂餞先生於道士谷。先生樂曰：「君等餞我於道士谷，以爲我以道士谷傳乎，道士谷以我傳乎？」衆莫對。先生曰：「好名者，文人之累也。谷以道士名，谷已好名。我且爲道士名是谷，可乎？」於是作七古一章，且曰：「衆勿和，其各爲詩。」於是賓客之作十有二，掖縣知縣馮春暉，候補知縣孫得珂，司獄雷家驥，教授、教諭、訓導皆有詩。先生閱畢，曰：「思深哉，然多溢美，奈何！」顧謂司柬徐某曰：「我在萊無善政，然子素嫺我書，當贈我句。」徐吏抽毫得七言四句，先生引觴賜之，盡歡。又曰：「旭林，汝得我二昧。」予懼不敢答。先生曰：「予作詩有三昧。一曰昧名利，子能之；二曰昧學問，子能之；三曰昧生死，子不能也，我亦不願子之能也。」語次，解所佩玉虎，命僕飛馬歸取趙高邑鐵如意一柄，並付道士曰：「子慎守之。七十二年後，我乘風過此，當見還也。」擲杯又成五絕，曰：「歷遍滄桑境，空山午夢長。寥寥西去鶴，獨自下寒塘。」遂去。同人曰：「是不可以不記。」或曰：「子受知最深，子不可以不作詩。」或曰：「誰非受知者？子作記。」春暉曰：「人知春暉爲船山先生薦舉門生也，孰知爲學詩門生也！誠不可不記。」是爲記，請並以是爲送先生序。右序二首，後一首成於席上，乘醉疾書，頗爲船山先生所賞。既而悔之，成前一首，先生卒以爲不若即席之作酒氣拂拂，尤覺奇横也。男喜賡謹識。（以上《椿影集》之《泉石山房雜著》）

郭書俊

【閑居效張船山先生體】客情無賴日昏昏，宦海升沈莫更論。半世功名成敝帚，一官職守在牢盆。愁如元亮腰難折，老比安仁髮盡髡。莫向熱場求利達，可能五馬便稱尊。

早年妄想豹留名，彈指光陰誤此生。吾輩原宜束高閣，斯人可許豎長城？磨驢蹤跡渾如我，芻狗文章錯惱卿。縱是汗牛與充棟，難將嚇鼠話虛聲。

紛紜鹽筴日周章，榷算無能費較量。一代聲名清溷濁，四民術業士成商。前籌漫許唐劉晏，大隱不逢張子房。手握錐刀應自笑，難從鹺海問行藏。

荒衙且與度昏朝，短枕長藤慰寂寥。緑酒無緣來下若，青山有約對中條。偶煎石鼎雙旗瀹，小炷檀篝一餅燒。昨日良朋頻寄意，偷閑爲我送詩瓢。

采得芳萱不解憂，誰憐天地一浮漚！衰年懶似稽中散，早日情同馬少游。惆悵餘閑留麈尾，流連遠夢卜刀頭。無端自墮恒河劫，鑄錯居然有六州。

五嶽前期未許扳，緑蓑何事換青綸？奴藏去志因官冷，僧有來書爲我閑。俸薄應教連鶴瘦，鬢疏不願比松斑。步虛聊作淩雲想，安得佺喬占一班？（《蓼莽詩存》卷七）

楊繼端

【重九寄懷韻徵三嫂】山城風雨妒重陽，此日頻增别恨長。十載自傷知己少，三秋漸識世情涼。登高愧乏題餻字，望遠空憐託雁行。滿目雲山無定所，更教何處覓家鄉？（《古雪詩鈔》）

【寄懷韻徵三嫂】屈指分襟十二年，相思欲寄總淒然。儂隨薄宦還多病，君侍高堂即是仙。秋雁離群勞遠夢，春蠶入箔記初眠。懷人湖上停橈處，月色朦朧柳帶煙。（《古雪詩鈔》）

【弔問筠四外姊適京師高氏，早卒】聞道芳年多苦辛，盛鬋終不住紅塵。春明門外魂游地，宿草芊緜最愴神。

生小亭亭出繡帷，風沙滿眼事全非。天涯縱有招魂曲，萬里西川何處歸？

燕支山下朔風寒，生死閨情説更難。一自斑騅辭阿母，至今老淚不曾乾。

淒涼景況昔曾聞，仲氏銜悲吊夕曛。仲氏船山有哭妹詩。我縱無緣慳識面，杜鵑聲裏每思君。（《古雪詩鈔》）

【拜先文端公遺像像在西湖六一泉遺愛堂之西側，公元孫問萊至浙，始得訪舊址而重新之。繼端爲問萊婦，禮宜瞻仰肅拜，竝系以詩】喬木今無恙，甘棠在此鄉。衣冠仍像設，俎豆亦烝嘗。殿閣頭銜古，謂公神位所書少保大學士原銜也。湖山手澤長。公剏建敷文書院。愧非蘋藻薦，瞻拜尚傍徨。（《古雪詩續鈔》）

【喜太夫人至吳門，隨侍抵浙，途中率成五律四首，即呈夫子，以誌一時之慶】憶別萱帷日，星霜閲八年。何期重聚首，復此侍長筵！扶杖人猶健，加餐晝不眠。驚心來往地，合十謝蒼天！

避亂出鄉關，高年膽欲寒。蠶叢行不易，虎口拔尤難。歲晏家初定，書來夢始安。五雲遥望處，千里祝團圞。仲氏船山在京官翰林。庚申歲，太夫人自蜀避亂，挈家往就焉。

洊歲依京國，音書問起居。今朝隨杖履，喜懼復何如？水驛連官舫，江城奉板輿。君家兄弟好，華萼更相於。伯氏亥白侍太夫人南來。

計日指杭州，西泠選勝游。湖山堪獻壽，梅鶴亦添籌。骨肉聚千里，讙譁盈一舟。慈顔長有喜，綵舞復何求？大姑適湖州潘氏二十年矣，特遣人迎至，並挈甥孫輩來，太夫人見之，喜不自勝。（《古雪詩續鈔》）

【綺寮怨寄懷仲嫂韻徵】雨細煙霏，日暮小樓空斷魂。京華夢，迢遞鄉關；舊時燕，難認重門。《驪駒》記曾催唱，淚滿巾，蹙損雙黛痕。悵無端，滯跡湖山，又頻歲、六橋看送春。　爐火餘香半温。連娟月色，鎖窗只照離人。詩酒情真，知刻燭，韻常分。新詞愁吟紅豆，誰記拍，和迴文。箋成寄雲，問何日、花下同挈樽？（《古雪詩餘》）

【韻徵三嫂自山東隨仲氏引疾南來，已至吳中，卻寄】吹花搦管廿年初，判袂天涯翰墨疏。同作萍蹤隨宦轍，欣聞騎省賦閑居。思歸未必因鱸膾，將母行看奉板輿。越水吴山分咫尺，羈懷渺渺更愁予。

（光緒《遂寧縣志》卷五《藝文下》）

【仲氏船山太守之任萊州元韻】一麾迢遞出齊東，問俗猶傳露冕風。見説群仙遥抗手，三神山在海當中。

清白何嫌作吏貧，棠陰重蹤馬蹄塵。文章太守淵源久，家世中朝第一人。

官忙不及海鷗閑，捧檄今朝慰母顏。萬里峨岷休悵望，蓬萊山是舊家山。

相隨翟茀荷恩光，五馬前頭畫省郎。到日郡齋觀海市，煙雲筆底最蒼茫。

畫戟香清爇水沉，青城迴望白雲深。板輿迎向三山近，不負高堂晝荻心。

朝章家慶盡團圞，春酒能消海上寒。最是萱堂含笑處，萬家雞犬社中看。（光緒《遂寧縣志》卷五《藝文下》）

查餘穀

【飲酒四首用張船山太史同吴穀人祭酒飲酒詩原韻】朝來何以敵寒風，昨夜瓶罌倒已空。近市能賒猶勝乞，無釵可拔始知窮。少陵茅屋行將圮，小阮糟邱築盡崇。諸姪均善飲。莫怪尊前人易老，醉鄉歲月本匆匆。

相逢年少怕登臺，薄卻功名酒一杯。正爾胸中多塊壘，何期海外尚塵埃！人從冀北横戈去，我隱牆東種秫來。偶發狂言驚市俗，老兵得失盡鸁材。時粤氛未靖，得金揆楚分發軍營中信。（《魚腹餘生詩鈔》卷三）

姚元之

【呈船山張夫子】一部《乖崖集》，千年心事同。風雲寫懷抱，筆硯老英雄。即此已名世，還能樂固窮。狂吟吾不敢，整帽拜韓公。（《薦青集》）

【九日偕徐星伯登陶然亭憶船山張夫子】密雨障天地，蒼茫一片青。聲傳初下雁，人坐最高亭。秋氣迎詩老，微風吹酒醒。幽人卧闉屋，曾否醉罍瓶？（《薦青集》）

【和船山師《漫興》原韻】勞勞夢境幾時閑，空逐游雲遍九寰。閱世大都同海市，逃禪豈必住廬山？風雲浩劫悲猨鶴，文史浮名笑馬班。獨埽虛堂延夜月，柴門偃蹇不曾關。（《薦青集》）

【寄蓬萊太守張船山夫子】蓬萊仙吏出塵姿，管領神仙鬢未絲。堂上琴懸無長物，郡中烏集已多時。仙人樓閣春長住，水國煙波秋到遲。出海雲霞天五色，不知何似使君詩？（《薦青集》，亦載徐世昌編《晚晴簃詩滙》卷一百十七）

【步崔念堂旭同門留别韻】黄葉風流未可攀，船山師嘗以「崔黄葉」呼念堂。春明不見已蒼顏。半生經濟惟詩草，垂老功名近故山。念堂大挑一等，分發山西。酒興已消雙淚外，船山師善飲，嘗集同門，酌巨觥論詩，許念堂第一。今師没十三年，余亦斷飲酒矣。離情且話十年間。嗟余短髮隨君白，慚逐鴛行説侍班。余時充日講官。（《薦青集》）

【題崔旭同年詩集後崔與余同出船山張夫子門下】潦倒西風落木多，一杯相屬且高歌。清詞合共香山老，雙履龍門載酒過。

吾師一去吴江冷，零落遺編付剡藤。傳得佛馱鐵如意，人人争識雁門僧。師守萊州，乞養歸蜀，暫息吴門，遂卒於蘇。（《蔦青集》）

慶雲崔孝廉旭，字曉林，號念堂，嘉慶庚申科與余同爲張船山先生門下士。善詩，困於禮闈已二十年矣。己卯春榜後不歸，教讀都中，以待庚辰之試也。復下第，八月將歸。其先德事母孝，冬夜自起煮豆粥進母，念堂爲作《寒宵煮豆圖》，求文士題詠，因亦屬余。余題云：「花落棠梨春樹枝，百年魚菽不堪思。與君共有陔南淚，未忍題君煮豆詩。」念堂刻詩集二册，又爲題詞，余賦七言斷句二篇：「潦倒西風落木多，一杯相屬且高歌。清詞合共香山老，雙屐龍門載酒過。」「吾師一去吴江冷，零落遺編付剡藤。傳得佛馱鐵如意，人人争識雁門僧。」船山先生守萊州，乞養歸蜀，過吴門，因暫留，歲甲戌春，遂卒於吴門。夫人以喪歸，零丁飄泊，惟三女依母存焉。石琢堂廉訪藴玉爲同年生，爲刻其遺稿二十卷。念堂爲詩，深得師傳，故次篇云然，題畢不禁南豐之感。其少君又刻《補遺》六卷。（《竹葉亭雜記》卷五）

張廷弼

【偶檢張船山太史詩箋，感賦二律】西川才子玉堂仙，高聳吟肩五十年。海内争詩蘇玉局，禁中曾識李青蓮。慣逢酒國傾盃斝，間寫梅枝贈畫箋。今日仍然出懷袖，分明紙上墨痕鮮。

朔風聲撼白楊枝，灑泣江天哭故知。每向公卿曾我奬，即今風雅有誰師？東陽腰爲吟詩瘦，彭澤官緣愛酒辭。怪底先生騎鶴處，吴門斜日落帆時。（《紅薇吟館詩鈔》）

童槐

【張船山銓部除守萊州，赴灤引見後，與同伴小集寓舍，作長短句贈之】都下稱老船，京朝官，上至王公，皆呼船山爲「老船」。廿年指一彈。老船遊海内，到處足千載。造物生君才，豈爲吟詩來？詩篇爲君壽，半生亦已彀。何況杜老堅許身，作詩正欲攄經綸。又若蘇公寫忠孝，山川民物皆詩料。眉山上溯浣花谿，與君並洩川蜀奇。世人概君詩與酒，未知酒趣安知詩？天子待君非草草，不令但作神仙老。翰林司諫還司封，搏身總覺罡風好。潁川黄次公，太守階丞相。君亦何必然，適意惟所向。詩人有性真，親民即宜民。良二千石古稀覯，患在麻木而不仁。以君愛人深，何人不拊循？以君愛才切，何才不陶甄？籩言嗤隨園，作吏俗而已。必若戀清華，奄然死文史。五馬威儀況已尊，君意並無輕與軒。屈己爲民得展布，趨風手板如雷奔。信口贈君詩，爲君酌大斗。不信送人作郡者，勸食升米須止酒。萊人釀酒東海濱，早晚獻作公堂春。君於酒間提大筆，中和樂職自成什。此時持詫高陽徒，風雲月露增色無？君説悦我言更呼燭，吏事談餘詩事續。卻怪旁觀老吏但顰蹙，終席愁君不能俗。（《今白華堂詩録》卷二）

【元夜雲間會館與張子白論詩達旦，因題其集（其二）】清辭麗句滿人寰，多爲仙才謫世間。《主客圖》成誰抗席，藏園去後有船山。（《今白華堂詩録》卷五）

【題張船山檢討問陶詩集】仙才佛性總神通，真氣驚人障礙空。不論千秋先快意，如君直得爲詩窮。（《今白華堂詩録》卷六）

吴榮光

【松柏遐齡圖聯句】墨緣無古今，所樂在良友。張船山問陶。春筵同讀畫，發興藉詩酒。伊墨卿秉綬。灑落見高情，淋漓皆妙手。温篔坡汝适。樓松映綺柏，交倚勢蚴蟉。鄭季遥應翰。秀添老樹横，奇增怪石陡。葉雲谷夢龍。竹小風力勁，芝香歲華久。温竹堂汝遵。遠岫氣欲蒸，平沙界如畝。伍東梧良。幽亭露巖罅，薰風拂林藪。荷屋。有境必心造，其人自眉壽。船山。苔岑各標織，一一紀誰某。墨卿。放筆爲直幹，尊古名不朽。篔坡。合作緬黄王，奇蹤信非偶。季遥。趙沈繼丹思，成以麓臺叜。雲谷。

當時集群彦，揮灑露臂肘。竹堂。後先合衆美，氣象羅萬有。東梧。妙墨煙過眼，往事星度留。荷屋。彈指閲四朝，臨觴重回首。船山。英靈一時會，磊落百年後。墨卿。勁挺傲歲寒，鬱律蛟蛇走。筤坡。古香襲籤軸，遐齡兆耆耇。季遥。柯葉洵不改，千村又花柳。雲谷。披圖共觀玩，珍重逾瓊玖。竹堂。賞奇有同情，何妨醉一斗？東梧。檢韻肯重來，卜夜剪春韭。荷屋。（《石雲山人詩集》卷五）

洪飴孫

【張船山先生】雲仙騎白鶴，游戲入蓬瀛。偶吐芳蘭息，都成玉笛聲。緑章朝奏事，石屋夜含酲。碧落高千丈，驚人定一鳴。新由翰林改官御史。（《青埵山人詩》卷六《春雨懷人詩五十首》，其十四）

齊彦槐

【張船山太守問陶輓詞】太白東坡不世出，岷峨終古爲誰青？畫師近日真無數，詩筆先生獨有靈。千首才名身後壽，百年官職夢中醒。船山有句云「晨鐘敲醒夢中官」。海山約語何時踐，愁絶滄浪舊草亭。去歲與船山會於滄浪亭，以詩見贈，有「但祝紅塵功行滿，仙山攜手未應遲」之句。（《梅麓詩鈔·梁溪集上》）

【題張船山太守《載酒前緣圖》爲楊子堅鑄作】船山初在京師，見子堅詩，題云：「短句長篇無不好，舉杯驚歎此奇才。請君準備今宵夢，我欲南飛載酒來。」後數年，晤於吴門，爲作是圖。歐梅韓孟當年契，未有才人不愛才。今日九州誰識子，會看華表鶴飛來。

鴻泥又見東坡蹟，鯨海空懷太白才。老我紅塵將謫滿，先生何處盍歸來？「且有紅塵功行滿，仙山攜手未應遲」，船山題予改官以後詩句也。今予將乞休，船山已歸道山六年矣。（《梅麓詩鈔·粱溪集下》）

周爲漢

【分龍行同張船山太史問陶作】四山晝晦雲蓬蓬，沸空驟雨應分龍。重除霆霿頑而風，萬尾妖露纏青紅。水官烏衣佩盧弓，海馬群嘯飛鐵驄。黑旛皂蓋天昏瞢，玄旍十丈緇帡幪。蒼水使者漆背胸，水魅黝臂黔面容。雲淵九旋探驪宮，起龍撾鼓聲鼟鼟。龍伏湫底相噞喁，采鱗照灼蟠金蟲。植角群聽搖尾鬉，張吻噓氣青濛濛，霹靂倒走群山聾。電光礹磹燒蒼穹，怪氣千道裂白虹。海水怒掣争相從，蜿蜒而起横復縱。爪甲出没波千重，忽然而怒牙鬣雄。夭矯萬丈拏高空，火師張傘形穹窿。紫煙朱焰光熊熊，乾蛟旱魃行蹱蹤。以死争抵揮戈鏦，列缺獰怒驅豐隆。蛟鼉鰲蚌併力攻，絳葆漂折毛氋氃。彤車浮没隨急淙，赤城啾啾啼祝融，頳虬折角逃無蹤。帝曰渥澤貴均同，持符遍遣分寰中。沾灑楚蜀滅飛烽，遍雨畿外歡良農。或適南北或西東，萬角矞矞行尖峰。行看折首擒元兇，民萌謡咏歌年豐。峨眉仙人淬詞鋒，新詩險奥彫鴻濛。我今繼組不貴同，自娱以怪羞凡庸。嗚呼，安得手攜天瓢訴天公，身騎龍背代雨工？（《枕善齋集》卷七）

【大雨紀事用船山先生韻】渫雲忘旦暮，急霆雜雌雄。魚鱉將争市，蛟虯不去空。灘聲千派合，野哭萬家同。何處尋阡陌，無心問歉豐。牆欹飛瀑下，堤潰大波攻。捲地濤何壯，浮天勢益洪。泥塗連馬没，陸路藉舟通。寄命黿鼉外，儕身蛤黽中。乾坤歸滲漉，煙靄接昏蒙。儆水咨堯聖，防河憶禹功。俄驚奔浪白，暫喜落霞紅。亂瓦隨漂泛，平田没混濛。魚頭沉浩劫，蒿目惻皇躬。發廩方加恤，興工爲濟窮。天心寧慘毒，帝德本豐隆。塞異需群策，調元望上公。民皆悲泛宅，士敢怨飄蓬。堦蘚頑青澾，簷淙碎玉瓏。頹垣成斷嶺，破屋類孤篷。嘆息晴難卜，通宵聽草蟲。（《枕善齋集》卷七）

【長句奉酬船山先生見贈之作】我生泛泛如沙凫，十年浩蕩浮江湖。稻粱稀少毛羽濕，波浪拍天儔侣孤。文章刻陗取徑殊，陰風抱筆號鼪鼯。亂峰狂走鬥稜角，凍木僵立凋皮膚。殘燈歌笑雜嘯呼，不能媚人聊自娱。項强喙硬苦鑿枘，以此坐困常囚拘。船山先生古丈夫，以狂自晦稱酒徒。風雷入吻抉秘寶，蛟龍脱手拏靈珠。嵯峨神劍跳洪爐，筆情拗媚獰且都。小儒泥古受束縛，心膽破碎空睢盱。我昔捧卷慚疲駑，快意似讀謨觴書。禰生有刺久漫滅，望門將進還踟躕。新吟繼組徒描摹，强驅豕鹿追虎貙。豈知擊節謬見賞，朗吟敲碎紅珊瑚。佳句不惜投瓊琚，驅我愁病如靈符。吟餘意氣忽奔放，眼中已覺無窮途。浮生何必計菀枯，有人知我甘齟齬。天涯失意夢江海，得此暫可忘蓴鱸。縱羞爲報無瑶瑜，猶雕小説明其愚。昂首嘶鳴向知己，嗚呼困驥方泥塗！（《枕善齋集》卷七）

【寄呈船山先生二首】骨相而今定不奇，風塵深媿受公知。難投俗好才原拙，暫出名山悔未遲。夢裏菰蒲尋舊隱，客中冰雪到新詩。二年京國吾何戀，苦憶元亭載酒時。

身如駑馬倦騰驤，剪拂深恩未敢忘。漫借談諧銷磈礧，不將窮達定文章。盟存誓莫孤公賞，酒熱知猶念我狂。三尺短轅途萬里，回頭涕泗滿衣裳。（《枕善齋集》卷八）

袁通

【子山司馬招同吴山尊侍讀，張船山、花曉亭杰兩檢討，汪農祥比部賢登，錢小謝大使廷烺，吴蘭園大令自求集尺五莊紀事】占得金臺勝，名園載酒過。林疏篩日碎，廊曲貯秋多。撥棹驚魚夢，停箏待客歌。新涼此間早，小坐怯衫羅。

争選盤陀石，分曹各舉盃。酒龍誇户大，醉虎任人推。柳碧連衣染，花紅隔綫猜。是誰工謔浪，顛笑忽如雷？

料得酒旗星，偏從此地明。寒花依客瘦，落葉打盃輕。山遠遮天腳，風停墮雁聲。夕陽先客去，暮靄一時生。

且住爲佳耳，紞如鼓又催。怪他銀箭速，未許玉山頹。鐙影扶城直，溪煙渡水來。登車重回首，不盡此低徊。（《捧月樓詩》卷三）

【船山畫殘荷鷺鷥小景屬題】羽衣生就似胎禽，只合鵷鸞隊裏尋。可爲饑軀減風骨，臨波忽動羨魚心。飄蕭瘦影入溪流，零落殘荷不耐秋。風露滿天歸未得，怕他相笑有閑鷗。（《捧月樓詩》卷三）

【肅邸招同輔國公思元主人、吴山尊侍讀、張船山檢討，及世子次川主人西園小集，適值微雪，即席應教】高殿巍峨綺席開，瑞煙濃處泛瑶盃。黄封賜飲天家酒，絳蕾香翻閬苑梅。雪向簾前呈玉戲，客從醉後認瓊臺。梁園末座真叨竊，慚愧曾無作賦才。（《捧月樓詩》卷三）

【題天橋酒家壁，因懷船山】墜歡重覓舊黄壚，長鬣胡奴健似初。我戴笠來卿莫笑，當時賓客盡高車。倚窗顧影自低回，早報觥籌盡百盃。醉向天河笑招手，張星底事不飛來？（《捧月樓詩》卷四）

【船山招同山尊、蘭園及令兄亥白孝廉問安集興勝佛寺劇飲話别，即席成句】九品伊蒲供，同餐護世城。虚廊圍月影，香梵雜春聲。詩膽因君小，離愁爲我生。酒旗星一點，戀客倍分明。（《捧月樓詩》卷四）

【車中憶京師交游之盛，各懷一詩，得四十首，尊者疏者，概不預焉（其十、十一）】人以多才推鷙鶩，我緣讀賦重枏榴。肯因遲踏蓬山路，便説元方遜一籌。張亥白孝廉問安。

不聞人恨劉四罵，儘有客誇張旭顛。絶代才華問誰似，衹應抗手李青蓮。張船山檢討問陶。（《捧月樓詩》卷四）

【百字令將自都門還秣陵，留别張船山問陶、吴山尊鼒、戴金溪敦元、汪劍潭端光、趙味辛懷玉、邵壽民葆祺、尤二娱維熊、張子白若采】驪歌滿耳，是勾人舊恨，别他今雨。一帶春明門外柳，從不繫人車住。河轉桑乾，霜林夾道，都化相思樹。數聲班馬，征夫最斷魂處。縱説紅玉消寒，青山迎客，漸近江南路。争奈一番離别後，總覺平添愁緒。祖席初闌，觚稜回望，相思攙如絮。不知今夜，夢魂何處先去？（《捧

月樓綺語》卷二）

【高陽臺船山招同山尊、蘭園、蘭風、小謝集寓齋，餞胡香雨以暉出都，填此誌别，並柬江南故人】風約萍開，鵑催客去，塵遮不斷歸程。好借深杯，爲君一浣離情。圍鐙記曲拈紅豆，有新愁、飛上銀箏。歎勞生，似雁辛勤，似葉飄零。　行行漸覺江南近，看柳縈車碧，山繞船青。回首長安，可還憶我零丁？故人相見煩傳語，恁年來、芳訊無憑。仗丁寧，肯任涼飈，吹冷鷗盟。（《捧月樓綺語》卷二）

【百字令蔣大冶師大鎔招同藍凡石嘉瓚、程藹人元吉、張船山集雙槐禪院，鬥酒徵歌，極一宵之樂。余己未秋曾寓此屋，坐客惟船山見我豪宕耳】春風有意，把朋簪吹聚，蔣家三徑。一片癡雲圍四座，薄醉未容旋醒。巧謎藏鉤，新聲擫笛，俊語關心聽。熒熒佛火，欹斜摇亂人影。　我是前度劉郎，討春重到，舊事貪重省。坐滿金貂厨有酒，絶勝當時清冷。按譜徵花，冶師新編《日下看花記》成。垂簾隔夢，漏怪今宵永。登車笑指，客星移近東井。（《捧月樓綺語》卷三）

【己未十月八日，訪張船山太史於京寓小游仙館，留飲，醉後寫秋荷一枝見貽，奉酬二律】小游仙館叩霜扃，落葉聲中響屧停。紅玉暖能消冷日，黄塵飛不進銀屏。尊前撫劍心空壯，醉後論交眼倦青。只恐司天有人奏，文星移傍酒旗星。

親把生綃尺幅裁，風荷爲寫一枝來。畫中秋比人間好，心上花從筆底開。慚我難爲名父子，除君誰是謫仙才？歸裝大可驕同志，攜得張顛醉墨回。（潘衍桐輯《兩浙輶軒續録》卷二十四）

金學蓮

【遲趙味辛舍人懷玉，伊墨卿員外秉綬，張船山檢討問陶不至】晚晴涼未已，秋氣此中分。有客待明月，清溪皆白雲。東西與南北，花葉隔夫君。欲醉莎蟲急，秋聲不可聞。（《三李堂集》卷二）

【飲酒贈張檢討】白日去不歸，青陽澹欲暮。昔種一株柳，今來已成樹。玉椀出珠簾，雙手奉殘露。露濃花易落，已遍春江路。問時何以然，酒人知其故。

薊都盛車馬，濯足思扁舟。不見東南水，亦向西北流。落葉自秋色，斜陽與登樓。蕭颯不復知，何況今日愁。我囊亦已空，問君有酒不？

燕趙多佳人，此語殊不然。安得長安道，有酒如流泉。子美易一斗，已須三百錢。而況羈旅客，强思酒中眠。豈無素心人，仰首望青天。箜篌不能語，一曲琵琶絃。

結束待騏驥，倏忽萬里遊。五嶽兼四海，三山與十洲。腰下太阿劍，俠氣貫斗牛。怒立掃攙搶，暮濯長河流。請纓丈夫志，局促南冠囚。咄咄世上子，多爲食肉謀。醉人繼以夢，一夢三千秋。（《三李堂集》卷二）

【醉歌贈張檢討】噫吁嚱，蜀道之難，難於上青天，君家卻在青天上。昔年飲酒到人世，逕跨黄鵠看春漲。春漲何茫然，一葉天上船。人世有酒不能供，一醉請向長安酒家眠。莫春氣暖東風顛，桃花歷亂飛璃筵。劉阮不復見，君真酒中仙。一壺爲寬八荒隘，劉阮魂猶在壺内。列星化石酒錢盡，輒賦新詩償酒債。君詩多愁似昌谷，銀屏哀怨箜篌曲。廢院春歸鵜鴂啼，荒臺夜冷狐狸哭。可憐白眼看青春，今古才人恨相續。君不見陶彭澤，李翰林，折腰歸來向三逕，謫仙月下騎長鯨。乃知詩人多愁酒人樂，君以詩酒娱平生。我欲四海之水化爲蒲桃醅，九天之雨皆倒垂。望洋將進酒，雨師助臨池。四海水乾，九天雨止，但見滿壁淋漓飲酒詩。（《三李堂集》卷二）

【送張船山還成都】紅樹青天白日寒，一囊詩句一儒冠。未聞南雁留歸客，剛起西風送冷官。身世如雲逢父老，關河走馬近長安。如今行路同天上，樂府無聲蜀道難。

西園南浦夢依依，客散渾如木葉飛。黄菊亂開花事歇，青山冷笑酒人稀。牛羊漠野天初净，草木陳倉路已非。忽怪早衰同白髮，夕陽亭子换綿衣。（《三李堂集》卷三）

【再送張船山】萬樹知秋一樣聲，南冠憔悴送西征。果然蜀道如天上，爲我丁寧問此生。

爲情懊惱爲詩臞，百語臨歧一字無。若説尋常離别恨，費君多少醉工夫。（《三李堂集》卷三）

【重送張船山】子規亂啼千樹血，夜夜思歸對明月。月明春色上征鞍，有客長歌《蜀道難》。角聲驚吹萬山動，瘦馬墮影驚殘夢。熊羆怒人狐兔奔，飢鴉啄肉荒山村。衝泥襆被隨春草，莫恨遠游歸不早。關山日暮塵沙飛，落花染紅生白衣。十年京國思鄉縣，故老相看淚如霰。無家若詠少陵詩，高堂有母驚重見。（《三李堂集》卷三）

【懷人詩（其六）】未從翰苑學文章，畫裏青天蜀棧長。那似五陵車馬客，一時踸踔少年場。張船山檢討。

張問萊

（《三李堂集》卷五）

【亥白詩草識】余伯兄亥白，仲兄船山，皆以詩名於世。船山登詞館，主文衡，官御史，出守大郡，繼先世之縹緗，荷聖朝之知遇，幸矣！乃年纔五十有一，以乞病解組，客死吴中，豐其才而嗇其數，吁，可悲也！幸所遺詩稿，得友朋及門下士爲之梓以行世，死者之心，庶乎稍慰矣。若伯兄亥白，才倍船山，少舉於鄉，以事母就校官，遂其循陔潔養之志。設得享大年，以名山著作傳之千秋，豈不偉哉！乃船山既殁之次年，亥白即相繼而殞。嗟乎！余同胞止三人，不數年間，兩兄繼逝，余其何以爲情哉！

亥白所爲詩古文詞，篇帙繁多，剞劂不易。余將乞養歸矣，念兩兄同抱伯道之悲，撫此遺編，深恐其湮没無傳，用以所得微俸，刊亥白詩若干卷，庶幾並垂不朽。而質之亥白之知交與門下士，亦可以見余之苦心矣。愧余譾陋，不能爲文以弁卷首，謹綴數語，以俟當世之作者序而傳之。嘉慶二十一年丙子仲夏十又六日，遂寧張問萊識於杭州瘦竹幽花之館。（張問安《亥白詩草》卷首）

傅潢

【臨清道中聞張船山太守告歸】曾聽振跡下蓬瀛，已卜支離是此行。全仗申韓緣徑托，那容坡谷假官鳴。錦鄉嚇饋推三賦，詞海迴狂仗兩生。稚存先生有《兩生行》。終竟禪心貪自在，不教蓮舌弄蛙聲。

（《一朵山房詩集》卷二）

王檢

【飲杜詩集序】飲杜與船山爲從兄弟，於詩亦不辨軾、轍。船山天才踔厲，價重雞林；飲杜胚胎老杜，得骨得神，世鮮知者。船山狂，從人罵，飲杜恂謹若處子，雖妻孥不見惰容。故其爲詩，矩度謹嚴，而筆力恣肆，氣息淵醇，雅不愧古作者。兹款留余署，勸錄其稿，以未擕行篋辭。爰抒數語，俾刻諸名山，傳之奕世，而余亦得附名簡端，莫非厚幸。並以見飲杜與船山，固旗鼓相當，未易軒輊云。道光甲申中夏，年愚弟王檢頓首拜叙。（張問彤《飲杜詩集》卷首）

方廷瑚

【論詩絶句（其十四）】分龍吟罷氣如虹，酒國詩天縹渺中。世上浮名都不取，寥寥一序託生公。張船山。

太守詩集二十卷，以僧道嶸一序冠其首。（《幼樗吟稿偶存》卷一）

梁章鉅

【楊子堅茂才鑄以載酒圖册索題，即用册中韻】甫里祠堂稱寄客，藥菴太守是仙才。十年風雨山塘路，太息南飛鶴不來。（《退菴詩存》卷十六）

張船山太守問陶爲吴縠人先生錫麒之太夫人撰壽聯云：「惟善人現壽者相，有令子爲天下師。」亦質樸有味。時先生方爲國子祭酒也。（《楹聯叢話》卷九）

京師和春部戲館門外，有集句聯云：「和聲鳴盛世，春色滿皇州。」天然莊麗，云是張船山太守問陶所撰。（《楹聯續話》卷四）

王衍梅

【書船山集二十韻】喬木悲中壽，台星動九原。神寒天廟器，骨冷相門孫。落落難爲嗣，蒼蒼不可論。微官淹歲月，大集照乾坤。往逐金臺駿，蒙嘘褐石鯤。春風吹小草，舊雨過高軒。長揖盆花怪，狂歌幕月翻。螭頭空屬望，鴻爪但留痕。健筆無方駕，高才屈短轅。符分東海竹，膳潔北堂萱。竝舍桑堪種，堆牀笏亦尊。宦途成計拙，歸櫂失聲吞。悵望城南路，由來老屋存。艱難聞執友，哀慟塞前言。先生殁後無子，三女未嫁，後事托查君小山。侍者麻衣雪，淒其黃葉邨。斯文關骨肉，何物當蘋蘩？事業隨蟬蜕，形模想虎賁。張衡期再世，王粲渺迎門。揚子驚濤壯，峨眉落日昏。琳瑯紛委眼，瘴癘劇銷魂。（《緑雪堂遺集》卷六）

【次韻穀人先生《哭船山侍御三首》，重書《船山集》】斟酌橋頭日幾尊，侍御寓蘇門斟酌橋。酒星忽下與招魂。張衡再世終高壽，宋玉平生多大言。喬木祇今悲父老，瓣香何處屬兒孫？洪崖久應龍蛇識，汗曼交期到九原。

長憶詞源萬斛寬，漫勞屈宋作衙官。名場斷送狂生易，詩境消除霸氣難。殘稿尚應搜敝篋，老成誰替挽頹瀾？百年豹死留皮在，哭過隨園淚重彈。

唐花風景昔筵開，羊胛堆盤逐暖回。廿載催人泥雪過，六朝誤我鬢霜來。鍾君後事非關托，韋母衰年更可哀。腸斷渡江吴祭酒，蕭騷白髮哭驚才。（《緑雪堂遺集》卷六）

【讀船山詩，夜二鼓鼠聲啾啾，窗鐙作青色，奇鬼之氣來薄人，以詩中秋氣勝也。即用其體，得六首，以酒澆之】古怪精靈聚作詩，灑然摇筆總成奇。謊能扯到開天上，哀欲號來墮地時。藥店三年龍出骨，揚州一夢豹留皮。鯫生近亦頭如許，危坐青鐙兩鬢絲。先生流寓蘇州，患痢經年卒。

已近蓬山忽轉橈，無端海外覔韓潮。鑽研故紙蠅真鈍，諷誦阿房蝨亦妖。眼底鄉關兒女大，天涯廨舍弟兄遥。六時只覺清閑甚，老樹風吹一酒瓢。舍弟客龍川旬月矣。

月影梅痕滿地攤，高人與鶴縱蹣跚。一創耐我難醫俗，百事饒它易索癡。成佛只圖緘口坐，修僊生被打頭攔。紅泥大甕連宵坼，萬里春風換骨丹。丹蘿寄六年陳釀，自拜鄉處舁至。戴笠乘船兩謬悠，十年踪迹等浮漚。病忘一任王駘足，癡絶元同顧虎頭。詞賦定從前世證，江山經過昔人愁。河魨風味差堪憶，誰寫橙黄橘緑秋？先生題余《笠舫圖》云：「且戴笠舫笠，來櫂船山船。」又贈余古絹尺許，上寫籬笆，插緑橘兩枚，棘梢懸河魨一頭，題云：「秋雨悶人，寫得『最是河魨橘緑時』，爲老坡侑酒。」其風趣如此。

輦下相逢各尹邢，峨嵋山月一輪青。文章躔次星難亂，才氣盤旋鬼合靈。舊雨半隨林籜散，春風不放酒人醒。賣柴肩上横詩卷，吟入羅浮最好聽。

況是淒風苦雨天，一鐙如豆藥鑪前。樹於賤子稱無患，蟲爲先生弔可憐。兀傲早知非福禄，斕珊安見不神僊？對它手版横腰者，長揖盆花又放顛。長安大風雪，先生邀食燒羊胛下酒。甫入坐，一吏抱文書至，遂朗吟一絶云：「煮酒當圍鑪，小吏驀然至。長揖告盆花，余方有公事。」（《緑雪堂遺集》卷七）

【讀亥白詩，併識數語】二張同學蘇，坡潁具一體。亥白似黄門，秀語輒可喜。小舟沿春江，沙明石齒齒。及平凌風濤，顛簸不任使。船山慕老坡，下筆動奇恣。中流驅萬斛，豪健快無比。一綫坼盤渦，千金竟沈矣。雖皆性靈言，頗亦見根柢。假之以從容，所詣不止此。風雨夜連牀，鄉關秋共被。伯歌難爲兄，仲歌難爲弟。峨岷鍾靈秀，翠竹鵠鸞峙。嗷嗷宰相孫，終日窮不死。一守一孝廉，了此兩才子。（《緑雪堂遺集》卷七）

【四月二十五日旅齋悶雨，卧讀《船山集》，即效其體作數首，焚而告之】游遍南荒未是奇，更無奇絶冠君詩。語言爽朗鶯花怪，肝肺槎枒竹石知。薄宦送人流水速，微塵彈我出山遲。寓齋不炙倉鶊肉，一事差贏笑脱頤。

蠻煙瘴雨太昏昏，花漸披猖竹轉髡。矮屋竟如雲壓帽，醜山都用墨規臀。幾曾婢着雅頭韈，何處兒懸犢鼻褌？失喜髯翁詩句好，眼看么鳳挂朝暾。

七載淹留悟昨非，辦裝無力苦思歸。研田惡薄難收税，月俸蹉跎只典衣。紈扇忙時書債盛，蜜蜂散後酒人稀。蓬頭何物供消遣，卻賦金城柳十圍。時作《春柳》詩，故云。

紅棉落水半成萍，細草幽花綴滿庭。婦解除齋難斷藥，兒貪讀史怕荒經。摩挲棗木能無誤，鹵莽刀圭豈有靈？我自安心參米汁，白豪光裏勸長星。

結束空囊懶自攜，鷓鴣嗁罷子規嗁。上頭老女營釵釧，臨陣將軍習鼓鼙。鶴背無纏騎不穩，蛾眉有恨畫常低。吴孃水閣蕭蕭曲，一夜愁心過竹西。

梅邨騷雅阮亭風，變入隨園霸氣中。人盡登壇爲上將，子能堅壁亦英雄。女嬌妻瘦生多累，親老官卑死實窮。傳語峨嵋山上月，夜深長照浣花翁。（《緑雪堂遺集》卷九）

【船山、鐵雲、子瀟、芙初、蓮裳諸集羅列案頭，書二斷句】衍波牋紙競傳抄，一闋棠梨換蔗稍。唱徹滿場絲竹肉，元音到底不聞匏。

魚鮮論斗酒論斤，醉殺揚州月二分。生怕秦川公子鬼，仲瞿孝廉。夜深高唱出秋墳。（《緑雪堂遺集》卷十六）

【送船山侍御出守萊陽】一麾出守海雲新，舊是金蓮侍從臣。宦亦東坡曾到處，生原西蜀再來人。三山縹緲吟懷濶，一樹峥嶸畫趣真。見贈緑橘畫幅。爲語盆花留意待，「長揖告盆花」，侍御句也。歸朝重掌玉堂春。

蓬洲纔别向萊州，世態青紅閲蜃樓。好趁陽春敷化澤，要從滄海挽横流。官因例格遷仍調，侍御以迴避調部郎。人爲情多去尚留。五世綸扉勳業在，城南老屋漫回頭。（《緑雪堂遺集》卷十六後附《補編》）

陳鴻熙

【張船山先生問陶以詩見贈，因答】風流太守舊詞林，吴下相逢白髮侵。退老縱成飛鷁想，争奇還有釣鰲心。蘇臺煙月供憑眺，越國山川入醉吟。骨相我慚郊島似，韓門詎敢託知音？（《藤阿吟稿》卷三）

張井

【題張船山爲楊子堅鑄所作詩畫册】乾坤只數子，船山句。蹤跡苦難并。偶寄詩成讖，還將畫證盟。流連徵雅契，生死見交情。痛惜釣鼇客，連翩返玉京。鮑雙五宫詹，吴巢松侍講，均相繼歸道山。（《二竹齋詩鈔》卷四）

昭槤

【從張茶農解元借觀船山太守詩集，以詩代柬】仙人玉笛吹紫煙，驂鸞遠降蛾眉巔。腹爲筐笥筆作椽，紅牋白苧吟香荃。醉中兀傲同張顛，鞭笞元白奴騷箋。宫袍燦爛擁金蓮，一麾出守滄海邊。雙鳧舄化劇可憐，憶昔握手禁籞前。靈和張緒思當年，無由掇取《封禪》篇。東風獨對心茫然，鴻寶喜見孝廉船。高藏柱脊秘不宣，購求名駿乞九歎。芸窗午夜高燭然，口誦萬遍流香涎。賺奪恥效荆州衛，佇覩白璧歸藍田。城南尺五春正妍，詩筒聊代魚書傳。（《蕙蓀堂集》）

龔守正

【弔張船山師】冰銜曾署一條寒，曾上烏臺擁豸冠。太守頽唐時被酒，詩人疏放不宜官。參商誤讀《閑情賦》，迢遞空嗟蜀道難。丹旐尚聞吴下滯，一緘清淚漲河干。（《艷雪軒詩存》卷二）

張澍

【渡河宿亢邨，和張船山問陶前輩壁上韻二首】黄河流曲折，徑渡未迷津。西笑長安地，南征落莫人。關山多雨雪，巴蜀正沙塵。我已征塗久，看看過小春。

幾度勞商曲，今兹尚問津。佳哉日夕氣，老矣眼中人。北顧思豪傑，東華夢軟塵。拂牆紅袖未，下里愧陽春。（《養素堂詩集》卷三）

【游虎丘遇家船山問陶前輩，晚歸寓舍共酌】生公石上坐移時，大笑魚驚躍劍池。路畔行人休見怪，萊州太守自吟詩。

歲星曾此作書師，我亦來尋短簿祠。忽漫相逢仍乞畫，猢孫驥子與猧兒。

歸來話舊各淒然，如此頭銜共謫仙。夜半鐘聲何處寺，明朝好訪孝廉船。錢衎石孝廉來蘇，尚未得見，擬同訪之。衎石係船山年姪也。（《養素堂詩集》卷七）

喬載繇

【和張船山鐵棺峽詩】人迹不到鬼可上，天半六丁闢幽壤。万古不肯沈九泉，此人生前必崛强。芻靈明器久已無，雲氣殘魂互來往。或云其中藏兵書，高自位置誰披講？姑妄言之姑妄聽，寄跡留供詞客賞。茫茫天地君何爲，縱免犁鉏亦榛莽。桓司馬固是癡人，此子毋亦心不廣。不如荷鍤劉伯倫，隨處青山秋月朗。（《學讀書齋詩》卷一）

梅成棟

【梅花四首上張船山夫子師遂寧人，是科棟出夫子門下】冷蕊疏枝久自憐，冰心墮入有情天。百花開處原無我，一點香中別有緣。瘦近孤松幽近竹，淡宜野水韻宜煙。如何一種清寒骨，見賞人間姑射仙？

霜姿才吐舊寒林，已分蕭疏避世深。冷處不妨容傲骨，閑中誰信有知心？未宜美女薰香對，自許高人踏雪尋。谷口嫣然成獨笑，任他風雪苦相侵。

鉛華難染玉爲胎，獨立春陰漠漠苔。不借風吹香自在，似因花好月方來。已甘泉石幽相託，誰信冰霜冷尚開？賦性未投塵俗好，前身或是住瑤臺。

感激東皇一夜風，疏枝開作玉玲瓏。抱香骨格情原別，種樹心情愛自同。已避斧斤逃世外，幸隨桃李列門中。未知此後栽培力，可及龍門百尺桐？（《欲起竹間樓存稿》卷一）

【書船山夫子詩集】手握猶龍筆，盤空自在行。時人憐酒癖，天上識狂名。福以才應減，貧知骨太清。焚香鈔一卷，風雨對先生。（《欲起竹間樓存稿》卷一）

【和張船山先生出守萊州留别原韻六首】五馬遥臨渤海東，家傳清德想餘風。舊時遺愛停車認，多少甘棠古道中。

廿載清華已慣貧，繡衣久涴洛陽塵。此行莫負青州醉，太守風流愛酒人。

蒲鞭卧治政蕭閑，海上風煙笑解顔。始信詩人有仙骨，一官遥領到蓬山。

法座文星夜有光，曾經玉署作仙郎。花開畢竟懷天上，知對紅梨夢渺茫。

幾番撫我歎浮沈，梅冷空山雪已深。憔悴方干顔欲老，十年辜負愛才心。

門牆桃李會團欒，祖帳都城酒未寒。惟有鯫生隔海角，幾回遥向五雲看。（《欲起竹間樓存稿》卷二）

【哭遂寧張船山夫子】甲戌之冬，徐立山自山東來，云先生有捐館之信，得自風聞，驚痛之下，且信且疑。頃接曉林札，云先生病没蘇州小山查公别業，已爲歸柩於蜀。捧札淚湧，設位而哭，敬賦長句四章。不信坡仙解世塵，經年訛語竟成真。政垂東海歌三異，天使西川少一人。酒後疏狂容駡座，詩中指授許傳薪。禰衡此後誰知己，痛負憐才十六春！

夫子平生古誼敦，彼蒼摧折竟何論！在官本有歸山夢，未老胡成客死魂。白傅風流無子續，青蓮才調僅詩存。仰天一掬孤寒淚，何日彭宣可報恩？

廿載浮沈老宦情，吴門本爲罷官行。浣花舊宅魂空返，陽羨歸田志未成。誰向淮南哀庾信，空教海角哭鯫生。倚門白髮曾知未，易簀應聞唤母聲。

此去西風萬里橋，一棺應伴草蕭蕭。縱知不朽名能在，果使長眠恨可銷。蘭葉香閨秋寂寂，梅花空館夜迢迢。埋公須用峨嵋雪，千古騷愁酒自澆。（《欲起竹間樓存稿》卷三）

【雜言五首（其三）】著詩尚覺勞，吟詩乃陶然。不吟古人詩，喜讀今人篇。古人去我遠，今人在目前。一帙《船山集》，一卷《念堂草》。船山我尊師，念堂我至好。欲與二公談，輒一翻其稿。（《欲起竹間

【幾回欲作南游，展轉中止，再賦詩，寄示念堂（其二）】途窮妙悟始能開，從此安心故紙堆。記得船山夫子説，「今生原爲讀書來」。（《欲起竹間樓存稿》卷六）

【張船山夫子詩集題詞】夫子早列詞垣，以詩名世。棟雖門下士，所知者不過散篇斷句，得諸傳聞。乙丑春應禮闈試，謁夫子，求觀全稿，夫子曰：「全帙過繁，難於郵寄，不如陸續觀之。」取此卷授予，蓋止癸丑、甲寅、乙卯三年作，計詩七百一十首。已而棟報罷攜歸，長夏課餘，續而録之，及秋始竣，原稿繳還，且求續寄。時夫子以檢討改官御史，移吏部，事冗未及檢付，旋又出守萊州矣。故棟所存，惟此三册，什襲之藏，如拱璧焉。

噫！棟以庚申科受夫子知，得與賢書，時方青年，深蒙愛許，以遠大期之。乃歷辛酉、壬戌、乙丑、戊辰數科，同門中如龔季思、瞿子皋、姚伯昂、查又山諸君子，皆後先騰達，致身通顯。惟棟以不才黜落，蠹瘠螢乾，於書問乞活。嘗有句寄夫子云：「桃李門牆開遍了，春風何日到梅花？」夫子答云：「莫向東風羨桃李，梅花已作杏花看。」一時都下傳爲韻句。今屈指又近十年矣，棟之潦倒者如故，而夫子亦宦途坎壈，甲戌歲解組南游，病没於虎邱。是夫子知人之明，重爲棟之不才累，而棟之落拓者，終無以慰夫子愛許之心也已。蕭然蓬蓽中，惟抱一卷殘詩，與共風雨，謦欬猶在目前，芳型懿德，竟不可追，言念及此，每不知涕之何從也。按，夫子姓張，諱問陶，字仲冶，號船山，四川潼川府遂寧縣人。乾隆戊申恩科登北榜，中庚戌三甲進士，授檢討。嘉慶庚申恩科及辛酉分校北闈，己巳分校會闈，得人最盛。由翰林改侍御，轉吏部郎中，出守山東萊州府，著循聲。有飛言公以詩酒自娛，弛於政者，大憲以爲言，公傷孤立勿諧於時，引病南游，卒於蘇州虎邱之寓園。先生志在江南，竟没於江南。查公有圻與先生厚，遣人護匶，返葬遂寧，而梓先生詩。公卒年五十，無嗣。（《欲起竹間樓文集》）

吐鳳文章五色裁，高吟傳遍謫仙才。一時價貴津門紙，争寫先生詩稿來。
詩酒情懷意味真，清華何愧一官貧！只愁海内傳佳句，錯把今人當古人。
蜀江從古有才名，妙筆誰傳天地情？千尺峨嵋鍾秀氣，青蓮一後屬先生。
金臺煙雨夢天涯，悵問吟壇舊絳紗。桃李門牆開遍了，春風何日到梅花？乙丑七月念日，捧讀船山老夫子尊詩卷，呈四絶，門生梅成棟拜題。（上海圖書館藏稿本《船山詩稿·京朝集》卷首梅成棟題詞）

先君子雅村公家無半畝，槖筆硯遊半天下，卒飄泊無就。所留遺墨，争購爲寶，人謂名能奪福，想不誤。船山師題我家《友蘭圖》云：「奕世相傳翰墨尊，南昌仙尉舊兒孫。畫中神品詩中伯，名士真難聚一門。」圖爲先君畫，棟敬題有云：「但得人如蘭氣味，何分富貴與寒酸？」

先師張船山夫子詩，清妙頗有與芥舟老人相同處，如「芙蓉花下小簾櫳，春草秋苔地數弓。敞盡北窗新緑滿，一籬瓜蔓作屏風。」《種花》句云：「門無芳草徑無苔，灑掃黄塵日幾回。如此零星花數朵，虧他蜂蝶會尋來。」《家居》云：「茶瓜留客午風清，話到桑麻便有情。除卻求詩兼送酒，花南絶少扣門聲。」

余家有《水中梅影百首》一卷，後載嚴海珊《梅花》四首云，……繪影繪神，可稱佳構。及觀船山師《梅花》八首，自闢一境，獨抒胸臆。「銅瓶紙帳老因緣，亂我鄉愁又幾年。莫笑神情如静女，須知風骨似飛仙。生來逸氣應無敵，悟到真空太可憐。世外清名原第一，不修《花史》亦流傳。」三首云：「香雪濛濛月影殘，抱琴深夜向誰彈？閑中立品無人覺，淡處逢時自古難。到死還能留氣韻，有情何忍笑寒酸？天生不合尋常格，莫與春花一例看。」又如：「贈我詩難應束手，笑他人俗亦知名。」直以癯仙自爲寫照。

「身如無累貧原好，事到因人易亦難。」此同門慶雲崔曉林句，船山師嘆爲「十四字千古不磨」。曉林《柳枝詞》云：「偏是荒郊無客送，牧童拗作打牛鞭。」方鐵船主政元鵾以爲人所未道。曉林名旭，號念堂，庚申同出張船山師門下，著《念堂小草》初刻、二刻。

念堂《秋夜》結句云：「深宵寂無人，淡味惜獨領。」師批云：「遥遥同領者，宇内尚有船山。」念堂云：「向與船山夫子言及，三兒光箕七八歲頗能作小詩，後寄來小元寶數枚，題云：『與小門生小詩人買果子吃。』此老風趣如此！」念堂《勖子》詩云：「髫年得句頗清新，曾致先師寄俸銀。莫負老船奬勸意，封題呼爾小詩人！」

「盆山紅雨漸闌珊，猶鎖晴窗護曉寒。自笑憐花心耐久，將殘總作未開看。」「忽從邊塞聽秋聲，少日英雄氣早平。馬上回看天萬里，一鉤秦月照長城。」「船窗低壓小紅欄，鎮日青山畫裏看。奇絶一灣瓔珞水，更無人處自珊珊。」三詩皆船山師自書，集中所不載，念堂嘗欲輯師外集，姑識之。

詩佐國史不及。許丁卯《題衛將軍遯廟》云：「漢業未興王霸在，秦兵才散魯連歸。」歎其補唐史之遺。我朝壯烈伯忠毅李公長庚勦海寇數十萬，厥功甚偉，船山師輓之云：「隻手强於百萬兵，居然大海一長城。生成飛將真才氣，配得青蓮古姓名。舵尾有龍擎使節，刀頭如雪湧詩情。十年漭漭東溟水，都是英雄戰鼓聲。」沈雄悲壯，李公足以不朽。（以上《吟齋筆存》卷一）

船山師德配林夫人，和師句云：「得配人間才子壻，不辭清瘦似梅花。」一時傳爲閨房韻語。癸酉春夏之交，荆人病瘵，羸不可支，曾戲之云：「嫁得寒酸劇苦辛，腰圍清減舊時裙。蕭疏我已梅花瘦，卿比梅花瘦幾分？」轉歲遂以不起。每一念及，輒爲於邑。（《吟齊筆存》卷二）

王鳳生

【張船山太守問陶　四川遂寧進士，官山東萊州府】醉墨淋漓任所之，忽然怒目忽低眉。論才世可無雙品，應運天成一代詩。官職科名隨遇了，湖山花月偶情癡。江東忽失瑶臺鶴，天上酒星光陸離。（《感逝草》，其十七）

姚椿

【相逢行贈張船山檢討問陶　時六月初七夜大雷雨作】昔有謫仙人，乃在峨眉西。錦袍捉月去，江潤星光低。天公憐其生前窮，仍遣跌蕩遊金閨。猶恐調羹呵硯太得意，但使手中一盃長與笑口齊。又恐酒酣狂態逕發作，一病揮去黄頽黎，惟有珠玉欬唾一一隨風飛。我愛謫仙詩，親至謫仙地。天邊惟有長庚明，地下曾無酒人醉。側聞張公子，乃是相公之孫今太史。問君才調夫如何，萬古長流一江水。我在君不歸，君歸吾不及，參商相避出復入。君之婦翁吾父執，小友呼余許長揖，待君不來悵獨立。君亦竟不來，我亦竟不留。岷江之水東西流，誰能對此長無愁？越中山色聞大好，我欲從之白雲表。醉來忽拍洪厓肩，道是新詩更殊妙。湖頭西風吹，有客梁園來。傳君題壁句，雲氣猶裹回。紛紛盡道無名氏，我云此是張公子。夷光豔色天下無，絶代銷魂美人死。美人死，名士生，兩峰一笑都有情。因君弟來實吾語，失喜不覺持杯傾。孫郎一卷書，哲弟數行字，我自錢唐遠攜至。君藏人海我湖山，此地相逢亦天意。於今燕市酒徒少，慷慨悲歌竟何謂！聞君新作《驛柳》詩，不待看詩已憔悴。和君作，知君心。柳意淺，人意深。子規乃是西飛禽，禽兮禽兮懷其林。宵來雷雨破門入，忽見君詩云記日。相逢都説蜀道難，請看淋漓化工筆。石氣夏裂，松聲晝哀。散關月明，嘉陵風來。歎險阻兮如此，豈五丁兮可開！堂堂燭滅雨聲大，使我傷心淚潛墮。六歲入蜀今廿年，如醉如夢如游仙。眼前有景偶然作，佳句何曾錦囊索？憐余亦有數篇詩，今日逢君偏寂寞。黔南將軍愛客豪，一朝籍没隨蓬蒿。六丁取此亦何用，但可變作寒蟲號。一讀君詩意良快，勝遺麻姑替搔背。忽然西望發深悲，不獨故鄉爲君喟。成都留守方躊躇，玉關行人慘不舒。君家難弟差最樂，每食祇進西湖魚。天涯易發窮途慟，不合詩篇更拈弄。更闌雨歇夢西行，太白星芒森不動。

（《通藝閣詩録》卷三）

【驛柳四首同船山檢討作】西望迢迢氣莽蒼，含情共憶碧雞坊。舊時繫馬當官道，今日棲鴉易夕陽。萬里橋頭新市冷，五丁峽外故營荒。錦江春色知多少，可有春風到戰場？棧雲多處往來頻，更指長江幾問津。三月煙花飛别夢，萬山風雨送吟身。金城南望猶哀郢，灞水東流不返秦。莫爲悲秋便憔悴，與君俱是歲寒人。看慣天涯木葉零，眼中有意是西泠。酒人舊雨還今雨，遊子長亭更短亭。此地自然春水緑，相逢無奈客衫青。湖頭莫奏關山曲，羌笛聲高不忍聽。驢背桑乾慘不驕，重來怕折最長條。黑頭似我仍飄泊，青眼憐渠也寂寥。如此婆娑知意盡，黯然離别覺魂銷。祇今走馬章臺客，懶更閑情憶舞腰。（《通藝閣詩録》卷三）

【禮烈親王克勤馬圖歌并序】順治初，汪户部琬爲作《傳》。嘉慶間，王裔孫乞張檢討問陶補圖。克勤，華言棗騮也。

禮王忠勤史書述，出塞成功功第一。天家龍種皆殊常，嗟王子孫世忠實。王廐有馬形棗騮，天降神物驚中州。身踰一丈高八尺，迴立閶闔風颸颸。殊形異狀不可控，戰鼓聲中發奇縱。旋毛腹下鱗甲飛，肉角耳間磈礧動。白山蒸雲踏破碎，黑水奔雷捲鴻洞。一騎横衝不動塵，萬人壁立觀神勇。汪公作傳如作圖，張公作畫追形模。雄心千里看日落，猛氣一往臨風呼。翻思軍中病創日，四蹄踣泉泉怒出。明駝卻避猛虎立，紛紛遁逃狐兔泣。百年王薨泗哀涕，一夜悲鳴動房次。徘徊猶念芻秣恩，逡巡豈顧帷蓋惠？國士酬知何慷慨，忠臣事主有名義。王今勳業上凌煙，馬亦英靈走天際。世間萬事貴相當，何物烏騅爲君逝。君不見，古來杜甫善咏馬，僅有東坡能繼者。鄧公都護爾何

人，空對曹韓畫中寫。如王忠烈埋碧草，伏阜庸姿坐悲咤。功臣遺事動如山，虞伯生句。弔古憐才淚盈把。（《通藝閣詩録》卷三）

【同吴穀人錫麒、法梧門式善兩庶子，秦小峴瀛觀察，汪劍潭端光郡丞，趙味辛懷玉舍人，張船山檢討看菊有作】同是餐英客，言尋種菊翁。人來殘雪後，秋老此花中。酒味尊前韻，琴聲户外空。歲寒珍重意，晚節在群公。（《通藝閣詩録》卷四）

【張船山檢討席上賦《葛洪移居圖》】張公愛《抱朴》，託意隘宇宙。方技廁景純，每嗟史臣陋。示我《移居圖》，萬象集奔輳。風雲起絶足，日月閉雙袖。大塊一蘧廬，柱以金石壽。我躋湖上嶺，朝華挹穹岫。封侯著書事，計算終自寇。不死彼何人，明當訪勾漏。（《通藝閣詩録》卷四）

【將出都，船山畫鷹爲别】詩人挾秋心，雄猛入寥廓。握管氣無前，一掃萬鳥雀。獨立謝軒輊，高騫何竦削。生平恥依人，睨視絛鏇縛。千秋狀鷹馬，奇絶杜陵作。君昔題錢圖，錢南園副使畫馬。語未坡谷弱。爲我今寫此，勢欲闖帷幕。風沙浩漫漫，絹素開漠漠。江南煙水地，夢斷臂韝樂。手抱兹圖歸，横空望鶥鶚。（《通藝閣詩録》卷四）

【聞船山改官有寄】落落當官意，金門大隱憐。神仙猶有劫，文字未空禪。蹤跡憑詩卷，生涯辦酒錢。故鄉三畝宅，薄宦説歸田。（《通藝閣詩録》卷八）

【兼山書來，言船山病殁於虎邱，作詩二十字弔之】太白狂呼月，東坡笑買田。江南留蜀客，待爾作三賢。（《通藝閣詩續録》卷一）

【題船山遺稿次見贈韻四首有序】船山詩稿多散帙。庚申在都下，有詩四首，書扇見貽，頃偶檢獲而刊集失載，因次原韻録存之。浮生原偶寄，噩夢忽驚回。飲斷人間酒，收還地下才。何心官職競，多事佛仙來。怕聽蕭蕭竹，空餘叔夜杯。

作意都成巧，無心偶出奇。龍涎天上試，鶴背夜深騎。冷月神猶妒，癡雲夢亦疑。倉庚能療疾，休問入宫醫。

成都春萬里，潦亂浣花箋。多難干戈久，還家道路偏。夜愁孤燭語，秋夢一琴傳。我亦題橋客，拋書更自憐。

喻俗詞原淺，憐才意自真。浮名千載事，俊語六朝人。長揖揮卿相，新聲泣鬼神。空山餘澹薄，寶氣獨終淪。（《通藝閣詩續録》卷一）

【檢舊書，得船山所貽論詩一首，感次其韻】飲酒苦易醉，作詩苦易愛。何能泯人我，不住亦不礙。讀書無心得，劍首一吷戴。自從風騷來，文字幾流派。新機遞相生，前哲若有待。苟無歧羊亡，詎喟牧馬害？衆音人心起，調刁動虚籟。疾風不終朝，萬事忌太快。并包渾沌始，馳驟荒極内。巧力得兩能，人天合分界。袖中大海水，不假涸轍貸。真能放一切，自可證三昧。作者今雖多，無邪聖所戒。譬如丹青工，不掩真骨在。拘儒牽文義，賢達舉大概。誰能會其通，有筆擲天外。（《通藝閣詩續録》卷二）

胡永焕

【讀船山太史詩】詩人又見西川出，太白東坡妙繼聲。絶代奇才關地運，一時好語本天成。沈思獨往無今古，信手拈來有性情。自愧篇章等曹鄶，合教鞭弭避前旌。（《龍尾山房詩存》卷六）

黄安濤

【張船山侍御爲家大人題《馴鹿莊圖》，即用原韻誌謝】久矣西川識草元，新從翰墨結清緣。詩非賈島誰呼佛，才到眉山合號仙。烏府直聲爲世重，洛城破屋借公傳。瑶牋會附南飛鶴，定博軒渠一笑前。（《詩娱室詩集》卷四）

宋翔鳳

【論詩絶句三十四首（其二十五）】解嘲雅類東方朔，任達誰知阮步兵？卻想寶雞題壁夜，匣中雄劍亦長鳴。船山太守。（《洞簫樓詩紀》卷四）

汪仲洋

【王春波名霖，江寧人。爲亡室朱氏繪遺照，船山侍御題名「緑莊嚴清影」，感賦一律】秋風涼月易銷魂，淚濕青衫不鼓盆。韻太清寒花有劫，圖緣哀怨墨無痕。從教没世隨行篋，也當他生聚故園。割肉東方前日志，那堪回首更重論！（《心知堂詩稿》卷七）

【張船山侍御諱問陶，四川遂寧人。惠寄便面，上畫牡丹一朵，并繫以詩，次韻答謝】齊紈妙製無雙譜，小扇香開第一枝。聊藉好花傳氣韻，偶從佳句見丰姿。名成絶代防人妬，色縱傾城願自知。我是芙蓉江上樹，春風廿四苦參差。（《心知堂詩稿》卷八）

【寄懷張船山侍御】頻將尺素問如何，瞥眼懷人半載過。酒禁未妨寬太白，詩名誰解累東坡？官躋亞相依然冷，諫切明時不在多。莫便看雲勞遠夢，春暉無恙照岷峨。（《心知堂詩稿》卷八）

【題王竹嶼通守《江聲帆影閣圖》圖爲張船山太守作】崑崙之陰崑崙陽，江河分源非荒唐。河自靈查走北戒，江從犂石流朱方。穿過繩橋入益部，群山紆迴長江長。灘擁峽束氣不鬯，瀾翻湍急勢莫當。東出彝陵落平曠，北吞漢沔南瀟湘。縱横趹宕恣所適，崎嶇歷盡逢平康。軒波但覺乾坤隘，盤渦旋轉聲雷硠。朝宗於海未到海，金焦兩點涵茫茫。投鞭何人漫侈口，敢輕天塹猶濫觴。濫觴羊膊亦此水，源流大小誰測量？有如丈夫守故我，隨人用舍成行藏。時會所值偶流露，世俗强欲分低昂。

看盡浮漚作砥柱，相喻惟有瑯琊王。王郎與我鄰江住，金陵玉壘遥相望。我無揚子一廛宅，君有摩詰輞川莊。三間閣子凌雲起，堆床貯案皆縹緗。讀書著書此閣内，揮麈風流疇頡頏。開牕六朝帆影舊，欹枕萬里江聲涼。飢驅忽索長安米，夢裏登樓心徜徉。老船之畫是詩筆，著紙輒作蛟龍翔。何時尺幅寫江閣，令君展畫如還鄉。自從甲子到壬午，袖攜此卷來餘杭。閑曹冷宦甫受事，當時黑頭今鬢蒼。薄俸未足償酒債，賣閣將欲充飢腸。竹嶼云此閣行擬售人矣。即事傷君意蕭瑟，開圖喜我神飛揚。當今聖人握金鏡，照徹九有搜賢良。韓范接踵持節鉞，沆旦同心登廟堂。蒲車到處招巢許，圭封不次酬龔黄。朝廷清明仕路廣，人心鼓舞道氣昌。譬彼衆流注江水，穢濁滌浄生榮光。君才本是渡江楫，安得繫纜抛鳴榔？揚帆會有順風作，蒼生渡盡稱慈航。卻願急流能勇退，歸贖閣子鍾山旁。江聲無恙帆影轉，省憶作詩人姓汪。（《心知堂詩稿》卷十七）

作詩如用兵，憑心開草昧。妙運得其宜，未戰氣先倍。旌旗驚改色，寬嚴互更代。制勝紛出奇，多少不相概。易地則皆然，本無常法愛。我讀《京朝集》，筆陣來天外。未煩金鼓聲，指顧即成隊。乘機無我前，得勢穿敵背。殺人頭不落，使劍如風快。笑彼鐵甲軍，渾身已多礙。乙丑九月二十二日，汪仲洋謹題。（上海圖書館藏稿本《船山詩稿·京朝集》卷首汪仲洋題詞）

石同福

【七夕前三日，侍家大人陪壽庭吏部、船山太史兩丈星階遊法源寺，太史倡作七律一首紀遊，吏部與家大人迪爲賡和，奉步得成二律】追隨杖履訪煙霞，竹裏僧房一逕斜。爲弔國殤尋舊碣，誰云佛土隔恒沙？入門怖鴿機難静，列坐雕龍技可誇。獨有寒山寺鐘句，詩情高接浣溪花。

錦𡼖飛墮爛雲霞，值得紗籠粉壁斜。净飯頻過香世界，清談交灑玉塵沙。法宗秘密維摩證，盟主風騷吏部誇。誰向詩壇執牛耳，與聞揮麈粲生花。（《瘦竹幽花之館詩存》卷二）

【驛柳次船山先生韻】垂楊高傍驛樓晴，鎮日攀條記送迎。高馬當風憐瘦影，亂蟬和雨曳殘聲。怨深玉篴翻新曲，夢斷金墉有故城。廢壘頹垣遥映處，不堪重問舊營屯。

緇素誰能不染衣，何堪重過感成圍！曉風殘月題詞去，茅店斜橋卧酒歸。幾處鞦韆春燕語，一聲觱篥夜烏飛。眼中意態蕭疏甚，賸有昏鴉早晚依。

東風幾度話斜陽，竟伴青春住異鄉。暮堠寒煙朝堠雨，長亭落月短亭霜。黛娥深鎖愁聞曲，《金縷》新裁怯舞場。惆悵倚樓人獨自，陌頭消息怨成行。

漫數龍池與鳳洲，翠煙濃澹總關愁。排衙江水春三月，傳蠟天家漢五侯。畫閣有人牽别恨，玉關無夢慰遷流。子山遺曲淒涼甚，羌笛聲聲易感秋。（《瘦竹幽花之館詩存》卷二）

【奉次船山先生韻】書堂清冷等禪關，殘客何妨任往還。滿路塵沙疑大海，閉門風雪即空山。花間水活魚游樂，石上荒苔鶴夢閑。幾度春風相遇處，鏡中改盡舊朱顔。（《瘦竹幽花之館詩存》卷二）

【紀雨二十韻次船山先生】毒龍横地軸，霪潦罨天雄。旱豈三年久，晴無十日空。濤聲連屋走，雲氣與山同。米芾船何在，陶潛宅不豐。比鄰嗟壑受，背水怯宵攻。檐溜千重瀑，庭除百步洪。剥牀災切近，沈竈賦修通。仰賴堯勳大，奚虞傅險中。賑饑存老弱，慎獄豁幽蒙。白露方歸海，黃熊莫僨功。詔裁桐葉緑，憂集蓼花紅。乍喜輕雷散，終憐曉霧濛。殷勤廉孟子，惆悵息夫躬。仁鏡犀然澈，浮言鼠技窮。古風還合洛，神力助穹窿。月省誰卿士，星勞爾縣公。景陽哀橐筆，仲夏歎飛蓬。事訝童成儛，情甘玉殉瓏。卻懷鳴鶴垤，將返釣魚篷。紀此周黎苦，悲哉孑孑蟲。（《瘦竹幽花之館詩存》卷二）

【船山先生招同人集飛鴻延年之室餞周箌雲，即席賦此贈別】長安歲云暮，風雪彌郊原。游子不得意，及此迴征軒。周郎磊落才，三峽翻詞源。幽思探月窟，遠步窮天根。秋風摧奇翮，奇翮仍高騫。揮手謝時輩，驅車出國門。駕言何所之，落日洪河渾。兩京盛詞賦，萬里留城垣。荒邊入蒼莽，獨客含煩冤。當代張景陽，望若南山尊。寸心託拳石，先生出古研贈箌雲。別淚傾殘樽。不以衆人遇，易感窮途恩。此別各努力，升沉何足論！（《瘦竹幽花之館詩存》卷二）

【天涯奉次船山先生韻】天涯淪落自年年，短褐西風倍可憐。世路於今疑載鬼，名場大抵等遊仙。燈前酒薄初寒夜，樓外雲濃欲雪天。別有吟懷消不得，閑來聊和《四愁》篇。（《瘦竹幽花之館詩存》卷二）

【蔡浣霞儀部招同人作祭詩之會，船山丈繪圖紀事，爲之賦此】金荃握蘭八叉手，刻燭擊銅三步走。此中空洞頗佳否，咀之味之瓊屑厚。乃以蠲蒸樽俎右，長恩歆氣笑而受。近者張華號詩叟，中郎亦是吾吟友。郭璞彩毫夢偶偶，邱遲殘錦乞某某。朗仙祭詩例自有，于此繪圖在辛酉。欲拜未拜若培塿，不祝以詞祝以酒。祝曰吾儕詩萬首，或逢千金享敝帚。或值庸兒覆醬瓿，他日知誰名不朽？

瓣香在爐醴在卣，爾詩人詩各自壽。（《瘦竹幽花之館詩存》卷二）

【奉次船山先生除夕感懷元韻】杯酒當筵懶去斟，相思都付舊朋簪。閑吟愛作尋常語，孤坐時生自在心。有限春愁來黯黯，無端夜景又沈沈。東風笑説花堪買，檢點牀頭未盡金。（《瘦竹幽花之館詩存》卷二）

【偶讀近人詩集，各題一絶（其八）】神仙遊戲住風塵，一種心肝奉有真。讀到《寶雞題壁》句，杜陵豈僅是詩人？張船山太守。（《瘦竹幽花之館詩存》卷四）

黄鋐

【往歲讀張太史船山詩，頗想其人，今聞已死，詩以哭之】詩人張船山，生平未謀面。船山記日詩，去冬始一見。見之思其人，千里勞綣繾。比來客吴門，未得乘風便。驚聞船山死，令我淚如霰。船山不識我，我復何悲戀？詩文信骨肉，等是一家眷。知己貴神交，情懷自難遣。秋雨復秋風，四顧愁雲遍。（《西溪草廬詩録》卷二）

楊鑄

【答張丈船山問陶點定近稿，並和原韻】葭蘆知有阿蒙在，浩蕩乾坤幾大才。從此不須魂夢苦，春風疲

馬一鞭來。（《自春堂詩》卷二）

【聞船山丈解組歸蜀】袖拂芙蓉下玉京，驪珠在手夜光明。騷壇幾輩能容我，國士無雙豈好名？雲外棧花浮酒氣，船頭江月瀉灘聲。相思不畏蠶叢險，一面須謀萬里行。（《自春堂詩》卷二）

【虎邱訪張丈船山，留飲青山樓】神交幾載夢燕臺，意外吴門快舉杯。四海競傳奇句早，一樓如待謫仙來。特生此筆留詩史，已遂名山惜吏才。不覺寸心傾吐盡，水光花影共瀠洄。（《自春堂詩》卷二）

【横波舫同淵如、船山兩丈作】酒陣纔停筆陣來，青山紅樹亦低徊。可知今夕非荒宴，都是乾坤有數才。（《自春堂詩》卷二）

【哭船山先生十二月六日】醉態狂歌儼若仙，記曾宫錦識青蓮。學深莊老難匡世，筆遣風雲欲補天。制勝出奇歸大雅，飛行絶跡擰群賢。金焦秋色峨嵋雪，望裏江光最黯然。

爲寫《南飛載酒圖》，披圖忽覺賞音孤。茭蘆下士貧如故，鶴背僊人世已無。愁裏干戈思骨肉，醉時書畫了江湖。從今怕見青天月，天末精靈未可呼。（《自春堂詩》卷三）

【張船山畫《江聲帆影閣圖》爲王竹嶼題】圖中詩句若有神，天上畫手誰招魂？風流半逐江水去，幾枝靈筆留乾坤。我來江閣秋已深，三日醉飽無歸心。大江茫茫高浪湧，榻下疑有蛟龍吟。雲樹蒼茫接牛渚，月挂天門興飛舞。登舟唯憶謝將軍，仙才此地飄零苦。六朝如夢花鳥新，主人翻看西湖春。銅章玉帶自瀟洒，願保嶔奇磊落身。雪泥鴻爪長珍重，何日歸山坐吟弄？篷背殅飛笠澤雲，燈前冷入峨眉夢。謂船山。（《自春堂詩》卷五）

【夜過山塘，懷淵如、船山兩丈】山塘月墮酒樓空，散盡風流幾寓公。谿艇到門僧索畫，花畦移榼妓扶筇。集中名許任華附，市上簫留伍員窮。白下錦江魂夢苦，招來還與一樽同。（《自春堂詩》卷七）

【石瓢僊館排悶】氣象飛騰意態顛，沈酣又枕亂書眠。一彎滄海眉前月，九點齊州足下煙。世以狂名歸阮籍，誰能傲骨諒青蓮？黄童不作張華死，長句盤空黯自憐。謂仲則、船山。（《自春堂詩》卷八）

【張太守問陶《船山集》】足濯錦江流，眸洗峨嵋雪。歌嘯醉金臺，奇懷多鬱結。面逢權貴冷，腸對孤寒熱。情幽或畫蘭，筆勁堪屈鐵。交傾天下才，嘔盡名場血。詩拂棧雲題，棋尋野僧折。三年吴會吟，一慟西州别。欹枕讀君詩，只恐蛟龍掣。（《自春堂詩》卷十一《舟中讀故人遺集，各題一詩於後》，其八）

陶澍

【張船山太史游吴時，曾與楊子堅談詩生公石上，子堅歷久不忘，因繪爲圖】此亦催詩舫，仍傳載酒名。師曾叨一字，石與話三生。得法頭應點，經時面不更。卅年人海幻，心跡虎邱盟。（《陶文毅公全集》卷五十八）

黄鼎

【題張船山詩册後】經年俗擾那可耐，斗酒快讀船山詩。仙才鬼才吾莫辨，但覺古人今不奇。（《秋園吟

草》卷四）

徐達源

【題張船山太守問陶遺墨】萊州太守天下才，丹青餘事世所推。山水勝處無不到，虎阜一拳君亦來。時寓虎邱。清詩已傳萬人口，點染雲煙誰敵手？我今讀畫凌滄洲，落木蕭蕭天地秋。四山寂歷嶂重疊，胸中道氣何清遒！可惜京華未識面，欲訪山塘增悵惋。空傳勾漏丹砂方，天上張星已零亂。膝前三女皆未嫁，堂上一老淚珠下。太夫人年八十餘矣。吁嗟劫數仙難逃，岸巾猶慕林泉高。遂令海湧峰頭月，獨照淋漓一枝筆。煙墨不言意態活，殘香賸馥無生滅。（仲湘輯《留爪集》）

李崧霖

【同陳午垣、王五雲、許述軒、陳秋霞、王澍塘讌集客邸，因次壁上張船山先輩《道士谷》韻】隱囊紗帽連宵醉，大言宋玉譚容易。勝友聯茵有六人，鳳舉鴻軒特奇異。午垣大雅獨扶輪，風人座有芝蘭氣。五雲飄飄來粤西，高論圓通足娛戲。述軒和如柳下風，酒中笑謔皆真際。文章佳妙得秋霞，驅策班馬若輿隸。澍塘龍鼎健可扛，麟角牛毛恥同例。我亦手握靈蛇珠，東塗西抹欣連騎。冠蓋相逢皆倜儻，珍重璠璵廟堂器。豐城劍合終飛騰，天公聚散寧無意！（《三十樹梅花書屋詩鈔》卷一）

陸筠

【和張船山太守問陶集中《觀我》四首用原韻】無端混沌一朝開，入世茫茫大可哀。小謫未始非造化，此生幾箇不虚來？做人自古稱難事，墮地從今結恨胎。試看出聲惟解哭，緣因何處悟輪迴？生。

壯懷銷盡感平生，負我青春太不情。切莫田廬計孫子，好將耄耋傲公卿。心長髮短休相誚，日暮途窮暗自驚。但得世人皆上壽，百般富貴百般輕。老。

剪綵空懸午日符，漫憑祈禱信神巫。相如消渴情原懶，杜老悲秋興更孤。夢遠天涯戀鄉里，債添牀褥累妻孥。休將性命庸醫付，扁鵲倉公世已無。病。

大夢催醒熱鬧場，靈香誰覓返魂方？空誇市駿來燕市，莫信騎牛去伯陽。一壠總歸委草莽，百年應悔羨侯王。玉樓赴約鈞天召，此恨千秋結杳茫。死。（《渺懷堂詩集》卷三）

吴慈鶴

【壽張船山師五十】萬劫長庚星不壞，與蜀有情墮者再。當年開寶謫仙人，喤喤天假能詩鳴。今之先生古太白，後身直與前身并。太白承明作供奉，公早連翩玉堂班。竹谿之逸遨山東，公上蓬萊五馬雄。只今賃廡山塘住，亦是青蓮遊賞處。可中亭月生公臺，都識長庚星再來。山神更喝真娘起，笑勸春風酒一盃。騷壇幾輩談詩叟，據地不聞獅子吼。峨眉忽放菩薩光，照澈虚空百無有。龍門雖許籍湜登，鵾鵬何處從金鵬？只愁榆豆本瞑重，翻愧雞犬能飛昇。君不見，達夫五十詩始成，公已笑傲無滄瀛。朱轓畫戟若敝屣，安穩七尺漁舠輕。無田養母筆可耕，花開百歲無枯榮。大神仙有真富貴，焉用悠悠公與卿？魏伯陽，王方平，先生太白皆友生。仙人有酒爲公壽，生折荷花盛一斗。（《鳳巢山樵求是録》卷二）

【雪後拜船山師旅殯】雪後殘山白，雲邊小屋低。尚留真氣在，誰敢大名齊？燕小辭樓去，鸞空失樹棲。高堂猶望眼，錦水萬行啼。

此日俟芭酒，空來酹草亭。全家忍漂泊，一諾報沈冥。年較青蓮小，歌難絳樹聽。淚痕冰不化，彈破劍池萍。（《鳳巢山樵求是録》卷二）

屠倬

【謝薌泉侍御、李墨莊兵部、伊墨卿太守、張船山檢討、楊蓉裳户部、程春廬兵部、陳碩士編修、潘紅茶編修、蔡浣霞禮部招集江亭二十韻】孤亭四無倚，躡級披草莽。煙條壓寒柳，緑意春漸長。郊圻尚淒冷，幽討空悵惘。群公競作主，趣騎招我往。春游晴固佳，得雨亦可賞。沙軟野水平，卻作江南想。春陰方過半，花氣雨中養。似苦北地寒，幽禽澀圓吭。天涯此羈旅，塵事初息鞅。出門排日醉，我胡不自廣？況兹城南西，高原拓平敞。馬曹閑拄笏，山色落平掌。酒酣衣袂舉，似御泠風上。脱帽寬禮數，快論極泱漭。瀛洲老學士，出語秋競爽。是日梧門學士詩先成。心意雖老大，古調難繼響。憐余觸四塵，身似腰鼓顙。但借酒力嚴，爬搔祛垢癢。韶光未云晚，挈榼再來儻。有意與春競，勿笑退之罔。(《是程堂集》卷五)

【王竹嶼别駕《江聲帆影圖》】把酒逢君在於越，只隔江南青一髮。同賦錢塘江上潮，還招幕府山頭月。三間閣子臨江住，白鷺洲邊讀書處。烏衣門巷舊家山，南朝煙月新詞賦。何時老船發興奇，圖爲張船山侍御作。畫出君家邀笛步。闌干一拍莫潮平，水雲不逐東流去。荻蘆花老西風殘，魚龍氣吞星斗寒。夜静江聲摇屋壁，雨昏帆影矗檣竿。好將圖畫從人識，不信江天如此寬。同時袁蔣争先後，《雙佩齋》名炙人口。尊甫通政副使葑亭先生，著有《雙佩齋集》。過江物望重如山，鳳毛更屬君家有。謝公宅在詎争墩，太白樓高容置酒。何當百尺許同登，今喜一麾還出守。傑閣孤撑江上雲，江邊蘭芷憶夫君。官齋今在胥山下，一樣江聲枕上聞。(《是程堂集》卷六)

【吴伯野員外招陪顧南雅師，張船山、鮑雙湖、陳碩士、姚鷹青諸前輩，吴蘭雪博士看白桃花，即題黄穀原所作《桃花書屋圖》後】詩人眼饞例好色，入春況有東風媒。鄰牆已被紅杏笑，露井忽報山桃開。城東吴侯小園裏，一株照眼明瓊瑰。蟠根大可壓仙李，冷艷未許誇江梅。花開卻當二月尾，春陰漫空薄於紙。薊門風色寒未消，暖意先回入花蕊。穿簾溟濛吹雨絲，主人未覺流鶯知。全身要在隔院見，冷雲十丈光迷離。樹一本四幹，皆中柱材，高蔽三間屋，在海岱門外。心疑玉環太癡肥，珊珊其來是耶非？尊前奏曲彩霞落，枝頭撲蝶仙裙飛。江南黄生好風格，曾向花間圖主客。眼前花發自年年，笑指圖中真歷歷。鐙紅酒釅花滿席，照映瓊枝十分白。新聲只合付歌郎，花外茫茫古愁積。（《是程堂集》卷十）

【重九日，蕉園方伯招同張船山、王椒畦、陳雲伯及幕中諸子燕集箴白堂】圓菊金鈴正始開，清香晝戟此行杯。詩人猛士蘇和仲，酒德琴心褚彦回。忘分已能容散髻，放懷何必重登臺？即看雨洗清秋出，城外吴山翠作堆。（《是程堂集》卷十三）

王斯年

【送亥白丈還蜀，兼呈船山先生】雄秀寄江山，至哉天地巧！餘氣作奇才，巇立詩壇矯。桓桓文端公，相業撐蒼昊。嗣孫多賢達，名齊蘇大小。自我走京師，俗塵十丈擾。登龍謁李膺，騎驢憐賈島。示我《嫏嬛集》，耐人日搜討。沈雄跱神獅，勁捷争飛鳥。瞿唐接灩澦，形相盡了了。奇境入洪鑪，百鍊隨心造。如遊蜀都市，目眩難名寶。如登峨眉巔，一覽衆峰杳。談笑武侯軍，司馬不敢擣。京華名士藪，怯戰來降表。哂彼徒紛紛，空自災梨棗。愛我解文章，爲我點殘稿。砥礪寓獎誘，縱醜亦云好。東施拚浣紗，得此容頓姣。客歲之仲秋，君閨失窈窕。新城再悼亡，多情爲情惱。秋深得南雁，婦殁我素縞。淑女亦聯芳，仙蹤同日渺。今歲試禮部，離朱目宜瞭。鐵網漏珊瑚，孫楊棄騕褭。

公傷春日遲，我泣秋風槁。彼蒼胡不仁，百計壓令倒。客久厭塵惡，歸裝辦及早。杖履奉慈幃，華髮喜壽考。呀呀女學言，色比玉樹皎。牀頭少黄金，亦足怡懷抱。涼風天際來，吹送孤帆飽。别恨暗江雲，傷心托紅蓼。肥飫西湖蓴，香噉東川道。壯士挽天河，巴峽妖氛埽。劍閣影峨峨，昇平氣鬱繞。此時賦《歸去》，應訝當年道。先生以庚申歲入都，時方用兵川蜀。蜀地稱多才，如公才絶少。冰霜虐寒梅，春到香紛嫋。畢竟玉堂人，肯使廣文老。東坡共欒城，後先摛鳳藻。（《秋塍書屋詩鈔》卷二）

【次船山先生九月二日韻】不信秋將老，其如風雨何！燈浮花影瘦，簾捲樹聲多。悟到深禪味，詩奇戰睡魔。煙雲輕一笑，且自酌杯螺。（《秋塍書屋詩鈔》卷二）

【題船山先生畫鷹】一擊浮雲碎，長空秋影遥。身纔據拳石，氣已逼層霄。神俊心難測，柔馴性久調。凡禽莫猜忌，藪澤戢紛囂。（《秋塍書屋詩鈔》卷二）

【訪船山先生不值，書以代柬】北斗光寒侍從班，仙才久已著塵寰。中朝風雅推公主，一代功名爲母閑。疏入重臣驚避席，詩成靈鬼泣空山。摳衣我欲聞餘論，花滿秋堂晝掩關。（《秋塍書屋詩鈔》卷三）

【喜船山先生至】笑卻高軒曳瘦筇，蓬壺不住逐鷗蹤。政成山左如詩好，花到江南比酒濃。滿地碧陰閑竹月，一湖香水競魚龍。時寓山塘，值競渡之戲。桑乾拜送旌麾出，緣重還從虎阜逢。（《秋塍書屋詩鈔》卷四）

【哭輓張船山先生，即題序詩卷子】史館徜徉二十年，仙心遊戲不升天。先生自鏤印章曰：「群仙之不欲升天者」。霜清白簡陳封事，冰飲黃堂卻俸錢。吾道難行聊酒隱，奇才何意僅詩傳？蓬萊水弱抽身早，留得仁聲頌後賢。

破楚門西且駐鞍，水環花圃寓公安。畢生正氣孤青史，萬古雄心一釣竿。蟹眼頻翻看藥鼎，蝶情頓悟隱蒲團。最憐數問維摩疾，小別經旬見面難。先生屬纊，余適返武林。

岷江浩蕩曉煙開，萬里思親病未回。三女零丁依幕燕，一棺孤冷寄蘇臺。道山有伴同兄逝，亥白丈亦歸道山。家業扶衰仗弟才。謂旂山主簿。交遍天涯多長者，素車應待巨卿來。

群彥傾談一座尊，春風曾侍草堂温。詩傳衣鉢開奇境，語到君親有淚痕。不佞自憐餘傲骨，長貧何處答師恩？丹青幸得生花筆，摹想遺容仿佛存。（《秋塍書屋詩鈔》卷五）

【己丑除夕，以酒脯祀張船山先生遺影，用東坡定惠寺海棠韻】奇雲遮峰壓萬木，松巔高踞仙人獨。先生浩氣塞兩間，道山未逝先超俗。時賢嗜讀魁奇詩，尊以青蓮兼昌谷。誰悲無後蔡中郎，遺影淒清供書屋。除夕豪家艷鼎烹，寒鯫僅得花猪肉。擊開巨甕酒流香，以祀先生無不足。文章政事慕大蘇，慷慨千秋等私淑。宵小縛之密塵網，口肆雌黃刃森腹。翩然南去臥吴門，寓公寓繞千尋竹。披髮騎鯨走大荒，史篇誰解昌黎目？精爽詩傳四海隅，神兮肯惜羈西蜀？心香虔爇勝巫咸，仙雲捷比摩天鵠。嗟哉不佞與時違，詩成聊作神弦曲。澆酒蕭齋暗燭光，低徊門憶西州觸。（《秋塍書屋詩鈔》卷八）

朱實發

【楊子堅以所藏張船山太史詩畫册子屬題】船山太史仙鬼才，吟魂一去招不來。蒼涼留得墨幾點，雪泥鴻爪生秋哀。先生船山之畏友，鬭酒絃詩十年久。寫此贈比贈黄金，萬片煙雲落君手。故人遺跡無時忘，錦裹香熏什襲藏。身行萬里半天下，蘇句。舟車處處相攜將。昨日披函教我讀，畫筆蕭森詩雄獨。天生此才不住世，我輩都應同一哭。吁嗟乎，元文覆瓿詩投溷，摧殘斷蝕何堪問！才人心血有君收，塚中白骨知無恨。（《尺雲軒詩集》卷四）

汪全泰

【和卓海帆《秋柳》詩懷張船山先生】永豐坊底一株黄，憶昔題詩向草堂。摇落酒壚悲漢北，參差鄰笛慟山陽。王恭故邸曾春月，張緒孤墳但曉霜。三十年來似塵夢，重吟《秋柳》倍淒涼。（《鐵盂居士存稿》卷上）

趙函

【楊子堅《生公石上論詩圖》爲偕張船山太守同遊虎阜作】生公不説法，千載更論詩。對月停歌版，飛花入劍池。峨眉連夢遠，鐵篴向風吹。我更頑於石，仙壇又一時。曩在邗上，與子堅暨雲伯、琴隖樂仙壇論詩，今亦數年矣。（《樂潛堂詩二集》卷六）

莫樹椿

【題張船山太史《藥菴退守集》後】每念慈闈哭向西，年年腸斷子規啼。如何得請辭官去，猶向山塘傍佛栖？

三十年悲羈旅身，西川返櫂竟無因。晨昏尚繫閭門望，應作夜臺長恨人。太史卒於吴門，時太夫人猶在堂。（《師竹堂文集》卷十四）

錢儀吉

【知萊州府事船山張先生輓詩】翰林老詩伯，孕獨山川雄。發言寓十九，投物神如空。僑舍近陽羨，吏能拙山東。家江送入海，電往悲坡翁。舊貽仰家扇，趨庭未成童。廿年幾風雨，後凋畫中桐。小詩特存録，期我誠無窮。儀吉十二歲，先生於箑頭畫桐以贈，有詩存集中。桐，儀吉小名也。遠憶侍談頃，醉鄉一冥鴻。所守極耿介，俗人詫千鍾。勾漏不官葛，天年竟亡龔。誰何築坏土，南望心潛恫！（《衎石齋詩·澄觀集》卷七）

陸費瑔

【張船山侍御問陶】珍重千秋業，風騷一代師。含香雞舌貴，讀畫虎頭癡。封事劉中壘，吟情韋左司。無忘青眼識，披豁見襟期。（《真息齋詩鈔》卷三《冬夜懷人詩》，其二）

尚鎔

【與劉式齋讀張船山《寶雞驛題壁》詩，感而有作】書生每喜論兵戎，況復鄉關劫火紅。天下至難唯蜀道，《詩》中最壯有《秦風》。黄巾遍野群烏合，赤幟臨邊萬馬雄。莫怪文貞罪諸將，杜甫謚文貞。幾人鏖戰慰宸衷？（《持雅堂詩集》卷三）

張船山之詩，多近袁、趙體，亦能自出新意。其《寶雞題壁十八首》爲詆將帥養癰，與雲松《擬老杜諸將》十首同一忠憤，但矯變沈雄，俱不能及老杜。（《三家詩話》）

林則徐

【爲楊子堅鑄題張船山問陶畫册，即次册中韻】山塘載酒空陳迹，京口談詩老此才。岷頂雲隨江入海，可教殘夢逐潮來？（《雲左山房詩鈔》卷一）

潘德輿

【奉題禮烈親王克勒馬圖】禮烈親王，太祖高皇帝之第二子，世祖章皇帝之伯父也，從太祖、太宗、世祖定天下，戰功獨多。所乘馬名克勒，漢言棗騮也，高七尺，長丈有咫，耳際聳肉角，腹旋毛如龍鱗。䠶患金創，自跑土得泉，洗之而愈，軍中驚爲聖水。順治五年，王薨，馬不食死，汪琬爲之《傳》。嘉慶間，張問陶補作圖。道光十五年春，王裔孫屬德輿詠之。神馬徠，啓東道。鬐長駛，衛幢葆。神馬來，體卉汩。從帝子，翊明穆。出閶闔，祓浮雲。萬騎伏，王桓桓。王作弼，毖皇祜。發日域，蕩遼滸。戈加敵，散若雨。馬猋駭，沛溤溤。鬣兩角，怒飛龍。電爛爛，鱗習霍。慴貔貅，肆蹂躪。鐵踣入，夷者阬。涌滂洋，鋌創平。欻有喜，吁房精。鼓硠硠，逐威弧。六幕清，旁騷除。王功耆，返泰壹。馬嗁血，朔風溧。棺以帷，轡爲紼。靈斿彰，王其來。珂鋗鳴，悅龍媒。雲裔裔，緼不開。慘夭頳，烈士懷。骨應圖，殊相在。唐陵石，齊魁礨。猗武績，幬孫子。揚億年，保蕃祉。（《養一齋集》卷七）

錢廷烺

【將歸里門，船山太史餞予於聽雨樓，醉後作白鷺小幅見貽，長歌誌感】先生酒中之謫仙，醉中神貌狂且顛。丹青下筆各神肖，不與世俗争媸妍。我今垂翅南歸去，先生爲我開芳筵。頃刻圖成大叫笑，別開生面凝風煙。手浮大白謂我云，人生何苦勞風塵？五湖三畝亦已足，有此豈礙長賤貧？畫此盈盈雙白鷺，一天秋色多風露。似爾歸家立水濱，逍遥散步西陵渡。斗酒須赊蘇小家，千金莫賣《長門賦》。恐有人驚曲調高，當筵又被周郎顧。我感君言淚雙落，飄零久與山靈約。一舸迎將山色來，千頭橘亦封侯樂。如此湖山同嘯傲，東華何似西溪棹？但愁買春絶少杖頭錢，長安索米須重到。先生聞言忽莞爾，爾自名心未盡死。幾見前人隱買山，辜負尊前此片紙。（錢錫賓等輯《湖墅錢氏家集》卷十二錢廷烺《緑伽楠精舍詩草》）

【簡船山先生】白眼朝朝到醉鄉，短袍禿袖染塵黄。罵如劉四無人恨，才不延之敢自狂。落拓未妨長宦隱，牢騷多半付詩囊。書生飄泊江南道，可有新詩遠寄將？（錢錫賓等輯《湖墅錢氏家集》卷十二錢廷烺《緑伽楠精舍詩草》）

【爲汪子山太守題船山太史畫鷹】太史畫蒼鷹，見鷹不見畫。置身如在幽并間，俠氣孤行空宇内。想當踞坐落筆時，星精下視光陸離。客來細按沐漱法，似此毛骨真神奇。高秋九月狐兔驕，脱韝飛去風蕭蕭。青天碧海萬餘里，黄河落日邊雲高。此時摩空展雙翼，欲擊不擊皆先裂。瞥然一點下晴臯，淺草深林悄無色。嗚呼，丹青矯矯如有神，令人想見飛將軍。鷹乎鷹乎，昔人曾譏爾好殺，但殺以止殺真慈仁。春風吹爾化鳩去，鳳凰大聖亦願以爲臣。（錢錫賓等輯《湖墅錢氏家集》卷十二錢廷烺《緑伽楠精舍詩草》）

周樂清

【舟中無事，雜憶近代詩家刻集，各系一絶句，以誌嚮往。他或慕而未見，見而偶忘者，不能概及。若云軒輊其間，則吾豈敢（其二十二）】幽燕老將魄沉雄，不落尋常陣法中。刻畫西施君一笑，廢他天籟與人工。張仲冶《船山詩鈔》。（《静遠草堂初稿》）

張祥河

【題張船山太守詩後】驚人奇句落鐙前，日下曾經識老船。太守常以自號。詩派一朝還近宋，名流再世定登仙。嘔心酒畔真無敵，插脚塵中亦偶然。天爲蜀江重生色，千秋幾幅浣花牋。石青木脱證枯禪，得句先期爲世傳。游戲輒留隨筆畫，疏狂不諱賣文錢。萊州海市空塵宦，虎阜鶯花送晚年。傀儡登場真一笑，當時有此玉堂仙。（《小重山房詩詞全集·詩舲詩録》卷二）

【寶雞行館】玉澗金陵合，行臺古虢城。四窗延暮靄，二水汧渭送秋聲。入棧明朝路，持螯此夜情。吾宗題壁在，詩膽壯書生。張船山太守有《寶雞題壁》詩。（《小重山房詩詞全集·南山集》）

何熙績

【讀《船山詩選》題後】不唐不宋不元明，自闢蠶蕞寫性情。奇氣盤胸無古法，新詩題壁總悲聲。賈生痛哭陳時策，杜老酸吟賦《北征》。奪得髯蘇一支筆，峨岷山色兩峥嶸。（何道生《雙藤書屋詩集》後附何熙績《月波舫遺稿》）

法良

【題張船山詩集】明珠脱手彈丸輕，傲骨崚嶒氣不平。詩國酒兵無俗態，木天柏府有時名。雨淋蜀棧衝雲去，楓落吴江放棹行。自是奇才人世少，故教仙侣返蓉城。

題壁高吟擬問天，短衣長劍過秦川。杜陵詩就都成史，莊叟言微欲近禪。玩世未除名士氣，遺篇深賴故人傳。詩集爲石琢堂代刊。榮辭五馬還山早，贏得聲華並謫仙。（《漚羅盦詩稿》卷十四）

【偶成效船山體】婆娑老子笑雞皮，歸去來兮任所之。交有山僧常饋素，門無俗客且吟詩。一生事業僅如此，百歲光陰近可知。閉目懶窺陽燄影，石牀高枕夢希夷。（《漚羅盦詩稿》卷十五）

王偁

【和張船山先生題羅兩峰《鬼趣圖》】創作窮陰色相精，一時佳句泣幽明。修文原仗才人筆，知趣能傳造化情。欲起骷髏存厚福，難留皮面認前生。至今饒有圖行樂，一樣獰猙各署名。（《蓮舫詩鈔》卷九）

【秋日閑興和張船山前輩韻】荳花雨重壓籬低，風送檐鴉過水啼，菊徑不鋤秋草合，竹墻漸與遠山齊。棋殘每思尋仙著，壁污將灰續舊題。儘有詩情貪晚坐，秋聲滿巷賣山梨。（《蓮舫詩鈔》卷十一）

阮文藻

【周編修夢巖集船山句贈別，因效集黄仲則詩奉酬】瀕行抛得是相思，惜別匆匆恨見遲。幾度哦君好詩句，一燈常記對床時。

故人憐我墮塵中，温語頻番慰寓公。雲影自來還自去，卷舒久已任秋風。

未了名心爲老親，侯門褦襶百酸辛。流傳多少紅箋字，辜負鳶肩火色人。

抑情無計總飛揚，落落行藏誰共商？愁絶馱鈴催去急，斯須携手亦何妨？（《聽松濤館詩鈔》卷五）

吴其濬

【道光甲申閏七月，距乾隆丙午閏七月，三十九年矣。讀張船山前輩《借中秋詩》，豪奇恣肆，有觸予懷，步韻和之】四十年間真飄忽，新秋重遇閏月月。老桂不寒天香綏，誰買清宵抛日撰？況復澤國多暑雨，暑氣淫淫尚如許。我欲依樣借中秋，擎觴四顧無人舉。憶昔轉飛蓬，滯跡京西東。十載觚稜闕，一夢大槐宫。揭來故國風物换，惟有浩魄依舊掛長空。玉盤歲歲光璁瓏，古今團欒同不同？嬋娥不解愁，顧兔意何功？照我隻影濯毛髮，起我孤憤嗔膺胸。聯牀有淚泣玉局，雙枝無盡債闕全。廣寒縹緲帝閽杳，欲奏心曲誰與通？仰雲幄，嘆星燭，仙家眷屬古仙福。脱許飛上百尺爛銀橋，肯容凡骨儔清曲。君不見，宇宙茫茫兩門户，雙梭跳擲良太苦。人生草木同朽腐，何必日計月料到千古，醉鄉無礙且開府？九街粼粼車不聞，五夜沈沈漏不數。有恨只向子規啼，無聊尚作秋花蠆。竹孫飯芋母，餂涼藥解暑。悝歐讓與小儒豎，行踪莫類西域賈。要免人間圓缺，不似天可補。（《吴瀹齋詩稿》）

【讀張船山前輩詩草】萊州太守詞壇雄，當世名家孰似公？未信詩名能促壽，可憐妙句不醫窮。愁中歲月蠶生繭，身外官曹鳥慕籠。顧我頭顱原後輩，差無時譽轉飛蓬。（《吴瀹齋詩稿》）

夏崑林

【偶披張船山問陶詩，時枕善寄詩，即用其句和答】便是不傳傳亦偶，船山斯語著來真。賞心久已無前輩，來詩有感放翁詩句。成法何容泥古人？流水落花隨意得，澹雲微雨及時新。酒邊點筆空中語，閉户相期共隱淪。（《槿花邨吟存》第四册）

陶譽相

【和香雨步船山太史咏物之作】飛真驚世卧堪賢，自把升沈妙斡旋。愧我榜端常落地，乘君夢裏欲朝天。美人頭上何妨短，名士杯中醉每先。願祝雲雷壯鱗甲，好攜膏澤起深淵。龍。前身端合侍瑶臺，一滴蟠桃幾度開。有骨願求丹粒换，無心偶逐白雲來。須知望氣先關吏，漫説吟詩屈宋才。何日黄粱真箇醒，與君攜手笑蓬萊？仙。有影幢幢出地斜，雲容原可許同車。寒燐古戍然秋雨，遠颸長林捲塞沙。坡老鐏前宜説爾，屈原江上早無家。鮑公詩句憑君唱，莫向西風怨落花。鬼。（《薌圃詩草》卷十）

吴慶恩

【壬寅中秋重來京口，效張船山太守寶雞題壁作】龍門一蹴起長鯨，大海煙波萬里行。黄雀風高先撥棹，紅鸚語亂莫分明。南溟春漲樓船鬨，東浙秋潮鐵弩横。敢説軍民多畏怯，太平人久不知兵。

將軍曾唱凱歌回，獨駕長風破浪來。薏苡三年招積毁，芙蓉一炬牘殘灰。夷吾有識能鈐束，騎刼無知漫主裁。多少材官留海上，是誰揖盗竟貽災？

孤城島嶼接重洋，蠢爾么麽競跳梁。蟻陣交馳分黑白，狐群嘯聚混倉皇。逋逃未必真名士，韜略何曾擅知囊？休道彈丸難禦寇，争禁束手任猖狂。

將帥聞風遠遁逃，承平浪説擁旌旄。先奔敢責偏裨懦，共死群推令尉高。從事親提雷煥劍，上公空佩吕虔刀。朝廷官職原無小，南八男兒氣本豪。

顔高曾挽六鈞弓，横海登壇計亦窮。北去尚書民望重，南征大帥主恩隆。白丁義勇偏無敵，黄甲經綸自許充。群策縱多同築室，酒漿珮璲頓教空。

泉州犯後又明州，斟酌夷情借箸酬。闞白驕淫焚玉石，狄青忠義護金甌。長鯨未斬誰探穴，餓鶻偷生善脱鞲。守土諸君幸無恙，風聲鶴唳使人愁。

一死猶堪作藎臣，千秋公論尚能伸。空城盡室民如鳥，列障連烽刼有塵。上將躬仍擐甲胄，前軍氣但識金銀。何人偷賣盧龍塞，敢向綺亭再問津。

武丁世胄本龍孫，劍印親頒出帝閽。樓櫓朝開江霧擁，貔貅野宿陣雲屯。即今供億煩群吏，那有勤勞慰至尊？驛騎星馳消息近，連宵猶報駐吴門。

艨艟驀地到重關，海上征夫棄甲還。宿將無援甘殉國，巖疆有路卻通蠻。殃民敢説民爲諜，畏寇翻緣寇作姦。共道東南風迅急，敵人昨夜入圌山。

鐵甕新脩萬堞周，漫誇天塹控神州。徒留鄧廖三千甲，枉費弦高十二牛。債帥有心甘縱敵，疲軍無計切同仇。請看江畔團圞月，照徹帆檣古渡頭。

日精山北月華西，城上烏聲五夜啼。地異龍堆誰牧馬，磯非牛渚莫燃犀。生無鬭志慚周處，死有餘辜愧匹磾。回首桂花碑下路，十三門外草萋萋。

連天烽影徹江湖，好護淮南甓社珠。劉晏深籌財自裕，張綱威望賊先誅。失脩城郭應全整，積困商民未盡蘇。荒裔亦知廉吏貴，已將長孺繪新圖。

百幅雲帆轉秣陵，兵情反覆語模稜。柙中虎兕徒求食，海外鯨鯢已入罾。三月咸陽堪縱火，一軍諸葛盡燒籐。白門不乏英雄略，坐失機宜隙未乘。

鍾山高駕佛郎機，欲摘天星上翠微。整我六師脩武服，憑誰一戰解戎衣？黄龍府遠休窺塞，朱雀航空敢合圍。陶侃即今無漢節，八州勁旅與心違。

議戰無人竟議和，龍蟠虎踞奈公何！中原地貴朱提賤，四野民窮白梃多。玉璽鮮明新質約，金湯鞏固舊山河。死奴須藉生奴力，祗遣青衣解網羅。江山滿目任凋殘，一片荒城血未乾。欲效魯連甘蹈海，忍教韓信不登壇。殊方但識珊瑚網，壯士空懸鵕鸃冠。又聽皇恩蠲兩稅，民心何日靖狂瀾？望海樓高浪接天，曾開戎幕佐防邊。精嚴刁斗三更月，來往帆檣萬斛船。夜卧敢抛金鎖甲，朝餐應放水衡錢。書生原有封侯膽，馬上長吟《寶劍篇》。樓上芙蓉慘不紅，重來帆影挂秋風。犧牲玉帛誅求遍，樽俎冠裳欵洽通。事過滄桑纔一瞬，人歸月桂恰方中。江南江北青依舊，滚滚長流自向東。（《麗則堂詩鈔》卷四）

祥林

【題張船山先生詩集四首名問陶，四川遂寧人。庚戌科進士，歷官翰林、御史，改官郎中。旋出守東萊，壬申春解組，癸酉卒於蘇州】錦江才氣見全詩，字字精營出苦思，劉松嵐先生句。前輩風流交臂失，每逢思起恨兒時。船山先生與家君相契。

詩才畢竟屬斯人，披讀君詩氣味醇。恍若春風曾侍坐，果然懷抱具天真。

劉松嵐李少鶴子喬詩名已得傳，劉有《玉磬山房詩集》，李有《石桐少鶴詩集》。先生才思更飄然。曇花妙法無多見，先生有「身是曇花未解愁」之句。暫到紅塵五十年。先生五十即歸道山。

名士佳人恒不壽，太空渺渺事難平。傷心雖説文星落，如此才華死亦生。（《塵遠書屋詩稿》）

葉廷琯

【病中摘句懷人詩（其二十）】錢塘陳君小雲裴之，有《題張船山太守集》一律，句云：「酒邊心事慈烏泣，劍外家山杜宇聲。」《澄懷堂集》中未刻此詩，殆以語涉譏刺耳。後小雲旅没漢皋，正與船山卒於吴門一轍，良可慨也。酒邊心事慈烏泣，劍外家山杜宇聲。末路正堪同一哭，未須花月誤平生。「可憐花月誤平生」，亦君題船山詩句也。船山之滯留，固非爲耽花月。若小雲，則又爲名利所羈耳。（《楙花盦詩外集》）

【張船山身後事】船山太守自萊州引疾，客遊吴中，未及三載，以甲戌三月卒於虎邱山塘寓館，即所謂樂天天隨鄰屋者。説者謂其《過常州艤舟亭》句云：「回首大峨天萬里，此中曾有未歸人。」蓋詩讖也。踰年，其家人扶匶旋里。後有自都門來者，言船山故人某公，夢其索助資斧還蜀，余初未信其説。後見吴山尊學士手書《題船山詩集即寄鮑樹堂太僕》之作，落句云：「身後更傳元伯夢，石交肯讓古人完。」自注：「君卒後，見夢於樹堂，樹堂命子以千金歸君櫬。」始知實有是事，太僕真不媿通幽范巨卿矣。學士别有句題《船山集》云：「盛名未弭無年憾，生氣恒如現在看。」自注：「上用王珣語，下用庾道季語。」王椒翁曰：「此確是輓船山詩。」按二語見《世説新語》。道季名龢，庾亮子也。（《鷗陂漁話》卷一）

陳其錕

【驛柳四首和張船山韻】鞭絲驛路看春晴，垂柳條條拂面迎。十里煙迷征馬色，長堤風亂夜烏聲。思鄉有客吹蘆管，勸酒何人唱《渭城》？西去玉關青不斷，邊愁地入漢家營。

無邊飛絮點征衣，瘦盡腰支減帶圍。孤枕夢回金雁遠，韋莊詩：「十日醉眠金雁驛。」高樓望斷玉驄歸。離腸似綰千絲結，旅鬢俄驚萬葉飛。寄語桓公莫惆悵，漢南前度故依依。

栖鴉流水帶斜陽，回首風煙隔兩鄉。春影緑摇官渡雨，秋心黄落板橋霜。銅駝陌上人千里，金馬關前醉幾場。曾是旗亭分手路，年年攀折不成行。

緑遍江南處處州，不關離緒也縈愁。殿中每憶三眠客，閨裏曾輕萬里侯。莫唱金衣牽别恨，誰飛玉笛咽春流？故園摇落猶多感，忍見窮邊樹樹秋。（《陳禮部詩稿》卷四）

毛永柏

【桑乾旅次，雪夜不寐，無以遣懷，聊成巴唱，用蜀郡張船山《小遊仙館排悶》原韻】官齋破寂每依燈，色相全空勝老僧。自問無才甘冷落，聽他有口説賢能。酒因偶醉難消悶，詩不嫌多卻懶謄。猶記去年風雪裏，今宵策馬上西陵。

舊遊如夢憶韶華，絶好江春不在家。三面湖山兩岸柳，數重樓閣幾林花。流鶯喚客聲相續，芳草迷人路忽叉。記得板橋帘影裏，罏頭買酒興偏加。

此生何必問前因，到處隨緣作散人。得一日閑便是福，能幾時樂且忘貧。隨身短劍情猶戀，信口長歌意獨新。差喜閉門無客過，滿街積雪没車輪。

幾番握卷怕雷同，一字難安意未通。枕上驚回寒夜夢，燈邊笑比苦吟蟲。倖無遠恨孤懷釋，頗有閑愁兩鬢攻。斗禄消殘桑落酒，寸心何以答蒼穹？

僻居陋巷借書難，一卷《南華》讀又完。如此寒宵成獨座，不知何處有吟壇？年來頗得安禪法，世上應無辟俗丹。儘可傲人詩數首，冷官莫作等閑看。

片帆吹轉海天風，捧檄桑乾且駐工。三載宣防無政績，一堤鞏固尚豪雄。遍栽楊柳垂波緑，亂卷塵沙蔽日紅。最是蘆溝橋畔月，照人清夢入簾櫳。

嶺南盜賊未休戈，塞北軍書尚覺多。獨夜捫心憐劫運，遥天傾耳聽鐃歌。馳驅不耐千山雪，藥石難降一病魔。覽鏡自慚搔短鬢，欲爲世用奈愁何！

檢點殘篇手自焚，模糊老眼一燈分。吟來贈句添新淚，哭到相知剩舊文。塞月江花迷客棹，夕陽芳草亂愁雲。無端觸我懷人感，千古空留翰墨勳。

閑來且作醉鄉侯，醉裏尋思故國樓。一片湖光隨意緑，十分春色替花愁。英雄出處無依傍，好醜憑人唤馬牛。但使此心塵不染，何勞洗耳向清流？

庭前聽積雪千層，曉起寒窗試一凭。詩境豁除塵十丈，宦情參破佛三乘。林端凍雀饑相守，屋角陽烏光漸昇。掃徑知無過客訪，童貪熟睡唤難譍。

一河環抱隔塵寰，浪静波恬心覺閑。不作宰官忘好惡，偶翻野史别忠奸。江梅開處春方好，塞雪寒時雁未還。欲寫鄉書難下筆，客愁不肯寄家山。（《小紅薇館拾餘詩鈔》卷二）

張之杲

【題家船山太守詩集後】天然瀟灑出塵姿，絶世聰明幼婦詞。面目何妨終未識，姓名偏恨不同時。才常憎命公能達，語可移情我亦悲。一様人間腸斷事，少年也有悼亡詩。

也矜豪放也風流，展卷中宵讀未休。此老一生宜頌酒，吾家自古最工愁。蓬萊客到狂吞海，隴蜀詩成氣帶秋。知是青蓮重謫世，騎鯨何處快清遊？時太守歸道山久矣。（《初日山房詩集》卷三）

徐大鏞

【輓張船山太守】天遣蓬萊作謫居，陶山轉世定非虚。公生於館陶，有「陶山多恐是前身」句。英年射策科名早，中歲辭官宦興疏。足跡幾窮天下路，眼光不泥古人書。詩壇酒壘堅無敵，一氣如雲自卷舒。

芸館蘭臺閲廿春，常留鄉夢在峨岷。官居清祕才原稱，詩到空靈性最真。出領三山仍舊籍，歸辭五馬亦前因。神仙不慣風塵住，東海難回勇退身。

出山泉似在山清，入世人多避世情。窮到昌黎文送鬼，痛深工部筆談兵。謂《寶雞題壁》諸作。萬千著作傳須福，五十年華夢太輕。料得西方千佛引，公寄萊人詩：「夢隨千佛到西方。」止餘魂返錦官城。公未抵蜀，卒於途，歸時年纔五十。

未遂擔簦謁大賢，予生也晚恨無緣。廿年每苦思張緒，三絶真堪繼鄭虔。姜被自多春草得，集中與尊兄亥白公唱和最多。和衣又許老梅傳。沽上梅樹君先生出公門下。不須伯道悲身後，身已千秋澤豈堙？

（徐世昌編《晚晴簃詩滙》卷一三一）

李彦章

【張船山畫梅爲雲谷題】十年詞筆易傷春，偶寫香光便逼真。超脱空林凉月影，天人生世此花身。

蓬萊香海總模糊，賸得宮袍一醉無。除卻詩餘無畫稿，可憐流落滿江湖。

怳見圈花噀墨時，故人苔石話相思。卻來西磵圓茶夢，無數巾箱感舊詩。（《榕園詩鈔・薇垣集》卷中）

【禮烈親王克勒馬歌】國初，禮烈親王有良馬曰克勒，猶漢言棗騮也。順治朝，汪編修琬爲作《傳》，後嗣王屬張太守問陶爲補圖。馬高七尺，長丈有咫，耳際肉角寸許，腹下旋毛若鱗甲。在軍中，每聞鼓聲，輒奮迅欲出。嘗乘至安平，適病蹄，自跑土出泉，洗其創而瘉。今有聖水泉。王薨，馬聞哭聲，哀鳴不已，未幾遂斃。比奉天歲取馬至，嗣王猶問孰爲克勒馬種，必善飼之。聞其神駿靈勇異於凡馴，且有古烈士之風，因作是詩述之。蟾精夜射白山赤，龍種麃麃五花勒。方瞳顧盼意氣驕，盤骨銅聲幾人識。崖然駿鬐出頭角，鱗甲連錢旋風落。隨俗浮沈易慨慷，向人意氣猶奇犖。流珠靈格盤雲姿，諸將逡巡不敢騎。烈王得此立神績，間關戎徼隨驅馳。昔年兵屯薩爾滸，風卷旍雲亂刀羽。奔蹄蹀躞萬鐵摧，净掃游氛四山雨。一心成功世所無，駿氣況復鞭塵驅。和門服早聽秋鼓，騰空勢欲千夫呼。戰場百戰金創熱，自跑春泉洗神骨。安平山下聖水流，血汗猶留桃花澀。名王功名自神武，天馬流傳亦千古。祝王壽穀馬驍騰，餘勇歸來尚堪賈。金車忽感騎箕夢，伏櫪懷知更深慟。終始相依爲報恩，精神俠骨看懼悚。花虬氣本籋雲殊，幸有丹青作畫圖。只今遼海秋駒出，猶問龍孫舊種無？（《榕園詩鈔·都門舊草》卷下）

殷壽彭

【黄快亭屬題張船山太守山水畫卷張船山太守寫贈洪桐生太守者】船山先生今謫仙，後不見後前無前。就中作畫特餘事，動筆乃爾成千年。廿載回翔在詞館，長安多少酒人伴。酒花噴薄墨花飛，青霞奇氣填胸滿。文章落拓復何濟，一麾管領三山地。路鬼翻嗤作郡難，群公應笑辭官易。老卻秋風釣鼇客，伯通橋畔滯行色。空囊尚欠辦裝錢，西川杜宇啼哀魄。白雲迴望隔萬里，此事從來非得已。眉山前輩聞盟言，有田不歸如江水。蘇句。劍門迢遞巴中途，何時細雨同騎驢？蓬蓬鄉思那可説，丹青但寫家山圖。曾見先生《細雨騎驢入劍門圖》，精絕。我讀船山詩，亂頭粗服傾城姿。我愛船山書，細筋入骨秋鷹如。鄭虔三絶詩書畫，真宰淋漓赴腕下。平生白眼看諸餘，低首乃在洪景盧。脱手此卷作持贈，似向煙波尋釣徒。此圖蓋寫贈洪桐生太守者，太守名梧。蕭齋展對滌炎溽，未知畫理繙畫録。十日卧游尚不足，急趁囊螢來照讀。（《春雨樓詩集》卷一）

查冬榮

【楊子堅索題張船山書畫册，即次卷中韻贈子堅，兼感船山太史】平生蹤跡半天下，山海遊完得此才。不信三唐詩格妙，居然長吉再生來。

揚雄此日惟懷友，張旭當年無此才。一别故人千載隔，西州橋上怕重來。（《詩禪室詩集》卷九）

劉繹

【讀張船山前輩《竇雞題壁詩》有感】浩劫茫茫果有諸，循環迴憶我生初。題詩爲嘉慶戊午年，至今恰一週甲矣。而今塞上風清日，又是江間浪湧餘。不信蠢苗生帝世，可曾破竹見軍書？承平將略原如此，憑仗天威自埽除。

豈獨長歌《蜀道難》，東南民氣半凋殘。流傳往事親身見，點檢新聞袖手看。壯士軍中違遠志，書生紙上付空歎。蘭成本是悲秋客，不聽哀猿鼻已酸。（《存吾春齋詩鈔》卷十）

王嘉禄

【論詩絶句(其十三)】末座青衫愧少年，酒旗歌扇杏花天。青蓮醉裹騎鯨去，終古詩魂弔杜鵑。張太守問陶。壬申之春，與丈譓飲虎阜。甲戌三月，丈旋下世，回憶曩歡，渺不復得。尚論及之，不禁潸然也。(《嗣雅堂詩存》卷五)

金長福

【論國朝詩人三十六首仿元遺山體(其二十三)】萬里岷峨憶故鄉，翰林風月細平章。寶雞驛裹題新句，勝讀唐人《古戰場》。張船山太守。(《紅雪吟館詩集》)

林楓

【論詩倣元遺山體(其十一)】風雅能將節義敦，千秋彤史賴詩存。拜袁揖趙都無謂，合讓船山一席尊。蔣心餘。

(其十二)一空門户但横行，裂月撑霆壓老傖。垂老隨園蘄緩死，待收奇句慰平生。張船山。(《聽秋山館詩鈔》卷三)

張際亮

【與徐廉峰太史書（節録）】大抵自乾隆以來，其負盛名如沈歸愚、朱竹君、袁子才、趙雲崧、蔣心餘、黄仲則、翁覃溪、張船山諸先達，固皆一時才人，然於風雅之旨，正多未逮。袁佻趙獷，蔣薄黄輕，張介於黄、蔣之間，惟沈之持論頗正，惜才力不厚，故其所自著無足感人。竹君學士欲自溯源於昌黎，然徒以奇字險韻爲工，則所謂工者，亦何與於温柔敦厚之教邪！況昌黎之詩，其佳在氣奇而骨重，學遂而理粹，不於此求之，而欲横空盤硬語，何可得邪？翁則直以詩爲考訂，而盛傳海外，實怪事也。近日頗有知袁、趙之非者，然復揚竹君、心餘、覃溪之餘波，則亦爲狂瀾而已。江河之源，當求之於宿海岷山之上，如吴梅邨、王漁洋、宋茘裳、施愚山諸先生，固猶利濟之舟檝也。竊以謹嚴清簡者，初涉之津；飛動沈鬱者，中流之浪。源之以積理養氣，流而爲自然無迹象，浩然無涯涘，肆然無所不之，則於李、杜、高、岑、王、孟、韓、蘇之觀不遠矣。（《思伯子堂文集》卷三）

【禮烈親王克勤馬圖用陳恭甫夫子元韻】太宗兄弟皆英雄，烈王百戰開元功。星精下降獨駕馭，王歸天上驂雲從。英姿久貌淩煙閣，駿足未刻昭陵工。百六十載始補畫，想見陷陳麈沙蟲。烏虖肉角桃花騣，其高八尺鱗盤胸。鐵蹄洗創偶抱地，絶漠怪水迴洪淙。自非神駒那有是，猛利不數胡青驄。憶昨明兵薩爾滸，惡若哮虎狼貔熊。驚塵匝野裂畫角，殺氣掩日寒蒼穹。王馳此馬怒赴敵，一馬所向萬馬空。王將誓雪列祖憤，人馬慷慨摧刀弓。二十萬衆一鼓滅，渾身血汗燕支紅。歸來獻馘將士喜，嘆息此馬疑真龍。維王材武績屢最，馬也奮勇如王衷。魚皮烏拉騁蹴踏，朝鮮葉赫追逋窮。諸酋競走拜馬首，威靈震懾三邊東。固知天運啓佐命，尚記錦韀垂纓璁。章皇躍馬幽燕中，中原既定無哀鴻。騏驎絶食號悲風，王死與死爾則忠。誰其感激汪張翁，國初汪堯峰先生既爲《傳》，嘉慶四年，王孫汲修主人屬張船山太史補畫，翁覃溪學士有詩，恭甫師詩亦作於是時。吾師壯歲氣若虹。秦隴坐甲憂群公，如今重見禽西戎。騎駝吹笛游崆峒，何愁冰山雪嶺巉巖峰？惟憐創業勞鞭鐙，故劒王孫泣繡銅。（《思伯子堂詩集》卷九）

張銓

【題張船山詩集後】西崑箋註有康成，白戰何如富甲兵！赤手麒麟原跋扈，青天鵰鶚自峥嶸。張華恨少風雲氣，韓偓偏多兒女情。一代江山須大筆，《香奩》那得擅詩名！（《愛山堂詩存》卷四）

李映棻

【題張船山詩集】奇氣峨眉毓不孤，遂寧壇坫繼新都。楊公子後張公子，一種仙才得替無？大海神蛟大漠鷹，行間字字欲飛騰。一編合弁才人集，黑夜捫之似有棱。

太史風流太守狂，詩名一代畫眉張。卅科前輩吾猶及，未必船山讓小倉。

謫仙豪放杜陵愁，婚宦勞勞筆底收。莫歎無兒天忌汝，酒狂端合死蘇州。（《石琴詩鈔》卷七）

周劼

【書《船山詩草》後】瀛洲小住又萊州，飄瞥雲煙此宦遊。沈醉不辭千日酒，多情只合一生愁。眼中人少名箋貴，囊底錢空祖硯留。慧業更憐才子婦，梅花仙骨定雙修。

説鬼搜神氣不平，談天有口又談兵。干戈擾攘悲秦蜀，湖海飄零感弟兄。退守枯禪支病骨，折除艷福悔才名。叢殘遺稿誰收拾，凄絶刊傳仗友生。（《瓶城山館詩鈔初存》卷一）

沈寶禾

【讀張船山太史《寶雞驛題壁》詩，感而作此】鞏固金甌歷聖慈，爾曹何忍盗潢池？江湖積潦長鯨舞，檻柙疏防瘈狗馳。天怒有時能轉轂，民頑無處不棼絲。毛錐秃盡文安用，聊寫牢愁紀事詩。

永安州困失巢傾，此錯分明鐵鑄成。漏網魚難重捕獲，掣韝鷹已四縱橫。直趨荆楚氛愈惡，便踞江淮窟儘營。金粉六朝佳麗所，萬燐哀怨不平鳴。

輓粟徵兵已六年，孤城萬騎尚遷延。縱教犄角三方失，誰奮攻心一著先？礮火習聞空闊地，鐃歌遲唱奈何天。軍門積甲齊熊耳，奪得黃旗亦偶然。

内府泉流日見希，權從商借與心違。窮儒頃刻誇裘馬，小吏因緣壯革翬。行鈔轉滋叢蠹起，告緡巧託亂蚨飛。百端膏血皆栽植，一樣心肝孰是非？

旁搜利孔不留餘，豈僅資郎拜寵除？撙節方期民有豸，奢華猶歎客無魚。鑄兵寸鐵論金抵，壘險重門惜玉如。蟲自號寒禽且過，昏昏群醉此軍儲。

帝曰瘡痍久未平，廟謨堅壁野宜清。咸豐二年十一月，詔諭團練鄉勇。十二月，復諭各省在籍紳士，各就該地方情形幫同團練。特頒留牘資方略，三年正月，諭令直省仿照嘉慶年間堅壁清野之法，辦理團練。復令武英殿刊刻明亮、德楞泰《築堡禦賊疏》，龔景翰《堅壁清野議》及示諭條款，頒發通行。復予新銜凛命名。督、撫以下，凡守土官，各加團練使、團練副使銜。萬户同聲齊殺賊，四郊無警即歸耕。懷哉楚蜀收成效，渤海風高竟戢兵。

兵符火速下綸音，大府推行屬望深。吏憚傳鈔幾脱腕，松陽縣檄祇叙團練案由，而無疏議鈔稿矣。官嗤迂遠不關心。久忘保赤爲何語，懸盼謄黃直到今。三百青銅求壯士，縱饒餓死亦沈吟。

但解飛書插羽催，請兵請餉急如雷。一家眷屬先謀逸，四塞關河苦費猜。絶妙城亡懷印去，浪傳寇退載旌來。翱翔更唱軍中樂，横索官錢日萬枚。

我有良朋蔡延世，赫然大義括蒼山。目無此虜歡呼裏，手挈鄉兵險絶間。轉鬥不知踰域遠，脱歸猶慟乞援慳。啼兒途遇東甌去，令弟書從海上還。紀松陽蔡君有三禦賊事。

獨羨高牙大纛人，綸巾羽扇足風神。捷書例説降魔易，勝算爭如侫佛頻。伏闕無因懷賈誼，借才幾輩得張巡。埽除妖孽清寰海，長作康衢擊壤民。（《忍默恕退之齋詩鈔》）

鄭獻甫

【書張船山詩集後】自領生軍列鸛鵝，真看飛將出岷峨。青春頓減中年樂，白雪仍攙下里歌。客坐有盃留北海，家山無宅與東坡。公孫清絶詞臣冷，手把遺編唤奈何！讀書尚未如袁豹，談史翻能薄馬遷。杜撰笑人牙後慧，元輕憐爾口頭禪。將軍下筆開生面，詩老爭名乞死年。謂袁子才。相謗相優吾豈敢，餘波休誤後來賢。玉署金臺意甚奢，輕刀快馬句尤夸。書生安肯束高閣，貧女何妨號大家？血熱任人澆竹葉，天寒呼婦伴梅花。清宵頌誦增愁思，自顧蕭蕭兩鬢華。（《補學軒詩集》卷三）

戴熙

【秋篁樂意仿張船山白頭翁】寄舫階下，竹百餘竿，挺然立風雪中。予胸中之竹，遂欲出而與角，真不知量哉！祁淳甫大農屬留三晉館。（《習苦齋畫絮》卷十）

劉肇堂

【張船山太守《還山草》副本，爲楊海琴所藏，出示索題，即送其歸蜀】才人愛才人，故紙亦所寶。啓篋手示余，乃是《還山草》。塗乙雜穠纖，一一雪鴻爪。當年船山翁，性靈恣天巧。一時家國事，殷勤寫懷抱。詩名滿天下，全集付梨棗。副本誰復存，大半蠹魚飽。此卷爲君收，裝潢尚完好。翰墨結因緣，清福信不小。即今歸成都，雲棧恰取道。山川助詩情，雅韻和此老。珍重錦囊收，他年索殘稿。（《古藤書屋詩鈔·金門集》）

朱瀚

【爲李敏齋題張船山詩册】憶誦船山作，江湖秋雨時。金牛天不冷，鐵馬夜能悲。關塞醒塵眼，魚龍幻楚辭。試將蘆管咽，一一曉風吹。（《小滄溟館三集》卷十二）

陳勱

【仿元遺山體論國朝人詩二十首（其十）】詩家誰似老船山，張問陶。獨據風騷上將壇。漢魏三唐休謬附，天然骨韻自珊珊。（《運甓齋詩稿續編》卷五）

華長卿

【讀《船山詩草》書後，用石琢堂先生韻】乾嘉人物半凋殘，留得詩名永不刊。筆有奇情傳世久，生無媚骨救貧難。變成虎豹三更夢，用集中丁巳夢詩。畫出龍蛇萬目看。仙吏酒狂歸浩劫，零星年譜繕初完。（《梅莊詩鈔》卷十二）

【題孫淵如觀察小像，用吴山尊、張船山兩先生韻】盛名洪顧一時同，六代江山幾寓公。問字客來尋白下，訪碑人蚤宦齊東。達官不改經生面，遺照猶存國士風。今日荒園半零落，松濤仍作大夫雄。（《梅莊詩鈔》卷十三）

傅桐

【驛柳四首次船山太史韻】萬千條柳驛樓晴，多謝征輪迭送迎。煙月時縈分背恨，雨風中帶斷腸聲。七回盤馬青籠陌，「七過褒城驛，回回各有情。」微之句也。一路聞鶯緑進城。掩映旌旗雲裏色，春藏漢將舊時營。

拂拭天涯游子衣，勞勞多恐損腰圍。辦裝忽憶花間別，負米遥從雪裏歸。官道平時烽燧息，軍門嚴事羽書飛。宣防下共淇園竹，那得閑枝更可依！

搓煙撚霧弄斜陽，逢爾依依又異鄉。牽夢迢遥入京洛，共人憔悴老風霜。春深笛倚歌三疊，日夕帘招醉一場。傳吏殷勤教手植，往來已看長成行。

半天青到古秦州，飄出行旌一倍愁。紫塞寒驚人遣戍，紅閨春悔壻封侯。出關天遠悲笳裂，繞店門閑愛水流。卻憶淮南敝廬外，清陰宜夏更宜秋。（《梧生詩鈔》卷四）

潘遵祁

【長亭怨慢張船山先生《柳雪初蟬》畫幀】卷簾幕，殘紅如洗，惱恨東風，又吹萍碎。玉箋愁醒亂鶯啼，老怨誰寄？長亭芳樹，怎忘得，銷魂地。點點是春心，都付與、盈盈流水。　彈指掩愔愔，綺隔早有、暗蟬聲曳。飄零舊緒，訴幽恨，幾絲涼翠。最苦是、咽雨梳煙，漸嬌鬢、無端蕉萃。問幾度斜陽，消得闌干閑倚！（《西圃集》卷十）

謙福

【梅花詩用張船山先生原韻】緑蟻香濃泛紫霞，一瓢相對興偏賒。劇憐北地春光晚，纔見南窗月影斜。

高士吟成新眷屬，美人洗盡舊鉛華。天然骨格何嫌瘦，不是人間富貴花。

修到仙緣定幾生，今宵風景喜澄清。家山不作思鄉夢，驛使憑傳寄遠情。境入羅浮皆幻想，賦誇宰相總虚名。隔牆忽聽《霓裳曲》，知是鄰家玉笛聲。

疏影横斜月上遲，一般清趣少人知。臨池綽有淩波態，倚檻頻興望雪思。勞我耽吟開小閣，任他向暖發南枝。無心更問和羹事，寂寞空山亦正宜。

竹籬茅舍倣山村，古屋閑消酒一樽。不比春花移曲檻，怕招俗客掩重門。空中著色參新悟，夢裏題詩認舊痕。冷落莫教桃李笑，天容孤峭亦殊恩。

獨標高格絶塵緣，風雪侵尋不計年。世外地寬寒料峭，夢中天闊酒神仙。香來淡遠渾無著，質抱冰霜只自憐。如此風騷誰得似，放翁詩句至今傳。

一從鄧尉問芳蹤，踏遍雲山幾萬重。妙有情時聊獨賞，悄無人處恰相逢。不惟晚節香同菊，直擬寒盟健比松。時尚慢争眉樣好，便娟還讓古妝濃。

回頭幾日百花殘，春去春來指一彈。冷淡緣中知己少，繁華隊裏隱身難。修成浄業心俱澈，夢到香魂骨亦寒。莫嘆風塵終落漠，煙霞深處有人看。

猩紅飛上玉虬枝，醖釀天心總不私。冷豔最宜泉石癖，好春未許蝶蜂知。忍寒且酌杯中酒，寫影難摹畫裏詩。我愛此花清澈骨，檐前索笑立多時。（《桐華竹實之軒詩草》卷上）

【效張船山先生《觀物》、《觀我》各四首】三山縹緲海雲重，誰到蓬萊第一峰？但使心超緱嶺鶴，也應身化葛陂龍。名藏梅尉人原識，肩拍洪厓世莫逢。慢道神仙無俗累，青騾猶許主芙蓉。仙。

變化寧如尺蠖伸，卻憑雷雨便精神。奇情儘許窺頭角，餘緒還能見爪鱗。淵下珠光探可得，津邊劍氣總難馴。點睛畫壁猶飛去，衹恐人間好未真。龍。

莫嫌坡老語荒唐，説鬼燈前意渺茫。歷劫不曾更面目，憑空何處著衣裳？縱無接引歸西極，也自逍遥上北邙。回首人間轉惆惻，他生莫付轉輪王！鬼。

豔陽春暖任夷猶，雙板翩翻舞未休。一陌紙灰寒食淚，六朝金粉故宫愁。風前影亂團團扇，花外香迷處處樓。幾度夢回青草路，不知是蝶是莊周。蝶。

啞然墮地一聲啼，無限塵緣早自締。摩頂有誰知偉器，仔肩全已付孩提。矢弧期嚮原難預，茵溷遭逢况不齊。坐客滿堂湯餅宴，誰將歡喜悟癡迷？生。

無情霜雪上頭顱，變盡朱顔失故吾。脱落羽毛憐鶴瘦，蹣跚腰腳仗鳩扶。官如棧豆情終戀，年比喬松性愈孤。惟有一般堪重處，無終老馬善知途。老。

形神交憊漸支離，人鬼争途未可知。豎入膏肓原近誕，醫來和緩已嫌遲。牀茵輾轉添燈夜，兒女流連易簀時。從古長生無秘訣，金丹只要早修治。病。

撒手懸崖一葉輕，蓋棺方可論生平。佳城枉指眠牛地，諛墓徒工《瘞鶴銘》。斗酒隻雞憐舊約，素車白馬見交情。王侯國士誰千古，同是烏鴉噪樹聲。死。（《桐華竹實之軒詩草》卷上）

譚溥

【驛柳次韻張船山先生四首】幾家門巷倚新晴，老柳條條綰送迎。笛裏尚牽關道別，風前争聽馱鈴聲。纖腰舞罷難通夢，故國愁來易滿城。何事飄零依古堠，數行疎影拂屯營？漢南司馬撲征衣，往昔攀條今十圍。青眼忍看邊騎去，黄金難買少年歸。煙銷灞岸魂初返，月冷關山影亂飛。一自渭城吹折後，極天情緒總依依。阿誰繫馬向斜陽，此去陽關是異鄉。數點鴉翻荒戍雨，一鞭人倦板橋霜。悲生畫角孤城外，秋老西風古戰場。幾日章臺散歌管，邊亭婀娜自成行。玉關初入是凉州，無那垂絲挂旅愁。野店客來頻勸酒，長亭人去幾封侯。風流楚澤思狂態，日暮梧江悵水流。海角天涯正摇落，驛樓相對倍驚秋。（《四照堂詩集》卷六）

賈臻

【重游洛下，汪東初以三月三日城西看花用張船山甲寅上巳遊釣魚臺韻詩索和，金静含、潘帶銘、汪歗雲皆有作，解裝匆匆，勉次其韻甲寅】人事倏推移，頫仰成今古。舒斂各因時，且學深藏賈。書生習戎馬，色變類譚虎。重看嵩嶺雲，不醉亦屢舞。諸子翩然來，美人下洛浦。詩囊付小奚，花事探春隝。恰三月三日，問今雨舊雨。我儻再來人，看煞小兒女。更憶永和年，此會誰賓主？今日曲水旁，列坐紛可數。蒼茫百端集，逞鬭吟情苦！（《洛中吟》）

方玉潤

【讀書之暇，偶檢數學諸書，擇其要者，各題一絶，得十二首。張船山先生云：「閑居無所不學，始驚其神，繼知其無用。知其無用，用乃神。」旨哉言乎！余所學，雖與先生稍異，而要其旨，則以斯言爲歸録六首】值年值月更值時，天上星辰亦太癡。不是神明通造化，翻禽倒將總無奇。

指揮劍印不容情，符籙風雲掌上生。佐國枉將溪女拜，天山隔斷芙蓉城。

踏罡步斗忽離形，渺渺飛身入帝廷。何事殘碑千劫冷，神龜脱化不曾靈！

干支何苦認分明，八陣居然蛇鳥情。名將自饒通變略，肯教神鬼亂縱横。

畫前畫後費深思，物理閑情展更奇。貞下起元元起會，先生何處問包犧？

談到封侯氣若虹，奇書翻盡漏初終。驊騮素重千金骨，誰把皮毛相玉驄？（《鴻蒙室詩鈔》卷二）

田依渠

【戲簡石杉二首次張船山太史韻并序】昔金筠泉願化作絶世麗姝，爲船山太史執箕帚。馬雲題贈太史詩，亦有

「我願來生作君婦，只愁清不到梅花」之語。我何人斯，而石杉吟叟竟有金、馬二公之願！然此生既爲名士，來世復作美人，願已奢矣。如賤子者，得爲天壤王郎，亦厚幸耳，豈有他望哉！戲用太史原韻奉謝知己，以博一笑。美人何事鎮纏綿，願向來生訂百年。無那卿卿憐故我，誓同世世結良緣。杜陵月落猶疑夢，張旭風流不礙顛。如此窮酸作新婿，切休重索聘時錢。

見説彭郎有化身，小姑曾此嫁青春。須知不死全無分，始信先生是可人。紅粉而今誰似舊，白頭自昔本如新。五句富貴須臾事，薪負何妨學買臣！（《茹古山房詩集》卷二）

祝應燾

【步張船山太守《梅花八咏》，即次恒月川方伯韻】幾枝古幹燦晴霞，探約溪橋興易賒。雪冷空山香暗淡，月明寒夜影初斜。開如静女春無價，瘦到清癯鬢未華。出世早沾霄上露，也應高著及時花。

隱寄孤山第一生，不從人海待河清。冰霜久鍊心如鐵，風月縈懷夢有情。香到寒時方見品，人逢高處竟留名。逋仙獨向煙霞老，偶聽雲間鶴唳聲。

雪中春信故遲遲，高卧深山不索知。骨立風前留氣運，人從月下繫懷思。蓬門未必開三徑，驛使難逢折一枝。不許繁華同溷跡，漫移官閣最相宜。

竹籬茅屋近山村，月共黄昏酒一樽。與世無緣空閉户，浮塵不染掩重門。幾生福慧存高節，一抹香魂索笑痕。數點天心枝上見，東皇雨露總殊恩。

冷淡叢中有夙緣，盤根錯節幾經年。生來逸氣心彌古，修到浮生夢亦仙。品格豈同凡卉競，酸寒肯受俗人憐。而今若許和羹用，調鼎還將姓氏傳。

泥痕鴻爪認前蹤，香繞羅浮影幾重。伴我高眠清夢穩，思君落日故鄉逢。生成秋氣矜殘菊，自秉冬心敵老松。洗浄鉛華人不識，淡粧偏減十分濃。

月裏横琴韻未殘，曲中古調幾回彈。空山冷落知音少，絶世精神小隱難。植地高柯先受暖，得天厚氣慣經寒。直同巢許争遊跡，何待人間熱眼看？

嶺上先開三兩枝，天公陶育更何私？身存奇骨情原淡，跡近孤蹤性可知。即使嚼來應有味，必於醉後始吟詩。名高不與凡花列，破臘新春放及時。（《宦遊草堂詩鈔》卷三）

朱澐

【夢中賦詩呈張船山太史，醒而忘其全首，衹記「能出奇才」一句，挑燈泚筆，足成此詩】優孟衣冠失本真，先生妙筆極清新。敢爲險語驚儕輩，能出奇才抗古人。飲酒佛前徵性分，投詩江上見精神。虎邱響搨曾披讀，夢裏丰標畫裏身。余游滄浪亭，購得太史《生公石上論詩圖》墨搨以歸，裝潢成軸。（《鐵硯齋詩草》卷下）

楊翰

【題馮子山藏張船山《松筠盦種菊圖》】繡佛齋詩手自删，片雲常共鶴飛還。秋風吹老阿蘭若，人與黄花一味閑。予藏船山《己酉還山集》墨跡一卷，船山自題「繡佛齋待焚草。」

培泥縛瓦盡生機，葦葉蘇蘇沙蟹肥。冷句吟成澹無語，夕陽黄到老僧衣。

幽棲訪舊滿苔痕，寂寞黄英共一尊。我亦秋深懷弟妹，涼蟲如雨下籬根。予有弟妹寄居蜀中，讀船山「忽憶故園諸弟妹」之句，不覺觸我懷人之思矣。

竹篠齋頭飲興孤，東川一棹想菰蘆。倩君更割鵝溪絹，爲補《松筠種菊圖》。船山自題詩卷，有「陸機在洛，忽思齋東頭竹篠中飲，謂劉賓思鄉」之語。（《裒遺草堂詩鈔》卷四）

彭瑞毓

【王月帆大令以船山太守自書詩册索題，中有《臘八日過叙州》一首，因次其韻】萊水風帆一醉收，偏從彭澤泛歸舟。詩鳴春鳥音千囀，字綰秋蛇韻四流。世上人皆珍手澤，天生公爲繼眉州。漫嗟爽道來何晚，紙尾還堪姓氏留。（《賜龍堂詩稿》卷五）

吴棠

【龍潭道中和張船山太史《驛柳》元韻】驛路鞭絲喜放晴，況饒官柳客途迎。古今郡縣留名處，風雨關河送別聲。三弄不須悲玉笛，十圍未免感金城。將軍大樹多遮蔭，灞上休尋漢將營。

染遍風塵京洛衣，長途棖觸損腰圍。綠隨芳草天涯去，春共梅花江上歸。寶馬香車看冉冉，北鴻南燕任飛飛。登樓極目柔絲綰，王粲荆州孰共依？

多謝長條掛夕陽，常年送客總他鄉。曉騰萬馬春如霧，夜點千鴉秋欲霜。不厭紅塵綠暍蔭，特留青眼慰名場。勞勞送客亭邊路，莫怨鹽車上太行。

隋堤寂寞問揚州，一片蒼茫萬古愁。風雪多情嚴斥堠，旌旗何意識王侯！幾多摇落勞薪感，無限纏綿逝水流。何似五株陶令宅，撫松采菊共吟秋！（《望三益齋燼餘吟草》卷一）

王慶勳

【題張船山太守《寶雞驛題壁》詩後】幸早擕家出棧雲，忍聽鳥道熾妖氛。書生欲獻平戎策，上將方傳諭蜀文。釜底遊魂稽十載，教匪滋事，十年方靖。帳前義旅冠三軍。桂、羅兩軍門，皆當時鄉勇出身。班超倘有封侯骨，我亦思將筆硯焚。（《詒安堂詩初稿》卷八）

張經贊

【和張船山集中《驛柳》詩四首原韻】千山萬水幾陰晴，陌路何知青眼迎！曉露暗垂滋别淚，晚風遥起動邊聲。誰從走馬懷京兆，尚憶歌驪聽《渭城》。遠道馳驅蹤莫定，勞勞身世苦經營。夾道長條故拂衣，年年清蔭長新圍。何堪老去偏從役，忽引愁來獨望歸。旖旎豈隨輕燕舞，栖遲時見亂鴉飛。春風不管人離别，吹散楊花水上依。種花嶺嶠愧河陽，羽檄交馳警夢鄉。百丈游絲春帶雨，一天飛絮鬢成霜。隋堤忽變悲歡局，漢苑空餘歌舞場。弔古傷今多感慨，不堪回首淚千行。莫共離人唱《石州》，欸歌《金縷》更添愁。登樓王粲窮爲客，投筆班超老作侯。塞笛音殘孤月上，郵亭夢醒片雲流。寒碪暮杵知何處，摇落鄉心幾度秋。（《燹餘吟草》卷三）

【復疊前韻四首】草際春歸九陌晴，東風識面笑相迎。長亭繫馬依依色，細雨流鶯處處聲。誰遣芳懷來遠道，空餘暖意到邊城。傷心最是河梁别，執手踟躕共屏營。飄飄垂帶舞仙衣，翠色連天天四圍。夢斷晨風啼杜宇，魂銷落日聽催歸。平橋悵望情何寄，古壁留題興欲飛。萬里征塵春寂寞，惟餘琴劍老相依。蟬吟遠近送斜陽，觸起愁懷盡望鄉。一片蒼葭零白露，半林黄葉帶青霜。玉簫玉笛今時月，秋雨秋風古戰場。極目行雲何處好，數聲斷雁不成行。怕聽羌管按《涼州》，一曲悲歌萬斛愁。作賦多才憐庾信，成功早退羨留侯。章臺有恨風煙接，渭水無情日夜流。滿地相思關月冷，至今猶憶漢宫秋。（《燹餘吟草》卷三）

方濬頤

【感興十八首用張船山先生《寶雞題壁》韻】書空咄咄恨難平，憂患無人審重輕。國有漏卮容外寇，天開劫運阨蒼生。衣冠北闕晨披牘，烽火南天夜結營。太息庸臣常縱敵，海濱小醜竟横行。番舶交馳賊膽麤，暗將鴆毒釀兵符。通洋處處來奸賈，陳戒紛紛笑腐儒。呼吸已催生氣盡，侵牟能免殺機無。滔滔共切淪胥痛，官懦民貧地脈枯。利藪潛移水府錢，網疏禁弛慨徒然。森嚴獨議三條律，飢渴誰忘一炷煙。臣矢孤忠防積蠹，世譏新法比聞鵑。澆風未去開邊釁，縻餉勞師已二年。鯨波東注逼軍門，血染前山細柳屯。守土人亡張賊勢，登陴兵散負天恩。幕邊巢燕嗟無壘，井底鳴蛙妄自尊。大纛高牙方坐擁，可知猿鶴劇銷魂。獻俘斬馘尚從寬，釃酒椎牛樂晏安。專閫有權甘坐視，援師無力痛旁觀。狐疑但覺紆籌苦，狼狽應知決勝難。袖手不談兵旅事，逍遥且自散鄉團。

陰謀搆隙信夷文，鬼蜮奸私善沮軍。柳口烽煙迷壁壘，蘆溝星騎駭傳聞。牲牢助餉人忘寇，礮火收芒石免焚。不見羊城舊開府，排空戰艦密如雲。

聲威空自懾遐荒，辛苦黃粱夢一場。事業半途同覆鹿，功名末路類羝羊。升沈此際餘忠憤，清濁何人代激揚？兔狡狼貪欣得計，摩挲長劍歎無鋩。

攻守於今勢不同，可憐一炬罪興戎。從來丞相持和議，自古貪夫喜冒功。蠻觸有時陽納款，鴟張何事許交通？爪牙心旅全無濟，鎖鑰教人念寇公。

雪偃貔貅夜泣麟，元戎翻覺是閑身。虎牢近日誰增戍，羊舌當年獨賀貧。戈戟沈埋疲戰旅，苞苴來往匿奸民。漢家計笑和親拙，誤把安危託婦人。

飄瞥炎氛煽廣州，將軍無骨可封侯。粘天霹靂灾戎馬，捲地波濤失斗牛。貂錦紛紛新戰鬼，蟲沙隊隊舊防秋。隩區竟落夷人手，五嶺頻添意外憂。

承平啓瑞頌囊珠，縱有攙槍掃自無。天上牙璋下衡岳，軍中鼓角震巴巫。重臣轉餉心應細，老將談兵氣不羸。褒鄂英名歸節制，運籌何以靖南都？

越東近已戍煙消，併力番州意轉驕。割地我曾拋險隘，老師寇不患迢遥。功高蘄國金山役，膽落曹營赤壁燒。誰料兵多偏畏敵，弓刀影裏太蕭條！

萬隴成墟冷麥胎，花田燐火逐人來。出師告捷傷先倍，入寇求和事可猜。轍覆前車原易鑒，變生後路莫輕開。披猖祇爲錐刀利，克復端應恃將材。

朝廷飛詔責殲渠，豈有孫吴昧疾徐？賞罰朦朧驕縱後，士民哀惋喪亡餘。黄金即許權宜用，白骨誰能借力嘘？助虐兇頑真叵測，乞恩便欲緩驅除。么麼那解戴恩施，義勇雖堅孰護持？千古戎貪同一慨，兩軍血戰未全遲。敢云兵退初無詐，忍道城孤不可爲。地勢民情終懵懂，此中成敗少人知。

軍書絡繹赴皇州，煙柳無情鎖驛樓。萬里驚塵咸避突，數行疲馬盡馱愁。道旁引領歌三捷，河上傳聞詠二矛。鷺堠烏亭黯行色，幾人投筆壯南遊。

荼火安能免劫灰，傷心徵調幾時回？軍分水陸難相倚，夢入刀鐶或浪猜。生羨龍韜舒偉績，死憐馬革裹雄才。秋風轉瞚催砧杵，萬疊霜衣雁送來。

憂國憂民論短長，妖星徑欲射天狼。要知忠義非奇行，漫説干戈在異鄉。勇奮揮鞭平島嶼，圖成聚米出書倉。銷兵盡寫歸農樂，重賦東山古鹿場。（《二知軒詩鈔》卷二）

【姚姬傳楷書《金剛經》册】紙本，計十開。今尺每開高六寸，濶七寸，朱絲界，直行二十。册首篆書題「心緣无往」四大字，下署「船山題，星衍篆」。壬申歲十月廿日，小石、開士集虎邱之孫子祠，屬書姬傳比部寫經。」前葉鈐「孫氏伯淵」印。（《夢園書畫録》卷二十二。又載端方《壬寅銷夏録》）

【張船山自書詩卷】紙本，今尺高七寸，濶九尺六寸，册頁改裱，二十四接，計九十六行。自書詩《劉智廟題壁》四絶句，《到郡》、《庚午十月十六日》五律二首，《蠡酌亭觀海》五律一首，《辛未花朝》七律一首，《四次奉調赴濟南，途次口占絶句》一首，《壬申正月辭郡》七律一首，《春分交印》七律一首，

《留題蓋公堂》七律一首，《攜家去萊州，口占絶句》一首。《青州道上》七律，《高郵舟中撿閲辛未年有感》七律，《江南道中咏水田人家》七律，《虎邱寓齋即事》七律各一首。以上諸詩，大都宦海升沈，隨寓興感之作，書法遒勁，耐人展玩。通卷鈐「袖中有東海」、「忍辱仙人二千石」、「靈海仙船觀於海者」、「慎因」二字，「真」一字，「書經監生詩經舉人禮記進士」、「自渡」二字，「大願船管領三神山」、「進士爲官不若服田獲壽保年」、「牧下」二字，「一髮塵打牛漢藥庵退守」、「船山」二字等十二印。

壬申十月九日，船山居士。（《夢園書畫録》卷二十四）

【張船山歲寒三友圖卷】紙本，今尺高七寸五分，寬一丈。老松一株，勁氣淩雲。古梅一本，繁英耐冷。加以雙鈎菉竹，臨風摇曳，似此各饒逸趣，真可訂歲寒盟也。鈐「醉竹軒主人」、「煮茶讀畫之室」二印，覆首何蝯叟題額。

歲寒三友。丙子仲夏。取命自意，船山張問陶。（《夢園書畫録》卷二十四）

李宗羲

峨眉毓秀，篤生英賢。有湖海氣，結詩酒緣。至情至性，亦佛亦仙。披圖一笑，如見生前。漢豐後學李宗羲謹題。（道光二十九年刻本《船山詩草補遺》卷首《船山先生小像》後）

童華

【追和張船山先生《觀化》、《觀物》七律八首同何韻仙上舍琳】世界三千轉法輪，天神人鬼説前因。靈根要視山川秀，仁氣同回草木春。猛獸難除偏齒角，名花無用亦精神。原知傀儡皆兒戲，那得登場不認真！生。

鬢眉黑白變朝暮，耳目參差成古今。酒後燈前親故淚，夜眠晨起子孫心。歲時依樣看都倦，仙佛無緣悟漸深。能不少年精力負，手栽松柏各蕭森。老。

血氣何因失自然，百骸都與病周旋。風霜歷劫歸今日，哀樂無端悔昔年。上品難求芝术種，庸醫雜授死生權。閉門淡食良佳耳，無數塵魔息掛牽。病。

五世諸侯狐正首，一朝名將豹留皮。軍前異事大星墮，箕尾新聞傅説騎。後代姓名修史日，聖朝封禪索書時。墓門翁仲閑無語，長守模糊碧蘚碑。死。

秦皇忲侈漢皇驕，那解求仙向寂寥！水坎火離龍護衛，海青雲碧鶴逍遥。偶然詩酒隨凡相，異樣衣冠各本朝。休問偓佺今在否，近人無復遇松喬。仙。

難把之而刻畫成，舒鱗舞爪不分明。潛如蠶蠋常疑睡，化作蒲牢忽大鳴。晉代誰馴中散性，周人莫識老聃名。神功及物惟霖雨，能背當空赤日行。龍。

斂將正氣歸無極，賸有游魂入太虛。遺愛斯民好尸祝，癡情新鬼尚唏噓。形聲種種生前肖，恩怨沈沈史上書。前古後今成等輩，夜臺一遇快何如！鬼。

輕影翩翩拂綺叢，嫩晴庭院起東風。優游物類無相害，變化真形各極工。莊子文章参活潑，滕王畫稿擅玲瓏。六朝金粉休零落，檢點佳人一撲中。蝶。（《竹石居詩草》卷一）

薛時雨

【希冉兄求，邑增生，生平癖嗜腐史，手鈔成帙。詩宗張船山，恰不多作。晚年不第，隱居市肆，賊來被掠，不屈投水死，年六十二】同祖十一人，兄長我最幼。兄殁我將衰，血淚青衫透。八載離鄉園，三族無耆舊。峨峨老諸生，勁節懾狂寇。（《藤香館詩鈔》卷三《秋窗悼逝詩》，其九）

王楷

【讀張船山先生詩稿】近體空靈小得名，古風惜少氣縱横。分明欲學隨園派，不學隨園是矯情。稿中有「誰能有意學隨園」句。（《聽園詩鈔》卷三）

程鴻詔

【題張萊州問陶詩集】不諱房幃謔比肩，儘教錯認是情禪。堉鄉深有難言處，如此詩人亦可憐！名士誓爲才子妾，山魈偷寫史公詩。先生有句分明在，自道無聊只好奇。（《有恒心齋詩集》卷六）

俞樾

【張船山集，有《作家書》、《望家書》二題，因各賦一首】貧士舊有例，例與田園離。書生亦有例，例與妻孥宜。況我老母在，固宜親盤匜。勿克親盤匜，何以慰母慈？惟有一紙書，寫到更闌時。家貧迫歲暮，事事棼如絲。如何一握管，欲寫翻無詞？首言客中樂，次言歸有期。不將眠食累，上費高堂思。不將羈旅感，下使家人知。《作家書》。

老母年六十，久謝筆與硯。嬌兒甫六齡，讀書未盈卷。誰爲報平安，千里如覿面。傳語親家翁，謂周雲笈。費君一斗麫。爲我作家書，一字當一絹。無如客山鄉，又乏郵筒便。飛到雙鯉魚，頓覺黃金賤。開書省日月，月圓已兩遍。回首望鄉山，白雲有餘戀。何當學少游，歸去作郡掾？《望家書》。

（《春在堂詩編》卷二）

【倣張船山《寶雞題壁詩十八首》】横流初起只涓涓，誰料崇朝便蔓延！婦女能爲袄廟火，兒童競習内家拳。豈真梵呪傳紅教，更甚姦民聚白蓮。喫菜事魔從古有，最奇篤信有諸賢。

溯從海禁弛滄溟，門户東南竟莫扃。不礙青繩紛聚市，生憎白馬亂馱經。已教市虎人人惑，叵耐城狐處處靈。遂使群情疑且憤，一朝坌起似蛹螟。

已聞嚴責大金吾，朝政多門又改圖。豈爲齊人工技擊，遂教鄭國拜神巫。紅燈夜半明霄漢，白刃朝來滿道塗。多少瓊鋪珠箔内，令人難信赤非狐。

衆正盈廷望太平，誰知禍亂已潛萌。哭求佛救無憑道，笑練神兵有郭京。雞鶩只争鸚鵡粒，豺狼早滿鳳凰城。戈鋋首指西河館，坐困波臣幾客卿。

無端一炬竟成災，甲第連雲付劫灰。憔悴姬姜中路泣，倉皇丞相小車來。抛殘謝墅園棋局，悽斷梁園作賦才。此夕甘泉閑眺望，滿城烽火照樓臺。

玉帳誰司大將權，朝來伐鼓又淵淵。行間兵仗蚩尤戲，篋裏軍符《盗跖篇》。搜刮錢刀窮室内，飛揚旌旆駐門前。間關有客京華返，親見尚書第化煙。

槐柳衙前一駐車，半成焦土半成墟。燒殘官地蛙都絶，閑殺臣門雀亦虚。詩興久抛何水部，履聲并斷鄭尚書。不知日日通明殿，更有何人直玉除？

北御河邊一水清，仙曹游戲住蓬瀛。秦牢已歎蟲難化，亳社俄驚鳥又鳴。《大典》那能存永樂，直廬空自憶承明。他年欲認巢痕舊，劉井柯亭處處平。

溢郭闤城九市開，終朝車馬走如雷。南金北毳千鍾室，東舞西音七寶臺。紫陌一時燒拉雜，黄罏他日轂徘徊。陳花腳麪曹婆餅，都入華胥録裏來。

閑將棋局看長安，中外危疑事百端。鼂錯朝衣竟東市，鍾儀軍府尚南冠。將來青史知誰是，如此黄扉亦大難。老去平章無賴甚，一龕佛火借蒲團。

黑風白雨舞鯨鯢，丁字沽邊落日低。見説一軍皆化鶴，似聞六國竟連雞。不知大局誰榰柱，遂使中原盡鼓鼙。草澤英雄隨處有，非惟擾擾遍燕齊。

豈無壯士氣凌雲，欲向危疆自策勳。韋叡麾幢終不去，要離妻子已先焚。但將碧血酬君父，難把青萍掃敵氛。異日角飛城下路，令人流涕故將軍。

跋扈將軍氣似虹，自提勁旅雜羌戎。徒傷飛矢行人義，未奏搴旗斬將功。竟倚苗劉安社稷，豈將傕汜當英雄？悠悠付託何容易，都在鈞天一醉中。

東南諸將各專城，玉敦珠槃共會盟。似有意煩回紇馬，尚無人起晉陽兵。據爲樂土真難恃，撑住危天幸未傾。太息舉棋無定著，白頭愁殺李西平。

帷幄諸公坐運籌，無端笑擲此金甌。悤悤破竹今誰禦，一一分瓜舊有謀。何地堪稱天下脊，有人要索太師頭。若教韓范仍當國，盛業中興尚未休。

鶴唳風聲滿四郊，金城千仞不堅牢。舉朝猶自争牛李，一戰何曾有鄂褒？韓侂胄雖邀倖免，陳宜中已報潛逃。惟應書遯深寧叟，未損生平物望高。

一朝戎馬滿京師，三月光陰遽至斯。平日嬉堂惟有燕，此時卧道竟無羆。紙鳶已斷南來信，鐵馬空馳北上師。赫赫宗周今茂草，傷心欲廢《黍離》詩。

恭聞玉輦已西巡，迢遞關山晉與秦。青鳥傳書渾不定，黄楊厄閏果然真。强鄰大有投龜意，草莽非無逐鹿人。努力中興諸將帥，安排勳業畫麒麟。（《春在堂詩編》卷十七）

何長治

【讀姚春木夫子與張船山太守論詩詩，步韻奉質】詩境滿天地，各隨性所愛。欲奪造化工，先破塵障礙。讀書卓識超，驪珠探獨戴。譬之黄河流，星宿别源派。此非朝夕功，沈潛十年待。恬淡養天和，屏絶衆有害。下筆氣自華，泬寥發靈籟。巧力各擅能，醇静與清快。古人苦吟思，不越靈府内。自有風騷來，李杜撑世界。包宇彌盡藏，二公實收貸。遥遥千載音，一鐙明弗昧。所以學步者，共凛履霜戒。篇短意正長，人往神自在。妙詣不可言，篇章略舉概。欲會古人心，豈出篇章外？張姚蓋世才，此才天亦愛。雙峰矗江流，驚闢凡眼礙。雅音遺風騷，詞幟任荷戴。造詣雖有殊，涇渭合支派。緬懷李唐時，白甫相對待。一仕一隱逸，出處兩無害。靈氣通神奇，逸韻啓天籟。心比夜光明，筆更飛鏃快。真得古人旨，不外亦不内。論詩角識力，相證登仙界。落莫百年中，絶響有誰貸？拙哉群愚蒙，滅燭走暗昧。妄希前哲蹤，未受無邪戒。要知雜仙心，妙悟自有在。勿以形跡拘，勿略識凡概。昂首向九霄，結想青天外。（《還如閣詩存》）

【讀張太守問陶《船山詩集》】如此才華如此官，一編祇歎立錐難。可知俗吏銅山手，早勝詩人赤玉盤。絶代鶯花看虎阜，卅年劍氣負龍蟠。成都八百栽桑地，卻對前賢已鼻酸。(《還如閣詩存》)

王柘

【書《船山詩草》後，即效其體】倉頡以前鬼不愁，不識一字快活游。自從造字始夜哭，哭聲驚天天雨粟。古淚出世不可乾，被風吹入字中間。千秋萬年受此累，眼未有字先有淚。古人先我來作人寰人，亦復無可如何終其身！怪哉張船山，出語太奇絶，笑之不哭真豪傑。集中句。我愛船山詩，卻爲船山悲。有才能向嫦娥借中秋，不能借五代長樂老虚生無用之白頭。能得同時名流願化女郎嫁才士，不能得一劉景升如豚如犬之兒子。船山無兒有詩傳，我有兩兒去年死。更無可傳詩，福薄至於此！我欲學木石心肝吴下兒，生我者父母，此身難改移。我欲爲常開笑口彌勒佛，周妻與何肉，又已成俗物。我欲同船山豪吟痛飲攜手直上峨嵋巔，可奈船山早騎僊鶴僊乎僊。我欲哭船山，墳墓在何處？我欲祭船山，酬奠有何趣？我欲畫船山，面貌將何據？我欲夢船山，魂魄從何遇？大呼閻羅王，奪我船山去。使我空相思，不見詩人見詩句。拍掌忽狂笑，船山墮我前。詩中有人在，性情相周旋。白骨可朽詩不朽，造化到此翻無權。一卷詩，一斗血，詩篇結撰成，心血消磨竭。知我生遲留我讀，船山情重真關切！興來自歡喜，興盡或嗚咽。童僕訝我得奇病，似顛非顛譎非譎。吁嗟乎，人生識字憂患初，昔日少年今壯夫。今我不樂，鬼來揶揄，豁然長嘯乾坤擺。粉碎虛空不禁躐，手送雙丸出東海。集中句。劉松雲曰：「此篇酷似船山筆墨。置諸彼集中，恐莫能辨。」（《閲莒草堂遺草》卷二）

【詠懷舊遊十三首和張船山】張船山集有《詠懷舊遊詩》十首，僕才不及船山，而所歷大抵相同，特未至隴蜀耳。然滇南遼左，則船山之所未至也，因亦效顰爲之。讀萬卷書行萬里，老船曾有詠懷詩。若論才子原飛將，儻較游踪亦健兒。多半關山同閱歷，只餘隴蜀未奔馳。雪泥指爪風塵面，一樣勞薪感舊時。

生從佛土亦堪豪，萬丈山尖古雪高。余生麗江，地有雪山。桑寄生還依母黨，竹如意有贈兒曹。幼育外祖孫雨帆先生家，曾拜羅公士舉如意冠服之賜。歸家告廟剛留髮，過塾聽經便弄毫。金馬碧雞都已到，前身或竟是王褒。雲南。

少小隨親作遠行，先理問公需次江南，來滇運銅，始攜柘南行。一帆先送粤西城。江波湧處神魚舞，林瘴開時孔雀鳴。何地可尋銅柱迹，無人能掩柳州名。《捕蛇者説》《驂鸞録》，頗愧今猶著未成。廣西。

百杯醉倒洞庭春，雲夢吞胸氣益振。郢曲能歌猶有客，楚材若用豈無人？游觀恨失名山大，未登衡山。卑溼殊嫌暮雨頻。賈傅禰生皆可哭，悲來不獨爲靈均。兩湖。

記得天邊月一彎，隨舟夜過九江關。射蛟事往潮仍怒，畫蝶人非閣自閑。劇喜雙姑來鏡裏，虛勞五老竚雲間。吟詩不學涪翁派，只慕文山與疊山。江西。

泛泛新安江上船，英靈百戰想忠宣。幼拜余忠宣公祠，曾有詩弔之。山當皖口真如畫，人到淮南便欲僊。

習俗争相誇筆墨，承平猶未動烽煙。尚留龍尾金星石，一硯摩挲過廿年。安徽。

小住蘇臺便作家，采菱歌罷唱吴娃。一城樓閣都新柳，七里山塘盡好花。畫舫燈常游月夜，讀書窗不見風沙。五人墓與千人石，虎阜題詩積歲華。蘇州。

醉花室裏四年餘，三字額，爲先公手書。白下園林最久居。名宦政聲馴野雉，先公攝南、北捕兩别駕事時，崔蘋洲師贈詩，有「舉世可知名宦少，一生要作好人難」之句。孤兒血淚慘皋魚。先公捐館時，柘年甫十五。自趨東嶽旋浮海，偶憶南船每厭車。可惜六朝金粉地，犬羊蹂躪盡成墟。金陵。

鄒枚司馬盡游梁，生不同時我自傷。赤縣九州行一半，黄河千里探中央。欲師鬼谷無真隱，試問夷門亦夕陽。但見洛中花事盛，牡丹如海鬭春妝。河南。

滔滔濟水向東流，弱冠狂吟太白樓。漢代畫猶存石室，濟寧有武梁石室畫像，此漢畫在今之最古者。運河風正送糧舟。近年始改海運。新阡松柏先人冢，先世父曼雲先生官東昌别駕時，在濟寧卜地，以葬先祖父母，世父卒亦葬焉，其眷屬今猶在濟上。寒食棠梨遠塞愁。老輩無多同輩少，絶憐骨肉異鄉留。濟寧。

小飛來石聳崚嶒，依緑園中有舊朋。東昌郡守署有依緑園，一石壁名「小飛來」，張公觀五所題也。固始祝貽亭先生守郡時，延徐石樵師教其子仲申大令，與其從子式之上舍。芝樵舍人，余及汴生邵太史皆從學焉。花塢雲霞春縱酒，東昌别駕署中牡丹最盛，花時，先世父輒置酒召柘同學作文字飲。草窗風雨夜篝燈。少年同學皆星散，遠道相思與日增。難忘魯連臺下别，幾人揮淚送行縢。東昌。

轉蓬三度至津門，留得巢邊未掃痕。渡海又吟坡老句，今歲海運，當先至津。焚香好拜謝公墩。天津建立謝公子澄專祠。地經戰伐應蕭索，人憶交遊有死存。七十二沽秋水碧，重來夢得定消魂。天津。
軒軒詩骨挾邊風，題遍高麗繭紙紅。焦尾琴曾悲爨下，白頭豕恐老遼東。舊遊似夢徒能説，用東坡句。前路如環且未窮。燕市酒徒應念我，故園十丈輭塵中。奉天。劉松雲曰：「十三首神力僊才，大聲元氣，實是作者生平傑搆，直駕船山而上之。」（《閱莒草堂遺草》卷二）

周之楷

【讀宋元明清詩口號三十首（其三十）】蘭雪《香蘇》色太鮮，船山仲則豈幽偏？穀人生峭韋廬冷，合把寒泉薦水仙。（《水竹主人詩鈔》卷十一）

周惺然

【題《船山集》後四首】峨眉才子舊知名，一片靈光結撰成。《秋水》《南華》翻妙諦，如君方是地無行。
草堂法乳自清真，萬朵紅霞筆海春。袁蔣復生甌北在，未知牛耳屬何人？
性靈秋月浣明珠，宋憲聯吟興不孤。冰雪一家真拔俗，梅花再世活林逋。
湖山風月酒詩仙，高步斗南斗北天。佳句膩人開色界，名流争欲化嬋娟。（《寶帚詩略》卷上）

劉湘年

【驛柳用船山韻】黄塵貼地雨初晴，宛轉長條撲面迎。别調不傳《金縷曲》，涼飆祇送玉關聲。憑添野堠前村水，小有人煙何處城？猶記故園春事好，年年攀榼費經營。

無端接蘂復牽衣，慘澹離筵緑一圍。此地不容小人住，逢春曾識燕雙歸。蕭條輪鐵蓬根轉，潦草亭皋木葉飛。愧我年來飄泊慣，還勞青眼故依依。

幾點昏鴉忽夕陽，難逢知己説還鄉。才經蓼岸連宵雨，又踏楓橋十里霜。愁裏不知邊塞路，人間遥接利名場。京華北望渾無著，祇認天涯樹一行。

黄柑丹荔識南州，白馬紅船感舊游。絶徼祇應長作客，深閨猶説覓封侯。斑騅一曲人初去，白鷺雙拳水自流。莫向西風悔行路，從來攀折不禁秋。（《三十二蘭亭室詩存》卷五）

許亦崧

【讀船山先生詩，敬題七百字】我年十四歲丁酉，案頭始見先生詩。是時年小苦不解，但見萬丈騰光儀。塾師授經不許讀，時於燈下偷窺之。懵如盲人辨黑白，茫如暗室分妍媸。一句兩句頗能記，不明其故驚其奇。有時狂吟忽拍案，往往爲此遭鞭笞。此後埋頭騖舉業，奇文高閣無暇披。二十秋闈忝鄉薦，明年射策登丹墀。玉笈金章誤點畫，天風吹下天之涯。拜跪初學顏色惡，簿書困人心力疲。偶然展卷坐朗誦，兩腋習習生輕颸。邇來一官苦襏襫，轉借公詩爲良醫。明窗浄几手一卷，每至日午忘辰炊。如飲醍醐輒灌頂，如餐秀色紛療飢。觀魚濠梁愜莊惠，鼓琴林下逢鍾期。此中契合有真意，心焉藏寫非阿私。緬懷乾嘉諸作者，出此入彼紛譏訾。描畫吴王務藻飾，步趨袁趙遺敲推。空談性靈少醖釀，徒尚堆垛成書癡。逞才競詡倚馬捷，創論甘受談龍嗤。先生獨立絶附麗，夢中天授筆一枝。吐納清光去渣滓，傾瀝精液擲毛皮。運典能與古俱化，使事妙令人不知。長戈大鋋森武庫，幽花静竹明秋陂。矯如游龍挾海水，淡如美女隔簾帷。古今詩筆紛萬變，先生能以一手持。十章樂府頌功德，歌詠虞夏揚軒羲。出山小草劇清婉，溪壑澹蕩迴春姿。京朝十年主壇坫，揮灑大筆何淋漓！棧中諸作更縋鑿，雲雷繞膝仙風吹。杜陵夔蜀詩絶響，雕搜刻畫公能爲。出守東萊洎退守，談元時復矜執雌。我讀公詩重思維，手披口誦心骨悲。時而微吟忽大叫，時而痛苦還笑嬉。五官聾瞶詩振鐸，一身傀儡詩牽絲。妻孥怪我類狂惑，僮僕爲我生驚疑。不知公詩是何物，語語沁入人肝脾。放筆恰如我欲吐，得句訝公如何思。嗟公才大數則奇，半世坎壈無委蛇。途窮每遭俗眼白，骨傲難合時世宜。懷刺不入丞相府，載酒時叩高人籬。興至能拉乞人飲，詩成獨獻忠魂祠。坐此謗言日盈耳，先生一笑終無辭。緊余慕公生苦晚，未得與公相追隨。公年當日至百歲，賤子倘得親履綦。獨留詩卷在天壤，秋高夜静光離離。願書副本誦萬遍，瓣香常奉空中師。百年歲月堂堂馳，側身西望長嗟咨。峨嵋蒼茫鬱深秀，三峽浩蕩流清漪。高山流水無盡時，千秋萬歲情如

斯！（《壯學堂詩稿》卷二）

【壬戌閏月二日，侯曉岩廣文同仇珮齋茂才買花煮蠏，祭船山先生之詩，而以水屋老人配食。越日珮齋詩成見示，始知有此雅集，惜未與會，爲之歉然，作詩述意，且約再舉】詩人作事何狡獪，直挽幽明歸室内。酹酒雙招地下魂，栽花自作山中會。萊州太守詩中仙，古調乾嘉傳一派。吐納真宰暢天機，寄託遥情散風籟。堂堂袁趙舊齊名，落落孫洪皆等輩。此邦更有水屋老，生前旗鼓差相對。一龕供養兩詩人，船山坐享浮山配。紫蠏初肥白酒香，能諳食性投所愛。太守持螯散鄉愁，刺史監州乏此味。船山詩目有「客中食蠏，鄉思少寬」之語。又，送張水屋入蜀詩，有「到無蠏處作監州」之句。君從何處得佳品，人饌不數銀絲膾。輪囷堆案間壺觴，磊落遮盤雜薑桂。是時瓶菊正作花，疏影一枝分向背。灑掃吟壇氣一清，安排詩卷各成隊。主人滮酒客吹火，奔走蹌踉階下拜。私淑甘居弟子行，心傳默向先生匄。燭光摇曳篆煙裊，髣髴一室聞謦欬。屋漏之神忽長喟，公等好奇毋乃太。自從大唐司户參軍賈島祭詩後，此典寥寥誰起廢？公更買花煮酒遥祭古人詩，祇恐俗眼見之反驚怪。倘欲圖繪傳千秋，我能代請芝山兩峰來作畫。連旬陰雨室湫隘，閉户不出成褦襶。皇皇雅集未躬親，未免顧影慚形穢。如會於向不與戎，如論雅樂止自鄶。西風漸高蠏正繁，秋雨乍涼酒易兑。我願兩君豪情一放不可收，此舉既創何妨再！明日擕花擔酒款君扉，幸勿揮之大門外。（《壯學堂詩稿》卷三）

葉衍蘭

【和張船山先生集中《觀物》、《觀我》八首】御氣排空任往還，浪傳海日照神山。雲迷玉洞桃千樹，鶴唳瑶天月半環。自有真靈居位業，那能游戲落人間！蓬萊別具長生術，何事金丹苦駐顔？仙。

頃刻風雷遍八荒，神靈變化豈尋常。延津劍氣朝成采，滄海珠芒夜有光。一鉢皈依菩薩座，九華衮繡帝王裳。乘時正待爲霖雨，莫隱澄潭作睡鄉。龍。

白楊衰草路迷漫，若有人兮獨往還。燐火青團新戰壘，陰風寒旋北邙山。秋墳詩冷吟蘿薜，夜月魂歸想珮環。解識塵寰諸苦惱，輪迴應不墮陽間。鬼。

金粉斜陽罨畫樓，南園草色望中收。尋芳繡陌衣香戀，作戲雕欄扇影兜。帳底與誰同幻相，花叢惟爾最風流。碧城十二春如海，艷煞秦宫一世脩。蝶。

星辰度杪片時分，從此形骸强累人。一霎光明新世界，百般愁苦舊緣因。由來牽掛無餘物，自後文章有替身。仙佛輪迴何處證，模糊同是謫紅塵。生。

跌宕縱横少日情，頭顱如許鬢星星。深慚遲暮稱人瑞，翻羡中年是妙齡。取次花叢羞自顧，最難蕊榜慶重經。便騎箕尾應無憾，蘭玉森森已滿庭。老。

寒暑陰陽偶失宜，繩牀倦倚態難支。腰圍瘦減西風候，心緒愁生夜雨時。幾見良醫能續命，更無靈藥治相思。經秋憔悴維摩詰，禪榻懨懨睡起遲。病。
撒手紅塵去不還，返魂無計覓神丹。靈根漫擬他生卜，正氣全歸此際難。泉下親朋欣把袂，堂前子婦哭傳餐。名山自富千秋業，猶有騷人拜坫壇。死。（《海雲閣詩鈔》）

王培新

【讀《船山詩草》題後】健筆淩雲得自天，風流京兆憶當年。三生早遂登瀛志，半畝曾無負郭田。賜硯真如留玉鏡，妝臺且共擘吟箋。聯牀清夢梅同瘦，俗累消除即謫仙。
虎豹叢中倚劍過，崎嶇萬里走關河。疏財家世忘生計，中酒情懷祇放歌。遺興句餘奇氣在，思鄉愁比亂山多。縱然仕宦抽簪好，奈此清風兩袖何！（《蓄墨復齋詩鈔》卷一）

【劉雲章先生嘗作《題船山詩草》詩，余僅記其「西川從古厄詩才」一句，先生詩不存稿，因代爲足成一律】少年射策帝城來，無限鄉愁祇自哀。南國有人推後儁，謂袁簡齋先生。西川從古厄詩才。鴻泥宦跡攜書卷，雞肋功名付酒杯。剩有畫眉京兆筆，硯緣佳話溯琴臺。（《蓄墨復齋詩鈔》卷三）

張銑

【驛柳四首用船山先生韻】踠地含煙復裊晴，長亭七二費逢迎。亂鴉古樹争寒色，班馬秋風帶別聲。萬古興亡悲漢苑，幾人征戰老臺城？劇憐攀折年來苦，依舊青青繞塞營。

萬里蕭關欲寄衣，閨中又見翠成圍。樓頭砧杵隨風遠，月裏關山有夢歸。南内草荒春燕去，白門煙冷夜烏飛。灞橋歷盡傷心地，渺渺離魂何處依？

古驛蕭蕭黯夕陽，那堪送客更他鄉！笛中春盡天山雪，浦口秋生灞岸霜。公子章臺調馬路，少年寒食鬬雞場。天涯日暮征人遠，極目長空有雁行。

閱人青眼古邊州，十里長堤易惹愁。到處旗亭留客子，舊時第宅憶王侯。江潭摇落歸何晚，溝水東西暮更流。來往依依官道迴，萬條煙雨不勝秋。（《船山學報》民國二十五年第十二期）

遐齡

【驛柳用張船山韻録三】意遠隋隄雨乍晴，煙條露幹漸相迎。馬嘶落日看無影，鴉亂西風聽有聲。數點濃青迷古驛，幾堆荒翠接邊城。章臺綺陌休相認，沙路叢生半是營。

長條綰别更牽衣，往事何堪憶十圍！月皎勞人中夜起，霜凄客子幾時歸。荒村秋老凉陰薄，野店春濃弱絮飛。容易一年寒暑换，碧毵毵處思依依。

古堠荒城易夕陽，征人此際倍思鄉。行行驛路朝無雨，去去關程夜有霜。未死誰醒人海夢，既生難脱利名場。何堪祖餞臨官渡，冷翠枝枝列幾行。（《嶺雲齋詩草》）

張景祁

【題張船山太守水墨山水畫册是册爲余所藏，多寫楚蜀山水，筆力奇肆，得未曾有。每頁各有題詩，足稱兩絶】老樹槎牙怪石頑，岦崎胸次壓荆關。蕭疏幾筆真能事，萬里煙雲若往還。奇峰潑墨插天横，仿佛高秋白帝城。倒瀉夔巫三峽水，片帆如馬翦江行。礬頭山色亂麻皴，林屋周環不見人。畫裏仙源隨處是，衹愁無路問前津。金碧全删院體工，亂頭麤服氣沈雄。山靈似怕留真面，都入雲嵐杳靄中。危崖兀立浪奔馳，萬馬行空筆一枝。天遣江山助文藻，平分摩詰畫中詩。楚蜀程途控百蠻，扁舟來去近家山。船窗四啓山光入，不用藤蘿手自攀。千門陡束湧層嵐，鳥道蠶叢腕底探。不學雲林愛平遠，依稀煙景寫江南。淡染濃皴妙吐吞，淋浪醉墨埽雲根。此中甘苦誰能道，信是書家屋漏痕。船山詩：「斧劈痕兼屋漏痕。」從古詩家即畫家，每因游歷飽煙霞。黄河遠上尤奇境，安得親乘博望槎？嶽雲岱雨漫疑猜，樓閣仙山圖畫開。想見宦游形勝地，使君何不繪蓬萊？（《罨雅堂詩》卷九）

【滿江紅癸未仲夏，養痾官舍，岑寂無聊。偶憶張船山檢討集有仙、龍、鬼、蜨四詩，戲易長短句詠之，聊代《七發》，兼寓漆園虚舟之感也】彈指樓臺，幾游戲、蓬萊海東。蓦上界、鸞笙歌斷，凫舄淩空。石洞春深長守鹿，綵橋霞起欲鞭龍。好山川、偏愛幔亭游，高會逢。嵰山雪，收煉容。酈泉水，洗方瞳。訝陽狂塵垢，誰識奇蹤？揮手雲煙千劫外，跳身天地一壺中。問塵寰、何處著松喬，亡是公。仙。

不作閑雲，要分付、爲霖萬方。憑仗汝、天瓢一滴，灑遍窮荒。尺水蟠泥忘局促，神梭破壁起昂藏。把旱苗、蘇盡不言功，歸帝旁。天池奮，應瑞昌。檮木挂，燭幽鄉。肯長潛絶壑，冷卧高岡。一夜風雷通變化，十洲宮闕隱汪洋。喜海天、如鏡淨無塵，靈旆揚。龍。

深夜誰來，振木葉、微風動檽。怪一霎、荒林月慘，古屋鐙熒。繐帳模糊團有影，塵梁撲簌下無聲。更秋墳、酸唱鮑家詞，幽露零。柳車縛，推不行。紙錢爇，覰相争。笑寒肩瑟縮，偷瞰高明。罵到東方宜破膽，度來西佛枉邀靈。敢路旁、白晝肆揶揄，頻現形。鬼。

委蜕無心，料不把、蠶絲再牽。剛出脱、生機活潑，又入纏緜。依草乍驚風片重，繞花空吮露華鮮。只秋園、幾日瘦伶俜，寒可憐。羅浮夢，思散仙。青陵恨，化輕煙。歎舞衣飄盡，猶學翩躚。出繭頓成無住相，抱香長託有情天。上畫堂、不避卷簾人，飛過肩。蝶。（《新蘅詞》卷五）

劉燁華

【題船山太守畫馬圖】太守畫馬如畫人，頰上添毫工傳神。雄姿峭崒眼未見，腕底躍出紫麒麟。江都妙技久超群，得名更有曹將軍。太守下筆凌千古，奇骨寫出皆輪囷。但覺神駿世無比，不辨白兔與緑耳。步景何難馳九天，絶迹真堪行萬里。珠勒錦韉徒雲屯，凡馬悠悠安足論！天閑方購余吾種，請範此圖宣德門。（《蒼梧山館集》卷三）

王錫綸

【和鄧獻之明府琛題張船山太史畫菊】月白霜清孰鬥奇，玉堂縑素忽横枝。最憐鈴索西清夜，殘夢如煙潑墨時。（《怡青堂詩集》卷五）

何元普

【詩評八絶句（其四）】奇才怒罵亦何奇，洩盡牢愁只自知。畢竟風人要温厚，百篇忠愛始言詩。張船山。（《藏豹詩集》卷二）

【詩評二】船山得自放翁。自況青蓮，去李已遠，去陸較近。豪邁醒豁，一片靈機，其詩境也，論品則已遜陸之藴藉矣。李本仙才，高渾超妙，從古所無，豈容船山稱後輩哉！學乎其上，僅得其中；學放翁者，僅得爲船山。此意可以類推。（《畸存外集》卷一）

李慈銘

【論詩絶句四首(其四)】北江健筆有餘妍，憶舊風情詎忍删。祇惜未除傖父氣，平生多事友船山。洪稚存。(《白華絳柎閣詩集》卷丙)

夏肇庸

【讀船山詩集】海山游戲等閑鷗，詩到空靈數上籌。十載爲郎同作客，一麾出守便回頭。碧牕拈韻題新畫，紅袖擎杯醉小樓。如此風情如此筆，仙才只合死揚州。(《蓉村詩稿》卷一)

鄭鴻

【梅花八首追和張船山先生原韻】平生癖嗜在煙霞，看到寒梅興獨賒。一樹偶從霜後發，千枝已向月中斜。名山合住林高士，仙骨修成萼緑華。自愛天然丰格好，不須多事羡唐花。

欲從泉石證三生，開到花中别樣清。此夕正宜招酒侣，爲君能不動詩情。美人原自多風骨，宰相何須有賦名！香滿園林春寂寂，霜天月落鶴無聲。

品高入格莫嫌遲，冷淡情懷世豈知！欲折不妨乘雪訪，再開仍是隔年思。曾看嶺上横千樹，誰向天涯寄一枝？位置雖殊隨地好，華堂茅屋各相宜。

一夕天風雪滿村，半窗明月酒盈樽。仙人尚怕聽吹笛，俗客何嘗肯到門！暖律回時偏有信，暗香生處了無痕。南枝放後北枝綻，莫負東皇次第恩。

幻夢羅浮有舊緣，身來雪海住經年。能甘淡泊真堪友，歷盡繁華即是仙。香好但期供我嚼，格高未必受人憐。孤芳自賞原無恨，不與群花一例傳。

荒山野水覓芳蹤，驢背歸來雪萬重。冷眼誰知雲外賞，素心人每淡中逢。天寒結伴惟餘鶴，歲晚聯盟尚有松。不事鉛華顔自好，笑他桃李太嬌濃。

回首年華歲已殘，流光暗換指偷彈。溪山窟裏藏身易，風月塲中本色難。影落綺窗如寫照，天生玉骨不辭寒。芳心獨占春光早，閑倚闌干子細看。

群芳莫妬向陽枝，造化從來豈有私！花好難禁嬌女折，心清何必世人知！福如王冕能圍屋，才遜坡仙敢贈詩。萬卉榮時曾寂寞，而今君亦盛開時。（《懷雅堂詩存》卷二）

陸文鍵

【韓瓶用張船山韻同樹齋叔作】客持一瓶來，迥非今世有。摩挲問來歷，云出蘄王手。長身鶴頸儔，空腹匏瓜耦。土花暈青紅，苔蘚繡其首。愛之不忍釋，湔祓惟恐後。想瓶在當日，沙礫儕已久。既非宣和物，敢望賞驪牡。即或瓦幸全，寶貴原殊卣。吁嗟陵谷遷，世事變蒼狗。惟瓶閟虬姿，夜作長鯨吼。一朝出人間，古樸奚嫌醜？精華日月儲，眉目渾沌剖。焱焱噴奇光，遠射金山口。試問元黄血，於中尚存否？我欲錦囊之，付與神靈守。如或勞三軍，飲以黄龍酒。（《餘園詩稿》卷一）

【燭影摇紅題張船山秋夜讀書小幅】涼味宵深，茜紗窗槅圍香霧。短檠偏解引秋心，醒眼紅梳句。相對閑愁萬縷，颭西風、蕭梧自語。早無眠也，瘦影琴邊，冷煙孤緒。漫溯伊人，蒼葭露白知何處。年華如夢夢如煙，墨淚飄縑素。同是騷蘭恨侣，困青衫、窮愁更苦。算留泥爪，蜀水吴山，此情千古。（《餘園詞稿》卷三）

吴中彦

【讀張船山詩草題後】張公名家子，出自文端裔。昔在童子時，聞已富清製。流廓漢水濱，潦倒慨未濟。阮籍哭途窮，滴盡思親淚。争名者於朝，整裝上燕薊。鵬飛知北游，一鎩羽不鋭。歲次逢戊申，始得攀仙桂。骨肉常别離，五載九分袂。即《船山詩草》句。下第又西歸，日盼城白帝。團欒未半年，匆匆偕計吏。入棧復出棧，山川多題記。題壁詩三十首，名聞天下。通籍金馬門，拜恩玉階砌。足跡半天下，名流多結契。閲書遍百家，落筆非一例。悲歌發蒼涼，柔情結綺麗。生氣本天然，至言寓精義。抗心漢魏間，嗚盛唐虞際。每逢歲將除，新詩學島祭。前輩袁蔣趙，亦退三舍避。詩名日以盛，功名日以滯。廿載歷清華，分校僅三次。庚申、辛酉秋試，己巳禮闈。一官歎浮沈，未得遷高位。長安不易居，金盡貂裘敝。所幸積資深，銓部選期至。一麾守東萊，宦跡承先世。高、曾及父，均服官山東。從政一年餘，移疾求瓜代。平生性嗜酒，狂飲日日醉。病根中少年，病發在中歲。就醫到金閶，術求長生衛。花草選吴宫，詩咏小星嘒。方期夢熊羆，生兒寧馨慧。庶幾紹箕裘，嗣續綿勿替。不圖二豎侵，身同流水逝。欲歸竟未歸，誰慰親心繫？今古多才人，偏遭造物忌。名存復何憾，魂返恐迢遞。（《退思齋詩集·聽鼓吟》卷一）

李嘉樂

【贈郝夢堯植恭太守，時署萊州回省】船山文藻至今留，吾友清才復宦游。八十日剛權郡守，一千紙又在萊州。病魔纏體詩能遣，海氣填胸字更遒。我亦青齊舊從事，輸君五馬最風流。（《仿潛齋詩鈔》卷十五）

蔡壽臻

【感舊詩十章並引】張船山問陶太守有《感舊詩》，各系以地。余以宦跡所至，根觸舊游，長言無俚，短章鑄詞，恒河數沙，滄海渺粟，烏能於須彌芥子中現丈八金身哉！牛刀初小試，捧檄歷益津。民溺如己溺，剥膚痛切身。

寸心少人欲，觸處皆天真。幸免溝中瘠，黍谷回陽春。歌謡不虞譽，何以對我民？鮮民不如死，何以對我親？霸州。

潞水有客談，治河策乍展。年殘春又來，事紆機善轉。月得四十五，臨民日太淺。問道李聃秘，謂觀瀾。論文張籍選。謂子方。始知造化神，不關人事舛。佳城得牛眠，空山足未繭。薊州。

析骸小民慘，催租群情鬨。根盤而節錯，懔如朽索控。一波復一波，積誠以馭衆。雀角甫息争，龍髯陡抱痛。代者及瓜期，節候益智糉。歲星倏一周，重來恍如夢。寶坻。

九載得真除，邑曰東平舒。入境先勘河，甘雨來隨車。餘蔭及鄰疆，抗論築與疏。三年權首劇，士民苦牽裾。所嗟實政實，愧有虚名虚。琴絃斷復續，笑我行趦趄。大城。

衝邑古雍奴，東望扼津要。如和險韻詩，三復得題竅。清名被人知，徒爲能吏笑。向平了婚嫁，蘋蘩荐祠廟。官私聽鳴蛙，奇災非意料。水深益火熱，去去忽頭掉。武清。

二者不可兼，雙綰大宛馬。世豈無伯樂，一空冀北野。呈材充天閑，值武會試。判事借蘭若。時修署。翦燭治官書，百韻尚揮灑。命宫怕蝎磨，花叢笑蜂惹。夜長夢太多，此夢何爲者？大興。

昔年曾卜居，歸思繫故鄉。今年來綰符，竹馬兒童長。未能媚權貴，蜚語幾中傷。枉尋而直尺，郡守列剡章。棋駛局屢變，琴更聲不揚。瞬掃舊巢痕，齋頭古墨香。通州。

南望黄葉村，秋光颭黄葉。重陽風雨惡，猶子淚承睫。積憂能中人，貽患到腮頰。旦夕異死生，轉關一何捷！部胥既舞文，冥吏亦退牒。翻然入輭紅，醉寫宜春帖。黄村。

九十好春光，茹荼不知苦。四月清和時，弈局翻新譜。《昌平山水記》，鬱勃一爲吐。藉以昌我詩，狂吟漫揮麈。庭前木葉飛，窗外雪花舞。把酒謝山靈，但覺鬢眉古。昌平。

金仙丹九轉，修到塵劫滿。佛法四禪天，莫嫌功行緩。拂袖忽言歸，陳詞獨侃侃。幸遇潘安仁，深知余性懶。北山投移文，一帖清涼散。吟嘯且自如，潘文勤語。渾忘白日短。宛平。（《艮居詩括》卷二）

【飲酒詩十首用張船山韻】白髮老儒生，不佛亦不仙。長安羈薄宦，俯仰愧俸錢。親故一尊酒，相聚各有緣。何人宓子琴，更張復改絃。識途問老馬，後進都隨肩。惜無致富術，退食惟酣眠。不知塵俗事，聊以全吾天。

是翁能信天，是翁慣磕睡。有酒固陶然，無酒亦如醉。不受世人憐，不爲口腹累。插架萬卷書，蠹魚乃爲祟。垂老益健忘，對之良有愧。

敝廬手經營，數椽亦覺好。兒孫紛繞膝，聒耳且娱老。懶童呼不譍，俗客吁可惱。纍纍交枝榴，垂垂一樹棗。耦以合歡花，雜以書帶草。長安閉門居，居此胡不早？鄰人送酒來，不覺玉山倒。

咿啞讀書聲，穉兒畏嚴師。幼時放學天，怳然復遇之。昔拜忠肅墓，今拜孝肅祠。出處感今昔，英風颯靈旂。逢人説遇合，遇合了不奇。浩然想千載，不期知者知。澆愁惟有酒，遣悶惟有詩。

一粟渺人海，人海惟帝都。馳驅三十年，風景時時殊。瞎馬臨深池，羸車入危途。雲煙瞬過眼，舊夢多模糊。南峪山水佳，歸耕空有圖。

松楸生悲風，鴛湖懷故里。處世如用兵，知彼復知己。春秋奠酒漿，天親屬毛裏。所幸遺澤長，奕世猶未已。數歲得一書，一書萬金抵。南北雖分枝，家聲或振起。樹木還樹人，滄桑雜悲喜。

我得酒中趣，不飲如東坡。古詩和陶公，好尚非私阿。去歲頗飲酒，酒多詩亦多。今歲類止酒，無詩可奈何！偶憶船山詩，對酒聊高歌。山妻亦解詩，長吟復細哦。羅列古詩人，如聞笑語和。散花來天女，妙舞驅天魔。

故鄉負勝游，好水更好山。生年將滿百，一日不得閑。來生作飛仙，誓不居人寰。亦不願星曹，黻佩天閶間。惟願作酒星，萬古窮愁刪。

生平少功業，被呼作詩人。有詩復有酒，撲去五斗塵。藏書敢夸富，廉吏不諱貧。歷歷世途險，蜀道同峨岷。巧偷矜媚術，薄俗卑天倫。幾如鑿混沌，神靈亦不神。

觀心無別法，一念萃百祥。得酒不在多，醉鄉滋味長。人通己忽介，昔狷今或狂。渾如夜衣錦，不得歸故鄉。且坐團欒几，歡呼盡一觴。微風吹酒面，月出花茫茫。堪笑癡心人，留連愛景光。（《艮居詩括》卷三）

【補張船山一首】蜀道崎嶇客夢遥，才名詩酒重中朝。寶鷄題壁鷄聲惡，責蠹成篇蠹尾摇。南寺嵌碑遺跡在，東萊出守壯懷消。寓公垂老游吴日，嗚咽胥江上下潮。（《艮居詩括》卷四。按前一題爲《又作袁蔣趙三詩》）

徐嘉

【論詩絶句五十七首（其四十七）】南華速藻采斕斑，畫亦南宮北苑間。後起詞林擅三絶，横流滄海又船山。張天扉《南華詩鈔》，張問陶《船山詩鈔》。（《味静齋詩存》卷四）

姚官澄

【梅花用張船山原韻】綺窗舊夢渺煙霞，獨立空山歲月賒。雪裏送香原黯澹，月中描影自横斜。冬心不藉青陽暖，瘦態還愁緑鬢華。信是孤芳有别調，縱無人賞也開花。
莫將根蒂問三生，墮落紅塵骨亦清。託地卑微終有品，向人孤峭似無情。獨從冷境開生面，豈與繁葩鬭豔名？一種幽姿甘寂寞，不煩翠羽作喧聲。
陽和消息到山村，爲汝開顔酌酒尊。孤鶴守寒霜滿地，明蟾鋤影竹當門。妝非時世難逢賞，跡溷塵埃不染痕。鍊得心腸如鐵石，縱遭盤錯亦承恩。
廣平一賦記前緣，小住孤山又幾年。但以酸寒留本色，始知塵世有真仙。素心如水春難暖，縞袂臨風影自憐。冷蕊嫣然成獨秀，名高不藉楚騷傳。
閑雲野鶴感浮蹤，回首寒山路幾重。此地春光原有限，故鄉驛使竟難逢。東風凡豔羞桃李，晚節孤標擬柏松。不覺對君消熱念，只餘詩味在胸濃。

香到園林歲已殘，青琴一曲爲君彈。得天獨厚盤根易，與俗無緣入世難。有力似能迴造化，立身原本出酸寒。凡夫漫索巡簷笑，花好還須慧眼看。（《一枝山房詩集》卷二）

【讀漁洋、船山蜀道詩】蠶叢栁闢詩人手，巨刃摩雲陋五丁。丹壁高題懸日月，青天奇句駭風霆。心胸自向千秋拓，足迹還須萬里經。掩卷蒼茫空想像，夢遊飛入劍門青。（《一枝山房詩集》卷二）

張天翔

【題張船山詩集】才如江海筆如龍，禪障儒酸一掃空。非佛非仙開境界，亦詩亦酒了英雄。半生作宦萊夷僻，萬里思家蜀道窮。不信子高多偉績，尚餘遺憾在膠東。指查定之丈夢遇先生事。（《潛園詩存》卷一）

【觀我四首追和張船山太守】前後茫茫各萬年，中間有我亦堪憐。轉輪誰信前身月，墮地方知歷劫仙。枉用兩端爭直罔，祇因一念判人天。餘香繞室雙親逝，遺恨難忘到九泉。生。

漸覺蕭蕭兩鬢秋，百年明鏡黯生愁。夕陽猶戀崦嵫景，華髮難饒將相頭。嗜好一生都半減，功名四海已全收。空餘壽世千年筆，開到心花怒未休。老。

不惜千金買藥籠，有時盧扁術終窮。一家勸我强餐飯，萬口隨人話吉凶。休信小兒能造化，轉傷大地盡疲癃。年來身世同凋瘵，借問刀圭孰奏功？病。

一現人天百劫身，鐘鳴漏盡了前因。未離軀殼猶今我，纔脱塵凡即古人。强半成名緣鐵石，幾多遺憾爲君親。史書志述尋常事，得所由來願已伸。死。（《潛園詩存》卷二）

沈景脩

【讀國朝詩集一百首（其三十四）】江湖風月浩無邊，羽葆霓旌下衆仙。跌宕人間狂太守，大呼前輩李青蓮！用集中句。張問陶《船山集》。（《蒙廬詩存外集》）

【論國朝書家八十首（其二十四）】迅如鶻落捷如猱，旁若無人寸管操。滿院椿花霏緑雪，詩成倚樹獨揮毫。張問陶。（《蒙廬詩存外集》）

葛金烺

【題張船山詩集後】酒酣忽吐驚人句，飛向峨嵋化白雲。劍氣縱横餘萬里，珠光閃爍僅三分。洪北江論船山詩，語見《香蘇山館集》。性靈筆妙元無敵，仙佛才兼迥出群。落落孫洪亦豪宕，當時歛手共推君。（《傳樸堂詩稿》卷四）

【清張問陶行書軸】紙本，高三尺六寸，闊一尺七寸，統書五行，行字不等，題款在內。寧耐是思事第一法，安詳是處事第一法，謙退是保身第一法，涵容是處人第一法，置富貴常變於度外，是養心第一法。《敦行録》一則，遂寧張問陶。印二：「張問陶印」，朱文方印。「船山」，白文方印。船山書得力平原，取資分隸，鬱爲行草，酣嬉淋漓，激昂頓挫。其精采類劉文清，而操縱過之，已開何蝯叟之先聲矣。（《愛日吟廬書畫續録》卷六）

【清張問陶松石軸】紙本，高二尺八寸，闊一尺五分，淡設色，松幹略垂，虬枝旁有方石，其題款即在石上。片石寫蕭閑，松門早閉關。有生皆過客，無事即深山。老眼觀群動，神丹想大還。塵勞偏誤我，相對惜朱顔。庚申十一月廿八夜人定，張問陶寫并題。印二：「張問陶印」，朱文方印。「船山」，朱文方印。船山此本，有石濤之奇横而不怪，具南阜之思致而有韻，駸駸乎邁前賢矣。按，此詩原集中未録，諒係定稿時所删，是集外之詩，尤可珍焉。（《愛日吟廬書畫續録》卷六）

洪錫爵

【驛柳用船山太史韻荷澤舟次】扁舟初放晚煙晴，驛柳毿毿解送迎。夕照亂翻鴉背色，秋風遥逐馬蹄聲。潮痕上下青連水，郭影參差緑過城。瑟瑟蘆花漁火裏，嗚笳猶似漢家營。

一綫柔條翠染衣，年年攀折減腰圍。歌殘《金縷》人何處，秋老天涯客未歸。枝帶寒烏多北向，江涵旅雁盡南飛。團圞皓月今宵滿，倦鳥長途孰共依？

地近西南是洛陽，永豐坊好總他鄉。笛聲三弄愁眉月，絮影團飛感鬢霜。如此江湖勞客夢，無邊風雪歷情塲。郵程到處留青眼，猶盼音書雁幾行。

陽關三疊古梁州，極目家山萬里愁。滄海誰憐還作客，翠樓人定悔封侯。折枝何故當年唱，離緒難教逐水流。行路怕聽楊柳怨，西風殘照不勝秋。（《雙罍館詩存》卷上）

范祝崧

【題張仲冶詩稿】雲驅孤月走峨岷，萬丈光芒一片神。詩酒獨開仙佛境，江山多作別離春。高歌直欲空餘子，奇語何嘗複古人！莫道雄才無束縛，千秋難得性情真。（《澄清堂詩存》卷三）

王振聲

【張船山先生嘉慶庚午出守萊州，冬日履任，次年辛未冬乞休，壬申春二月解組歸，時年四十有九。予光緒乙巳出守徽州，冬日履任，次年丙午冬乞休，丁未春解組歸，與先生若合符節。然予年已六十有六矣，因賦二絶誌之】蓬山雲海一年游，冬往春歸太自由。詩畫興濃官興淡，徽州頗不讓萊州。一到蓬萊即告歸，早知四十九年非。我今周甲纔回首，愧聽旁人説見幾。（徐世昌編《晚晴簃詩滙》卷一六六）

寶廷

【除夕祭詩】朔風捲雪寒雲凍，燈光滿巷樓臺動。一壺清酒列中庭，手把殘編向天誦。向天誦，自祭詩，詩中甘苦天能知。一年三百六十日，悲歡離合事事存於斯。我心深，我意解，旁人不解何妨嗤？今宵有酒且自祭，勝教俗客評高卑。新酒傾一斗，舊詩焚一首。紙灰飛上天，詩心逐風走。君不聞，昔時詩僧無本公。又不聞，近代詩人船山翁。祭詩千古留韻事，詞壇嘖嘖稱英雄。我雖不敏少才調，好詩頗與前人同。二君有知見應妒，詩雖勝吾輸吾窮。舊詩感憤多不平，新詩更覺難爲情。詩成不忍再仰誦，只恐淒絶天難聽。（《偶齋詩草外次集》卷二）

【觀我四首和船山】彈指光陰總是空，輕塵弱草太匆匆。聰明雖出兩間外，哀樂都歸百歲中。夢裏那能求覺悟，死前誰肯學癡聾？茫然宇宙無消歇，傀儡登場自古同。生。

少壯年華渺莫尋，幾莖白髮不勝簪。功名富貴留回味，利禄兒孫併一心。風到晚秋聲愈烈，日當斜照色翻深。空勞智慮無遺算，轉眴松楸成茂林。老。

含悲終日卧牀頭，倚枕難禁淚暗流。滿室藥香濃似酒，半窗人影瘦於秋。荒陵夜雨詞臣恨，古店西風旅客愁。識得浮生本虚幻，何妨藉病且優遊？病。

荒煙衰草冷平原，泉下幽情誰可言？氣盡何妨吾亦死，名垂豈必我猶存？半林松柏才人墓，一片桃

花倩女魂。古往今來盡如此，彌留那屑有啼痕！死。（《偶齋詩草外次集》卷二）

陳同禮

【又爲實甫題船山畫册】僦屋城南古刹偎，秋來菜把緑成堆。婆娑老樹當簷立，曾見先生潑墨來。余近賃屋官菜園上街，爲船山舊居。

僕僕京塵十二年，一麾出守海雲邊。官閑畫筆傾時輩，狡獪山猿立樹巔。船山畫猿最擅名於時。

記得萊州題壁句，忍寒切莫向人間。船山萊州題壁句。如何又逐輕塵謫，依舊鶯花戀虎山。船山、實甫皆戀戀虎阜山塘之勝，爲夢晉當日居游之地，此亦具見來因。

一樣張靈刧後身，天留墨妙證前因。清才慧業俱相似，同是山塘訪舊人。册上有「張靈後身」小印，是船山、實甫皆夢晉後身，靈根一片，歷世常惺，慧業文人，故應有此。（《紫荆花館遺詩》）

路朝霖

【夏夜讀船山詩】棧雲峽水寂無聲，寫入詩篇極有情。夏夜讀來當遊志，眼中歷歷記經行。遺山句。

門第烏衣愛苦吟，袁洪王趙訂知音。功名畢竟承平好，人説神仙是翰林。（《紅鵝館詩鈔》卷下）

黄維申

【讀張仲治船山詩集】十五吟詩五十編，一千餘首萬人傳。繼聲袁蔣齊名趙，各有人間翰墨緣。不依門户不矜奇，豈獨香山老嫗知？悟得水流花放意，移人終是性靈詩。（《報暉堂集》卷九）

【後論詩絶句（其六十四）】石上泉流非擇地，毫端露滴不關秋。笑他駿馬羊腸險，輸與江湖自在鷗。張仲治。（《報暉堂集》卷十七）

許湘祥

【題張船山先生詩集後】豪氣元龍久鬱蟠，一枝健筆闢詞壇。目無餘子心裁獨，胸有千秋腹笥寬。才子大都能作畫，先生畫似徐青藤。詩人從古不宜官。先生守萊州，忤上官意，逾年引疾去。三生石上緣猶在，删定遺詩爲校刊。先生没後，其同年石琢堂殿撰爲刊遺稿行世，一時洛陽紙貴。

【青山橋弔張船山先生】罷郡東萊志已灰，先生守萊州，不獲上去任。萍蹤且住古蘇臺。卌年心血書詩畫，萬里家山歸去來。造物生才何又忌，小人有母不勝哀。青山橋下長流水，流到西川定幾回。先生居官廉，貧不能治歸裝，僑寓吴下，賣文爲活，竟卒於青山橋畔。

妻梅何幸屬林家，柳絮才高句足誇。伯道無兒思似續，左思有女尚于嗟。藍田枉種宜男草，金屋空藏解語花。誰爲情人憐碧玉，不教雛鳳落天涯？案，先生繼配林，才而妬。先生寓蘇，密蓄一姬，年餘占六甲，林固未之知也。會林四十初度，三女承歡，自傷伯道，先生慰之，微露其詞。林不能容，卒有樊素反闔之恨。致所徵之蘭，竟鳳落不成雛云。見蜀東李岑所注先生《感事》詩下。

【即事用船山先生韻】三月煙花了卻春，姑蘇臺畔賸詩人。哀絲豪竹都成夢，破帽殘衫不厭貧。山水清高娱老境，江湖落拓悔風塵。任他勝負争棋局，我已消摇物外身。

十年小謫溷紅塵，赢得回頭作散人。有酒有詩田野樂，不夷不惠葛懷身。思歸梁燕如逋客，開晚山榴不戀春。偶挂杖頭錢一串，兒童莫笑此翁貧。（以上皆見《狷叟詩録》）

王先謙

【實甫自言前生爲張夢晉，其友藏張船山書畫册，中有「張靈後身」小印，以歸實甫，攜之至臺灣索題（其一）】西蜀才人小謫仙，戲留鴻爪證前緣。楊枝往事香山記，更有東坡似樂天。（《虚受堂詩存》卷十五）

王襄

【題張問陶字册辛巳】昔入蜀川，道經遂寧，訪船山先生故宅，其裔孫延客，小勾留焉。宅偏建御書樓，貯清高宗賜扇，扇則未見，見先生所書木刻屏幅、詩集之屬，有守先德之義。時值匪變，旅行須趕站，匆匆别去，平居未嘗不在念也。今淵若兄出示先生詩翰，書法入古，語多摯切，見先賢誘勵後勁之雅，讀之心益嚮往矣。（《王襄著作選集》下册）

陳崧

【和張船山《驛柳》四首次原韻】一角垂楊趁曉晴，青青驛路好風迎。千條繫馬常留影，萬縷藏鶯不斷聲。有恨問誰憐廢苑，無情猶自接荒城。漁家隔岸都如畫，到眼疑來細柳營。

喜看新柳染人衣，短驛纖腰憶舊圍。攀到不堪今日别，折來投贈幾時歸？柔條曲路隨風舞，晴絮長亭作雪飛。最是多情推此種，河橋回首尚依依。

條風半拂值青陽，春滿塵途憶故鄉。古道曉來殘掛月，離亭人去冷新霜。紛垂雲護騎驢客，絮逐煙飛墜鹿場。一曲邊關聽未忍，幾番遊子淚成行。

碧連十里似揚州，滿路淒迷惹客愁。撫樹忽驚成往事，登樓方悔覓封侯。渡江名士年猶少，感舊英雄淚欲流。青眼看人原一例，不分炎夏與涼秋。（《道咸同光四朝詩史·乙集》卷五）

謝緒岷

【題船山畫鹿圖】鹿性善驚逸，所適惟山林。草淺紫芝熟，養茸白雲深。老船偶寫此，詩筆同蕭森。斷

崖雜荒樹，短榦斜插簪。紅泉瀉苔壁，暗響鳴玉琴。展卷意閑遠，蕉夢難遽尋。覆隍杳無跡，照眼猶緑陰。（《芰舟詩稿》卷一）

錢錫寀

【驛柳步船山先生原韻】雨過偏宜夕照晴，一程相送一程迎。怪伊班馬遲春信，任爾流鶯弄别聲。《金縷》數歌新樂府，緑陰萬里古長城。暮煙起處添蒼翠，畫角吹來大將營。殘花點點上征衣，惆悵腰支瘦幾圍。攀盡長條留客住，輸將青眼盼人歸。江潭舊樹偏春去，村店誰家不絮飛？惟有多情雙燕子，輪蹄經處若相依。三眠三起畫春陽，不管行人憶故鄉。遠戍往來更雨雪，長途閲歷老風霜。月明漢塞旂千隊，煙冷隋隄夢一場。贏得息肩多庇蔭，參天濃緑自成行。不須羌管拍《涼州》，怕有新愁壓舊愁。古道人來徵及第，妝臺夫去悔封侯。春痕豈爲胡沙滅，碧影都隨灞水流。堠館蕭條誰作伴，蟬聲寫出一天秋。（《聞妙香室詩稿》卷二）

王秉恩

【讀《船山詩草》】千秋難得性情詩，箸筆空靈一卷詞。信手拈來都妙諦，掠光浮響幾人知！

如公才調本天真，豈把空靈誤後人？六十年來成滑薄，誰堪弱態涴風塵！（《息塵盦詩稿》第一集）

王懿榮

【易實甫觀察屬題明張靈畫梅花天冬松竹卷，爲伯希祭酒所贈。又張船山折枝畫册。觀察自記前身在明爲張靈，在國朝爲張問陶】雙屐重尋鄧尉苔，前生綺夢記張崔。獨憐一卷歲寒雪，曾自王孫秘篋來。時伯希已下世三月。

萊守官閑畫折枝，風流王宋得同時。三生翰墨因緣在，重續吾家學半詩。此册爲宋于庭翔鳳畫。船山集中有與先從伯白海公唱和詩，公集名《學半齋》。（《王文敏公遺集》卷五）

陳遹聲

【十月朔日出京至天津，住周少逸觀察寓廬十首（其九）】船山太守謫瀛洲，詩酒津門十日留。張船山由翰林出守萊州，留查氏水西莊十日。君是蜀人我遊蜀，錦城可似小揚州？船山稱天津爲小揚州。（《畸園第三次手定詩稿・還朝集》）

樊增祥

【余雅薄張船山詩，獨愛其《依竹堂即事》四律，脱盡習氣。其自跋云：「氣味枯淡，非復曩時豪情逸氣。」蓋晚年近道之作，偶次其韻】南榮晴日滿，殘臘好於春。竹翠寒無恙，蜂黄暖趁人。諧來魚價小，改得鶴名新。爲謝平津邸，休誇作吏循。

地劇官偏暇，民醇訟不繁。唐花誰作窨，前任某君作暖窨養花，以饋大府，今廢。諫果自名軒。一鉢兩芒屨，十詩九寓言。心希紫芝侶，小印署東園。

玉署辭東馬，青山待尚禽。驥無千里志，鷗有五湖心。老樹春前緑，幽花雪後尋。長安多舊雨，手帕縢雙金。

静夜眠常早，清朝飯每遲。書憎倭槧本，塾課紀家詩。聽客争壺馬，呼兒倒酒鴟。冗官足清福，莫遣外人知。（《樊山續集》卷二十七）

沈澤棠

【和張船山《驛柳》次原韻】柳色毿毿驛路晴，垂條無語故相迎。酒帘十里銷魂影，玉笛千秋恨别聲。殘月曉風仍古渡，棲鴉流水自蕪城。武昌萬樹空憔悴，詞客傷心過舊營。

江湖落魄檢征衣，解帶低憐減舊圍。色送春旗愁目斷，影摇烏帽認人歸。頻年度曲黄驄老，一様無家紫燕飛。更有閑情添未了，天涯芳草映依依。

蓬鬢蕭蕭背夕陽，驪歌慣聽唱他鄉。晚涼駐馬收殘雨，瘦影籠蟬怯冷霜。攀折不堪前度感，纏綿猶憶少年場。浪遊銷盡輪蹄鐵，青眼相看淚兩行。

往事何堪記益州，年華慘緑易生愁。玉門怕説三千路，寶劍輕封萬里侯。煙鎖章臺春黯去，花飛板渚水空流。梢頭挂遍霞如錦，别寫關山一幅秋。（《懺盦詩鈔》卷上）

王慶善

【觀我仿《船山集》四首】塵網誰能一面開，剛求解脱又重來。干卿甚事嚇偏急，生我無端禍有胎。他日彭殤天未定，此身枯菀運難猜。浪誇小謫迷應返，前劫何堪首重迴！生。

夕陽雲影淡中天，瞥眼韶光已惘然。報國文章輸後輩，傲人腰腳慰衰年。未灰心爲兒孫熱，不斷情因著作牽。一息僅存聊爾爾，尚誇世有地行仙。老。

盲人瞎馬夜臨池，生死交争一綫持。枕上夢魂新世界，耳邊鐃鐸舊巫師。妻孥小語都成鬼，藥石何功且問醫。撒手幾人無罣礙，局輸猶自戀殘棋。病。

去來由爾甚分明，曲到終場臏殺聲。此後尚留青史讀，幾人可與白頭争？能教人罵名終在，識得天

亡氣自平。最是髑髏還有用，好驅瘧鬼救群生。死。（《也儂詩草》卷八）

張雲驤

【清平樂張船山先生摹河東君小像，爲伯希供奉題】幅巾窈窕，儒士呼來好。翻出美人新畫稿，多事東川醉老。紅羊小劫須臾，虞山老卻尚書。莫數江南紅豆，年年恨滿蘼蕪。（《冰壺詞》卷二）

劉照

【張船山《青山白雲手卷》題識】船山太守，書畫俱入神品。詩與漁洋山人相伯仲，人稱爲「小李杜」云。著有詩集傳世。予昔得一小幅，有蒙泉題句云：「千尺雲蘿百尺松，石梁高跨水溶溶。道人策杖尋詩去，細數山前十二峰。」與此圖頗有合處，因借題之，并誌眼福。庚申冬十一月，雁潭劉照呵凍記。（北京中漢拍賣有限公司二〇一一年秋季拍賣會圖録）

廖平

【几山屬題張船山《南臺寺飲酒圖》】几山好收藏，我久厭李杜。强迫人題畫，牽牛上皂樹。物以少見珍，寶此凶年穀。寄語後來人，何分雞與鶩？余久不作有韻之文，於古董尤外行，逼我爲此，空遭點污，船山

及同人當同捧腹也。邑子廖平。（江玉祥《讀張問陶〈南臺寺飲酒圖〉》文）

熊傑勳

【和山門先生題船山詩後】果能薦寢慧無頑，竟可雌雄一例看。情比登牆窺宋切，事真舉案配梁難。且拌鏰盡千莖白，何必鑪還九轉丹？綺語創聞嫌鄙褻，交遊原不在私歡。（《蜕存詩草》卷三）

【又和山門答人問船山詩集】將詩答問妙如何，佳句真翻海口波。卓犖群觀懸悟少，瑕瑜互見古人多。目空餘子難無對，胸有奇情未易磨。我愛山門超色相，鼎問龍虎早降魔。（《蜕存詩草》卷三）

【早歲見張船山有句云：「書如軍亂心能帥，奴不號寒道在仁。」喜其上句可做聯語。頃爲易對下句：「酒當朋來抱每傾」。復足成七律二首，以寫近況，藉留此聯於詩中，以備他日乘興一揮，俾不致忘宿契耳】鎮日婆娑無事客，周旋我我儘縱横。書如軍亂心能帥，酒當朋來抱每傾。懶散轉因微恙劇，功修還向舊途精。自慚樗櫟乖繩尺，別有行藏笑此生。

温涼八月氣清新，旅食經年逐浪蘋。時序紛推駒過隙，衷懷憧擾塵驅塵。蟾光照處原同色，秋思因人苦愴神。静裏端倪澄水似，漫淆世事喜還瞋。（《蜕存詩草》卷四）

張燾

樹珊得吾家船山手書詩幅，或以印章不類，疑非真。張燾曰：「不然。字跡可摩，而老境不可幾也。觀其點畫波磔，皆以無意出之，蒼老自然，苟能書如此，奚爲假名他人爲？抑世之癖骨董者，大率以耳爲目。殆市儈以爲非加印章不足以增聲價，遂乃佛頭着糞，變真爲僞耳」。嗟呼！大千世界，吾儕同爲過客。當其欣於所遇，蹔得於己，不爲不幸。明牕净几，時加披閱，恍見白髮老翁，於繡佛前振筆書此，禪悦之味，溢我心目，不亦快哉！　辛未十一月，張燾記於金陵。（《張船山手書詩册》題識）

周楨

展卷風簷倦眼舒，縱横猿臂蜀山書。四休自是君家法，更遣幽懷得小攄。樹珊先生舊藏張船山太史詩稿六通，壬申春，于役南都，獲觀此册。反覆展翫，撚縱横險勁之奇，的爲蜀山真跡，至可寶也。因綴一絶以歸之。　長沙周楨識。（《張船山手書詩册》題識）

翁廉

友人持張船山書自撰詩長卷，凡六章，破損字約七八。見者以爲船山以詩名，書非其所長，或又云章篆不精，疑非真迹。樹珊君獨諦視無言，以目視余，余曰：「君必得此，余以書法筆力徵之矣。」君喜，以兼金購之。更請以六詩析爲六頁，取便觀覽，君從余言，且屬爲之跋。余喜君鑑古知音，信爲雅友。昔吴荷屋評顏魯公《争坐位稿》，横衝直撞，無不如志。船山兹稿，如不會書，而縱横變化，自在出奇。詩多禪悦，張子季鴻謂爲船山晚年習佛，老手頹唐，詩書彌覺名貴。佳句如「樵語落紅葉，經聲留白雲」；翁叔平相國寫作楹聯，張之北京蘭若，知船山爲名賢宗仰，展玩此册，兼具三美。殆君平生好佛，珍重翰墨，獲覯善緣，令余健羡靡既。辛未十一月，湘潭翁廉識。（《張船山手書詩册》題識）

曾學傳

【几山先生屬題張船山《南臺寺飲酒圖》】青蓮玉局呼不起，風流落落張公子。仙人遺墨在人間，萬竿翠竹錦江水。南臺花事滿城南，春濃酒暖氣醰醰。酒入詩腸天地窄，一聲嘯傲空王龕。臺空日落人何處，我來月掛城邊樹。船山秋入几山中，夢痕猶在江天暮。几山先生屬題，皂江曾學傳。（江玉祥《讀張問陶〈南臺寺飲酒圖〉》文）

吴之英

【几山兄屬題張船山《南臺寺飲酒圖》】風雅乾嘉客，蜀才得幾人。天生名進士，醉過太平春。真性隨時活，豪情入均新。超然圖畫表，夷宕尚精神。幻象安能久，剎那變滅多。縱餘諸佛在，可奈醉人何！帝子新成魄，公孫舊擁戈。先賢知有憾，老樹大婆娑。几山兄屬題，吴之英。（江玉祥《讀張問陶〈南臺寺飲酒圖〉》文）

賀良樸

船山善畫猿猴，描寫情狀，恍聽三峽啼聲。其畫山水，則別開生面，不落尋常蹊徑。詩與書皆不懈而及於古，與畫可稱爲三絶。文采風流，名動海内，不囿於蜀中一隅也。樹珊吾兄獲此六紙，皆自書所作詩，倘再求其畫數開，裝爲一册，則更美觀矣！壬申嘉平月，七十二老人賀良樸，時客秣陵。

（《張船山手書詩册》題識）

陳其生

【張船山《青山白雲手卷》題識】亦欲登閬苑，涉蓬壺，窮三島，覽九區。珠宫玉宇邈可即，紫閣丹墀相奔趨。遨遊雲路，俛仰天衢。睇神山兮縹緲，望煙水兮模糊。知不可以驟得，孰若徜徉於西子之湖？湖稱明聖，地屬餘杭。有山有水，宜雨宜暘。對景懷人，誦新詩於蘇守；撫今追昔，懷舊制於錢王。選勝斷橋之側，築樓古剎之旁。更上一層，放眼四圍，山色偶來百尺，迎眸萬頃波光。抱杞

子陳其生。（北京中漢拍賣有限公司二〇一一年秋季拍賣會圖録）

競厂

【張船山《青山白雲手卷》題識】俯仰宇宙間，飄然等白鷴。地大無不載，天高何可攀！茫茫空一目，渺想出塵寰。鄙彼世俗士，管見幾豹斑。風雲多變幻，日月逝不還。空有虞公志，高呼應萬山。松濤號空谷，天際夕陽殷。歸林鳥知倦，點頭石不頑。放眼入雲路，徒歎天步艱。愁思萬斛湧，羨煞白雲閑。宣統庚戌季秋之月，競厂漫題。（北京中漢拍賣有限公司二〇一一年秋季拍賣會圖録）

郭曾炘

【雜題國朝諸名家詩集後（其九十四）】老船詩格似袁絲，莫怪邯鄲學步疑。賴有梅花親寫照，孤高從未合時宜。（《匏廬詩存》卷七）

張良暹

【戲仿船山偈子詩四首柬孾之】尚未知今是，安能悟昨非？去官仍僕僕，終與素心違。

我慚疏儒術，君猶好佛書。閑來説龍象，差勝注蟲魚。

鳥去羅仍密，魚潛水尚渾。怕催驢上磨，且學蝨居褌。

來自空明界，歸眠蒽鬱城。靈臺無我相，安用學長生？（《横溪草堂詩鈔》卷三）

吴朝品

【遂寧懷船山太史】冠世清才産遂州，文人福慧本雙修。鄭虔髯鬣仍三絶，平子羈棲咏《四愁》。内翰昔除觀海郡，相公今賸賜書樓。樓爲文端公時建。君家昆季皆詩友，方雅一門竟寡儔。（《涪雅堂詩草》卷一）

李綺青

【梅花和張船山韻】共棲空谷守煙霞，每憶寒香興未賒。晴雪半林風乍定，清溪幾曲月初斜。不同秋士傷寥落，獨抱冬心老歲華。魂斷松風亭下路，綺窗愁損去時花。

莫怪冰姿太瘦生，天然標格本來清。非因夜雪纔高卧，卻笑春風不世情。終底讓君成逸品，幾人到此稱詩名？暗香疏影都超絶，不負尊前玉笛聲。

欲訊花開爲底遲，春情惟是凍禽知。水村山驛愁無那，紙帳蘆簾坐有思。冒雪頻年成北客，臨風何處認南枝？商量玉質誰堪伴，除卻逋仙總未宜。

路曲溪迴别有村，憑將冷蕊對清樽。舊詩寫滿林邊屋，亂葉飄殘月下門。好與鷗波留畫本，每從鶴柴認冰痕。栽培不仗陽和力，偶借冬温即帝恩。老守空山屏俗緣，冰霜閲盡自年年。未嫌玉局多留句，不住瑶臺也是仙。獨行别裁花史例，孤芳肯受世人憐。眼中絶少真高士，當作周秦隱逸傳。溪橋野寺記遊蹤，隔斷雲山幾萬重。霜訊漫勞遥驛寄，雪香翻在異鄉逢。忍寒共倚窗前竹，待臘同看嶺上松。羞煞一般桃與杏，祇憑春色競妝濃。流落江村歲復殘，幾年鄉淚暗中彈。清能絶俗談何易，修到如君信太難。轉覺瓊花猶有恨，未聞玉蕊可勝寒。在山不敢辭攀折，要付詩人子細看。風裏輕香雪裏枝，但緣毫素託情私。詞人鐵石心能裂，幽夢微茫世豈知？畫到通神難繪影，興來信筆即成詩。尚餘一片寒林月，隱約霜鋤手種時。人云船山詩學隨園，張力闢其妄。余觀張《梅花》作，不惟貌似，竟神化矣，戲和其韻。（《倦齋吟稿》卷二）

【論國朝詩人（其十）】千程一瀉若奔湍，倚馬從容草萬言。自謂不知唐漢魏，時人誤道學隨園。張船山。（《倦齋吟稿》卷二）

湯汝和

【讀昔賢詩集，各誌以絶句一首（其三）】廿載窮愁困一官，峨嵋清氣滿毫端。張顛醉後淋漓墨，可當公孫舞劍看。張船山。（《嘯雪軒詩草》卷三）

張鴻基

【論本朝各家詩二十首（其十八）】戎馬關山別夢驚，天將詩料富先生。憂時懷抱思親淚，一代風騷變雅聲。張船山。（《傳硯堂詩録》卷七）

葉德輝

信是張靈有後身，癖於山水厭風塵。山塘萬古青天月，長照蛾眉絶代人。張船山問陶山水。（《消夏百一詩》卷下）

李寶淦

【錫之和許君南友用《船山集》中題《觀我》詩四首，謂生老病死也，邀余同作，卻答二君許名星箕，前官湖北候補道】呱呱墮地始爲人，滄粟河沙著此身。不假强爲惟禄命，但求無愧是彝倫。盱衡世上千秋事，涵養胸中百斛春。方趾圓顱先萬物，試聽佛説去來因。

少壯歡娱得幾時，一身蒲柳慨先衰。據鞍馬援餘英氣，攬鏡潘郎見鬢絲。安得南冥貽我壽，難教西日待人遲。百齡從古如星鳳，卻誦岡陵作諛辭。

歷盡千辛與百憂，婆娑枯樹易驚秋。側身茵枕愁難遣，苦口蕿苓效未收。在笥衣裳間美錦，堆盤甘脆厭珍羞。笑他作勢還思起，處仲雄心未肯休。

終古浮雲夢一場，露晞薤葉當還鄉。精魂縹緲遊東岱，體魄安閑卧北邙。畢竟黄金身外物，可能青簡世間芳。君看銅雀西陵淚，底羨英雄與帝王！（《漢堂詩鈔》卷十四）

程頌萬

【題中實所藏張船山畫册中實嘗自傳爲明人張靈後身，船山此册適有是印，則中實其三世也】未洗三生才子氣，苦留詩卷在人間。定知今日如椽筆，不畫當年乞食顔。海水待枯龍伯死，天風欲放鶴衣還。它時共汝昆侖醉，一看元黄戰後山。（《楚望閣詩集》卷九）

許愈初

【論詩絶句（其二十一）】船山純以虚靈勝，逸思清音誦未休。遠過前人趙甌北，自卑詩格學齊謳。（《肅館詩集》卷上）

黄人

【論詩（其七）】猛火燒天霹靂鳴，深山大澤聚精靈。筝琶空穢人間耳，愛取三郎羯鼓聽。洪稚存、張船山、孫淵如、王仲瞿。（《石陶黎煙室遺稿》）

吴昌綬

【題《桂馨圖》後沈盦先生新得此圖見示，率題十絶句，雜取當時諸名家集，爲之疏證。文繁無緒，敢爲今人所不爲，質諸先生，定應拊掌（其一）】移將清瘦梅花筆，寫出團欒桂樹枝。才婦姓名關掌故，郗家對策碩人詩。林恭人頎，字韻徵，四川鹽茶道林西厓女，乾隆丁未九月歸船山爲繼室，贅於成都署齋。癸丑二月，偕抵都。時船山年三十，散館授檢討，方自官菜園上街移居北半截衚衕。此卷是歲中秋作，見《詩草》卷十。船山乙卯詩序：「冬日無事，手爲内子寫照，得其神似而已。内子戲題一絶云：『愛君筆底有煙霞，自拔金釵付酒家。修到人間才子婦，不辭清瘦似梅花。』依韻和之：『妻梅許我癖煙霞，仿佛孤山處士家。畫意詩情兩清絶，夜窗同夢筆生花』。」船山五月二十七日生，韻徵三月二十六日生。船山詩云：「窈窕人宜住錦城」，又云：「婢解聽詩妻解和，頗無俗韻到閨房」。又《月下與閨人飲酒》詩云：「月明宜鬢影，人姣稱蟾光」。船山前室，周侍郎東屏女。附記。（《松鄰遺集》卷六）

吴士鑑

【題張船山、張老薑爲趙北嵐合繪《臘日游焦山圖卷子》北嵐萊陽人，此圖爲其鄉人王爵生侍郎埒所得】隱君山色削寒緑，歲晚松杉動蕭謖。挐舟載雪來沿緣，不使山靈閟幽獨。二百年來此幽討，俊侣招邀日相屬。前有西樵後北嵐，岱岳流風扇芬馥。蝸牛廬畔支吟筇，海雲堂邊展遐矚。更無吏事相譙訶，惟有朋簪共追逐。歸來火速成新圖，二張墨妙寫綿邈。緗綈流轉海南至，侍郎愛護勤甄録。鄉邦文獻良足珍，江天圖志猶堪續。我昔乘潮溯京口，咫尺精藍指蒼麓。無專寶鼎未摩抄，華陽遺蹟空商推。汴京賜敕想像間，蠟屐無緣愧塵俗。即今展圖重紊欷，何日南游理歸舳？書藏清嚴擁百城，坐卧名山十年讀。（《含嘉室詩集》卷三）

歐陽述

【雜題國朝人詩集各一首（其二十四）】天與生花筆一枝，性靈空處氣奔馳。不曾辛苦妃豨語，終覺今宜古未宜。《船山詩集》。（《浩山集》卷二）

程天錫

【立秋前一夕，久不成寐，取閲張船山詩遺悶】夜深推枕竟無眠，獨對銀釭手一編。俗眼忽經秋水洗，置身如到古人前。華嚴詩界開庸蜀，曠代吟魂吊杜鵑。千里心旌懸鳥道，躡梯吾欲上青天。（路志霄等編《隴右近代詩鈔》）

胡駿

《船山詩草》偶編年，乙丑詩多此不傳。滄海遺珠緣底事，欲擕賸句問青天。

風懷删去莫須疑，石琢堂殿撰選刻先生詩，謂略去泛濫酬應徇人之作，此詩當在就删之列。認取吟新字態奇。

不是米顛摹贋鼎，斷非束皙《補亡》詩。戊午十月，得此册於津門，遍檢先生集中，無和花谿作，故拙詩云爾。

廣安胡駿題。（北京匡時國際拍賣有限公司二〇一三春季藝術品拍賣會圖録張問陶《行書詩册》胡駿跋）

【既題二絶，意有未盡，追憶往事，再賦六首，書之册尾，以志景仰（其一、二、三）】前輩風流有典型，釣游山水舊曾經。歲丁酉，余客遂寧。池南老屋知何處，繞郭煙巒分外青。

尋幽屢過東禪寺，也似先生十度來。先生詩有「東禪十度來」句。老柏參天花滿逕，可憐辜負作詩才。

文端遺硯付元孫，先生曾得文端賜硯於婦翁，有詩紀其事。更喜詩人出相門。遂寧老諸生張知廓者，能詩，先生

族孫。錯認顔標吾豈敢，魏謩遺笏僅能存。（北京匡時國際拍賣有限公司二〇一三春季藝術品拍賣會圖録張問陶《行書詩册》胡駿跋）

黎伯概

【題張船山先生《扁舟集》】筆硯堆床雜粉紅，行裝韻致雅人風。不因遠宦生離别，夫婦同吟水向東。征途不再問陳倉，帆楫風催下漢陽。水險更增詩膽壯，萬重山峽一飛航。（《醫藥月刊》第十二期）

丁福保

【倣張船山齋居詩一首】漸覺疏成品，吾生任所之。閑看雲散後，孤坐月高時。夜静風初起，燈昏鼠暗窺。達人能養拙，秋味寸心知。（《疇隱廬詩存》）

張雲龍

【驛柳步張船山詩韻】塵輕驛路晚煙晴，多感春風舞態迎。恨綰青絲千萬縷，魂銷黄鳥兩三聲。東流汴水長堤岸，北上關山絶塞城。一曲驪歌常送客，攀條只許暫屏營。

多情時爲拂征衣，掩映清陰緑四圍。朝雨浥塵前度别，翠樓臨陌幾時歸？莫教摇落黄金盡，何處悠揚玉笛飛？惆悵逢人青眼慣，亭長亭短總依依。

往事依稀憶漢陽，客愁有淚落江鄉。天涯飛絮憐遲暮，秋老飄蓬怯冷霜。隋岸棲鴉新怨地，章臺走馬舊歡場。當年張緒曾相識，瘦損風煙影幾行。

笙簫城郭認皇州，莫向荒郵只詠愁。汁染征袍人及第，鞭縈歸馬婿封侯。青旗影裏爭春色，紅板明邊拂水流。最是曲江衙畔路，清陰如海不知秋。（《瓠盧詩鈔》上卷）

三多

【船山詩畫册】月滿金尊三太白，水如碧玉百東坡。不知控鶴吹笙者，可奈拈花跨鹿何！船山生時，其母夢一騎鹿拈花少年，自稱夢晉。

眉史當年罷一麾，第二頁印文曰「畫眉客。」曾聞暗裏鬬蛾眉。船山有「暗裏蛾眉鬬尹邢」句。尹邢月旦原難定，只問崔鶯是阿誰？（《可園詩鈔》卷七《賓甫先生出示前生三張詩畫卷册，分題六絶》詩，其三、四）

楊慶雲

【梅花詩社用張船山《梅花八詠》元韻有序】邑宰王蓮溪，性恬淡，喜文墨，尤喜作詩，著《有不爲詩草》問世。見張船山《梅花八詠》，喜爲和之，因建梅花詩社，會邑中士紳，共和元韻，一時作者不下五十餘人，予亦與焉。羅浮山氣蔚晴霞，領略風流興味賒。老樹依然橫石古，疏枝猶自映窗斜。鋤來那用愁筋力，修到何須問歲華！見説黄鐘初應律，東風已報兩三花。
肯教桃李混平生，獨占先天一氣清。任使林逋偏有意，看來水部總多情。孤芳避俗非逃世，疏淡逢人怕説名。只是幽香忘不得，簷前時領笑言聲。
窗前清冷日遲遲，蜂蝶趨炎豈易知！獨有騷壇驢背客，偏饒風雪灞橋思。春光未許憐凡卉，陽煦先教占一枝。曠野歸來清興足，竹籬茅舍亦相宜。
萬樹冬深護水村，賞花那惜酒盈樽！重山複水煙籠月，細雨斜風客到門。高士但憐香裏味，美人難擬夢中痕。一陽生處天心復，可負東君雨露恩。
風月情懷信有緣，新詩猶自記年年。飛瓊應合稱花使，賈島元來號閬仙。淡雅只宜佳士共，高標那許俗人憐！漫云東閣多佳詠，嚼出清芳句始傳。
名花原自惜芳蹤，多在山重與水重。高閣不教塵俗染，孤村那有驛人逢！瑶琴冷佇支離石，明月空含偃蹇松。獨得清操堪傲世，移栽偏趁雪華濃。
才知花放已冬殘，逝水光陰信指彈。塵里閲人猶較易，霜中作實想應難。銅瓶紙帳全欺冷，淡月輕風合共寒。説與庸夫都不解，疏狂還向夢中看。
天風亦解弄花枝，踏雪尋君愛豈私！簪鬢不妨妝自淡，烹茶可許味來知。蒼苔冷石惟宜月，素女窺人爲聽詩。寄語林間吹笛客，好將珍重盛開時。（楊蘭階輯《濩德楊氏世德吟編》之楊慶雲《釜山詩草》）

譚延闓

【題名人詩稿册子皆乾、嘉人手稿(其二)】編珠集腋事應難，廿載搜尋得更删。莊方耕邵二雲馮魚門程春海皆健者，不須流沫説船山。跋者皆但稱張船山。(《譚延闓集》)

張光厚

【丙辰歲首感懷十八首，用張船山《寶雞題壁》韻】年來飄泊想承平，説到鴻毛死尚輕。赤蟻玄蜂蹂世運，青袍白袷誤儒生。飛鳥亂向人家啄，急兔先難狡窟營。最是懊憹大白晝，天陰雨溼鬼横行。

夕虎朝蛇膽氣麤，少年悔未讀《陰符》。竊鈎盜國同爲賊，説舜稱堯總是儒。有用年華隨意擲，不平恩怨幾時無？新來學得阮狂哭，哭到蒼生淚也枯。

買刀化盡賣牛錢，辛苦平民敢不然？剥盡脂膏留見血，納完杼柚不炊煙。生多隱恨輸精衛，死仗冤魂化杜鵑。滿地瘡痍誰過問，愁風愁雨自年年。

華燈紅照九城門，金劍霜戈列列屯。神武果然符聖德，雷霆何處見天恩？敢違國法供私欲，寧破神州换至尊。一霎煙塵烽火起，倉皇驚碎夢中魂。

禍變紛來强自寬，小朝廷也望偏安。悠悠人盡騎牆占，莽莽天惟坐井觀。得意原期垂手易，到頭方覺稱心難。深宫也有鉏麑跡，知是當年鐵血團。

公罪條條草檄文，豎儒櫜筆也從軍。官兵到處村如洗，劫匪横行令不聞。百道鼓鼙殷地發，連宵烽火燭天焚。隆隆郁郁渾無極，都是西州莽戰雲。

米珠薪桂遇凶荒，處處蕭條打稻塲。人盡生年逢白虎，天教燒劫又紅羊。愁雲壓郭雪初凍，枯樹無花風不揚。一派零丁鳩鵠樣，那堪重復試鋒鋩！

伐莽誅操萬口同，賈兒牧子亦從戎。邯離未必皆心戴，廣涉居然負首功。兵入夔門多不返，道非巫峽斷難通。徵師又下江南詔，贏得將軍爵上公。

並無威鳳與祥麟，一頂皇冠誤此身。權術不靈思用武，掘羅無地諱言貧。居心鬼蜮成何帝，放眼河山盡亂民。直到圖窮匕首見，操刀純是贊成人。

纔下瀘州又叙洲，可憐成武不封侯。尚餘廉耻羞功狗，肯挾兵車畏瘠牛。民意竟容判真假，人心原自有陽秋。青宫多少新皇子，也對黄袍替父憂。

重關疊嶂聽連珠，東道何愁響應無。乘勝已聞出湘鄂，失機先未斷夔巫。月寒刁斗灘聲急，風捲塵頭石子麤。黔水滇山無限好，安排根本在成都。

蹀血當年跡未消，怨仇重疊健兒驕。眼看國事心如沸，夢遶燕京路不遥。好頸未知誰氏斫，阿房終有楚人燒。馬前露布陳琳手，寫盡南山竹萬條。

亂機四處已胚胎，騎虎今難善後來。誰肯調停居退讓，官多觀望受疑猜。積薪厝火時常發，密會深宫日數開。司馬有心行路見，更於何處侈雄材？

會當瓜熟水成渠，尚欲彌縫藉段徐。人望可能趨旨意，皇圖漸已就灰餘，昆陽雷雨天誰助，猛士風雲口自噓。一切聖神天子事，要隨兵火暗消除。

暗詐明强計已施，萬端籌畫强支持。怕懸紂首亡身早，欲斬晁頭藉口遲。舊夢半醒庸可續，令名千載不能爲。最難洪憲新年號，縱説銷沉世盡知。

羽書連接入幽州，憔悴君王五鳳樓。勸進大夫猶未餒，化家天子不無愁。三春雨雪歌王瑞，萬頃江潮礪我矛。風静月明消遣否，新華宫裏好遨遊。

飄零心事久如灰，萬里重洋去復回。江上風波防鬼啗，關中消息費人猜。如羆將士多親故，倚馬文章重霸才。幾欲書生輕大膽，扁舟贏馬賦歸來。

世事何心挈短長，人間到處有豺狼。江花原草人春夢，晨雨宵燈客異鄉。已會龍蛇成擾擾，是何妖孽叩蒼蒼？邱山白骨江河血，拚向西風哭一場。（《南社叢刻》第十九集）

謝無量

【几山先生出《南臺寺飲酒圖》索題】龔生好古如好色，歸來握手成相識。袖出一卷要我題，滿眼張彭盡陳跡。三年萬里橋邊住，聞鐘飽看城南月。不知前代有遊遨，直與谿山作嘉客。咫尺招提曾未到，竟日竹間客坐嘯。卻觀此畫感我心，前輩風流成絶調。蒼茫回首合增哀，世事艱難要異才。詩人幾輩憂國去，名士何緣載酒來？歲歲秋蟲啼古樹，眼中突兀連横舍。佇聽緑野遍弦歌，已見緇徒蒔桑柘。□□（原文缺）縱横塞大堤，賦愁誰過浣花溪？正憐杜甫惱鵝鴨，終逐盧敖啖蛤蜊。明朝掛席向東海，今日看雲還杖藜。余還蜀居郭外，距南臺寺甚近，卒未一往。今將有江南之行，几山先生出此圖索題，聊爲賦此。中華元年壬子六月，無量。（江玉祥《讀張問陶〈南臺寺飲酒圖〉》文）

朱昌時

【几山世友屬題《南臺寺飲酒圖》】寒輝出黯壁，澹墨畫春山。兩袖疑沾酒，枯僧若見猿。風篁歌動水，雲樹遠臨關。異世南臺勝，流風未可攀。几山世友屬題《南臺寺飲酒圖》，壬子初秋，昌時。（江玉祥《讀張問陶〈南臺寺飲酒圖〉》文）

劉師培

【題張船山《南臺飲酒圖》】圖爲船山自繪，現歸井研龔熙臺煦春。南臺寺者，昔改蠶桑講習所，今則幼孩工廠也。

江山無靈閲今古，景儀嬗代成新故。長留畫卷在人間，藻繢耑資觴詠補。遂寧公子文章伯，壯年奇氣横干鏌。諫草新裁羽獵篇，夢游合證蓬萊客。三年索米長安市，鳳城仙袂飄歸騎。笑指祇洹作酒鄉，槐花疏雨城南寺。本張詩。城南山色背煙蘿，曲水題襟別思多。未覺金經翳慧月，張詩：「慧月不受金經翳。」直遣流光泛酒波。畫圖縹緑春江水，半曲新詞題錦字。荷鍤曾隨劉伯倫，招毫欲問倪高士。張詩。當年文酒樂昇平，絲管常歌樂歲聲。紫宮飛宇纏靈景，鮫綃媚彩傾江城。江城舊說人文藪，飽擷西英延顥秀。委約真情謝辨雕，笑抉葩符闡靈竇。吟罷江山詞客老，遨頭讌散春歸早。轉轂繇來無百年，醉鄉日月閻浮小。塵海無端往跡非，隔垣煙樹辨依稀。無復寒僧補秋衲，似聞紅女罷春機。三冬萬里橋邊住，咫尺招提不知處。坐覺琴樽異哀樂，那堪笳鼓成羈旅！幾回弔古錦江曲，獨向郊南訊靈躅。柹葉當階夕照黄，寒蕪滿地霜華緑。忽睹君圖增太息，西音大雅今衰歇。青塚長啼杜宇魂，碧珠重燦萇弘血。蒼狗浮雲各一時，茂陵消渴鬢成絲。不須重譜《伽藍記》，卧聽巴僮唱《竹枝》。（《左盦詩録》卷三）

陳丹初

【黄仲則、張船山二先生象爲謝雲聲題】何人牽率兩詩伯，畫入丹青如舊識。謝生囑友摹此幀，雲聲囑林子白重摹則山篠本。更有詩人爲補白。二公生世雖同時，西蜀江東萬里隔。黄已没齒張方冠，船山生乾隆甲申，越十九年癸卯，仲則殤。閑接因緣結翰墨。《兩當軒集》中，《先友爵里名字考》不載船山名，船山詩僅載《和澗釁讀亡友黄仲則聞雁詩》一首。各擅中年海内名，彼此惺惺遥相惜。畫師撮合信解人，但寫精神略行迹。二公詩筆有淵源，希蹤太白同奇特。按，《武進縣志·文學傳》：「景仁詩希蹤太白。」又，船山詩爲蜀中詩人之冠，有青蓮再世之目。仙才千年不一覯，今竟後先共標格。黄詩愁苦如蟲吟，張詩馳騁展驥力。見《北江詩話》。張號老猿善飛騰，黄如孤鶴困貧瘠。雕搜奔放隨人工，壽夭窮通本天擇。要其人定可勝天，造物無權爲揚抑。當時騷壇雄萬夫，異代當之猶辟易。我少低首二公詩，老大圖中仰顔色。枯腸未足開生面，沾匄還思乞餘瀝。（《藝文》民國二十五年第一卷第六期）

張蝶聖

【驛柳四首用張船山原韻】朝塵浄浥雨初晴，客舍青争一路迎。春送旌旗千里色，秋摇鼓角五更聲。漸聞前道催驪唱，遥護輕陰出雉城，堆上黄昏舊時月，梢頭猶自照空營。

攀記河梁淚滿衣，道旁遥插咒成圍。長亭沽酒人初别，遠塞封侯婿未歸。弱絮怕聽羌笛怨，柔絲莫絆鐵輪飛。行程送盡嬌無力，落月城頭一角依。

倩爾長途掛夕陽，輪蹄過眼即他鄉。鶯聲亭外絲垂雨，雁叫關前鬢有霜。一出玉門愁遠戍，再來金縷唱登場。眉痕旅館逢官妓，也學彎彎畫兩行。

依依相送出皇州，雨雪霏霏漸欲愁。拱堠折腰羞小吏，築營回首認條侯。大堤繫馬人争折，古渡棲鴉水自流。壞壁蠹書題幾遍，誰能蛇蚓辨《春秋》？（《花活草堂遺稿》）

趙壽嵋

【題張船山詩稿】工部消沈，一作云遥。長吉死，一作逝。蜀川才子繼詩豪。氣吞雲夢胸吞海，得意《南華》失意《騷》。醉裏放歌人笑傲，愁中牢落鬼悲號。何年舟過瞿塘峽，一望眉山高復高？（《東萊趙氏楹書叢刊》之《蓮舫詩集》）

龔煦春

【余舊藏張船山《南臺寺飲酒圖》，申叔、伯揭、季平、習之、無量、雲石既賦詩其上，余亦漫題長句一首】苒苒韶華驚逝川，波赴雲委無停漩。百二十年兩壬子，陳迹過眼如秋煙。憶昔錦官全盛日，城南古寺風物鮮。張彭二子好事者，連轡往證塵中禪。興來直欲傲詩伯，醉後時聞呼酒仙。由來清興有時歇，坐看滄海成桑田。狐鳴篝火自突兀，長毛短辮相後先。錦城絲管久寂寞，南臺風月歸棄捐。但見螢光照熠熠，無復鳥聲歌綿蠻。揭來塵土更昏翳，莽莽大地横戈鋋。黄雲蔽空晝日晦，黑海倒立天風騫。大蛇當空祖龍死，狐狸晝舞翔麟潛。余時抱頭竄山谷，跕跕墮水看飛鳶。忽驚寥泬天宇霽，旌旗五色高空懸。余來成都廁贊序，要睹祖國追黄顓。共傷文獻日隕墜，壇坫高矗城南偏。勝流名彦四面至，余與諸子相周旋。酩酊不識千劫换，歡娱合證三生緣。亂後此樂寧復有，盛事不減乾嘉年。無端哀樂忽異感，伯勞飛燕争蹁躚。朱山倉卒機中俎，謝生飄飄江上船。習之落魄不偶世，竭公高蹈蒙山巔。客中申叔最蕭瑟，長卧病榻憂悁悁。四益先生獨矍鑠，垂老萬里馳幽燕。余亦牢愁久厭俗，徑欲歸耕溪上田。人生會散有何似，縱跡倏忽同秋千。古來賢達識此意，一切色象離言詮。彭祖殤子孰壽夭，無鹽西施寧媸妍？浩浩萬古一彈指，及時行樂須當前。生對此圖三太息，中有妙語傳詩箋。自後視今今視昔，如風憐夔夔憐蚿。不識老氏混沌旨，且讀莊生《逍遥》篇。南臺寺，昔爲成都遊賞之地，李藍亂後駐兵，無復遊者，今則改爲工廠，故中段感慨及此。民國二年癸丑五月，几山居士龔煦春題。（江玉祥《讀張問陶〈南臺寺飲酒圖〉》文）

江椿

【遂寧道中懷張東萊】昔讀船山詩，中心輒嚮往。有如海上琴，超然絶凡響。今遊遂州道，山水清且爽。不見御書樓，松楸鬱蒼莽。駐輦重徘徊，志在青雲上。才子兼循良，百年世無兩。我欲祠髯蘇，惟公得配享。（《近代巴蜀詩鈔》）

舒雲逵

【題船山先生《武連聽雨圖》】錦題玉躞煙嵐滋，百年故物光陸離。船山金鑑家風詒，華棨鄂跗人稱奇。當時蜀道相迴旋，天梯石棧雲鈎連。幽窗破寂颯風雨，落葉敲窗戛蛩語。聯牀倚醉吟聲酣，人間兄弟情如許。回首長安車擁塵，花天酒地香葐蒀。孫吴洪何皆儁侶，追逐上下如龍雲。一朝萍寄武連驛，荒村暮靄無情碧。東華舊夢煙蒼涼，玉京高會傾瑤漿。眼空四海氣吞月，詩心飛貫南斗旁。此時羈棲成索莫，獨以壎箎慰寥落。人生立名貴不朽，寫生乃得傳神手。王郎妙墨荆關流，放筆嘯傲凌滄洲。欲以尺幅博萬古，雨聲風色光浮浮。至今題詠滿雲牋，誰歟盧後誰王前？道途奔走尋常事，名士風流原偶然。展圖細字猶蠶眠，生綃一幅長相鮮，坡潁而後留勝緣。君不見，富貴功名成何物，壽世文章今尚傳！（《紫雲山館吟草》上卷）

【題亥白先生北曲後】蹋遍長安十丈塵，登場傀儡幻非真。曉風殘月歌楊柳，一拍紅牙欲愴神。（《紫雲山館吟草》上卷）

【題船山先生《惜馬圖》】龍媒天矯籋雲起，房精下應渥洼水。莽然四顧驚向天，世無伯樂空千里。船山太史天人流，九衢軌道開驊騮。日月沈冥跨滄海，風雲蹙蹋凌清秋。平生好馬有奇性，肯與庸流供和應？王濟祇解縱浮奢，支公始是憐神駿。我聞相人相馬兩無殊，不貴形貌貴神模。賞識牝牡驪黄外，得精可以忘其粗。不然瘦骨嶙峋良已朽，千金市駿胡爲乎？黄沙歎地莽空闊，昭王臺傾今已蕪。又况英雄弗以成敗論，馬之得失非馬病。有時高舉淩天閑，一落風塵遽衰頓。食芻恒不飽，噉豆恒苦饑，鹽車駕軛聲酸嘶。回視駑駘輩，翔步臨天池，朱纓飄領揚其頤。垂頭空嗟髀肉滋，金羈玉勒終無時。嗚呼，良馬到此真堪惜，顧視清高復何益！白日蕩蕩天宇寬，仰視鵾鶚盤雲疾。

世權顛倒任誰操，千古才流同灑泣。先生時方强仕年，愛才如馬氣如仙。不獨九方競特識，欲從八駿相迴旋。上可以肅龍廷仗，下可以掃狼胥烟。然後勒銘燕然頂，圖功麟閣巔。日臨四寓，風清八埏。鸞和鳴御螭坳前，西極流赭形於篇。五花錦韉大宛種，一曲鐃歌清妙絃。此意不遂憑誰傳，播之尺幅全其天。嗚呼，予生晚矣時非遇，披覽斯圖識真趣。安得伯時重添毫，畫我馳驅在前路。雲車風馬翩然來，雖爲執鞭所欣慕。猗嗟乎，神龍追逐誰相先，遥指五雲最多處。（《紫雲山館吟草》上卷）

【再題船山先生《惜馬圖》】騰驤三萬匹，此是出群材。珠勒生何倖，鹽車遇可哀。虚聲矜驥足，凡眼失龍媒。安得從飛將，烽煙大漠開？

抱質無求賞，長途歲月經。貢宜珍漢使，生本應房星。躡景空無跡，嘶風走不停。驊騮開道遠，且莫歎飄零。

良馬如佳士，縱横不可羈。籋雲宏蹴蹋，報國任驅馳。上駟宜稱德，神龍孰相皮！先生聊寓興，風骨愛權奇。

牝牡驪黄外，何人賞鑒工？新知無伯樂，解愛獨支公。奇骨千金儷，凡材一洗空。披圖神颯爽，獨立想英風。（《紫雲山館吟草》下卷）

方廷楷

【遂寧張船山問陶】吟來總覺近人情，誰識都從百鍊成！我説老船工近體，船山嘗自稱老船。「空靈不是小聰明。」（《論詩絶句百首》，其八十）

趙夔元

【題張船山詩集後】滄浪亭接虎邱山，家世才華一例看。六代風流空眼底，五湖煙水注毫端。新枝桃豔尋芳易，老樹梅酸結子難。船山遭妒妻虐其妾，致乏嗣。其自傷云：「梅子含酸都有味，倉庚療妒恐無靈」句。萬里瞿塘歸未得，江南花月久盤桓。（《滄遠軒詩稿》卷一）

田捷元

【喜船山至自登州】步出東郭門，落葉滿街市。君從何處來，乍見令人喜。喜極拙言詞，執手但相視。北園有黄菊，西鄰有濁醪。相就飲一斗，積悃爲之消。推窗見青山，白雲覆其巔。白雲去復住，青山意自閑。君來就我易，我欲就君難。（李炳靈等選輯《國朝蜀詩續抄》卷一）

王中枚

【送船山】長安此去正新春，風送輕帆便旅人。卻羨篷窗一鈎月，與君同到軟紅塵。（李炳靈等選輯《國朝蜀詩續抄》卷一）

馬鎮

【讀張船山詩草】隨園忍死爲君詩，莫道奇才只自知。卓識不分唐盛晚，清談如見晉風規。一時窮況惟東野，千古疎狂有牧皮。但願梅花修得到，他年相伴勝袁絲。（《半間雲詩》卷下）

陳鍾祥

【寶雞縣懷張船山先生】藝苑風流尚在兹，争傳題壁有新詩。荒唐時事非天寶，慷慨悲歌等拾遺。狂直孤存前輩概，優容偏荷聖君知。請看海晏河清日，競進黄龍白雉辭。（《依隱齋詩鈔》卷四）

朱承鉽

【書張船山詩後】當時河海共傳名，總是詩人有性情。習氣未除袁蔣趙，體裁雜出宋元明。才緣磊落

疏能達，筆太麤豪律未精。不少騷壇旗鼓在，敢持繩墨議先生！（《聽秋館吟稿》卷三）

馮錦

【歷下次船山太守問陶《對月有感》原韻】客裏看明月，經今兩度圓。一輪照離别，千里共嬋娟。花影掃香霧，笛聲吹冷煙。海棠簾外立，我亦未能眠。（潘衍桐輯《兩浙輶軒續録》卷六）

林佩環

【外子爲予寫照，得其神似，詩以謝之】羨君筆底有煙霞，泥拔金釵付酒家。修到人間才子婦，不辭清瘦似梅花。（孫桐生輯《國朝全蜀詩鈔》卷六十二，亦載張沅輯《國朝蜀詩略》卷十一）

張鑑

【題《海邨受詩圖》畫船山張侍御遺像二首】一麾剛罷海雲東，客子光陰石火中。他日西江數流派，瓣香只合拜涪翁。

海棠未破柳垂絲，曾憶看碑覆酒卮。吾亦有詩須論定，相從已恨十年遲。庚午在都，雲臺師招飲揚州旅館，看西嶽華山碑。同坐者蔡閣學生甫、馬光禄秋藥、宋太守芷灣、屠吉士琴隖、陳茂才受笙及侍御與鑑。（《冬青館

集》甲集卷三）

馮珍

【虎山行館雜詠，時讀張船山太守問陶出守萊州詩，即和其韻】行吟時復到籬東，淺緑深紅豔晚風。借得平泉暫小住，虎山塔影列窗中。

琴鶴隨身未是貧，吟鞍久不識風塵。船山太守久任京師。他時官閣開爐節，都中十月一日爲開爐節。結侶消寒有故人。時孫淵如觀察亦任山東。

問水尋山未許閑，白漚笑我醉中顔。扁舟訪戴多清興，更看雲林畫裏山。昨訪董琢卿奉常，以張伯治文學所畫《山塘雅集圖》見示。

一抹煙痕透月光，生涯最好是漁郎。石湖曾憶吹簫夜，丙寅秋日，友人招飲石湖，追憶舊遊，已無年矣。幾疊秋波望渺茫。

書隨征雁共升沉，時得穀人先生書。南望雲煙深復深。更讀湘東箋十幅，果然詩意雜仙心。吴蘭雪國博自京歸江西，偶寓山塘，作文酒之會。

蕉窗舊雨話團欒，識得娟娟梅影寒。時觀《落花獨立圖》。小格簪花須競倣，留題聊當雪泥看。（《尊古齋詩鈔》卷四）

劉沅

【聞張船山下世二首】西蜀江山險，詩中有霸才。當闕争虎豹，破峽走風雷。官薄名何重，心雄事竟灰。羈魂終崛强，抵死傍蘇臺。

坡老儋黄後，疏豪合似君。別開詩世界，笑傲酒乾坤。家戀江南好，才空冀北群。夕陽斜倚杖，愁説爲招魂。船山有母存。（《壥麓集》卷八）

黄仲畬

【讀張船山太守詩】簪紱承華胄，科名早致身。性躭無病藥，愛説有錢貧。詩闢空靈派，才堪侍從臣。岷峨高拔地，秀色毓傳人。

語言妙天下，傲骨亦飛騰。手筆清如水，頭銜冷勝冰。才妖皆好僕，鬼趣得良朋。三絶人争羨，詩工品入能。太守有僕名嬈嬈、山魈，工書能詩，尤與羅兩峰山人交最密。山人擅畫名，有《鬼趣圖》，支離詭俶，太守爲之題詩。畫並名於時。（《心字香館詩鈔》卷二）

鍾景

【讀《船山詩草》】毫端未許染纖塵，雪豔蘭清味更醇。筆有化工方入妙，劍如秋水始能神。詞華邁古才超絕，意蕊逢春色斬新。袖得仙人修月斧，定知吴質是前身。（《籥雲書屋詩鈔》卷六）

鄔鶴舟

【《船山詩草》題詞】金張世德本清門，五葉無慚宰相孫。早博科名身轉暇，晚辭軒冕道尤尊。驚人突兀多奇句，滿紙淋漓是酒痕。一盞寒鐙詩一卷，破牕風雨正黄昏。

久領鴛班侍玉堦，一麾出守又東萊。世間何物能公道，天下無人不忌才。六偈任從杯底悟，萬山都向筆尖來。長官難得清貧甚，日日高居避債臺。

休論富貴與神仙，名下如君總可傳。慧業幾生修到此，春風一面見無緣。簫吹吴市山塘月，琴碎江樓蜀國絃。底事鄉關不歸去，花濃偏戀五湖船。

略占疎狂遇已窮，生天成佛太匆匆。魂歸杜宇家何在，死傍要離鬼亦雄。白髮蒼涼同榜淚，琢堂先生。紅鐙慘淡一樓風。才人終始真奇絶，七百年來類長公。（《吟秋樓詩鈔二集》卷二）

李德揚

【讀《船山詩集》題後】從無隻字上荆州，李白還應讓一頭。不羨心花開萬竅，端欽氣骨重千秋。官抛太守名難累，天喪才人集總留。伯道無兒欣有弟，收藏何必付緇流？　集首有靈泉寺僧道嶸序。（《聽花吟館詩稿》卷九）

【墨樵攜船山太守遺稿，皆集中所未梓者，讀之題後】和璧隋珠散不收，轉交畫士手存留。相門有後多寒族，蜀國憑誰築選樓？　心血淋漓抛萬紙，精魂呵護待千秋。憐才如命人難覯，不是風騷莫妄投。（《聽花吟館詩稿》卷三十三）

【船山先生遺照】生遲我竟見先生，玉樣温和鶴樣清。香案吏應無替手，詔歸那待玉樓成！重摩幸未失天真，紙上分明現在身。除卻心香無供養，碧螺杯薦百花春。（《聽花吟館詩稿》卷三十三）

【得船山太守自戊戌至癸酉逸詩，倩徐生文焯鈔畢，詩以記之】大集存天地，何須鱗爪爲？　性情投所好，心血忍教遺。隔面神遥接，從頭手細披。棗梨如共壽，世定羨新奇。

三十六年在，煩君盡數鈔。鳳喈都律協，魚目豈珠淆！　零落花飛瓣，更翻蔗噉梢。嗜痂休笑癖，殘馥勝珍肴。（《聽花吟館詩稿》卷三十五）

黄瑞蓮

【讀《船山詩集》】唾咳成珠玉，鏗鏘自有聲。光芒原萬丈，靈慧本三生。佳句推敲得，金丹鍛鍊成。生平鬱鬱志，聊且借詩鳴。

冰雪聰明質，琳瑯錦繡篇。黄堂新太守，玉宇舊神仙。裙屐皆名士，金釵付酒錢。無兒悲伯道，衣鉢更誰傳？

京國何年别，鵷班憶舊聯。心猶依日下，目已斷雲邊。世豈容廉吏，囊羞使孽錢。一官何得失，早晚賦歸田。（《韓隱廬詩鈔》卷一）

王倩

【跋張船山太史詩册後】旗鼓騷壇一代雄，此君意氣獨凌空。酒星墮地狂吞海，詩筆擎天欲吐虹。舊雨情深離席淚，故山夢冷戰場風。幾多身世蒼茫感，吟對寒燈影不紅。（《問花樓詩鈔》卷五）

姚福均

【書各家詩集後（其八）】性靈觸處見天真，爽朗何來一點塵？試誦《寶雞題壁》句，破空横絶見斯人。

張船山。（《補籬遺稿》卷八）

繆共位

【題張船山太守詩稿】家近峨嵋萬仞青，蠶叢西去路冥冥。浣花溪傍青蓮水，始信生才地有靈。

眼前風月即詩才，格律無憑我自開。奇氣蟠胸奇語出，一枝健筆破空來。（梅成棟輯《津門詩鈔》卷十八）

吴連周

【乙未下第詠驛柳四首依張船山韻】枝枝曳雨復摇晴，似與年華管送迎。遲日斑騅翻怨曲，西風旅雁帶邊聲。許多漢苑誇人字，兀自秋心向冶城。老去桓公最無那，不堪指點亞夫營。

神君未許染征衣，一任維摩減帶圍。翠黛經年臨鏡掃，青驄有分踏花歸。最驚北雁逢秋遞，偏是西烏向夜飛。太息幾枝横夕照，漢南老樹尚依依。

疎枝澹影鎖斜陽，欲卻愁鄉入醉鄉。潦倒春風狂作絮，飄零古戍老經霜。聽鶯一曲曾遊地，汗馬三秋幾戰塲。數點寒鴉看不得，羞他鴛鷺已成行。

數聲長笛譜凉州，摇落真同六代愁。金粟夢寒羞見月，玉關人老不封侯。信知枯菀由天定，且把升沈付水流。莫向日邊望紅杏，芙蓉相對一江秋。（《國朝山左詩彙鈔後集》卷三十七《補遺》）

彭蕙支

【乾隆壬子閏四月初四日南臺寺飲酒同船山作】宇宙百年如轉轂，太息勞生尤匆匆。浮蹤聚散誰主張，欲向祇園問我佛。我佛本通靈，無言但濃笑。坐看酒人狂，意態出衆妙。君不見，大千世界皆酒筵，此間一醉亦偶然。人生自具真實相，不飲不醉愁青天。身後誰何爲不朽，可憐造化亦芻狗。由來志士苦無名，君我於今翻慮有。要知萬古總須臾，惟應見在最長久。雲外鳥，竹裏風，經堂鐘鼓聲隆隆。大呼比邱且莫唱般若，來向酒盞參真空。我解大布衣，君脱烏紗帽。留此鎮山門，與佛永爲好。吁嗟乎，夢魂醉後歸何所，明日斬新君與我。他時載酒重相過，竟作古人憑弔可。（江玉祥《讀張問陶〈南臺寺飲酒圖〉》文）

陳一沺

【與彭田橋浣花春禊，出壬子同張船山太史《南臺飲酒圖》囑題】人生不作羊叔子，名與峴山相終始。亦當竟作白香山，手寫《長慶》傳人間。三十愁眉復何有，此事安得隨人後？斜陽欲下不下來，春風吹落杯中酒。百年骯髒何由開，丹稜公子翩然來。手把芙蓉還招我，千里萬里過蓬萊。蓬萊欲住不得住，一朵浮雲東南去。天風澒洞海水翻，銀濤金波萬花樹。人間寒食只偶然，電光閃灼五千年。如君真挹浮邱袂，如我真拍洪厓肩。可惜雲間縹緲處，凡人不得圖列仙。君聞我言囅然笑，袖中拂拂炳靈耀。言是昔年汗漫游，曾向大羅親寫照。遂寧公子張文昌，文筆畫手皆佳妙。此事如何見者希，我見此圖再拜之。再拜此圖如拜我，公然列座此間坐。丹稜公子右之右，遂寧公子左之左。我今猶是初來客，之左之右如何可？嗚乎，莫怪賤子聲氣粗，旁人也見此圖此詩此事無？牽連記之蓋如此，嗚乎，我終不知罵我憐我許我當何如？（《竺山詩抄》卷二）

歸懋儀

【石琢堂先生賜示《晚春樓詩集》賦呈（其六）】憔悴靈和柳一枝，招魂逆旅有心知。珠零錦碎三千首，鄭重丹黄手勘時。時方校刊船山太守詩集。（《繡餘續草》卷三）

韓鳳翔

【題張船山問陶太守詩稿後】才士徇名不顧身，漢唐晉魏並無倫。長沙幼歲心先慟，子美中年病已頻。一卷詩情儘任我，廿秋宧味更催人。山東辭郡江南老，魂到西川益愴神。太守本遂寧人，集中有「惱我無心戀東海，思親何日到西川」之句。（《夢華草堂詩稿》卷五）

顔懷慤

【懷張船山太史】平生期素侶，會面即相親。抱恨逢君晚，談詩許我真。夜深賓主座，情溢帝城春。悵別憐芳草，三年入望新。（孔憲彝輯《曲阜詩鈔》卷八）

張懷泩

【題張船山問陶《南臺寺飲酒圖》爲彭田橋蕙支作】有酒不澆劉伶墳上土，卻來南臺寺中醺佛祖。船山太史酒户寬，潑墨淋漓動環堵。牆頭萬个青琅玕，高臺六月生虛寒。酒杯在手詩在口，當頭赤日如金盤。走向禪門爲破戒，公然不怕釋迦怪。翻疑過去生中負此一杯酒，今來一償前生債。田橋在右船山左，老樹壓屋濃雲裹。須知此事定千秋，可惜當時竟無我！昨日之日去不回，明日之日猶未來。今朝有酒且當醉，對酒不飲何爲哉！我昔赴都别彭子，今又還家别太史。長歎人生會合難，不意圖中圖外二子俱在此！（孫桐生輯《國朝全蜀詩鈔》卷三十）

王鴻

【冬日書懷步船山原韻】世已厭儒生，天憐有志人。静常詩入夢，清與月爲鄰。吐氣驚時俗，安貧樂性

真。紅塵自今古，看客去迷津。（《喝月樓詩録》卷八）

【歲暮有感，次船山集中韻】醉酒狂歌計不迂，天寒一鶴守梅癯。治忘笑我添蛇足，涉世看人捋虎鬚。祭此詩篇聊學賈，生來骨相竟如虞。引將歲暮愁無限，臘鼓鼕鼕徹九衢。

萬卷奇書不算貧，蒼茫塵路怕迷津。我因無欲心常静，友爲談詩跡更親。歲尾月殘雲戀舊，筆頭花放墨懷新。畫叉倚壁安閑甚，應笑無錢勝古人。（《喝月樓詩録》卷十二）

【至曾公祠祭詩，用船山集中《除夕》詩韻和秋槎叔】去年大佛頭，祭詩奇夢獨。前年譜梅榜，祭詩苦寒縮。醉酒補心血，豪點互品目。侍重慈祭詩，庚歲樂未宿。回首感滄桑，尋夢迷蕉鹿。最奇東海濱，祭詩龍伯逐。離鄉已九年，勞形歲僕僕。卅卷留鴻爪，一覽重游熟。無事無別離，今年守吟屋。計詩合八百，竹林成豪族。南豐或把卷，瓣香化雲速。（《喝月樓詩録》卷十二）

徐灝

【舟中讀張船山詩至《褒谷聞蟬》，倦而假寐，醒得蟬聲，遂次其韻】好潔非無癖，憑高始有聲。長吟吾和汝，短夢若爲情。獨樹孤邨迥，叢篁野岸平。不知炎暑過，枕畔水雲清。（《靈洲山人詩録》卷四）

鄭廷璧

【和張船山《寶雞縣題壁十八首》韻録七】少日王郎膽氣粗，出山泉濁佩官符。氍毹舞態人憎鶴，潦倒登場戲比儒。劫化沙蟲真豈幻，夢傳蕉鹿有還無。荃蓀漫切靈均感，海未成桑淚已枯。

輕裝草草出金門，秋獮俄驚獵騎屯。車駕北司新奉輦，璽書南越舊承恩。西風苜蓿驕胡馬，斜日蕪蔞感至尊。淒絶井陘關外客，塞雲秦樹總銷魂。

作賦誰哀庾信文，神京倉卒亂行軍。烏飢啄屋城頭黑，鬼哭尋屍殿角聞。舊壁弓刀原廟毁，新枝松柏惠陵焚。如何夜半金銀氣，化作蓬萊海上雲？

東市朝衣事竟同，澶淵孤注悔興戎。已窮吐火吞刀術，枉奏移山塞海功。蒼狗白雲蹤本幻，金牀玉几夢難通。千秋鼂錯沈冤魄，莫怪臨流唱《惱公》。

江淮財賦擅蠙珠，麾扇風流督鎮無。大纛居然隨李郭，狂瀾何日障夔巫？宗資畫諾吾安仰，雍齒論功迹已粗。可惜故鄉菰米地，不留佳客賦吴都。

蛾眉謡諑旣誰胎，上殿公然史汲來。一貉千皮多謇諤，二桃三士起嫌猜。雄心偏令終繻阻，亂世猶虞吉網開。好備干城求頗牧，休疑食卵棄邊才。

形勝荆襄控鄂州，胡牀高踞庾公樓。東南重鎮推盟久，日夜江聲到海愁。飛閣五雲通象貝，樓船千里

失戈矛。牙旗錦帳陶都督，攬轡澄清志未休。（《道咸同光四朝詩史·乙集》卷六）

繆蕚聯

【師鄭銓部北行，即次集中用船山韻四首録二】催辦輕裝未可遲，囊空添與送行詩。久荒筆硯豪猶負，粗設杯盤醉勿辭。劍賞匣中邀薛燭，琴聽絃外索鍾期。時艱一樣傷懷抱，漫向周京詠《黍離》。

小築東林杳四鄰，扣門不阻看花人。幽憂屈子歌《山鬼》，曠放莊生養谷神。地僻偶欣樽有酒，年飢稍幸甑無塵。沙陽拙宦閑居早，物外悠游自樂貧。（《道咸同光四朝詩史·甲集》卷五）

張岳崧

【張船山前輩畫册爲楊子堅上舍鑄題】墨痕偶爾傳真蹟，青眼高歌賞軼才。千里峨眉山上月，流隨江水照君來。（《筠心堂詩集》卷四）

毓俊

【驛柳四首次張船山先生韻】短長亭外半陰晴，緑葉柔條管送迎。戍角邊笳催旅夢，曉風殘月作秋聲。征車轣轆歸荒堠，羌笛淒涼唱《渭城》。萬里郵程無梗阻，不須更駐漢時營。

記得當年汁染衣，荒郊今又緑成圍。道旁疲馬容頻繫，塞上征人盼早歸。垂線那堪官渡冷，脱綿時逐客輸飛。長途到此塵勞憩，黄鳥聲中暫託依。

難倩千條綰夕陽，光陰多半送他鄉。一鞭瘦馬關山月，萬點寒鴉邊塞霜。《金縷》從今成別調，玉門自古是沙場。鞭絲帽影重回首，壁上曾題字幾行。

帶雨和煙鎖遠洲，頓教人起別離愁。攀援且盡一杯酒，征戍誰封萬户侯？星火忒忙遮不住，風光雖好去如流。《陽關三疊》增惆悵，聊作新詩寫素秋。（《友松吟館詩鈔》卷二）

【除夕和張船山先生《鳳城除夜》原韻】椒盤轉瞬歲華新，但患文窮豈患貧？四海游蹤常作客，半生勳業不如人。閑愁未解狂仍舊，詩債難償懶是真。虚擲光陰似流水，卻慚明日又逢春。（《友松吟館詩鈔》卷八）

【崇效寺看花和張船山先生原韻】棗花古寺日卓午，蜂衙有聲急如雨。香氣薰人花滿欄，枝枝朵朵寂無語。牡丹花開白間紅，一一含笑迎春風。漁洋竹垞吴蘭雪，補種深色花一叢。丁香白似瑶池雪，海棠紅似杜鵑血。攜客看花花可人，西來閣下景清絶。（《友松吟館詩鈔》卷九）

芷清

船山先生天才超逸，道味沈酣。觀其所作詩，天然雕飾，韻味雋永，乾嘉詩人，無能出其右者。畫則神品爲宗，書則北海是法，此册殆神妙直到秋毫顛者耶！時在丁酉秋夜，題於羊城寓齋。芷清。憶前讀先生詩，曾有拙句七律一首，題其集後云：「北轍南騶幾度偕，春明夢遠客天涯。牢愁伴酒青蓮醉，客興題詩白傅懷。自是《離騷》工楚些，誰將奇句付《齊諧》！匡床坐對焚香讀，風逗花陰月滿階。」詩雖不工，亦可以寫其恍惚。霜降前二日再題，芷清。（法國某女士藏《清張船山行書真蹟》後跋）

蕭重

【偶檢案頭國朝名人集及近人詩牋，各題一截，自竹泉觀察以下，則又兼懷人矣（其十六）】筆挾風雷氣亦奇，撑霆裂月撤藩籬。偏師制勝無莊語，壓卷端推題壁詩。張船山。（《剖瓠存稿》卷十一）

連夢惺

【張船山自寫詩册跋】幼時讀船山題壁三十律，音節悲涼，竊意其時隆盛，不應發此刺激之語。今從伯弓道長借觀此册，筆力蒼古，固非平日所見者可及。而詞意藴藉，亦較昔年所揣摩者迥不相同。文人之筆，何所不可，不必定拘一格以求才也。壬寅長至節，錢塘連夢惺謹識。（《張船山自寫詩册》跋尾）

王儀鄭

【張船山自寫詩册跋】此無錫秦澹如丈舊藏，光緒己卯得於杭州，喜其用筆沈着痛快，無乾嘉以來圓熟軟媚之習，游蹤所至，恒置行篋，今忽忽三十年矣。乙巳冬日居武昌，雪廬沈子見而愛之，每過余齋，展玩不已。次年冬，余得痱下疾，杜門養痾，纏綿五月，今雨不來，賓從都絶，惟雪廬時來慰問，感其情素，遂以是册贈之，并識歲月。丁未四月，儀鄭記。（《張船山自寫詩册》跋尾）

錢守璞

【讀張船山太史詩鈔】文采風流仰止餘，碧梧翠竹映幽居。出山尚住無塵境，遣興還看有用書。宦海虚舟還泛泛，詩禪妙處意如如。置身應是寥天鶴，握管真同跋浪魚。仙人游戲任東西，宏景移家等鶴棲。鏡裏丰神花影淡，梁間安穩燕巢低。石麟傳世留斑管，金爵騰輝映紫泥。料得憂時心耿耿，拈毫未罷憶鳴鼙。（《繡佛樓詩稿》卷二）

孫海

【重修遂寧縣志序（節録）】遂寧爲東川名邦，唐宋以前，遠不論矣。有明之席氏、吕氏、黄氏，國朝之李氏、張氏，皆以文章經濟，焜耀宇内，爲江山生色。而近代之船山先生尤爲籍籍，其詩篇字跡，幾於家有而户存。（光緒《遂寧縣志》卷首）

李星根

【張問陶】詳《藝文》。今按，先生爲御史，出守郡，宜列《經濟》。第以志不在官，故祇載《學行》。其序集也，乃僧道嶸，則其志趣可知矣。光緒元年，學使張香濤先生試士，以《潼川四君子詩》命題，謂自陳伯玉、蘇子美、文湖州及先生而四也，於是人知先生追配前哲無忝云。（光緒《遂寧縣志》卷三《學行》）

馮雲鵬

【九月二十五日自膠入省，重遊大明湖二首】猶是水心亭，波摇兩槳青。樹多煙絡繹，橋斷石零星。撥路尋殘菊，扶碑讀舊銘。刈蒲人去後，一片湛空冥。

滙泉煙際寺，舊徑款松關。茶熟禪機活，花明客夢閑。書奇懷未谷，詩好話船山。壁間有桂未谷書屏六幅，已被遊人竊去，惟張船山太守一聯尚在。借此清泠水，風塵一洗顔。（《掃紅亭吟稿》卷七）

范溶

【論蜀詩絶句（其十九）】漢魏宋唐俱不學，性靈自喜碎虚空。阿連縱解「生春草」，格韻終須讓謝公。張船山問陶。（譚宗浚編《蜀秀集》卷八）

傅世洵

【論蜀詩絶句（其十三）】弱冠聞君已出群，中年閲歷老彌真。旁人漫哂無餘味，三百年來見此人。張問陶。（譚宗浚編《蜀秀集》卷八）

微全

【蟋蟀吟】蟋蟀吟，機韻續。西堂五更寒，響韻聲音木。秋風吹開籬豆花，清商度出淒涼曲。何處癡兒女，呼燈手競掬。振羽催到一天秋，蛩蟲苦語奚知愁。豈感英雄失路哭，戛戛萬羽當争筑。觸物感時大抵志士勵志所自爲，王孫祇解悲歲暮。養鋭乘時變，雄心誰可追？爾豈感于韶華逝水之不能住，悽然不作吞聲悲。霜高夜沈沈，書聲如相賡。梧桐落似雨，一點燈中唧唧鳴。豈是天心賦爾警人惰，金井闌邊淆秋聲。觸看寶劍壯士怒，抛擲金梭懶婦驚。何況吾人立志不在衆人下，豈讓區區微物把雄情。蟋蟀吟，秋聲唧。動熱淚，青衫濕。白露瀼瀼寒月窟。效起舞，夜風清，聞雞且不平。一笑蚓笛蛙鼓鶯簧燕管，只可悦人聽，烏能使心動怦怦。爾可催寒關山月，豪情轉與音俱烈，歌聲琅琅呼李白。（《振華五日大事記》第二十六期微全《擬張船山古體二首》詩，其一）

【秋燕飛】秋燕飛。畫棟香巢穩，飄然海外歸。在昔試雙翦，新壘喃喃依。桃花如錦柳如翠，捲簾飛入紅襟肥。胡爲乎三春小住成旅夢，風塵憔悴甚，飄零舊羽衣。舊時主人忘爲我，征夫遊子萬里陟岡瞻望父，同是飄泊誰枉顧？況復華屋邱墟又變桑田可耨耕，王謝非久託，浮生如夢身如萍。何若立志不因人，宅身海國且飛鳴？畏飢鷹，群鳥雀，倏忽西風悲淪落。好夢空記玳瑁梁，青春莫藏環翠閣。爾不憶冒雨啄泥郭外田，春光闌珊豔花氈，韶光過客容易變。炎涼過一度，相識誰相憐？風拂羽，浪淘沙，斜掠瀟湘水，何處問天涯？紅樓恣歌舞，朱顔誰如花？吁嗟乎，俯仰物候情緒惡，烏尚及時擇所託。人當自勵毋貪樂，知時更等知風鵲。（《振華五日大事記》第二十七期微全《擬張船山古體二首》詩，其二）

悼棠

【和淡廬次張船山《宴坐》六首韻，即以送行】少壯能幾時，光陰太草草！美哉千金軀，王孫善自保。貂裘貴公子，常作滬濱客。會少離别多，蒼茫樹雲隔。

神州將陸沈，願君賈大勇。行行勉乎哉，王侯豈有種？

擾擾名利數，患失復患得。而我獨翛然，登場羞粉墨。

黑暗世界中，雞鳴何時曉？ 薨薨蟲飛聲，大地鬨群小。（《繁華雜志》一九一五年六期）

覞盧

【本事詩八首次張船山《梅花》韻】穠桃一樹爛蒸霞，路入天台客興賒。暗訴寸衷情旖旎，催成尺素字欹斜。玉簫吹徹憐春影，《金縷》歌殘感歲華。九十韶光容易老，含英無奈蕙蘭花。

雙修雙謫證前生，二十年前住太清。豈得無緣原舊約，不妨有恨是癡情。可能昔昔同清夢，合受卿卿喚小名。最是蘭閨多韻事，唱隨時聽讀書聲。（《小鐸》第一四二號第一版）

情天無奈月圓遲，潘鬢添絲只自知。有約此生應共死，無端小別便相思。春撩鶯恨□□□，□□□□（原缺）只一枝。解得柔鄉有真趣，天然嗔喜總相宜。

半近城居半是邨，何當偕隱伴琴尊？書成呂氏新鴻案，車挽龐公舊鹿門。春色上眉開意蕊，秋波窺鏡逗心痕。細君應受檀奴拜，塵海知音合感恩。（《小鐸》第一四三號第一、二版）

塵海茫茫一段緣，雙騎竹馬憶當年。化爲柳絮還留影，伴得梅花便是仙。一念結成情海夢，三生贏得美人憐。春光正好難輕負，拚使微名薄倖傳。

無賴人天記舊蹤，前塵回首恨千重。紅羊刦慘燈前憶，紫玉煙輕夢裏逢。力薄難填滄海石，心堅慚對歲寒松。臨風怕讀安仁賦，《錦瑟》詞成淚點濃。

春信無端轉歲殘，春痕兩度指輕彈。多情爲累憐才易，知己剛逢割愛難。身入夢中原是幻，暖來心上不知寒。卻傷今夜團圞月，只有新人解共看。

仙源折得好花枝，春到人間豈有私？夢好何辭千日醉，情深只許兩心知。銷殘王粲三春恨，寫出蕭郎一紙詩。擲筆吟餘還一嘆，無端哀樂集斯時。（《小鐸》第一四四號第二版）

杜文馨

【無題八首用張船山《梅花》詩韻】臙脂山色映朝霞，射入妝臺望眼賒。酒艷櫻桃金鑿落，歌傳《楊柳》玉鉤斜。濃添鴛緒驚春興，淡掃蛾眉弄月華。一寸相思紅豆數，瞞人夜雨潤梅花。

纏綿悱惻玉溪生，詩韻還同笛韻清。商婦琵琶原寫怨，巫山雲雨也言情。薛濤紅袖添香地，杜牧青樓薄倖名。十二欄干春不管，隔牆猶聽賣花聲。

海棠春睡醒來遲，日過花磚鳥報知。琴操千秋緣玉局，《洛神》一賦慰陳思。須瞞鶯柳偷吹笛，總爲猩屏畫折枝。春色鏡湖原可戀，三分明月十分宜。

秦淮風月杏花村，六代繁華賸酒樽。焦尾琴心誰解曲，迷香洞口不知門。紫雲紅粉新詩本，白傅青衫舊淚痕。斷愛雞聲休喔喔，鴛鴦被裏戀君恩。劉阮天台結夙緣，飛花洞裏不知年。蓮香口吐須參佛，竹韻胸成擬品仙。雲錦褥中情自密，水晶簾下見猶憐。風流藪澤低徊處，無限春光畫本傳。隨香蜂蝶也追踪，繡闥春深花影重。風弄庭前名士樂，月明林下美人逢。小蠻腰似三眠柳，史鳳心堅五粒松。十樣鸞箋今已買，詩成只爲寫情濃。蓮炬香銷燭影殘，同心琴愛静時彈。幾生清夢修還易，一曲《陽春》和自難。桃葉歌時箏韻雅，菱花開處鏡光寒。古今交誼歡魚水，留作雲情雪意看。香巢春入萬年枝，葑菲無遺及我私。簾捲鸚哥呼客至，樓迷燕子有誰知？《會真記》寫張崔苦，《夢幻圖》題温李詩。淚寄紅綃情自麗，玉蟾將上未圓時。（《遊戲雜志》第七期）

沈彭齡

【步張船山春日感懷元韻寄贈助山】同是鷦鷯借一枝，相逢聊作快心詞。牀聯夜雨恣諧笑，地隔層城小別離。路遠馬周常作客，經餘賈島慣吟詩。可憐入世無多日，塵網勞勞髩有絲。（《遼東詩壇》第八號）

亞白

【題楊丈子堅《載酒前緣圖册》疊張船山太史原韻】我生不見楊風子，楊風子，楊凝式也，子堅先生亦有此稱。大布衣饒曠世才。今日詩孫一耀鶴，顧龍山下昨飛來。先生文孫問清兄，近移居金沙。棣華館藉青苔館，姓氏能名伯仲才。問清兄求《棣華吟館詩》不可得，從予處見《耆舊集》，録時庵先生詩若干首。更向酒邊披邑乘，兩公小傳昔攜來。《縣志》有時庵、子堅兩小傳，係綬之手稿，子安楊丈因載入《文苑》中。知音爲憶周公瑾，謂合肥周楙莊舍人。歎賞京江有異才。好是船山留玅墨，按，《載酒前緣圖册》，先是船山太史首倡，一時海内名流，和者甚衆。此册爲舍人所得，予客肥上時，一一鈔存行幐中，亦一種翰墨緣也。我曾載酒渡巢來。（《寧波小説七日報》第十二期）

釋清恒

【楊子堅示贈張船山太守詩，即次韻奉寄】君先擊楫訪蘇臺，曾醉東風酒幾杯。遇合儘奇非易得，江山縱好不輕來。千秋我覯真名士，一代天生此異才。手把瑶華花下讀，月横雲影共低回。（《借菴詩鈔》卷五）

【題楊子堅《載酒前緣圖》，即次張船山太守韻】胸懷萬古向誰開，知是乾坤有數才。直使東萊狂太

守，時時載酒欲飛來。（《借菴詩鈔》卷五）

【書船山太守《齋居》詩後】門有求書客，家無謗佛人。優曇花一現，筆底露全身。（《借菴詩鈔》卷九）

朴齊家

【翰林館同張船山問陶，熊吉士介兹方受，石修撰琢菴韞玉，蔣丹林祥墀食蟹共賦】忽驚蒲葦夢，公館酒帆秋。自信無腸客，翻愁有監州。榴房推半殼，雀矢起雙眸。不是彭蜞誤，須君任去留。（《貞蕤閣三集》）

【别紅山吉士】慚愧多情鬢易華，可堪斜日照三叉。離心脉脉依風纛，綺語霏霏落粲花。古雨今雲如夢裏，澮煙喬木是天涯。君歸試向醒園宿，函海篇中説四家。（《貞蕤閣三集》）

【題船山書扇見贈】有美船山子，來從劍閣西。才堪用脩敵，句欲道園齊。自愛依人鳥，偏憐照影雞。江南聚頭扇，珍重數行題。（《貞蕤閣三集》）

【贈張船山歸四川】蜀客題詩問碧雞，行人驅馬出黏蟬。相思總有回頭處，江水東流日向西。蟬音提，漁洋誤押先韻，故今正之。（《貞蕤閣三集》）

【題船山《雪中狂飲圖》】酒即杯中水，能含天地意。不知雪何能，使人堂户邃。世人見其卧，强名謂之醉。試看樹頭白，玲瓏有奇致。（《貞蕤閣三集》）

【張船山問陶】船山貌可狎，个然中有鐵。習静椒山寺，蕭然禪味悦。傳家有清白，相期在名節。（《貞

蕤閣三集》之《懷人詩仿蔣心餘》，其三十）

【張船山問陶】每因清範想文端，此是先生舊種蘭。莫把詩人看不朽，須知名節到頭難。（《貞蕤閣四集》之《續懷人詩十八首》，其十五）

【燕京雜絶贈別任恩叟姊兄，追憶信筆，凡得一百四十首（其三十）】遥憶張船山，如今詩更好。蟹黄酒熟時，夢落黏蟬道。張船山名問陶，文端公鵬翮曾孫，嘗邀余食蟹於翰林館中。南進士德新最嗜食，李十三次之，余書示云：「南爲蟹元，李爲螃眼，余卻在八股外也。」船山拊掌大笑。（《貞蕤閣四集》）

沈象奎

【次韻吳蘭雪題張船山畫叢蘭野菊】山牕晝日静烘紗，菊影蘭馨錦子斜。書畫俱堪名韻士，性情兼喜比秋花。匏庵老傅雖殊代，勾曲山人亦大家。知有老來消遣法，卷中真可托生涯。吳詩：「性情吾輩近秋花。」（《斗室存稿》卷一）

森春濤

【冬日遣懷用張船山韻】優游欲老故林丘，誰免空山土饅頭？陸展何心憐側室，仲宣有賦恨登樓。鬢偷霜白詩猶苦，顔借酒紅春暫留。朅來難學少陵語，生不驚人死則休。（《春濤詩鈔》卷九）

【北川内史宅次張船山春初與亥白飲酒韻同黄石翁賦】又見春風上柳枝，相逢且舉兩三巵。功名無分身衰早，花月隨緣夢醒遲。新歲頌聲黄鳥和，白頭心事古梅知。一貧猶佩奚囊錦，貯得編年數卷詩。（《春濤詩鈔》卷十三）

小野長願

【讀張船山集】淡遠蕭疎迥絶塵，寶鷄之什最精神。詩才已富深詩學，袁趙而來獨此人。（《湖山樓十種·湖山詩集》）

森槐南

【讀陳雲伯《頤道堂集》（其十二）】雲伯七律中，求神完氣足，可以爲壓卷者，則首屈指《和張船山寶雞驛題壁詩》。白蓮教者起自元末紅巾之亂，終明一代，相沿不絶。相傳其經卷則由狐仙所傳，多盗竊釋氏之文，以持齋修善爲名，而暗蓄逆志，謀爲不軌。清初時，自京畿以南學者衆，乾隆中其風稍熄，而蔓延至楚豫秦蜀諸省，遂有嘉慶丙辰楚北揭竿之亂。丁巳九月，遂寧詩人張問陶正由棧返蜀，峽中遇警，倉皇避難。戊午正月，又發蜀入都，路經寶雞驛，憂教匪之猖狂，憫生靈之塗炭，作《題壁詩十八首》以寄慨焉。船山者，問陶之别號也。其第十八首結云：「風詩已廢哀重寫，不是傷心古戰場」，蓋語述悲涼，義關諷諭，所謂言者無罪，聞者足誡也。雲伯因用原韻和之，句如：「穴潛青犢妖氛起，峽束黄牛駭浪生」；「笛裏荆榛千帳月，夢中砧杵萬家煙」；「平蠻空憶銘銅柱，破敵何當縱火牛」；

「唱罷普黎收虎豹，歌中《敕勒》見牛羊」；「魚腹陣奇兵早撤，蠶叢路險賊能通」；皆撫時感事，可備少陵詩史之遺……。秋風劍外此奇才，滿眼兵戈酒一杯。金柝和霜寶雞唱，黄花落地白蓮開。從知螽賊重妖讖，本自貂璫包禍胎。詩客别揮憂國淚，曾經再拜杜鵑來。（《槐南集》卷三）

【石埭招飲巽亭，賦此以謝，用楊鐵崖《花游曲》韻。鐵崖賦此曲時，與張雨、顧瑛兩名士偕，而是日會者恰又三人，錦山逸態，固不讓茅山老仙；石埭風流，宛然玉山再世。獨予詩筆拙，有玷老鐵多矣，是爲歉已（其二）】酒酣以往江冥濛，琴筑和雨歌臨風。夜篷燈火有無裏，三叉平添一篙水。不知舟繫誰家門，此鄉未合離釵裙。聞言羅襪淩波步，中流便是宓妃墓。驚鴻髣髴潮去來，何如且覆生前杯。進銀鑿落金縷盌，和青玉笛紅牙板。更欲一舸人姓西，濃妝淡抹隨意題。船山舊句亦驅使，百年消盡春愁四。新詞狎客笑擘箋，古歡同續《霓裳》篇。壁揭張問陶詩幅，是石埭珍襲，有「一曲霓裳接古歡」之句，末段故云。（《槐南集》卷十五）

【又次船山臘八日詩韻志感】自從一覺揚州夢，欲覓茶煙颺處家。世事浮雲空想像，鬢絲今日幾歎嗟。消寒滋味尊中酒，過臘心情窖裏花。猶幸牧之狂似故，怨牛黨李任諠譁。（《槐南集》卷十九）

【除夕祭詩龕，與裳川同用張船山鳳縣除夜詩韻】少小詩争字字新，詞傷贍富意嫌貧。漸窺宗旨違時調，卻怕聲情貌古人。融會不關何代格，操持略認自家真。傾杯一祭酬今夕，四十明朝爛醉春。

（《槐南集》卷二十）

土井聱牙

【次韻既疊三首，興不可遏，遂及其餘，真是趁韻填字屬雙兒，慎無令張船山其人見也】一身平度地天寬，生豈忽忽死亦難。張景於今猶著妙，醫良不必限渦蘭。

煢然謝客坐蕭寥，卻望幽冥路覺遥。衰老年來希覯福，忘機孰更羡漁樵？

知道吾生病是祥，瀕危默學更加詳。應酬祓盡間閑坐，飜閱家藏逭面牆。

論畫新刊羅几前，慧能流毒動千年。看來清福何堪購，一董四王均是錢。

連句省事敲園門，單借鄰囂唁旦昏。筧水灌魚過近壁，徹頭聲響汩渾渾。（《聱牙齋詩稿》卷五）

大沼枕山

【坡公生日次張船山韻】惜哉元祐老詞仙，憂患之間了歲年。嶺海心能甘謫客，岷峨計未熟歸田。騎驢杜子寧非伍，奉佛香山恰有緣。讀到命宫磨蝎語，每逢生日倍凄然。（《枕山詩鈔》卷下）

【梅花次張船山韻】瑩於玉雪膩於霞，開在層厓引望賒。樹已苔封蒼漠漠，枝仍竹亞秀斜斜。春寒飛燕肌無粟，天老逋仙鬢有華。恍訝優曇時一現，斯花不是世中花。

臘前破萼早如遲，葆得真香豈易知？自是孤棲嫌問訊，何曾薄命費尋思？老僧湖寺琴三尺，閑客溪橋杖一枝。此境於渠差得意，畫樓歌板未相宜。

火食抛來太瘦生，誰爲友者聖之清。殘冬已弄新姿態，今代猶含古性情。楚國大夫難著語，韓家公子早知名。花神自恃心如鐵，敢向高樓怕笛聲。

有梅花處便非村，芳氣薰人不近樽。放士淒涼沿澤路，淑姬肅穆守閨門。縞衣豈有彌縫色，玉珮兼無刻鑿痕。青帝置公功第一，須將國士答深恩。

何代何人始證緣，槎牙一樹閲千年。書窻影卧認窮士，酒店韻高疑謫仙。氣滿乾坤應自傲，心存鼎鼐有誰憐？渠儂似昔長生訣，除卻龜堂妙不傳。

耿介無言立臘殘，從教俗子費譏彈。仙宫是桂稱兄易，香國他花號帝難。有女懷春何太麗，其人如玉不知寒。從前只認曉粧淡，誤與虢姨同例看。

卻月凌風渺舊蹤，遺芳猶著玉千重。隔煙影遠參差見，臨水形奇邂逅逢。試問寒林開半樹，何如冬嶺秀孤松？一從六代風流盡，莫怪名花野意濃。

瓊林分種一枝枝，天到梅邊也有私。晴郭香浮飛鵲認，寒溪影蘸浴鷗知。自非此物孤高志，何要吾曹冷淡詩？所惜周蓮與陶菊，只能同調不同時。（《枕山詩鈔二編》卷中）

高橋作衛

【夜坐有感用張船山韻】節物催人魂易驚，亭途如砥幾時平？燈前獨守十年志，馬上誰馳萬里名？圖按東西觀地勢，書窮今古到天明。無端起見山頭月，不忍池邊落雁聲。（葉多野巖輯《大正詩文》第四集）

詩話雜記

陸元鋐

四川張船山檢討問陶，才力不減洪稚存，兩人俱豪於飲，情好亦最篤。楊蓉裳有《柬檢討》詩云：「君昨示我詩，曠代驚奇才。猛炬出犀焰，寒星迸驪胎。」可想其才之横絶一時矣。尤工於七律。其先世有官皖江而祀於宋四賢祠者，船山過其地，有句云：「功名立後田園盡，恩怨消時俎豆公。」（《青芙蓉閣詩話》卷上）

舒位

青面獸張船山。問陶字仲冶，遂寧人。乾隆庚戌進士，官萊州知府。有《船山詩草》。殿前制使，將門子弟。可惜寶刀，用殺牛二！（《重刻足本乾嘉詩壇點將録》）

崔旭

庚申鄉試，旭出張船山夫子房。辛酉春闈前以詩謁見，展閲數首，遂納於懷，喜曰：「吾又得一詩友。」

題贈二律，云「直勝崔黄葉。」書卷首曰：「此老船之崔不雕也。」傳示同好，吴穀人、趙味辛、戴金溪、王煕甫諸先生各有題贈。後命旭題《船山詩草》，有云「呼我崔黄葉」，即謂此也。（《念堂詩話》卷一）

船山師《論詩絶句》云：「寫出此身真閲歷，强於飣餖古人書。」又：「子規聲與鷓鴣聲，好鳥鳴春尚有情。何苦顢頇書數卷，不加箋註不分明。」蓋指覃谿而言。又：「天籟自鳴天趣足，好詩不過近人情。」其宗旨如此。（《念堂詩話》卷一）

船山師詩有云：「本無作詩心，對酒偶成句。不醉詩不來，既醉詩已去。」又云：「清夢尚留痕，醉夢不留影。酒人得天厚，加於仙一等。」宋益州讀之，歎賞不已，題云：「生平不下公卿拜，今讀君詩爲折腰。」（《念堂詩話》卷一）

《船山詩草》初出，里中未見。余戊午鄉試，爲何藺士夫子所薦，與春民煕績孝廉論世好，從借讀焉。見贈和諸詩下，詳註旭姓氏里居。旭有句云：「删詩留我在，詳註惜人微。」此刻蓋吾師手定也，展誦之下，所感實深。（《念堂詩話》卷二）

船山師《寶雞縣題壁詩十八首》，一時盛傳天下。高家堰開，有《淮陰題壁》十八首，末云：「題詩敢擬張公子，聊誌飛鴻指爪痕。」指船山言也。中云：「破格用人明主意，及時行樂老臣心」；「便死難償溝壑命，偷生真是斗筲才」。皆確有所指。（《念堂詩話》卷二）

洪稚存勸船山師多讀書，船山師勸稚存少讀書，二人各有見，洪説似長。然旭獨侍坐時，多所質問，雖諸子道藏，亦銜口而出，是豈不讀書者，殆恐稚存有玩物喪志之累也。（《念堂詩話》卷三）

船山夫子，或目爲才子，爲狂士，乃有識之才子、狂士也。忠孝之節，兄弟之情，朋友之誼，見諸篇什，有目共睹。於朝貴無獻媚貢諛之言，於同列無含譏帶訕之語。下至能詩之奴，賣餅之叟，久侍之老僕，工書之小吏，無不一往情深，其識量爲何如？（《念堂詩話》卷三）

船山師詩：「九泉添箇無名鬼，也是黄扉十五年」；張水屋詩：「九泉若遇元丞相，共嘆黄金帶不來。」並謂和相。（《念堂詩話》卷四）

張維屏

【張問陶】字仲冶，號船山，四川遂寧人。乾隆五十五年進士，官萊州知府，有《船山詩草》。先生爲相國文端公元孫，生於山東館陶縣。乾隆戊戌，先生年十五，集中詩於是年始。自戊戌至壬寅，皆寓漢陽。甲辰春，由漢陽入都，乙巳八月出都，丙午返遂寧，周孺人歿於涪州。丁未九月，繼娶林恭人，即贅於成都鹽茶道署。戊申三月，由棧道入都，是秋順天鄉試中式第十三名舉人。己酉下第出都，由棧返蜀，十二月由棧入都。庚戌成進士，選庶吉士。辛亥二月乞假出都，由棧返蜀。壬子十一月，舟發成都，眷屬偕行，由蜀而楚，癸丑二月抵都。散館，授職檢討，是年先生三十歲。自甲寅至嘉慶丙辰，皆居京師。丁巳九月由棧返蜀，戊午正月由棧入都。庚申閏四月，奉敕選翰、詹三十人，各書扇五柄；五月，選十二人分書養心殿屏幅；先生皆與焉。八月，奉命充順天鄉試同考官，十月入史館。辛酉正月，先生兄亥白奉太夫人至京，五月奉派教習庶吉士。乙丑九月改官御史，丁卯四月奉命巡視南城，己巳三月奉命充會試同考官，七月選吏部驗封司郎中。庚午七月，部選萊州府知府，九月出都赴任。辛未正月赴濟南，夏返萊州，壬申二月辭郡，是年先生四十九歲。罷官後僑寓吴門，自顔所居曰「樂天天隨鄰屋」。癸酉仍寓虎邱，往來大江南北，未幾卒於客舍，卒之年月，不得其詳。先生出守，與上官齟齬，鬱鬱不得志，辭二千石而爲寓公，身歿無子，太夫人猶在堂，亦可悲矣。然先生官未昌而詩則大昌，年未永而名將愈永，則造物之於先生厚矣。《聽松廬文鈔》

（《國朝詩人徵略》卷五十一，亦載《國朝耆獻類徵初編》卷二百四十四《守令》）

船山詩生氣湧出，生趣飛來，古體中時有叫囂剽滑之病。當時隨園名盛，以游戲爲詩，船山亦未免染其習氣。至近體則極空靈，亦極沉鬱，能刻入，亦能清超，大含名理，細闡物情。或論古激昂，或言情婉曲，或聲大如鐘鏞，或味爽如菘韭，幾欲於從前諸名家外，又闢一境。《聽松廬詩話》。（《國朝詩人徵略》卷五十一）

船山五律有極警健者，如《崤陵》云：「沙白秦人骨，山蒼夏后墳。古今雙去鳥，霸王一浮雲。奇險昇平忽，中原大道分。長鞭入霄漢，我馬亦空群。」《巫峽》云：「一年第一日，攜酒看巫山。晴雪照三峽，春風吹百蠻。倚天雙壁破，迎歲萬峰閑。冷絶高唐觀，朝雲自往還。」《聽松廬詩話》。（《國朝詩人徵略》卷五十一）

先生《寶雞題壁十八首》，傳誦一時，兹録其五首。「石磴縈紆戰馬龐，入山符疊辟兵符。殺人敢恕民非盜，報國真愁將不儒。豺虎縱横隨地有，貂蟬恩寵愧心無。荒寒驛路匆匆過，焦土連雲萬骨枯」。「窮山避亂敞軍門，威望遥遥萬馬屯。不戰豈能收殺運，無功先已負君恩。祇聞怨讟歸諸將，可有心肝奉至尊？一樣沙場征戍死，模糊敢信是忠魂」。「故事虚張《諭蜀文》，懸軍安養募新軍。山中城破官仍在，閫外兵譁將不聞。大賈隨營緣我富，連村無寇是誰焚？烽煙未埽偏流毒，萬鬼含冤指隴雲」。「憂憤書來處處同，故人幾輩尚從戎。能文未易參軍事，有口都能説戰功。爲我經心籌去住，看君彈指變窮通。東溟西域曾帷幕，猛將還應憶海公」。「議撫招降計已施，凋殘民力久支持。不明賞罰終何益，真舉才能尚未遲。將相有權甘自棄，英雄無種要人爲。《孫吴兵法》非天授，誰竭誠謀報主知？」。語寫悲涼，義關諷諭，所謂言者無罪，聞者足戒也。第十八首結云：「風詩已廢哀重寫，不是傷心古戰場。」先生蓋自言之矣。《聽松廬詩話》。（《國朝詩人徵略》卷五十一）

船山絶句云：「秭歸城下秭歸啼，江出夔巫水漸低。莫上柁樓高處望，鄉山都在夕陽西。」「稻香吹過水聲來，野樹無行遠近栽。不費一錢風景足，萬金何苦築樓臺？」「草樹經秋雨又風，老青荒翠間疎紅。閑攜小鉢收花種，要替明年補化工。」「門無芳草徑無苔，灑埽黄塵日幾回。如此零星花數朵，虧他蜂蝶會尋來。」「罵佛顛狂佞佛癡，妙心難望俗人知。看他塵海翻身苦，正是如來默坐時。」數詩皆有情味。又《論詩絶句》云：「躍躍詩情在眼前，聚如風雨散如煙。敢爲常語談何易，百鍊功純始自然。」「名心退盡道心生，如夢如仙句偶成。天籟自鳴天趣足，好詩不過近人情。」「土飯塵羹忽嶄新，猶人字字不猶人。要從元始傳丹訣，萬化無非一味真。」「也能嚴重也輕清，九轉丹金鑄始成。一片神光動魂魄，空靈不是小聰明。」數詩實獲我心。「空靈不是小聰明」，吾即以此語評先生之詩。《聽松廬詩話》。（《國朝詩人徵略》卷五十一）

船山詩，單詞隻句有警動者，隨意録之。五言如：「瀑飛明月動」，「萬嶺塞空來」，「沙飛風有形」，「龍歸氣滿山」，「萬事有明日」，「好詩堪下酒」，「吟苦暫忘家」。七言如：「古今大局多重複」，「古今有我須臾耳」，「小坐移時又古今」，「萬古無如眼前好」，「一朝能得幾傳人」，「得句常疑複古人」，「好古不泥真通人」，「天下才人窮有例」，「身當貧病見交情」，「身謝塵勞轉不情」，「不善謀生友代謀」，「交爲通財漸不親」，「兒好强於負郭田」，「世緣空處性情真」，「緣盡還須讓後人」，「信天人不避孤虚」，「怕讀人間趁韻詩」。好爲疊韻者，請誦此七字。（《國朝詩人徵略》卷五十一）

嘉慶丁卯，余入都，在小峴少司寇坐中晤船山太史。其狀似猴，故自號蜀山老猿，又自稱老船。老船畫頗近徐天池，余於墨卿太守、伯臨比部處見之，雖隨意數筆，皆有天趣。《松軒隨筆》。（《國朝詩人徵略》卷五十一，亦載《國朝耆獻類徵初編》卷二百四十四《守令》）

香山有蠔油，船山向温質坡索之，質坡曰：「君以詩來，蠔油可得也。」船山賦七古一篇。後伊墨卿守惠州，船山又致書索之，其癖嗜如此。《松軒隨筆》。（《國朝詩人徵略》卷五十一）

船山夫人有絶句云：「愛君筆底有煙霞，自拔金釵付酒家。修到人間才子婦，不辭清瘦似梅花。」船山和之，有「夜窗同夢筆生花」句，亦閨房佳話也。《松軒隨筆》。

船山云，《紅樓夢》八十回以後，皆高蘭墅所補。蘭墅名鶚，與船山同年交好。《松軒隨筆》。

船山殁後，石琢堂殿撰刻其詩，且賦詩云：「料理一編親告奠，百年心事此時完。」友誼可風也。《聽松廬詩話》。

標題：《七盤嶺》，五古。《巴陽峽》，七古。《蒯通墓》，七古。《朱孝女詩》，七古。《秦節婦江氏詩》，七古。《玉河洗象歌》，七古。《風木圖爲張八愚題》，七古。《題觀空觀色圖》，五古。《醉歌行》，七古。《雪中詩》。七古。

摘句：

古人重骨肉，後人重朝市。但願名利生，不畏别離死！

秀才至性足，朝廷以爲寶。考訂實小技，何足立師道？《寄貴州學使洪稚存》。

世人畏速化，悲戀攢心胸。昧然去實境，苦向虚無攻。術盡身亦滅，一散隨東風。

黄金堆几案，不如花數枝。

美人實無罪，溺者自忘身。

眼前真實語，入手見奇創。

本無祖述心，忽已承其派。

奇雲穿華嶽，古雪照河流。

有生皆過客，無事即深山。

道心一明月，人境幾浮雲。
身如前日死，心對衆人孤。
才退安微命，心平悔大言。
何事能千古，無端又一年。
漸減兒時趣，新年亦淡然。
無事何須投筆起，此生原爲讀書來。
難測天心姑任運，既來人世可無情？
疎於骨肉無天趣，嘗盡艱難好酒悲。
白酒澆愁還此日，青山埋骨定何鄉？
福命在天憑婦孺，形骸如土況田園！
一生儘有關心事，萬物姑存過眼緣。
過眼榮枯皆嚼蠟，切身經濟是加餐。
生來寒瘦天難補，看到流亡我未貧。
半生傲骨禁秋氣，萬事輕心悔少年。
逢場未礙鬚眉冷，經世終防意氣麤。
長爲有情人説法，莫從無佛處稱尊。

河海無聲通戒外，金焦分影立風前。頑雲吸雨蛟宫黑，芳草承花蝶路紅。亦知蜀道真難上，可奈長安不易居！秋樹有花皆慘澹，夜天無月更深沉。老死空山人不見，也應强似洛陽花。《梅花》。牡丹富貴梅清逸，總是人間極品花。（以上《國朝詩人徵略》卷五十一）

【吴壽昌（節録）】我朝乾嘉之際，人才特盛，海内稱詩者，自蔣心餘、袁簡齋、趙甌北，以至黄仲則、張船山諸公，皆才氣發越，縱横不可當。（《國朝詩人徵略二編》卷三十五）

康發祥

遂寧張船山問陶檢討《船山詩草》，卷中近體多於古體。古體犆豪，似不經意，近體調高詞峻，是其所長，但覽之易盡，亦其所短。即如《寶雞縣題壁》十八章，非不淋漓痛快，但詞屢换而意不换。其責當事玩兵養寇語，陳陳相因，以視杜工部《諸將五首》，各有命意，遠不能及。且集中字句之瑕，多未及檢，如朱提，提字本音時，而誤作提，押齊韻。療病，療字本去聲，而誤作平聲之類，此又才人之不檢也。然自乾隆朝至嘉慶年間，詩人如船山者，誠不多覯。（《伯山詩話後集》卷二）

王瑋慶

張船山年伯問陶，天才放逸，有詩云：「春風春雨耐春寒，閲盡塵勞夢轉安。冷暖宦情如榾柮，蕭閑詩味在闌干。酒香略許同心對，花好還宜慧眼看。笑謝南園雙蛺蝶，莫扇金粉上蒲團。」由御史迴避爲部曹，有句云：「官如詩草何妨改，身似曇花未解愁。」可想見其放達之概。

夫人林韻徵名頎，居匀紅閣，亦能詩。嘗見其題《浄香居詩草》與船山先生聯句云：「清絶詩人配，船山。逌然鸞鳳音。一空脂粉氣，韻徵。獨證妙明心。點筆晨留畫，船山。收絃夜倚琴。塵勞修浄業，韻徵。鴻案對沉吟。船山。」文福雙齊，誠佳偶也。

明崇禎間，石砫女官秦良玉帥師勤王，召見，策楊嗣昌、邵捷春必敗。御製詩旌之云：「從此淩煙高閣上，功臣先畫美人圖。」船山先生《陳倉題壁十八首》，内一首云：「嫠也横行起禍胎，桃花馬上看春來。不遺巾幗先逢怒，欲決雌雄已自猜。黄鵠時翻貞女調，白蓮都爲美人開。請纓便是秦良玉，可惜征苗失此才。」語不甚莊，然亦憐才之意。（《蕅舲詩話》）

潘焕龍

蜀中張船山問陶檢討，爲詩能自出機軸，不受古人牢籠。《送弟壽門爲浙江主薄》云：「時難何處説功名，能到西湖福已清。年富正堪爲世用，官卑也要念家聲。東南人秀師資廣，丞尉身閑去就輕。烽火鄉山歸不易，蒼茫無計遣離情。」有《宿寶雞縣題壁十八首》，沉痛之極。蓋船山全家居蜀，目擊賊匪冉文壽、王三槐之變，悲歌感慨，直欲擊碎唾壺。今節録數首云：「窮山避亂敞軍門，威望遥遥萬馬屯。不戰豈能收殺運，無功先已負君恩。止聞怨毒歸諸將，可有心肝奉至尊？一樣沙場征戍死，模糊敢信是忠魂！」「議撫招降計已施，凋殘民力久支持。不明賞罰終何益，真舉才能尚未遲。將相有權甘自棄，英雄無種要人爲。《孫吴兵法》非天授，誰竭誠謀報主知？」。惜不能盡録。船山頗有才氣，而蛟螭蚯蚓之病，在所不免。集中如「膽裂皇天咤疑是」，「唐朝死人李太白」等句，皆失於檢點，所謂才雄氣猛易語言也。（《卧園詩話》卷三）

王培荀

劉松嵐觀察風流自喜，酷好高密李石桐詩，因學之。余於平原張雨田處見其詩，僅一册，晚年作也，風格蒼古，不染時蹊。松嵐愛張船山詩，每摘句録以贈人。後載與友人札云：「妻妾釵釧，化爲柴米。」其清況可想。爲同鄉初頤園尚書劾罷。（《鄉園憶舊録》卷二）

蜀中張船山墨迹多僞者。守萊州罷郡日，求書者踵至，留於東者反過西蜀。有詩云：「秋蛇春蚓太綢繆，官吏鄉民次第求。四海墨花飛不盡，又留千紙在萊州。」（《鄉園憶舊録》卷二）

古黄河由冀及兖，今德州有黄河崖，濟陽有徒駭河，自直隸河間等縣入海。及河南徙經山東界，不及一曲。王家營臨河，爲南北孔道，張船山渡此有詩云：「觀河方信水無情，捲土囊沙太不平。天爲中原留患難，人將終古費經營。迴瀾倒湧金銀氣，急溜横吹甲馬聲。誰放奔流歸巨海，長堤空與毒龍争。」（《鄉園憶舊録》卷四）

嘉慶己未，有人鈔《寶鷄題壁詩十八首》傳觀，憂心家國，豪宕感激，始知有船山張問陶先生。既而先生出守萊州，癖詩耽酒，逸氣凌雲。兼工繪事，嘗手爲林夫人寫小照，林謝以詩云：「修到人間才子婦，不辭清瘦到梅花。」先生有句云：「春衣互覆宵寒重，繡被聯吟曉夢清。」可稱佳耦。然而妒甚，周峨東云，幼隨父客遊姑蘇，先生已辭官，就醫來蘇，又往鹽商查小山處，與峨東尊人詩酒往來。因無子，買侍姬，置小山别室，不敢令夫人知也。久之，微聞聲息，盛氣尋至，船山遁藏，夫人直入查内室搜索。小山内人笑云：「吾家丈夫不惜萬金買一妾，列屋而居者數十，予未嘗忤以言，夫人何量之淺也！先生有妾，亦不匿予室。」林無辭退出，仍尋船山逼問。船山慮姬摧殘，閲日出見。弟壽門爲縣丞，攜妻來視兄，壽門妻勸林云：「如此男子，謂之已死可耳，何必與言？」合室大閧。明日船山見客，笑云：「天下奇事，竟有弟婦代嫂行妒者！」有句云：「買魚自擾池中水，抵鵲兼傷樹上枝。」蓋記實也。船山女兄問端、淑徵，女弟筠，俱能詩。女甥丁莱芝，亦刻有詩集。（《聽雨樓隨筆》卷二）

張耐舫顧鑑，行十三，船山之父也。與黎雅守備温江王寧甫善。耐舫官山東定陶令，歷漢陽同知，陞雲南知府，以同知任内事被吏議。性脱略，揮金不惜。人所有，取而用之不計；己所有，人用之亦不計也。歸裝囊無一錢，冬日至無禦寒衣，惟課二子誦讀。人問無産業何以爲生？指亥白、船山曰：「此吾産業也。」善書，求者踵門，及病廢，悉命船山代筆。寧甫時時周之。家藏耐舫贈詩一紙，亦船山代書。子女皆教以詩。孫女出嫁後，過其戚家，僕挾一篋，寧甫之孫侃與客共坐，令開視，雲箋滿中，皆姊妹姑嫂臨嫁時贈詩也。一門風雅如此。（《聽雨樓隨筆》卷四）

在山東見船山字皆真筆，來川所見多僞作。楊雲卿得《船山詩草》一册，字句多有更定，裝潢以爲珍玩。船山得梁山舟先生《代江南紳士謝恩科表草》，裱成册，加跋語，殁後歸其弟旗山，武弁某以銀六兩取去，可惜也。船山與兄亥白武連驛阻雨，作《武連阻雨圖》，亦歸其弟旗山，不知猶在否？……阮亭與船山，皆不再傳而凌替，名者造物之所忌，信夫。（《聽雨樓隨筆》卷五）

張船山詩有逸氣，破除詩中門户之見，一意孤行，目空一世，蜀中詩豪也。殁後，劉止唐沅弔之云：「西蜀江山險，詩中得伯才。當關争虎豹，破峽走風雷。官薄名何重，心雄事竟灰。羈魂猶崛强，抵死傍蘇臺」。「坡老儋黄後，疏豪合似君。斬新詩世界，開拓酒乾坤。家戀江南好，才羞冀北群。夕陽愁白髮，無那是招魂。」詩亦雄健，五字長城。（《聽雨樓隨筆》卷五）

沈其光

遂寧張船山先生，詩學太白、東坡，而不襲其面目。於袁、蔣、趙三家外，能拔戟自成一隊，洵豪傑之士也。詩凡二十卷，皆手自删定，篇首自記只寥寥百餘字，且並不乞序於人。見《日知録》十九卷，有「書不當兩序」一則，乃知先生有見地。余每見各家集中例有懷人詩，多扯名公巨卿，以裝門面。此格昉於杜之《八哀》，然數見不鮮，亦殊可厭。而船山庚戌《除夕懷人》八首，皆老兵、倡妓、輿臺之屬，其避俗若浼，玩世不恭，可以想見。（《瓶粟齋詩話續編》卷一）

船山貧而兀傲，其詩遂多牢騷抑鬱之語。如云：「親舊更誰容我傲，窮愁真恥受人憐。」「難測天心姑任運，既來人世可無情？」「交疏偏有知名客，兒好强於負郭田。」「書殘儘費閑心補，畫好時防俗手題。」又，「佛空未易忘衣食，兵在何從計死生？」此於飢荒兵亂之世，人人有此想，卻不曾有人説出。又，「一蝶馱花冒雨飛」，七字甚香豔，可入《甌香室畫譜》。（《瓶粟齋詩話續編》卷一）

朱庭珍

【論詩（其四十七）】隨園毒瘴藝林昏，甌北、船山逮雨村。風雅凌遲嗟久矣，誰披雲霧待朝暾？（《穆清堂詩鈔》卷上）

張船山《寶雞題壁十八首》，叫囂惡濁，絶無詩品。以其諧俗，故風行天下，至今熟傳人口，實非雅音也。其詩爲紀嘉慶初川楚教匪之變而作，蓋傷時事之詩。少陵傷時感事諸篇，其時勢人地，一一切合，得失分明，懷抱亦露，故有詩史之目，不止作憂亂憤激之詞也。今船山十八詩，惟滿紙兵戈爭戰，並痛詆當時大吏而已。究竟各省賊勢如何，軍情若何，布置若何，誰功誰罪，孰得孰失，一語不切，莫可考也。作者意欲如何，旨歸安在，亦無可求也。是名有關係，實無關係，雖不作可也。然後來高堰、廣州、桂林、長沙皆傳有題壁詩，争相效尤，或仍十八首，或增至三十首，詞旨淺俗，惡劣更甚，無一稍雅馴可觀者。較船山作，又有天淵之隔矣。（《筱園詩話》卷二）

洪稚存以經學考据專長，詩學《選》體，亦有筆力，時工煅鍊，往往能造奇句。惜中年以後，既入詞館，與張船山唱和甚密，頹然降格相從，放手爲之，遂染叫囂粗率惡習。自以爲如此乃是真我，不囿繩墨，獨具天趣也，而不知已入魔矣。損友移人，豈學人亦難免哉！（《筱園詩話》卷二）

洪稚存經術湛深，工於考据。其詩初宗法《選》體，時能造句，本負過人才力。中年以後，身入詞林，與西川張船山同館交好，唱和甚密，降格相從，頹然放筆，縱恣叫囂，前後判然如二手矣。夫以稚存學問才力，俯視一時，一爲船山所累，遂染其習氣，縱筆自恣，詩格掃地，況不如稚存者，擇友取益，詎可不慎！何苦舍己素守，徇人嗜好，致失故步，有損無益耶？聖人戒損友，而禁友不如己者，有以也夫！（《筱園詩話》卷四）

王藴章

張船山買妾吴門，虞夫人不相容，佯令二人相遇於虎邱可中亭畔，張作七律一首紀之，軼事流傳，蔚爲佳話。然觀《船山詩草》中，如云：「學書且喜從吾好，覓句猶堪與婦謀。研到香螺狂不減，畫眉家世本風流。」「六六鵝笙引鳳來，墨光鬟影共徘徊。袖中已遂襄陽癖，林下尤逢謝女才。」（《硯緣詩》）「瓦瓶養菊殘留影，石几攤書静有香。婢解聽詩妻解和，頗無俗韻到閨房。」（《寒夜閨中作》）「我有畫眉妻，天與生花筆。臨稿廣寒宫，一枝寫馨逸。」（《時帆前輩八月一日得子，余屬内子寫桂一枝爲賀》）長言詠嘆，方切高柔愛玩之忱，寧有季常河東之懼？及船山爲夫人寫照，夫人以詩謝之曰：「愛君筆底有煙霞，自拔金釵付酒家。修到人間才子婦，不辭清瘦似梅花。」則静好相莊，宛然如見，更不須蒼庚療妬矣。可中亭畔之事，或後人附會成之歟？又秀水金筠泉孝繼忽告其所親，願化作絶世麗姝，爲船山執箕帚。吾鄉馬雲燦題贈船山詩云：「我願來生作君婦，只愁清不到梅花。」似即爲夫人一詩而發。而船山答詩有「人盡願爲夫子妾，天教多結再生緣。累他名士皆求死，引我癡情欲放顛。爲告山妻須料理，典衣早蓄買花錢。」及「擊壁此時無妬婦，傾城他日盡詩人」之句，亦足徵船山伉儷情深，絶少姬侍之暱也。船山有妹曰筠，亦能詩，《江上對月》有「窈窕雲扶月上遲」之句，見船山《哭妹詩》中。（《然脂餘韻》卷一）

前記張船山買妾事，疑爲後人附會。偶與武進陸煒士先生談及，因檢《藥庵退守集》相示，則此事竟非子虚。按船山於壬申三月四日去郡，三月二十六日臨城驛途次，尚有《爲内子作生日》之作。虎邱之詩，作於是歲十一月二日，然則小星之占，殆是年秋冬時事歟？觀其癸酉《虎邱寓樓即事》詩云：「已分無才能罷郡，又因多事望生兒。買魚自擾池中水，抵鵲兼傷樹上枝。」則所以納妾之意可見。又《感事》詩云：「白小淩波也是魚，影娥池上好家居。秋星翦鏡眉如黛，春笋扶釵髮有腴。樂府可憐劉碧玉，才人多事馬相如。幕巢那更談金屋，衹論華年已誤渠。」自註：「去年年十六歸予」。「星小何緣擬聚奎，羲圖火澤竟占睽。生原難養丹飛鼎，情不能忘素反閨。幸脱罡風留勁草，且攜明月賦柔荑。佳兒倘入熊羆夢，戈印還教左右提。」則攜妾別居，情景可想。至是年四月九日，又有《閨人聚於山塘寓樓即事》詩云：「鵲巢風定轉陽和，江汜真從悔後歌。信有春鶼堪入藥，笑看秋水不生波。要離塚畔難言勇，乾闥婆前尚着魔。翠黛金章成底事，半生婚宦耐消磨。」則既占脱幅，又賦同巢，更可於言外得之。煒士先生又謂集中《憐影圖爲懷素芬題，即步自題元韻》之作，素芬當即其姬人之名，故有「窺簾梁燕歸方穩」之句。

余按，素芬姓杜，石執如《獨學廬》中亦有《題憐影圖》詩，自注「兼調伯冶」。船山字仲冶，其兄亥白又無伯冶之稱，惟船山庚申六月寄兄詩，有「嫂歿新姬小」之句，不知與素芬是一是二，存疑於此待考，且惜素芬原詩無從查考也。同時吳門有張騏初者，字伯冶，其室人錢璞，字蓮因，夫婦並工詩。蓮因詩見卷五，騏初納妾催妝，見各家詩集。執如所云伯冶，當即指騏初也。（《然脂餘韻》卷一）

【可中亭傳奇】〔減字木蘭花〕可中亭畔，燕姹鶯嬌春繾綣。煙柳吳閶，張緒風流易夕陽。　桃根桃葉，我亦渡江曾擊楫。余舊有《天蘇閣娛晚圖》。香徑重遊，欲託微波老鬢羞。仲可徐珂題詞。

中年絲竹，陶寫無端。讀亞子惠我新詩，衹憐菊影成飄泊，輸與姜夔載小紅，東澤綺語債，亦幾消除净盡矣。宵鐙煮夢，偶憶兩般秋雨菴所記可中亭事，復忽忽若有所觸。名士權奇，美人倜儻，雖或貽譏大雅，佳話流傳，要足爲山塘生色。因仿倚晴閣䡵體，譜爲雜曲，以志梗概。吾文本不工，此作尤粗沙大石，蕪穢不治，欲求其工而不得，然固是泥犂中一重公案，使法秀見之，必呵曰：「這渴睡漢，又向此中討生活也。」余惟笑謝之而已。西神殘客。

（生便裝上）

［正宫引子］（新荷葉）磊落情懷借酒澆，莽天涯，宦遊倦了。五湖一棹黯魂消，是鄉拚覓温柔老。

（浣溪紗）十里山塘水不流，幾聲寒笛碧城秋。消魂一角小紅樓。畫舫載來興廢夢，錦颿吹去古今愁。最難垂老住蘇州。卑人姓張，名問陶，字仲冶，别號船山，遂寧人也。青麟小謫，相國家風；白鳳飛聲，翰林門第。官御史時，連上三疏，一劾六部九卿，一劾天下各督、撫，一劾河漕鹽政。疏狂自喜，龍性難馴，直道誰容？豸冠旋奪，由御史改官郎署，由郎署出守萊州，兩載辭官，一身作客。不知者道我沽名釣譽，東鄰處子，有意效顰；知者道我離俗絶塵，北方佳人，遺世獨立。咳，好官自讓諸公，國事誤於卿輩，始有和珅之亂於朝，繼有教匪之亂於野。近更雌風煽軸，妖彗焚天，黄鵠特翻貞女調，白蓮都爲美人開。衡湘荆蜀，業已慘遭浩劫。當乾隆全盛之時，已潛伏今日之禍機。照著今日情形，數十年後，更不知弄到什麽地步呢！爲此卑人罷官山左，浪迹江南，遨游維揚、姑蘇一帶，以江山之勝地，作風月之主人。近始卜居於虎邱山塘，陸魯望祠屋之左。日前因嗣續尚虚，私在此間買了一妾，且喜端莊流麗，足慰平生，只是尚未告與夫人知道。雖争春梅雪，不致費我平章；而入夢梨雲，竊恐增他惆悵。（作凝想介）此中布置，卑人自有妙策，待我如此如此便了。（向内唤介）新姬晨妝，可曾完備？（内應介）完了。（小旦上）豈有楊枝辭白傅，且教通德伴伶元。老爺呼唤，有何吩咐？（生）坐下再説。（同坐介）

（生）

［仙吕過曲］（醉羅歌）似漆似膠情雙好，似芥似磁緣難了。月明何處教吹簫，算牽蘿補屋惟卿好。珠簾

寫韻，雲癡雨嬌；風簾理曲，紅牙翠翹。似這般俊丰神，愁影子也應得入時眉樣倩郎描。

（小旦）老爺謬贊了。我想老爺年逾强仕，正是以身報國之秋，且又東萊治盜，卓著循聲，爲什麽急流勇退呢？

（生嘆介）不出數十年，天下將大亂了。我們文不能治國，武不能殺賊，倒不如早避賢路的好。就是我同年中，如石琢堂修撰，洪稚存編修，有見及此，也都浩然有歸志哩！

［越調過曲］（小桃紅）你看這滿朝狐窟，四埜鴻嗷，一味把亂離造也。太平時元氣先凋，擾擾的争名利夢魂勞，紛紛的似獼猴搬跳。只博得個官兒笑，民兒愁，健兒反，兵兒驕也。眼看他殘棋一局金甌倒，俺可也學雞犬桃源，世外能逃。

（小旦）老爺偉論，頓開茅塞。只是我們潛居於此，終不是個正理，萬一夫人知道，如何是好？（生）提起夫人，你儘可放心。

［南吕過曲］（宜春令）他是個閨房秀，林下豪，不比那炫新妝脂塗粉描。酒温茶熟擅風華，壓得班姬倒。倚花前紅袖添香，坐月底緑鬟視草。便是將來見了你呵，蘭姨瓊姊，也一定相愛無間的。他做個大婦前行，你做個清娱侍老。

（小旦）這纔好也！世人動説家庭離索，都由娶妾而起。其實好逑淑女，黽勉同心，也是個閨房之樂，何況有老爺這樣刑於之化呢！但不知妾與夫人，究竟何日纔能相見哩？（生笑介）正是，我倒忘了，今日已約了夫人，同游虎邱。我此時不免回家，偕同夫人前往，你可先在可中亭内相候。（附小旦耳語，小旦點首介）（生、小旦同下）（旦上）（醉花陰）錦幕輕風吹不動，放去惺忪夢。生怕捲珠簾，尺五春陰，壓得眉尖重。滿院姊歸花外弄，惻惻寒飈送。

昨日上高樓，南北東西，芳草何曾空？奴家姓林名頎，遂寧張船山繼室是也，琴鳴瑟應，樂志倡隨。近官人自東萊退守，寄寓吴門。處鶯花綺麗之鄉，感緑葉成陰之夢，未能免俗，猶有童心。日前出外别居，已數日不返了，方纔接有書信一封，説即刻就可到家，怎麼此時還不見到？（生上，相見介）夫人别來無恙？（旦）好好的一去數日，究竟爲著何事？（生）夫人，你試猜來？（旦）

［越調過曲］（紅衲襖）難道是會蘭亭，修禊遥？（生）時非三月，人異永和，不是的。（旦）難道是走剡溪，訪戴悄？（生）雪夜訪友麼，還覺早些。（旦）難道是名山屐蠟南樓嘯？（生）遊山不是。（旦）難道是還客舟停赤壁潮？（生）玩水差些。（旦）難道是訪淵明近局招？（生）没有這樣的歡樂。（旦）難道是哭巨卿束芻弔？（生）也没有這般的頽喪。（旦）敢則是曲徑禪房，法聽生公也，幾夜閑門月下敲？

（生笑介）好，好，你竟尋出一個「月夜訪鄰僧閑話」的故事來了！（旦怒介）這些話，原是試試官人的。其實官人這數日呵，

［商調過曲］（二郎神）昏昏的没精神難打熬，把韶華忘了，卻只把虚脾和我掉。儘著妝么弄鬼，又並非淚影愁苗，一繫斑騅魂可消。問郎君，自然知道。好無憀。分明是，新來築個雨窟雲巢。

（生）夫人息怒，卑人實爲友人留住家中，並没有别的事情。況且我們伉儷情深，「修到人間才子婦，不辭清瘦似梅花」，前言猶在。即使卑人果然有了此事，難道夫人就不念二十年香火情麼？（旦嘆介）論起官人，年將半百，枕戈提印，膝下尚虚，原該早叶小星之占。衹是奴家也並非嫉妒之人，爲什麼不與我從實商議呢？（生笑介）這樣説，夫人是准我納妾的了！如今且不談這事，今日天氣晴和，我們盍至虎邱遊覽，借他山光水色，一慰美人香草之

思，如何？（生、旦繞場下）（場上布虎邱景，小亭一角，榜「可中亭」三字。小旦先在亭中介）（生、旦同上介）（生）一路行來，不免有些疲倦。這裏是可中亭了，夫人且先至亭中稍憩，我再遠眺一回靈巖山色便來。（旦至亭中，小旦起迎介，萬福介）夫人有請！不是像在那里見過的麽？（旦背立自語介）這是何人？我竟有些記不起了。

（集賢賓）覷著他豐容盛鬋擅丰標，似大家才調，應不是路柳牆花來賣笑，更不是賣珠迴侍婢垂髫。他既有禮，我也不可簡慢。（回身道勝常介）我也像有些認得的，幾生修了，纔今日、東風吹到。相逢好，喜相逢，萍波緣巧。

（小旦）荒山空谷，芳躅幸親。（旦）美景良辰，勝遊堪記。（小旦）班荆道左，何妨同作流連？（旦）芳草天涯，藉可暢談衷曲。（出亭同行介）（旦）這是劍池了。

（集賢聽黄鶯）對著這劍化池荒霸氣銷，把興亡憑弔。這是千人石了。石呵，石呵！看過了、海種紅桑劫幾遭？這是貞孃墓了。一坏黄土，彌足動人，埋多少豔骨香桃。（小旦）遠遠一陣鐘聲，不是寒山寺的梵課麽？（旦）禪心清静，真唤醒人間癡夢不少哩！虎山遊悄，恰聽那、寒山鐘好吼蒲牢。試問他，湖山佳麗，此福合誰消？

（生遥立窺探大笑介）好也！他們竟萍水論交，非凡親密起來。我想女無美惡，入宫見妒。若不稍施權術，這破題兒第一次相見，恐怕要教我左右做人難哩！如今纔見我的妙用也。（潛至亭中題壁介）（本詩）秋菊春蘭不是萍，故教相遇可中亭。明修雲棧通秦蜀，暗畫蛾眉鬥尹邢。梅子含酸都有味，倉庚療妒恐無靈。天孫冷被牽牛笑，已撤銀河露小星。（出亭潛立介）（旦、小旦同至亭中，旦審視壁上，怒介）原來如此！（生急趨至亭中，賠禮介）夫

人，我竟自首了，這首詩便是我的供狀。新姬，快過來拜了夫人。（小旦下跪介）賤妾不知就是夫人，罪該萬死！（旦怒向生介）

（鶯花皂）此事費推敲，幾曾説、小嬋娟難藏金屋嬌，敢則是、好姻緣翻不出相思稿，因此上忒離奇築就這連環套。（生再陪禮介）千不是，萬不是，總是小生的不是。方纔夫人已許從未減，此時老吏斷獄，切莫再要翻案。這是我聘紅綃，嫁文簫，得你一個比肩人，有罪可饒。恕我一個多情人，没法可逃。（旦沈吟介，更扶小旦起介）起來罷，都是張郎累你的！其實此事我早已料到，祇恐官人娶的是個庸脂劣粉。今見吾妹緑珠風貌，碧玉年華，我的心也安慰了。神仙配偶，花晨月宵；神仙眷屬，花明柳嬌。今後呵，喜的是衾裯同夢，更有個伊人抱。

（生）原曉得夫人不會決裂的，所以纔敢如此。這番恕卑人初次，下不爲例便了。（旦笑介）閫令不嚴，南人又要反了。你總是這樣滑稽取笑的，不又要惹人説是蜀山老猿麽？（生含笑不語介）（旦）早知今日，何必當初？你攜妾别居，豈是長策？快與我同返寓廬，我還要爲你們設合歡筵，詠催妝句呢！

（琥珀貓兒墜）芙蓉帳暖，花月度今宵。畫船載得小紅簫，應把相如渴病消。（指小旦介）苗條。（指生介）好慰你鬢絲禪榻，萬感如潮。

只是這不告而娶的罪名，還當好好罰你哩！（生）願甘受罰！（生、旦含笑前行，小旦隨行介）（旦）

（尾聲）雙棲忽共三星照，（生）是文人遊戲無聊。（合）莫認做雲雨荒唐續楚《騷》。

（同下）塵劫成塵感不銷，秋心如海復如潮。梅魂菊影商量遍，聲滿東南幾處簫？

吟罷江山氣不靈，珊瑚擊碎有誰聽？忽然閣筆無言説，衆女蛾眉自尹邢。

（民國《婦女雜誌》第一卷第一號）

袁潔

揚州顧萬峰于觀，與鄭板橋、李復堂稱楚陽三才子，以諸生終。《與宋幼堅》云：「關山月冷南飛夢，總到君前君不知。」真情至語也。後見張船山太守句云：「請君料理今宵夢，我欲南飛載酒來。」意致相同。（《蠡莊詩話》卷五）

余過泰安旅店，見張船山先生題壁二絶，有句云：「客窗小閲群芳譜，占盡春光是此花。」後註爲贈歌者春林之作，聞其人旖旎多姿，若輩中尤物也。余亦於壁上題句云：「濕透青衫歌罷曲，酒痕争抵淚痕多。」又云：「琵琶未撥魂先斷，憶煞宜春館内人。」宜春館者，春林所居處也。（《蠡莊詩話》卷六）

文人遇合，自有因緣，不可强也。余童年即仰四川張船山先生之才，見其字，讀其詩，心竊慕之。辛未年，余由江左服闋來東，時先生任萊州太守，以爲可常相見，比至而先生已引疾去，爲之悵悵。嗣於友人處，見先生殘詩數紙，亟爲携歸。《題照》云：「虚室生妙光，默坐忘昏曉。大地安如山，蒲團不嫌小。」《偶成》云：「出門無所營，閉門閑不得。一筆用十年，消磨幾斗墨。」《觀海》云：「到海心無際，人天太渺茫。波濤原有岸，雲物彼何方？島近神仙小，龍多雨露長。麻姑真狡獪，游戲説蒼桑。」《遊滙泉寺》云：「皂蓋紅旗苦送迎，獨來湖寺聽秋聲。如何四面蓮花水，支枕禪窗夢不清？」又斷句云：「魚飛輕似鳥，牛渡穩如船」；「鈎窗通竹氣，補石助花情」；「近樹軒窗清似水，界花籬落矮於人」；「怪石古於尊者相，老籐纏作獻之書」；「抽簪易了功名局，托鉢難消骨肉緣」；「如此零星花數點，虧他蛺蝶會尋來。」不知何題，俱妙。後先生浪跡吴門，遂歿於蘇，余哭以詩云：「人間留大筆，海内失仙才。」（《蠡莊詩話》卷八）

又見先生出守萊郡時留别都友詩云：「一門四世宦山東，曾爲趨庭念祖風。生小齊人慣齊語，此方原在夢魂中。」原註：「予家五世宦遊，惟先曾祖未官山東。先高祖守兖州，先祖守登州，予生時，先大夫爲館陶令」。「草草輕裝不諱貧，敝車羸馬向風塵。憑他舊典翻新樣，路鬼揶揄作郡人」。「東萊東望海雲閑，琴鶴隨身破酒顔。畢竟蓬壺仙籍在，一麾猶得領三山」。「蓮燈驄馬舊輝光，甕側經年吏部郎。打疊官身學鷗鳥，宦途全任海茫茫」。「名場小閲幾升沉，風雨宣南歲月深。二十七年鬚髩改，荒寒猶是布衣心」。「深燈小宴語團欒，多少詩盟結歲寒。豈獨故人難話别，并州已作故鄉看。」又見題友人扇上詩云：「窈窕文窗緑漸遮，新篁無力受風斜。今年小院春光活，飛出一枝蝴蝶花」。「雨後新苔長緑塵，一庭松石倍精神。過門車馬忙何事，可惜曾無看竹人。」俱極風趣。（《蠡莊詩話》卷八）

詩不可平。張船山先生題孫淵如觀察雨粟樓詩云：「大聲疑捲怒濤來，愈我頭風一卷開。直使天驚真快事，能遭人罵是奇才。異書讀盡讐秦政，凡馬搜空愛郭隗。十二瓊樓無定所，神仙何必住蓬萊?」詩不可俗。趙甌北先生題曾賓谷方伯《邗上題襟集》云:「褉飲紅橋事久無,使君重把雅輪扶。詩聯陳起《江湖集》,句入張爲《主客圖》。人本玉堂工授簡,官閑鈴閣愛投壺。卻憐我昔揚州住,旅館清吟興太孤」。同一題詞,一則兀傲不群,一則恬雅可喜。(《蠡莊詩話》卷八)

張船山先生以絶世清才,出守山東萊郡,旋引疾而去。《交印》云:「印牀灑掃吏人稀,春正平分我欲歸。匣底重尋新筆硯,馬前長謝舊旌旗。即看縱壑魚能舞,始笑乘軒鶴不肥。僂指自慚蘧伯玉,已成四十九年非。」《待發即事》云:「征車難買辦裝遲,且爲桃花住少時。有興儘教官索畫,無權轉得吏鈔詩。升沉日月誰長守,變化魚龍我盡知。安石當年原憒憒,此情留與後人思。」聞先生去萊時,求詩索字者遮道攀轅,先生倚馬吟詩,隨手揮灑,有「何止形骸容放浪,到無官日夢俱清」之句,可謂名士風流矣。(《蠡莊詩話》卷九)

偶過淄河店,見壁上題句云:「雲山分作四時看,五馬紛馳太不難。三伏炎風三九雪,笑人無路守金丹。」後註:「一年之中,八次往返於此,歲已將除,題詩而去。船山居士題壁。」蓋先生引疾後作也。余就壁上和云:「久把浮雲富貴看,出山容易入山難。西湖煙水吴門舫,方是人間不老丹。」

余所録張船山先生詩,大都出守萊郡及引疾後之作。又見崑山杜君群玉所選《五家詩鈔》,先生與焉。内如《戲和杜海溪》云:「尺書才到一樽開,始信朱提是雅材。難得長安風雪夜,故人常送酒錢來。」《得弟壽門書》云:「歲暮懷吾弟,書來怨遂州。貧無千古敵,債有萬人讎。田賣成孤注,官閑當遠遊。最憐天萬里,忍凍索羊裘。」《戲謝友人》云:「飛來綺語太纏綿,不獨青娥愛少年。人盡愿爲夫子妾，天教多結再生緣。累他名士皆求死，引我癡情欲放顛。爲告山妻須料理，典衣早蓄買花錢」。「名流争現女郎身，一笑殘冬四座春。擊壁此時無妒婦，傾城他日盡詩人。祇愁隔世紅裙小，未免先生白髮新。宋玉年來傷積毁，登牆何事苦閼臣！」時以友人有「我願來生作君婦」之語，故云。《偶成》云：「一領朝衫瘦不支，忍寒無語下簾時。居能避俗功歸佛，憂竟傷人罪坐詩。浩蕩雄心孤月見，崎嶇歸夢故山知。盛年可惜如流水，坐聽殘鴉噪古祠。」《與彀人先生飲酒作》云：「通儒飲食皆風雅，狂客詼諧總性情」。又云：「身到人間除是醉，世非我輩不能窮」。又云：「各有歸心勞日夜，空摩倦眼看塵埃。」《秋懷》云：「窮極方知身是累，悲來常覺夢如真。」《王篲》云：「假手便能恢掃蕩，托根原自起蒿萊。」此外尚有江南許穆堂寶善，江南吴竹橋蔚光，浙江陳梅垞萬全，廣東李載園符清，并船山爲五家。

余有哭張船山先生詩，後又見彭湘涵輓先生七律二章，録其一云：「分明星月負衣裳，峨嶺仙人謫大荒。百態新詩珠欬唾，兩間清氣雪肝腸。窮逃酒國原無賴，病買花枝轉自妨。原註：時新納姬。一曲當筵人一世，燭痕和淚共淋浪。」湘涵名兆蓀，江蘇鎮洋人，著作甚多，詩才博贍，梓有《小謨觴館詩集》。

余和船山先生淄河店題壁詩，嗣重過其地，或又和云：「摩挲粉壁幾回看，太息名韁退步難。我已煙霞成痼癖，先生可有大還丹？」聞先生引疾後，自號藥庵退守，有「四海墨花飛不盡，又留千紙在萊州」之句。後孫湘帆明府路過淄河，壁間舊題俱已漫滅，先生亦歸道山，湘帆於壁上和句云：「重來

已作斷碑看，鴻爪糢糊欲辨難。可惜墨花飛已盡，藥庵誰覓返魂丹？」（以上《蠡莊詩話》卷十）

鍾駿聲

張船山詩清空亮拔，天分勝也；雖有剽疾處，要不礙其爲佳。近人多詆之者，過矣。嘗於陳芰生農部處，見其自書《秋懷》五律云：「風檽敞虛白，久雨愛晴光。病葉黏雙屐，奇書散一牀。酒懷延夜月，詩夢闢秋堂。小助山林趣，疏花種幾行」。「簟冷黄裯薄，高寒枕異書。詩來人定後，秋在夢回初。皎月真圓滿，涼雲不卷舒。虀鹽明月事，生計本清疎。」此二詩集中未載。（《養自然齋詩話》卷七）

世徒知張船山詩，不知其兄亥白詩尤魄力沈摯。如《劍門關》詩，少陵以後無敢作者，乃其詩云：「連山亘長墉，整峻到懸絶。石氣肅高寒，溜雨黯深漆。緜延盡百里，天險詎容忽！盤礴恣縱横，中斷忽如缺。雄關扼其衝，旌旗見突兀。鈴閣儼飛動，慘澹風雲結。直上一萬仞，飛鳥那能越！大劍高峨峨，霜刃亂金鐵。人馬俄盤旋，下視但如髮。及關仰巨障，意氣起蓬勃。碑版欷晉唐，林林紛插笏。回首俯中原，一往但遼闊。陰陽鬱磊砢，及此力應竭。高詠《劍閣銘》，林木莽蕭瑟。」他如《夜行函谷》云：「險峻下折坂，道隘僅容車。崩崖蹋欲積，下臨千丈渠。昏月黯夜色，漠漠風沙俱。及此儻一蹶，得喪争須臾。徒御慘無語，心斂神不愉。安從競捷足，星電矜馳驅。函道益促狹，升降加盤紓。土厓何高高，岌嶪如山嵎。雙輪服兩驂，操勒扶以趨。風定萬籟寂，四顧人煙虛。

惟聞警馬聲，意戚聲若徐。出關濔川梁，餘險猶相需。蜀道尚坦途，行路真艱虞。」二詩句奇語重，他可類推。亥白名問安，乾隆戊申舉人，所著有《小嫏環書》七種，《亥白詩草》八卷。（《養自然齋詩話》卷八）

乾隆季年，宇内言詩者，有鉛山蔣御史、桐城姚郎中，稍後則陽湖黄縣丞、高密李大令。他如金匱楊員外傳緐麗之篇，遂寧張太守好偏宕之作，鎮洋彭上舍多矜鍊之製，東南之言詩者，鮮出其彀中矣。（《養自然齋詩話》卷八）

余雲焕

張船山詩清峭拔俗，遊戲之筆更爲擅長。出守萊州後，意境消阻，文通才書。王雁峰《讀船山詩》云：「近體空靈小得名，古詩惜少氣縱横。分明欲學隨園派，不學隨園是矯情。」蓋船山自評有「誰能有意學隨園」句也。（《味蔬齋詩話》卷一）

潘清撰

張船山太史詩，純用白描。《寶雞題壁十八首》，早已播在人口，皆自出新意，獨寫性靈，真不爲古人束縛者。（《挹翠樓詩話》卷三）

林昌彝

【論詩一百又五首(其七十八)】汩汩詞源汝漢來,五言真足冠吟臺。船山以五言古、五言律爲最。歌行窺見三唐未,壇坫難稱大將才。遂寧張船山問陶。(《衣讔山房詩集》卷七)

遂寧張船山詩天才縱放,然多率意揮灑,氣骨大減,七律雖具性情,亦多不入格。集中五言律,佳者爲晚唐派,餘無取焉。(《射鷹樓詩話》卷七)

遂寧張船山先生《懷買餅》詩,有「此日摸心猶有淚,當年乞食竟無門」。味二語,勝讀《屯戹歌》二十四首也。(《射鷹樓詩話》卷十五)

「秭歸城下秭歸啼,江出夔巫水漸低。莫上柁樓高處望,鄉山都在夕陽西。」此遂寧張船山太守問陶句也,絶似北宋人風味。句如「黄金堆几案,不如花數枝」。「美人實無罪,溺者自忘身。」「眼前真實語,入手見奇創」。「道心一明月,人境幾浮雲」。「才退安微命,心平悔大言」。皆閲歷有得之語。(《射鷹樓詩話》卷二十二)

陳衍

道咸以來,何子貞紹基、祁春圃寯藻、魏默深源、曾滌生國藩、歐陽磵東輅、鄭子尹珍、莫子偲友芝諸老,始喜言宋詩。何、鄭、莫皆出程春海侍郎恩澤門下，湘鄉詩文字，皆私淑江西。洞庭以南言聲韻之學者，稍改故步，而王壬秋闓運則爲《騷》、《選》、盛唐如故。都下亦變其宗尚張船山、黄仲則之風，潘伯寅、李蒓客諸公稍爲翁覃谿，吾鄉林歐齋布政壽圖亦不復爲張亨甫，而學山谷。嗣後樊榭、定盦，浙派中又分兩途矣。（《石遺室詩話》卷一）

【戲用上下平韻作論詩絶句三十首止論本朝人，及見者不論（其二十六）】《寶雞題壁》一詩豪，楓落吴江張問陶。賸有《雨村詩話》在，芷塘瘦句落三刀。（《石遺室詩集》卷四）

【題賓甫所存張船山詩畫册】千人石即三生石，證取張靈幾後身。南北東西魂返後，精魂又作再來人。（《東方雜誌》第十二卷第九號）

丁紹儀

遂寧張船山太守問陶負狂名，由翰林出守萊州。或言外吏非京員比，宜稍斂抑，太守然之。初謁中丞，執禮甚恭，談次，中丞譽其《驛柳》詩，不覺撫掌笑曰：「爾亦知吾《驛柳》詩耶？」中丞陰銜之，齮齕不已。未數月引疾，無以歸，浪跡吴門，旋卒。（《聽秋聲館詞話》卷一）

郭則澐

烈王所乘克勒馬，稱神駿。國語「克勒」，謂棗騮而皂青鬉尾者，腹下有旋毛如鱗，趫捷倍常，所向如志。薩爾滸之戰，盡覆明師，深得其力。嘗病蹶，自掘地出泉，洗創輒愈，人目爲聖水泉。王薨，馬絶食以殉。汪苕文爲作《克勒傳》，張船山補圖，一時名流，題詠殆遍。湯文端詩有云：「王之蹻勇人莫當，汗馬百戰先戎行。魚皮烏拉葉赫疆，大纛奕奕夜生光。薩爾滸山吉林岡，明兵號二十萬强，翦滅此食五日糧。馬前所向皆披攘，有如駿駁吞虎狼。鼓鼙之聲讙雷硠，火牛燧象走且僵。騰槽躍櫪獨奮揚，鬣尾森豎目裂眶。横突鐵騎衝刀槍，凌躐厓澗猶康莊。」述其戰績也。翁覃溪詩有云：「時無畫者今補畫，棗騮色異尾與騣。腹間旋毛鱗甲動，耳夾肉角筋垂虹。」紀其異狀也。陳恭甫編修詩云：「烈王骨性真龍種，天馬天生佐神勇。肝膽如人貌不成，但見丹青髮梢動。其修丈咫高七尺，鱗甲生胸角生額。國初駕馭皆英雄，蹴踏風雲百靈役。烏拉葉赫三韓東，王來破竹成奇功。明師五日薩爾滸，二十萬衆爲沙蟲。此馬所向一敵萬，出入百戰如游龍。自跑聖水洗瘡痏，夕陽巖液流淙淙。萬里歸來沫流赭，錦韉羅帊華軒下。忽聞金鼓誤軍聲，猶想奔虹天際行。王生爾生死爾死，世上孤忠有如此。可憐人馬兩神奇，白山草木呼風起。邇來隴漢旌旗殷，鼂賊萬騎塵埃間。星精何由降太乙，元蹶西踣巴夔山。大宛青海歷無草，歲貢豈免參驗瞷？許朊帛齒金門式，願鑄騂騮立九闕。」時方有川楚教匪之役，故篇末云云。楊蓉裳、吴蘭雪皆有詩，不備録。（《十朝詩乘》卷三）

徐世昌

【題易實甫書所藏張夢晉、張春水、張船山所畫册卷後】海枯石爛情難已，絶艷驚才世所瞋。今日吹簫過吴市，可憐猶自説春人。（《水竹邨人集》卷一）

《詩話》：船山弱冠工詩，空靈沈鬱，獨闢奇境，有清二百餘年，蜀中詩人，無出其右者。未仕時計偕入都，往返秦蜀，感懷身世，尤多幽憂牢愁之作。《論詩絶句》有曰：「聽到宫商諧暢處，此中消息幾人知？」又曰：「敢爲常語談何易，百鍊功純始自然。」其自道如此。且深以刻意新巧，模宋規唐爲非，可謂知言。其繼室林亦能詩。《自題小象》有「修到人間才子婦，不辭清瘦似梅花」之句，爲時傳誦。（徐世昌編《晚晴簃詩滙》卷一〇八）

孫桐生

【張問陶】字船山，遂寧人，文端公元孫，問安弟。乾隆庚戌進士，授翰林院檢討，改御史，官至山東萊州府知府。先生天姿英敏超悟，讀書有夙慧，十歲能詩。弱冠後壯遊南北，遍覽天下奇山水，才益豪，筆益肆。通籍直史館，名重一時，改御史，有直聲。顧性情恬淡，不屑與時俯仰，以故久滯不遷。以俸深，出守東萊，瀟灑無俗吏態，坐是不爲上官所喜，僅一載，遽引疾退，行李蕭然，欲歸無計。時同鄉廖復堂都轉以書招之，至揚州小住年餘，以疾卒於邗上，年僅五十，都轉爲經紀其喪而歸之，卒無子。所爲詩專主性靈，獨出新意，如神龍變化，不可端倪。近體超妙清新，雅近義山，古體奔放奇横，頗近太白，卓然爲本朝一大名家，不止冠冕西蜀也。全集二十卷，爲石琢堂太史所定，久已著録，兹擇尤釐爲六卷，猶以未獲盡登爲憾云。又，先生與先君子俱以乾隆甲申生，在京與彭田橋孝廉、李墨莊太史文酒流連，雅敦紀群之誼。先君子以庚申銓授楚北，先生手書詩盈册送行，跋云：「庚申夏五，曉山仁兄榮選出都，索觀近作，録此請教。詩既不佳，字亦草草，留爲别後相思之一助云爾。」外題籤云：「每一相思，老船爲曉山寫。」册中録《驛柳》、《題畫》等近體二十餘首，字勢蒼勁奇横，得蘇、黄之神髓。册藏家笥，垂爲世寶，後爲族無賴子并寶硯同竊去，痛惜無及。因歎舊家世守之物，竟有時欲永守而不能，因録先生之詩，而附記軼事如此，益不勝臯魚之痛云。（《國朝全蜀詩鈔》卷二十三）

沈善寶

宛平林佩環，方伯儁女，張船山太守問陶室，瑟琴諧和，得倡隨之樂。詩如《夫子爲余寫照戲題》云：「愛君筆底有煙霞，自拔金釵付酒家。修到人間才子婦，不辭清瘦似梅花。」娣遂寧楊繼端，同知輯五女，主簿張問萊室，有《古雪詩鈔》。《進峽》云：「川曲疑無路，峰高直入雲。船從山底出，水到谷邊分。樹影臨流見，猿聲隔岸聞。行行將百里，回首夕陽曛。」格頗老健。（《名媛詩話》卷五）

遂寧張淑徵問端，船山太守女弟，知州丁耦仙室，鹺尹丁延楷母。《和次女采芝紅樓夢偶作韻》云：「奇才有意惜風流，真假分明筆自由。色界原空終有盡，情魔不着本無愁。良緣仍照釵分股，妙諦應教石點頭。夢短夢長渾是夢，幾人如此讀《紅樓》？」余素聞宜人秉性慈淑，工詩詞，著作甚富，惜未見其全稿。女無錫丁芝潤采芝，縣佐鄒廷勷室，著有《芝潤山房詩詞稿》。集中如《抵夔門望八陣圖》云：「怪石列江岸，先生垂遠謨。龍蛇隨變化，水石助馳驅。早定三分業，空留八陣圖。濤聲千古恨，相望已模糊。」《浣花草堂》云：「萬里橋西路，乾坤一草堂。無家尋弟妹，報國在文章。春暖梅争孕，風和竹有香。仰公吟興健，端肅拜詩王。」佳句五言如：「山翠衣邊落，濤聲足底浮」；「山川餘舊恨，風雨釀新寒」；「陋室無人住，寒燈有夢還。」七言如：「十載離家愁見月，一身多病怕逢秋」；「加餐稍慰慈親意，諱病愁防愛婿知。」「雞唱五更殘月白，車行一路曉燈紅」；「事因太好違初願，人到無聊覓舊吟」。「事因太好」七字，閲歷人語。（《名媛詩話》卷五）

王逸塘

沈培老有《重至西湖口號》詩云：「老人濟勝已無具，客子登樓還有情。寄語葛僊休悵望，騎牛或恐有來生。」蓋用圓澤三生石故事也。來生之説，先例甚多，佛家以了生死爲第一大事，且以隨趣流轉爲可悲，隔陰之迷，高僧不免，況凡夫乎？培老又有《易實甫過談詩》云：「露電光中最後身，鑊湯熱處再來人。遊魂故是易家變，善哭我識唐衢真。歷劫不迷雲水性，化生成幻玉臺春。麻姑狡獪方平笑，東海簸揚又一塵。」疑亦指實甫六生事。實甫有「六生慧業」小印，謂前身爲王子晉、王曇首、張夢晉、張船山、張春水及陳純甫母舅也。迨後實甫之友鄭叔問又謂王曇仲瞿是實甫前身，實甫遂有七生之説，見所爲《琴志樓小説》中。惜叔問之語，未聞其詳，亦一恨事。

按，船山、春水之爲張靈後身，據實甫所述，所得二張畫册，均有「張靈後身」小印，其畫册則薛次申、端仲綱所貽也。當時海内故人，知實甫蓋無不知其爲夢晉後身者。盛伯希祭酒亦以所得夢晉畫折枝長卷寄實甫汴梁，實甫於卷中自題八絶，並詳載其事，其説甚辯。略云：「光緒癸未之歲，余嘗遇李仙於并門。李仙作詩贈余，初云『吹簫王子，乞食張郎。』時在旁者，均不知張郎爲誰。惟余嘗見黄九煙所作《張靈崔瑩合傳》，髣髴記有乞食事，因爲諸人言之。李仙繼書云：『葆其虚靈，戒其顛狂。優曇首出，後事方長。勿求仙籙，且盡人綱。』書畢，又書云：『前王后王，堂堂乎張。笙聲縹緲，簫韻淒涼。月明虎阜，花暖吴閶。前塵隱約，云胡可忘。』至此決其所言爲夢晉，問後王爲誰，曰詩中『曇首』句已明示矣。問崔瑩事則不答，但稱家君爲六如後身，與三十年前吕仙語合。他語甚多，不備記，雖涉荒渺，非盡妄也」云云。又八絶之一云：「梁園歲暮正無聊，魂斷江南不可招。慚愧故人千里意，汴雲燕雪寄迢迢。」謂伯羲祭酒也。

洪稚存《論詩絶句》云：「晚宗北宋幼初唐，不及詞名獨擅塲。辛苦謝家雙燕子，一生何事傍人牆？」爲竹垞作也。李越縵《論詩絶句》云：「北江健筆有餘妍，憶舊風情詎忍删。祇惜未除傖父氣，平生多事友船山。」爲稚存作也。平心論之，竹垞、船山各有獨到，江河不廢，自有公評，必欲蹈相輕之習，又豈得爲知言君子哉！（以上《今傳是樓詩話》）

楊鍾羲

王鎮之《恒山集》《李載園出示張柳門編修詩鈔，漫題一首》云：「我本巴嶽後生者，後生又見堂堂張。新詩一卷兩卷在人口，字字如出玉樓仙史之錦囊。想其下筆雷雨疾，滿空飛舞龍象夔羵羊。從來蛟螭容易雜螻蟻，蛉窮偏喜來昌陽。神仙足官府，何必僧道裝？丈夫苟一心，奚事箕帚同帷房？詩中有題如此。我不得已删其題目留詞章，乃令不類俳優倡。然後盧仝走馬異，儷任華拜劉叉降，屈宋揚馬皆循牆。我言戲耳君休狂，既和且平婉以莊，進乎技矣真堂堂。」可爲佻薄蕩肆者痛下鍼砭。李越縵論乾隆間經儒詩，其「洪稚存」一首云：「北江健筆有餘妍，憶舊風情詎忍删。祇惜未除傖父氣，平生多事友船山。」所見亦如此。（《雪橋詩話餘集》卷五）

閩縣鄭青墅大令大謨，爲少谷山人九世孫，以進士宰沁陽，有治行。教匪之亂，保障著聲績，朱石君嘗贈以詩云：「巾扇登陴久練兵，五年辛苦活蒼生。論詩不廢琴三弄，折屐遥聞鶴數聲。萬瓦曉煙人保障，兩岐春秀麥縱横。南陽召父重來日，竹馬歡迎聽太平。」有《十六洞天漫稿》，多詠史之作，張船山句「氣蓋巖疆心磊落，詩包全史論縱横」，謂此。（《雪橋詩話餘集》卷六）

邱煒萲

乾嘉盛時，袁、趙、蔣三家，自爲標榜。三家同時，如武進黄仲則景仁，遂寧張船山問陶，陽湖洪稚存亮吉，皆摩肩而過，力可與之抗衡者也。其稱三家，不過常相倡和，如元之於白云爾，非盡當時之詩人而有此三家。（《五百石洞天揮麈》卷五）

居梅生《今夕盦詩鈔》《讀二樵山人詩集，題四十字》云：「神韻已告退，性靈方望塵。輿儓競末路，奴主等陳人。獨與造化語，遠於風雅親。此才天亦愛，山澤未緇磷」。可以知其瓣香有在矣。老蘭校詩，取冠其集，有以也。又作《讀畫絶句三十四首》，其詠張船山一首云：「性靈畫即性靈詩，赤手看搴上將旗。倘遇石濤相視笑，開天一畫有餘師。」（《五百石洞天揮麈》卷十）

黄丕烈

【《張乖崖先生集》識語】嘉慶辛酉年，余游京師，謁同年船山太史於飛鴻延年之室。船山知余性好異書也，即舉《張乖崖先生集》以問。余曰：「此集有宋刻，係全本，家有其書。今問及此，得無有秘本乎？」船山曰：「近偶得之。」匆匆晤語，未及請觀。越一日，遣奴子借歸。見題籤古雅，卷中朱墨精瑩，知爲勾漏山房披閱一過者。余惟《忠定全集》在宋有二刻，陳振孫《書録解題》所收，爲郭森卿宰崇陽時刻者，爲十二卷，附録一卷，已非原刻十卷之舊矣。此爲明人摭拾梓行之本，於乖崖先生文行未覩其全，而網羅參考，以傳信於後人，不可謂無功。然錢希白爲《墓誌》，韓魏公爲《神道碑》，直齋猶兩存之。而此所録有《神道碑》，無《墓誌》，則其他之散佚者，可勝言哉！船山喜讀全書，當舉家藏副本以贈。二月晦，書於都門寓館，蕘圃黄丕烈識。下有「丕烈私印」、「蕘圃」二章。見勾漏山房藏書《乖崖先生事·文録》書前粘頁。

【《張乖崖先生集》跋記】自右見《巵史》以下，從舊鈔本補。鈔本已於壬戌春，攜贈蜀人張船山太史同年矣。蕘翁記。見黄本《乖崖集》末頁。（以上《張乖崖集·附集》卷二）

阮亨

張船山問陶嘗以聚骨扇書《依竹堂即事詩》四首寄家兄，並爲跋云：「數年無詩。甲子初冬，一日晨起入小園，一黄葉掠衣旋轉，忽得首篇第四語，戲足成之，遂得四律，然趣味枯淡，非復向時豪情逸氣矣。乙丑長夏，寄呈雲臺前輩誨定，並求賜和。」其詩云：（略）（《瀛舟筆談》卷九）

齊學裘

【鐵舟和尚】鐵舟和尚，楚産也，畫筆清超拔俗。蕉園制軍慶保官吴中時，招同張船山翰林問陶，讀畫評

詩，傳爲韻事。（《見聞續筆》卷五）

盛大士

張船山太守問陶，四川遂寧人，詩名重於海内，畫特其餘事也。然山水深得古法，折枝、鷹鳥，蒼秀得神。余於虎觀齋中見其所畫奇石，獨開生面。（《溪山卧遊録》卷四）

秦祖永

【張問陶逸品】張船山問陶，山水雖非專門，秀逸之趣能脱盡習氣，寫生亦思致瀟灑，機趣翩然。此係詩人餘技，不可以畫家格律相繩也。與其泥法而有滯氣，何如脱法而存士氣？此中雅俗，不可不知。仲冶四川遂寧人，乾隆五十五年庚戌進士，仕萊州太守。工詩，尤精書法。乾隆二十九年甲申生，嘉慶十九年甲戌卒，年五十有一。眉評：專門之學，自古爲病。惟有書卷之氣者，即一邱一壑，一花一葉，無不可賞玩也。（《桐陰論畫》下卷）

趙慎畛

【洪亮吉之傲】洪稚存亮吉負才傲物，清狂自喜。嘗遊陶然亭，遇素不識者宴客，洪入座，浮一白曰：

「如此東君如此酒，老夫懷抱幾時開？」一笑逕去，蓋襲用楊廉夫句也。廉夫爲張士誠强止於宏文館，以指寫麈桌一絶云：「山前日日風塵起，海上年年御酒來。如此風塵如此酒，老夫懷抱幾時開？」一日訪張船山，適船山生女，賦一律，成三聯矣。洪見之，續云：「可憐一隊癡兒女，慣替人家做老婆。」後洪以編修言事褫職。（《榆巢雜識》上卷）

【張船山詩】張船山詩云：「人才有數總天生，未必争名便得名。卻被轉輪王看破，蔡邕前世即張衡。」「墮地先營避債臺，青蚨那肯逼人來？冥司偏是諛張説，三十紅爐鑄横財。」營營於名利者，讀此得毋齒冷。（《榆巢雜識》下卷）

【天下第一清官】遂寧張文端公鵬翮官巡撫，有清望，聖祖褒之爲天下第一清官，至今家堂猶懸此額。累葉外任，皆守清白家風。官開化太守者名顧鑒，船山先生翁也。聞船山少時，禦冬曾無絮袍云。（《榆巢雜識》下卷）

高繼珩

【查小山】查小山員外有圻，海寧人，官京師，席先世業，稱巨富。性奢侈，京師以「三膘子」呼之。一生取精用宏，不下數百萬，飲食供張，視何曾、石崇，不啻倍蓰。喜蓄硯，石質温潤，琢磨精工，銘刻皆前代名人，雖真贋參半，要以物聚所好，又不惜重價，積數十年之久，門下名士鑒别品評，選其尤者百方，裝潢藏弆，所費累巨萬矣。晚年家日落，頗拮据。一日，取所藏硯質千金，置車上，騁而出，歌臺舞榭，一日迨遍，盡散所質金歸。入門思贖硯無期，悲極號咷，既而曰：「千古之能散財者，當以查小山爲第一人。」復縱聲狂笑。其任誕如此。稱其名，或有不知者，小山則中國皆知，「三膘子」外國靡不知也。然敬禮名士。張船山太史以詩名，延爲上客，太史醉後時詈之，不以爲侮。每送新詩一卷，輒饋五百金爲潤筆資。其誕也，母夫人夢人自外庭入，稱「斡貫太陽穴，鈎權懸兩端」，浴血滿面，大呼而寤，遂生。其親串爲業鹽長蘆，嘗以告人云。（《蜨階外史》卷一）

劉聲木

【袁枚張問陶論詩詩】袁簡齋明府與張船山太史論詩數絶句，予素愛誦其語，爰録之於此。袁詩云：「周子才高迥不群，抽思竟有葛莊新。東風翦柳雖然巧，不到天然不是春」；「幻出雲煙萬種看，先求紙上字平安。《黄庭》初搨緣何貴，寫到剛剛恰好難」；「從古詩人各性情，不須一例拜先生。曹剛左手興奴右，同撥琵琶第一聲。」張詩云：「躍躍詩情在眼前，聚如風雨散如煙。敢爲常語談何易，百煉功純始自然」；「名心退盡道心生，如夢如仙句偶成。天籟自鳴天趣足，好詩不過近人情」；「土飯塵羹忽斬新，猶人字字不猶人。要從元始傳丹訣，萬化無非一味真」；「也能嚴重也輕清，九轉金丹鑄始成。一片神光動魂魄，空靈不是小聰明。」二公畢竟天分高，故能見得到，説得出。

其詩未必盡能恰如人意，其論詩之語，真能恰如人意，此予之私見如此。袁、張與趙甌北太史、蔣心餘太史四家之詩，實詩家魔道，爲通人詬病久矣。實則袁氏論詩之旨甚佳，惜珠礫雜糅，自穢其書，不能歸於一律，爲可惜也。（《萇楚齋隨筆》卷十）

黄彭年

【書《鶴峰詩草》後】蜀山奇峭甲寰宇，而大江出其間，奔放直下，越吴楚而歸諸海。東南之水，皆蜀水之鍾也。唐之杜，宋之陸，爲詩大宗，而集中入蜀諸作獨勝，蓋得山水之秀，況生其地者哉？國朝詩人，至船山一洗餖飣鞶帨之習，純以性靈，其天才之卓犖，如山之峻，江之永，而包孕萬有，横絶太空。後之爲詩，以彭年所見，若王先生小雲，張君薊雲，皆船山之流亞也。今又讀鶴峰年丈遺稿，才氣船山也，意境船山也，聲調格式船山也，信乎蜀山大江之所鍾毓歟？然船山雖賦性過人，其規矩音節，未嘗不取法乎杜與陸，則數子之學船山，必有探乎其源者矣。彭年不及見年丈，而與公子遊最久，因得竟讀，書其後而歸之。（《陶樓文鈔》卷十）

震鈞

張船山有妹嫁漢軍高蘭墅鶚，以抑鬱而卒，見《船山詩集》。按，蘭墅乾隆乙卯玉殿傳臚，亦有詩才，世行小說《紅樓夢》一書，即蘭墅所爲。余嘗見其書詩册，有印曰「紅樓外史」，則其人必放宕之士矣。蘭墅能詩，而《船山集》中絶少唱和，可知其妹飲恨而終也。（《天咫偶聞》卷三）

梁紹壬

【張船山詩】張船山太守問陶，嘗於吴門密蓄一妾，於其夫人游虎邱時，故使相遇於可中亭畔，晤談許久，而夫人未之知也。太守賦詩云：「秋菊春蘭不是萍，故教相遇可中亭。明修雲棧通秦蜀，暗畫蛾眉鬬尹邢。梅子含酸都有意，倉庚療妒恐無靈。天孫冷被牽牛笑，一角銀河露小星。」韻人韻事，足爲山塘生色。（《兩般秋雨盦隨筆》卷一）

【伯夷叔齊】張船山太守在登州，府試以「伯夷叔齊」命題。有作八比文者，則伯二比，夷二比，叔二比，齊二比也。先生題俳語於卷上云：「孤竹君，哭聲悲，叫一聲，我的兒子呵！我只道你在首陽山下做了餓殺鬼，誰知你被一箇混帳的東西，做成了一味喫不得的大煠八塊！」可爲噴飯。（《兩般秋雨盦隨筆》卷一，亦載獨逸窩退士輯《笑笑録》卷五）

【山魈僬僥】張船山太守有二僕，一曰劉升，甚長，名之曰山魈；一曰張芳，甚矮，名之曰僬僥。太守作詩合詠之云：「一僮短小如僬僥，一奴長細如山魈。奴能抄書僮識字，一屋高低有奇致。」先生或賦詩，僬僥磨墨，亦若有所思，詩成棄其草，山魈繕寫，偷作《床頭稿》：「先生燕居常閉門，僬僥侍立如無人。先生出游行頗速，山魈一過市人縮。先生醉後山魈扶，僬僥趯趯猶提壺。先生貧極僬僥瘦，山魈摇摇如學究。僬僥喜，山魈愁，笑唬幻作雙獮猴。山魈立，僬僥坐，俯仰雲泥人兩箇。山魈一嗽僬僥驚，忽如天半聞雷聲。僬僥一怒山魈伏，左右如葵衛其足。吁嗟乎，先生無聊只好奇，僬僥、山魈亦頗落落無威儀。無威儀，先生怒。山魈文，僬僥趣。」詩謔而雋。（《兩般秋雨盦隨筆》卷八）

【願爲人婦】船山先生詩才超妙，性格風流，四海騷人，靡不傾仰。秀水金筠泉孝繼忽告其所親，願化作絶代麗姝，爲船山執箕帚。又無錫馬雲題燦贈詩云：「我願來生作君婦，只愁清不到梅花。」以船山夫人有「修到人間才子婦，不辭清瘦似梅花」之句也。其傾倒之心，愛才而兼種情，可謂至矣。先生戲成二律以謝云：「飛來綺語太纏綿，不獨青娥愛少年。人盡願爲夫子妾，天教多結再生緣。累他名士皆求死，引我癡情欲放顛。爲告山妻須料理，典衣早蓄買花錢」。「名流爭現女郎身，一笑殘冬四座春。擊壁此時無妒婦，傾城他日盡詩人。只愁隔世紅裙小，未免先生白髮新。宋玉年來傷積毀，登牆何事苦窺臣？」亦詞壇一則雅謔也。（《兩般秋雨盦隨筆》卷八）

方濬師

【和相】和致齋公相本文生員，襲三等輕車都尉。乾隆四十九年，由吏部尚書協辦大學士，五十一年授文華殿大學士，嘉慶四年仁宗親政，以罪賜自盡。張船山太守問陶有《己未正月紀事》詩云：「金穴

銅山意惘然，癡羊入肆尚流連。九泉添箇尋常鬼，可惜黄扉十五年。」蓋指和而作也。（《蕉軒隨録》卷二）

【垂老遇仙】吴山尊學士續配孫恭人，淵如觀察之妹也。學士年四十一入贅兖州，胡城東唐鐫小印贈之，文曰「垂老遇仙」。觀察催粧詩云：「他時沛上傳佳話，更指南樓作鳳臺。」張船山太守亦有詩云：「莫倚元龍湖海氣，須妨謝女弟兄才。」蓋調之也。（《蕉軒隨録》卷八）

陳其元

遂寧張船山先生問陶，大學士文端公之孫也。性伉爽，無城府，書畫妙一時。與先大夫最善。由檢討遷御史，連上三疏，一劾六部九卿，一劾天下各督撫，一劾河漕、鹽政。先大夫問之曰：「子不慮叢怨中外乎？」先生笑曰：「我所責難者，皆大臣、名臣事業。其思爲大臣、名臣者，方且感我爲達其意。若無志於此者，將他身分抬得如此高，慚愧不暇，何暇怨我乎？」先生嘗畫一鷹贈先大夫，上題云：「奇鷹瞥然來，攫身在高樹。風勁乍低頭，沈思擊何處？」可想見其風采矣。（《庸閑齋筆記》卷五，《國朝耆獻類徵初編》卷二百四十四《守令》轉引）

船山先生與洪稚存太史亮吉，皆爲大興朱文正相國門下士。相國好佛，嘗於生朝諸弟子稱觴之際，太史袖出一文上壽。相國固喜其文，亟命讀之。太史抗聲朗誦，洋洋千言，多譏佞佛事，諸人大驚，先生獨大笑叫絶，相國大怒，坐是淪躓有年，先生不悔也。太史後以上成親王書言事，下詔獄，獄急，親友或對之哭，太史口占一絶慰之，末句云：「丈夫自信頭顱好，須爲朝廷吃一刀。」聞者皆破涕爲笑。賴上聖明，卒得釋還。（《庸閑齋筆記》卷五）

周壽昌

【齊王氏】嘉慶時，教匪齊林之妻王氏，襄陽人，賊中稱爲齊二寡婦，最勇黠。張船山太史詩：「黄鵠特翻貞女調，白蓮都爲美人開。」即指此人。相傳其小名丁香，少與漢陽某生通，情最篤，搆亂時招生不至，常怏怏然。漢陽得以不被兵者，此生力也。（《思益堂日札》卷四）

鮑康

承惠新刻多種，感荷感荷！康守夔僅二載，以不欲久戀膻羶，有妨賢路，遂帆收順水，甘作野人。旋都後，不復入衣冠之會，未曾走謝，定能諒之。夔郡俗地，不特無所得，並無所見。傳聞船山檢討家以小舟載書出售，每舟索直不及百金，欲馳取之，已悉爲某明府所得，如確有是事，亦足慨也。郡中僅一隋碑，近年出土，拓奉二紙，幸鑒存。（《鮑臆園丈手札》）

吴慶坻

張船山日記二册，自題爲《己庚雜記》，二卷。首葉五行云：「此乾隆己酉、庚戌冬春之際，從棧道北上紀程之書也。僕戊申春北上，己酉夏西還，己庚之際又北上，辛亥夏又西還，遊雲棧四，此其一也。惜前後三次皆無日記，聊存此以爲談助。嘉慶丁巳正月元夜，重訂於京師。」末一葉自序云：「武陵漁父入桃花源，及歸，處處誌之，蓋桃源人自忘情，而漁父固有情人也。余北馬南船，足跡半天下，然煙雲過眼，情隨事遷，每於燈窗默坐之餘，偶一追念舊游，往往昏如隔世，以今視昔，感慨深矣。近自己酉閏夏以來，訂散記一編，一身之動静喜怒，逐日記之，家居從略，出遊則瑣屑必書，日積月增，濫如市儈間酒肉帳簿。東坡詩云：『泥上偶然留指爪，鴻飛那復計東西！』余亦恐歲月易遷，浮跡難定，聊藉此以留之而已。遂州張問陶，夢名麟青，書於鳳縣客舍，時乾隆五十四年除夕前一日，燈下造。」册中所記，纖悉必詳，每雜以詼諧之詞，排日有詩，以詠史事者爲最勝。其夢名麟青，他書所未見也。舊爲姚伯昂所藏，伯昂，船山門下士，道光乙酉得於廠肆，今在張紹原元普家。

（《蕉廊脞録》卷五）

禮烈親王爲太祖第二子。當開國時，凡征葉赫、烏拉諸部及薩爾滸之戰，王功最多。所乘克勒馬，姿狀偉異，腹下有旋毛如鱗甲然，蓋龍種也。常時不受覊勒，聞鼓鼙聲，輒奮迅欲往，惟圉人命，王甚愛之，戰陣中多藉其力。王蕘，馬亦死，汪編修琬嘗爲之傳。王裔孫汲修主人屬張檢討問陶，仿唐本昭陵六馬中特勒驃者爲之圖。克勒馬者，猶漢言棗騮馬也。（《蕉廊脞録》卷七）

竇鎮

【張問陶工書畫】張問陶，字仲冶，號船山，四川遂寧人，相國文端公鵬翮曾孫也。乾隆五十五年進士，授檢討，累官禮部郎中，出守萊州府。先生狀似猿，自號蜀山老猿。書法險勁，畫近徐青藤。詩沈鬱空靈，於從前諸名家外，又闢一境，有「青蓮再世」之目。其婦亦能詩，有句云：「修到人間才子婦，不辭清瘦似梅花。」佳話也。著有《船山詩草》。（《國朝書畫家筆録》卷二）

蔣寶齡

張船山太守問陶，四川遂寧人。乾隆庚戌進士，由御史官山東萊州府，未幾引疾歸，年未五十也。自號藥庵退守，以詩酒自豪。愛吴門山水之勝，僑寓白堤，顔其室曰「樂天天隨鄰屋」。時陽湖孫淵如觀察亦居虎阜，望衡對宇，稱吴中兩寓公。余嘗偕雙樹山人訪之不值，旋病殁。船山才情横軼，世但稱其詩，而不知書畫俱勝。書法放野近米海嶽，山水、花鳥、人物、雜品，悉隨筆爲之，風致蕭遠，椒畦孝廉謂其脱盡凡骨，雖名畫家弗及也。其論畫二句云：「意到天難問，圖成筆未知」。又自題山水一絶云：「樓臺貼地太紛紛，出世人高静不聞。山頂晴霞山脚雨，仙凡只隔一重雲。」亦可見其高自標許云。夫人林氏亦工畫。船山題畫詩頗多佳者，其一云：「新雨迎秋欲滿塘，緑槐風過午陰涼。水亭幾日無人到，讓與蓮花自在香。」曾見其書擘窠大字於粉牋，今在許儋石處。又畫落梅，自題云：「一枝老幹撑天去，幾點寒香著地遲。且與低頭弄花片，不須回眼看空枝。」此詩别有寄概，尤喜誦之。《新詠》云船山又工畫馬及鷹，最得神俊之氣。（《墨林今話》卷八）

松年

【畫山】作家皴法，先分南北宗派，細悟此理，不過門户自標新穎而已，於畫山有何裨益！欲求高手，須多遊名山大川，以造化爲師法。張船山太史《詠三峽》詩云：「石走山飛氣不馴，千峰真作亂麻皴。變他三峽成圖畫，萬古終無下筆人。」此言山之形勢千變萬化，不可思擬之妙，所以終無下筆人也。畫山得此詩，可悟心造神奇也。皴法名目皆從人兩眼看出，似何形則名之曰何形，非人造此名此形也。樹葉名目，亦係遠觀似何形而立，此點介字、个字，皆遠觀似此二字之形。餘可類推，不可誤以古人編造出也。至於畫山畫樹之入手訣，悉載《畫譜》，兹不贅述。（《頤園論畫》）

楊守敬

乾、嘉間書家，大抵胎息金石，博考名迹。惟張船山問陶、宋芷灣湘，純不依傍古人，自然古雅。此由天分獨高，故不師古而亦無不合格。（《學書邇言·評書》）

葉煒（嘉興人）

張船山先生，世多以詩人目之。考其官諫垣日，彈劾不避權貴，其自題畫鷹詩云：「奇鷹瞥然來，攫身在高樹。風勁乍低頭，沈思擊何處？」可以想見風概矣。按，船山詩豪氣凌人，格律神韻，均未入古，雖久席盛名，豈宜學步？（《煮藥漫抄》卷上）

秦雲

【煮藥漫抄識】隨手捃摭近世往哲逸事，均有意趣，堪資談柄。論詩能不狥名，而獨具卓識。如藏園、船山、仲則三家，爲斯世所盛推，而予獨不滿其詩，君於張、黄亦有微詞，可稱不謀而合。遠則堪繼君家《石林新語》，近則與調生丈《鷗陂漁話》相頡頏。光緒己丑仲秋，古吴西脊山人秦雲識於白門旅次。（葉煒《煮藥漫抄》卷首）

朱克敬

【張船山】脱穎才鋒利，淩空意氣寬。抗心希太白，習俗誤公安。裙屐名家子，琴尊雅興官。語來驚座易，别後耐思難。劍氣終騰上，山光喜遠看。千秋應恕論，和璧幾人完？（《暝菴詩録》之《病中聽兒子誦古今人詩集，各系一詩》，其十三）

洪稚存謂張船山詩珠光三分，劍氣七分；吴蘭雪詩劍氣三分，珠光七分。余謂吴詩纖，張詩滑，皆未足名家。凡物自無乍有則奇。結繩之世文字奇，橧巢之世宫室奇，刀矛甲兵之世鎗礮奇，今日機器之可駭者，不數十年，皆燕函粤鎛矣。究之强弱之分，在人而不在藝；勝敗之分，在氣而不在器。擾擾者何爲哉！（《暝庵雜識》卷四）

嘉慶時，有齊二寡婦者，亦以白蓮教作亂，剽悍無敵。齊少工技擊，常隨夫鬻技四方，能着弓鞋�立馬上，馳騁不墜。夫死，祝髮尼寺。寺多常住，官覬利之，誣老尼通賊，繫之獄，籍其産。齊素以拳勇教習市里，游俠多出門下，乃共謀篡老尼。既劫獄，則衆不可散，遂據山爲亂，齊亦改服，置面首，不復初志矣。張船山《寶雞縣題壁》末章云：「嫠也横行起禍胎，桃花馬上看重來。不貽巾幗先逢怒，欲辨雌雄已自猜。黄鵠特翻貞女調，白蓮都爲美人開。請纓便是秦良玉，可惜征苗失此材。」蓋指此也。《聖武記》以爲教首王林妻，乃據當時奏報耳。（《暝庵雜識》卷四）

張船山《寶雞驛題壁》詩，一時傳誦。後見湖北城樓亦有題壁詩次張原韻，詞甚工麗，惜未鈔録，僅記一聯云：「王倫奉使邀殊賞，武仲要君出剏聞。」蓋指壬寅和議也。軍興時，廣西獨秀峰亦有題壁詩三十首，指事雖切，而詞不甚工。近有友人鈔示黄鶴樓題壁詩，詞婉意深，頗異凡手，特録於左。其一曰：「長安冠蓋盛如林，馬厩論交半賞音。午夜慣拖張燕尾，滿朝誰測李貓心？風雲路熱瞻天易，沆瀣門多被澤深。一様年勞循舊格，獨分蜺節步荆岑。」其二曰：「恩門重認大諸侯，漢漾東西據上游。弔詭姓名占古蹟，詐忠情款動夷酋。初心自不如元稹，火色誰能抑馬周？造事不窮時更達，好風吹上洞庭舟。」其三曰：「龍文雞肋那能扛，濫擁旌旄鎮大邦。行意幾人誇乳虎，養奸隨處吠驚尨。明珠有脛離南海，楚寶無聲下漢江。父老至今談往事，淚波重疊注寒瀧。」其四曰：「上相傳賢負聖慈，是何蟲豸足匡時？呈身始末鄉評箸，摩足心情小吏知。儻有田園繇世禄，忍將筐匪負恩師。吃虚偃月堂中事，也會風聞到憲司。」其五曰：「到底防川令不行，台章公論百僚驚。樞臣例不言温樹，關節何由達上卿？簠簋爰書傷國體，頑讒銘語玷家聲。臨財未必全無辨，難遣中年舐犢情。」其六曰：「闚覬時局歎江河，更惜才臣取與譌。鑄鼎文深無可避，出笥圭玷豈能磨？早知白簡關名節，何不青杉老薜蘿？高位未終聲譽盡，一生貽誤早登科。」其七曰：「帝聽言路一時開，御史聲名達九垓。海外有人求草稿，宫中連日歎奇才。終當掃穴殲狐蠱，且用揚聲絶雉媒。獨夜倚樓瞻彗次，布新天意倘能回？」其八曰：「一封專褫老奸魂，霜翦貂裘氣不温。銀手那能批國蠹，鐵肝終不負君恩。荒雞候夜貞心著，獨鶚摩霄諫品尊。從此大窮君莫愠，椒山祠宇砥乾坤。」

（《瞑庵雜識》卷四）

張船山檢討問陶，美丰儀，能詩，工書畫。秀水金筠泉孝繼告其所親，願化作絶世麗姝，爲執箕帚。無錫馬雲題燦贈張詩，亦有「我願來生作君婦，只愁清不到梅花」之語。張作詩謝兩人曰：「飛來奇語太纏綿，不獨青娥愛少年。人盡願爲夫子妾，天教多結再生緣。累他名士皆求死，引我癡情欲放顛。爲告山妻須料理，典衣早蓄買花錢。」又：「名流争現女郎身，一笑殘冬四座春。擊壁此時無妒婦，傾城他日盡詩人。祇愁隔世紅裙小，未免先生白髮新。宋玉年來傷積毁，登牆何事苦鬩臣？」

（《瞑庵二識》卷一）

朱翊清

【憎鬚】成都張船山先生爲郡守時，有一巡檢差回稟見，船山曰：「太爺一路辛苦，然風致頗佳。」巡檢誤解公意，自捋其鬚半跪曰：「卑職蒙大老爺恩遇，每思報效，惜年長多留此鬚，不能傾身圖報耳。」船山大笑遣之。（《埋憂集》卷九）

何紹基

【與汪菊士論詩（節録）】今人通籍或成人後，即不肯高聲讀書，此最是大病。……至於自家作詩，必須高聲讀之。理不足，讀不下去；氣不盛，讀不下去；情不真，讀不下去；詞不雅，讀不下去；起處無用意，讀不起來；篇終不混茫，讀不了結。真箇可讀，即可管弦樂府矣；可管弦樂府，方是詩。略舉一二。要之，本朝詩，可擊節讀者極少，仲則、心餘可矣，而少餘味；簡齋淺，夢樓陋，覃溪拙，稚存、船山客氣。

（《東洲草堂文鈔》卷五）

李玉棻

張問陶字樂祖，又字仲冶，號船山，一號豸冠仙史、寶蓮亭主、群仙之不欲昇天者，晚號藥菴退守。鵬翮曾孫，四川遂寧人，乾隆庚戌翰林，官山東萊州知府。書法晉人，略兼北魏，工山水、人物、花木，尤善寫猿、鳥。校定《抱樸子》，著《船山詩集》。余藏有行書兩册：「前半皆律詩，後半書萊州府試擬作試帖，白蘭厓給諫舊物。」皆守萊州七律、絶詩，末書《詠柳》七絶，集中未載，款署「壬申春日虎邱書寄芝田仁兄。」又《移居》七律詩，立幀，乃官吏部時書。又花箋行書七絶大幀，時款「戊辰二月午莊」。又行書七律詩便面，雙鈎墨蘭便面，款署「愛軒」。又石坡睡猿便面，款署「梧門」。又《春寒》七律便面。韓芸孫署正藏有墨山水便面，氣韻獨絶，行書小跋一段。心泉上人藏有桃樹白猿直幀，昔寓松筠庵，壽慧珠長老作。曾笙巢侍御藏有墨鈎瘦馬立幀，行書七絶一首，爲其尊人賓谷中丞款。古肆見有《神仙采芝圖》，絹本立幀，行書七絶二首，款署「春塘仁兄與予皆蓬瀛舊侶，回首三神山，當同有餘慕也。呵呵！」又墨筆菊花立幀，行書七絶，時款「甲子秋日，花下戲墨。」

（《甌鉢羅室書畫過目考》卷三）

沈壽榕

【是日同會十五人，而榕獨醉，再賦一篇謝小墅丈】一斗一石多如許，十盞十決當戰拇。隔簾玉笛暗飛聲，聞説仙人集官府。座中群彦盛龍虎，哲匠操持繩與斧。附庸竊慚等鄶邾，冠裳來會尊齊魯。髯翁畫像懸堂宇，指點傳神看阿堵。千秋文字有心源，皆可爲賓皆可主。老船下筆氣清妙，座有張船山先生所畫《淵明嗅菊圖》，因併祀之。五柳先生貌奇古。東籬採菊見南山，笑説從前折腰苦。蘇詩和陶詩即陶，祀事同修排鼎俎。兩公不飲我請代，安能數典忘其祖？所嗟時日方大難，芒角森然出肺腑。賢靈在天云異哉，後起之狂今見汝。醉歸厭聽樓頭鼓，栩栩夢中蝴蝶舞。粲花舌轉齒流香，麻姑手爪麒麟脯。（《玉笙樓詩録》卷六）

徐士鑾

【張船山題《從軍圖》詩】張船山太守問陶《船山詩草》，有題徐晴圃閣讀《從軍圖》七律一首，詩云：「青山影裏見弓旌，想像從戎萬里情。難向承平求猛士，能懷雄略讓書生。《陰符》那用埋頭讀，露布争看倚馬成。我聽鐃歌亦回首，草間狐兔莫縱横。」謹案，《墨絰從軍圖》作一長卷，卷端有那文毅公彥成書「從軍圖」三大字，綴有跋語：「憶在嘉慶四年，偕晴圃五弟于役川陝，馳驅萬山之中。曾以五千兵禦賊五萬於鎮安，惟晴圃言笑自如，以此相器重而交以成。及今三十餘年矣，各冉冉老，載展此圖，得無慨然！因題一絶：『少小從戎意氣閑，金戈鐵馬萬重山。披圖此日都陳迹，翻作諸侯壁上觀』。」卷中吴山尊鼒一序，鮑雙五桂星一贊，其他題句如姚姬傳、孫淵如、石琢堂、蔣笙陔、盧南石、百菊溪、英煦堂。賈廷琳案，英煦堂似當作英煦齋。陳秋舫、姚秋農、陳芝楣，名作林立，有數十家之多，皆一時名公巨卿，高材績學之彥，詩文墨蹟，俱不易得，允足寶貴。卷末晴圃公自識云：「嘉慶四年己未秋八月，予時讀禮津門，適大司空那繹堂先生奉命督師陝右，奏令隨往。九月馳抵西安，計從事行間，遍歷秦嶺、終南，及隴西、階文、平陰諸境，凡八閲月，庚申夏五差竣言旋。迴憶師律之整嚴，山谿之險峻，宛在目前。癸亥秋，倩海豐李桐圃爲予寫照，越年沈青來表仲補繪成圖。非敢以戎馬告勞也，聊作軍行紀事云爾。」甲子六月，圖卷已成巨軸，函以檀匣，裹以錦袱，爲鑾嫡堂弟漢澄大令士鋆所寶藏也。謹案，圖卷内張船山太守詩，起二句作：「青山影裏望弓旌，想見從戎萬里情。」首句原寫作「露弓旌」，必因第六句有「露布」字樣，將「露」字點去，旁注「望」字。又，「難向承平求猛士」句，卷中作「求猛將」，今閲刻本，改筆可稱斟酌盡善矣。名家傳作，推敲一字不苟，於此可見。（《敬鄉筆述》卷五）

孫葆田

【萬全縣學教諭張君墓誌銘（節録）】君諱嗣陶，字問船，一字濟卿。南皮張氏，其先由山西洪洞遷居灤縣，有名端者再遷至南皮，至君十四世矣。曾祖父葵馨，候選衛千總。祖父恪，嘉慶十三年恩科舉人，官山東館陶知縣。父曾魯，廩貢生，候選訓導，母戈氏、馮氏。訓導君二子，君其仲也。君生館陶君署中。是時，蜀詩人張問陶船山爲萊州太守，故君又字慕萊。或曰：「所慕者，蓋古老萊子也。」生有異稟，長而益自刻勵爲學。（《校經室文集》卷五）

陳康祺

船山先生，世多以詩人目之。官諫垣時，連上三疏，一劾六部九卿，一劾外省各督撫，一劾河漕鹽政。嘗畫一鷹贈人，自題云：「奇鷹瞥然來，攫身在高樹。風勁乍低頭，沈思擊何處？」風采如此，詩人也歟哉？按，船山詩霸才豪氣，仍是袁、趙濫觴，格律風骨，均未入古，雖久席盛名，未敢附和。（《郎潛紀聞》卷三）

張船山太守在都，沈酣詩酒，豪狂不可羈紲。一時朝士，上至諸王公，識與不識，稱爲老船。（《郎潛紀聞二筆》卷九）

趙味辛司馬、洪稚存太史、張船山太守、吴山尊學士同官京朝，文酒過從，極一時朋戠之盛。預訂每遇大雪，不相招邀，各集陶然亭，後至者任酒資。此會絶雅，吾輩知交，酒人多而熱官少，大可踵而行之。（《郎潛紀聞三筆》卷十）

【鮑樹堂高義歸友櫬】張船山太守自萊州引疾，僑寄吴中，未三年，卒於虎邱山塘之客館。身後蕭條，賴鮑樹堂太僕遠賻巨貲，始獲扶櫬還蜀。故吴山尊題《船山集》有云：「身後更傳元伯夢，石交肯讓古人先。」自注：「君卒後，見夢於樹堂，樹堂以千金歸君櫬。」讀此，知太守灝氣奇才，一靈不泯，而太僕高義，洵無媿東京范巨卿矣。（《郎潛紀聞四筆》卷二）

平步青

【林西厓方伯】張船山先生初娶周恭人，東屏閣學興岱女，生一女，早逝。丁未九月，贅四川鹽茶道林西厓儁女，林於丁亥官成都知縣，見《船山詩鈔》。據《東華續録》，乾隆壬辰六月丙戌，金川桂林軍營同知林儁議取賞賚銀兩，雖未賞用，亦屬輕舉妄動，革職，仍交文綬、阿桂差委。八月癸未，復還同知，帶革職留任，交文綬酌量辦差。壬子十二月辛巳，林儁爲四川按察使。乙卯十二月二十日丁酉，升四川布政使。上諭：「從前因林儁之父係福康安家僕，門地卑微，曾降旨内用不過郎中，外用不過府、道而止。嗣因林儁在後藏催運軍糧，屢有勞績，用人之際，不得不格外施恩，是以先賞給按察使銜，旋經擢補。此次進剿苗匪，林儁在川省秀山一帶籌辦軍糧等事，井井有條，福康安、和琳以勤能得力，專摺保奏。復經降旨，賞給布政使銜，遇有四川、湖廣等省藩司缺出，即行補授。兩司大員，表率全省，原應視其出身，酌爲限制，但當軍務需人，似此勤奮出力之員，豈可拘其家世，不加獎勵？况林儁現任臬司，若停其外擢，轉用京堂，則班次豈不更優？今將該員補授藩司，實因軍務需才起見，該員當倍加感奮，以副逾格恩施至意。」西厓父不知何名，其爲文襄家僕，度亦如安圖之於明相。雍正五年，隆科多索詐安圖銀三十八萬兩，貪婪之罪一是。圖至雍正朝尚在，不知以何年死。圖子政，亦爲明相孫承安管家，見乾隆丙午六月庚寅上諭。又一子名岐，字儀周，號麓邨，以鹺業居揚州。讀書好古，孫過庭《書譜》經其鉤勒上石，後歸江鶴亭，《畫舫録》卷一云陷康山草堂壁上，今歸曾賓谷侍郎，藏南昌里第。周芸皋凱《内自訟齋文集》載儀周事，以爲朝鮮人，盡以書畫歸國，子孫留者爲安氏。湘碧謂其傳聞之譌，第《書譜》後有其從子布樂亭跋，則岐本滿洲世僕，不知何氏，故但以名行，布樂亭亦名，非布姓也。《揚州畫舫録》載麓邨事甚夥，不言爲安三之子。《嘯亭雜録》卷三謂即三後人，亦未審。與西厓事，皆近人罕知者，故與湘碧語及之。（《霞外攟屑》卷一）

【陳黄】國朝詩家林立，施、宋、王、朱、趙、查諸公，兩大而未能獨步，迄今猶聚訟焉。李西漚宮贊《邨詩稿》卷二有《二百年來詩人，無出黄仲則之右者。頃得陳元孝詩讀之，因題卷末一絶》云：「詩家要與古爲新，胎息深時氣味醇。後有《兩當》前《獨漉》，中間參立更何人？」味先生句，似國朝祇此二家，無參之者，瀟雪大不平之。予謂元孝同時與屈翁山、梁藥亭稱嶺南三大家，而後人少之，欲以黎二樵易梁。仲則同時與張船山齊名，幾如宋之坡、谷，而或以船山詩天才勝而人功淺，不及兩當之深詣。北江謂船山劍氣七分，珠光三分；仲則珠光七分，劍氣三分。然則西漚以陳、黄爲兩大，豈一人之私言乎？（《霞外攟屑》卷八上）

黄賓虹

【清張船山花卉説明】張船山問陶，字仲治，四川遂寧人，乾隆五十五年庚戌進士，仕萊州太守。工詩，尤精書法。畫山水雖非專門，而秀逸之趣，能脱盡習氣。花卉寫生亦思致瀟灑，機趣翩然。此係詩人餘技，不可以畫家格律相繩也。故惟有書卷之氣者，即一丘一壑，一花一葉，無不可賞玩。所謂與其泥法而有滯氣，何如脱法而有士氣。雅俗之分，正以此耳。（《黄賓虹文集·書畫編上》之《藝觀書畫小識》）

何海鳴

才子以佳人貴，佳人以才子貴，二者頗有互相標榜之性質，故均能見重於世。不然，世豈有真能愛才，真能好色者哉？昔張船山詩才超妙，性格風流，四海騷人，靡不傾仰。秀水金筠泉忽告所親，願化絶代麗姝，爲船山執箕帚。又無錫馬燦贈詩云：「我願來生作君婦，只愁清不到梅花」，以船山夫人有「修到人間才子婦，不辭清瘦似梅花」之句故也。嗟夫，此二子者，其用情亦可謂奇矣！得毋懷才不遇，潦倒淒涼，求佳人不得，乃不得已，而思自化身爲佳人，以事才子，藉留他生之佳話，補今生之缺憾乎？嗟夫，何其悲也！船山詠此事，有詩二律曰：「飛來綺語太纏綿，不獨青娥愛少年。

人盡願爲夫子妾，天教多結再生緣。累他名士皆求死，引我癡情欲放顛。爲告山妻須料理，典衣早蓄買花錢。」「名流争現女郎身，一笑殘冬四座春。擊壁此時無妒婦，傾城他日盡詩人。只愁隔世紅裙小，未免先生白髮新。宋玉年來傷積毁，登牆何事苦窺臣？」詞壇雅話，傳誦一時。嗟夫！船山老人「擊壁此時無妒婦，傾城他日盡詩人」二詩，其寫才子名士之幸福，至此而極矣。我從來心硬，一見也留情，我其勉爲名士才子乎？一笑！（《求幸福齋隨筆初集》）

□伽

【張船山】張船山寓吴中時，眷一妓曰蓮緣，繩之甚至，同時文人咸賦詩張之，其美可想。無錫丁暢之曾慕名往見，肥黑而麻，非但不美而已。余嘗曰：「古之號爲美人者，未必皆美，見仁見智，是在其人。彼無鹽、嫫母，又安知無人視之爲西子、夷光耶？」一笑！（《餘興》民國六年第二十六期《討春廬隨筆》）

柳得恭

訪李墨莊舍人鼎元叙舊。……余曰：「張船山可見否？」墨莊曰：「船山極雅士，不墜家聲。其兄問安字亥白，孝廉，亦通士也。」

彭蕙支號田橋，四川眉州人；王霽號伯雨，宛平人。墨莊與二人飲馨白館，訪余於五柳居，尚帶餘醉，出詩草示之。……墨莊曰：「二君皆孝廉名士也，今科蹔作劉蕡。」余曰：「蹔蹶何傷？會展驥足。」伯雨扇張船山畫，請余題詩，余題云：「石上無枝數樹，疏疏點綴微紅。只應寫意而已，莫問是花是楓。」三人傳覽。

張智瑩字學海，號小農，又號愚亭，浙江長洲人。張玉麒字瑞紱，號漁川，河南洛陽人。張問彤字受之，號飲杜，四川遂寧人。愚亭、漁川俱以舉人同住玉河館之右十三王廟，來訪館裏，請見余詩集，有抄本數葉贈之。其翌日，又與飲杜來訪。飲杜，即張船山問陶從弟也。……余問飲杜：「貴省被匪擾，今如何？」答：「近日匪類將就勦滅，絶無騷擾，似是訛傳。」余曰：「即今出征大軍，駐何處？」答：「梁、益之交，不久奏凱矣。」後訪廟中，愚亭、漁川皆在，漁川中進士，愚亭見屈矣。問飲杜所住，云甚遠。（以上《燕臺再游録》）

朝鮮無名氏

陳（治鴻）又曰：「敝邦文人雅士，今皆以公務繁劇，不暇交遊。今有船山、壽民輩，亦詩酒之雄，惜先生不能逗留，久與盤桓也。」余曰：「船山莫是張翰林耶？僕且願晤而不可得者。大抵士夫之出世，如處閨之女，無良媒，則不可。荏苒之間，行期不遠，僕之奇緣，於此盡耶？」陳曰：「船山姓張，名問陶，既悉其人，初旬原期約會，惜出月二日，上幸翰林院，皆有所司，故未能邀晤耳。」余曰：「敝友子野李光稷，詩酒豪散人也，往年來遊上國，與張船山逐日觴詠，相托深契矣。這次此友亦來，而以不得見船山，念念心頭不舍。」（《薊山紀程》卷三）

徵引書目

船山詩草　張問陶撰　嘉慶二十年石韞玉刻本
船山詩草選　張問陶撰　嘉慶二十二年黄丕烈刻本
船山詩草補遺　張問陶撰　道光二十九年刻本
船山詩草附補遺　張問陶撰　同治十三年敦仁堂重刻本
船山刪賸詩文鈔　張問陶撰　南京圖書館藏鈔本
船山詩注　張問陶撰　李岑注　江海清增注　同治九年席珍山館刻本
銅梁縣志　韓清桂等修　光緒元年刻本
張船山判牘　張問陶撰　民國二十三年上海中央書店鉛印本
船山詩草　張問陶撰　日本嘉永元年浪華書舖刻本
船山詩草　張問陶撰　日本嘉永三年四德堂書舖刻本
皇朝續文獻通考　劉錦藻纂　民國十年烏程劉氏鉛印本
郋園讀書志　葉德輝撰　民國十七年鉛印本
續修四庫全書提要（稿本）　中國科學院圖書館編　齊魯書社一九九六年影印本

遂寧張氏族譜　張崇階等纂　民國十三年刻本
涪陵周氏家譜　民國二十七年思孝堂石印本
澄懷園文存　張廷玉撰　乾隆間刻本
獨學廬全稿　石韞玉撰　嘉慶間刻本
清史列傳　王鍾翰點校　中華書局一九八七年排印本
清史稿　趙爾巽等撰　中華書局一九七七年排印本
嘉慶四川通志　常明等修　楊芳燦等纂　嘉慶二十一年刻本
同治蘇州府志　李銘皖等修　馮桂芬纂　光緒八年刻本
國朝先正事略　李元度纂　同治八年循陔草堂刻本
國朝四川儒林文苑傳　戴綸喆纂　民國十一年排印本
張船山先生年譜　王世芬輯　民國十三年刻本
張船山先生年譜　蔡珅編　蔡璐參校　一九六二年稿本
宮中檔雍正朝奏摺　臺北「故宮博物院」一九七七至一九八〇年影印
小倉山房詩集　袁枚撰　周本淳標校　上海古籍出版社一九八八年排印本
隨園詩話　袁枚撰　顧學頡校點　人民文學出版社一九八二排印本
小倉山房尺牘　袁枚撰　光緒十八年圖書集成書局鉛印本

春融堂集　王昶撰　嘉慶十二年塾南書舍刻本
賜硯齋詩鈔　伊朝棟撰　嘉慶十二刻本
青墅詩鈔　鄭大謨撰　嘉慶二十二年刻本
復初齋詩集　翁方綱撰　清刻本
聽鐘樓詩稿　韓是升撰　嘉慶十五年刻本
童山詩集　李調元撰　道光五年增修本
未谷詩集　桂馥撰　乾隆六十年刻本
師竹齋集　李鼎元撰　嘉慶間刻本
洽園詩餘　范來宗撰　上海圖書館藏葉昌熾鈔本
憶漫菴賸稿　余集撰　道光間刻本
國朝中州詩鈔　楊淮輯　道光二十三年刻本
雲笈山房合集　高雲撰　嘉慶十三年刻本
塞垣吟草　陳庭學撰　嘉慶十年宛平陳氏刻本
三松堂集　潘奕雋撰　同治九年至十一年刻本
論山詩選　鮑之鍾撰　道光十二年詠真堂刻本
雙佩齋詩集　王友亮撰　嘉慶十年刻本

素修堂詩後集　吴蔚光撰　嘉慶十八年古金石齋刻本
小峴山人詩文集　秦瀛撰　嘉慶二十二年城西草堂刻本
硯雨山房詩集　莫瞻菉撰　河南省圖書館藏民國間鈔本
李中允集　李驥元撰　嘉慶十七年刻本
有正味齋全集　吴錫麒撰　嘉慶十三年刻本
遂寧縣志　孫海等修　光緒五年刻本
新修潼川府志　阿麟修　光緒二十三年刻本
保寧府志　黎學錦修　道光二十三年刻本
有正味齋尺牘　吴錫麒撰　臺北「中央圖書館」藏鈔本
還京日記　吴錫麒撰　廣東中山圖書館藏稿本
卷施閣詩集　洪亮吉撰　光緒三年刻《洪北江全集》增修本
北江詩話　洪亮吉撰　光緒三年刻《洪北江全集》增修本
秋藥庵詩集　馬履泰撰　嘉慶二十二年刻本
銅梁山人詩集　王汝璧撰　光緒二十年京師刻本
讀張問陶南臺寺飲酒圖　江玉祥撰　《四川文物》二〇〇三年六期
霽春堂集　吴樹萱撰　嘉慶六年刻本

亦有生齋集　趙懷玉撰　道光元年刻本
九柏山房詩　楊倫撰　嘉慶十七年刻本
寄菴詩鈔　劉大紳撰　民國三年刻《雲南叢書初編》本
晚晴軒稿　王復撰　嘉慶元年刻本
兩當軒全集　黄景仁撰　咸豐八年黄志述刻本
蔗根集　黄錫麒撰　道光十六年清美堂刻本
半園詩録　經濟撰　道光間刻本
秋水亭詩草　王祖昌撰　嘉慶七年劉大觀刻本
憶園詩鈔　陳燮撰　嘉慶三年刻本
静厓詩續稿　汪學金撰　嘉慶間增修本
東岡詩賸　周有聲撰　嘉慶二十年刻本
壹齋集　黄鉞撰　咸豐九年許文深刻本
節安堂遺詩　汪廷楷撰　同治元年定州官廨刻本
前後懷人詩　師範撰　嘉慶九年刻本
李忠毅公遺詩　李長庚撰　同治五年刻本
乾隆馬巷廳志　萬友正纂修　光緒間補刊本

校經堂詩鈔　馬宗璉撰　道光十六年刻本
教經堂詩集　徐書受撰　嘉慶間刻本
悔生詩鈔　王灼撰　嘉慶間刻本
晚晴軒詩鈔　蔣廷恩撰　道光四年刻本
如見所思集　杜群玉輯　清刻本
存素堂詩集録存　法式善撰　嘉慶十二年王墉刻本
存素堂詩二集　法式善撰　嘉慶間刻本
梧門詩話合校　法式善撰　張寅彭等編校　鳳凰出版社二〇〇五年排印本
玉磬山房詩文集　劉大觀撰　道光八年補刻本
小栗山房詩鈔二集　殳慶源撰　道光間刻本
知恥齋詩集　謝振定撰　嘉慶十九年刻本
孫淵如先生全集　孫星衍撰　光緒二十年刻本
陶山詩録　唐仲冕撰　嘉慶十六年刻道光增修本
鐵船詩鈔　方元鵾撰　嘉慶十年刻本
芙蓉山館全集　楊芳燦撰　光緒十七年活字本
海雲堂詩鈔　嚴學淦撰　光緒十八年刻本

燕南趙北詩鈔　楊瑛昶撰　嘉慶間刻本
留春草堂詩鈔　伊秉綬撰　嘉慶十九年秋水園刻本
海門詩鈔　李符清撰　嘉慶間刻本
古香樓遺稿　沈長春撰　嘉慶二十五年刻本
祖硯堂集　朱人鳳撰　道光二年刻本
畫舫齋詞　朱人鳳撰　嘉慶間刻本
易畫軒詩録　王學浩撰　道光十四年刻本
亥白詩草　張問安撰　咸豐八年刻本
稻香吟館詩稿　李賡芸撰　道光間刻本
國朝全蜀詩鈔　孫桐生輯　光緒五年刻本
國朝蜀詩略　張沆輯　咸豐九年刻本
淵雅堂全集　王芑孫撰　嘉慶間刻本
楞伽山人尺牘　王芑孫撰　國家圖書館藏稿本
攜雪齋詩鈔　温汝适撰　嘉慶間刻本
吴學士詩集　吴鼒撰　光緒八年江寧藩署刻本
抑庵遺詩　吴鼒撰　同治九年刻本

大滌山房詩録　張吉安撰　道光十四年刻本
延月舫初集　尤興詩撰　清刻本
紅杏山房詩鈔　宋湘撰　嘉慶二十五年刻本
侯過詩選　侯過撰　香港旅港嘉屬商會一九八〇年鉛印本
密齋詩存　程同文撰　道光九年福州梁氏刻本
直菴詩稿　王寧焯撰　道光間刻本
水屋賸稿　張道渥撰　同治十一年刻本
衍慶堂詩稿　顔檢撰　嘉慶間刻本
稻花齋詩續鈔　方于穀撰　嘉慶二十二年刻本
經餘書屋詩鈔　沈在廷撰　道光九年刻本
勤襄公詩稿遺存　方維甸撰　道光十三年刻本
玉山閣詩選　徐鑅慶撰　道光十年重刻本
在山草堂詩稿　吴文照撰　道光八年刻本
賞雨茅屋詩集　曾燠撰　嘉慶九年刻本
梅花溪續草　錢泳撰　嘉慶二十四年錢氏履園刻本
小停雲館芝言　師範輯　嘉慶間刻本

木雁齋詩　胡長庚撰　嘉慶間刻本
觀齋集　王澤撰　咸豐四年刻本
證嚮齋詩集　蔡鑾揚撰　光緒六年刻本
槐蔭書屋集　郭續汾撰　道光十年刻本
東望望閣詩鈔　查奕照撰　道光間刻本
賜綺堂集　詹應甲撰　道光間止園刻本
五是堂詩集　顧王霖撰　光緒八年刻二十四年印本
天真閣集　孫原湘撰　嘉慶五年刻增修本
寄思齋藏稿　辛從益撰　成豐元年刻本
兩浙輶軒續録　潘衍桐輯　光緒十七年浙江書局刻本
種蕉館詩集　郭堃撰　光緒二十一年刻本
味清堂詩鈔　陳基撰　道光三十年刻《苔岑集初刊》本
繞竹山房詩稿　朱文治撰　嘉慶間刻本
悔木山房詩稿　趙睿榮撰　道光元年刻本
采馨堂詩集　張瓊英撰　嘉慶間刻本
白水堂詩集　張瓊英撰　嘉慶道光間刻本

小瓊海詩全集　陳赫撰　道光二十三年刻本
尚絅堂集　劉嗣綰撰　道光六年大樹園刻本
二娱小廬詩詞鈔　尤維熊撰　嘉慶間刻本
簣山堂詩鈔　王賡言撰　嘉慶十四年刻本
白鵠山房詩選　徐熊飛撰　嘉慶間刻本
梅屋詩鈔　張若采撰　嘉慶七年刻本
鶴麓山房詩稿　葉煒撰　嘉慶二十五年刻本
壽雪山房詩稿　陳廣寧撰　嘉慶八年刻本
清芬堂續集　潘際雲撰　道光間刻本
試畯堂詩集　王蘇撰　嘉慶間刻本
心鐵石齋存稿　宋鳴琦撰　道光十二年誦梅堂刻本
還讀廬詩鈔　周孝壎撰　道光二十一年刻本
覺生詩鈔　鮑桂星撰　嘉慶間刻本
豔雪堂詩集　張晉撰　咸豐元年刻本
野雲詩鈔　鮑文逵撰　民國二十四年上海鉛印本
紅雪山房詩鈔　吴嵰撰　嘉慶十九年刻本

醉二白齋遺稿　許會昌撰　道光十七年刻本
天繪閣詩稿　王仲湝撰　道光二年刻本
紅杏軒詩鈔　宋世犖撰　道光十四年刻本
确山駢體文　宋世犖撰　光緒九年刻本
六硯草堂詩集　延君壽撰　民國二十三年刻本
老生常談　延君壽撰　民國間《山右叢書初編》排印本
匏葉龕詩存　周鶴立撰　道光四年刻本
青芝山館詩集　樂鈞撰　嘉慶二十二年刻本
京江七子詩鈔　張學仁輯　道光九年刻本
借樹山房詩鈔　陳慶槐撰　嘉慶間刻本
雙藤書屋詩集　何道生撰　道光元年刻本
香蘇山館全集　吴嵩梁撰　道光二十三年刻本
日鋤齋詩集　張琛撰　道光四年刻本
戴簡恪公遺集　戴敦元撰　同治六年戴壽祺鈔本
國朝畿輔詩傳　陶樑輯　道光十九年紅豆樹館刻本
靈芬館全集　郭麐撰　嘉慶間刻本

念堂詩草　崔旭撰　道光二十三年刻本
南廬詩鈔　查世官撰　道光十九年刻本
味根山房詩鈔　史善長撰　光緒間刻本
榆西僊館初稿　蔣詩撰　清刻本
爨餘詩鈔　徐步雲撰　嘉慶間刻本
鑑止水齋集　許宗彦撰　嘉慶二十四年德清許氏家刻本
太乙舟詩集　陳用光撰　咸豐四年孝友堂刻本
太乙舟文集　陳用光撰　道光二十三年孝友堂刻本
船山詩稿·京朝集　張問陶撰　上海圖書館藏稿本
蘭韻山房詩鈔　盧擇元撰　嘉慶二十三年刻本
賜錦堂詩鈔　陳珄撰　嘉慶十八年刻本
小謨觴館詩文集　彭兆蓀撰　嘉慶二十二年增修本
思賢閣詩集　丁履恒撰　嘉慶間活字本
小萬卷齋詩續稿　朱琦撰　道光間刻本
花嶼讀書堂詩鈔　李福撰　道光二十六年刻本
謙菴詩鈔　張禮撰　道光九年刻本

懥泉書屋詩稿　宋之睿撰　道光八年厚德堂刻本
太緩生詩稿　楊炳奎撰　臺北「中央圖書館」藏稿本
橋東詩草　邵葆祺撰　同治十二年大興邵氏刻本
恩福堂詩鈔　英和撰　上海圖書館藏稿本
頤道堂集　陳文述撰　嘉慶二十二年刻道光增修本
畫林新詠　陳文述撰　民國四年西泠印社木活字本
濤居集詠　裕瑞撰　道光八年刻本
碧梧山館詞　汪世泰撰　清刻本
抱沖齋詩集　斌良撰　光緒五年刻本
雙白燕齋詩集　陸耀遹撰　道光二十二年刻本
春園吟稿　查有新撰　道光間刻本
崇百藥齋文集　陸繼輅撰　嘉慶二十五年合肥學舍刻本
合肥學舍札記　陸繼輅撰　嘉慶二十五年合肥學舍刻本
鐵簫詩稿　譚光祜撰　嘉慶十五年刻本
覆瓿詩草　陳本直撰　同治十二年刻本
寸心知室存稿　湯金釗撰　咸豐六年刻本

竮齋詩存　查元偁撰　道光二十一年刻本

椿影集　馮春暉撰　道光十六年活字本

蓼莾詩存　郭書俊撰　道光十八年刻本

古雪集　楊繼端撰　道光間刻本

魚腹餘生詩鈔　查餘穀撰　臺北「中央圖書館」藏清稿本

薦青集　姚元之撰　道光二十三年刻本

晚晴簃詩滙　徐世昌編　聞石校點　中華書局一九九〇年排印本

竹葉亭雜記　姚元之撰　李解民點校　中華書局一九八二年排印本

紅薇吟館詩鈔　張廷弼撰　清刻本

今白華堂詩録　童槐撰　清刻本

石雲山人詩集　吴榮光撰　道光二十一年吴氏筠青館刻本

青埵山人詩　洪飴孫撰　光緒十年閬縣刻本

梅麓詩鈔　齊彦槐撰　光緒元年重刻本

枕善齋集　周爲漢撰　清刻本

捧月樓詩　袁通撰　國家圖書館藏稿本

捧月樓綺語　袁通撰　光緒十年錢塘袁氏刻本

三李堂集　金學蓮撰　嘉慶十一年刻本
一朵山房詩集　傅潢撰　同治十二年刻本
飲杜詩集　張問彤撰　嘉道間刻《張氏三先生集》本
幼樗吟稿偶存　方廷瑚撰　道光間刻本
退菴詩存　梁章鉅撰　道光間刻本
楹聯叢話　梁章鉅撰　道光二十年桂林署齋刻本
綠雪堂遺集　王衍梅撰　道光間刻本
藤阿吟稿　陳鴻熙撰　嘉慶十五年刻本
二竹齋詩鈔　張井撰　道光十五年刻本
蕙蓀堂集　昭槤撰　上海圖書館藏稿本
艷雪軒詩存　龔守正撰　《清代詩文集彙編》影印謄清稿本
養素堂詩集　張澍撰　道光二十二年刻本
學讀書齋詩　喬載繇撰　道光二十六年刻本
欲起竹間樓存稿　梅成棟撰　民國二十五年刻《天津詩人小集》本
欲起竹間樓文集　梅成棟撰　清刻本
吟齋筆存　梅成棟撰　民國十三年金鉞輯《屏廬叢刻》本

感逝草　王鳳生撰　道光間刻本
通藝閣詩録　姚椿撰　道光間刻本
龍尾山房詩存　胡永焕撰　嘉慶間刻本
詩娱室詩集　黄安濤撰　道光十四年嘉善黄氏刻本
洞簫樓詩紀　宋翔鳳撰　道光十年刻本
心知堂詩稿　汪仲洋撰　道光七年刻本
瘦竹幽花之館詩存　石同福撰　蘇州圖書館藏稿本
西溪草廬詩録　黄鋐撰　道光二十二年刻本
自春堂詩　楊鑄撰　道光九年石瓢仙館刻本
陶文毅公全集　陶澍撰　道光二十年刻本
秋園吟草　黄鼎撰　宣統三年鉛印本
留爪集　仲湘輯　清刻本
三十樹梅花書屋詩鈔　李崧霖撰　光緒二年刻《息柯居士全集》本
渺懷堂詩集　陸筠撰　天津圖書館藏鈔本
鳳巢山樵求是録　吴慈鶴撰　道光四年刻本
是程堂集　屠倬撰　嘉慶十九年真州官舍刻本

秋塍書屋詩鈔　王斯年撰　道光間刻本
尺雲軒詩集　朱實發撰　道光十四年刻本
鐵盂居士存稿　汪全泰撰　咸豐八年王相《友聲集》刻本
樂潛堂詩詞全集　趙函撰　同治七年重校印本
師竹堂文集　莫樹椿撰　道光二十八年刻本
衎石齋詩　錢儀吉撰　道光至光緒間刻本
真息齋詩鈔　陸費瑔撰　同治九年重刻本
持雅堂詩集　尚鎔撰　道光間刻本
三家詩話　尚鎔撰　同治七年刻本
雲左山房詩鈔　林則徐撰　光緒十二年刻本
養一齋集　潘德輿撰　道光間刻本
湖墅錢氏家集　錢錫賓等輯　光緒二十二年刻本
静遠草堂初稿　周樂清撰　中山大學圖書館藏稿本
小重山房詩詞全集　張祥河撰　光緒間增修本
漚羅盦詩稿　法良撰　道光二十七年刻本
蓮舫詩鈔　王偁撰　道光十年鵲華館刻本

聽松濤館詩鈔　阮文藻撰　道光間刻本
吴淪齋詩稿　吴其濬撰　天津圖書館藏稿本
槿花邨吟存　夏崑林撰　道光間刻本
薌圃詩草　陶謩相撰　嘉慶十六年刻本
麗則堂詩鈔　吴慶恩撰　道光六年刻本
塵遠書屋詩稿　祥林撰　道光二十年刻本
楙花盦詩　葉廷琯撰　光緒間《滂喜齋叢書》刻本
鷗陂漁話　葉廷琯撰　同治九年刻本
陳禮部詩稿　陳其錕撰　咸豐間刻本
小紅薇館拾餘詩鈔　毛永柏撰　道光三十年刻《苔岑集初刊》本
初日山房詩集　張之杲撰　民國五年刻本
榕園詩鈔　李彦章撰　道光二十年刻本
春雨樓詩集　殷壽彭撰　同治五年刻本
詩禪室詩集　查冬榮撰　同治三年刻本
存吾春齋詩鈔　劉繹撰　同治五年刻本
嗣雅堂詩存　王嘉禄撰　道光二十六年刻本

紅雪吟館詩集　金長福撰　南京圖書館藏稿本
聽秋山館詩鈔　林楓撰　光緒間侯官林氏排印本
張亨甫全集　張際亮撰　同治六年刻本
愛山堂詩存　張銓撰　同治十二年刻本
石琴詩鈔　李映棻撰　同治三年天香堂刻本
瓶城山館詩鈔初存　周劼撰　清刻本
忍默恕退之齋詩鈔　沈寶禾撰　上海圖書館藏稿本
補學軒詩集　鄭獻甫撰　咸豐十一年刻本
習苦齋畫絮　戴熙撰　光緒十九年刻本
古藤書屋詩鈔　劉肇堂撰　清刻本
小滄溟館三集　朱瀚撰　咸豐元年刻本
運甓齋詩稿續編　陳勱撰　光緒二十年刻本
梅莊詩鈔　華長卿撰　同治九年刻本
梧生詩鈔　傅桐撰　光緒七年遞刻本
西圃集　潘遵祁撰　同治十年刻本
桐華竹實之軒詩草　謙福撰　同治二年刻本

四照堂詩集　譚溥撰　同治三年刻本
洛中吟　賈臻撰　道光間刻《賈氏叢書》本
鴻蒙室詩鈔　方玉潤撰　咸豐間刻本
茹古山房詩集　田依渠撰　同治十一年刻本
宧遊草堂詩鈔　祝應燾撰　同治七年刻本
鐵硯齋詩草　朱澐撰　民國六年石印本
裒遺草堂詩鈔　楊翰撰　同治十年刻本
賜龍堂詩稿　彭瑞毓撰　同治十年戎州刻本
望三益齋燼餘吟草　吴棠撰　同治十三年刻本
詒安堂詩初稿　王慶勳撰　咸豐三年刻本
燹餘吟草　張經贊撰　光緒間刻本
二知軒詩鈔　方濬頤撰　同治五年刻本
夢園書畫録　方濬頤撰　光緒間刻本
壬寅銷夏録　端方撰　中國文物研究所文物資料資訊中心藏稿本
竹石居詩草　童華撰　光緒間刻本
藤香館詩鈔　薛時雨撰　同治間刻本

聽園詩鈔　王楷撰　光緒五年刻本
有恒心齋詩集　程鴻詔撰　同治間刻本
春在堂詩編　俞樾撰　光緒二十五年刻《春在堂全書》本
還如閣詩存　何長治撰　國家圖書館藏舊鈔本
閬莒草堂遺草　王柘撰　同治十一年刻本
水竹主人詩鈔　周之楷撰　光緒十一年刻本
竇帚詩略　周惺然撰　光緒十年刻本
三十二蘭亭室詩存　劉湝年撰　同治十二年刻本
壯學堂詩稿　許亦崧撰　光緒二十一年京師刻本
海雲閣詩鈔　葉衍蘭撰　民國十七年刻本
蓄墨復齋詩鈔　王培新撰　光緒二十二年刻本
船山學報第十二期　民國二十五年出版
嶺雲齋詩草　遐齡撰　光緒間石印本
犖雅堂詩　張景祁撰　光宣間刻本
新蘅詞　張景祁撰　光緒九年百億梅花仙館刻本
蒼梧山館集　劉燁華撰　民國十二年刻本

怡青堂詩集　王錫綸撰　民國十年鉛印本
麓村詩文合集　何元普撰　光緒元年繡川刻本
白華絳柎閣詩集　李慈銘撰　光緒十六年刻《越縵堂集》本
蓉村詩稿　夏肇庸撰　光緒三十一年刻本
懷雅堂詩存　鄭鴻撰　光緒三十一年刻本
餘園詩稿　陸文鍵撰　光緒十四年樂志堂刻本
餘園詞稿　陸文鍵撰　光緒十六年樂志堂刻本
退思齋詩集　吴中彦撰　光緒二十一年刻本
仿潛齋詩鈔　李嘉樂撰　光緒十五年刻本
艮居詩括　蔡壽臻撰　光緒三十一年刻本
味静齋詩存　徐嘉撰　民國二十年上海中華書局鉛印本
一枝山房詩集　姚官澄撰　光緒二十八年刻本
潛園詩存　張天翔撰　光緒二十五年刻本
蒙廬詩存　沈景脩撰　光緒二十一年刻本
傳樸堂詩稿　葛金烺撰　光緒二十一年刻本
愛日吟廬書畫録　葛金烺撰　宣統二年刻本

雙駡館詩存　洪錫爵撰　宣統元年刻本
澄清堂詩存　范祝崧撰　咸豐間刻本
偶齋詩草　寶廷撰　光緒二十一年方家澍刻本
紫荆花館遺詩　陳同禮撰　民國三年鉛印本
紅鵝館詩鈔　路朝霖撰　民國十四年鉛印本
報暉堂集　黄維申撰　光緒十八年刻本
狷叟詩録　許淮祥撰　光緒三十二年刻本
虚受堂詩存　王先謙撰　光緒二十八年增修本
王襄著作選集　天津古籍出版社二〇〇五年版
道咸同光四朝詩史　孫雄輯　宣統二年刻本
芰舟詩稿　謝緒岷撰　臺北中國文化大學出版部一九九二年鉛印本
聞妙香室詩稿　錢錫寀撰　宣統二年石印本
息塵盦詩稿　王秉恩撰　臺北「中央圖書館」藏稿本
王文敏公遺集　王懿榮撰　民國間刻《求恕齋叢書》本
畸園第三次手定詩稿　陳遹聲撰　民國十一年石印稿本
樊山集　樊增祥撰　光緒十九年渭南縣署刻本

懺盦詩鈔　沈澤棠撰　光緒二十八年刻本
也儂詩草　王慶善撰　光緒二十七年活字本
冰壺詞　張雲驤撰　光緒間刻本
蜕存詩草　熊傑勳撰　宣統三年鉛印本
匏廬詩存　郭曾炘撰　民國二十三年刻本
横溪草堂詩鈔　張良暹撰　民國十六年鉛印本
涪雅堂詩草　吴朝品撰　光緒二十七年刻本
倦齋吟稿　李綺青撰　民國十年鉛印本
嘯雪軒詩草　湯汝和撰　民國八年刻本
傳硯堂詩録　張鴻基撰　同治七年刻本
消夏百一詩　葉德輝撰　民國二十四年長沙葉氏刻《郎園全書》本
漢堂詩鈔　李寶淦撰　民國十二年鉛印本
楚望閣詩集　程頌萬撰　光緒二十七年刻本
肅肅館詩集　許愈初撰　民國十二年鉛印本
石陶黎煙室遺稿　黄人撰　舊鈔本
松鄰遺集　吴昌綬撰　民國十四年刻本

含嘉室詩集　吴士鑑撰　民國元年鉛印本
浩山集　歐陽述撰　民國五年刻本
隴右近代詩鈔　路志霄等編　蘭州古籍書店一九九〇年影印本
醫藥月刊第十二期　民國二十年出版
疇隱廬詩存　丁福保撰　民國二十二年鉛印本
瓠廬詩鈔　張雲龍撰　民國二十四年鉛印本
可園詩鈔　三多撰　光緒元年石印本
濩德楊氏世德吟編　楊蘭階輯　民國十三年鉛印本
譚延闓集　湖南人民出版社二〇一三年排印本
南社叢刻　江蘇廣陵古籍刻印社一九九六年影印民國間鉛印本
左盦詩録　劉師培撰　民國二十五年寧武南氏鉛印本
藝文第一卷第六期　民國二十五年出版
花活草堂遺稿　張蝶聖撰　民國二十年鉛印本
東萊趙氏楹書叢刊　趙琪輯　民國二十四年鉛印本
近代巴蜀詩鈔　巴蜀書社二〇〇五年排印本
紫雲山館吟草　舒雲逵撰　光緒間刻本

論詩絶句百首　方廷楷撰　宣統二年鉛印本
澹遠軒詩稿　趙燮元撰　光緒間刻本
國朝蜀詩續抄　李炳靈等選輯　光緒二十三年刻本
半間雲詩　馬鎮撰　道光三十年刻《苔岑集初刊》本
依隱齋詩鈔　陳鍾祥撰　咸豐十年刻本
聽秋館吟稿　朱承鉽撰　上海圖書館藏稿本
冬青館集　張鑑撰　民國四年嘉業堂刻《吴興叢書》本
尊古齋詩鈔　馮珍撰　嘉慶間刻本
壎箎集　劉沅撰　民國十九年致福樓刻本
心字香館詩鈔　黄仲畬撰　同治六年刻本
籋雲書屋詩鈔　鍾景撰　咸豐間刻本
吟秋樓詩鈔二集　鄔鶴舟撰　道光二十四年刻本
聽花吟館詩稿　李德揚撰　咸豐間刻本
韓隱廬詩鈔　黄瑞蓮撰　光緒三十四年刻本
問花樓詩鈔　王倩撰　嘉慶間刻本
補籬遺稿　姚福均撰　光緒三十一年木活字本

津門詩鈔　梅成棟輯　道光四年刻本
國朝山左詩彙鈔後集　余正酉輯　道光二十九年海棠書屋刻本
竺山詩抄　陳一沺撰　道光十四年瀘州刻本
繡餘續草　歸懋儀撰　道光十二年刻本
夢華草堂詩稿　韓鳳翔撰　道光十五年刻本
曲阜詩鈔　孔憲彝輯　道光二十三年刻本
喝月樓詩録　王鴻撰　道光十九年刻本
靈洲山人詩録　徐灝撰　同治三年刻本
筠心堂詩集　張岳崧撰　道光二十四年刻本
友松吟館詩鈔　毓俊撰　光緒二十五年刻本
剖瓠存稿　蕭重撰　道光十四年刻本
張船山自寫詩册　宣統元年上海神州國光社影印本
繡佛樓詩稿　錢守璞撰　同治八年刻本
掃紅亭吟稿　馮雲鵬撰　道光九年刻本
蜀秀集　譚宗浚編　光緒五年刻本
振華五日大事記第二十七期　光緒三十三年出版

繁華雜志第六期　民國四年出版
小鐸第一四二至一四四期　民國六年出版
遊戲雜志第七期　民國三年出版
遼東詩壇第八號　民國十四年出版
寧波小説七日報　民國七年出版
借菴詩鈔　釋清恒撰　道光間刻本
貞蕤閣集　朴齊家撰《韓國文集叢刊》影印本
斗室存稿　沈象奎撰《韓國文集叢刊》影印本
春濤詩鈔　森春濤撰　日本明治四十五年文會堂鉛印本
湖山樓十種　小野長願撰　日本嘉永至明治間刻本
槐南集　森槐南撰　日本明治四十五年東京鉛印本
聱牙齋詩稿　土井聱牙撰　日本刻本
枕山詩鈔　大沼枕山撰　日本安政六年刻本
大正詩文　葉多野巖輯　日本大正四至五年東京鉛印本
青芙蓉閣詩話　陸元鋐撰　國家圖書館藏鈔本
重刻足本乾嘉詩壇點將録　舒位撰　宣統三年刻本

念堂詩話　崔旭撰　道光二十三年刻本
國朝詩人徵略　張維屏編　道光間刻本
國朝耆獻類徵初編　李桓輯　光緒十七年增刻本
伯山詩話後集　康發祥撰　同治元年刻本
濤舲詩話　王瑋慶撰　《山東文獻集成》影印青島市圖書館藏精抄稿本
卧園詩話　潘焕龍撰　清刻本
鄉園憶舊録　王培荀撰　道光二十五年刻本
聽雨樓隨筆　王培荀撰　道光二十五年刻本
瓶粟齋詩話續編　沈其光撰　民國三十七年鉛印本
穆清堂詩鈔　朱庭珍撰　民國三年刻《雲南叢書》本
筱園詩話　朱庭珍撰　光緒十年刻本
然脂餘韻　王藴章撰　民國八年上海商務印書館鉛印本
婦女雜誌第一卷第一號　民國四年出版
蠡莊詩話　袁潔撰　嘉慶二十年刻本
養自然齋詩話　鍾駿聲撰　同治十三年刻本
味蔬齋詩話　余雲焕撰　光緒三十四年木活字本

挹翠樓詩話　潘清撰撰　同治二年刻本
衣讔山房詩集　林昌彝撰　同治二年刻本
射鷹樓詩話　林昌彝撰　咸豐元年刻本
石遺室詩話　陳衍撰　人民文學出版社二〇〇四年排印本
石遺室詩集　陳衍撰　清刻本
東方雜志第十二卷第九號　民國四年出版
聽秋聲館詞話　丁紹儀撰　同治八年刻本
十朝詩乘　郭則澐撰　民國二十四年刻本
水竹邨人集　徐世昌撰　民國間刻本
名媛詩話　沈善寶撰　光緒鴻雪樓刻本
今傳是樓詩話　王逸塘撰　上海書店出版社二〇〇二年《民國詩話叢編》排印本
雪橋詩話餘集　楊鍾羲撰　民國間刻《求恕齋叢書》本
五百石洞天揮麈　邱煒萲撰　光緒二十五年刻本
張乖崖集　張詠著　張其凡整理　中華書局二〇〇〇年版
瀛舟筆談　阮亨撰　嘉慶二十五年刻本
見聞續筆　齊學裘撰　光緒二年天空海闊之居刻本

溪山卧遊録　盛大士撰　道光間刻本
桐陰論畫　秦祖永撰　同治三年刻本
榆巢雜識　趙慎畛撰　徐懷寶點校　中華書局二〇〇一年排印本
蜨階外史　高繼珩撰　咸豐十年刻本
萇楚齋隨筆　劉聲木撰　中華書局一九九八年排印本
陶樓文鈔　黄彭年撰　民國十二年刻本
天咫偶聞　震鈞撰　北京古籍出版社一九八二年排印本
兩般秋雨盦隨筆　梁紹壬撰　道光十七年汪氏振綺堂刻本
笑笑録　獨逸窩退士輯　光緒五年鉛印本
蕉軒隨録　方濬師撰　同治十一年退一步齋刻本
庸閑齋筆記　陳其元撰　同治十三年刻本
思益堂日札　周壽昌撰　光緒十四年刻本
鮑臆園丈手札　鮑康撰　潘祖蔭輯　同光間吴縣潘氏刻《滂喜齋叢書》本
蕉廊脞録　吴慶坻撰　民國間刻《求恕齋叢書》本
國朝書畫家筆録　竇鎮輯　宣統二年活字本
墨林今話　蔣寶齡撰　咸豐二年刻本

頤園論畫　松年撰　《續修四庫全書》影印上海圖書館藏稿本
學書邇言　楊守敬撰　湖北人民出版社湖北教育出版社《楊守敬集》一九九七年排印本
煮藥漫抄　葉煒撰　光緒十七年金陵刻本
瞑菴詩録　朱克敬撰　同治九年長沙刻本
瞑庵雜識　朱克敬撰　民國間上海進步書局石印本
埋憂集　朱翊清撰　光緒元年刻本
東洲草堂文鈔　何紹基撰　光緒間刻本
甌缽羅室書畫過目考　李玉棻撰　民國二十四年《郎園全書》印本
玉笙樓詩録　沈壽榕撰　光緒九年刻增修本
敬鄉筆述　徐士鑾撰　民國二十一年津門徐氏刻本
校經室文集　孫葆田撰　民國間刻《求恕齋叢書》本
郎潛紀聞　陳康祺撰　光緒間刻本
郎潛紀聞四筆　陳康祺撰　中華書局一九九〇年排印本
霞外攟屑　平步青撰　民國六年刻本
黄賓虹文集·書畫編　上海書畫出版社一九九九年排印本
求幸福齋隨筆初集　何海鳴撰　民權出版部民國五年排印本

餘興　民國六年第二十六期

燕臺再游録　柳得恭撰　民國間遼海書社鉛印《遼海叢書》本

薊山紀程　朝鮮無名氏撰　廣西師範大學出版社二〇一三年《燕行録全書》影印本